CÓDIGO DAS SOCIEDADES COMERCIAIS EM COMENTÁRIO

CÓDIGO DAS SOCIEDADES COMERCIAIS EM COMENTÁRIO

VOLUME VII (Artigos 481º a 545º)

Alexandre Mota Pinto | Alexandre de Soveral Martins | Ana Maria Gomes Rodrigues | Carolina Cunha | Elda Marques | Gabriela Figueiredo Dias | Hugo Duarte Fonseca | João Paulo Remédio Marques | Jorge M. Coutinho de Abreu | Margarida Costa Andrade | Maria Elisabete Ramos | Nuno Barbosa | Orlando Vogler Guiné | Paulo de Tarso Domingues | Ricardo Costa | Rui Pereira Dias | Susana Aires de Sousa

Jorge M. Coutinho de Abreu (Coord.)

CÓDIGO DAS SOCIEDADES COMERCIAIS EM COMENTÁRIO
COORDENADOR
Jorge M. Coutinho de Abreu
EDITOR
EDIÇÕES ALMEDINA, S.A.
Rua Fernandes Tomás, nºs 76-80
3000-167 Coimbra
Tel.: 239 851 904 · Fax: 239 851 901
www.almedina.net · editora@almedina.net
DESIGN
FBA.
PRÉ-IMPRESSÃO
EDIÇÕES ALMEDINA, S.A.
IMPRESSÃO E ACABAMENTO
NORPRINT - a casa do livro

Setembro, 2014
DEPÓSITO LEGAL
352145/12

Apesar do cuidado e rigor colocados na elaboração da presente obra, devem os diplomas legais dela constantes ser sempre objeto de confirmação com as publicações oficiais.
Toda a reprodução desta obra, por fotocópia ou outro qualquer processo, sem prévia autorização escrita do Editor, é ilícita e passível de procedimento judicial contra o infractor.

BIBLIOTECA NACIONAL DE PORTUGAL – CATALOGAÇÃO NA PUBLICAÇÃO
Portugal. Leis, decretos, etc.
CÓDIGO DAS SOCIEDADES COMERCIAIS EM COMENTÁRIO
coord. Jorge M. Coutinho de Abreu.
7º v.: Artigos 481º a 545º – p.
ISBN 978-972-40-5753-8
I – ABREU, Jorge Manuel Coutinho de, 1955-
CDU 347

OS COMENTARISTAS

ALEXANDRE MOTA PINTO
Doutor em Direito, Advogado

ALEXANDRE DE SOVERAL MARTINS
Professor Auxiliar da Faculdade de Direito da Universidade de Coimbra

ANA MARIA GOMES RODRIGUES
Professora Auxiliar da Faculdade de Economia da Universidade de Coimbra

CAROLINA CUNHA
Professora Auxiliar da Faculdade de Direito da Universidade de Coimbra

ELDA MARQUES
Assistente da Faculdade de Economia da Universidade do Porto

GABRIELA FIGUEIREDO DIAS
Assistente da Faculdade de Direito da Universidade de Coimbra

HUGO DUARTE FONSECA
Assistente da Faculdade de Direito da Universidade de Coimbra

JOÃO PAULO REMÉDIO MARQUES
Professor Auxiliar da Faculdade de Direito da Universidade de Coimbra

JORGE M. COUTINHO DE ABREU
Professor Catedrático da Faculdade de Direito da Universidade de Coimbra

MARGARIDA COSTA ANDRADE
Assistente da Faculdade de Direito da Universidade de Coimbra

MARIA ELISABETE RAMOS
Professora Auxiliar da Faculdade de Economia da Universidade de Coimbra

NUNO BARBOSA
Mestre em Direito, Advogado

ORLANDO VOGLER GUINÉ
Mestre em Direito, Advogado

PAULO DE TARSO DOMINGUES
Professor Auxiliar da Faculdade de Direito da Universidade do Porto

RICARDO COSTA
Professor Auxiliar da Faculdade de Direito da Universidade de Coimbra

RUI PEREIRA DIAS
Assistente da Faculdade de Direito da Universidade de Coimbra

SUSANA AIRES DE SOUSA
Professora Auxiliar da Faculdade de Direito da Universidade de Coimbra

SIGLAS E ABREVIATURAS

A./AA.	Autor(a)/Autores
AAFDL	Associação Académica da Faculdade de Direito de Lisboa
AAVV.	Autores Vários
Ac.	Acórdão
ACE	Agrupamento complementar de empresas
ADC	Anuario de Derecho Civil
ADCSL	Annuario di diritto comparato e di studi legislativi
AEIE	Agrupamento europeu de interesse económico
AG	Aktiengesellschaft
AJ	Actualidade Jurídica
AJUM	Actualidad Jurídica Uría Menéndez
AktG	Aktiengesetz
AnnDrComm.	Annales du Droit Commercial
al./als.	alínea/alíneas
anot.	anotação
AntLSC	Anteprojecto de Lei das Sociedades Comerciais
AntLSQ	Anteprojecto de Lei da Sociedade por Quotas de Responsabilidade Limitada
Art./Arts.	Artigo/Artigos
BADF	Bases para a Apresentação de Demonstrações Financeiras
BBTC	Banca, Borsa e Titoli di Credito
BFD	Boletim da Faculdade de Direito (Coimbra)
BGB	Bürgerlicher Gesetzbuch
BGBl	Bundesgesetzblatt
BGH	Bundesgerichtshof
BGHZ	Entscheidungen des Bundesgerichtshofs in Zivilsachen
BLR	Bond Law Review
BMJ	Boletim do Ministério da Justiça
BOA	Boletim da Ordem dos Advogados
BRN	Boletim dos Registos e Notariado
c/ colab.	com a colaboração
CA	Conselho de administração
CadMVM	Cadernos do Mercado de Valores Mobiliários

CadOD	Cadernos O Direito
cap./caps.	capítulo/capítulos
CCit	Código Civil italiano
CCiv.	Código Civil
CCom.	Código Comercial
CComfr	Código de Comércio francês
CCoop.	Código Cooperativo
CDE	Cahiers de Droit Européen
CDP	Cadernos de Direito Privado
CEE	Comunidade Económica Europeia
CEF/DGCI	Centro de Estudos Fiscais da Direcção-Geral das Contribuições e Impostos
Cfr.	Confira
Cgsupervisão	Conselho geral e de supervisão
CI	Contratto e Impresa
CIMT	Código do Imposto Municipal sobre Imóveis
CIRC	Código do Imposto sobre o Rendimento das Pessoas Colectivas
CIRE	Código da Insolvência e da Recuperação de Empresas
CIRS	Código do Imposto sobre o Rendimento das Pessoas Singulares
CIS	Código do Imposto de Selo
cit.	citado(a)
CJ	Colectânea de Jurisprudência
CJ-ASTJ	Colectânea de Jurisprudência-Acórdãos do Supremo Tribunal de Justiça
CLC	Certificação Legal de Contas
CMLR	Common Market Law Review
CMVM	Comissão do Mercado de Valores Mobiliários
CNCAP	Comissão de Normalização Contabilística da Administração Pública
CNot.	Código do Notariado
CNSA	Conselho Nacional de Supervisão de Auditoria
coord.	coordenação
CP	Código Penal
CPP	Código de Processo Penal
CPC	Código de Processo Civil (L 41/2013, de 26 de junho)
CPEREF	Código dos Processos Especiais de Recuperação da Empresa e de Falência
CPI	Código da Propriedade Industrial
CPPT	Código de Procedimento e de Processo Tributário

CR	Concorrência e Regulação
CRCom.	Código do Registo Comercial
CRP	Constituição da República Portuguesa
CRPred.	Código do Registo Predial
CSC	Código das Sociedades Comerciais
CT	Código do Trabalho
CVM	Código dos Valores Mobiliários
DAR	Diário da Assembleia da República
DC	Direito e Cidadania
DDC	Documentação e Direito Comparado
DF	Demonstrações Financeiras
DGCL	Delaware General Corporation Law
DGRN	Direcção-Geral dos Registos e do Notariado
Dir. fall.	Il diritto fallimentare e delle società commerciali
diss.	dissertação
DJ	Direito e Justiça
DL	Decreto-Lei
DR	Diário da República
DSR	Direito das Sociedades em Revista
EBF	Estatuto dos Benefícios Fiscais
EBLR	European Business Law Review
EC	Estrutura Conceptual
EBOR	European Business Organization Law Review
ed.	edição
e.g.	*exempli gratia* (p. ex.)
EGP	Estatuto do Gestor Público
EIRL	Estabelecimento individual de responsabilidade limitada
EP	Empresa pública
EPE	Entidade pública empresarial
EROC	Estatuto dos Revisores Oficiais de Contas
esp.	especial
FCPC	Ficheiro Central de Pessoas Colectivas
FDUC	Faculdade de Direito da Universidade de Coimbra
FDUL	Faculdade de Direito da Universidade de Lisboa
FI	Il Foro Italiano
Foro Pad.	Il Foro Padano
GDDC	Gabinete de Documentação e Direito Comparado

GiurCom	Giurisprudenza Commerciale
GmbH	Gesellschaft mit beschränkter Haftung
GmbHG	Gesetz betreffend die Gesellschaften mit beschränkter Haftung
GmbHR	GmbHRundschau
HGB	Handelsgesetzbuch
IASB-UE	Normas Internacionais de Relato Financeiro conforme recebidas pelo Direito da União Europeia
IDET	Instituto de Direito das Empresas e do Trabalho
i.e.	*id est*
IFRS	International Financial Reporting Standards
IPGC	Instituto Português de *Corporate Governance*
it.	itálico
JBE	Journal of Business Ethics
JC	Jurisprudência Constitucional
JCBCML	Journal of Comparative Business and Capital Market Law
JF	Jornal do Fôro
JFE	Journal of Financial Economics
JO/JOCE	Jornal Oficial das Comunidades Europeias
JOUE	Jornal Oficial da União Europeia
L	Lei
KGaA	Kommanditgesellschaften auf Aktien
LAS	Lei da Actividade Seguradora
LAV	Lei de Arbitragem Voluntária
LDC	Lei de Defesa da Concorrência
LeySA/LSA	Ley de Sociedades Anónimas
LGT	Lei Geral Tributária
LMESM	Ley 3/2009, de 3 de abril, sobre modificaciones estructurales de las sociedades mercantiles
LOFTJ	Lei de Organização e Funcionamento dos Tribunais Judiciais
LSA	Ley de Sociedades Anónimas (revogada)
LSAB	Leis das Sociedades por Ações (Brasil)
LSC	Ley de Sociedades de Capital (Real Decreto Legislativo 1/2010, de 2 de julio)
LSQ	Lei das Sociedades por Quotas
LSRL	Ley de las sociedades de responsabilidad limitada
MP	Ministério Público
NCRF	Normas Contabilísticas e de Relato Financeiro

NCRF-PE	Norma Contabilística e de Relato Financeiro para Pequenas Entidades
NIC/NIRF	Normas Internacionais de Contabilidade/Normas Internacionais de Relato Financeiro
NNDI	Novissimo Digesto Italiano
nt./nts.	nota/notas
nº	número
Ob.	Obra
OD	O Direito
OPA/OPAs	Oferta pública de aquisição/ofertas públicas de aquisição
OPD	Oferta pública de distribuição
OROC	Ordem dos Revisores Oficiais de Contas
p.	página(s)
par.	parágrafo
P. ex.	Por exemplo
PF	Prim@ Facie, Revista da Pós-Graduação em Ciências Jurídicas, Universidade Federal da Paraíba
PGR	Procuradoria Geral da República
PME	Pequena e Média Empresa
POC	Plano Oficial de Contabilidade
POCP	Plano Oficial de Contabilidade Pública
RAEL	Regime da atividade empresarial local e das participações locais (L 50/2012, de 31 de agosto)
RB	Revista da Banca
RC	Tribunal da Relação de Coimbra
RCC	Revista de Contabilidade e Comércio
RCEJ	Revista do Centro de Estudos Judiciários
RCEmp.Jur.	Revista de Ciências Empresariais e Jurídicas
RCP	Regulamento das Custas Processuais
RDBB	Revista de derecho bancário y bursátil
RDE	Revista de Direito e Economia
RDES	Revista de Direito e de Estudos Sociais
RDM	Revista de Derecho Mercantil
RdS	Revista de Derecho de Sociedades
RDS	Revista de Direito das Sociedades
RE	Tribunal da Relação de Évora
RES	Revista Española de Seguros
REI	Revista Electrónica INFOCONTAB

reimp.	reimpressão
RegCRCom.	Regulamento do Código do Registo Comercial
R&E	Revisores & Empresas
RGCO	Regime Geral de Contra-ordenações
RFDUL	Revista da Faculdade de Direito da Universidade de Lisboa
RFDUP	Revista da Faculdade de Direito da Universidade do Porto
RGICSF	Regime Geral das Instituições de Crédito e Sociedades Financeiras
RGIT	Regime Geral das Infracções Tributárias
RivDCom	Rivista del Diritto Commerciale
Riv.Dir.Civ.	Rivista di Diritto Civile
Riv. dott. comm.	Rivista dei dottori commercialisti
RJASegR	Regime das condições de acesso e de exercício da actividade seguradora e resseguradora
RJCS	Regime jurídico do contrato de seguro
RJDEAD	Regime jurídico dos documentos electrónicos e da assinatura digital
RJPADL	Regime jurídico dos procedimentos administrativos de dissolução e de liquidação de entidades comerciais
RJSEL	Regime jurídico do sector empresarial local
RL	Tribunal da Relação de Lisboa
RLJ	Revista de Legislação e de Jurisprudência
RMBCA	Revised Model Business Corporation Act
RN	Revista do Notariado
RNPC	Registo Nacional de Pessoas Colectivas
ROA	Revista da Ordem dos Advogados
ROC	Revisor Oficial de Contas
ROIC	Regime dos Organismos de Investimento Coletivo
RP	Tribunal da Relação do Porto
RPCC	Revista Portuguesa de Ciência Criminal
RRC	Regulamento do Registo Comercial
RRNPC	Regime do Registo Nacional de Pessoas Colectivas
RS	Rivista delle Società
RSEE	Regime do Sector Empresarial do Estado
RSoc	Revue des Sociétés
RSPE	Regime do Sector Público Empresarial (DL 133/2013, de 3 de outubro)
RT	Revista dos Tribunais
s.	seguinte(s)
Sec.	Section

sep.	separata
SA	Sociedade(s) anónima(s)
SAD	Sociedade(s) anónima(s) desportiva(s)
SC	Sociedade(s) em comandita
SCD	Sociedade comercial desportiva
SCE	Sociedade Cooperativa Europeia
SE	Sociedade Anónima Europeia
SENC	Sociedade(s) em nome colectivo
SGPS	Sociedade(s) gestora(s) de participações sociais
SI	Scientia Iuridica – Revista de direito comparado português e brasileiro
SNC	Sistema de Normalização Contabilística
Società	Le Società
SPE	Societas Privata Europeae
SQ	Sociedade(s) por quotas
SQU	Sociedade por quotas unipessoal
SQUD	Sociedade por quotas unipessoal desportiva
SROC	Sociedade(s) de Revisores Oficiais de Contas
STJ	Supremo Tribunal de Justiça
t.	tomo
tb.	também
TC	Tribunal Constitucional
Temi rom.	Temi romana
t.u.f.	Testo unico della finanza
TFUE	Tratado sobre o Funcionamento da União Europeia
TI	Temas de Integração
TJCE	Tribunal de Justiça das Comunidades Europeias
trad.	tradução
UmwG	Umwandlungsgesetz
V.	Veja
v.g.	*verbi gratia* (p. ex.)
vs.	*versus*
vol.	volume
ZGR	Zeitschrift für Unternehmens-und Gesellschaftsrecht
ZHR	Zeitschrift für das gesamte Handelsrecht und Wirtschaftsrecht
ZIP	Zeitschrift für Wirtschaftsrecht

TÍTULO VI
SOCIEDADES COLIGADAS
CAPÍTULO I
DISPOSIÇÕES GERAIS

ARTIGO 481º *
Âmbito de aplicação deste título

1. O presente título aplica-se a relações que entre si estabeleçam sociedades por quotas, sociedades anónimas e sociedades em comandita por acções.

2. O presente título aplica-se apenas a sociedades com sede em Portugal, salvo quanto ao seguinte:

a) A proibição estabelecida no artigo 487º aplica-se à aquisição de participações de sociedades com sede no estrangeiro que, segundo os critérios estabelecidos pela presente lei, sejam consideradas dominantes;

b) Os deveres de publicação e declaração de participações por sociedades com sede em Portugal abrangem as participações delas em sociedades com sede no estrangeiro e destas naquelas;

c) A sociedade com sede no estrangeiro que, segundo os critérios estabelecidos pela presente lei, seja considerada dominante de uma sociedade com sede em Portugal é responsável para com esta sociedade e os seus sócios, nos termos do artigo 83º e, se for caso disso, do artigo 84º;

d) A constituição de uma sociedade anónima, nos termos dos nºˢ 1 e 2 do artigo 488º, por sociedade cuja sede não se situe em Portugal.

* O artigo foi modificado pelo DL 76-A/2006, de 29 de março, que acrescentou a al. *d)* do nº 2.

Índice

1. Âmbito *pessoal* de aplicação (art. 481º, 1)
2. Âmbito *espacial* de aplicação (art. 481º, 2)
    2.1. A *autolimitação espacial* do regime: proémio do nº 2 do art. 481º
    2.2. As exceções à autolimitação espacial: alíneas *a)* a *d)* do nº 2 do art. 481º
    2.2.1. Art. 481º, 2, *a)*
    2.2.2. Art. 481º, 2, *b)*
    2.2.3. Art. 481º, 2, *c)*
    2.2.4. Art. 481º, 2, *d)*
3. Exclusão, pelo nº 2 do art. 481º, das sociedades de estatuto pessoal estrangeiro: a sua *não inconstitucionalidade* em geral, mas a necessária aplicação do regime dos grupos a relações intersocietárias *intraeuropeias*
4. A relação entre a autolimitação espacial do art. 481º, 2, e os preceitos fora do Título VI

Bibliografia

Citada:

ABREU, J. M. COUTINHO DE – *Da empresarialidade – As empresas no direito*, Almedina, Coimbra, 1996, *Curso de direito comercial*, vol. II – *Das sociedades*, 4ª ed., Almedina, Coimbra, 2011, "Responsabilidade civil nas sociedades em relação de domínio", *SI* nº 329 (2012), p. 223-246; ALBUQUERQUE, PEDRO DE – *Os limites à pluriocupação dos membros do conselho geral e de supervisão e do conselho fiscal*, Almedina, Coimbra, 2007; ANDRADE, ANA RITA GOMES DE – *A Responsabilidade da Sociedade Totalmente Dominante*, Coimbra, Almedina, 2009; ANTUNES, JOSÉ A. ENGRÁCIA – *Liability of Corporate Groups – Autonomy and Control in Parent-Subsidiary Relationships in US, German and EU Law – An International and Comparative Perspective*, Kluwer, Deventer, Boston, 1994, *Os Grupos de Sociedades – Estrutura e organização jurídica da empresa plurissocietária*, 2ª ed., Almedina, Coimbra, 2002 (2002), "O Âmbito de Aplicação do Sistema das Sociedades Coligadas", in Rui Manuel de Moura Ramos et al. (org.), *Estudos em Homenagem à Professora Doutora Isabel de Magalhães Collaço*, vol. II, Almedina, Coimbra, 2002, p. 95-116 (2002a); ASCENSÃO, J. OLIVEIRA, *Direito Comercial* – Volume IV – *Sociedades Comerciais – Parte Geral*, Lisboa, 2000; CAEIRO, ANTÓNIO – "As modificações ao Código das Sociedades Comerciais", in *Ab vno ad omnes. 75 anos da Coimbra Editora*, org. de Antunes Varela, Diogo Freitas do Amaral, Jorge Miranda e J. J. Gomes Canotilho, Coimbra Editora, Coimbra, 1998; CASTRO, CARLOS OSÓRIO DE – *Participação no Capital das Sociedades Anónimas e Poder de Influência – Breve Relance*, in *RDES*, 1994, p. 333 s., *A Imputação de Direitos de Voto no Código dos Valores Mobiliários*, in *CadMVM*, nº 7, 2000, p. 173 s.; CASTRO, CARLOS OSÓRIO DE/BRITO,

DIOGO LORENA – "A concessão de crédito por uma SGPS às sociedades estrangeiras por ela dominadas (ou às sociedades nacionais indirectamente dominadas através de uma sociedade estrangeira) e o artigo 481º, nº 2 do C.S.C.", *OD*, 2004, I, p. 131-155; COMISSÃO DO MERCADO DE VALORES MOBILIÁRIOS (CMVM), "A equiparação da subscrição, aquisição e detenção de acções de uma sociedade anónima por uma sociedade dela dependenten ao regime das acções próprias – Trabalhos preparatórios do Decreto--Lei nº 328/95, de 9 de Dezembro que alterou o Código das Sociedades Comerciais. Parecer e Proposta da CMVM", in *CadMVM*, nº 2, 1998, pp. 132-144; CONAC, PIERRE-HENRI – "Note", *Revue des Sociétés*, nº 3, 2014, p. 179-186; CORDEIRO, ANTÓNIO MENEZES – *Direito Europeu das Sociedades*, Almedina, Coimbra, 2005; CORREIA, ANTÓNIO FERRER – *Lições de Direito Internacional Privado*, I, Almedina, Coimbra, 2000; COSTA, RICARDO – *A Sociedade por Quotas Unipessoal no Direito Português – Contributo para o estudo do seu regime jurídico*, Almedina, Coimbra, 2002; "Unipessoalidade Societária", in IDET, Miscelâneas, nº 1, Almedina, Coimbra, 2003, p. 41-142; CUNHA, PAULO OLAVO – *Direito das Sociedades Comerciais*, 5ª ed., Almedina, Coimbra, 2012; DIAS, RUI PEREIRA – *Responsabilidade por Exercício de Influência sobre a Administração de Sociedades Anónimas – Uma Análise de Direito Material e Direito de Conflitos*, Almedina, Coimbra, 2007, "As Sociedades no Comércio Internacional (Problemas Escolhidos de Processo Civil Europeu, Conflitos de Leis e Arbitragem Internacional)", in IDET, Miscelâneas, nº 5, Almedina, Coimbra, 2008, pp. 41-108, "Artigo 3º", *Código das Sociedades Comerciais em Comentário*, coord. de Coutinho de Abreu, vol. I, Almedina, Coimbra, 2010, "Artigo 325º-A" e "Artigo 325º-B", *ibidem*, vol. V, 2012, " A responsabilidade das sociedades-mãe estrangeiras no regime dos grupos: os *cinzentos* do acórdão *Impacto Azul* (TJUE, C-186/12, 20.6.2014)", in *III Congresso Direito das Sociedades em Revista*, Coimbra, Almedina, 2014; DUARTE, RUI PINTO/CASTELA, M. JORGE C. – *Direito Europeu das Sociedades (Colectânea de Legislação)*, Vida Económica, Porto, 2005; EMMERICH, VOLKER/SONNENSCHEIN, JÜRGEN – *Konzernrecht – das Recht der verbundenen Unternehmen bei Aktiengesellschaft, GmbH, Personengesellschaften, Genossenschaft, Verein und Stiftung*, 6. Auflage, C. H. Beck, München, 1997; FERNANDES, L. A. CARVALHO/LABAREDA, JOÃO – "A situação dos accionistas perante dívidas da sociedade anónima no Direito português", *DSR* 4 (2010), p. 11-74; INSTITUT DE DROIT INTERNATIONAL, *La substitution et l'équivalence en droit international privé* (relatores: ERIK JAYME/ANDREAS BUCHER), Santiago do Chile, 27.10.2007, disponível em www.idi-iil.org e *IPrax*, 2008, p. 297; JAYME, ERIK – "Substitution und Äquivalenz im Internationalen Privatrecht – 73. Tagung des Institut de Droit International in Santiago de Chile", *IPrax*, 2008, p. 298; KEGEL, GERHARD/ /SCHURIG, KLAUS – *Internationales Privatrecht*, 9. Aufl., Verlag C. H. Beck, München, 2004; KOPPENSTEINER, HANS-GEORG – *Internationale Unternehmen im deutschen*

Gesellschaftsrecht, Athenäum, Frankfurt am Main, 1971, *La protection des créanciers des sociétés membres du groupe*, in "Colloque international sur le droit international privé des groupes de sociétés", Georg, Genève, 1975, pp. 79-111; LOUREIRO, CATARINA TAVARES/EREIO, JOANA TORRES – "A relação de domínio ou de grupo como pressuposto de facto para a aplicação das normas do Código das Sociedades Comerciais – O âmbito espacial em particular", in *Actualidad Jurídica Úria Menéndez*, 30-2011, p. 46-61; LUTTER, MARCUS – in Wolfgang Zöllner (Hrsg.), *Kölner Kommentar zum Aktiengesetz*, Band 1, 2. Auflage, Carl Heymanns Verlag, Köln, Berlin, Bonn, München, 1988 (Nachdruck: 1998), anotação aos §§ 71a ss. AktG; MACHADO, JOÃO BAPTISTA – , "Problemas na aplicação do direito estrangeiro – adaptação e substituição", *BFD*, vol. XXXVI, 1960, p. 323-351, *Lições de Direito Internacional Privado*, 3ª ed., Almedina, Coimbra, 1995 (reimpr., 2002); MAIA, PEDRO – "Tipos de Sociedades Comerciais", in Jorge M. Coutinho de Abreu (coord.), *Estudos de Direito das Sociedades*, 11ª ed., Almedina, Coimbra, 2013; MONTEIRO, ANTÓNIO PINTO/MAIA, PEDRO – "Sociedades Anónimas Unipessoais e a Reforma de 2006", in José Lebre de Freitas et al. (org.), *Estudos em Homenagem ao Professor Doutor Carlos Ferreira de Almeida*, Vol. I, Almedina, Coimbra, 2011, p. 217-246 (= in *RLJ*, 139º (2010)); OLIVEIRA, ANA PERESTRELO DE – "Artigo 481º" a "Artigo 508º", em *Código das Sociedades Comerciais anotado* (coord. de A. Menezes Cordeiro), 2ª ed., Almedina, Coimbra, 2011, p. 1209-1323, *Grupos de sociedades e deveres de lealdade – Por um critério unitário de solução do "conflito do grupo"*, Almedina, Coimbra, 2012, "Questões avulsas em torno dos artigos 501º e 502º do Código das Sociedades Comerciais", in *RDS*, IV, 2012, p. 871-898 (2012a); PICHEL, PAULO – "O âmbito espacial do regime de coligação societária à luz do Direito da União Europeia", in *DSR*, nº 11 (2014), p. 225-259; PINHEIRO, LUÍS DE LIMA – *Contrato de Empreendimento Comum (Joint Venture) em Direito Internacional Privado*, Almedina, Coimbra, 2003, *Direito Internacional Privado – Volume I – Introdução e Direito de Conflitos – Parte Geral*, 2ª ed., Almedina, Coimbra, 2008, *Direito Internacional Privado – Volume II – Direito de Conflitos – Parte Especial*, 2ª ed., Almedina, Coimbra, 2009; PINTO, ALEXANDRE MOTA – *Apontamentos Sobre a Liberdade de Estabelecimento das Sociedades*, in "Temas de Integração", nº 17 (1º Semestre de 2004), p. 59-120, nº 18 (2º Semestre de 2004), p. 141-156; RAMOS, RUI MANUEL MOURA – *Direito Internacional Privado e Constituição – Introdução a uma análise das suas relações*, Coimbra Editora, Coimbra, 1979 (3ª reimpr., 1994), *Da lei aplicável ao contrato de trabalho internacional*, Almedina, Coimbra, 1991, *Aspectos Recentes do Direito Internacional Privado Português*, in "Das relações privadas internacionais – Estudos de Direito Internacional Privado", Coimbra Editora, Coimbra, 1995, p. 85-123; RIBEIRO, MARIA DE FÁTIMA – *A Tutela dos Credores da Sociedade por Quotas e a "Desconsideração da Personalidade Jurídica"*, Almedina, Coimbra, 2009; SANTOS, ANTÓNIO MARQUES DOS – *As Normas de Aplicação Imediata no Direito Internacional Privado – Esboço de*

Uma Teoria Geral, I e II Volumes, Almedina, Coimbra, 1991, "Breves considerações sobre a adaptação em Direito Internacional Privado", in *Estudos de Direito Internacional Privado e de Direito Processual Civil Internacional*, Almedina, Coimbra, 1998, p. 51-128, *Direito Internacional Privado – Introdução – I Volume*, AAFDL, Lisboa, 2001; SANTOS, FILIPE CASSIANO DOS – *Estrutura Associativa e Participação Societária Capitalística – À guisa de Apresentação*, Coimbra, 2002, pp. I-LI (texto disponibilizado no âmbito do Curso de Mestrado da FDUC), A *Sociedade Unipessoal por Quotas – Comentários e anotações aos artigos 270º-A a 270º-G do Código das Sociedades Comerciais*, Coimbra Editora, Coimbra, 2009; SOARES, MARIA ÂNGELA COELHO BENTO – "A sociedade anónima europeia: sociedade de direito comunitário?", in *Nos 20 Anos do Código das Sociedades Comerciais – Homenagem aos Profs. Doutores A. Ferrer Correia, Orlando de Carvalho e Vasco Lobo Xavier – Volume I – Congresso Empresas e Sociedades*, Coimbra Editora, Coimbra, 2007; SCHMIDT, CLAUDIA – *Der Haftungsdurchgriff und seine Umkehrung im internationalen Privatrecht – eine systematische Untersuchung des direkten und des umgekehrten Haftungsdurchgriff im internationalen Privatrecht Deutschlands, der Schweiz und Österreichs*, J. C. B. Mohr (Paul Siebeck), Tübingen, 1993; TEICHMANN, CHRISTOPH – "Konzernrecht und Nieder–lassungsfreiheit – Zugleich Rezension der Entscheidung EuGH, Rs. 186/12 (Impacto Azul), *ZGR* 1 (2014), p. 45-75; TRIUNFANTE, ARMANDO – *Código das Sociedades Comerciais – Anotado*, Coimbra Editora, Coimbra, 2007; VAZ, TERESA ANSELMO – "A responsabilidade do accionista controlador", *OD*, 1996, III-IV, p. 329-405.

1. Âmbito *pessoal* de aplicação (art. 481º, 1)

O art. 481º, 1, delimita o âmbito *pessoal* de aplicação[1] do Título VI do CSC, que este preceito justamente inaugura. Dispõe-se que o Título VI aplicar-se-á a *relações que entre si estabeleçam* três tipos legais societários: *sociedades por quotas, sociedades anónimas* e *sociedades em comandita por ações*.

Os fundamentos normativos de uma tal delimitação não são, de todo, inequívocos.

Acerca desta exclusão de quaisquer outros entes singulares ou coletivos, entende Teresa Anselmo Vaz[2] que "[a] explicação da omissão de um regime

---

[1] Chamando-lhe (em expressão igualmente cabida) *âmbito formal de aplicação*, por o pressuposto de aplicabilidade em análise respeitar à *«forma jurídica* dos sujeitos intervenientes", v. ENGRÁCIA ANTUNES (2002a), p. 96 e *passim*.
[2] O enfoque da Autora ((1996)), importa frisar, é todavia especialmente incidente sobre as *relações de domínio* (as que importam para o objeto do seu estudo citado), de entre as várias relações intersocietárias reguladas no Título VI.

específico para aqueles casos [referindo-se à pessoa singular] poderá residir na circunstância de o controlo pelo accionista pessoa singular só poder ser exercido com recurso aos instrumentos jurídico-societários previstos na lei e dentro dos limites que o CSC prevê para situações particulares"[3]. Parece-nos, porém, perfeitamente plausível que um acionista pessoa singular não recorra a outros instrumentos que não à detenção imediata de participações que lhe conferem o referido controlo. Em seguida, a Autora critica a ausência de diferenciação entre o acionista pessoa singular *empresário* e *não empresário*: se é verdade que este último não colocaria, ao menos tão provavelmente como o acionista--sociedade, o perigo do surgimento de conflitos de interesses com a sociedade dependente, por subordinação desta "à prossecução de interesses económicos e empresariais" alheios, já perante o *empresário*, mesmo que pessoa singular, o conflito pode existir. Trata-se de um pensamento a que não foi alheio o legislador alemão de 1965, ao arvorar em torno da empresa (*Unternehmen*) a aplicabilidade do direito dos grupos[4]. Contudo, em face do direito positivo português, a conclusão da Autora é clara: "A esta ideia de diversidade de situações em função do carácter empresarial do accionista controlador foi o legislador português alheio, excluindo do regime das sociedades coligadas todas as entidades não previstas expressamente no artigo 481º, independentemente de serem ou não titulares de empresa"[5].

Engrácia Antunes, por seu turno, aponta que "a raiz histórica e teleológica última das regulações relativas ao fenómeno dos grupos societários e ao seu princípio energético, o controlo intersocietário, radica justamente na constatação de algumas diferenças estruturais entre o domínio exercido por sócios singulares e o domínio exercido por pessoas colectivas desenvolvendo uma actividade económica própria, 'maxime', por uma outra sociedade comercial"[6]. A propósito da descrição dos sistemas alemão, português, brasileiro e o proposto para harmonização comunitária, sublinha o Autor que tais diferenças estruturais revelar-se-iam no *exercício* e nos *efeitos* desse domínio: enquanto o "controlo societário individual", em que o detentor do poder é uma pessoa singular, seria *interno* (refletindo a luta interna pela assunção do poder) e *conjuntural* (porque os seus efeitos desviantes se refeririam basicamente a casos individuais e espe-

---

[3] TERESA ANSELMO VAZ (1996), p. 347.
[4] V. algumas referências em RUI PEREIRA DIAS (2007) – texto que aqui seguimos de perto –, p. 57, n. 100.
[5] TERESA ANSELMO VAZ (1996), p. 347-348.
[6] ENGRÁCIA ANTUNES (2002), p. 586, n. 1144.

cíficos de exercício fraudulento ou abusivo do poder por um indivíduo), o "controlo intersocietário" é antes *orientado para o exterior*, no sentido de que o sujeito controlador exerce exteriormente uma atividade económica, concorrente com a da entidade controlada, e de que o controlo reflete, não aquela luta interna, mas antes um expediente técnico para a integração de uma corporação na vasta unidade económica liderada por uma outra sociedade[7], e *estrutural*, na medida em que não resulta numa tentativa isolada de obter benefícios à custa de uma sociedade e seus credores (e eventualmente sócios não controladores), mas antes no normal funcionamento de uma "lógica interna de grupo" que maximiza as virtualidades de uma forma alternativa de organização da empresa[8]. Ora, seria o reconhecimento desta dicotomia, isto é, do facto de que o sócio-sociedade exerceria o seu poder de controlo de modo *essencialmente* diferente de como o faz o sócio individual, que estaria na base das opções legislativas alemã, portuguesa e brasileira a propósito de um direito dos grupos[9]. Não podemos deixar de notar que a diferença, explicada nestes moldes, nos parece mais *económica* do que propriamente *estrutural*: na base do raciocínio parecem estar as suposições dos interesses meramente investidores do sócio individual (*"normally"*), e os interesses estratégicos do sócio-sociedade (*"usually"*). Ora, quando se tornam estas "normalidades" critérios mais definidos? Exatamente quando existe o exercício de uma atividade económica (diríamos, de algum modo relacionada com a que é objecto da atividade societária da dependente) por parte do sócio, seja ele pessoa singular ou colectiva, e, dentro destas, sociedade ou não[10]. Pelo que este critério, na sua justificação, coincidiria afinal com aquele outro já abordado: o do carácter empresarial ou não do sócio. De todo o modo, é importante sublinhar que Engrácia Antunes conclui pela incoerência da exigência de uma determinada "forma" societária "a *todos* os sujeitos envolvidos numa relação de coligação, ocupem estes o lado ativo ou o lado passivo desta relação", sobretudo no que toca ao lado ativo[11].

---

[7] ENGRÁCIA ANTUNES (1994), p. 151.
[8] ENGRÁCIA ANTUNES (1994), p. 152. Também falando aqui numa divergência de interesses "em regra, sistemática, estrutural (e não pontual, conjuntural)", COUTINHO DE ABREU (1996), p. 276-277.
[9] ENGRÁCIA ANTUNES (1994), p. 153.
[10] Repare-se na remissão de Engrácia Antunes, aquando da afirmação do *factum* da prática societária de que o indivíduo e a sociedade exercem de modos diversos o controlo, para a decisão do BGH com o seguinte teor, conforme citada pelo Autor (em inglês): "A sociedade dependente encara uma situação particularmente perigosa quando a sociedade dominante exerce uma actividade económica externa": cfr. ENGRÁCIA ANTUNES (1994), p. 153, n. 151; v. ainda, expressamente, p. 154, em texto e n. 153.
[11] ENGRÁCIA ANTUNES (2002), p. 294 (v. ainda p. 285-291); (2002a), p. 97-102, 103-104.

Uma explicação plausível para a opção legislativa portuguesa quanto ao âmbito pessoal de aplicação do Título VI é apresentada por Cassiano dos Santos: para o Autor, a questão reside "na natureza da sociedade como estrutura jurídica", e revela-se perante a "utilização instrumental da personalidade jurídica de uma sociedade por outra no quadro de um grupo". É essa instrumentalização que é sancionada, porque desvirtuadora dos fundamentos que permitiram delimitar uma esfera social à sociedade autónoma. "Ora, a interpenetração de esferas entre sociedades conduz a uma deformação no plano jurídico-económico: a fisiológica correspondência entre o projecto de intervenção económica e a esfera social é alterada". Estamos, portanto, no patamar dos vínculos relativos à estrutura criada para prosseguir uma atividade económica, e não propriamente no plano da "realidade económica subjacente", razão por que seria irrelevante a existência ou não de interesses empresariais exteriores[12]. Estaria assim identificada a razão de ser da atendibilidade, em matéria de sociedades coligadas, tão-só disso mesmo – de relações *entre sociedades*: "Por um lado, as esferas dos outros sujeitos colectivos não se posicionam na vida económica, pelo menos nos termos em que as sociedades o fazem; por outro lado, as pessoas humanas não se colocam apenas nessa esfera: elas são dotadas de uma esfera de interesses irrestrita, não demarcada, em consequência natural da ilimitação da personalidade humana"[13].

Continuamos, porém, com algumas dificuldades no vislumbre de uma explicação para a exclusão das sociedades em nome colectivo e em comandita simples, que não a da mera suposição, com o valor que esta tem, de que esses tipos societários "não se posicionam na vida económica" (usando uma vez mais as palavras de Cassiano dos Santos) nos termos em que o fazem os restantes tipos societários. Uma possível razão, na base dessa suposição, seria a não limitação da responsabilidade dos sócios da sociedade em nome colectivo (art. 175º, 1), não compensada com quaisquer vantagens de ordem fiscal (diferentemente do que acontece *v.g.* na Alemanha), tornando-a menos atrativa à "vida económica". Já quanto às sociedades em comandita simples, as dificuldades de justificação são (ainda) maiores, pois uma mera constatação da afinidade de regime com as sociedades em nome coletivo (cfr. art. 474º) não parece suficiente para as distinguir das (não excluídas) sociedades em comandita por acções, dado que nestas, como naquelas primeiras, há sócios comanditários que respondem tão-só pelas

---

[12] CASSIANO DOS SANTOS (2002), p. XLII-XLIII, XLVIII.
[13] CASSIANO DOS SANTOS (2002), p. XLVI.

respectivas entradas (art. 465º, nº 1, em conjugação com os arts. 474º e 478º). Por tudo isto, parece-nos existir um défice de fundamentação na definição do critério de aplicação do Título VI do CSC, desde logo nesta sua delimitação *ratione personae*, o que, aliado à desejável segurança jurídica, nos leva, desde já, a adiantar que é plenamente justificável a colocação de fortes reticências a uma aplicação do regime que extravase os estritos termos em que ela foi delineada.[14]

2. Âmbito *espacial* de aplicação (art. 481º, 2)

Após a delimitação do âmbito *pessoal* de aplicação do regime das sociedades coligadas, no nº 1, surge no nº 2 a definição do âmbito *espacial* de aplicação do Título VI.

A uma *regra material espacialmente condicionada* no proémio do art. 481º, 2, que restringe o campo de aplicação do regime das sociedades coligadas, seguem-se quatro preceitos a que chamamos *regras de direito internacional privado material*, isto é, normas especiais criadas para casos em que as situações a reger apresentam determinados elementos de estraneidade em relação à ordem jurídica portuguesa[15]. Aí encontramos a única alteração legislativa a que foi sujeito o art. 481º desde 1986: introduziu-se, com a reforma de 2006, uma nova alínea *d*).

2.1. A *autolimitação espacial* do regime: proémio do nº 2 do art. 481º

A regra constante do proémio do art. 481º apresenta-se, como adiantámos, enquanto *regra material espacialmente condicionada*, que se caracteriza mais precisamente por comportar uma restrição, "a certos casos definidos através de conexões espaciais, do campo de aplicação de determinadas disposições materiais do foro, em hipóteses em que estas todavia seriam de aplicar em virtude de o sistema jurídico-material do foro ser o competente face às suas próprias regras de conflitos"[16], o que no caso se consubstancia na exigência da *sede* das sociedades em Portugal[17]. Também intituladas de *normas espacialmente autolimitadas*, neste caso *de carácter restritivo*, exigem um contacto mais "forte" com o ordenamento

---

[14] Sobre a aplicabilidade do regime dos grupos no contexto das SQU, v. as referências indicadas *infra*, n. 60.

[15] V. MOURA RAMOS (1995), p. 103-104; (1979), p. 79-84; FERRER CORREIA (2000), p. 156-159; MARQUES DOS SANTOS (1991), I, p. 619 s.; (2001), p. 30 e 200 s.. Aliás, o recurso a normas de direito internacional privado material parece ser um expediente ligado aos grupos de sociedades não só no nosso ordenamento jurídico: por referência a França, e especificamente no que respeita à regulamentação das relações internacionais de trabalho, cfr. MOURA RAMOS (1991), p. 47-48 (v. n. 68).

[16] MOURA RAMOS (1995), p. 100-101, n. 42.

[17] Tratou-se de "nova e importante restrição", para OLIVEIRA ASCENSÃO (2000), p. 582.

jurídico do foro do que aquele que é exigido pela clássica regra de conflitos[18], fazendo com que o círculo de situações a que se aplicará, embora concêntrico com o que diz respeito ao espaço de normal aplicabilidade da lei do foro de acordo com a regra de conflitos, terá abstratamente um diâmetro inferior[19]. Apesar da "unilateralidade" derivada do facto de disporem sobre a aplicação (ou não aplicação) a situações plurilocalizadas de *determinadas* normas materiais (e não de todo um ordenamento), estas regras não se configuram como regras de conflitos unilaterais[20] (até porque não são, sequer, *regras de conflitos*)[21].

Exige-se, como dissemos, a *sede* das sociedades *em Portugal*: mas qual é a noção de sede relevante para este efeito? Na ausência de outras considerações da parte do legislador, entrevemos aqui uma referência à *sede efetiva*, como consagrada no art. 3º, 1, 1ª parte, mas sem que se exclua a eventual atendibilidade da *sede estatutária*, quando a tutela da *aparência* gerada o justifique[22].[23]

Uma outra questão pertinente se coloca quando a relação intersocietária é composta por mais do que duas sociedades, nem todas sediadas em Portugal, circunstância que assume relevo em decorrência do significado expressamente atribuído pela lei societária às participações *indiretas* (cfr. art. 483º, 2). A questão é: relevará a *localização* da sede de uma (ou mais) das sociedades coligadas *fora de Portugal*, para efeitos de assim se considerar excluído o regime do Título VI? O critério de resposta que se vem impondo foi traçado por Engrácia Antunes, no sentido de que "a exigência da verificação da conexão espacial contida no

---

[18] São uma *espécie*, a par das *normas de aplicação necessária e imediata*, do *género* das *normas materiais espacialmente autolimitadas*: cfr. MARQUES DOS SANTOS (1991), II, esp. p. 843-886. Sobre a matéria, v. mais referências em RUI PEREIRA DIAS (2007), p. 244-245, n. 674.

[19] A imagem é de MARQUES DOS SANTOS (1991), II, p. 876.

[20] Principalmente pelo aspecto de que a regra de conflitos, seja unilateral ou bilateral, efectua sempre uma escolha entre sistemas jurídicos, ausente nas regras materiais, onde se dispõe "sobre a actuação de certas regras materiais e não sobre a competência do ordenamento em que elas se inscrevem": MOURA RAMOS (1991), p. 661-662.

[21] V. com mais detalhes RUI PEREIRA DIAS (2007), p. 245-246, n. 676-678. Embora não resulte inequívoco, parece-nos que a referência que Teichmann faz ao nosso texto (RUI PEREIRA DAS (2007), p. 245) pode ter suposto por lapso a assunção de que se trataria de uma regra de conflitos unilateral: TEICHMANN (2014), p. 73, texto e n. 164.

[22] E ainda sem prejuízo do que, em teoria, viesse a considerar-se resultar do direito da União Europeia, em face do modo como o TJUE vem articulando as regras de conflitos nacionais em matéria societária com as liberdades fundamentais – discussão que tomamos por prejudicada, e por isso ora irrelevante, em face da necessária aplicação do regime dos grupos a sociedades "intraeuropeias". V., com referências, RUI PEREIRA DIAS (2010), art. 3º, anot. nos 2 e 3; e *infra*, nesta anot., nº 3.

[23] RUI PEREIRA DIAS (2007), p. 244, n. 672; CARVALHO FERNANDES/JOÃO LABAREDA (2010), p. 37; v. tb. PERESTRELO DE OLIVEIRA (2011), art. 481º, anot. 13 e n. 11.

art. 481º, nº 2 diz apenas respeito às sociedades protagonistas jurídicas da relação (indirecta)"[24].

2.2. As exceções à autolimitação espacial: alíneas *a)* a *d)* do nº 2 do art. 481º
2.2.1. Art. 481º, 2, *a)*

A primeira exceção legal à autolimitação espacial imposta pelo proémio do nº 2 encontra-se na alínea *a)*, onde se determina que a proibição de aquisição de participações da sociedade dependente pela sociedade dominante, plasmada no artigo 487º, também vale quando a sociedade dominante tenha sede no estrangeiro. Não se estabelece aí a aplicabilidade à situação contrária, isto é, quando tenha sede em Portugal a sociedade dominante, no que toca à aquisição por dependente estrangeira. Atenta a circunstância de que a preocupação normativa subjacente a um tal regime de proibição de aquisição de participações recíprocas «qualificadas» – i.e., entre sociedades (não apenas mutuamente participadas mas ainda) dominante e dependente – é, «em primeira linha, a protecção da integridade do capital e da organização interna da própria sociedade dominante»[25], esta alínea *a)* causou generalizada perplexidade[26].

Em acréscimo, a introdução no CSC dos artigos 325º-A e 325º-B, pelo DL 328/95, de 9 de dezembro, adensou as dificuldades interpretativas, uma vez que em preâmbulo se afirmava a "derrogação dos artigos 487º e 481º, nº 2, que se mantêm apenas em vigor para as sociedades por quotas".

Porém, notámos já que este resultado não é incontroverso[27]. Lembremos que, por força dos referidos preceitos, as ações que sejam subscritas, adquiridas ou detidas por uma entidade *formalmente* distinta da emitente desses valores mobiliários, *mas desta dependente nos termos do artigo 486º*[28], são sujeitas ao regime das ações próprias da sociedade anónima emitente, *como se fossem formalmente*

---

[24] ENGRÁCIA ANTUNES (2002), p. 310, n. 636; aderindo explicitamente a esta opinião, OSÓRIO DE CASTRO/LORENA BRITO (2004), p. 154; no mesmo sentido, PERESTRELO DE OLIVEIRA (2011), art. 481º, anot. 14; LOUREIRO/EREIO (2011), p. 50. Contra, PAULO PICHEL (2014), p. 255-256.

[25] ENGRÁCIA ANTUNES (2002), p. 314.

[26] V. por todos *ID., ibid.*.

[27] V. RUI PEREIRA DIAS (2012), anot. aos arts. 325º-A e 325º-B, *maxime* art. 325º-A, anot. 3, que seguimos de perto.

[28] Sobre o conceito de influência dominante, v. desenvolvidamente e com referências ENGRÁCIA ANTUNES (2002), p. 451 s.; v. tb. entre outros CARLOS OSÓRIO DE CASTRO (2000), p. 173 s. (deste último autor, a propósito da relação entre a influência e a fracção de capital efectivamente detida, v. ainda (1994), p. 333 s.); RUI PEREIRA DIAS (2007), p. 55-91, e *infra*, anot. ao art. 486º; PERESTRELO DE OLIVEIRA (2012), p. 29 s..

detidas por esta última. O fim visado pelos artigos 325º-A e 325º-B é, justamente, o de a sociedade dependente e a sociedade dominante serem tomadas, para estes efeitos, como *uma só sociedade*. É como se a sociedade dependente não fosse de distinguir da sua dominante, de onde resulta que as ações que a dependente detenha na sua dominante sejam tomadas como ações detidas pela própria dominante. A *ratio* da norma parece simples: se a dominante *se serve da dependente* para adquirir ações próprias, então tais ações, apesar de *formalmente* detidas pela sociedade dependente, devem ser tomadas como ações próprias da dominante.

Pois bem: nos termos do artigo 325º-A, 3, acrescenta-se que o regime do nº 1 é aplicável *"ainda que a sociedade dependente tenha a sede efectiva ou a sede estatutária no estrangeiro, desde que a sociedade dominante esteja sujeita à lei portuguesa"*. O pensamento que fundou esta regra é fácil de identificar, com arrimo na Diretiva transposta[29]: "a fim de evitar desvios à Directiva 77/91/CEE é conveniente visar as sociedades abrangidas pela Directiva 68/151/CEE, bem como as sujeitas à legislação de um país terceiro e dotadas de uma forma jurídica comparável"[30].

Esta opção do legislador comunitário é explicável da seguinte maneira: se não é a sociedade dominante quem detém em nome próprio as ações representativas do seu capital, mas as mesmas são detidas por entidade de si dependente, estaria a contornar-se o regime a que estão sujeitas as ações próprias, na ausência da equiparação assim legalmente operada. Do mesmo modo, se apenas fossem consideradas "dependentes", para este efeito, as sociedades sujeitas à mesma lei que a dominante, e já não as sociedades de estatuto pessoal estrangeiro dela efetivamente dependentes, continuar-se-ia a poder contornar o regime. Haveria apenas, digamos assim, que traçar uma linha de contorno um pouco mais extensa – uma em tudo semelhante à anterior, mas que atravessasse os confins da ordem jurídica nacional.

---

[29] O DL 328/95 transpôs para o direito português a Diretiva 92/101/CEE do Conselho, de 23 de Novembro de 1992, que alterou a Segunda Diretiva, relativa à constituição da sociedade anónima, bem como à conservação e às modificações do seu capital social.

[30] Considerando nº 4 da Diretiva nº 92/101/CEE.

Retomemos a propósito o considerando nº 3 da alteração de 1992 à Segunda Diretiva: pretendeu evitar-se que uma sociedade anónima "se sirva de outra sociedade, na qual dispõe da maioria dos direitos de voto ou sobre a qual pode exercer uma influência dominante". Esclareça-se ainda que as "sociedades abrangidas pela Diretiva 68/151/CEE", que é a Primeira Diretiva de Direito das Sociedades (hoje numa versão codificada pela Diretiva 2009/101/CE, de 16 de Setembro de 2009), são, no que diz respeito a Portugal e nos termos do seu artigo 1º: "a sociedade anónima de responsabilidade limitada, a sociedade em comandita por acções, a sociedade por quotas de responsabilidade limitada".

Esta exigência comunitária, constante do art. 24º-A, 1, *b*), da Segunda Diretiva[31], foi transposta para o CSC pelo citado art. 325º-A, 3. O legislador português delimitou o âmbito de aplicação da lei portuguesa nestes termos: estando a sociedade dominante sujeita à lei pessoal portuguesa – isto é, tendo ela como *lei pessoal* a lei portuguesa, porquanto se situa em Portugal a sua *sede* (v. art. 3º, 1) –, as ações representativas do seu capital detidas por uma sociedade dependente que tenha *sede efetiva* ou *sede estatutária* no estrangeiro são, igualmente, equiparadas a ações próprias da sociedade dominante, tal como previsto para as situações puramente internas no nº 1 do artigo 325º-A. Portanto, através desta regra que reconhece competência à lei portuguesa, o legislador esclarece, no que diz respeito a este aspecto de regime (o da regulamentação das ações próprias, conforme objeto da remissão operada pelo artigo 325º-B, 1), que a relação intersocietária entre a sociedade (anónima) dominante *portuguesa* e a sociedade dependente de estatuto pessoal estrangeiro fica sujeita à *lei pessoal da sociedade dominante – a lei portuguesa*. Por outras palavras: a aquisição, pela sociedade dependente estrangeira, de ações representativas do capital da *sociedade anónima* dominante cuja sede se situe em Portugal – e portanto "esteja sujeita à lei portuguesa" – é regida por esta lei, *no que diz respeito à matéria da sua equiparação a ações próprias da sociedade anónima dominante.*

Embora se determine no artigo 3º do CSC a lei aplicável ao estatuto pessoal de *uma sociedade*, já quando se trate de relações *entre duas sociedades* – as que interessam ao regime das *sociedades coligadas* –, basta que uma delas *não esteja sujeita à lei portuguesa* para que o regime dos artigos 481º e seguintes *não se aplique* (a não ser, bem entendido, nos aspectos em seguida aí especialmente regulados pelo legislador de modo diverso, e bem assim no que diferentemente resulte da aplicação do direito da União Europeia e liberdades fundamentais aí consagradas)[32]. Mas, sendo esse o ponto de partida, o legislador afasta-se diametralmente dele quando toma posição sobre o conflito de leis no art. 325º-A, 3, dizendo: nesta

---

[31] Este nº 1, nas suas duas alíneas (sendo que é a segunda que diretamente corresponde ao nº 3 do art. 325º-A), dita: "a) A subscrição, aquisição ou detenção de acções de uma sociedade anónima por outra sociedade, na acepção do artigo 1º da Directiva 68/151/CEE, em que a sociedade anónima disponha directa ou indirectamente da maioria dos direitos de voto ou na qual possa exercer directa ou indirectamente uma influência dominante consideram-se feitas pela própria sociedade anónima. b) A alínea a) é igualmente aplicável sempre que a outra sociedade seja sujeita ao direito de um país terceiro e tenha uma forma jurídica comparável às previstas no artigo 1º da Directiva 68/151/CEE." Para o teor completo dos seis nºs do art. 24º-A da Segunda Diretiva, podem ver-se, além da publicação oficial: ANTÓNIO MENEZES CORDEIRO (2005), pp. 194-196; RUI PINTO DUARTE/M. JORGE C. CASTELA (2005), pp. 75-76.
[32] V. RUI PEREIRA DIAS (2007), p. 243 s..

específica matéria ligada às relações *entre duas sociedades*, o regime será de aplicar, mesmo apesar da internacionalidade da situação de facto e da sujeição da sociedade dependente a uma lei *que não é a lei portuguesa*. A escolha é perfeitamente compreensível, se atentarmos nos *interesses que estão subjacentes* ao conjunto de normas jurídicas materiais sobre cuja aplicação no espaço se decide. O regime das ações próprias visa, como sabemos, salvaguardar interesses de *credores* e de *sócios* da *sociedade emitente das ações*; se assim é, se é esta a *"sociedade principalmente atingida"*[33], se é esta o *"objecto da proteção"*[34], então é a sua lei pessoal a *mais bem colocada* e *mais adequada* a reger a matéria jurídica em apreço[35].

A necessidade desta tomada de posição justifica-se, portanto, com o ponto de partida do legislador societário português no art. 481º, 2, excluindo em princípio do regime dos grupos as relações intersocietárias *plurilocalizadas*.

Ora, o legislador de 1995, como já adiantámos, visou *explicitamente* alterar esta regra, como resulta do preâmbulo ao citado Decreto-Lei, ao apresentar-se a equiparação introduzida: "Esta nova solução implica uma derrogação dos artigos 487º e 481º, nº 2, que se mantêm apenas em vigor para as sociedades por quotas". Em rigor queria dizer-se 481º, 2, *alínea a)*[36], porque apenas essa, e não as demais alíneas que compõem o nº 2 do art. 481º, regula matéria assimilável aos novos artigos introduzidos em 1995.

Por conseguinte, é opinião comum a de que os artigos 487º e 481º, 2, *a)*, se encontram desde 1995 *parcialmente revogados*: teriam deixado de aplicar-se às sociedades anónimas, e passado a valer apenas para as sociedades por quotas[37].

---

[33] Usando a expressão de KEGEL/SCHURIG (2004), p. 548 ("jeweils *hauptbetroffenen* Gesellschaft"; em sentido próximo, LIMA PINHEIRO (2009), p. 179). Aqueles Autores referem-se expressamente ao problema da lei aplicável à possibilidade de a dependente adquirir ações da dominante, considerando competente a *lei pessoal da sociedade dominante*. Em concordância quanto a este aspecto, a propósito da aplicabilidade do § 71d AktG, pode ver-se também EMMERICH/SONNENSCHEIN (1997), p. 140.

[34] Nas palavras de MARCUS LUTTER (1988), anot. 81, é a sociedade dominante, no seu todo, o objecto da proteção (*Schutzobjekt*) deste regime, e daqui retira o autor consequências para as relações intersocietárias internacionais (§ 71d AktG, anots. 81 s.).

[35] Diferentemente, o regime dos *grupos de sociedades* fundamenta-se tradicionalmente numa protecção de interesses ligados à *sociedade dependente*, daí que a opinião dominante, na perspectiva da lei aplicável, privilegie a competência da *lei pessoal da sociedade dependente*.

[36] Os trabalhos preparatórios apontavam expressamente apenas para essa alínea, dentro do art. 481º, 2: cfr. CMVM (1998), p. 143.

[37] ENGRÁCIA ANTUNES (2002), p. 423-424 (v. tb. n. 819), p. 428, n. 829, p. 601, p. 314 (v. tb. n. 643); ANTÓNIO CAEIRO (1998), p. 400; OLIVEIRA ASCENSÃO (2000), p. 604; COUTINHO DE ABREU (2011), p. 397; LOUREIRO/EREIO (2011), p. 49; LIMA PINHEIRO (2009), p. 180, n. 349; PAULO PICHEL (2014), p. 248.

Não é todavia o único resultado interpretativo possível: é que se bem atentarmos no art. 325º-A, 3, ele vem permitir (nos termos da equiparação operada) a subscrição, aquisição ou detenção de ações da *dominante portuguesa* pela sua *dependente estrangeira*. O que é, ou era, proibido pelo art. 481º, 2, *a*), é a subscrição, aquisição ou detenção de ações da *dominante estrangeira* pela sua *dependente portuguesa*, cominada com a nulidade (art. 487º, 2); no caso inverso, estaríamos fora do âmbito de aplicação de todo o regime das sociedades coligadas (art. 481º, 2, proémio). Ora, se esta sociedade *dependente portuguesa* for uma *sociedade anónima*, e a sua *dominante* for *estrangeira*, o art. 325º-A, 3, não se lhe aplica (por isso que regula a hipótese simetricamente contrária: dependente estrangeira/anónima dominante portuguesa); e não se vê com que segurança se poderá afirmar que o artigo 481º, 2, *a*), se lhe deixou de aplicar – isto é, não nos parece de modo algum incontrovertido que a aquisição de participações de dominante estrangeira pela sociedade anónima dependente portuguesa tenha passado a escapar, após o DL nº 328/95, à proibição do artigo 481º, 2, *a*). A aceitarmos esta outra interpretação, estaria comprovado que o regime do artigo 481º, 2, *a*), se mantém aplicável a mais do que apenas as sociedades por quotas.

Por fim, uma outra saída no sentido da coerência do regime é, como sugere Lima Pinheiro, a bilateralização da regra de conflitos unilateral que encontramos no artigo 325º-A, 3[38].

2.2.2. Art. 481º, 2, *b)*

Na segunda exceção legal à autolimitação espacial do Título VI do CSC, estabelece-se que os deveres de publicação e declaração de participações que impendam sobre sociedades com sede em Portugal se estendem às participações em sociedades com sede no estrangeiro, e destas naquelas.

---

[38] LIMA PINHEIRO (2009), p. 181, n. 349 ("Esta norma unilateral conforma-se com o critério geral de delimitação entre o domínio de aplicação das [leis] pessoais em presença atrás justificado e, por isso, deve ser bilateralizada."). Por que motivo optou o legislador português, no art 325º-A, 3, por uma *regra de conflitos unilateral*, isto é, apenas delimitadora do âmbito de aplicação da lei portuguesa (e não *bilateral* – isto é, estabelecendo sob as mesmas condições a competência da lei portuguesa *ou* de qualquer lei estrangeira que preencha um elemento de conexão predeterminado –, como é mais usual entre nós), é algo que, em nossa livre conjectura, poderá ter sido ditado pela *dificuldade* em o legislador poder "impor" o seu juízo conflitual a uma ordem jurídica estrangeira, que provavelmente, em matéria deste tipo, privilegiará também a aplicação da sua própria lei, ou mesmo pelo *desinteresse* em fazê-lo, atendendo a que os interesses em causa, como vimos, são essencialmente os da sociedade dominante. Apesar de a matriz do nosso sistema conflitual ser *bilateralista*, nada obsta a opções legislativas no sentido da consagração de *inward-looking rules*, no quadro do pluralismo de soluções que metodologicamente caracteriza o nosso direito internacional privado.

Vem-se entendendo, por um lado, que os enumerados deveres não abrangem aquele previsto no art. 484º[39]. Por outro lado, é também opinião dominante a de que estas obrigações declarativas acabam «frequentemente por pouco ou nada vir acrescentar àquilo que resultaria já dos deveres gerais de publicação e declaração das participações sociais no âmbito da apresentação das contas sociais»[40], sendo ainda de frisar que, no contexto de consolidação de contas (v. arts. 508º-A s.), tantas vezes relevante para as sociedades coligadas, existem regras especialmente destinadas a definir os "perímetros legais" de consolidação[41], e por essa via alguns dos elementos fundamentais da "geometria" dos mencionados deveres de publicação e declaração.

2.2.3. Art. 481º, 2, *c)*

Na alínea *c)*, estatui-se a responsabilidade da sociedade qualificável como (totalmente[42] ou não) dominante, à luz dos critérios determinantes da existência de relação de domínio no direito português, de acordo com os termos (gerais) dos arts. 83º e 84º.

O legislador societário adopta o procedimento de ditar uma regra de direito internacional privado material para colmatar o possível vazio deixado pela autolimitação espacial do art. 481º, 2, no seu proémio. Para Engrácia Antunes, essa regra não traz nada de novo ao sistema, porquanto não se trataria de uma verdadeira exceção à doutrina geral da autolimitação do âmbito de aplicação espacial do sistema normativo das sociedades coligadas, ao contrário das duas alíneas anteriores do nº 2 do art. 481º, dado que os arts. 83º e 84º, a que se refere a alínea *c)*, são normas de direito societário geral e por isso não integradas no sector normativo específico das sociedades coligadas[43]. Conclui assim o Autor que, mesmo na ausência dessa regra, "o regime conflitual geral do art. 3º encontraria sempre plena aplicação", "sem que o legislador necessitasse de o reafirmar", pois "qualquer pessoa (...) que assuma a qualidade de sócio de uma sociedade comercial

---

[39] ENGRÁCIA ANTUNES (2002), p. 315; PERESTRELO DE OLIVEIRA (2011), art. 481º, anot. 17, n. 16; mas em sentido oposto, LIMA PINHEIRO (2009), p. 181 (v. tb. n. 350). Sobre esta al. *b)*, v. ainda PAULO PICHEL (2014), p. 248-249.

[40] ENGRÁCIA ANTUNES (2002), p. 315.

[41] V. *infra*, ANA MARIA RODRIGUES/RUI PEREIRA DIAS, em anot. ao art. 508º-A.

[42] A não ser assim, não faria sentido a remissão para o art. 84º (responsabilidade do sócio único).

[43] ENGRÁCIA ANTUNES (2002), p. 313-315.

com sede em Portugal verá a sua posição (...) determinada pela lei portuguesa, enquanto 'lex societatis' do ente social em causa" [44].

Porém, parece-nos não ser de acolher plenamente esta asserção, por duas ordens de razões – uma material e outra conflitual.

Em primeiro lugar, conforme aponta já Lima Pinheiro[45], o modo como está delineado o regime material especial do art. 481º, 2, *c*), permite a responsabilização de uma sociedade dominante de estatuto pessoal estrangeiro que, segundo a leitura textual deste passo legal[46], não seria responsável, caso o estatuto pessoal fosse o português: basta pensar na sociedade que exerce a sua influência dominante por interposta entidade (a sociedade indiretamente dominante[47]), que, se tivesse sede em Portugal, não seria, naquela leitura, demandável por força do art. 83º[48], mas que, pelo contrário, tendo sede em qualquer outro país, vê-se incluída na previsão do art. 481º, 2, *c*). Portanto, esta última conduz à aplicação do regime do art. 83º a entidades (as sociedades indiretamente dominantes)

---

[44] ENGRÁCIA ANTUNES (2002), p. 316, reiterado a pp. 858-859, n. 1689; (2002a), p. 108; acompanhado por OSÓRIO DE CASTRO/LORENA BRITO (2004), p. 146, n. 50. Também concluindo pelo "carácter redundante do preceito", PERESTRELO DE OLIVEIRA (2011), art. 481º, anot. 18, n. 17.

[45] LIMA PINHEIRO (2009), p. 181; tb. (2003), p. 1086, onde se refere às alíneas *b*) e *c*) do nº 2 do art. 481º como "*normas materiais especiais em matéria de grupos de sociedades*".

[46] Aparentemente, a opinião de Engrácia Antunes não deve tomar-se por filiada nessa leitura: se, por um lado, o Autor se refere ao facto de o "teor literal" do art. 83º ficar aquém do "conceito legal de influência dominante", "dado que a influência dominante leva ainda em conta a titularidade indirecta dos instrumentos de domínio (arts. 483º, nº 2, 486º, nºs 1 e 2)" (ENGRÁCIA ANTUNES (2002), p. 587, n. 1145), e se adiante lembra, acerca do art. 481º, 2, *c*), que "no estrito plano da letra legal, não estão aqui abrangidas as sociedades dominantes que não sejam titulares de acções ou quotas no capital das respectivas dependentes (por não serem sócias destas) ou mesmo as sociedades dominantes cujo domínio repousa em participações maioritárias de capital ou voto detidas por via indirecta (dado que, ao contrário do disposto no art. 483º, nº 2, a lei não faz paradoxalmente qualquer referência à relevância jurídica da titularidade por via indirecta)" (ENGRÁCIA ANTUNES (2002), p. 590, n. 1149), o Autor, no mesmo local da *ob. cit.*, afirma poder "justamente colocar-se a dúvida de saber se, para efeitos da aplicação do primeiro [o "nº 4 do art. 83º"] às relações de domínio, não se justificaria uma *interpretação extensiva* que o aproximasse do último [o "perímetro subjectivo do art. 486º"] (concorrendo de algum modo nesse sentido também, reflicta-se no argumento retirado da alínea c) do nº 2 do art. 481º)". Consoante seja dada uma resposta negativa ou positiva a esta proposta de interpretação extensiva, que o Autor deixa em aberto (sobre o ponto deixámos, em geral, algumas linhas em RUI PEREIRA DIAS (2007), p. 49 s., e tão-pouco fechámos uma interpretação), será ou não (respetivamente) cabida a primeira razão (*material*) para o não acolhimento da asserção do Autor exposta em texto. Porém, retirar (também) do art. 481º, 2, *c*), um argumento para alargar o âmbito de aplicação do art. 83º, 4, atribuindo-lhe pois uma determinada eficácia, não deixa em todo o caso de confirmar a segunda razão (*conflitual*) por que não acolhemos a asserção, conforme se pode ver de seguida em texto. V. ainda PAULO PICHEL (2014), p. 249.

[47] Relevante no estabelecimento da relação de domínio nos termos do art. 483º, 2 (por remissão do art. 486º, 1).

[48] Os nºs 1, 3 e 4 deste art. começam todos da seguinte forma: "O *sócio* que".

que, naquela perspectiva, não seriam demandáveis, por aplicação da lei portuguesa, em resultado do jogo normal da regra de conflitos do art. 3º, 1.

Em segundo lugar, a alínea *c)* auxilia-nos decisivamente na interpretação da regra de conflitos geral do art. 3º, em face da realidade especial das relações intersocietárias. Se bem repararmos no art. 33º, 2, do CC, delimitador (ainda que de modo não taxativo) do domínio de aplicação da lei pessoal da pessoa coletiva, podemos deparar-nos com a seguinte dificuldade, quando estejamos perante relações de domínio intersocietário transnacionais: por um lado, na perspetiva da sociedade dominada ou dependente, a responsabilização de um seu sócio nos termos do art. 83º, mesmo sendo esse sócio também uma sociedade, não deixa de ser uma questão atinente à *"qualidade de associado e os correspondentes direitos e deveres"*[49], pelo que integraria o *estatuto pessoal da sociedade dependente* – a lei portuguesa; por outro lado, do ponto de vista da sociedade dominante, *i.e.*, a sociedade detentora de uma participação social numa outra sociedade (sua dependente), o art. 83º prevê uma hipótese que pode ser configurada como de *"responsabilidade da pessoa colectiva (...) perante terceiros"*[50], pelo que se incluiria, diferentemente, no âmbito do *estatuto pessoal da sociedade dominante* (ou exorbitaria mesmo, poderia defender-se, o objecto da conexão jurídico-societária). Com este caminho pretendemos apenas ilustrar o problema identificado, entre nós, por Lima Pinheiro: "Quando a sociedade dominante e a sociedade dependente estão submetidas a leis diferentes coloca-se a questão de saber qual das leis é aplicável, designadamente, (...) à responsabilidade da sociedade dominante perante a sociedade dependente"[51]. Ora, segundo nos parece, o problema é resolvido pela norma

---

[49] Ou mesmo, numa interpretação permitida pelo facto de que a enumeração do art. 33º, 2, do CC, não deve ser considerada taxativa (v. RUI PEREIRA DIAS (2007), p. 167 s.), antes consagrando a competência-regra da lei designada pelo estatuto pessoal para regular as questões pertinentes ao nascimento, à vida, e à extinção da pessoa colectiva (BAPTISTA MACHADO (1995), p. 346), pode dizer-se que se este inclui a "responsabilidade da pessoa colectiva, bem como a dos respectivos órgãos e membros, perante terceiros", *a fortiori* não há como excluir do domínio de aplicação do estatuto pessoal da sociedade a responsabilidade desses membros perante a própria sociedade.

[50] Na verdade, a sociedade dependente pode ser vista como um "terceiro" – que, em face do art. 33º, 2, do CC, deve ser todo aquele que não integre um "órgão" nem seja um "membro" da pessoa colectiva-sociedade dominante; ora, é essa a situação da sociedade dependente face à dominante (a não ser que entre ambas exista uma relação de participações recíprocas, que tornaria a sociedade dependente sócia – *membro* – da sociedade dominante...).

[51] LIMA PINHEIRO (2009), p. 179, que propõe como critério de solução o do "fim de protecção das normas em causa", na esteira de Kegel e Schurig: v. LIMA PINHEIRO (2009), p. 179-182. Reconhecendo também a existência deste "potencial conflito entre o estatuto da sociedade dominante e o da dependente" (embora no âmbito da problemática da desconsideração da personalidade jurídica), SCHMIDT (1993), p. 108; igualmente, mas não circunscrito ao problema da desconsideração (ao levar a discussão

de direito internacional privado material do art. 481º, 2, *c*), em favor do *estatuto pessoal da sociedade dependente* (aliás, em conformidade com o que mais comummente se defende, sobretudo no âmbito do direito dos grupos). Eis, (também) aqui, o seu conteúdo útil. Pelo que, podemos concluir, a consagração do art. 481º, 2, *c*), resolveu (ou antecipou), por via legislativa, um possível problema de qualificação – o que não é aliás singular no direito internacional privado português[52].

2.2.4. Art. 481º, 2, *d)*

Por último, na alínea *d)* do nº 2 do art. 481º, o legislador refere-se à constituição de sociedade anónima originariamente unipessoal por uma *"sociedade cuja sede não se situe em Portugal"*[53]. O legislador de 2006 é aqui elíptico[54]: repare-se como, ao contrário das alíneas anteriores, esta não é dotada de um predicado, que permita surpreender cabalmente a *mens legislatoris*. Se, por exemplo, na alínea *c)*, o legislador determina, numa oração completa (ou mais que uma, em verdade), que "[a] sociedade com sede no estrangeiro que, segundo os critérios estabelecidos pela presente lei, seja considerada dominante de uma sociedade com sede em Portugal é responsável para com esta sociedade e os seus sócios, nos termos do artigo 83º e, se for caso disso, do artigo 84º", já na alínea *d)*, em virtude da sua incompletude gramatical, somos levados a perguntar: "[a] constituição de uma sociedade anónima, nos termos dos nºs 1 e 2 do artigo 488º, por sociedade cuja sede não se situe em Portugal" *o quê*? É admitida? Com certeza, até aí a elipse deixa-nos indemnes na interpretação. Mas com que efeitos? Constitui-se uma *relação de grupo*, como se de uma *holding* sedeada em Portugal se tratasse? Se a resposta for negativa, que consequências de regime retirar desta referência: *v.g.*, pode a sociedade totalmente dominante dar instruções desvantajosas? Responderá por perdas da dependente integral? Responderá perante credores desta?

Ao que parece[55], na base da alteração terá estado a intenção de eliminar uma dificuldade interpretativa que se terá feito sentir em cartórios notariais e

---

ao quadro mais geral da questão da proteção dos credores), v. KOPPENSTEINER (1975), p. 101; e ainda, expressamente, (1971), p. 189.

[52] Para indicações doutrinárias e mais desenvolvimentos sobre todo este ponto, designadamente acerca do sentido e a amplitude da remissão intra-sistemática da alínea *c)* para os arts. 83º e 84º, v. RUI PEREIRA DIAS (2007), p. 248 s..

[53] Retomamos de seguida, essencialmente, o que sobre o assunto se publicou em RUI PEREIRA DIAS (2007), p. 261 s., (2008), p. 86 s..

[54] Ou melhor, verdadeira *elipse* não há, já que esta suporia o *fácil subentendimento* das palavras omitidas...

[55] De acordo com a informação que informalmente obtivemos junto da Secretaria de Estado da Justiça do XVII Governo Constitucional, dada a ausência de documentos oficiais publicamente acessíveis que

conservatórias do registo comercial, no sentido da possibilidade ou não de uma sociedade de estatuto pessoal estrangeiro se valer do regime do art. 488º, 1, e assim constituir, *ab initio* unilateralmente, uma filial portuguesa, sem a intervenção de quaisquer outros sócios. Com a nova alínea *d)* pretender-se-ia, tão-só, esclarecer afirmativamente o intérprete acerca dessa possibilidade, não estando subjacente uma tomada de posição acerca da aplicabilidade ou não do direito dos grupos português a sociedades de estatuto pessoal estrangeiro.

Da nossa parte, parece-nos que são ponderosos os argumentos configuráveis em favor de uma interpretação do preceito que, por um lado, dele extraia a admissibilidade da constituição de uma "filial a 100%", sem que, por outro lado, se constitua uma *relação de grupo*[56] – salvaguardada a devida interconexão com o direito da União Europeia, como veremos.

Esta visão é sugerida por uma interpretação não derrogante do princípio ínsito no proémio do art. 481º, 2: ao dizer-se que "[o] presente título aplica-se apenas a sociedades com sede em Portugal, *salvo quanto ao seguinte*", o legislador mostra-nos qual é a regra que se afirma: a da inaplicabilidade das normas sobre coligação de sociedades a relações intersocietárias com elementos de estraneidade em relação ao ordenamento jurídico português. E isso deve impedir-nos, ou ao menos aconselha-nos a fazê-lo, de nos estendermos em demasia na interpretação das alíneas seguintes, que surgem como desvios a essa regra, em reconhecimento da "natureza excepcional do universo normativo das sociedades coligadas"[57].

---

se refiram à justificação desta concreta modificação legislativa, ou sequer de uma referência no preâmbulo do diploma.

[56] A favor desta interpretação, MARIA ÂNGELA BENTO SOARES (2007), p. 751-752; RUI PEREIRA DIAS (2007), p. 262, (2008), p. 87; ANA GOMES DE ANDRADE (2009), p. 125 (se bem lemos); PINTO MONTEIRO/PEDRO MAIA (2011), p. 221; PEDRO MAIA (2013), p. 36, n. 56; LOUREIRO/EREIO (2011), p. 53; PAULO OLAVO CUNHA (2012), p. 956-957, n. 1312; COUTINHO DE ABREU (2012), p. 227; PAULO PICHEL (2014), p. 250; contra (i.e., constituem-se relações de grupo independentemente da internacionalidade ou não da relação), ARMANDO TRIUNFANTE (2007), p. 520-521; CARVALHO FERNANDES/JOÃO LABAREDA (2010), p. 41; PERESTRELO DE OLIVEIRA (2012a), p. 873. Na nossa opinião, impõe-se ainda distinguir entre relações intersocietárias *extraeuropeias* (excluídas do regime dos grupos) e *intraeuropeias* (não excluídas): v. RUI PEREIRA DIAS (2007), p. 285 s..; (2008), p. 90; *infra*, nesta anot., nº 3; no mesmo sentido, COUTINHO DE ABREU (2012), p. 227; COUTINHO DE ABREU/SOVERAL MARTINS, nesta obra, em comentário ao art. 490º, anot. nº 2.1.

[57] Expressão de ENGRÁCIA ANTUNES (2002), p. 850. COUTINHO DE ABREU (1996), p. 252: "a disciplina jurídica das 'relações de grupo' é especial, *rectius*, é 'excepcional'" (v. tb. p. 253); cfr. ainda RICARDO COSTA (2002), p. 532-533.

Na sua letra, a alínea *d*) do art. 481º, 2, refere-se à "constituição de uma sociedade anónima, *nos termos dos nºˢ 1 e 2 do artigo 488º (...)*". E não, repare-se, *nos termos do artigo 488º*. Onde está a diferença? Recorde-se que o art. 488º tem um nº 3: "[a]o grupo assim constituído aplica-se o disposto nos nºˢ 4, 5 e 6 do artigo 489º". O que regulam estas disposições? Exatamente *aspectos respeitantes à extinção da relação de grupo*: as suas causas [nº 4, *a*), *b*) e *c*)], um dever de informação daí derivado para a dominante (nº 5) e o dever de registo do termo da relação de grupo, a cargo da administração da dependente (nº 6[58]). Ora, em boa verdade, só faz sentido que o legislador *não* remeta, no art. 481º, 2, *d*), para as regras que, nos termos do art. 488º, respeitam à extinção da relação de grupo, *se a intenção do legislador é a de que não se constitua, desde o início, uma relação de grupo*[59].

O legislador parece ter tido, tão-só, a intenção de "moralizar" a constituição de sociedades anónimas unipessoais por sociedades de estatuto pessoal estrangeiro, nos termos do art. 488º. Com efeito, pareciam ser na prática correntes situações em que a unipessoalidade, não existindo embora do ponto de vista formal – graças à colaboração, fácil de obter, de quatro outros sujeitos que componham o grémio social mínimo de cinco sócios –, exista materialmente, com tais sujeitos a deterem uma ínfima parte do capital social, sem qualquer interesse na sua participação na sociedade criada que não o de satisfazer o propósito do sócio esmagadoramente maioritário.

Esta intervenção legislativa afigura-se, pois, como ausente, no seu conteúdo, de preocupações verdadeiramente materiais, sobretudo quando verificamos que se mantém a possibilidade, à disposição de sociedades de estatuto pessoal estrangeiro, de constituir uma estrutura societária de direito português, sem que – ao menos numa das opiniões possíveis – se sujeitem às regras materiais portuguesas de direito dos grupos: pensamos nas sociedades por quotas unipessoais[60]. Houvesse o legislador tido o propósito de vincular as sociedades

---

[58] Na parte que aqui interessa: pois este refere-se ainda ao "registo da deliberação referida na alínea *c*) do nº 2", mas esta reporta-se àquela outra hipótese de domínio total *superveniente*. A propósito, v. ainda os arts. 3º, nº 1, *u*), e 15º, nº 1, do Código do Registo Comercial.

[59] A este aspecto esteve o legislador atento no DL 212/94, relativo à Zona Franca da Madeira, ao prever no seu art. 5º, 2: "*A sociedade unipessoal e a sociedade que totalmente a domine consideram-se em relação de grupo, independentemente da localização da sede da sociedade dominante, relação essa que termina nos casos previstos pelas alíneas b) e c) do nº 4 do artigo 489º do Código das Sociedades Comerciais*".

[60] Com esta leitura do regime das SQU, v. RICARDO COSTA (2003), p. 94 s., bem como nesta obra, *infra*, em comentário ao artigo 488º; PINTO MONTEIRO/PEDRO MAIA (2011), p. 219-220, em texto e n. 6. Entre as opiniões que entendem dever aplicar-se o regime dos grupos também às SQU, v. OLIVEIRA ASCENSÃO (2000), p. 581; ENGRÁCIA ANTUNES (2002), p. 850-851; FÁTIMA RIBEIRO (2009), p. 412

dominantes estrangeiras, que atuem em Portugal através de estrutura societária criada para o efeito em Portugal, ao regime das sociedades coligadas, não faria mais sentido que a modificação do art. 481º, 2, nesse sentido interpretada, fosse acompanhada da intervenção do legislador sobre a articulação do mesmo regime com a regulamentação das sociedades por quotas unipessoais? Só assim se atingiria um propósito que não resulta claro da mera introdução do art. 481º, 2, *d*), tanto mais após conhecermos a *mens legislatoris*.

Conclui-se, portanto, que a introdução da alínea *d*) não conduziu a uma eliminação da autolimitação espacial do regime dos grupos àqueles que são constituídos por sociedades com sede em Portugal – sem prejuízo do que já de seguida se dirá sobre as sociedades *intraeuropeias*.

3. Exclusão, pelo nº 2 do art. 481º, das sociedades de estatuto pessoal estrangeiro: a sua *não inconstitucionalidade* em geral, mas a necessária aplicação do regime dos grupos a relações intersocietárias *intraeuropeias*

Ao circunscrever-se no espaço o âmbito de aplicação das normas sobre sociedades coligadas, um grande e importante conjunto de relações internacionais entre sociedades vê-se excluído do âmbito de aplicação Título VI do CSC. Comportará essa exclusão uma violação de outras regras ou princípios vigentes no nosso ordenamento jurídico, tais como o princípio da igualdade, de assento constitucional (cfr. art. 13º, da CRP), ou o princípio da não discriminação em razão da nacionalidade e a liberdade de estabelecimento, de fonte comunitária (cfr. arts. 18º, e 49º a 54º, do TFUE, respetivamente)?

É dessa questão, de um modo ou de outro deixada em aberto por alguns autores[61], e respondida, noutros casos, ora no sentido da *inconstitucionalidade*[62], ora no sentido da *não inconstitucionalidade*[63], que nos ocupámos noutro texto[64].

---

s., n. 90; CASSIANO DOS SANTOS (2009), p. 85 s.; PERESTRELO DE OLIVEIRA (2011), art. 488º, anot. 13; COUTINHO DE ABREU (2012), p. 229. Não se omite que uma extensão analógica será especialmente difícil de aceitar no plano das relações intersocietárias *transnacionais*, sem que aí se veja uma violação da lei portuguesa, por isso que é o próprio legislador quem *expressamente* exclui a aplicação do regime das sociedades coligadas àquelas relações, no quadro da excecionalidade que o caracteriza (art. 481º, 1). Com mais alguns dados, v. RUI PEREIRA DIAS (2007), p. 264-265; (2008), p. 89-90.

[61] Cfr. ENGRÁCIA ANTUNES (2002), p. 312-313; (2002a), p. 116; LIMA PINHEIRO (2009), p. 180, n. 348; ALEXANDRE MOTA PINTO (2004), p. 119, n. 170; OSÓRIO DE CASTRO/LORENA BRITO (2004), p. 143, n. 41.

[62] MENEZES CORDEIRO (2005), p. 785; CARVALHO FERNANDES/JOÃO LABAREDA (2010), p. 41; PERESTRELO DE OLIVEIRA (2012a), p. 872.

[63] RUI PEREIRA DIAS (2007), p. 285; (2008), p. 90; COUTINHO DE ABREU (2012), p. 227.

[64] RUI PEREIRA DIAS (2007), p. 265 s..

ÂMBITO DE APLICAÇÃO DESTE TÍTULO **ART. 481º**   37

Cingindo-nos nesta sede a uma súmula, pode então dizer-se que a opção legislativa pela autolimitação espacial não é *irrazoável*, ao ponto de fundar um juízo de inconstitucionalidade. Tenha-se maior ou menor simpatia político-legislativa pela escolha, ela sempre pode estribar-se numa vontade de favorecer o investimento estrangeiro (esses investidores não veem assim os seus recursos expostos à pesadíssima responsabilidade que recai sobre uma sociedade totalmente dominante, nomeadamente pelas dívidas e pelas perdas da dominada – v. os arts. 501º e 502º); na ausência de consagração legislativa de semelhantes regras (de direito dos grupos) em grande parte dos sistemas jurídicos mais próximos do nosso, e connosco "concorrentes" na captação desse investimento; ou ainda nas eventuais dificuldades resultantes da determinação do âmbito pessoal de aplicação do regime (que tipos societários estrangeiros, sobretudo de leis extraeuropeias, seriam subsumíveis ao regime português?). Sem que, porém, se omita uma "válvula de escape" que garante um determinado nível de responsabilização da dominante, como acabámos de ver: cfr. o art. 481º, 2, *c*).[65]

A especialidade do contexto jurídico-europeu obriga, porém, a uma reponderação do problema em face das relações intersocietárias em que, não intervindo apenas sociedades com sede em Portugal, intervenham todavia sociedades que, nos termos dos tratados europeus, sejam beneficiárias da liberdade de estabelecimento (arts. 49º, 54º TFUE) e não possam, em geral, ser discriminadas em razão da nacionalidade (art. 18º TFUE). Aí, repare-se como o não reconhecimento a sociedades *intraeuropeias* dos vários poderes e instrumentos de coligação previstos nos arts. 481º s. (p. ex. a possibilidade legal de dar instruções vinculantes à administração da sociedade dependente ou subordinada; a celebração de convenções de atribuição de lucros) consubstanciaria, em si mesmo, uma restrição injustificada da liberdade de estabelecimento. Mas é igualmente certo que não poderíamos, ao mesmo tempo que lhes reconhecêssemos tais possibilidades, isentá-las das responsabilidades que a aplicação do Título VI pode acarretar (*maxime* perante credores e por perdas da dependente ou subordinada: arts. 501º e 502º). Por isso, somos da opinião de que a autolimitação espacial não se aplica a essas relações intersocietárias *intraeuropeias*, com a consequência de que as sociedades intervenientes estarão em relação de grupo, para efeitos da aplicação dos arts. 488º e seguintes[66].

---

[65] Mais desenvolvidamente, RUI PEREIRA DIAS (2007), p. 274 s..
[66] V. mais desenvolvidamente RUI PEREIRA DIAS (2007), p. 285 s.. V. tb. (2008), p. 90, e COUTINHO DE ABREU (2012), p. 227. Aceitando esta especificidade jurídico-europeia, mas limitadamente às relações de

Mais recentemente, o TJUE veio pronunciar-se sobre a pretensa compatibilidade, com o direito da União Europeia, da autolimitação espacial da regra de responsabilização solidária pelas dívidas (art. 501º), desconsiderando a necessária congruência de todo o conjunto de preceitos reguladores das relações de grupo, que não devia ter sido esquecida[67]. Lamentavelmente, por isso, não foi aproveitada a oportunidade para esclarecer o necessário alcance do regime das sociedades coligadas. Não obstante, a visibilidade europeia, por essa via, desta nossa regulamentação permitiu já que alguma doutrina manifestasse expressamente as suas reservas à negação, a sociedades beneficiárias da liberdade de estabelecimento, daqueles poderes e instrumentos de coligação a que nos referimos[68].

4. A relação entre a autolimitação espacial do art. 481º, 2, e os preceitos fora do Título VI

Há preceitos fora do Título VI – e mesmo fora do CSC – que se referem a *relações de domínio*, a *relações de grupo*, ou a *relações de domínio e/ou de grupo*, e em relação às quais se pode colocar a questão da respetiva aplicabilidade a relações societárias internacionais. É que, poderia argumentar-se, a circunstância de esses preceitos surgirem fora do Título VI coloca-os fora da autolimitação espacial do art. 481º, 2, que expressamente se refere apenas a *"o presente título"*. Mas, perante uma referência legal a *relações de domínio e/ou de grupo*, conceitos definidos e regulados no Título VI, poderia também contra-argumentar-se haver de supor-se que uma previsão normativa fora do Título VI recebe os dados estabelecidos nesse Título VI "como um todo", que por sua vez não considera existir relação de domínio e/ou de grupo assim que estejamos fora do seu âmbito (*pessoal* e *espacial*) de aplicação. Este contra-argumento, bem entendido, valeria apenas para os demais preceitos do CSC fora do Título VI e para as disposições legais em cujos diplomas não se estabeleça um critério próprio definidor da relação de domínio e/ou de grupo – critério que encontramos, porém, *v.g.* no CVM.

Em suma, a questão sobre os preceitos fora do Título VI é: estarão eles (*i*) sujeitos à autolimitação espacial prescrita pelo artigo 481º, 2, ou antes (*ii*) dela excluídos, porque sistematicamente localizados noutras divisões do Código?

---

simples participação e de domínio, PINTO MONTEIRO/PEDRO MAIA (2011), p. 223, n. 13. Com outros contornos no confronto com o direito europeu, v. ainda PAULO PICHEL (2014), p. 252-255.

[67] Ac. *Impacto Azul*, TJUE, 20.6.2013 (C-186/12). V. com mais detalhes RUI PEREIRA DIAS (2014).

[68] V. TEICHMANN (2014), p. 69, 72, 75; PIERRE-HENRI CONAC (2014), p. 185.

Continua a não nos parecer adequada uma resposta em bloco a favor da segunda sugestão com base numa mera interpretação literal do artigo 481º, 2 (*"O presente título aplica-se..."*), por muito que se possa duvidar do bem-fundado da opção legislativa[69]. É na *ratio* de cada uma das normas que recorrem aos conceitos de, por exemplo, relação de domínio ou de grupo, que haveremos de encontrar a resposta à questão da sua aplicabilidade apenas nos casos em que o Título VI do CSC vigora, nos termos do artigo 481º, 2, ou antes nos termos gerais que resultem do artigo 3º do CSC[70]. Só após a sua compreensão estará o intérprete apto a dizer se um preceito exterior ao Título VI do CSC se vale tão-só das definições legais de "relação de domínio ou de grupo", aproveitando-as para a sua previsão, ou se, nessa remissão, estará antes pressuposta a aplicabilidade de outras normas jurídicas que constituem o regime jurídico da relação de domínio ou de grupo, por entre elas existir um nexo de sentido que o legislador não pretendeu quebrar, mesmo apesar da sua arrumação fora daquele Título.

Noutro texto[71], ilustrámos este critério com dois exemplos em especial: o artigo 413º, 2, *a)*, e o artigo 414º-A, 1, *c)*, que em seguida retomamos.

Nos termos do artigo 413º, 2, *a)*, o modelo tradicional, monista ou latino *reforçado*, i.e., com conselho fiscal *e* ROC, é obrigatória "em relação a sociedades que sejam emitentes de valores mobiliários admitidos à negociação em mercado regulamentado e a sociedades que, *não sendo totalmente dominadas por outra sociedade, que adopte este modelo*, durante dois anos consecutivos, ultrapassem dois" dos limites aí plasmados. É no sublinhado que fizemos que se coloca a questão a analisar: estará desvinculada da obrigatoriedade de adopção desta estrutura reforçada a sociedade anónima, com sede em Portugal, cujas ações sejam a 100% detidas por uma outra sociedade que não tenha como lei pessoal a lei portuguesa?

Conforme acima anunciado, é importante compreender qual é a função sócio-jurídica de um tal preceito. Ele surge pensado para as sociedades cotadas e de grande dimensão, onde necessidades reforçadas de fiscalização fazem com que imperativamente se preveja uma separação entre as funções e poderes de fiscalização, por um lado, e de revisão legal de contas, por outro. Assim são acautelados os interesses de todos aqueles que celebram negócios com a socie-

---

[69] V. sobre este ponto RUI PEREIRA DIAS (2008), p. 91 s., que seguimos de perto.

[70] Sobre o problema ou alguns dos seus afloramentos, pode ver-se ENGRÁCIA ANTUNES (2002), p. 303 s.; (2002a), p. 95 s.; OSÓRIO DE CASTRO/LORENA BRITO (2004) p. 131 s.; RUI PEREIRA DIAS (2008), p. 91 s.; LOUREIRO/EREIRO (2011), p. 54 s.; PAULO PICHEL (2014), p. 251-252.

[71] RUI PEREIRA DIAS (2008), p. 92 s..

dade, bem como os seus acionistas minoritários. Mas existindo já esta estrutura na cúpula da relação intersocietária, e não havendo acionistas minoritários porque o domínio é total, não haveria razões que justificassem a necessidade de replicá-la (e os custos a ela associados) também para a totalmente dominada[72].

Ora, que dizer quando a referida sociedade dominante não está sujeita à lei portuguesa, mas respeita modelo equivalente ao por ela previsto na disposição em análise? As suas razões de ser mantêm-se plenamente perante a realidade transnacional descrita, pelo que nos parece ser de interpretar o artigo 413º, 2, *a*), no sentido de que também estão isentas da adopção do modelo reforçado as sociedades totalmente dominadas por uma sociedade de lei pessoal estrangeira que já o adopte.

No plano comunitário, estamos em crer que é esta a mais adequada interpretação da norma, em face do necessário respeito pelas liberdades fundamentais e a inadmissibilidade da sua restrição injustificada. À semelhança do que resultava já da interpretação que fazíamos do artigo 4º do CSC[73], e hoje resulta expressamente da lei (art. 4º, 4)[74], esta parece ser uma daquelas normas insusceptíveis de serem aplicadas de modo discriminatório a sociedades beneficiárias das liberdades comunitárias. Suponha-se p. ex. a sociedade constituída e com sede em Espanha, que tem como filial a 100% uma sociedade anónima de direito português e com sede no nosso País: se esta última ultrapassar dois dos limites estabelecidos no artigo 413º, 2, *a*), ela terá de considerar-se desobrigada da adopção do modelo de fiscalização reforçado, desde que a sociedade espanhola já o adopte.

Mas também perante sociedades totalmente dominantes que não beneficiem dessa liberdade de estabelecimento a questão se coloca, e mesmo aí se nos afigura adequada a interpretação referida. Poderão é, porventura, ser criadas maiores ou menores dificuldades ao intérprete, consoante a menor ou maior proximidade da estrutura de fiscalização estrangeira em análise em face do

---

[72] Com a qual, aliás, existirá frequentemente consolidação das contas. A este propósito, um paralelo interessante pode ser traçado com o art. 3º, nº 4, do Decreto-Lei nº 238/91, de 2 de Julho, alterado: *"Não obstante o disposto nos números anteriores, é ainda dispensada da obrigação de elaborar contas consolidadas qualquer empresa-mãe que seja também uma empresa filial, quando a sua própria empresa-mãe esteja subordinada à legislação de um Estado membro das Comunidades Europeias e: a) For titular de todas as partes de capital da empresa dispensada, não sendo tidas em consideração as partes de capital desta empresa detidas por membros dos seus órgãos (...); b) Detiver 90%, ou mais, das partes de capital da empresa dispensada da obrigação e os restantes titulares do capital desta empresa tenham aprovado a dispensa"*.

[73] V. RUI PEREIRA DIAS (2007), p. 222-223; (2008), p. 79-81.

[74] V. nesta obra o comentário ao art. 4º, no I Volume (2010), anot. 3.

regime português. Isto porque, em todo o caso, sempre se exigirá que a dominante adopte ela própria um modelo que seja *equivalente* ao que a lei portuguesa aqui exige, e que portanto acautele os interesses que este pretende acautelar. É o que a interpretação do passo da lei "que adopte *este* modelo" impõe, estando-se aqui perante um problema de *substituição*, tal como ele é colocado e estudado no direito internacional privado[75].

Podemos encontrar um problema semelhante ao cotejarmos a al. *c)* do art. 414º-A, nº 1, do CSC: *"Não podem ser eleitos ou designados membros do conselho fiscal, fiscal único ou revisor oficial de contas: (...) c) Os membros dos órgãos de administração de sociedade que se encontrem em relação de domínio ou de grupo com a sociedade fiscalizada"*.

Já sabemos que a relação de domínio ou de grupo só se constitui quando ambas as sociedades têm sede em Portugal, ou também, segundo defendemos, quando estamos perante relações intersocietárias com sociedades beneficiárias da liberdade de estabelecimento. Que dizer, porém, quando se questione a elegibilidade, como membro do órgão de fiscalização de uma sociedade anónima com sede em Portugal, de um administrador de sociedade dominante não sujeita ao Título VI do CSC? Será que a inexistência de uma relação de domínio ou de grupo, em sentido técnico, faz com que desapareça a incompatibilidade prevista no preceito, como a sua interpretação literal sugeriria? Não nos parece, para o que novamente convocamos a necessidade de analisar a *ratio* da norma.

Na sua origem estará a intenção de evitar ou limitar a possibilidade do surgimento de conflitos de interesses que possam prejudicar o desempenho do cargo[76], assim se *neutralizando o perigo*[77] decorrente de certas proximidades. Ora, tal conflito é susceptível de se afirmar, seja ou não aplicável o Título VI, razão pela qual a norma deve ser interpretada no sentido de abranger também como inelegíveis os administradores de outras sociedades, às quais aquele Título não se aplique, mas que disponham ao menos de uma influência dominante sobre a sociedade de lei pessoal portuguesa.

---

[75] V. INSTITUT DE DROIT INTERNATIONAL (JAYME/BUCHER) (2007). Cfr. JAYME (2008), p. 298. V. ainda em geral BAPTISTA MACHADO (1960), p. 339 s.; MARQUES DOS SANTOS (1998), p. 54 s.; LIMA PINHEIRO (2008), p. 561 s..

[76] PEDRO DE ALBUQUERQUE (2007), p. 32.

[77] Expressão de COUTINHO DE ABREU (2011), p. 244 (a propósito dos conflitos de interesses ao nível dos impedimentos de voto dos sócios).

Para além destas duas disposições, várias outros preceitos do CSC, fora do Título VI, colocam idêntica questão – pense-se fundamentalmente nos artigos 6º, 3; 28º, 2; 104º, 2; 397º, 3.[78]

[78] Sobre alguns destes (e também os arts. 325º-A e 325º-B, a que nos referimos em particular nos respetivos comentários, constantes do Volume V (2012) desta obra), LOUREIRO/EREIO (2011), p. 56 s..

ARTIGO 482º
Sociedades coligadas

Para os efeitos desta lei, consideram-se sociedades coligadas:
a) As sociedades em relação de simples participação;
b) As sociedades em relação de participações recíprocas;
c) As sociedades em relação de domínio;
d) As sociedades em relação de grupo.

Índice

1. Tipo de norma
2. Utilização dos conceitos no CSC
3. As espécies de sociedades coligadas
4. Concurso de relações

Bibliografia

Citada:

ANTUNES, JOSÉ A. ENGRÁCIA – *Os Grupos de Sociedades. Estrutura e Organização Jurídica da Empresa Plurissocietária*, 2ª ed., Almedina, Coimbra, 2002; BEHRENDT, UTE – *Os grupos de sociedades – uma comparação entre a lei alemã e a lei portuguesa* (dissertação de mestrado não publicada – FDUC), 2001; CUNHA, PAULO OLAVO – *Direito das Sociedades Comerciais*, 5ª ed., Almedina, Coimbra, 2012; CORDEIRO, ANTÓNIO MENEZES – "A responsabilidade da sociedade com domínio total (501º/1, do CSC) e o seu âmbito", *RDS*, III, nº 1, 2011, p. 81 a 115; GUINÉ, ORLANDO VOGLER – "A responsabilização solidária nas relações de domínio qualificado. Uma primeira noção sobre o seu critério e limites", *ROA*, 2006, p. 295 a 325; KOPPENSTEINER, HANS-GEORG – "Os Grupos no Direito Societário Alemão", IDET, *Miscelâneas nº 4*, Almedina, 2006, pp. 9 a 33; OLIVEIRA, ANA PERESTRELO DE – "Artigo 482º", *Código das Sociedades Comerciais Anotado* (coord. António Menezes Cordeiro), 2ª ed., Almedina, 2011, p. 1213 a 1217; TRIGO, MARIA DA GRAÇA – "Grupos de Sociedades", *OD*, 123º, 1991, p. 41 a 114.

Quanto à delimitação espacial e societária, atente-se no disposto no art. 481º e respectivo comentário.

1. Tipo de norma

Esta norma plasma um conceito normativo, traça uma classificação ou porventura uma definição legal do macro-conceito de coligação societária[1]. Não constitui uma norma no sentido de estabelecer em si mesmo um dever ser. Mas consagra um conceito e refere subespécies que são auxiliares na interpretação de outras normas jurídicas.

O art. esclarece que existem quatro espécies de "sociedades coligadas" e que apenas estas são qualificadas como tal; existe, assim, um princípio de tipicidade das coligações societárias[2]. Sem prejuízo do regime, de intensidade diversa, de cada espécie, as sociedades em causa mantêm-se estruturalmente autónomas, o que, p.e., o legislador alemão optou por referir expressamente (que se mantêm autónomas) para as suas espécies de empresas coligadas (*Verbundene Unternehmen*) na AkG (§15, parte inicial), e que não inclui, aliás, espécie análoga à coligação por simples participação.

Apesar de a lei empregar o termo "consideram-se", por vezes associado à formulação de presunções jurídicas, o sentido aqui é outro e mais assertivo, nem chegamos a entrar no universo das presunções (tipicamente um meio de prova), pois o legislador aqui apenas ordena, dentro de um mesmo conceito, um conjunto de realidades jurídicas.

Esta classificação é expressamente acolhida pelo legislador para efeitos do CSC ("desta lei") e não para outros efeitos. Poderá portanto o mesmo termo valer, ou ser definido com outro sentido, no âmbito de outras leis. Tal como poderão outras leis remeter para o conceito conforme definido no CSC. Na ausência de definição do conceito noutra lei e da sua remissão expressa para o CSC, será uma questão de interpretação jurídica apurar se essa remissão deve ou não operar. E será uma questão de interpretação contratual, caso as partes utilizem os conceitos sem identificar a respetiva fonte, pelo que esta indicação no contrato será sempre útil para evitar quaisquer dúvidas interpretativas.

---

[1] ENGRÁCIA ANTUNES (2002), p. 281 s., refere tratar-se de um conceito jurídico determinado ou fixo, global de referência e de valor jurídico-societário. PERESTRELO DE OLIVEIRA (2011), p. 1214 qualifica a norma como de enquadramento.

[2] Como sublinha ENGRÁCIA ANTUNES (2002), p. 279.

2. Utilização dos conceitos no CSC

O número de utilizações dos vários conceitos referidos neste art. é muito diverso.

O conceito de "sociedades coligadas" é utilizado nos arts. 84º, 1 (responsabilidade do sócio único, para ressalvar); 290º (informação ao acionista na assembleia geral); 322º, 2 (assistência financeira), 349º, 2 (limite de emissão de obrigações); e neste mesmo art. 482º (conceito de sociedades coligadas).

O conceito de "simples participação" é apenas usado neste Título VI (arts. 482º (conceito de sociedades coligadas), 483º (conceito de simples participação) e 484º (dever de comunicação)), enquanto que o de "participações recíprocas" é usado neste mesmo Título (arts. 482º (conceito de sociedades coligadas) e 485º (regime das participações recíprocas)), e nos arts. 510º, 2 (aquisição ilícita de ações ou quotas) e 540º (aplicação da lei no tempo).

Os conceitos de domínio (ou sociedade dominante/dependente ou dominada) e de grupo são os mais utilizados ao longo do Código, e normalmente são utilizados em paralelo. Em conformidade, veja-se o disposto nos arts.: 6º, 3 (prestação de garantias); 28º, 2 (independência do ROC verificador de entradas em espécie); 104º, 2 (sobre o exercício direito de voto em sede de fusão); 325º-A e 325º-B (ações próprias detidas indiretamente); 397º, 3 (negócios com a sociedade); 398º, 1 (exercício de outras atividades além de administrador); 414º-A, 1 (incompatibilidades do órgão de fiscalização/ROC); 425º, 6 (incompatibilidades de administradores do conselho de administração executivo); 432º, 3 (informação a prestar pelo conselho de administração executivo ao conselho geral e de supervisão); 437º, 1 (incompatibilidade entre funções nos referidos conselhos); 447º, 1 (publicidade de participações sociais detidas por membros de órgãos sociais); 449º (abuso de informação); 450º (inibição de exercício de cargos na sequência de inquérito judicial); certos arts. deste mesmo Título, 482º (conceito de sociedades coligadas), 483º (conceito de simples participação).

O primeiro conceito (domínio) é depois referido isoladamente nos arts. 486º (conceito de domínio), 487º (proibição de aquisição de participações), 492º (contrato de grupo paritário), 493º, 1 (contrato de subordinação), 496º, 2 (votação do contrato de subordinação) e 510º, 2 (aquisição ilícita de ações ou quotas), enquanto que a generalidade dos arts. 488º a 508º se refere naturalmente às relações de "grupo", de diversos tipos, incluindo o regime de domínio total inicial ou superveniente (mencionado igualmente nos arts. 117º-J (fusões transfronteiriças) e 413º, 2 (modelo de fiscalização)).[3]

A tónica da maioria das normas acima referidas, em que a referência a domínio é acompanhada da referência a grupos, é a transparência e equiparação de situações que substancialmente merecem o mesmo regime jurídico.

3. As espécies de sociedades coligadas

As quatro espécies de sociedades coligadas, cujo regime é tratado em maior detalhe nos comentários aos arts. seguintes, são portanto:

a) *As sociedades em relação de simples participação:*
Como o nome indica, corresponde à forma mais simples de coligação societária, caracterizando-se por um elemento positivo (uma das sociedades deter 10% ou mais do capital de outra) e por um elemento negativo (não existir entre as sociedades outra relação (mais forte) de coligação societária), como dispõe o art. 483º, 1.

As situações podem ser de intensidade bastante heterogénea; tanto cabem nesta qualificação duas sociedades em que uma delas detém 50% da outra e esta 9,9% da primeira, como duas sociedades em que uma delas detém 10% de outra e esta não detém qualquer capital da primeira.

b) *As sociedades em relação de participações recíprocas*
A designação desta espécie de coligação societária – pelo menos enquanto sociedades em relação de participações recíprocas submetidas a um regime específico no CSC (doutra forma esta classificação não tem interesse para este efeito) – pode induzir em erro. Podem existir sociedades que sejam reciprocamente sócias uma da outra e não cheguem sequer a qualificar-se como sociedades em relação de simples participação (se ambas detiverem até 9,9% do capital da outra).

Consideram-se nesta categoria as situações em que cada sociedade detenha 10% do capital da outra (e, como veremos, essa situação seja conhecida)[4]. Os arts. 484º e 485º erigem regimes de comunicação e limitações de aquisição/exercício

---

[3] Note-se também que as referências, a propósito das sociedades sujeitas a consolidação de contas, a "grupo" no art. 508º-C, 5, f) e "intragrupo" no art. 508º-F, 2 não se refere a grupo em sentido técnico-jurídico (nos termos dos arts. 488º, s.) – é um conceito diverso, a perceber contabilisticamente.

[4] De certa forma, corresponde a duas situações recíprocas de sociedades em relação de simples participação, como salienta GRAÇA TRIGO (1991), p. 62.

de direitos destinados, respetivamente, a fazer chegar ao conhecimento de cada sociedade a participação da outra, e impedir escalamentos auto-participativos, que teriam um impacto indesejável no sistema societário.

Tal como referido acima, poderá haver situações de intensidade bastante heterogénea, pois enquanto uma das sociedades poderá deter 10% do capital da outra, a outra poderá deter a mesma percentagem ou porventura deter até 50% do respetivo capital.

c) *As sociedades em relação de domínio*

Esta espécie de coligação societária, e como o seu próprio nome indica, denota uma relação inter-societária de maior, e diferente, intensidade face às duas situações anteriores. A doutrina apelida normalmente as sociedades em relação de domínio como grupos de facto[5].

Encontramos o conceito de relação de domínio no art. 486º: estão em relação de domínio as sociedades em que uma delas, direta ou indiretamente, possa exercer na outra uma influência dominante (nº 1). Note-se que sociedades-irmãs não se encontram entre si em relação de domínio; poderão é ser dominadas por uma mesma outra sociedade.

O conceito indeterminado do nº 1, muito impressivo mas de escassa ou nenhuma aplicação prática, é depois concretizado em três presunções legais de domínio, nas als. *a)* a *c)* do nº 2. Poderá discutir-se se as presunções são ilidíveis (à falta de indicação em contrário, não deveria haver dúvidas – art. 352º, 2 do CC), mas, ainda que o sejam, dificilmente, na prática, conseguirão ser ilididas na maioria dos casos.

O caso mais óbvio de ilisão será, porventura, quando se trate unicamente da possibilidade de designar a maioria dos membros do órgão de fiscalização – art. 486º, 2, c) *in fine*; outra situação cogitável poderá passar pela existência de tetos de voto que impeçam o acionista de exercer a maioria dos direitos de voto ou quando a maioria do capital seja detido maioritariamente através de ações preferenciais e o acionista não detenha a maioria do capital votante.

A ideia que perpassa do conceito geral bem como do racional daquelas alíneas é a detenção por uma sociedade da possibilidade de controlar a gestão de outra sociedade. Tipicamente, tal é normalmente atingido com a detenção da maioria do capital (a)), que permite dispor da maioria dos votos (b)) e assim designar a maioria dos membros dos órgãos sociais (c), em especial da administração.

---

[5] V. por todos ENGRÁCIA ANTUNES (2002), p. 73, s., e PERESTRELO DE OLIVEIRA (2011), p. 1215.

Na maioria dos casos todas estas alíneas se verificam cumulativamente, mas não é assim necessariamente: p.e. i) A pode enquanto detentor de ações ordinárias e preferenciais deter mais de 50% do capital da sociedade, mas ainda assim estar em minoria quanto aos direitos de voto (apenas inerentes às ordinárias, salvo em casos patológicos nas preferenciais); ii) B pode deter apenas uma pequena participação social, mas parassocialmente ter a possibilidade de designar efetivamente a maioria dos membros dos órgãos sociais.

Outra questão é como provar situações de domínio para além daquelas expressamente tipificadas/presumidas. Esta estrutura de conceito indeterminado, conjugado com alíneas, com este teor inspira igualmente outras leis, designadamente o art. 21º do CVM; para um conceito que parte do mesmo núcleo, mas construído sistematicamente de forma diversa (e mais ampla, aparentemente), pode ver-se o art. 13º, 2 do RGICSF.

Por outro lado, poderá haver situações em que existe um controlo de facto da sociedade (p.e. com 49% ou menos dos direitos de voto, tendo em conta o habitual absentismo de um número importante de outros sócios – usual em sociedade cotadas) – aqui haveria mais margem para aplicar o conceito geral do nº 1, mas na prática tem sido difícil conferir-lhe efetividade.

Por fim, haverá situações em que a relação de coligação societária ultrapassa a intensidade legalmente permitida e pressuposta pelo legislador para a relação de domínio – são nomeadamente situações designadas na doutrina alemã por grupo de facto qualificado ou, diríamos, de relação de domínio qualificado. Em que, por esse motivo (maior intensidade) se poderá discutir a legitimidade da mobilização de certas normas típicas dos chamados grupos de direito[6]. Note-se que o regime dos grupos de facto (relações de domínio) acaba por ser muito incipiente – circunscreve-se, no CSC, basicamente a certas proibições de aquisição de participações sociais (arts. 325º-A e 325º-B, bem como 487º) e a um dever de declaração da existência de domínio (art. 486º, 3) –, quando comparado com o regime dos grupos.

---

[6] ENGRÁCIA ANTUNES (2002), p. 600, s., levanta a questão, nomeadamente para efeitos do art. 501º, embora sem afirmar claramente uma posição; em sentido afirmativo, para essa situação particular e sob um conjunto de pressupostos, v. ORLANDO VOGLER GUINÉ (2006); uma resposta negativa é, no entanto, largamente dominante na doutrina portuguesa, podendo encontrar-se um ponto de situação sobre o tema em MENEZES CORDEIRO (2011), p. 112, s.. Para uma breve nota crítica sobre os grupos de facto qualificados no direito alemão, v. BEHRENDT (2001), p. 123, ss. e KOPPENSTEINER (2006), p. 24, s..

d) *As sociedades em relação de grupo:*

Esta espécie de coligação societária é que denota maior intensidade relacional entre as sociedades, estabelecendo a lei taxativamente de que forma um grupo (de direito, isto é, nos termos da lei) se pode constituir. Em termos de intensidade e regime, poderemos contrapor claramente as relações de grupo às outras formas de coligação societária, com um escasso regime normativo[7].

Quanto à sua origem, os grupos podem ser de origem contratual – contrato de grupo paritário (art. 492º) ou contrato de subordinação (arts. 493ºss), ambos de escassa ou nenhuma aplicação prática entre nós – ou de origem participativa (com base numa detenção, inicial ou superveniente, de 100% do capital da outra – arts. 488ºss).

Quanto à hierarquia entre as sociedades, poderemos dividi-los entre paritários/horizontais e supra/infra-ordenados/verticais, nestes últimos cabendo tanto os grupos contratuais de subordinação como os grupos de origem participativa.

É com este segundo grupo de casos que o legislador se preocupa especialmente, considerando a hierarquia existente entre a chamada sociedade diretora (ou totalmente dominante) e a sociedade subordinada/dirigida (ou totalmente dominada). Por essa razão também é a relação que tem um regime mais incisivo, tanto em benefício como em prejuízo de cada uma das sociedades e respetivos sócios.

Apenas neste tipo de relação vertical existe expressamente um direito legal, direto, da sociedade-mãe de dar instruções à sociedade-filha, incluindo desvantajosas, tal como existe uma obrigação legal, solidária, da sociedade-mãe pelas dívidas da sociedade-filha, bem como uma responsabilidade por perdas (arts. 503º, 501º e 502º, respetivamente; aplicáveis aos grupos participativos por remissão do art. 491º)[8].

Note-se que a noção jurídica de grupo abrange um universo de sociedades/empresas muito menor do que a noção económica de grupo: à partida, um grupo jurídico, será também um grupo económico, mas há muitos grupos económicos que não cabem na definição jurídica de grupo (poderão, porventura, parte deles integrar uma relação de domínio).[9]

---

[7] Contrapondo estes dois setores, v. ENGRÁCIA ANTUNES (2002), p. 288, s., referindo-se a uma estrutura dualista.

[8] São estas as características mais idiossincráticas dos grupos de direito português; v. ENGRÁCIA ANTUNES (2002), p. 281; v. também PERESTRELO DE OLIVEIRA (2011), p. 1216.

[9] Como conclui PAULO OLVA CUNHA (2012), p. 957, apesar de um relevo e significado próprios, a noção de grupo de sociedades é uma realidade mais económica do que jurídica.

4. Concurso de relações

Pode suceder que concorram relações de coligação diversas entre duas sociedades, tema que este art. 482º não aborda. Em conformidade, por não se divisar razão de substância suficiente para que outra seja a solução aplicável e porque as consequência de cada regime não são diretamente sobreponíveis umas às outras, deve entender-se que se cumulam os regimes aplicáveis a cada tipo de coligação societária, salvo se a lei expressamente dispuser de forma diversa[10]. No entanto, as exceções expressas são de relevo, vejamos.

Dos termos do art. 483º, 1, *in fine* conclui-se que uma relação de simples participação não pode simplesmente conviver com qualquer outro tipo de coligação societária, isto é, verificando-se qualquer outro tipo de coligação, a relação de simples participação é excluída.[11] Assim sendo, apenas os outros três tipos de coligação societária poderão conviver entre si.

Por outro lado, existem exceções de regime, sem pôr em causa a convivência dos tipos de coligação, como é o caso do art. 485º, 4, que dispõe que o regime do nº 3 desse art. (no âmbito das participações recíprocas) é postergado pelo disposto no art. 487º, 2 (no âmbito das relações de domínio).

Por fim, existem exceções que especializam um sub-tipo sobre outro; assim, nos termos do art. 507º, 1 a aquisição de domínio (participativo) total da sociedade diretora sobre a sociedade dirigida faz caducar o regime de grupo contratual, passando a aplicar-se o regime de grupo de domínio total.

---

[10] Nesse sentido v. ENGRÁCIA ANTUNES (2002), p. 325 s., que qualifica estas situações de concurso real (por oposição ao concurso aparente, em que uma mesma sociedade cumula relações de coligação societária, mas com diferentes sociedades, em que não há dúvida sobre a cumulação, justamente porque a cumulação apenas se verifica num dos pólos e não em ambos da relação) e cita igualmente os exemplos seguintes.

11 Suscitam-se, contudo, algumas dúvidas estando em causa um grupo paritário; v. a propósito o comentário nº 1 ao art. 494º.

CAPÍTULO II
SOCIEDADES EM RELAÇÃO DE SIMPLES PARTICIPAÇÃO, DE PARTICIPAÇÕES RECÍPROCAS E DE DOMÍNIO

ARTIGO 483º
Sociedades em relação de simples participação

1. Considera-se que uma sociedade está em relação de simples participação com outra quando uma delas é titular de quotas ou acções da outra em montante igual ou superior a 10% do capital desta, mas entre ambas não existe nenhuma das outras relações previstas no artigo 482º.
2. À titularidade de quotas ou acções por uma sociedade equipara-se, para efeito do montante referido no número anterior, a titularidade de quotas ou acções por uma outra sociedade que dela seja dependente, directa ou indirectamente, ou com ela esteja em relação de grupo, e de acções de que uma pessoa seja titular por conta de qualquer dessas sociedades.

Índice
1. Caraterização
2. Regime de transparência
3. Interposição de sociedades com sede no estrangeiro

Bibliografia
Citada:

ANTUNES, JOSÉ A. ENGRÁCIA – *Os Grupos de Sociedades. Estrutura e Organização Jurídica da Empresa Plurissocietária*, 2ª ed., Almedina, Coimbra, 2002, e "Autoparticipações e Cômputo das Participações Intersocietárias", *Estudos em Homenagem ao Prof. Doutor Raúl Ventura*, vol. II, FDUL, Almedina, 2003, pp. 275 a 291; CASTRO, CARLOS OSÓRIO DE – "A imputação de Direitos de Voto no Código dos Valores Mobiliários", *Cadernos do Mercado de Valores Mobiliários*, nº 7, 2000, p. 161 a 192; CORDEIRO, ANTÓNIO MENEZES – *Direito Europeu das Sociedades*, Almedina, 2005; DIAS, RUI PEREIRA – "Artigo 481º", *Código das Sociedades Comerciais em Comentário* (coord. de J. M. Coutinho de Abreu), vol. VII (arts. 481º a 545º), Almedina, Coimbra, 2014, p. 15-424; EMMERICH, VOLKER e SONNENSCHEIN, JÜRGEN – *Konzernrecht*, 6ª ed., Verlag C. H. Beck, 1997; OLIVEIRA, ANA PERESTRELO DE – "Artigo 483º", *Código das Sociedades Comerciais Anotado* (coord. António Menezes Cordeiro), 2ª ed., Almedina, 2011, p. 1217 a 1221; VEIL – "§20", *Aktiengesetz Kommentar* (coord. Karsten Schmidt e Marcus Lutter), 2ª ed, Verlag Dr. Otto Schmidt, 2010, p. 321 a 337; VETTER, J. – "§19", *Aktiengesetz Kommentar* (coord. Karsten Schmidt e Marcus Lutter), 2ª ed, Verlag Dr. Otto Schmidt, 2010, pp. 315 a 321.

Quanto à delimitação espacial e societária, atente-se no disposto no art. 481º e respectivo comentário. Quanto à interposição de sociedade estrangeira numa cadeia de detenção, v. também o nº 3 abaixo.

1. Caraterização

Como referido no comentário ao art. anterior, corresponde à forma mais simples de coligação societária, caracterizando-se por um elemento positivo (uma das sociedades deter 10% ou mais do capital de outra) e por um elemento negativo (não existir entre as sociedades outra relação (mais forte) de coligação societária).

Mesmo que a sociedade participada em 10% ou mais detenha uma participação (inferior a 10%, comunicados ou conhecidos – v. comentário ao art. 485º e respectiva crítica) na primeira sociedade, a relação de coligação societária não deixa de ser de simples participação. Se nenhuma de duas sociedades participar em pelo menos 10% no capital da outra, elas não se qualificam como sociedades em relação de simples participação. Por outro lado, tanto poderá qualificar para este efeito uma sociedade que detém 50% do capital de outra[1], como uma sociedade que apenas detém 10%, o que pode dar lugar a situações muito heterógeneas. Relativamente a uma mesma sociedade, poderá haver um máximo de 10 sociedades neste tipo de coligação societária.

O limiar de 10% é formal, pode indiciar qualquer coisa, mas capaz (como vimos) de acolher situações muito díspares. A opção legislativa foi aqui por uma maior segurança jurídica, em linha com o limiar previsto no Projeto de 9ª Diretiva sobre Grupos de Sociedades (art. 3º, 1)[2], enquanto que o conceito de domínio (art. 486º, 1) é eminentemente material ("influência dominante")[3], ainda que na prática a forma (50% + 1 voto) se sobreponha normalmente ao conceito material (isto é, se sobreponha à teoria).

O referencial para apurar a participação é o capital e não, por exemplo, o capital ou os direitos de voto (qualquer um deles relevante, aparentemente pelo menos, para efeitos do art. 13º, 7 do RGICSF, designadamente[4]; e ambos

---

[1] Criticamente sobre o tema, v. ENGRÁCIA ANTUNES (2002), p. 341.

[2] Pode encontrar-se uma tradução do projeto em MENEZES CORDEIRO (2005), p. 751 a 770.

[3] Como salienta PERESTRELO DE OLIVEIRA (2011), p. 1219.

[4] Este artigo coloca uma questão interessante, mas que, por razões de coerência sistemática e de praticabilidade, parece dever ser resolvida em sentido restritivo, como segue: "Participação qualificada: a participação directa ou indirecta que represente percentagem não inferior a 10% do capital ou dos direitos de voto (...)"; ora, deverá entender-se como participação indireta de A as participações detidas

SOCIEDADES EM RELAÇÃO DE SIMPLES PARTICIPAÇÃO **ART. 483º** 53

alternativos para efeitos de presunção de domínio, conforme o art. 486º, 2, *a)* e *b)*) ou apenas os direitos de voto (relevante para efeitos do art. 16º do CVM)[5]. Por outro lado, embora susceptível de crítica, dificilmente poderá sustentar-se que as ações preferenciais sem direito de voto devem desconsiderar-se para este efeito, uma vez que são parte do capital social e que, potencialmente, poderão vir a representar direitos de voto; as ações preferenciais contam, portanto[6].

Quanto ao cálculo do capital da sociedade participada, coloca-se a questão de saber se deverão ser descontadas as ações próprias da sociedade participada (o que aumentaria a percentagem de participação detida pela outra sociedade). Entende-se que não com base em razões de segurança jurídica e o critério de interpretação *ubi lex non dintinguit nec nos distinguere debemus*[7]. Pode acrescentar--se um argumento sistemático, de paridade com o que sucede no âmbito da comunicação de participações qualificadas ao abrigo do CVM, em que as ações próprias também não relevam hoje em dia (v. art. 16º, 3, b do CVM).

Por outro lado, apenas estão aqui em causa frações de capital social (representado por ações ou quotas, independentemente das limitações que tenham por inerentes ou respetivas vicissitudes) e não quaisquer outros instrumentos ou valores mobiliários[8].

Quanto ao elemento negativo, deve criticar-se o jogo mecânico da conjugação deste art. 483º com o seguinte, na medida em que daí resulte que uma sociedade que não detinha quotas ou ações de outra, ou detinha menos de 10%, e adquire uma participação maioritária, passa a estar em relação de domínio com a segunda, passando por cima da aplicação do art. 484º do CSC; ora, esse não pode ter sido um desiderato pretendido pelo legislador, seria mesmo irracional, não devendo deixar de se aplicar o dever de comunicação previsto no art. 484º em situações desse tipo, por interpretação restritiva do pressuposto negativo

pela sociedade B, que é participada mas não dominada por A (exemplo: A detém 20% de B, que detém 50% do banco C – A detém indiretamente 10% de C)? Matematicamente poder-se-ia dizer que sim; em substância, parece dever responder-se negativamente.

[5] Reconhecendo justamente essa diferença de referencial, apontando os "direitos de voto" como linha a seguir "de iure condendo", v. ENGRÁCIA ANTUNES (2002), p. 336, em nota. Também EMMERICH/ /SONNENSCHEIN (1997), p. 105 e VETTER (2010), p. 318 salientam que o referencial é a participação de capital e não os direitos de voto.

[6] Como expressamente salientam, no âmbito da lei alemã, EMMERICH/SONNENSCHEIN (1997), p. 105 e VEIL (2010), p. 329.

[7] Nesse sentido ENGRÁCIA ANTUNES (2002), pp. 338, 400, e ENGRÁCIA ANTUES (2003), p. 277, s.. Igualmente opinando no sentido da não desconsideração das ações próprias, v., no âmbito da lei alemã, EMMERICH/SONNENSCHEIN (1997), p. 105, VEIL (2010), p. 329 e VETTER (2010), p. 318.

[8] Neste sentido, v. ENGRÁCIA ANTUNES (2002), p. 339, s., 401.

(art. 483º *in fine*)[9] ou por maioria de razão da norma que impõe o dever de comunicação[10]. Bem andou aqui o legislador alemão, prevendo essa situação de forma expressa nos §§ 20(4) e 21(2) da AkG.

Por fim, entre os dois objetivos fundamentais que uma sociedade poderá prosseguir investindo no capital social de outra – puramente financeiro v.s. objetivo estratégico empresarial – o início de uma relação de simples participação indiciará normalmente a preponderância do segundo, podendo constituir uma etapa preparatória a outros tipos de coligação societária, mais intensos[11].

2. Regime de transparência

O nº 2 prevê uma regra de transparência de participações sociais, consagrando um "conceito material de titularidade"[12], contando-se assim como próprias, além das ações ou quotas da titularidade (direta) da sociedade participante igualmente as ações ou quotas detidas por outras entidades.

Este número encontra-se em linha com o disposto na AkG no (§19(1) e respectiva remissão para o §16(4)), mas esta lei, no que toca ao dever de comunicação, vai mais longe, já que inclui igualmente ações sobre as quais haja um direito ou uma obrigação de aquisição (v. §20(2) da AkG[13]; para um local paralelo entre nós, v. art. 16º, 1, *e*) e 1, *h*) e 4 (mas também 5) do CVM).

Nos termos do nº 2, são desde logo imputáveis à sociedade as ações ou quotas de:

i) sociedade que seja dependente da sociedade participante, isto é, sociedade que seja dominada pela sociedade participante, de forma direta ou indireta (neste último caso existirá uma sucessão de sociedades dependentes);

ii) sociedade que se encontre em relação de grupo com a sociedade participante; parece dever interpretar-se restritivamente este segmento, no sentido de apenas relevar a sociedade que seja totalmente dominada ou se

---

[9] Assim ENGRÁCIA ANTUNES (2002), p. 343, s..

[10] Como nota PERESTRELO DE OLIVEIRA (2011), p. 1220, mesmo que se verifique o pressuposto negativo da parte final do nº 1, o art. 484º deve funcionar como tutela mínima nas restantes modalidades de coligação societária. Por fim, mesmo que se entenda não se aplicar o art. 484º nesses casos, esse (mau) entendimento não prejudicará naturalmente outras normas que imponham direitos ou deveres de informação.

[11] Salientando estes aspetos, v. ENGRÁCIA ANTUNES (2002), p. 328.

[12] Na expressão de ENGRÁCIA ANTUNES (2002), p. 318.

[13] V. com muito interesse sobre o tema EMMERICH/SONNENSCHEIN (1997), p. 106.

encontre contratualmente subordinada; por uma questão de identidade de razão com a situação anterior (a extensão é feita à dominada/dependente e não à dominante – a imputação apenas funciona num sentido) e por uma razão de substância, que explica a situação anterior: é que apenas a sociedade-mãe e não a sua filha pode influir, na medida em que a sua simples participação o permita, na sociedade participada[14]. A par destas situações, e de harmonia com este último ponto, as participações detidas na mesma participada por ambas as sociedades em relação de grupo paritário são reciprocamente imputáveis.

Por outro lado, é possível que uma mesma participação seja responsável por criar uma relação de simples participação de mais de uma sociedade em relação à mesma participada, como se poderá ver abaixo.

Para maior facilidade de apreensão, apresentam-se abaixo alguns exemplos[15]:

1. *Titularidade direta*

A sociedade A detém 10% das ações da sociedade X (que não detém, direta ou indiretamente, ações de A ou detém menos de 10%) = simples participação entre A e X, em resultado de titularidade direta de ações.

2. *Titularidade indireta*

A sociedade A detém 51% da sociedade B, que detém 10% das ações da sociedade X (que não detém, direta ou indiretamente, ações de A ou B ou detém menos de 10%) = simples participação entre A e X, em resultado de titularidade indireta de ações, bem como entre B e X, em resultado de titularidade direta de ações[16].

A sociedade A detém 5% das ações da sociedade X (que não detém, direta ou indiretamente, ações de A ou B ou detém menos de 10%) e 51% da sociedade B, que detém 5% das ações da sociedade X = simples participação entre A e

---

[14] Também para efeitos do art. 20º, 1, *b)*, do CVM, e pelo mesmo tipo de motivos, a imputação deve entender-se apenas num sentido (da dominada para a dominante e não vice-versa); nesse sentido, v. OSÓRIO DE CASTRO (2000), p. 182 a 185.

[15] Para alguns exemplos gráficos, v. ENGRÁCIA ANTUNES (2002), p. 320, s., e 346, s. Pode ver-se também para mais exemplos PERESTRELO DE OLIVEIRA (2011), p. 1220, s., em nota.

[16] A propósito deste exemplo pode discutir-se se não deveria exigir-se que a sociedade A tivesse uma qualquer participação direta. A resposta deve ser negativa – não se divisam restrições literais, teleológicas ou sistemáticas que apontem diversamente, antes pelo contrário; neste sentido, com mais desenvolvimento, pode ver-se ENGRÁCIA ANTUNES (2002), p. 356, s..

X, em resultado de titularidade direta e indireta de ações; não existe simples participação entre B e X, uma vez que não há imputação ascendente a B. A mesma lógica é aplicável caso existam mais sociedade dominadas na cadeia; pegando no primeiro exemplo, entre a sociedade-mãe A e a sociedade B poderão existir uma ou mais sociedade (X, Y, Z...), uma primeira (X) dominada por A, outra (Y) que é dominada por X, uma terceira (Z) que é dominada por Y, sendo esta a que domina B.

Os exemplos acima são transponíveis para a hipótese em que entre A e B exista uma relação de grupo hierárquica – de índole participativa ou contratual/subordinação.

A sociedade A e a sociedade B encontram-se em relação de grupo paritário e cada uma delas detém 5% das ações da sociedade X = simples participação entre A e X, bem como entre B e X.

Existe uma terceira situação de transparência material, a titularidade de ações de uma sociedade por uma pessoa, por conta de outra sociedade. Estranhamente, o legislador apenas referiu "ações"; o termo deverá ser interpretado mais abrangente ou corretivamente, para incluir igualmente as quotas, considerando que as sociedades por quotas igualmente podem ser objeto de coligação societária[17]. Por outro lado, o conceito de detenção por conta é (propositadamente) amplo (e encontramos exemplos paralelos, e que têm justamente sido interpretados de forma ampla, designadamente pelas autoridades de supervisão; v. arts. 20º, 1, *a*) do CVM ou 13º-A, 1 do RGICSF).

O propósito de tornar transparentes e conferir importância jurídica à realidade da situação inerente às participações sociais, que inspira este nº 2, é partilhado por outras normas do ordenamento jurídico. No CSC veja-se, p.e., o disposto no art. 447º equiparando à titularidade direta de ações (e, no caso, também de obrigações) um conjunto de situações referidas no respetivo nº 2. Paradigmaticamente, e até por ter inspirado outras normas de diplomas importantes, na área bancária e seguradora, veja-se o disposto no art. 20º do CVM, relevante desde logo para o regime das participações qualificadas (art. 16º do CVM) e OPAs obrigatórias (art. 187º do CVM) em sociedade abertas, que contém um leque muito mais (demasiado...?) abrangente de situações de imputação.

---

[17] Neste sentido, PERESTRELO DE OLIVEIRA (2011), p. 1220. Em sentido negativo, limitando a norma às ações, ainda que criticando o regime vigente, v. ENGRÁCIA ANTUNES (2002), p. 350.

Esta norma de transparência é também aplicável às outras situações de coligação societária, para além da simples participação, mencionadas no art. 482º. Assim resulta expressamente do art. 486º, 1 (domínio) e dos arts. 489º, 1, 490º, 1 e 507º, 1 (domínio total) e assim se deve entender, por uma razão de consistência e lógica, e em articulação com os dois arts. que o antecedem, para efeitos do art. 485º, 1 (participações recíprocas)[18].

3. Interposição de sociedades com sede no estrangeiro

Aparentemente, pelo menos, o CSC não dá resposta expressa sobre se as sociedades intermédias, no âmbito do art. 483º, 2, terão de ter sede em Portugal (ou em Estado-Membro da União Europeia, consoante a interpretação), sob pena de interromperem a cadeia de coligação, considerando para o efeito a regra de direito internacional privado do art. 481º.

A questão é a seguinte: na situação em que a sociedade (portuguesa) A detém a maioria do capital da sociedade (brasileira, por exemplo) B e esta detém 10% do capital da sociedade (portuguesa) C, *quid iuris?*

Em primeiro lugar, naquelas situações em que a lei expressamente preveja que as consequências de certas normas são igualmente aplicáveis com respeito a sociedades com sede no estrangeiro, parece que deverá também ser irrelevante a jurisdição da sede das sociedades intermédias (ou melhor, que além das sociedades intermédias portuguesas, também as estrangeiras contam). Está neste caso a proibição de aquisição de participações de sociedades estrangeiras que possam ser consideradas dominantes (art. 481º, 2, a), com remissão para o art. 487º, e assim para o art 486º 1, que refere o art. 483º, 2); v. também o art. 325º-A).

Agora, dúvidas maiores poderão levantar os casos em que não exista essa ressalva expressa na lei, nomeadamente dos arts. 486º, 1 (domínio, para além da consequência do art. 487º) e dos arts. 489º, 1, 490º, 1 e 507º, 1 (domínio total). A situação mais curiosa e importante será talvez a situação que num exemplo se sumaria como segue: sociedade A (portuguesa) detém 100% da sociedade B (brasileira, no nosso exemplo), que detém 100% da sociedade C (portuguesa). Que não há relação de grupo entre B e C parece mais pacífico, menos pacífico será que não exista entre A e C. E porventura com base, especialmente, na teleologia do regime das coligações societárias a conclusão deverá porventura passar

---

[18] Salientando esta questão, v. ENGRÁCIA ANTUNES (2002), p. 322.

pela irrelevância do local da sede das sociedades intermédias (B) para aferir da relação de coligação societária indireta (entre A e C)[19].

Em todo o caso, existirá sempre a salvaguarda geral da fraude à lei, bem como a parte final (residual) do art. 483º, 2 (titularidade por conta de pessoa, singular ou coletiva, que não inclui referência ao respetivo domicílio ou sede), poderá ser um auxílio útil em alguns casos.

---

[19] ENGRÁCIA ANTUNES (2002), p. 310, s., em nota acrescenta um argumento histórico, outro de direito comparado e finalmente um sistemático (locais paralelos); este último, no entanto, poderá ser reversível, caso se faça uma leitura *a contrario*. V. também o comentário ao art. 481º, RUI PEREIRA DIAS (2014). Aliás, a mesma conclusão acima indicada (irrelevância da plurilocalização das sociedades intermédias para apurar a relação de coligação societária entre A e C) parece dever aplicar-se quando na cadeia de sociedades algumas de permeio não constituam sociedades anónimas ou por quotas ou em comandita por ações (v. art. 481º, nº 1), desde que a cadeia de domínio não seja interrompida, e isto tanto em situações plurilocalizadas como em situações de âmbito exclusivamente nacional (apenas sociedades portuguesas); é que não estamos a perguntar pela existência de uma relação de coligação societária com as sociedades de permeio, mas a apurar a sua existência entre o elo societário inicial e o elo societário final da cadeia.

ARTIGO 484º
Dever de comunicação

1. Sem prejuízo dos deveres de declaração e de publicidade de participações sociais na apresentação de contas, uma sociedade deve comunicar, por escrito, a outra sociedade todas as aquisições e alienações de quotas ou acções desta que tenha efectuado, a partir do momento em que se estabeleça uma relação de simples participação e enquanto o montante da participação não se tornar inferior àquele que determinar essa relação.

2. A comunicação ordenada pelo número anterior é independente da comunicação de aquisição de quotas exigida pelo artigo 228º, nº 3, e do registo de aquisição de acções, referido nos artigos 330º e seguintes, mas a sociedade participada não pode alegar desconhecimento do montante da participação que nela tenha outra sociedade, relativamente às aquisições de quotas que lhe tiverem sido comunicadas e às aquisições de acções que tiverem sido registadas, nos termos acima referidos.

Índice

1. Dever de comunicação
2. Transações relevantes
3. Concorrência de deveres de comunicação

Bibliografia

Citada:

ANTUNES, JOSÉ A. ENGRÁCIA – *Os Grupos de Sociedades. Estrutura e Organização Jurídica da Empresa Plurissocietária*, 2ª ed., Almedina, Coimbra, 2002; CASTRO, CARLOS OSÓRIO DE – "Sociedades Anónimas em relação de participações recíprocas: alguns aspectos do regime legal", *RDES*, XXXI, 1989, p. 109 a 141; CORDEIRO, ANTÓNIO MENEZES – *Direito Europeu das Sociedades*, Almedina, 2005; EMMERICH, VOLKER/SONNENSCHEIN, JÜRGEN – *Konzernrecht*, 6ª ed., Verlag C. H. Beck, 1997; OLIVEIRA, ANA PERESTRELO DE – "Artigo 484º", *Código das Sociedades Comerciais Anotado* (coord. António Menezes Cordeiro), 2ª ed., Almedina, 2011, p. 1221 a 1224; VEIL – "§20" e "§22", *Aktiengesetz Kommentar* (coord. Karsten Schmidt e Marcus Lutter), 2ª ed, Verlag Dr. Otto Schmidt, 2010, p. 321 a 337, 340 a 341; VETTER, J. – "§328", *Aktiengesetz Kommentar* (coord. Karsten Schmidt e Marcus Lutter), 2ª ed, Verlag Dr. Otto Schmidt, 2010, pp 3633 a 3638.

Quanto à delimitação espacial e societária, atente-se no disposto no art. 481º e respectivo comentário.

1. Dever de comunicação

O nº 1 estabelece um dever de comunicação de aquisição ou alienação de quotas ou ações. O respectivo pressuposto literal é a existência prévia de uma relação de simples participação (nos termos do art. anterior) entre as sociedades em causa (a que alienou ou adquiriu quotas ou ações e a sociedade cujas participações sociais foram assim transacionadas). No entanto, mesmo que se verifique o pressuposto negativo da parte final do art. 483º, 1, o art. 484º deve funcionar como tutela mínima nas restantes modalidades de coligação societária[1], não se compreenderia se não fosse doutro modo; pense-se na situação em que não existe sequer uma relação de simples participação e uma sociedade adquire uma posição de domínio noutra sociedade: não se compreenderia que não devesse a participante informar a participada (dominada) nos termos deste art. 484º, por interpretação restritiva deste pressuposto negativo[2] ou por maioria de razão da norma que impõe o dever de comunicação por maioria de razão pelo menos. Bem andou aqui o legislador alemão, prevendo essa situação de forma expressa nos §§ 20(4) e 21(2) da AkG.

São objeto da comunicação todas e quaisquer aquisições e alienações, diversamente do que dispunha o Projeto de 9ª Diretiva sobre Grupos de Sociedades (art. 3º, 1), que, acima do limiar dos 10%, estabelecia escalões de 5%[3]. A AkG, nos seus §§ 20 e 21, estabelece apenas o dever de comunicar que se atingiu ou baixou o limiar relevante (nesse caso de um quarto do capital), mas o respectivo §328(4), aplicável quando exista uma relação de participações recíprocas (detenção por cada sociedade de um quarto do capital da outra), já exige que seja comunicada qualquer aquisição ou alienação.

Ao referir que a comunicação é aplicável "a partir do momento" em que a relação de simples participação é estabelecida, deve entender-se, por uma razão de coerência, que a própria aquisição donde resulte a relação de simples partici-

---

[1] Assim PERESTRELO DE OLIVEIRA (2011), p. 1223. Mesmo que se entenda não se aplicar o art. 484º nesses casos, esse (mau) entendimento não prejudicará naturalmente outras normas que imponham direitos ou deveres de informação.

[2] Assim ENGRÁCIA ANTUNES (2002), p. 343, s..

[3] Pode encontrar-se uma tradução do projeto em MENEZES CORDEIRO (2005) p. 751 a 770.

pação deve ser objeto de comunicação – será a primeira comunicação a efetuar entre as sociedades ao abrigo desta norma[4].

A obrigação tem por razão de ser a publicitação de participações entre sociedades, garantindo que de tais circunstâncias se encontram informados a sociedade participada e (através desta) seus sócios, credores e, acrescente-se, outros *stakeholders*, pois pode não ser neutral para os seus interesses o início de uma relação de coligação societária[5].

Neste contexto, relembre-se que, para as sociedades anónimas, nos termos do art. 448º, 4, em anexo ao relatório anual do órgão de administração deve ser apresentada lista dos acionistas (independentemente da sua natureza) que, na data de encerramento do exercício social e segundo os registos da sociedade, sejam titulares de, pelo menos, um décimo do capital[6]. E, para as sociedades por quotas, a titularidade das quotas é pública, pois é objeto de registo comercial. Assim sendo, tanto num caso como noutro os terceiros interessados poderão ter acesso a essa informação.

Por outro lado, esta obrigação é a ponte entre a relação de simples participação (art. 483º) e a relação de participação recíproca (art. 485º) – sem o art. 484º as outras duas normas não são articuláveis entre si, nem em si mesmas operáveis[7].

O devedor da obrigação de comunicação é, assim, a sociedade adquirente ou alienante, formal e/ou material; consoante o caso concreto, pode ser apenas uma ou mais as sociedades obrigadas a comunicar[8]; p.e., se A domina B, A detém 5% de C e B adquire 5% de C, então apenas A deve comunicar; se, ao invés, A não detém directamente capital de C, e B adquire 10% de C, então tanto A como B devem comunicar, um como titular formal e outro como titular material. Agora, mesmo *de iure constituto*, talvez se deva poder mobilizar por analogia o

---

[4] Assim também OSÓRIO DE CASTRO (1989), p. 118, s., 121 e PERESTRELO DE OLIVEIRA (2011), p. 1222 em nota.

[5] Nesta linha ENGRÁCIA ANTUNES (2002), p. 329, s. e 358, acrescentando que dessa forma será dada notícia sobre projetos embrionários de aquisição; na mesma linha, v. PERESTRELO DE OLIVEIRA (2011), p. 1222. EMMERICH/SONNENSCHEIN (1997), p. 100 destacam a importância para a sociedade e público em geral da divulgação da relação de forças na sociedade.

[6] Sobre o diverso âmbito do art. 448º e do art. 484º, v. ENGRÁCIA ANTUNES (2002), p. 332, s., em nota.

[7] Este art. tem assim uma "finalidade instrumental e de auxílio interpretativo e integrativo de outras normas", como refere ENGRÁCIA ANTUNES (2002), p. 360; no mesmo sentido, para o direito alemão, v. EMMERICH/SONNENSCHEIN (1997), p. 100.

[8] Nesse sentido, ENGRÁCIA ANTUNES (2002), p. 353, s., e PERESTRELO DE OLIVEIRA (2011), p. 1223; no mesmo sentido, no âmbito do §20(1) da AkG, v. EMMERICH/SONNENSCHEIN (1997), p. 105 e VEIL (2010), p. 328, s..

disposto no art. 16º, 5 do CVM, permitindo que nestes casos (múltiplos devedores da obrigação) a obrigação seja cumprida por um dos devedores por conta
de todos eles, desde que a comunicação inclua toda a informação relevante; em
todo o caso, nada obstará também que uma mesma comunicação seja assinada
por representantes de cada uma das sociedades obrigadas. O credor da obrigação é a sociedade cujo capital social é representado por tais quotas ou ações[9].

A comunicação deverá ser realizada por escrito, o que deverá ser devidamente interpretado, considerando o disposto no art. 4º-A[10].

Pode discutir-se até que ponto, recebida uma comunicação nos termos deste
art., a sociedade participada pode, ou deve, solicitar à participante prova da
existência dessa participação, como o §22 da AkG expressamente consagra[11].
Ora, pelo menos quando existam dúvidas fundadas por parte da participada,
parece que o deve solicitar e, perante uma justificação plausível, por escrito, das
referidas dúvidas, a participante deverá prestar prova, *prima facie*, pelo menos
(p.e. extrato de conta bancária, quando aplicável), da existência da participação
– há que conferir um mínimo de segurança/sustentabilidade ao sistema[12].

Não tendo a lei fixado um prazo, deve contudo entender-se que a comunicação deve ser feita, assim que possível, dentro de um prazo razoável, curto em
todo o caso. Seja em atenção a legislações congéneres inspiradoras do regime
nacional, seja por um elemento sistemático (o art. 16º do CVM, p.ex., sobre a
comunicação de participações qualificadas, impõe um prazo de 4 dias de negociação), seja em atenção à teleologia da norma, de forma a conferir qualidade
e eficácia ao dever de comunicação[13]. Por fim, o próprio interesse da sociedade
participante poderá impor uma comunicação num espaço de tempo curto, pois
os efeitos inibidores do art. 485º não se produzem em função da efectiva primeira detenção de 10% na outra sociedade, mas antes em função da primeira

---

[9] A lei não cominou uma específica sanção para o incumprimento do dever, sem prejuízo do ónus e
responsabilidade derivados do disposto no art. 485º. Sobre este tema e forma de o superar, v. ENGRÁCIA
ANTUNES (2002), p. 368, s., propondo a aplicação analógica da sanção prevista para a violação do regime
sobre titularidade de participações recíprocas prevista no art. 485º, 3. É esse o tipo de regime (inibição
de direitos sociais) que vale na lei alemã (§§ 20(7) e 21(4) da AkG).

[10] Sobre o cumprimento do requisito similar (por escrito) no direito alemão neste contexto, v. VEIL
(2010), p. 327, que nota que o envio por fax, por exemplo, será suficiente.

[11] Levantando a questão, v. ENGRÁCIA ANTUNES (2002), p. 361, em nota.

[12] Como salienta, em justificação ao §22, VEIL (2010), p. 341, que igualmente aponta alguns tipos de
prova aplicáveis.

[13] V. ENGRÁCIA ANTUNES (2002), p. 361, s.. Também VEIL (2010), p. 326 e PERESTRELO DE OLIVEIRA
(2011), p. 1223, alertam para a necessidade de cumprir a obrigação dentro de um prazo razoável.

detenção comunicada (ou melhor, conhecida, sendo a comunicação o meio por excelência para provar o conhecimento).

A lei também não fixou um conteúdo mínimo (diversamente, por exemplo, do que fixou para as comunicações de participação qualificada acima referidas – v. art. 16º, 4 (bem como 6 e 7) do CVM e art. 2º, 1 do Regulamento da CMVM nº 5/2008), podendo o disposto no art. 7º do CVM, sobre qualidade de informação, ser um critério útil[14]. A informação prestada deverá, assim, ser completa, verdadeira, atual, clara, objectiva (e lícita). Será essencial que a sociedade participante se identifique e se dirija à sociedade participada devidamente, informando do montante da participação (número/valor de ações/quotas e percentagem do capital social que representam) e da data relevante[15]. Por uma questão de certeza, a comunicação deverá igualmente identificar a fonte legal ao abrigo da qual a comunicação é feita[16]. Em todo o caso, a completude da comunicação pode não dispensar uma apreciação caso-a-caso, em atenção à finalidade do dever de comunicação.

2. Transações relevantes

Ainda que o legislador não o tenha referido, com base num argumento sistemático e teleológico, à aquisição/alienação de quotas ou ações por uma sociedade deve equiparar-se a aquisição/alineação operada por outras entidades cujas participações sejam imputáveis a essa sociedade, nos termos do art. 483º, nº 2. Isto é, a efetuação de aquisições ou alienações, referida no nº 1, deve ser entendida como efetuação, direta ou indirecta, de aquisições ou alienações.

Por outro lado, são relevantes "todas" (quaisquer) as aquisições ou alienações, independentemente do seu valor absoluto ou relativo. Talvez a lei tenha aqui sido demasiado avassaladora – porventura teria sido mais razoável estabelecerem-se limiares de comunicação – p.e. 1% ou mesmo 0,5%. No CVM p.e. os deveres de comunicação de participações qualificadas estabelecem-se, até aos 25% pelo menos, em tranches de 5% (com exceção do limiar de 2%, aplicável mormente às sociedades abertas com valores mobiliários admitidos à negociação em mercado regulamentado). Já no art. 248º-B do CVM, não se estabelece para as transações de dirigentes, que devem ser comunicadas, qualquer limiar de relevância, mas esse ponto foi depois "corrigido" pelo disposto no art. 14º,

---

[14] V. ENGRÁCIA ANTUNES (2002), p. 363, s., com mais desenvolvimento.
[15] Assim também PERESTRELO DE OLIVEIRA (2011), p. 1223.
[16] Assim VEIL (2010), p. 326.

nº 1, do Regulamento da CMVM nº 5/2008, que estabelece um limiar de relevância de €5.000.

Apenas são relevantes aquisições ou alienações; situação paradigmática será a compra e venda de ações, mas note-se que o legislador não definiu a situação por referência ao tipo de negócio, mas ao efeito jurídico-real do negócio. Assim, um empréstimo de ações (v. art. 350º, 1 do CVM) ou um reporte (v. art. 477º do CCom) igualmente se incluem neste âmbito, pois têm tipicamente efeito translativo da propriedade. Já negócios sobre ações ou quotas em que esse efeito não está presente estarão, à partida, fora do escopo da norma.

Poderá por isso colocar-se a questão de saber se negócios cujo efeito económico seja similar a uma aquisição ou alienação de ações (ou quotas) – mormente a aquisição de posições (meramente económicas) longas ou curtas[17] sobre essas participações sociais através de instrumentos financeiros derivados. À partida, não parece contudo que devam relevar para estes efeitos, em atenção a um argumento sistemático (o art. 483º apenas considera a aquisição/alienação de ações ou quotas), de substância (pois apesar de tudo juridicamente deter uma posição económica derivada longa ou curta não é o mesmo que deter ou não as ações, desde logo não confere titularidade sobre os respetivos direitos inerentes, começando pelo direito de voto) e tendo em conta a incerteza que doutra forma se geraria (onde traçar a linha de fronteira?).

3. Concorrência de deveres de comunicação

O nº 1 começa logo por ressalvar este dever de comunicação é sem prejuízo dos deveres de declaração e de publicidade de participações sociais na apresentação de contas. A ressalva talvez se explique por uma questão de clareza, mas não era em absoluto necessário, até por que há várias outras situações de comunicação e divulgação que não são prejudicadas pelo disposto nesta norma. Pense-se, desde logo, em normas do próprio CSC (por exemplo, o art. 448º) ou na necessidade de divulgação de participações qualificadas, seja para efeitos do CVM (art. 16º) ou outros legais. Contudo, quando uma mesma transação dê origem a mais de um dever de comunicação à sociedade e sendo ambos cumpridos por escrito e

---

[17] Basicamente, diz-se longo quem detiver uma posição, pela detenção de um valor mobiliário ou de um instrumento financeiro derivado, em que beneficie economicamente da subida do preço das ações e/ou em que seja prejudicado pela respectiva descida de preço, e diz-se curto quem detiver uma posição inversa. Na legislação, um assertivo conceito de posição longa e curta pode encontrar-se no art. 3º, 1 e 2 do Regulamento (UE) nº 236/2012 do Parlamento Europeu e do Conselho de 14 de março de 2012 relativo às vendas a descoberto e a *swaps* de risco de incumprimento soberano.

com o conteúdo mínimo exigido por cada um dos deveres, parece que numa mesma comunicação a adquirente/alienante estará em condições de cumprir ambos os deveres (para o que será aconselhável que indique na comunicação estar a cumprir ambos os deveres os deveres), ainda que o disposto no nº 2 possa dar a entender um sentido diverso.

Aliás, poderá mesmo porventura questionar-se se uma sociedade que se encontre sujeita ao disposto no art. 16º do CVM, mormente uma sociedade aberta, considerando que se encontra sujeita a um regime especial de divulgação de participações qualificadas (que para mais consagra 10% como um dos limiares relevantes) e a dimensão destas sociedades (em que a aquisição de umas poucas ações poderá ser perfeitamente marginal) não deverá entender-se (por redução teleológica) como não se encontrando sujeita a um dever de comunicar toda e qualquer aquisição de ações. No entanto, relembre-se também que o referencial para o art. 16º do CVM são os direitos de voto e não o capital e que a norma de imputação do art. 20º do CVM é mais ampla do que a constante do art. 483º, 2, o que pontualmente poderá implicar divergências quanto à participação relevante para um e outro efeito. Bem andou o legislador alemão, que resolveu expressamente o concurso de deveres de comunicação, nos §§ 20(8) e 21(5) da AkG, quando se trate de sociedades cotadas (a que seja aplicável o disposto no §21 da WpHG), prevendo o §28 da WpHG uma inibição de direitos de votos para o incumprimento, no mesmo sentido da sanção prevista para o incumprimento do dever de comunicação geral previsto na AkG (§§20(7) e 21(4)).

O nº 2 vem na toada dessa ressalva anterior no nº 1, esclarecendo que o dever de comunicação do nº 1 é independente, e não se cumpre através, da comunicação de aquisição de quotas ou de ações (neste caso, essencialmente nos termos dos arts. 43º ss., do CVM), embora salvaguardando (em atenção a um princípio de justiça e de prevenção de abuso de direito) que a sociedade não poderá invocar desconhecimento da aquisição/alienação quando por essoutra via tenha tomado conhecimento da mesma. Esta salvaguarda ganha relevância num contexto de relações recíprocas, com as consequências inibitórias previstas no art. seguinte[18]. Em atenção ao racional desta salvaguarda, será de interpretá-la de forma extensiva[19], abarcando assim outras formas de conhecimento, formais pelo menos, em que a sociedade participada tenha tomado conhecimento da

---

[18] Com maior desenvolvimento, v. ENGRÁCIA ANTUNES (2002), p. 365, s..

[19] Assim também, de princípio, ENGRÁCIA ANTUNES (2002), p. 408, s., e mais assertivamente PERESTRELO DE OLIVEIRA (2011), p. 1224.

participação detida pela sociedade participante, desde logo nos termos do já referido art. 16º do CVM.[20]

---

[20] Para que se possa arrogar o desconhecimento, não parece que baste que a sociedade não conheça, mas que perante as circunstâncias fosse razoavelmente expectável que não conhecesse; nesse sentido, mais assertivamente, VETTER (2010), p. 3635.

ARTIGO 485º *
Sociedades em relação de participações recíprocas

1. As sociedades que estiverem em relação de participações recíprocas ficam sujeitas aos deveres e restrições constantes dos números seguintes, a partir do momento em que ambas as participações atinjam 10% do capital da participada.

2. A sociedade que mais tardiamente tenha efectuado a comunicação exigida pelo artigo 484º, nº 1, donde resulte o conhecimento do montante da participação referido no número anterior, não pode adquirir novas quotas ou acções na outra sociedade.

3. As aquisições efectuadas com violação do disposto no número anterior não são nulas, mas a sociedade adquirente não pode exercer os direitos inerentes a essas quotas ou acções na parte que exceda 10% do capital, exceptuado o direito à partilha do produto da liquidação, embora esteja sujeita às respectivas obrigações, e os seus administradores são responsáveis, nos termos gerais, pelos prejuízos que a sociedade sofra pela criação e manutenção de tal situação.

4. Cumulando-se as relações, o disposto no artigo 487º, nº 2, prevalece sobre o nº 3 deste artigo.

5. Sempre que a lei imponha a publicação ou declaração de participações, deve ser mencionado se existem participações recíprocas, o seu montante e as quotas ou acções cujos direitos não podem ser exercidos por uma ou por outra das sociedades.

* A redação do nº 4 foi retificada pelo DL nº 280/87, de 8 de julho.

Índice

1. Delimitação da relação
2. Deveres e restrições

Bibliografia

Citada:

ANTUNES, JOSÉ A. ENGRÁCIA – *Os Grupos de Sociedades. Estrutura e Organização Jurídica da Empresa Plurissocietária*, 2ª ed., Almedina, Coimbra, 2002; CARVALHOSA, MODESTO – "Artigo 243º" e "Artigo 244º", *Comentários à Lei de Sociedades Anônimas*, 4º vol., tomo II, Editora Saraiva, 2011 (em formato e-book), p. 9 a 30; CASTRO, CARLOS OSÓRIO DE – "Sociedades Anónimas em relação de participações recíprocas: alguns aspectos do regime legal", *RDES*, XXXI, 1989, p. 109 a 141; CORREIA, LUÍS BRITO – "Grupos de Sociedades", *Novas Perspectivas do Direito Comercial*, Almedina, 1988, p. 383 a 389; EMMERICH, VOLKER e SONNENSCHEIN, JÜRGEN – *Konzernrecht*, 6ª ed., Verlag C. H. Beck, 1997; OLIVEIRA, ANA PERESTRELO DE – "Artigo 485º", *Código das Sociedades*

Comerciais Anotado (coord. António Menezes Cordeiro), 2ª ed., Almedina, 2011, p. 1224 a 1228; TRIGO, MARIA DA GRAÇA – *Grupos de Sociedades, OD*, 123, 1991, p. 41 a 114; VEIL – "§20" e "§21", *Aktiengesetz Kommentar* (coord. Karsten Schmidt e Marcus Lutter), 2ª ed, Verlag Dr. Otto Schmidt, 2010, p. 321 a 340; VETTER, J. – "§19", *Aktiengesetz Kommentar* (coord. Karsten Schmidt e Marcus Lutter), 2ª ed, Verlag Dr. Otto Schmidt, 2010, p. 315 a 321; XAVIER, CECÍLIA – "Coligação de Sociedades Comerciais", *ROA*, 53, 1993, p. 575 a 607.

Quanto à delimitação espacial e societária, atente-se no disposto no art. 481º e respectivo comentário. Em todo o caso, note-se que o nº 3 deste art. não cai, pelo menos de forma literal, no âmbito extensivo (abarcando relações com sociedades que tenham sede no estrangeiro) do art. 481º, 2. É com alguma estranheza que se constata esta situação, uma vez que o disposto no art. 487º (e ainda que a relação de domínio suporte uma intensidade superior à relação de participações recíprocas) é abrangido pela al. *a)* daquele número[1].

1. Delimitação da relação

Como dispõe o nº 1, sociedades que sejam reciprocamente participantes (refira-se, de forma direta ou indireta[2]) uma da outra encontram-se sujeitas ao disposto nos números seguintes apenas a partir do momento em que ambas as participações atinjam 10% do capital da participada. É irrelevante a forma de aquisição da participação, originária (no mercado primário: subscrição) ou derivada (no mercado secundário), formas que podem naturalmente cruzar-se/cumular-se na prática[3]. Considerando a letra da lei (nº 1 *in fine*), o respetivo espírito do artigo e sob pena de ser defraudado o seu fim, deve entender-se que, a partir do momento em que uma sociedade tome conhecimento de que uma outra nela participa em 10% ou mais, a primeira se encontra proibida de atingir

---

[1] Uma interpretação sistemática e teleológica da norma poderia porventura solucionar esta dicotomia; em sentido contrário, isto é, defendendo o resultado acima referido da regra de conflitos para as participações recíprocas regidas pelo art. 485º, v. ENGRÁCIA ANTUNES (2002), p. 392, s., em nota.

[2] Em atenção à intenção do legislador e por maioria de razão face às relações de simples participação, como salienta CECÍLIA XAVIER (1993), p. 583, s..

[3] Assim ENGRÁCIA ANTUNES (2002), p. 397, s., acrescentando que é indiferente a fonte de financiamento das participações adquiridas. A este último respeito, há naturalmente que ter em conta a proibição da assistência financeira, prevista no art. 322º.

uma participação na segunda superior a 10%, independentemente da realização de uma comunicação nos termos do art. 484º, 1[4].

Apenas desde esse ponto se tratará de uma relação de participações recíprocas relevante; antes disso as sociedades estarão, em termos de consequências jurídicas, enquadradas como sociedades em relação de simples participação. Poderá haver situações de intensidade bastante heterogénea, pois enquanto uma das sociedades poderá deter 10% do capital da outra, a outra poderá deter a mesma percentagem ou porventura deter até 50% do respetivo capital. Por outro lado, relativamente a uma mesma sociedade, poderá haver um máximo de 10 sociedades neste tipo de coligação societária.

O referencial para apurar a participação é o capital e não os direitos de voto; remete-se para o comentário nº 1 ao art. 483º sobre esta matéria.

O limiar de 10% encontra-se em linha com o disposto no art. 483º, mas poderá naturalmente discutir-se se não se tratará de um limiar demasiado baixo, face ao desiderato legislativo e à vida prática das sociedades. A AkG, p.e., estabelece como limiar para o estabelecimento de uma relação de participações recíprocas um quarto; já a Lei de Sociedades Anônimas brasileira estabelece atualmente (v. art. 243º, 1º, 4º, e 5º) como limiar (presuntivo) de influência significativa, que origina uma relação de coligação entre as sociedades em causa, 20% de participação[5], enquanto que, na sua redação originária, a coligação societária dependia, como na nossa lei, de uma participação de 10%.

À partida, o limiar máximo, será 50%, a partir do qual será antes aplicável o regime previsto para as relações de domínio, em virtude do disposto no art. 485º, 4[6]; este tema deverá ser devida e casuisticamente apreendido, pois será possível haver domínio abaixo de 50%, tal como será possível não haver domínio com mais de 50% (pense-se em tetos de voto estatutários, p.e.).

A existência de participações recíprocas de 10%, referida no nº 1 deve, nos termos da lei, ser conhecida de ambas as sociedades, de forma a que possam ser observados os deveres e restrições referidos neste nº 1. O disposto nos três números seguintes apenas é aplicável a uma das sociedades – a que mais tardia-

---

[4] Assim também PERESTRELO DE OLIVEIRA (2011), pp. 1227 s. Desenvolvendo a questão, pendendo para a mesma solução, mas sublinhando a necessidade de algum tipo de comunicação escrita ter sido efectuada, v. OSÓRIO DE CASTRO (1989), p. 121, s..

[5] Sublinhando o caráter efetivamente presuntivo do limiar e que, designadamente no âmbito de sociedades cotadas em bolsa, poderá existir influência significativa abaixo do referido limiar, v. MODESTO CARVALHOSA (2011), p. 11.

[6] ENGRÁCIA ANTUNES (2002), p. 401, s..

mente tomou conhecimento, é o que decorre do art. 485º, 2; a outra sociedade não é afetada na sua actividade de aquisição de participações sociais[7]. O disposto no nº 5 é aplicável a ambas as sociedades.

A cognoscibilidade por cada sociedade deve aferir-se, em ambos os casos, nos termos do art. 484º, abrangendo ambos os seus números – por uma questão de razoabilidade e por, desde logo, o art. 485º, 2 não distinguir números do art. 484º. Por outro lado, apesar de assim poder haver menos incentivo para cumprir estritamente o disposto no art. 484º, 1 (bastando-se com o nº 2, que, recorde-se, deve ser interpretado de forma extensiva), a sociedade não deixa de estar obrigada ao seu cumprimento (desse nº 1) nos termos gerais[8].

2. Deveres e restrições

O nº 1 refere a sujeição a "deveres e restrições". A terminologia empregue nos números seguintes é algo equívoca, vejamos.

O nº 2 determina literalmente uma restrição, uma impossibilidade: uma das sociedades "não pode" adquirir novas quotas ou ações na outra sociedade. A razão de ser deste nº 2 atém-se com os perigos que poderão advir para as próprias sociedades, seus acionistas e *stakeholders* em geral das participações sociais recíprocas. São dois os tipos de perigo normalmente considerados: patrimoniais (risco para a constituição e conservação do capital social das sociedades envolvidas) e organizativos (potencial subversão das competências dos órgãos sociais)[9].

---

[7] Salientando também esse ponto, v. ENGRÁCIA ANTUNES (2002), p. 406 e EMMERICH/SONNENSCHEIN (1997), p. 97, que extraem, para o direito alemão, outra consequência (p. 98): se ambas as sociedades tomaram conhecimento por outras vias da participação da outra e apenas subsequentemente uma delas comunica, ambas as sociedades se encontram limitadas, incluindo a comunicante. Entre nós, o regime não é esse, encontra-se limitada a sociedade que primeiro tomou conhecimento. No entanto, talvez deva ser essa a solução aplicável caso ambas as sociedades tiverem intencionalmente (com o propósito de defraudar a lei, que apenas sanciona a sociedade que comunicou em segundo lugar) realizado comunicações recíprocas simultâneas; fora dessa situação (intencionalidade), discutir a comunicação simultânea será provavelmente uma hipótese meramente académica.

[8] Em sentido diverso, v. ENGRÁCIA ANTUNES (2002), p. 367, s..

[9] Assim também BRITO CORREIA (1988), p. 389, OSÓRIO DE CASTRO (1989), p., 110, CECÍLIA XAIVER (1993), p. 584, s.; EMMERICH/SONNENSCHEIN (1997), p. 93, s., que adiantam ser desiderato concreto da lei tanto que a reciprocidade da relação de participação não continue a crescer, como que seja desconstruída (p. 96), MODESTO CARVALHOSA (2011), p. 24, VETTER (2010), p. 316 e PERESTRELO DE OLIVEIRA (2011), p. 1226. Com maiores desenvolvimentos no enquadramento desta questão, v. ENGRÁCIA ANTUNES (2002), p. 375, s., que alerta também para o perigo (p. 389) de o legislador ter pressuposto como motor do regime a comunicação de participação, de seguida referido.

Note-se que ter a lei feito depender o regime da comunicação (ou conhecimento) da situação de participação recíproca, se nenhuma das sociedades comunicar à outra uma detenção acima de 10%, então as participações recíprocas poderão ir-se acumulando, até limiares bem acima de 10%. A lei alemã, embora faça depender o regime também do conhecimento/comunicação (§328(1) da AkG), é mais efectiva, pois prevê, em geral (mas v. §§ 20(8) e 21(5)), que não podem ser exercidos direitos sociais para além do limiar de participação recíproca enquanto não tiver sido comunicada devidamente a participação social (§§ 20(7), quando a credora da comunicação seja a sociedade anónima, e 21(4), quando ela seja a devedora da comunicação[10]). Já a Lei de Sociedades Anônimas pressupõe a existência da relação de participação (neste caso, de coligação) e não a sua comunicação ou conhecimento (v. art. 244º).

O nº 3 esclarece que as aquisições contrárias a esta regra não são nulas (e, acrescente-se, também não serão ineficazes, nem anuláveis), fixando antes como consequência/sanção a impossibilidade de exercício dos direitos inerentes às quotas ou ações excedentes a 10% do capital (com exceção do direito à partilha do produto da liquidação – dir-se-á, por uma questão de justiça). Aqui sim, trata--se de uma impossibilidade – o exercício de direitos inerentes para além desse limiar será ilegal (nulo, nos termos da regra geral do art. 294º do CC)[11]. Para um local paralelo, veja-se p. ex. o regime das participações qualificadas, designadamente nos termos dos arts. 16ºss do CVM, em que a consequência para a falta de divulgação ou divulgação incompleta é também inibição de um conjunto de direitos inerentes (igualmente com uma exceção – o direito de preferência em aumentos de capital – art. 16º-B, nº 4 do CVM)[12]. Também outras legislações apontam como consequência essencial a suspensão de direitos sociais ou de

---

[10] Consoante as circunstâncias, mormente subjectivas, em causa, apenas um ou ambos os §§ podem pretender aplicar-se; neste último caso, deve prevalecer o §20, mais abrangente, conforme explicitam EMMERICH/SONNENSCHEIN (1997), p. 101; no mesmo sentido, v. VEIL (2010), p. 338.

[11] O disposto neste nº 3 pode, assim, também servir de medida defensiva (anti-OPA), em sede preventiva ou reativa, pois impede – em termos práticos (considerando que uma OPA é tipicamente um instrumento para adquirir domínio ou pelo menos uma influência significativa) – a sociedade que mais tarde comunicou a adquirir mais de 10%. Naturalmente sem prejuízo da necessidade de serem respeitados, no contexto dessa aquisição para ultrapassagem do limiar pela primeira sociedade, os deveres fiduciários e limitações a que os membros do órgão de administração se encontram obrigados, muito mais restritivos no cenário em que uma OPA já foi lançada (arts. 64º do CSC e 181º, 5, *d*) e 182º do CVM), sem prejuízo também, em qualquer um dos casos, da mobilização das regras gerais da boa-fé e proibição de abuso de direito (art. 334º do CC).

[12] Para uma discussão sobre se os direitos inerentes abrangidos pelo nº 3 se devem ter como meramente suspensos ou como extintos (quanto ao seu exercício em certo momento no tempo), v. ENGRÁCIA ANTU-

direitos de voto (v. §328º(1) da AkG ou art. 244º, 2º da Lei das Sociedades por Ações brasileira).

Um caso curioso que poderá suscitar-se atém-se com reduções de capital ocorridas na esfera de uma sociedade, até porventura com votos contra da outra sociedade, e que se repercutirão na esfera desta. Imagine-se o seguinte exemplo: a sociedade A detém 9,9% da sociedade B, que detém, e comunicou previamente, 10% da sociedade A; posteriormente, B reduz o seu capital social por amortização de 10% de ações próprias detidas; por mero efeito da redução do capital social, a participação de A sobe 0,99%, para 10,8%. Será difícil sustentar que A se possa furtar às inibições previstas no nº 3 deste art., apesar de a situação se originar sem o contributo da vontade de A, sendo que em termos relativos (percentual) A não passou a poder exercer menos direitos do que os que tinha antes da redução de capital (até passou a poder exercer mais: 10%), simplesmente não pode exercer a totalidade dos direitos de voto detidos (os mesmos que tinha antes) após a redução de capital (10,8%).

Questão discutida na doutrina prende-se com o universo de participações abrangidas pela restrição quando a primeira comunicação de detenção superior a 10% suceda quando ambas as sociedades tenham já mais de 10% do capital da outra. Imagine-se que a sociedade A tem 12% da sociedade B e esta tem 13% da sociedade B, nenhuma delas tendo comunicado à outra a sua participação nem conhecendo a participação da outra no seu capital; a sociedade A comunica então à sociedade B a sua participação; pergunta-se, a sociedade B vê afetados 3% da sua participação em A a partir desse momento, ou apenas serão afectadas futuras participações que venha a adquirir no capital de A? A questão é controversa na doutrina.[13] Em atenção à teleologia e eficácia do regime, poderá tender-se para a primeira hipótese, já se se relevar mais a proteção das expetativas das partes poderá porventura tender-se para a segunda hipótese; em todo o caso, deverá sempre ressalvar-se o possível abuso de direito por alguma das partes.

NES (2002), p. 416, s.. Com interesse, sobre o mesmo tipo de questão mas no âmbito do §20 da AkG, v. EMMERICH/SONNENSCHEIN (1997), p. 109, s. e VEIL (2010), p. 334, s..

[13] No sentido da primeira hipótese v. ENGRÁCIA ANTUNES (2002), p. 412, s., e PERESTRELO DE OLIVEIRA (2011), p. 1228 em nota; no segundo sentido, v. OSÓRIO DE CASTRO (1989), p. 132, s., e GRAÇA TRIGO (1991), p. 69, s.. Com muito interesse, v. também a discussão em torno do âmbito, mais ou menos abrangente, da inibição do nº 3 (ações que representem mais de 10% do capital – apenas as novas adquiridas ou tanto as já detidas como as novas adquiridas), entre OSÓRIO DE CASTRO (1989), p. 136, s., (menos abrangente) e ENGRÁCIA ANTUNES (2002), p. 412, s., (mais abrangente).

Sem prejuízo do que antecede, o legislador esclarece que as obrigações inerentes às ações ou quotas excedentes se mantêm em vigor. A parte final do nº 3 esclarece igualmente que os administradores (ou, lembre-se, gerentes) serão responsáveis nos termos gerais pelos prejuízos que a sociedade sofra com a aquisição de ações ou quotas excedentes[14]. Ambos os casos tratam de efetivos esclarecimentos, pois, em caso de silêncio do legislador, a regra supletiva seria, à partida, a mesma. Em todo o caso, reforça-se, assim, a nota predominante a este número: a sancionabilidade.

Em conformidade com o que antecede, o nº 2 não constitui uma verdadeira restrição, mas antes um dever da sociedade, que os membros do seu órgão de administração deverão cumprir. O nº 3, na parte relativa à impossibilidade de exercício de direitos inerentes, já constitui uma efetiva restrição. Apesar de o termo empregue em ambos os números ser o mesmo, o seu enquadramento é, como vimos, diverso.

O nº 4 é uma norma que não impõe deveres nem restrições, trata-se antes de uma norma que esclarece a relação de especialidade existente entre o disposto no número anterior e o referido no art. 487º, nº 2, dando prevalência a este se o *Tatbestand* de ambas as normas se verificar, considerando a maior intensidade de relação inter-societária inerente a esta última norma. Curiosamente, mas facilmente explicável pela necessidade de certeza e segurança das transações em bolsa, o art. 487º, nº 2 devolve "competência" ao art. 485º, nº 3, quando estejam em causa compras em bolsa.

O nº 4 é ainda revelador que, diversamente do regime de simples participação (art. 483º, 1 in fine), o regime de participações recíprocas pode conviver com outras formas de coligação societária[15]. Para um local comum no direito comparado deste nº 4, mas nesse caso mais abrangente, v. §19(4) da AkG.

Já o nº 5 é uma norma constitutiva de deveres: de mencionar se existem participações recíprocas (recorde-se, apenas quando ambas as sociedades tenham atingido o limiar dos 10% – nº 1 –, e tais factos sejam cognoscíveis pela sociedade em causa – art. 484º, 2), o respetivo montante e as quotas ou ações cujos direitos não podem ser exercidos (nos termos do nº 3). A existência de tais deveres depende de a sociedade em causa se encontrar abrangida por uma imposição

---

[14] E, recorde-se, que se trata aqui de um dever específico dos administradores, de cumprimento de uma determinada cominação legal (art. 484º, 2), pelo que não deverá aqui ter-se por mobilizável a chamada *business judgement rule*, prevista no art. 72º, 2.

[15] Salientando este ponto, v. BRITO CORREIA (1988), p. 391.

de publicação ou declaração de participações (p. e., nos termos do CSC ou do CVM) e aos mesmos deverão os respetivos órgãos sociais, mormente o seu órgão de administração, dar cumprimento. Este número explica-se por uma razão de transparência perante os órgãos sociais, sócios, acionistas e terceiros em geral.

ARTIGO 486º
Sociedades em relação de domínio

1. Considera-se que duas sociedades estão em relação de domínio quando uma delas, dita dominante, pode exercer, directamente ou por sociedades ou pessoas que preencham os requisitos indicados no artigo 483º, nº 2, sobre a outra, dita dependente, uma influência dominante.

2. Presume-se que uma sociedade é dependente de uma outra se esta, directa ou indirectamente:

a) Detém uma participação maioritária no capital;

b) Dispõe de mais de metade dos votos;

c) Tem a possibilidade de designar mais de metade dos membros do órgão de administração ou do órgão de fiscalização.

3. Sempre que a lei imponha a publicação ou declaração de participações, deve ser mencionado, tanto pela sociedade presumivelmente dominante, como pela sociedade presumivelmente dependente, se se verifica alguma das situações referidas nas alíneas do nº 2 deste artigo.

Índice

1. Configuração legal da relação de domínio no CSC
2. Influência dominante
   2.1. O conceito (art. 486º, 1)
   2.2. As características
   a) potencial
   b) dotada de relativa certeza ou segurança
   c) intensa?
   d) suficientemente estável
   e) sem duração temporal mínima
   f) imediatamente exercitável?
   g) não meramente sectorial
   h) orgânica
   i) em princípio, positiva
   j) direta ou indireta
   2.3. Os instrumentos (art. 486º, 2)
   2.4. A *influência dominante* em alguns outros ramos do Direito
3. Deveres das sociedades presumivelmente em relação de domínio (art. 486º, 3)

Bibliografia

Citada:

ABREU, J. M. COUTINHO DE – "Grupos de sociedades e direito do trabalho", in *BFD*, vol. LXVI, 1990, *Da empresarialidade – As empresas no direito*, Almedina, Coimbra, 1996,

"Diálogos com a jurisprudência, II – Responsabilidade dos administradores para com os credores sociais e desconsideração da personalidade jurídica", *DSR* 3 (2010), p. 49-64, *Governação das Sociedades Comerciais*, 2ª ed., Almedina, Coimbra, 2010 (2010a), Responsabilidade civil nas sociedades em relação de domínio", *SI* nº 329 (2012), p. 223--246; ABREU, J. M. COUTINHO DE/RAMOS, ELISABETE – "Responsabilidade Civil de Administradores e de Sócios Controladores – (Notas sobre o Art. 379º do Código do Trabalho)", in IDET, *Miscelâneas*, nº 3, Almedina, Coimbra, 2004, p. 7-55; ANTUNES, JOSÉ A. ENGRÁCIA – *Participações qualificadas e domínio conjunto – A Propósito do Caso "António Champalimaud – Banco Santander"*, Publicações Universidade Católica, Porto, 2000, *Os Grupos de Sociedades – Estrutura e organização jurídica da empresa plurissocietária*, 2ª ed., Almedina, Coimbra, 2002, *Autoparticipações e cômputo das participações intersocietárias*, in José de Oliveira Ascensão, Ruy de Albuquerque, Martim de Albuquerque, Pedro Romano Martinez (coord.), "Estudos em Homenagem ao Prof. Doutor Raúl Ventura", vol. II, Coimbra Editora, Coimbra, 2003; ASCENSÃO, J. OLIVEIRA, *Direito Comercial – Volume IV – Sociedades Comerciais – Parte Geral*, Lisboa, 2000; CAEIRO, ANTÓNIO – "As modificações ao Código das Sociedades Comerciais", in *Ab vno ad omnes. 75 anos da Coimbra Editora*, org. de Antunes Varela, Diogo Freitas do Amaral, Jorge Miranda e J. J. Gomes Canotilho, Coimbra Editora, Coimbra, 1998; BAUMANN, HORST/REISS, WILHELM – "Satzungsergänzende Vereinbarungen – Nebenverträge im Gesellschaftsrecht – Eine rechtstatsächliche und rechtsdogmatische Untersuchung", *ZGR*, 1989, p. 157-215; BRÜGGEMEIER, GERT – "Die Einflußnahme auf die Verwaltung einer Aktiengesellschaft – Zur Struktur und zum Verhältnis der §§ 117 und 317 AktG», in *AG*, 1988, Heft 4, p. 93-102; CARIELLO, VICENZO – *"Controllo congiunto" e accordi parasociali*, Giuffrè, Milano, 1997; CARVALHO, CATARINA NUNES DE OLIVEIRA – *Da mobilidade dos trabalhadores no âmbito dos grupos de empresas nacionais – Perspectiva das relações individuais de trabalho*, Publicações Universidade Católica, Porto, 2001; CARVALHOSA, MODESTO – *Comentário à Lei de Sociedades Anônimas*, 2º Volume, 5ª ed., Saraiva, São Paulo, 2011; CASTRO, CARLOS OSÓRIO DE – *Participação no Capital das Sociedades Anónimas e Poder de Influência – Breve Relance*, in *RDES*, 1994, p. 333, s.; *Valores Mobiliários – Conceito e Espécies*, 2ª ed., Universidade Católica Portuguesa, Porto, 1998, *A Imputação de Direitos de Voto no Código dos Valores Mobiliários*, in *CadMVM*, nº 7, 2000, p. 173, s.; CASTRO, CARLOS OSÓRIO DE/BRITO, DIOGO LORENA – "A concessão de crédito por uma SGPS às sociedades estrangeiras por ela dominadas (ou às sociedades nacionais indirectamente dominadas através de uma sociedade estrangeira) e o artigo 481º, nº 2 do C.S.C.", *OD*, 2004, I, p. 131--155; CORDEIRO, ANTÓNIO MENEZES – *O levantamento da personalidade colectiva no direito civil e comercial*, Almedina, Coimbra, 2000, *Acordos parassociais*, ROA, 2001, II, p. 529-542; COSTA, RICARDO – *A Sociedade por Quotas Unipessoal no Direito Português – Contributo para o estudo do seu regime jurídico*, Almedina, Coimbra, 2002; DIAS, RUI PEREIRA – *Responsabilidade por Exercício de Influência sobre a Administração de Sociedades Anónimas – Uma Análise de Direito Material e Direito de Conflitos*, Almedina, Coimbra, 2007; DUARTE, DIOGO PEREIRA – *Aspectos do Levantamento da Personalidade Colectiva nas Sociedades em Relação de Domínio – Contributo para a Determinação do Regime da Empresa Plurissocietária*, Almedina, Coimbra, 2007; FIGUEIRA, ELISEU – "Disciplina jurídica dos grupos de sociedades – Breves notas sobre o papel e a função do grupo de empresas e sua disciplina jurídica", *CJ*, IV, 1990, p. 35-59; FORUM EUROPAEUM KONZERNRECHT, "Konzernrecht für Europa", *ZGR*, Heft 4, 1998, p. 672-772; FRANÇA, MARIA AUGUSTA – *A estrutura das sociedades anónimas em relação de grupo*, AAFDL, Lisboa, 1990; GUINÉ, ORLANDO VOGLER – "A responsabilização solidária nas relações de domínio qualificado" in *ROA*, 2006, I, p. 295-325; HÜFFER, UWE – *Aktiengesetz*, 10. Aufl., C. H. Beck, München, 2012; KOPPENSTEINER, HANS-GEORG – in Wolfgang Zöllner, Ulrich Noack (Hrsg.), *Kölner Kommentar zum Aktiengesetz – §§ 15-22 AktG, §§ 291-328 AktG und Meldepflichten nach §§ 21 ff. WpHG, SpruchG*, 3. Aufl., Heymann, Köln, Berlin, München, 2004, "Os grupos no direito societário alemão", in IDET, *Miscelâneas*, nº 4, Almedina, Coimbra, 2006, p. 7-36; LAMANDINI, MARIO – "Appunti in tema di controllo congiunto", *GC*, 1993, I, p. 218-245; LUTTER, MARCUS – "Lo sviluppo del diritto dei gruppi in Europa", in *RS*, 1981, p. 654-672; LUTTER, MARCUS/OVERRATH, PETER – "Das portugiesische Konzernrecht von 1986", in *ZGR*, 1991, p. 394-410; MARTINS, ALEXANDRE DE SOVERAL – *Cláusulas do contrato de sociedade que limitam a transmissibilidade das acções – Sobre os arts. 328º e 329º do CSC*, Almedina, Coimbra, 2006; MONTEIRO, ANTÓNIO PINTO – "Contrato de Gestão de Empresa", *ASTJ*, 1995, I, p. 5-16, *Contratos de Distribuição Comercial – Relatório*, Almedina, Coimbra, 2002; OLIVEIRA, ANA PERESTRELO DE – "Artigo 481º" a "Artigo 508º", em *Código das Sociedades Comerciais anotado* (coord. de A. Menezes Cordeiro), 2ª ed., Almedina, Coimbra, 2011, p. 1209-1323, *Grupos de sociedades e deveres de lealdade – Por um critério unitário de solução do "conflito do grupo"*, Almedina, Coimbra, 2012; PICHEL, PAULO – "O âmbito espacial do regime de coligação societária à luz do Direito da União Europeia", in *DSR*, nº 11 (2014), p. 225-259; PINHEIRO, LUÍS DE LIMA – *Contrato de Empreendimento Comum (Joint Venture) em Direito Internacional Privado*, Almedina, Coimbra, 2003; *Direito Internacional Privado – Volume II – Direito de Conflitos – Parte Especial*, 2ª ed., Almedina, Coimbra, 2009; RIBEIRO, MARIA DE FÁTIMA – *A Tutela dos Credores da Sociedade por Quotas e a "Desconsideração da Personalidade Jurídica"*, Almedina, Coimbra, 2009; ROSSI, GUIDO – *Le diverse prospettive dei sindicati azionari nelle società quotate e in quelle non quotate*, in Franco Bonelli, Pier Giusto Jaeger (a cura di), "Sindacati di voto e sindacati di blocco", Giuffrè Editore, Milano, 1993, p. 51-74; SANTOS, FILIPE CASSIANO DOS – *Estrutura Associativa e Participação Societária Capitalística – À guisa de Apresentação*, Coimbra, 2002, pp. I-LI (texto disponibilizado no âmbito do Curso de Mestrado da FDUC); *Estrutura Associativa e Participação Societária Capitalística – Contrato de sociedade, estrutura societária e participação do sócio nas sociedades capitalísticas*, Coimbra Editora, Coimbra, 2006; SCHMIDT, KARSTEN – *Gesellschaftsrecht*, 4. Aufl., Carl Heymanns Verlag, Köln, Berlin, Bonn, München, 2002; TRIGO, MARIA DA GRAÇA – "Grupos de sociedades", *OD*, 1991, I, p. 41-114; *Os acordos parassociais sobre o exercício do direito de voto*, Universidade Católica Editora, Lisboa, 1998; "Acordos parassociais – Síntese das questões mais relevantes", in *Problemas do Direito das Sociedades*, IDET, Almedina, Coimbra, 2002 (reimpr. 2003), p. 169-184; TRIUNFANTE, ARMANDO MANUEL – *A Tutela das Minorias nas Sociedades Anónimas – Direitos de Minoria Qualificada – Abuso de Direito*, Coimbra Editora, Coimbra, 2004; ULMER, PETER – *Aktienrechtliche Beherrschung durch Leistungsaustauschbeziehungen?*, in *ZGR*, 1978, p. 457-475; VASCONCELOS, PEDRO PAIS DE – *A Participação Social nas Sociedades Comerciais*, 2ª ed., Almedina, Coimbra, 2006; VAZ, TERESA ANSELMO – "A responsabilidade do accionista controlador", *OD*, 1996, III-IV, p. 329-405; VENTURA, RAÚL – "Acordos de voto; algumas questões depois do Código das Sociedades Comerciais (CSC, art. 17º)", in *Estudos Vários Sobre Sociedades Anónimas – Comentário ao Código das Sociedades Comerciais*, Almedina, Coimbra, 1992, p. 7-101; "Contrato de subordinação", *Novos estudos sobre sociedades anónimas e sociedades em nome colectivo*, Almedina, Coimbra, 1994 (reimpr. 2003); VOIGT, HANS-CHRISTOPH – *Haftung aus Einfluss auf die Aktiengesellschaft (§§ 117, 309, 317 AktG)*, C. H. Beck, München, 2004; WERNER, HORST S. – *Der aktienrechtliche Abhängigkeitstatbestand*, WiRe Verlagsgesellschaft mbH für Wirtschafts- u. Steuerrecht, Göttingen, 1979; WINDBICHLER, CHRISTINE – in Klaus J. Hopt, Herbert Wiedemann (Hrsg.), *Aktiengesetz – Großkommentar*, Erster Band (Einleitung; §§ 1 – 53), 10. Lieferung (1999), 4. Aufl., De Gruyter Recht, Berlin, 2004; XAVIER, VASCO DA GAMA LOBO – *Anulação de deliberação social e deliberações conexas*, Atlântida, Coimbra, 1976 (em reimpr.: Almedina, Coimbra, 1998).

1. Configuração legal da relação de domínio no CSC[1]

Do ponto de vista da regulamentação legal constante do CSC, o sócio *dominante* é aquele cujo conceito nos é dado, em primeira linha, pelo artigo 486º, 1 e

---

[1] Seguimos de perto, nesta anotação, o que pode já também encontrar-se em RUI PEREIRA DIAS (2007), p. 55 s..

2². Mas apenas de um modo indeterminado, não só porque o artigo 486º, 2, estabelece meras *presunções* de dependência ou domínio, como ainda porque essa enumeração não é taxativa, segundo pacificamente se vem achando³.

A posição jurídica do sócio dominante é regulada, não só, singularmente, pelos artigos 325º-A, 325º-B, 486º, 3 e 487º, como também, em conjunto com a posição da sociedade *diretora* ou *dominante* numa *relação de grupo* (em sentido estrito: arts. 488º ss.), designadamente, pelos artigos 6º, 3⁴, e 104º, 2⁵⁻⁶.

Ademais, também na posição jurídica de membros do órgão de administração ou de fiscalização de sociedades em relação de domínio se vê refletida a existência desta relação (referindo-se tais regras, também e simultaneamente, à relação de grupo): cfr., para a *administração*, os artigos 397º, 3, 398º, 1, 425º, 6, *b*), 432º, 3, 510º, 2; e, para a *fiscalização*, os artigos. 414º-A, 1, *e*), 437º, 1⁷. Relevando para ambas, cfr. os artigos 414º-A, 1, *c*), 447º, 1, 449º, 1 (e 2; v. ainda o nº 3), e 450º, 4⁸.

2. Influência dominante
2.1. O conceito (art. 486º, 1)

Para que o sócio seja *dominante*, nos termos e com os efeitos das disposições legais citadas, tem de tratar-se de uma sociedade por quotas, anónima ou em

---

[2] A que acresce o art. 481º, enquanto delimitador do âmbito (*pessoal* e *espacial*) de aplicação do título das "sociedades coligadas" (arts. 481º-508º-E) – v. *supra* a anotação ao artigo 481º.

[3] Cfr., entre outros, ENGRÁCIA ANTUNES (2002), p. 484, MARIA DA GRAÇA TRIGO (1991), p. 64, TERESA ANSELMO VAZ (1996), p. 342, ANA PERESTRELO DE OLIVEIRA (2011), art. 486º, anot. 25.

[4] Norma esta que ENGRÁCIA ANTUNES (2002), p. 606, insere no grupo das que "fazem referência a esta figura de coligação intersocietária [a relação de domínio] mas que não podem ser reconduzidas a um denominador teleológico comum".

[5] Podemos referir ainda o art. 372º-B, 2, reportando-se a um dos indícios do domínio: a participação maioritária, direta ou indireta, no capital de outra sociedade (cfr. art. 486º, 2, *a*)).

[6] Todos ou alguns destes artigos são, consoante os casos, mencionados *v.g.* por ENGRÁCIA ANTUNES (2002), p. 448-449, MARIA DA GRAÇA TRIGO (1991), p. 70-71, TERESA ANSELMO VAZ (1996), p. 356, ANA PERESTRELO DE OLIVEIRA (2011), art. 486º, anot. 28. Com referência à relação de domínio, v. ainda o art. 28º, 2.

[7] Este art. 437º mantém uma epígrafe equívoca, após a reforma de 2006, não tendo tão-pouco o diploma de rectificação atentado em que não mais faz sentido a referência a "*funções de director*", cabendo agora ler-se "*funções de administrador*", como aliás resulta da própria disposição.

[8] Veja-se ainda o art. 414º-A, 1, *d*) [herdeiro do art. 414º, 3, *d*), anterior à reforma de 2006], gerador de algum equívoco ao referir-se a uma "sociedade em nome colectivo que se encontre em relação de domínio" com outra sociedade – algo que não podemos encontrar no nosso CSC, por força da definição legal do âmbito pessoal de aplicação do regime das sociedades coligadas, que exclui aquele tipo societário: v. art. 481º, 1 (diferentemente, por não proceder a tal limitação, v. o art. 21º, 1, do CVM). Cfr., porém, LIMA PINHEIRO (2003), p. 379, n. 320.

comandita por ações (art. 481º, 1) detentora de uma posição jurídica que lhe confira, por qualquer meio, a *susceptibilidade do exercício de uma influência* caracterizável como *dominante*, de acordo com as presunções do art. 486º, 2 (mas não só, como se verá)[9].

Surgem assim a *influência dominante* como conceito central para a qualificação e caracterização de uma relação intersocietária como *de domínio*. Apesar das mencionadas presunções de domínio[10], que não ignoraremos enquanto manifestações da *mens legis*, e por isso contributo privilegiado para o desvelar da figura, não encontramos no nosso ordenamento jurídico critérios seguros para a caracterização dessa influência dominante[11]. Como proceder, então, ao preenchimento deste verdadeiro conceito indeterminado?

Conforme aponta a doutrina mais autorizada, o preenchimento do conceito de influência dominante não pode ser alheio aos interesses visados pelas normas que o consagram (sendo até discutido se, mesmo dentro do direito das sociedades, ele não terá uma *geometria variável*[12]). Por isso se fala, a este propósito, de um "conceito funcional"[13].

Mas qual a *função* das normas que dependem, para o preenchimento da sua hipótese, do conceito de influência dominante? Noutros ordenamentos, a resposta parece estar na proteção dos interesses *da sociedade dependente*, dos seus demais *sócios* e dos seus *credores*, contra os prejuízos que lhe possam ser causa-

---

[9] TERESA ANSELMO VAZ (1996), p. 335, critica a definição legal de relação de domínio, "por abranger nesta o termo a definir". Igual crítica poderia ser apontada, nomeadamente, à lei alemã, que estabelece, no seu § 17 (1) AktG: "Empresas dependentes são empresas juridicamente autónomas sobre as quais uma outra empresa (empresa dominante) pode exercer, imediata ou mediatamente, uma influência dominante".

[10] Sobre estas, v. *infra* nesta anotação, 2.3..

[11] O que leva mesmo quem principalmente se ocupa destas matérias a não se propor mais que um "primeiro empreendimento exploratório" na sua definição (ENGRÁCIA ANTUNES (2002), p. 454 – v. p. 451 s.). Também OSÓRIO DE CASTRO/LORENA BRITO (2004), p. 140: "Em que consiste efectivamente tal influência dominante, é ponto que o legislador deixa em aberto". Desenvolvidamente, com uma análise e construção que se centra no "conceito de controlo", ANA PERESTRELO DE OLIVEIRA (2012), p. 25 s..

[12] Cfr. KOPPENSTEINER (2004), p. 117, onde se dá nota da divergência doutrinária acerca da existência ou não de um conceito unitário de dependência. O Autor opta por posição aparentemente ecléctica, partindo de um conceito unitário, mas admitindo variações, que todavia atuarão apenas quando assim se evitem resultados manifestamente prejudiciais para a prossecução de concretos objetivos de normas legais. A propósito, embora no domínio do direito dos valores mobiliários, escreve OSÓRIO DE CASTRO (2000), p. 178: "A noção de domínio para efeitos do CVM não é unitária: sob um mesmo *nomen* acobertam-se figuras distintas".

[13] ENGRÁCIA ANTUNES (2002), p. 453, n. 864. Falando hoje também em "critério funcional de domínio", ANA PERESTRELO DE OLIVEIRA (2011), art. 486º, anot. 25; v. tb. (2012), p. 106 e *passim*.

dos pela sociedade dominante[14]. Tais preocupações[15] são essencialmente as que parecem ter servido de fundamento à criação pelo legislador português de regras especiais para as relações de coligação entre sociedades. Por isso se diz que o direito português dos grupos, assim como o alemão, é, "fundamentalmente, um direito de defesa contra abusos (*Konzernrecht als Mißbrauchschutz*): visa acautelar os interesses dos sócios minoritários das sociedades dominadas e dos credores destas"[16]. Mas não é só em volta da sociedade dependente e sujeitos que com ela interagem que surgem especiais perigos em resultado da coligação de sociedades. A verdade é que também a posição jurídica dos *sócios minoritários* das sociedades *dominantes*, bem como dos *credores sociais* desta, pode ser afectada[17].

De todo o modo, quanto à relevância dos diversos interesses na definição do regime, e para perplexidade geral da doutrina nacional[18], a resposta não pode

---

[14] Assim, para a Alemanha, KOPPENSTEINER (2004), p. 117-118; tal asserção resulta ainda da especial ligação, "genética", que ULMER identifica, entre as disposições gerais dos §§ 15 a 22 AktG, e o Livro Terceiro dessa lei, dedicada às coligações interempresariais (é epigrafado *Verbundene Unernehmen*), ligação essa que implica ter como pano de fundo as regras desse Livro e sua teleologia para resolver os problemas interpretativos que coloque o § 17 (1) AktG: cfr. ULMER (1978), p. 459-460.
Pode ver-se ainda ENGRÁCIA ANTUNES (2002), p. 123; p. 453, n. 864, com referências bibliográficas. O Autor fala especificamente em "sócios minoritários" da sociedade dependente, mas parece ser de excluir (como faz KOPPENSTEINER, no local *supra* citado) a referência à monta da participação no capital da dependente, porquanto pode a sociedade sócia maioritária não ser dominante, dado o carácter ilidível das presunções do art. 486º, 2; tal não significa, porém, e como é óbvio, que não se reconheça ser aquela a situação que em regra se verificará na prática.
[15] V. ainda RUI PEREIRA DIAS (2007), p. 62-63.
[16] COUTINHO DE ABREU (1996), p. 250. No mesmo sentido, ENGRÁCIA ANTUNES (2002), p. 144.
[17] V. ainda, para algumas referências e exemplos, RUI PEREIRA DIAS (2007), p. 63-64. Na doutrina mais recente, cfr. ANA PERESTRELO DE OLIVEIRA (2011), art. 486º, anot. 34, (2012), p. 27, n. 55 e *passim*.
[18] Cfr. as críticas expressas, nomeadamente, por COUTINHO DE ABREU (1996), p. 248 e 278, (2012), p. 225, e ENGRÁCIA ANTUNES (2002), p. 448-451, que questiona veementemente a opção do legislador (mais referências na resenha deste Autor na n. 857 da p. 448); MARIA AUGUSTA FRANÇA (1990), p. 25; v. tb. CATARINA CARVALHO (2001), p. 69-71. LUTTER/OVERRATH (1991), p. 400, referem-se, a este propósito, à existência de um "buraco" ("*Loch*") na lei portuguesa.
Não se olvide, porém, a explicação da ausência de tal disciplina, a propósito da inexistência no nosso CSC de disposição correspondente à constante da lei alemã no § 311 AktG, dada por RAÚL VENTURA (1994), p. 117: "Entendeu-se que a relação de domínio só por si não permite à dominante dar instruções, em qualquer sentido, à dependente e, por outro lado, considerou-se bastante o disposto no art. 83º sobre a responsabilidade do sócio dominante."; cfr. ainda a interpretação do fundamento do regime por CASSIANO DOS SANTOS (2002), p. XXXV-LI, donde resulta uma explicação para a "incipiência" e "aspersão" com que o legislador societário regulou a influência dominante (cfr. p. XXXVI, XXXVIII). Não se ignore, por último, que, segundo COUTINHO DE ABREU (1996), num dos passos citados (p. 278; mas v. tb. a crítica do Autor em (1990), p. 148-149), exigir-se-ia na lei portuguesa a consagração de "um regime que, pelo menos, 'legalize' aquilo que as sociedades dominantes vão fazendo mas (segundo o direito societário geral) não têm o direito de fazer (nomeadamente, dar à administração das sociedades

ser encontrada na lei das sociedades comerciais portuguesa, visto que esta não associou à relação de domínio, expressamente, senão *escassas* e *atípicas* consequências jurídicas, sendo difícil descortinar o sentido atribuído pelo legislador à figura. Com efeito, a *escassez* é patente; e a *atipicidade* a que nos referimos deriva da constatação de Engrácia Antunes no sentido de que regras como as dos artigos 487º, 325º-A, 325º-B, por um lado, e 486º, 3, por outro, se filiam "teleológica e valorativamente" noutras problemáticas (respetivamente, as relações de participações recíprocas e a transparência nos instrumentos de coligação intersocietária), que não as comummente reconhecidas como derivadas do fenómeno do *domínio*[19].

dominadas instruções desvantajosas para as mesmas), e proteja devidamente os interesses dos sócios minoritários e dos credores das sociedades dominadas" (no mesmo sentido, RICARDO COSTA (2002), p. 513-514, n. 609; também de *"legalizzazione"* fala LUTTER (2002), p. 659). Contudo, queremos deixar a nota de que, mesmo no ordenamento jurídico alemão, em face e apesar do referido § 311 AktG, se coloca a dúvida sobre se as instruções desvantajosas foram *legalizadas* por esta norma, desde que devida e atempadamente compensadas, ou antes se são por ela mesma *proibidas*, constituindo a obrigação de compensação a sanção correspondente: cfr. KARSTEN SCHMIDT (2002), p. 959-960; falando numa "ilicitude suspensa" ("schwebend rechtswidrig"), na linha de um escrito de Beuthien do ano de 1969, BRÜGGEMEIER (1988), p. 100. Na doutrina portuguesa, veja-se ANA PERESTRELO DE OLIVEIRA (2012), p. 484 s..

Não nos parece indefensável uma interpretação do direito português que, perante constelações de factos em que a influência dominante se baseie numa percentagem muito elevada do capital, e os restantes sócios estejam, de facto, em não discordância (isto é, ou concordam, ou estão desinteressados da vida societária) com o rumo que o sócio dominante impõe, considere certas "instruções desvantajosas" *legais* porque não desconformes a um adequadamente interpretado *interesse social* da sociedade dependente [que atente *v.g.* à promessa da dominante de "mais-que-compensar", no exercício seguinte, as perdas resultantes daquelas instruções (repare-se como o direito italiano, no art. 2497º do *Codice civile*, exclui a responsabilidade quando o dano "risulta mancante alla luce del risultato complessivo dell'attività di direzione e coordinamento ovvero integralmente eliminato anche a seguito di operazioni a ciò dirette", e portanto não vê como indemnizável o "dano resultante de um acto isoladamente considerado", nas palavras da *Relazione ministeriale*)]. É cabido, a este propósito, citar OSÓRIO DE CASTRO (1998), p. 78, ao considerar, em geral, não deixar de "ser viável (e imperioso até) atentar na real composição accionista de cada concreta sociedade de todas as vezes em que a lei condicione a validade de um qualquer acto ou medida não só à respectiva conformidade com o interesse social, entendido como o interesse objectivo da colectividade dos sócios, como ainda a que as vantagens nesse plano sobrelevem as desvantagens infligidas aos sócios individuais ou a grupos de sócios"; convocando a ideia de "tipo social da sociedade", em termos que nos parecem próximos do que se pretende no texto citado com a "real composição accionista", v. PAIS DE VASCONCELOS (2006), p. 291. De todo o modo, não cabe no quadro desta reflexão tomar partido acerca de uma tal problemática, cuja discussão cobra sentido, não tanto nesta sede, mas antes e sobretudo em face dos chamados "domínios qualificados", com as devidas consequências em sede de responsabilidade: v. sobre o ponto COUTINHO DE ABREU (2010), p. 63-64; falando em "grupos de facto qualificados", v. MENEZES CORDEIRO (2000), p. 137; v. ainda ORLANDO VOGLER GUINÉ (2006); DIOGO PEREIRA DUARTE (2007), p. 345 s.; ANA PERESTRELO DE OLIVEIRA (2011), art. 501º, anot. 12, (2012), p. 554 s..

[19] Cfr. ENGRÁCIA ANTUNES (2002), p. 449, n. 858 e em texto; v. tb. COUTINHO DE ABREU (2010), p. 63.

2.2. As características

Cremos poder dizer que a *influência dominante* será: potencial, dotada de relativa certeza ou segurança, suficientemente estável, sem duração temporal mínima, orgânica, não meramente sectorial, em princípio positiva, e direta ou indireta[20]. Vejamos.

a) potencial

A sua *potencialidade* explica-se quase por si própria, em face dos termos do texto da lei: a influência dominante existe quando uma sociedade *"pode"* exercê-la sobre outra, e não apenas quando efetivamente o faz (v. o artigo 486º, 1)[21], podendo mesmo optar pelo *não exercício duradouro*[22], o que não releva nesta sede.[23]

---

[20] RUI PEREIRA DIAS (2007), p. 66 s.. No direito português, seguiremos de perto as reflexões e (como bem se vê) a terminologia de ENGRÁCIA ANTUNES (2002), p. 451, s.; com importância neste ponto são de referir os estudos de OSÓRIO DE CASTRO (2000), *maxime* p. 173-178; FÁTIMA RIBEIRO (2009), p. 430, s.; ANA PERESTRELO DE OLIVEIRA (2012), p. 106 s.. A lição alemã é outrossim de atender: "A definição de relações de domínio (dependência) em Portugal (art. 486 CSC) é muito similar ao § 17 da lei alemã [das sociedades por ações]" – KOPPENSTEINER (2006), p. 31.

[21] No sentido desta *susceptibilidade*, e não do efetivo exercício da influência, enquanto elemento caracterizador do conceito, também o FORUM EUROPAEUM KONZERNRECHT (1998), p. 694: "Existe aqui domínio quando uma sociedade *pode* exercer determinada influência sobre outra sociedade" (itálico no original). Também, entre muitos outros, WINDBICHLER (2004), p. 117, fala em mera "possibilidade" (*Möglichkeit*) do exercício da influência; v. ainda KOPPENSTEINER (2004), p. 133; HÜFFER (2012), § 17 AktG, Rn. 6; VOIGT (2004), p. 302.

[22] CASSIANO DOS SANTOS (2006), p. 179.

[23] Perguntar-se-á, a propósito da "potencialidade" e do funcionamento das presunções do art. 486º, 2, se, para que estas sejam afastadas, é necessária a prova de que, p. ex., a participação maioritária no capital [art. 486º, 2, *a*)] não levou, efetivamente, ao exercício da atividade de influência sobre a dominada (1), ou se essa mesma participação maioritária não era *susceptível* de permitir o exercício dessa atividade [*v.g.* porque existiam limitações ao (exercício do) direito de voto da (pela) presumível dominante: cfr. art. 384º, 2, para as sociedades anónimas] (2). A única resposta compatível com a caracterização da *influência* avançada (*susceptibilidade do exercício...*) é manifestamente (2). Sobre o ponto, não se nos afigura inteiramente clara a doutrina de ELISEU FIGUEIRA (1990), p. 47, que se refere ao requisito da "possibilidade de exercício de uma influência dominante" ("É de salientar que não se exige a prova de uma actual actividade sobre o comportamento da dependente por parte da empresa dominante, bastando a potencialidade do seu exercício"), mas em seguida informa: "o regime de presunções estabelecido remete para a parte interessada o ónus da prova de que, apesar da existência dos factos objectivos normativamente previstos, não se verifica qualquer situação de dependência, *isto é, a dominante não desenvolve qualquer actividade de controlo ou direcção sobre a empresa dependente*" (o segundo sublinhado é nosso).

b) dotada de relativa certeza ou segurança

Poderá exigir-se uma *certeza* ou *segurança* nesse potencial exercício de influência[24]. Todavia, não nos parece que essa exigência possa ser absolutizada. Ela deverá significar, tão-só, que a sociedade tem a possibilidade de exercer uma influência sobre o rumo da administração da dependente, sem que essa possibilidade possa ser excluída por vontade da própria dependente (por ter meios de se furtar a ela), ou por uma qualquer vontade alheia à da sociedade pretensamente dominante, e *não controlável* por esta.

Interessante problema se coloca, neste âmbito, na hipótese de uma sociedade não deter a maioria do capital social da dependente, mas beneficiar de uma opção de compra, contratualmente assumida com (outro) sócio da participada, de partes sociais que lhe permitam compor uma participação absolutamente maioritária. Koppensteiner entende que uma tal opção não permite fundar a existência de uma relação de domínio, por falta da *certeza* ou *segurança* no exercício da possível influência[25]. Windbichler[26], por seu turno, diferencia. Uma situação será a de não ser certa a verificação do evento desencadeador da opção ou do direito de preferência, e muito menos o seu efetivo exercício – hipótese essa em que não se deveria falar em influência dominante relevante para a discussão em causa [existiria, não uma "possibilidade de domínio", mas sim uma mera possibilidade de *constituir* uma situação de domínio, (ainda) não relevante, em termos jurídico-societários][27]. Outra situação será aquela que decorre da celebração de acordos obrigacionais, que, em certos moldes, poderão relevar, para o que pode até encontrar-se fundamento expresso no § 16(4) AktG, para este efeito homólogo ao nosso art. 483º, 2, na medida em que ordena sejam computadas as participações "de que uma pessoa seja titular *por conta*" (*für Rechnung*) da sociedade participante, o que aqui fará também sentido, desde que a aquisição das participações esteja devidamente assegurada[28].

Parece-nos, efetivamente, não fazer sentido coarctar à partida, por meio de condicionalismos abstratos, os meios admissíveis, ou melhor, relevantes em cada

---

[24] V. KOPPENSTEINER (2004), p. 121 ("nicht (...) unsicher"); WINDBICHLER (2004), p. 118 ("gesichert"); traduz como em texto OSÓRIO DE CASTRO (2000), p. 175.

[25] KOPPENSTEINER (2004), p. 121, 132.

[26] WINDBICHLER (2004), p. 131-132.

[27] A esta situação alude também OSÓRIO DE CASTRO (2000), p. 175, n. 39, em citação da referida Autora.

[28] WINDBICHLER (2004), p. 120, 132.

caso[29]. Veja-se o arrazoado de Baumann e Reiss[30], que concordam com a doutrina dominante no que concerne aos direitos de preferência, dada a incerteza sobre a possibilidade do seu efetivo exercício. Porém, já a mera existência de uma opção *incondicionada* de aquisição de participações sociais, que se poderão juntar, se e quando aquela for acionada, a ações e/ou direitos de voto já detidos pela sociedade-sócio, poderá relevar enquanto indicador fáctico da existência de poder de influência, mesmo apesar de se tratar de uma situação jurídica, à primeira vista, apenas relevante no plano das obrigações. Com efeito, se o verdadeiro critério parece ser o da probabilidade de o comportamento da administração ser conforme à influência *possivelmente* exercida, não deverá ser suficiente, em dado caso, a mera "ameaça" do exercício da opção, para que se consubstancie uma situação de domínio[31]?

Em suma: se nos basearmos no juízo probabilístico descrito, vendo a probabilidade da perspectiva da sociedade dependente[32], será muito diferente (não será indiferente) se a pretensamente dominante tem já, *v.g.*, as participações na sua esfera jurídica, ou se tem uma opção de compra que, com toda a probabilidade, poderá exercer sem dificuldade? De todo o modo, chegamos neste ponto a considerações cuja utilidade e precisão se esgotam onde começa a *Vielfältigkeit* do caso concreto: mais longe é difícil ir, sem prejuízo grave do rigor (mas não necessariamente rigidez) que o delineamento da figura exige.

---

[29] Vários autores que vão mais longe que os citados em texto são referenciados, *v.g.*, em WINDBICHLER (2004), p. 131, n. 153, p. 132, n. 155.

[30] BAUMANN/REISS (1989): interessam para o caso as p. 201-204.

[31] Desde que, bem entendido, se trate de uma verdadeira opção, isto é, que a sua aquisição não dependa de mais do que uma mera declaração unilateral do seu titular. Por maioria de razão, diremos, valerá para fundar uma influência dominante a posição jurídica de comprador em negócio jurídico de compra e venda de participações celebrado com reserva de propriedade – hipótese abordada por WERNER (1979), p. 116, que diferencia consoante se trate de aumento de participação social já detida ou antes de aquisição de nova participação (caso este em que o Autor nega a existência de influência, embora abra a porta a exceções perante configurações concretas "atípicas"). V. tb. BAUMANN/REISS (1989), p. 203, n. 117 e texto correspondente.

[32] Aqui está um ponto em que parece fazer todo o sentido a chamada de atenção de WINDBICHLER, no sentido de que a possibilidade do exercício de uma influência dominante deve ser apreciada, não da perspectiva da supostamente *dominante*, mas sim da *dependente* (irrelevando se a constituição da relação de domínio tem na sua base uma efetiva vontade ou intenção, da parte da dominante, de exercer efetivamente esse domínio): WINDBICHLER (2004), p. 117. Sobre esta *finalidade* (*Beteiligungszweck*), v. tb. KOPPENSTEINER (2004), p. 128-129.

Acerca dos múltiplos motivos que possam estar subjacentes ao interesse em dominar, cfr. LUÍS BRITO CORREIA, *Grupos de sociedades*, in Adelino da Palma Carlos et al., "Novas perspectivas do direito comercial", Almedina, Coimbra, 1988, p. 392, n. 9a).

c) intensa?

Em íntima conexão com o problema da *certeza* ou *segurança* exigíveis, está o da *intensidade*[33] da influência, para que seja fundadora de uma relação de domínio: sem que constitua uma das características, *de per si*, da influência relevante, releva, porém, transversalmente na análise destas. A caracterização de uma influência como dominante dependerá da sua *intensidade*, sendo que o legislador societário indicia qual deverá ser a intensidade suficiente, ao estabelecer presunções de domínio no art. 486º, 2. Aí não se exige, repare-se, a totalidade ou quase totalidade das participações sociais da dependente: não obstante só esse poder preponderante permitisse a um sócio impor-se inelutavelmente (o que é característico da relação de grupo[34]), a participação maioritária (tomando agora o exemplo da primeira alínea do artigo 486º, 2) permitirá, em regra, condicionar a atuação da administração em sentido congruente com os seus intuitos, não porque esta esteja juridicamente vinculada a prossegui-los, em qualquer caso, mas ao menos pelo interesse, que os seus membros normalmente terão, em manterem-se no exercício das suas funções[35] e serem reeleitos[36]. Não será de exigir, neste quadro, que esses administradores tenham efetivamente sido escolhidos pela sociedade dita dominante, porquanto aquela presunção, de que partimos, acerca do comportamento da administração, não perde necessariamente validade, *v.g.*, na hipótese de a designação da administração ter ocorrido em assembleia geral ocorrida pouco antes da aquisição de participação maioritária na sociedade presumivelmente dependente[37].

---

[33] Expressão usada por KOPPENSTEINER (2004), p. 121, bem como por OSÓRIO DE CASTRO (2000), p. 173.

[34] OSÓRIO DE CASTRO (2000), p. 173.

[35] Recorde-se que a regra, no direito português, é a da livre destituição: cfr., para os membros do conselho de administração, o art. 403º, nº 1.

[36] KOPPENSTEINER (2004), p. 122; ENGRÁCIA ANTUNES (2002), p. 464; (2003), p. 285, n. 19; OSÓRIO DE CASTRO (2000), p. 174.

[37] V. KOPPENSTEINER (2004), p. 122: "Basta a probabilidade de um comportamento conforme à influência, que resulta de a posição de membro do órgão depender, a longo prazo, da 'benquerença' (*"Wohlwollen"*) de quem determina a composição dos órgãos societários".

O exemplo dado em texto é equivalente ao de ENGRÁCIA ANTUNES (2002), pp. 460-461, a propósito da característica da "exercitabilidade imediata"; parece-nos, contudo, que o problema verdadeiramente se não colocará nesse quadro, pois, como resulta do arrazoado do Autor (cfr. pp. 461-464, *maxime* p. 461, n. 879), nessa circunstância existe já o poder de (quase) tudo (o que releva) mudar na administração da sociedade, bastando isso para haver *influência dominante*, mais uma vez em manifestação da *potencialidade*, que é sua característica. Sobre a "exercitabilidade imediata", v. *infra* em texto, ainda neste número.

d) suficientemente estável

Engrácia Antunes refere-se à *estabilidade* de que se deverá revestir a influência dominante. Acompanhamos o Autor em tudo o que não contraria o que se vem de escrever[38], pelo que daremos notícia, muito sucintamente, dos resultados a que chega. Assim, passível de configurar uma situação de domínio é apenas, normalmente, a influência que não é meramente ocasional, fortuita, conjuntural ou casual, mas sim estrutural ou institucionalizada. Todavia, este carácter *estrutural*, como "solução de princípio"[39], deve ser abandonado, *v.g.*, nas situações em que o dominante pode, de facto, contar com a passividade frequente e regular dos restantes sócios, assim obtendo uma maioria de facto nas assembleias – uma "maioria de assembleia geral"[40].

e) sem duração temporal mínima

Por outro lado, não será de exigir uma *duração temporal mínima*, porque essa exigência não tem base legal, não favoreceria de nenhum modo a segurança jurídica, e, essencialmente, poderia pôr em causa as "próprias finalidades subjacentes à figura da relação de domínio, entre as quais avulta a de garantir a eficácia das normas jurídico-societárias comuns", se em concreto a sociedade dominante conseguisse os seus intentos sem preencher um tal requisito temporal mínimo[41]. E não há contradição com a *estabilidade* de que se fala, pois a instabilidade, nessa acepção, não resulta de um curto lapso de tempo de influência, mas sim de "factores fortuitos ou conjunturais" de que porventura resultasse o domínio[42]. Não obstante, o *tempo* poderá não ser irrelevante, designadamente para que se possa falar na formação de uma "maioria de assembleia não acidental"[43].

f) imediatamente exercitável?

Discute Engrácia Antunes a necessidade de a influência dominante ser ou não dotada de *exercitabilidade imediata* pelo seu detentor, para que releve neste

---

[38] Cfr. ENGRÁCIA ANTUNES (2002), p. 455-464, e especialmente a n. anterior e texto correspondente.
[39] ENGRÁCIA ANTUNES (2002), p. 457.
[40] Em tradução da expressão consagrada na doutrina e jurisprudência alemã: *"Hauptversammlungsmehrheit"*. V., com referências, KOPPENSTEINER (2004), p. 129, n. 105.
[41] É também, na Alemanha, a opinião de KOPPENSTEINER (2004), p. 124, WINDBICHLER (2004), p. 118, e por estes Autores identificada como opinião dominante (respectivamente, p. 124, n. 61; p. 118, n. 62).
[42] Ambas as citações são de ENGRÁCIA ANTUNES (2002), p. 459-460.
Também não exigindo "uma determinada duração", e referindo-se à necessidade de "alguma *consistência ou solidez*", OSÓRIO DE CASTRO (2000), p. 175.
[43] Como alerta WINDBICHLER (2004), p. 118.

quadro[44]. Em boa verdade, parece-nos que o problema da *exercitabilidade ime-diata* se colocará, não em face do conceito de que curamos, em si, mas sim e apenas da concretização de uma das presunções que marcam a sua presença: a da *possibilidade de designar mais de metade dos membros do órgão de administração ou do órgão de fiscalização* [art. 486º, 2, *c*)]. A isso (à designação, não sequer à *possibilidade de designação*) se parece circunscrever a discussão. Além de que, nem a *detenção de uma participação maioritária no capital* [*a*)], nem a *disposição de mais de metade dos votos* [*b*)] serão, aparentemente, no rigor das palavras, passíveis de ser ou não *imediatamente exercitáveis*. Em suma, cotejando o exemplo apresentado pelo Autor (a dominante mantém em funções a administração eleita pouco tempo antes de aquela adquirir participação maioritária), concordamos em que o exercício imediato de poderes decorrentes do domínio não deve ser decisivo, porquanto o que verdadeiramente releva é saber se o sócio tem ou não, *provavelmente*, a possibilidade de influenciar o curso da administração da sociedade dependente, aferida sob o enfoque da sociedade dependente[45]. Com isso, parecemos ser levados à conclusão de que a influência dominante relevante não exige, efetivamente, o seu *exercício imediato* – o que é diferente da sua *exercitabilidade imediata* [46].

g) não meramente sectorial

Na caracterização da influência dominante, coloca-se também o problema da sua *amplitude*[47]. Questiona-se se bastará ser ela meramente *sectorial*, isto é, circunscrita a uma área de negócios ou a um particular sector de gestão da dependente, ou antes se terá de tratar-se de uma influência *geral*. Engrácia Antunes, perante a exigência de generalidade normalmente encontrada na doutrina

---

[44] V. ENGRÁCIA ANTUNES (2002), p. 460-464.

[45] Sobre esse enfoque, como já notámos, WINDBICHLER (2004), p. 117.

[46] A defesa de uma desnecessidade de exercitabilidade imediata parece poder conduzir-nos a outras problemáticas, analisadas a outros propósitos por ENGRÁCIA ANTUNES, tudo dependendo do que entendamos por *imediação*: por exemplo, seria *imediatamente exercitável* a influência dependente de "maioria de assembleia geral", não baseada numa participação absolutamente maioritária no capital, mas sim no absentismo calculado (de uma parte) dos restantes sócios? Seria *imediatamente exercitável* a influência baseada em acordo parassocial, sabendo-se que este poderá ser objecto de incumprimento, inoponível à sociedade dependente? Estas dificuldades contribuem para fazer-nos duvidar da conveniência da introdução do critério. Decisivo parece ser o que ENGRÁCIA ANTUNES identifica como a possibilidade de a dominante ser "já senhora, afinal, da possibilidade fáctica de impor o crivo da sua vontade nessa condução. Quer dizer: o que a norma do art. 486º, nº 1, pressupõe é apenas que a sociedade *disponha já da sua base de influência*" – ENGRÁCIA ANTUNES (2002), p. 462-463.

[47] Cfr. ENGRÁCIA ANTUNES (2002), p. 464-474.

germânica, segue uma via compromissória, que fundamenta na "protecção do património da sociedade dependente em face dos perigos decorrentes do exercício de uma influência dominante por outra empresa societária"[48]. Nesse quadro, relevará a influência como *dominante* mesmo que não "se projecte esgotantemente sobre todos os sectores da actividade e direcção económico-empresariais da sociedade dependente, sendo de exigir, porém, que os domínios mais importantes (...) se encontrem expostos a um controlo exercido pela sociedade dominante"[49].

h) orgânica

Dentro ainda do problema da *amplitude*, discute-se o carácter *orgânico* ou *fáctico* da influência caracterizável como dominante. Engrácia Antunes defende a relevância apenas da influência *orgânica*[50], porquanto só podem ser imputados atos ou omissões respeitantes à condução da atividade da sociedade, de um ponto de vista jurídico-societário, aos "órgãos sociais legal e estatutariamente instituídos"[51]. Mas esta concepção *orgânica* da influência dominante, se for compreendida estritamente no sentido descrito, pode não ir de encontro ao reconhecimento cada vez mais generalizado do *administrador de facto*. Imaginemos, servindo-nos do exemplo de Coutinho de Abreu e Elisabete Ramos[52] (mas adaptando-o), uma pessoa [*v.g.*, designada por uma sociedade detentora de participação significativa no capital de outra sociedade], que "*ostenta um estatuto diverso do de administrador* (*v.g.*, director geral, gerente de comércio, procurador para a prática de determinada categoria de actos), *mas desempenha funções de ges-*

---

[48] ENGRÁCIA ANTUNES (2002), p. 468. Recorde-se aqui que esta protecção da própria sociedade dependente, embora não decorra dos efeitos que a lei portuguesa associou à relação de domínio, é tida em diversos ordenamentos jurídicos, entre os quais o alemão, como fundamento de uma regulamentação especial deste fenómeno de coligação intersocietária: v. por exemplo KOPPENSTEINER (2004), p. 117-118; ENGRÁCIA ANTUNES (2002), p. 453, nt. 864.

[49] ENGRÁCIA ANTUNES (2002), p. 469. KOPPENSTEINER sublinha, em face da AktG, que a referência literal à influência sobre uma "empresa" (*Unternehmen*) não é decisiva para a exigência do atributo da generalidade, abrindo a possibilidade de que baste a influência sobre sectores fundamentais desta – „*wesentlicher unternehmerischer Entscheidungsbereiche*": KOPPENSTEINER (2004), p. 124.

[50] O Autor escreve "em princípio" – ENGRÁCIA ANTUNES (2002), p. 470 –, mas não indica, aparentemente, as circunstâncias que o possam fazer afastar-se da solução de princípio (cfr. p. 469-471, e ainda p. 523-534).

[51] Pois são estes os "legítimos responsáveis pela formação da vontade imputável à pessoa colectiva 'sociedade comercial' (órgãos internos) e legítimos representantes desta última no tráfico jurídico (órgãos externos)" – ENGRÁCIA ANTUNES (2002), p. 469-470.

[52] COUTINHO DE ABREU/ELISABETE RAMOS (2004), p. 41.

tão com a autonomia própria dos administradores de direito": deverá a influência exercida pelo sócio, por esse meio, ser considerada *fáctica* e não *orgânica*, por isso que veículo do seu exercício não é um "órgão social legal e estatutariamente instituído", e desse modo não relevar para o estabelecimento da relação de domínio? Não nos parece. Portanto, não é de discordar de que a influência dominante, que neste âmbito releva, é "apenas aquela que é exercida por uma sociedade no contexto da estrutura organizativo-institucional de outra sociedade"[53]; mas nessa *estrutura* há de incluir-se a administração exercida *de facto*[54].[55]

i) em princípio, positiva

Na perspetiva das *modalidades* da influência, dir-se-á, com Engrácia Antunes, que ela será, por um lado, e em regra, *positiva* ou *ativa*, e não *negativa* ou *passiva*, isto é, não meramente decorrente, ou de um ascendente que se afirme ao nível económico-fáctico ou contratual, ou da detenção de uma participação minoritária suficiente para o bloqueio de deliberações a tomar em assembleia geral. E isto em regra: pois em casos-limite, nos quais verifiquemos que uma determinada minoria de bloqueio constitui um instrumento "suficientemente poderoso para originar uma irresistível submissão da sociedade participada à vontade da participante", haverá que abstrair da exigência do carácter *positivo* da influência, em atenção a uma "eficiente consecução dos próprios objectivos de protecção da sociedade dependente"[56].

Note-se, porém, como esta *nuance* é expressa e incontornavelmente derivada de uma especial teleologia que se pretende para as normas que consagram o fenómeno intersocietário do *domínio*: a proteção da sociedade dependente (e dos seus sócios)[57].

---

[53] ENGRÁCIA ANTUNES (2002), p. 469.

[54] Salvaguardado o que, parece-nos, se deverá entender por órgão social neste quadro, podemos aceitar a definição do Autor de influência *orgânica* enquanto a que "seja exercida *no contexto* dos órgãos sociais da sociedade dependente e que seja exercida *através* deles" – ENGRÁCIA ANTUNES (2002), p. 470.

[55] Ainda quanto à *amplitude* da *influência dominante*, ENGRÁCIA ANTUNES (2002), 471-474, caracteriza-a como devendo ser *exclusiva* (e não uma *co-influência*): a influência não pode depender do concurso da vontade de outrem, *maxime* da própria dependente. Já o facto de o poder de domínio se basear em acordo parassocial levanta outros problemas, a abordar *infra* (nesta anot., 2.3.) a propósito dos instrumentos de domínio, que se não esgotam na participação maioritária.

[56] ENGRÁCIA ANTUNES (2002), p. 474-475, 480-481.

[57] E por isso não decorrente, segundo KOPPENSTEINER, da própria definição de domínio, perante a qual será difícil imaginar, na *mens legislatoris*, uma configuração *negativa* do domínio: cfr. KOPPENSTEINER (2004), p. 123.

j) direta ou indireta

Por último, o carácter não necessariamente *direto* da influência dominante, mas possivelmente também *indireto*, resulta claro da lei: a presunção de domínio do artigo 486º, 2, funciona quando preenchida a previsão de uma das suas três alíneas "*directa ou indirectamente*", isto é, pela própria sociedade dominante (*v.g.*, porque titular imediata de uma participação maioritária no capital da dependente) ou por interposto terceiro (*v.g.*, a sociedade, dependente daquela, em cuja esfera jurídica está formalmente "parqueada" a referida participação), desde que este se situe dentro do "perímetro de controlo" da pretensamente dominante[58]. Se é certo que a referência se circunscreve, no texto da lei, às presunções do artigo 486º, 2 (está ausente do nº 1 qualquer menção ao carácter direto ou indireto da influência considerável dominante), nenhuma razão obsta a que daí induzamos a atendibilidade de uma influência dominante *indireta* fundada em quaisquer outras circunstâncias[59].

2.3. Os instrumentos (art. 486º, 2)

Vistas as *características*, importa questionar quais são os *instrumentos* de que uma sociedade se poderá servir para o exercício de influência tida como dominante.

O legislador avança três presunções de domínio nas alíneas do artigo 486º, 2. À partida, poderia dizer-se que estão aí consagrados três instrumentos de domínio (a detenção de participação maioritária no capital; a disposição da maioria dos votos; a possibilidade de designar a maioria dos membros do órgão de administração ou fiscalização). Contudo, veremos brevemente como, por um lado, certas opiniões propenderão para admitir outros instrumentos de domínio aí não mencionados, acentuando que essa regra não esgota necessariamente (e isso é certo) as fontes de instrumentos relevantes, e como, por outro lado, as três presunções poderão não corresponder a outros tantos instrumentos.

Com efeito, surge-nos, em primeiro lugar [*a*)], a *participação maioritária no capital* da sociedade presumivelmente dependente.

---

[58] ENGRÁCIA ANTUNES (2002), p. 482. Como auxiliar interpretativo, funciona aqui o art. 483º, 2, ao prever que "[à] titularidade de quotas ou acções por uma sociedade equipara-se, para efeito do montante referido no número anterior, a titularidade de quotas ou acções por uma outra sociedade que dela seja dependente, directa ou indirectamente, ou com ela esteja em relação de grupo, e de acções de que uma pessoa seja titular por conta de qualquer dessas sociedades".

[59] Confirmando essa *mens legislatoris*, implicando embora uma certa redundância da lei societária, confronte-se o art. 325º-A, 1, ao referir-se a uma sociedade "dependente, directa ou indirectamente nos termos do artigo 486º".

Sem dúvida que, se uma sociedade é detentora de mais de 50% das participações sociais de outra, ela estará, *em regra*, em posição de determinar o comportamento, não só, inequivocamente, da assembleia geral, como também do próprio órgão de administração desta, cujos membros pode livremente nomear e destituir[60]. É este facto que justifica a opção do legislador de arvorar em presunção de domínio a participação maioritária em capital de outra sociedade.

Porém, facilmente nos apercebemos de que a mera detenção de pouco mais de 50% do capital social poderá deixar a sociedade participante muito longe da possibilidade de exercer influência dominante sobre a participada. Verificamo-lo quando nos questionamos acerca do *cômputo* da participação maioritária no capital social da participada, em face do exemplo clássico das *ações* preferenciais sem voto: supondo que foram emitidas 100.000 ações, com o mesmo valor nominal, sendo 50.000 – que pertencem a um só acionista – daquela categoria (o máximo possível, nos termos do artigo 341º, 1), e sendo detidas as restantes ações (ordinárias, todas elas) por quatro outros acionistas na proporção de 4.999, 10.000, 10.000 e 25.001, então será este último o detentor da verdadeira *participação maioritária* no capital, não na perspectiva dos dividendos que obterá (que representam apenas cerca de metade dos que serão obtidos pelo primeiro acionista, detentor de 50% do capital, embora desprovido de qualquer direito de voto), mas na do *poder de voto* – e assim de *influência* sobre a sociedade– que lhe confere a sua participação[61].

Verificamo-lo ainda perante a questão da relevância da existência de *ações* (ou *quotas*) *próprias*. Engrácia Antunes, numa solução autointitulada de "mitigada", afirma partir de um "princípio geral de não dedutibilidade das autoparticipações". Seria este o ponto de partida na aferição da monta de uma determinada "heteroparticipação", com vista a poder definir-se quando são atingidas as percentagens [10% (cfr. artigo 483º, 1); mais de 50% (cfr. artigo 486º, 2, *a*))] de que o legislador societário faz depender a produção de certos efeitos jurídicos. O Autor aceita, porém, desvios a tal solução de princípio, se e quando ela contrarie as "*finalidades materiais*" que subjazem às correspondentes normas sobre sociedades coligadas – por outras palavras, e concretizando agora no patamar

---

[60] Salvo disposição estatutária que altere (agrave) as maiorias exigidas para a designação e/ou destituição de administradores. Sobre essa possibilidade, em geral, e com exemplos, v. OSÓRIO DE CASTRO (1994), p. 342-344. Recorde-se também que a destituição é livre, mas, quando não se verifique justa causa, constitui a sociedade na obrigação de indemnizar os danos sofridos pelo administrador: cfr. art. 403º, 5.

[61] Podem ver-se outros exemplos em ENGRÁCIA ANTUNES (2002), p. 490, em texto e n. 940; p. 492, n. 943.

das relações de domínio, se e quando ela não esteja "em linha com o traço distintivo desta figura – o poder de exercício de uma influência dominante (art. 486º, nº 1)"[62]. Por isso as participações próprias terão que ser excluídas do denominador, composto pelo capital social nominal da sociedade participada, para que sobre ele se possa colocar, como numerador, o capital social nominal votante detido por um sócio, e assim se obtenha o valor operativo na determinação do seu *poder de influência* (sob a forma de *poder de voto*).

É, portanto, também aqui essencial apercebermo-nos de qual é o *timbre* da influência dominante, para que determinemos se um dado indício é relevante e suficiente para a termos por existente. Dos próprios critérios avançados para nos permitir determinar a verdadeira existência de uma influência dominante, quando estamos perante uma participação maioritária no capital, é possível apercebermo-nos de que esta não vale em si, mas sim, apenas e só, na medida em que confira um *poder maioritário de voto*. O mesmo é dizer, enfim, que é a *detenção de uma maioria de votos* o verdadeiro instrumento de domínio, subjacente, não só à presunção da alínea *b)*, como também à da alínea *a)*, ambas do artigo 486º, 2. Pode mesmo dizer-se, sem reservas, que o principal meio de exercício de influência na sociedade é o *poder de voto*[63]. E será adequado notar que Engrácia Antunes, afirmando embora a participação maioritária como um dos instrumentos de domínio[64], parece caminhar naquele sentido, ao entender que "a pertinência de uma participação maioritária de capital como instrumento de

---

[62] ENGRÁCIA ANTUNES (2003), p. 279, em texto e n. 11; p. 284.

[63] BAUMANN/REISS (1989), p. 202. Quando há pouco falámos das ações preferenciais sem voto, a resolução do problema da sua (não) contabilização para perfazer-se uma participação maioritária, no sentido em que a fizemos (seguindo ENGRÁCIA ANTUNES), e estando assente agora que o que verdadeiramente releva é o poder de voto, encontra algum apoio legal no art. 341º, 4, ao estabelecer que as ações preferenciais sem voto "não contam para a determinação da representação do capital, exigida na lei ou no contrato de sociedade para as deliberações dos accionistas".

[64] Cfr. ENGRÁCIA ANTUNES (2002), p. 487-497. O Autor faz uma distinção, dentro da *participação maioritária* como instrumento de domínio, entre *maioria de capital* e *maioria de votos* (p. 491-497; 497). Confessamos que não se nos afigura clara a razão de ser da distinção, tanto mais que a maioria de votos, quando associada a *participação minoritária*, é abordada em seguida (p. 498 s.). Notamos que KOPPENSTEINER (2004), p. 127, faz também uma diferenciação entre *Kapitalmehrheit* e *Stimmenmehrheit*, como formas de se apresentar uma *Mehrheitsbeteiligung*; mas repare-se como trata o Autor da *participação maioritária* dentro do ponto respeitante ao *poder de voto* (*Stimmenmacht*): cfr. p. 113, 127-129.

domínio não resulta 'per se' mas apenas na medida do efectivo poder de voto que em concreto seja susceptível de conferir à sociedade participante"[65].[66]

O poder de voto de um sócio pode sustentar-se ainda noutras circunstâncias, que, concorrendo com a sua participação, ainda que não maioritária, conduzam à criação de uma situação em que é possível a esse sócio influenciar de forma determinante a sociedade participada. Nisso terá pensado o legislador ao consagrar a disposição de "mais de metade dos votos" como presunção de domínio, na alínea *b)* do art. 486º, 2.

Quais serão aqueloutras circunstâncias? Vejamos algumas das mais comuns.

Desde logo, merecem especial atenção os *acordos parassociais,* importante fenómeno na prática societária portuguesa e relevantes ao nível da criação de situações de domínio.

Importa nesta sede notar que os acordos parassociais podem ter variadíssimas características, e essa variedade impede a verificação, de antemão, da sua

---

[65] ENGRÁCIA ANTUNES (2002), p. 492. Muitos outros passos dados pelo Autor inculcam esse resultado, exemplificando-se com os seguintes, onde são nossos os grifos: "a participação maioritária assegura à sociedade participante um *poder maioritário de voto* no contexto dos órgãos deliberativos da sociedade dependente, permitindo-lhe assim, desse modo, impor o cunho da sua vontade" ((2002), p. 487); "bem pode acontecer que a maioria do capital e a maioria de votos de uma sociedade sejam detidas por duas sociedades diferentes (...)"; "[e]m tal hipótese, e em princípio, apenas a sociedade detentora do *poder maioritário de voto* se poderá considerar como dominante" ((2002), p. 561); "[a]pesar do inequívoco protagonismo que a figura da participação intersocietária assume em vários outros pontos do sistema da lei societária (...), deve salientar-se que a sua importância enquanto instrumento de exercício de uma influência ou de um controlo intersocietários não deriva 'de per si', mas sim primacialmente *do poder de voto que lhe vai efectivamente associado."* ((2003), p. 276, n. 7); "a titularidade de uma maioria de capital faz presumir a existência de uma relação de domínio: na sua qualidade de sócio *detentor da maioria dos votos exercitáveis* na assembleia geral da participada, a sociedade participante (...)" ((2003), p. 284); "[a] pertinência de uma participação maioritária de capital como instrumento da criação de um domínio intersocietário não resulta assim 'a se stante', mas é antes *função do direito de voto* que a ela vai associado assegurar efectivamente à sociedade participante uma posição proeminente no aparelho de governo da sociedade participada" ((2003), p. 285).

[66] O que se diz em texto, supondo embora a não inteira subscrição do entendimento de ENGRÁCIA ANTUNES acerca dos instrumentos do domínio, reforça porém a asserção deste Autor no sentido de que as presunções de domínio das alíneas do art. 486º, 2, têm, não tanto uma *função material* ou delimitadora do conteúdo substantivo do conceito de influência dominante (embora sejam um ponderoso e útil elemento interpretativo), como uma *função processual* de inversão do ónus da prova do facto constitutivo da influência dominante ((2002), p. 554-556; (2003), p. 286-288). Desde logo, a *participação maioritária no capital* [art. 486º, 2, *a)*] é uma presunção aceitável, no seu mero valor processual: de facto, anda *normalmente* associada à mesma a possibilidade de sujeitar a participada a uma situação de dependência intersocietariamente relevante. Porém, não se trata, em rigor, de um instrumento de domínio. Ao invés, o *poder de voto* [art. 486º, 2, *b)*] é, não só uma presunção igualmente válida, como um (ou *o)* instrumento de domínio por excelência.

relevância para sustentar uma influência dominante. Será decisivo, em face do caso, aferir a "concreta vinculatividade, estabilidade e exequibilidade jurídicas"[67] do acordo de voto, como o põe Engrácia Antunes[68]. Mais uma vez, parece-nos útil perspectivar o problema do lado da sociedade participada[69]: se o seu órgão de administração sabe da existência e titularidade das participações sociais, bem como conhece ou se apercebe do conteúdo da vinculação parassocial em causa, ele verá nesses atores uma só vontade, independentemente do número de entidades que as circunstâncias conglutinam para a sua formação. Para isso contribuirá tratar-se, *in casu*, de um acordo duradouro, não circunscrito a uma específica matéria que interesse ao colégio dos sócios, mas antes de carácter tendencialmente geral (ou, ao menos, versando matérias estreitamente ligadas ao exercício de uma influência dominante, como é a nomeação e destituição de membros da *Verwaltung*), e dotado de garantias sólidas do seu cumprimento.[70]

Uma questão interessante [71] é a da possibilidade de consideração como *dominante* de uma sociedade que, não sendo sócio da dependente, todavia detém um poder absolutamente maioritário de voto, em virtude de acordo parassocial celebrado com sócio que primariamente o detém. Não nos repugna, bem pelo contrário, uma resposta afirmativa, desde que naturalmente preenchidos os demais pressupostos do estabelecimento de uma relação de domínio, e pensamos encontrar apoio, não só na teleologia das disposições (bem como na própria configuração da "influência dominante" como um conceito indeterminado), interessadas em que a sua aplicação não esbarre em contornos organizacionais premeditadamente criados pela sociedade dominante com vista a desviar-se daquelas estatuições, como ainda, em alguma medida, no facto de o próprio legislador consagrar situações de domínio em que a dominante não detém, formalmente, uma qualquer participação da dependente (pensa-se nas hipóteses de domínio *indireto*, aceites expressamente no proémio do nº 2 do

---

[67] Compreendidos estes conceitos, bem entendido, em sentido que não estritamente técnico (pois neste sentido seriam sempre *vinculativos* e *juridicamente exequíveis* os ditos acordos).

[68] ENGRÁCIA ANTUNES (2002), p. 551, n. 1083.

[69] Cfr. WINDBICHLER (2004), p. 117.

[70] KOPPENSTEINER fala em *domínio combinado* ("kombinierte" Beherrschung) quando vários *meios* de domínio se concentram na mesma entidade, designadamente quando atuantes ao mesmo nível, exemplificando, como única configuração em regra aceitável, com o poder de voto maioritário resultante da combinação de participações sociais próprias, por um lado, e de acordos de voto, por outro. Cfr. KOPPENSTEINER (2004), p. 141, 143. Tb. WINDBICHLER (2004), p. 133.

[71] Deixada em aberto por ENGRÁCIA ANTUNES (2002), p. 503, n. 973.

artigo 486º). Decisivo é que se trate de uma influência que funcione em termos *endojurídico-societários*[72].

Uma outra interessante questão que poderá ainda colocar-se, muito frequentemente associada à existência de *acordos parassociais*, é a da relevância de um *domínio conjunto*, isto é, da situação em que duas ou mais sociedade, juridicamente independentes entre si, conjunta ou simultaneamente exercem uma influência dominante sobre a dependente. O problema é abordado e resolvido por Engrácia Antunes[73], aqui cabendo apenas algumas sucintas notas.

A dúvida sobre a relevância desse circunstancialismo não se chega a colocar quando a situação seja tal que, apesar de aparentemente existir paridade nas participações sociais detidas (50% – 50%[74]), existam outros dados que façam diminuir o poder em princípio associado à titularidade de uma participação [*v.g.*, a determinação estatutária de limites à contagem de votos, para ações de certa categoria, detidas por um dos sócios – cfr. art. 384º, 2, *b*), e 3].

Diferentemente, poderá surgir a hipótese de vários sócios terem assegurado o concerto das suas vontades, de modo a que, exteriormente a esse concerto, surja uma só vontade. Essa conjugação de vontades poderá passar por um sindicato de voto[75], nos termos do qual os sócios integrantes restrinjam a sua liberdade de voto em assembleia geral, ao vincularem-se a um sentido de voto definido internamente pelo sindicato, seja por maioria[76], seja mesmo por unanimidade. É verdade que tais convenções de voto têm mera eficácia *inter partes*, não são oponíveis à sociedade, sendo ainda muito discutível a admissibilidade da sua execução específica[77]. Mas não menos verdade é que os sócios poderão "blindar"

---

[72] Como é o caso paradigmático do exercício de direitos de voto, que podem até, para encontrarmos apoio legal expresso (art. 483º, 2), ser considerados, em certos casos, como exercidos *por conta* da dominante. Dando nota da discussão, e com abertura para a solução descrita, em face do já referido § 16(4) AktG, cfr. WINDBICHLER (2004), p. 134, e tb. p. 136, onde caracteriza este caso como de domínio *indireto*.
[73] ENGRÁCIA ANTUNES (2002), esp. pp. 543-552; (2000), esp. pp. 48-86. Cfr. tb. CARIELLO (1997); LAMANDINI (1993), p. 218, s..
[74] Não se olvide, porém, para as sociedades anónimas, os arts. 273º e 142º, 1, *a*).
[75] Para a sua definição, v. VASCO LOBO XAVIER (1985), p. 641.
[76] Não se exclui, todavia, que certos sindicatos de voto, funcionando, p. ex., por maioria simples dos votos correspondentes ao capital social, poderiam conduzir, em concreto, à criação de uma situação de domínio do sócio mais *forte* dentro do sindicato: *v.g.*, o sócio que detém 26% do capital votante, sendo o sindicato composto por sócios que detêm no total 51% do mesmo. Ora, aí, não haverá em regra domínio plural conjunto, mas sim singular, desse mesmo sócio.
[77] A favor, MARIA DA GRAÇA TRIGO (1998), p. 215-220; (2002), p. 181: a Autora defende, com base no princípio geral do art. 817º do CC (quanto à realização coactiva da prestação), que, não sendo embora possível a impugnação de deliberações já tomadas, possa obter-se o cumprimento forçado de acordo de voto em deliberações futuras sobre matéria ainda não objecto de deliberação; ou ainda, caso a matéria

estas convenções, pela via de um forte agravamento contratual da sanção pelo respectivo incumprimento, o que se consubstanciará, muito frequentemente, em pesadas (e por isso firmemente adstringentes) cláusulas penais[78].

Outra circunstância concorrente para o surgimento de uma influência dominante é a existência de determinadas *disposições estatutárias* que, pelo seu conteúdo, sejam susceptíveis de criar ou reforçar um certo poder de influência[79].

Efetivamente, quando pensamos em modos endógenos de se obter um poder dominante da sociedade, não é somente o *poder de voto* (correspondente a uma participação maioritária ou por outra via obtido) o único meio apto a fazê-lo: é também configurável a situação em que os estatutos da sociedade moldam as relações entre o órgão deliberativo-interno e o órgão de administração ou de fiscalização de tal modo que se estabeleça uma dependência em face de um sócio, apesar ou independentemente do seu poder de voto. Em que circunstâncias? Pensamos, essencialmente, em cláusulas atributivas de prerrogativas na designação ou destituição de administradores. Contudo, estas assumirão feições muito diversas, consoante o tipo societário em causa: trata-se de matéria em que é visível uma bem menor liberdade de estipulação estatutária nas sociedades anónimas do que em sociedades por quotas[80]. Com efeito, enquanto nestas é possível, para além da consagração de *direitos especiais*, quer à administração (no caso, à *gerência*) pelo próprio sócio quotista, quer à designação, por sua escolha

---

haja já sido versada por deliberação dos sócios, desde que os seus efeitos sejam passíveis de ser alterados por deliberações ulteriores, apresentando-se o exemplo da eleição ou destituição de membros dos órgãos sociais. O meio processual mais idóneo seria a ação específica, por aplicação analógica do art. 830º do CC ((2002), p. 181-182). Tb. ARMANDO TRIUNFANTE (2004), p. 348. (Tradicionalmente favorável é o direito brasileiro: v. hoje o art. 118º, *caput* e § 3º, da Lei das Sociedades Anônimas, admitindo a sua eficácia perante a própria sociedade – v., para uma primeira leitura, MODESTO CARVALHOSA (2011), p. 655 s.). Contra, RAÚL VENTURA (1992), p. 97-98; todavia, o Autor aceita a possibilidade de, antevendo-se o incumprimento de acordo de voto, requerer-se providência cautelar não especificada, com vista a ordenar a comissão do ato ou omissão conformes ao acordo (p. 98-99). Tb. contra, MENEZES CORDEIRO (2001), p. 539.
V. ainda, com mais referências, no I Volume deste Comentário, CAROLINA CUNHA, art. 17º, anot. 5.2..
[78] V. MENEZES CORDEIRO (2001), p. 540; v. tb. ENGRÁCIA ANTUNES (2000), p. 70-71.
[79] V. ENGRÁCIA ANTUNES (2002), p. 503-504, 517-523.
[80] Sobre essa liberdade em geral, e perante os casos homólogos das *Aktiengesellschaft* (*AG*) e *Gesellschaft mit beschränkter Haftung* (*GmbH*) alemãs, veja-se um par de referências alemãs em RUI PEREIRA DIAS (2007), p. 84, n. 195; em Portugal, v. CASSIANO DOS SANTOS (2006), p. 305-306, n. 510; p. 210, n. 371, que traça o paralelo entre o direito alemão, onde por via do § 23(5) AktG se consagra legalmente a "imperatividade do direito das sociedades anónimas" (dando-se notícia da defesa de uma interpretação restritiva desta norma, naquele direito), e o direito português, em que o mesmo "carácter cogente" das normas que regulam as sociedades anónimas foi já doutrinalmente defendido por VASCO LOBO XAVIER (1976), p. 164; cfr. tb. SOVERAL MARTINS (2006), p. 51, nt. 29.

discricionária, do(s) gerente(s)[81], já naquelas, as anónimas, quando nos movemos somente no plano dos estatutos, pouco mais encontraremos que a possibilidade de fazer depender a eleição de número não superior a um terço do total do número de administradores do voto favorável da maioria dos acionistas detentores de participações de determinada categoria (cfr. o artigo 391º, 2).

Terá sido a consideração de tais meios de um sócio reservar-se um poder de controlo do órgão de gestão, em derrogação do que resultaria do domínio conatural ao poder de voto de outro(s) sócio(s), que levou o legislador a plasmar como terceira presunção de domínio a *"possibilidade de designar mais de metade dos membros do órgão de administração ou do órgão de fiscalização"* (artigo 486º, 2, c))[82].

Circunstância de ocorrência concomitante da existência de uma participação minoritária de um sócio, para conduzi-lo a uma influência dominante, poderá porventura ser também a verificação das chamadas *maiorias de facto*, isto é, a situação em que um sócio, não sendo embora maioritário, pode com toda a probabilidade confiar, baseado nos dados da experiência resultante das anteriores assembleias gerais, na ausência ou não contrariedade (numa palavra: na passividade) dos restantes sócios, assim lhe possibilitando assumir um controlo meramente fáctico mas suficientemente seguro do órgão deliberativo-interno[83]. A configuração da estrutura acionista mais facilmente tolerante de uma tal *Hauptversammlungsmehrheit* será a que se caracterize por uma grande dispersão de capital por pequenos investidores, pouco ou nada interessados numa condução ativa da vida societária e no exercício dos seus direitos sociais, que não a quinhoar nos lucros.

A suficiência desta circunstância, por definição pouco (embora suficientemente) estável[84], para o estabelecimento de um domínio, poderia até basear-se numa atenta interpretação do artigo 486º, 2, *a)*: por "participação maioritária no capital", poderá entender-se, não necessariamente uma participação superior a 50% do capital nominal votante – tratar-se-ia então de uma participação *absolutamente* maioritária – , mas também uma participação social que constitua

---

[81] Cfr. arts. 24º, esp. nºˢ 1, 3, 5, e 257º, 3. É essa, ademais, a hipótese que o art. 83º, 1, tem em vista.

[82] ENGRÁCIA ANTUNES (2002), p. 504.

[83] V. ENGRÁCIA ANTUNES (2002), p. 505-507; KOPPENSTEINER (2004), p. 129-131; WINDBICHLER (2004), p. 119-120.

[84] Fortemente indiciadora dessa suficiente *estabilidade* é a reiteração da ausência de representação de percentagem considerável do capital social durante cinco exercícios consecutivos: assim WINDBICHLER (2004), p. 119, com referência ao *Volkswagen-Fall* (v. texto e n. 69). Algo diferente, e em princípio não bastante, é uma mera *maioria acidental (Zufallsmehrheit)*: cfr. KOPPENSTEINER (2004), p. 130 (com referências em sentido contrário na n. 107); no mesmo sentido, WINDBICHLER (2004), p. 119.

uma *maioria relativa*, suficiente, em face do padrão comportamental dos restantes sócios habitualmente presentes em assembleia geral, para impor a expressão de uma vontade.

Poderão *vinculações contratuais* de direito privado servir de base ao surgimento de uma influência dominante? Para além do contrato de subordinação, fonte de uma relação de grupo, é doutrinalmente colocada a questão de saber se outros contratos, assim-chamados *contratos de empresa*, que têm "genericamente por objecto ou finalidade instituir ou conformar uma relação de integração económica, financeira ou empresarial mais ou menos intensa entre duas empresas societárias"[85], poderão afinal fundar uma relação de domínio. O direito comparado informa-nos que é genericamente rejeitada a relevância jus-societária de tais acordos[86], a não ser onde, como na Alemanha, eles foram taxativamente tipificados e objecto de uma especial regulamentação legal (§§ 291 e 292 AktG)[87]. Ora, parece-nos haver que separar o problema da validade de um contrato desta índole do problema da relevância do mesmo em termos de alicerçar uma relação de domínio: se, quanto ao primeiro, não nos repugna admitir a sua admissibilidade, desde que reunidos os requisitos para a sua conformidade com o nosso ordenamento jurídico – designadamente, na sua "exigência de respeito pelos bons costumes" e na "necessidade de observar princípios fundamentais do direito de sociedades"[88] –, e, principalmente, desde que os termos contratuais não belisquem o poder de o órgão de administração "decidir estrategicamente, controlar a execução do contrato e, sendo caso disso, denunciá-lo"[89], já a possibilidade de um contrato, que preencha estas condições, permitir a uma das partes contratantes a assunção de um poder de influência dominante, nos parece dificilmente configurável, porquanto a entidade em quem, por exemplo, são delegados poderes de gerência (no exemplo dos "contratos de gestão de empresa"[90]) se encontrará sempre, em último termo, na *dependência* da socie-

---

[85] Cfr., por todos, ENGRÁCIA ANTUNES (2002), p. 510-516. Compreende-se a referência a "empresas societárias" (no sentido de remeter, em termos jurídico-estruturais, apenas para relações intersocietárias), também porquanto, de acordo com o art. 481º, 1, relevará apenas a relação estabelecida entre entidades que formalmente tomem a veste de um dos tipos societários aí referidos, não obstante a possibilidade de se interporem outras entidades, mesmo não societárias (cfr. art. 483º, 2).

[86] ENGRÁCIA ANTUNES (2002), p. 513-514, n. 998.

[87] V., para uma breve descrição destes tipos, RAÚL VENTURA (1994), p. 104-106.

[88] PINTO MONTEIRO (1995), p. 7.

[89] COUTINHO DE ABREU (2010ª), p. 44.

[90] Sobre os chamados "contratos de gestão de empresa", pode ver-se ENGRÁCIA ANTUNES (2002), p. 511; PINTO MONTEIRO (1995), p. 5-16. Parece claro que, se um contrato é celebrado com vista à atribuição

dade gerida. Tanto mais que o legislador societário arvorou o regime das sociedades coligadas tomando como matriz um *contrato*, o de *subordinação*[91], sem que tenha deixado pistas para a admissibilidade de outros instrumentos próximos ou semelhantes mas não tipificados[92].

Por último, questiona-se a atendibilidade de outros vínculos contratuais, tais como os contratos de distribuição comercial[93], numa discussão que não é fundamentalmente diversa da respeitante às chamadas *relações fácticas de domínio*[94]: trata-se de saber se *dependências* geradas pelas relações comerciais ou económicas travadas no mercado (*wirtschaftliche Abhängigkeiten*), ou mesmo pessoais (*personelle Verflechtungen*), mas sem reflexo na estrutura social, permitem preencher o conceito de influência dominante do artigo 486º. Na Alemanha, Koppensteiner dá um ênfase especial ao problema, ainda no quadro da questão de saber se a *generalidade* é característica da influência dominante, por considerar que a sua resolução no sentido propugnado pela doutrina dominante, isto é, exigindo a *generalidade*, excluiria à partida da *definição* um conjunto de potenciais *dominantes*, tais como credores, clientes ou fornecedores, porquanto estes, não obstante a importância que a sua conduta venha a ter para a determinação do rumo societário da dependente, raramente possuirão uma influência sobre a *generalidade* da atividade societária, e, portanto, estaríamos (também) por aí a excluir *a priori* os instrumentos de domínio de cariz não jurídico-societário, sem que pudesse retirar-se, no caso alemão, da letra da lei ou da sua história, qualquer argumento no sentido dessa exclusão[95]. Mas tudo isto se nos movermos ainda e só no plano da *definição* de influência dominante. Já no que toca

da (mera) administração técnico-operativa corrente, ele será lícito, mas sem se descurar que "o poder de direcção e de controlo (...) não pode ser delegado na sociedade gestora" (PINTO MONTEIRO (1995), p. 8), e que portanto hão de manter-se as funções, os poderes gerais de representação e outrossim a responsabilidade do órgão de administração: cfr. COUTINHO DE ABREU (2010a), p. 44.

[91] Assim CASSIANO DOS SANTOS (2002), p. XXX.

[92] Também referida (ENGRÁCIA ANTUNES (2002), p. 510-511; v. tb. p. 650) é a *convenção de atribuição de lucros*, que, na legislação societária portuguesa, surge como uma convenção adicionada ao contrato de subordinação (art. 508º): RAÚL VENTURA (1994), pp. 124-125. KOPPENSTEINER não lhes atribui grande relevância na prática, porquanto a sua celebração, justificada normalmente por razões fiscais, pressupõe já, em regra, a existência de um domínio: cfr. KOPPENSTEINER (2004), p. 134-135. WINDBICHLER nota que, por si só, não atribuem um poder de direção imediato, no sentido da possibilidade de dar instruções: WINDBICHLER (2004), p. 124.

[93] Sobre estes em geral, e abordando brevemente o problema da *dependência económica* potencialmente resultante da sua celebração (p. 48-51), v. por todos PINTO MONTEIRO (2002).

[94] Assim também ENGRÁCIA ANTUNES (2002), p. 517; sobre estas, cfr. p. 523-537; OSÓRIO DE CASTRO (2000), p. 174.

[95] KOPPENSTEINER (2004), p. 124-125.

ao conceito operativo no âmbito de disposições que visam a proteção da sociedade dependente e seus (outros) sócios, Koppensteiner acaba por chegar a um resultado que nos é familiar, na sua expressão por Engrácia Antunes[96]: há que verificar, no plano teleológico, se a regulamentação *societária* prevista para a relação de domínio (no caso alemão, os §§ 311 s. AktG) visa proteger a sociedade ou os seus sócios de *qualquer* intervenção externa prejudicial, como pode ser o caso de uma influência externa resultante de uma dependência condicionada pelo mercado (a existência de um único comprador, ou de um único fornecedor de matéria-prima essencial, ou mesmo de uma única entidade disposta a conceder crédito à sociedade, porque já fortemente endividada)[97]. Ora, não é esse manifestamente o caso, porquanto o regime legal, por importante que seja o défice de esclarecimento pelo legislador do seu fim precípuo, visa manifestamente obviar ao risco inerente à interpenetração de esferas sociais, com a consequente possibilidade de instrumentalização ao serviço dos interesses da outra, e não a interferências absolutamente extrínsecas (às quais se dirige a atenção de outros ramos do direito, com o direito da concorrência à cabeça), reagindo apenas quando a existência de uma entidade que *domina* venha pôr em causa o equilíbrio de interesses que está subjacente à organização estrutural de que a sociedade é dotada, em potencial prejuízo dos sócios não dominantes e dos credores sociais[98]. Está em causa uma proteção de riscos inerentes ao próprio funcionamento (do direito) das sociedades, não cabendo o seu extravasamento para riscos que o mercado comporta e cria. Cumpre, consequentemente, responder em regra pela negativa[99].

---

[96] Cfr. ENGRÁCIA ANTUNES (2002), *maxime* p. 529-531.

[97] KOPPENSTEINER (2004), p. 137.

[98] KOPPENSTEINER (2004), p. 138.

[99] Assim ENGRÁCIA ANTUNES (2002), p. 532. Confronte-se, porém, a chamada de atenção do mesmo Autor para a eventual relevância do domínio fáctico em sede do direito dos seguros: (2000), p. 55, n. 61. Ademais, existe uma constelação de factos perante a qual merece resposta positiva, para alguma doutrina germânica, a questão da existência de domínio: é a da hipótese de um fornecedor ou financiador da sociedade juntar à sua influência *fáctica* a titularidade de uma participação no capital da alegadamente dependente, que impedisse esta de se libertar da influência, por se tratar de uma *minoria de bloqueio* (*Sperrminorität*) suficiente para impedir uma modificação do objecto social ou um aumento do capital social). Cfr. KOPPENSTEINER (2004), p. 142, com amplas referências (v. n. 185), que se pronuncia contra, porquanto não poderá resultar uma influência dominante da combinação de um meio irrelevante para o preenchimento desse conceito, com um outro que não é, em si, suficiente para tal. A propósito dos *sindacati di blocco*, em Itália, pode encontrar-se um brevíssimo historial do problema da sua admissibilidade em ROSSI (1993), p. 58-59.

Por isso se poderá falar, enfim, da necessidade de os instrumentos de domínio serem *intrassocietários*[100], no sentido de o seu detentor deles lançar mão no seio da estrutura organizatória da sociedade (e principalmente, como vimos, através do exercício de um poder maioritário de voto) [101].

2.4. A influência dominante em alguns outros ramos do Direito

Pelo que vimos de expor, é resultado necessário que outros conceitos de *domínio* ou *influência dominante*, ou conceitos próximos (como *v.g.* o de *influência determinante*, no direito da concorrência[102]) que encontramos noutros diplomas de outros ramos do Direito, mais ou menos próximos do direito societário, deverão ser objecto, cada um deles, de interpretações que atendam à teleologia das normas cuja previsão integram.

Encontramos tais disposições em vários quadrantes. Refiramos apenas (para além do concorrencial, já assinalado), por um lado, o *direito dos valores mobiliários*: nos termos do artigo 21º, 1, CVM, considera-se *relação de domínio "a relação existente entre uma pessoa singular ou colectiva e uma sociedade quando, independentemente de o domicílio ou a sede se situar em Portugal ou no estrangeiro, aquela possa exercer sobre esta, directa ou indirectamente, uma influência dominante"*. Note-se, portanto, como, diferentemente do que sucede para efeitos do âmbito espacial de aplicação do Título VI do CSC, não procede a lei dos valores mobiliários a uma autolimitação espacial do regime legal (v. ainda o nº 3 do artigo 21º CVM). Este preceito prossegue com um nº 2, onde se determina a existência, *"em qualquer caso"*, de uma relação de domínio *"quando uma pessoa singular ou colectiva: a) Disponha da maioria dos direitos de voto; b) Possa exercer a maioria dos direitos de voto, nos termos de acordo*

---

[100] Tomando expressão de CASSIANO DOS SANTOS (2002), p. XXXVII; Ou de natureza "endojurídico-societária", tomando a de ENGRÁCIA ANTUNES (2002), p. 530; referindo-se ao "carácter jurídico-societário" dos instrumentos de domínio, OSÓRIO DE CASTRO (2000), p. 174.

[101] Este carácter *intrassocietário* refere-se aos instrumentos, enquanto a *organicidade*, que mencionámos a propósito das características da influência dominante, é referida, com significado próximo, na perspectiva do *objecto* da influência: os órgãos da sociedade (no sentido *supra* descrito). Cfr. também CASSIANO DOS SANTOS (2002), p. XXXVIII, n. 47.

[102] Cfr. o artigo 36º, 3, da L 19/2012: *"Para efeitos do disposto nos números anteriores, o controlo decorre de qualquer ato, independentemente da forma que este assuma, que implique a possibilidade de exercer, com caráter duradouro, isoladamente ou em conjunto, e tendo em conta as circunstâncias de facto ou de direito, uma influência determinante sobre a atividade de uma empresa, nomeadamente:*
a) A aquisição da totalidade ou de parte do capital social;
b) A aquisição de direitos de propriedade, de uso ou de fruição sobre a totalidade ou parte dos ativos de uma empresa;
c) A aquisição de direitos ou celebração de contratos que confiram uma influência determinante na composição ou nas deliberações ou decisões dos órgãos de uma empresa."

parassocial; c) Possa nomear ou destituir a maioria dos titulares dos órgãos de administração ou fiscalização."

Por outro lado, também com respeito a *instituições de crédito e sociedades financeiras* encontramos disposições específicas. O RGICSF prevê, no seu artigo 13º, 2, a chamada *"relação de controlo ou de domínio"*, entre uma pessoa singular ou coletiva e uma sociedade[103]. Ela é relevante para a caracterização de uma pessoa coletiva como *filial* (artigo 13º, 1, RGICSF). Por outro lado, também para a definição de uma *"relação de proximidade"* (com relevância *v.g.* ao nível de obrigações de comunicação ao Banco de Portugal: v. artigo 121º, 2, RGICSF), se faz apelo à noção de *relação de domínio*[104].

3. Deveres das sociedades presumivelmente em relação de domínio (art. 486º, 3)

Foi já aqui assinalado que, para crítica generalizada da doutrina, o legislador societário não previu mais que escassas e atípicas consequências jurídicas resul-

---

[103] Nos termos literais do art. 13º, 2, RGICSF, dá-se tal relação *"quando:*
a) Se verifique alguma das seguintes situações:
  I) Deter a pessoa singular ou coletiva em causa a maioria dos direitos de voto;
  II) Ser sócio da sociedade e ter o direito de designar ou de destituir mais de metade dos membros do órgão de administração ou do órgão de fiscalização;
  III) Poder exercer influência dominante sobre a sociedade, por força de contrato ou de cláusula dos estatutos desta;
  IV) Ser sócio da sociedade e controlar por si só, em virtude de acordo concluído com outros sócios desta, a maioria dos direitos de voto;
  V) Poder exercer, ou exercer efetivamente, influência dominante ou controlo sobre a sociedade;
  VI) No caso de pessoa coletiva, gerir a sociedade como se ambas constituíssem uma única entidade;
b) Considera-se, para efeitos da aplicação dos números I), II) e IV), que:
  I) Aos direitos de voto, de designação ou de destituição do participante equiparam-se os direitos de qualquer outra sociedade dependente do dominante ou que com este se encontre numa relação de grupo, bem como os de qualquer pessoa que atue em nome próprio, mas por conta do dominante ou de qualquer outra das referidas sociedades;
  II) Dos direitos indicados no número anterior deduzem-se os direitos relativos às ações detidas por conta de pessoa que não seja o dominante ou outra das referidas sociedades, ou relativos às ações detidas em garantia, desde que, neste último caso, tais direitos sejam exercidos em conformidade com as instruções recebidas, ou a posse das ações seja operação corrente da empresa detentora em matéria de empréstimos e os direitos de voto sejam exercidos no interesse do prestador da garantia;
c) Para efeitos da aplicação dos números I) e IV) da alínea a), deverão ser deduzidos, à totalidade dos direitos de voto correspondentes ao capital da sociedade dependente, os direitos de voto relativos à participação detida por esta sociedade, por uma sua filial ou por uma pessoa em nome próprio mas por conta de qualquer destas sociedades".
[104] Com efeito, o art. 13º, 12, RGICSF, define *relação de proximidade* como *"a relação entre duas ou mais pessoas, singulares ou coletivas:*
a) Ligadas entre si através:
  a1) De uma participação, entendida como a detenção, direta ou indireta, de percentagem não inferior a 20% do capital ou dos direitos de voto de uma empresa; ou
  a2) De uma relação de domínio; ou
b) Ligadas a uma terceira pessoa através de uma relação de domínio."

tantes da existência de uma *relação de domínio*, conforme jurídico-societaria-mente configurada. O que não obstou a que, com cambiantes variados, se tenha procurado muitas vezes extrair novas soluções a partir dos princípios fundamentais do direito das sociedades, ou da aplicação analógica do regime da relação de grupo[105].

Uma daquelas consequências jurídicas é a que consta deste nº 3, nos termos do qual ambas as sociedades que, por se aplicar à respetiva relação alguma das presunções de domínio do nº 2, se podem dizer *presumivelmente dominante* e *presumivelmente dependente*, se veem vinculadas a um dever de *mencionar essa relação*, aquando do cumprimento dos deveres que a lei imponha ao nível da *publicação ou declaração de participações*.[106]

---

[105] Para uma breve resenha de algumas dessas sugestões, v. ANA PERESTRELO DE OLIVEIRA (2011), art. 486º, anot. 32-33. Aponte-se ainda, sem pretensão de exaustividade, COUTINHO DE ABREU (2010), p. 63-64; (2012), p. 226 s.; ORLANDO VOGLER GUINÉ (2006); MARIA DE FÁTIMA RIBEIRO (2009), p. 450 s..

[106] Cfr. ENGRÁCIA ANTUNES (2002), p. 602; ANA PERESTRELO DE OLIVEIRA (2011), art. 486º, anot. 26, e tb. art. 484º, anot. 9.

ARTIGO 487º
Proibição de aquisição de participações

1. É proibido a uma sociedade adquirir quotas ou acções das sociedades que, directamente ou por sociedades ou por pessoas que preencham os requisitos indicados no artigo 483º, nº 2, a dominem, a não ser aquisições a título gratuito, por adjudicação em acção executiva movida contra devedores ou em partilha de sociedades de que seja sócia.

2. Os actos de aquisição de quotas ou acções que violem o disposto no número anterior são nulos, excepto se forem compras em bolsa, mas neste caso aplica-se a todas as acções assim adquiridas o disposto no artigo 485º, nº 3.

Índice

1. Enquadramento: consequências jurídicas da emergência de relação de domínio
2. A proibição de aquisição de participações (art. 487º, 1, 1ª parte) e a respetiva sanção (art. 487º, 2)
3. As exceções à proibição de aquisição (art. 487º, 1, 2ª parte)
4. As dúvidas sobre o alcance da *revogação parcial* do art. 487º pelo DL 328/95

Bibliografia

Vide a bibliografia indicada para o art. 486º.

1. Enquadramento: consequências jurídicas da emergência de relação de domínio

Conforme acabámos de assinalar, o legislador societário português não associou, expressamente, à emergência de uma relação de domínio intersocietário senão escassas e atípicas consequências jurídicas, o que merece a crítica generalizada da nossa doutrina[1]. Assim, a par do nº 3 do artigo 486º, encontramos apenas, dentro do Título VI, este outro preceito, o artigo 487º, que em rigor se filia, "teleológica e valorativamente", como vimos acima, numa outra problemática: a das *participações recíprocas*[2].

---

[1] V. o comentário ao artigo anterior, anots. 2.1., 3..

[2] Cfr. ENGRÁCIA ANTUNES (2002), p. 449, n. 858 e em texto; v. tb. COUTINHO DE ABREU (2010), p. 63; ANA PERESTRELO DE OLIVEIRA (2011), art. 487º, anot. 5-6.

2. A proibição de aquisição de participações (art. 487º, 1, 1ª parte) e a respetiva sanção (art. 487º, 2)

O artigo 487º, 1, proíbe em regra a aquisição de participações da dominante pela dependente, seja *direta* ou *indiretamente*, conforme é acautelado com a remissão expressa para os *"requisitos indicados no artigo 483º, nº 2"*.

Nos termos do seu nº 2, a sanção é a *nulidade*. Pode, porém, suceder, pelo menos em certa leitura possível do nosso regime[3], que as participações hajam sido adquiridas em bolsa: se assim for, o ato de aquisição *não é nulo*, ficando porém a sociedade titular das participações sujeita às limitações ao exercício dos respetivos direitos sociais, e à responsabilização dos seus administradores, que estão previstas (*propriamente*) para as relações de participações recíprocas. Assim resulta da remissão expressa do artigo 487º, 2, para o artigo 485º, 3, que reitera a filiação teleológica e valorativa de que há pouco dávamos conta.

3. As exceções à proibição de aquisição (art. 487º, 1, 2ª parte)

Escapam à proibição as aquisições *a título gratuito*, por *adjudicação em ação executiva movida contra devedores*, ou ainda *em partilha de sociedade de que seja sócia*. Significa, pois, que nesses casos a aquisição é lícita e o exercício dos direitos que são inerentes às participações não fica sujeito a limitações. Estas exceções têm lugares paralelos no artigo 220º, 2, acerca da aquisição de ações próprias, que são de modo semelhante proibidas *com exceção* das aquisições *"pela sociedade a título gratuito, ou em acção executiva movida contra o sócio (...)"*; e também no artigo 317º, 3, que prevê os casos de aquisição lícita de ações próprias, entre os quais se contam, lícitas mesmo que conducentes à ultrapassagem do limiar de capital próprio de 10% (art. 317º, 2), a aquisição de um património *"a título universal"* (*c*)), a aquisição *feita a título gratuito"* (*d*)), ou ainda a aquisição *"feita em processo executivo para cobrança de dívidas de terceiros ou por transacção em acção declarativa proposta para o mesmo fim"* (*e*)).

4. As dúvidas sobre o alcance da revogação parcial do art. 487º pelo DL 328/95

A introdução no CSC dos artigos 325º-A e 325º-B, pelo DL 328/95, de 9 de dezembro, foi acompanhada de uma indicação preambular, de alcance não inequívoco, em que se afirmava a "derrogação dos artigos 487º e 481º, nº 2, que se mantêm apenas em vigor para as sociedades por quotas".

---

[3] V. *infra*, anot. 4..

Notámos já, todavia, que este resultado não é incontroverso, com referência às hipóteses de domínio intersocietário internacional, pelo que aqui remetemos para essas considerações[4]. Consoante o entendimento que aí se perfilhe, as referências do artigo 487º que pressupõem a sua aplicabilidade a sociedades anónimas (e em comandita por ações) deixarão, ou não, de ser consideradas.

De todo o modo, para lá de tais casos, é menos controversa a necessidade de afastar a proibição do artigo 487º quando uma sociedade dependente subscreva, adquira ou detenha ações da sociedade anónima dominante: pois se o artigo 325º-A, 1, considera nesse caso tratarem-se de *ações próprias* da sociedade anónima dominante, está a pressupor-se a admissibilidade dessa subscrição, aquisição ou detenção, e assim a inaplicabilidade da proibição que antes lhe seria imposta pelo artigo 487º, 1.

Não vêm sendo levantadas dúvidas, por último, de que o regime do artigo 487º mantém vigência com respeito à (proibição de) aquisição de quotas de uma sociedade por quotas dominante[5].

---

[4] V. RUI PEREIRA DIAS, no Volume V (2012) desta obra, anot. aos arts. 325º-A e 325º-B, *maxime* art. 325º-A, anot. 3, que *supra* seguimos de perto no comentário ao art. 481º, anot. 2.2.1..

[5] A não ser na circunstância de a sua aplicação não sobreviver ao confronto com o direito da União Europeia: v. PAULO PICHEL (2014), p. 248.

CAPÍTULO III
SOCIEDADES EM RELAÇÃO DE GRUPO
SECÇÃO I
GRUPOS CONSTITUÍDOS POR DOMÍNIO TOTAL

ARTIGO 488º *
Domínio total inicial

1. Uma sociedade pode constituir uma sociedade anónima de cujas acções ela seja inicialmente a única titular.

2. Devem ser observados todos os demais requisitos da constituição de sociedades anónimas.

3. Ao grupo assim constituído aplica-se o disposto nos n°s 4, 5, e 6 do artigo 489º.

* O nº 1 foi alterado pelo art. 1º do DL 280/87, de 8 de julho, e pelo art. 2º do DL 76-A/2006, de 29 de março.

Índice

1. Constituição de relação de grupo por domínio total inicial ou originário

    1.1. Uma forma legal de sociedade anónima unipessoal e sociedades dominantes

    1.2. Extensão do art. 488º, 1: a sociedade por quotas unipessoal como sociedade totalmente dominada-sujeito passivo da relação de grupo?

    1.3. Participação totalitária direta

    1.4. Necessidade de deliberação do(s) sócio(s) da futura sociedade dominante?

    1.5. Processo de constituição

2. Termo da relação de grupo – a remissão do art. 488º, 3

Bibliografia

a) Citada:

ABREU, J. M. COUTINHO DE – *Curso de direito comercial*, Vol. II, *Das sociedades*, 4ª ed., Almedina, Coimbra, 2011, "Responsabilidade civil nas sociedades em relação de domínio", *SI* nº 329, 2012, p. 223-246, "Artigo 489º", *Código das Sociedades Comerciais em comentário* (coord. de J. M. Coutinho de Abreu), Volume IV (Artigos 481º a 545º), Almedina, Coimbra, 2014, p. 125-135; ALMEIDA, ANTÓNIO PEREIRA DE – *Sociedades comerciais, valores mobiliários, instrumentos financeiros e mercados*, Vol. I, *As sociedades comerciais*, 7ª ed., Coimbra Editora, Coimbra, 2013; ALMEIDA, MARGARIDA AZEVEDO DE – "O problema da responsabilidade do sócio único perante os credores da sociedade por quotas unipessoal", *RCEmp.Jur.* nº 3, 2005, p. 61-98; ANTUNES, JOSÉ ENGRÁCIA – *Os direitos*

DOMÍNIO TOTAL INICIAL **ART. 488º** 109

dos sócios da sociedade-mãe na formação e direcção dos grupos societários, Universidade Católica Portuguesa Editora, Porto, 1994, *Os grupos de sociedades – Estrutura e organização jurídica da empresa plurissocietária*, 2ª ed., Almedina, Coimbra, 2002, "Os poderes nos grupos de sociedades – O papel dos accionistas e dos administradores na formação e na direcção da empresa de grupo", *Problemas do direito das sociedades*, IDET, Almedina, Coimbra, 2002ª, p. 153-165; ASCENSÃO, JOSÉ OLIVEIRA – *Direito Comercial*, Volume IV, *Sociedades comerciais. Parte geral*, Lisboa, 2000; COELHO, FRANCISCO PEREIRA – "Grupos de sociedades – Anotação preliminar aos arts. 488º a 508º do Código das Sociedades Comerciais", *BFD*, 1988, p. 297-353; CORDEIRO, ANTÓNIO MENEZES – "A responsabilidade da sociedade com domínio total (501º/1, do CSC) e o seu âmbito", *RDS* nº 1, 2011, p. 83-115; COELHO, MARIA ÂNGELA – "A limitação de responsabilidade do comerciante individual: o EIRL e a sociedade por quotas unipessoal em confronto", *Colóquio – "Os quinze anos de vigência do Código das Sociedades Comerciais"*, Fundação Byssaia Barreto/Instituto Superior Byssaia Barreto, Coimbra, 2003, p. 29-43; COSTA, RICARDO – *A sociedade por quotas unipessoal no direito português. Contributo para o estudo do seu regime jurídico*, Livraria Almedina, Coimbra, 2002, "Unipessoalidade societária", *Miscelâneas* nº 1, IDET, Almedina, Coimbra, 2003, p. 39-142, "Desafios interpretativos do art. 270º-G do CSC (Regresso ao passado por uma válida razão)", *Estudos em homenagem ao Prof. Doutor Manuel Henrique Mesquita*, volume I, Studia Iuridica 95, Coimbra Editora, Coimbra, 2009, p. 595-620, "Artigo 270º-C", *Código das Sociedades Comerciais em comentário* (coord. de J. M. Coutinho de Abreu), Volume IV (Artigos 246º a 270º-G), Almedina, Coimbra, 2012, p. 296-310, *Os administradores de facto das sociedades comerciais*, Almedina, Coimbra, 2014; CUNHA, PAULO OLAVO – *Direito das sociedades comerciais*, 5ª ed., Almedina, Coimbra, 2012; DIAS, RUI PEREIRA – *Responsabilidade por exercício de influência sobre a administração de sociedades anónimas – Uma análise de direito material e direito de conflitos*, Almedina, Coimbra, 2007; FERNANDES, LUÍS CARVALHO/LABAREDA, JOÃO – "A situação dos accionistas perante dívidas da sociedade anónima no Direito português", *DSR*, vol. 4, 2010, p. 11-74; FRANÇA, MARIA AUGUSTA – *A estrutura das sociedades anónimas em relação de grupo*, AAFDL, Lisboa, 1990; MATOS, ALBINO – *Constituição de sociedades*, 5ª ed., Almedina, Coimbra, 2001; MESQUITA/ /HENRIQUE – "Os grupos de sociedades", *Colóquio – "Os quinze anos de vigência do Código das Sociedades Comerciais"*, Fundação Byssaia Barreto/Instituto Superior Byssaia Barreto, Coimbra, 2003, p. 233-247; MONTEIRO, ANTÓNIO PINTO/MAIA, PEDRO – "Sociedades anónimas unipessoais e a Reforma de 2006", *RLJ* nº 3960, Ano 139º, Janeiro-Fevereiro 2010, p. 138-155; OLIVEIRA, ANA PERESTRELO DE – "Artigo 488º", *Código das Sociedades Comerciais anotado* (coord. de A. Menezes Cordeiro), 2ª ed., Almedina, Coimbra, 2011, p. 1238-1244, *Grupos de sociedades e deveres de lealdade – Por um critério unitário de solução do "conflito do grupo"*, Almedina, Coimbra, 2012; RIBEIRO, MARIA FÁTIMA – *A tutela dos credores da sociedade por quotas e a "desconsideração da personalidade jurídica"*, Almedina, Coimbra, 2009; SANTO, JOÃO ESPÍRITO – *Sociedade unipessoal por quotas – Introdução e comentários aos artigos 270-A a 270-G do Código das Sociedades Comerciais*, Almedina, Coimbra, 2013; SANTOS, FILIPE CASSIANO DOS – *A sociedade unipessoal por quotas – Comentários e anotações aos artigos 270º-A a 270º-G do Código das Sociedades Comerciais*, Coimbra Editora, Coimbra, 2009; SERRA, CATARINA – "As *novas* sociedades unipessoais por quotas", *SI* nᵒˢ 265/267, 1997, p. 115-142; TRIGO, MARIA DA GRAÇA – "Grupos de sociedades", *OD*, 1991, p. 41-114; VASCONCELOS, PEDRO PAIS DE – "Constituição de grupo por domínio total superveniente – o tempo e o modo", *DSR*, vol. 8, 2012, p. 35-49.

b) Outra:

ANTUNES, JOSÉ ENGRÁCIA – "Autoparticipações e cômputo das participações inter-societárias", *Estudos em homenagem ao Prof. Doutor Raúl Ventura*, Volume II, *Direito Comercial. Direito do Trabalho. Vária*, FDUL, Coimbra Editora, Coimbra, 2003, p. 275-291; CORREIA, LUÍS BRITO – "Grupos de sociedades", *Novas perspectivas do direito comercial*, FDUL/CEJ, Almedina, Coimbra, 1988, p. 377-399; FIGUEIRA, ELISEU – "Disciplina jurídica dos grupos de sociedades – Breves notas sobre o papel e a função do grupo de empresas e sua disciplina jurídica", *CJ*, 1990, tomo IV, p. 36-59; SILVA, FERNANDO CASTRO – "Das relações inter-societárias (Sociedades coligadas)", *RN*, 1986, 4, p. 489--538; VENTURA, RAÚL – "Grupos de sociedades – Uma introdução comparativa a propósito de um Projecto Preliminar de Directiva da C.E.E.", *ROA*, 1981, p. 23-81, 305-362.

1. Constituição de relação de grupo por domínio total inicial ou originário
1.1. Uma forma legal de sociedade anónima unipessoal e sociedades dominantes

O "domínio total inicial" (tal como denominado na epígrafe do art. 488º) ou *originário* assenta na titularidade exclusiva das participações de uma sociedade anónima – *sujeito passivo da relação de domínio* – por uma outra sociedade anónima (unipessoal ou plural), uma sociedade por quotas (unipessoal ou plural) ou uma sociedade em comandita por acções (nos termos da articulação com o art. 481º, 1: âmbito *subjectivo de aplicação do regime das sociedades coligadas*) – *sujeitos activos da relação de domínio*[1]. Através desta constituição, a sociedade dominante-sócia

---

[1] O RAEL admite a constituição de sociedades anónimas unipessoais-"empresas locais" por municípios, associações de municípios e áreas metropolitanas ("entidades públicas participantes"): cfr. arts. 19º, 2, 3; 2º, 5º.
O RSPE admite, no âmbito da constituição de sociedades de responsabilidade limitada-"empresas públicas, que se estabeleçam relações de grupo nos termos previstos no CSC: cfr. arts. 5º, 1, 13º, 1, al. *a)*, 2, 3.

única e a sociedade anónima dominada-sociedade unipessoal estabelecem entre si uma "relação de grupo" *por força da lei* (cfr. art. 488º, 3 ["Ao grupo assim constituído (...).";* 489º, 1 [para o domínio total superveniente: "A sociedade que (...) domine totalmente uma outra sociedade, por não haver outros sócios, forma um grupo com esta última, por força da lei (...)."]) – na perspectiva segundo a qual se desencadeiam automática e necessariamente os efeitos normativos relativos à coligação de sociedades em "grupo de direito"[2], sem qualquer outra ou adicional manifestação de vontade, tendo em conta a estatuição remissiva do art. 491º[3]. A constituição da sociedade dominada-unipessoal (no que respeita ao número de sujeitos constituintes) é permitida, além do mais, pelo art. 7º, 2, *in fine*.

A regulação do domínio total em sede de grupos de sociedades – por outras palavras, do instrumento técnico-jurídico da constituição de uma relação de grupo mediante a participação totalitária de uma sociedade no "capital social" de uma outra sociedade – foi reconhecido, em tempos, como o acolhimento *in genere* da sociedade unipessoal originária, no caso optando-se pelo tipo anónimo para tal receção[4]. Não foi exatamente assim[5]. A *sociedade subsidiária integral*[6] consagrada no CSC é apenas e só isso, resulta de uma outra sociedade (ainda que não de todos os tipos sociais admitidos no art. 1º, 2) constituir *só ela* uma sociedade anónima, derrogando a disciplina-regra da pluralidade de accionistas considerada no art. 273º, 1, 1ª parte, e 2, e submetendo-se a relação entre elas à disciplina própria das sociedades coligadas, isto é, em particular, os arts. 481º e 501º a 504º (estes *ex vi* art. 491º). Não se apresenta, portanto, como *a* sociedade anónima unipessoal, aberta a ser fundada por uma pessoa singular e por qualquer pessoa coletiva (como acontece com a SQU originária, nos termos do art. 270º-A): é apenas *uma forma legal* de sociedade anónima unipessoal, com os seus

---

[2] Nos termos dos arts. 488º-508º; para a dicotomia com o "grupo de facto", v. por todos RICARDO COSTA (2002), p. 525, s., (2014), 270, s., 289, s..

[3] ANA PERESTRELO OLIVEIRA (2011), p. 1240 e nt. 6. Com outra leitura sobre a influência da "autonomia privada" na constituição do grupo, v. PEDRO PAIS DE VASCONCELOS (2012), p. 35-36.

[4] Na sequência do que afirmara na 1ª ed. (1993, p. 709-711) da sua monografia, veja-se o discurso de ENGRÁCIA ANTUNES (2002), p. 846-848, que, ao referir-se à "figura do domínio total inicial do art. 488º – que outra coisa não é senão uma *sociedade anónima unipessoal*" [aqui há um acrescento, mas que não parece ter significado] –, considera(va) estar o legislador a "albergar expressamente no seio do sistema jurídico-societário português o fenómeno da unipessoalidade originária – abrindo uma porta através de cujos umbrais justamente, uma década mais tarde, haveria também de ser introduzida entre nós a chamada «sociedade por quotas unipessoal»".

[5] V. RICARDO COSTA (2002), nt. 30 – p. 52, nt. 40 – p. 82.

[6] Terminologia associada à sociedade anónima unipessoal do direito brasileiro: arts. 251º-253º da LSAB.

requisitos e condicionalismos próprios, tendente a fornecer uma alternativa construtiva de um grupo de sociedades por domínio total originário[7].

Por outro lado, a anónima unipessoal apresenta-se deslocada da sede matricial de requisição da unipessoalidade societária. Esta é tradicionalmente demandada para resolver um problema de *superação* da irresponsabilidade do agente económico que pretende ascender à condição de sócio único. Ora, não é esse o caso da sociedade anónima integralmente dominada por uma outra sociedade, uma vez que, *em troca* do poder de emanar instruções vinculantes (desde que lícitas) – art. 503º –, a sociedade dominante-sócia única responde ilimitadamente pelas obrigações e perdas da sociedade dominada, em benefício dos credores da sociedade dominada – art. 501º[8].

---

[7] Apesar da sua postura em tese, reconheça-se que o mesmo ENGRÁCIA ANTUNES (2002), p. 849, acaba por chegar a algo de similar, quando averigua os pressupostos do regime dessa mesma forma de unipessoalidade: "muito embora admitido assim *em via de princípio*, o nascimento de uma relação de grupo por domínio total inicial *não é livre...*" (sublinhei).

[8] O exercício de uma intervenção extrassocietária (directa ou indirecta) por parte da sociedade dominante em relação às *matérias de gestão* da sociedade dominada é admitido pela lei como uma forma de *subordinação legitimamente forte e incondicionada*, cobrada através de um *poder legal e ilimitado (em princípio) de direcção vinculante*: o órgão de administração da sociedade dominante tem (no âmbito dos seus poderes de gestão e representação) o *direito* de emitir instruções à administração da sociedade totalmente dominada e esta encontra-se *vinculada* às instruções emitidas *directamente* pela sociedade dominante, mesmo para conteúdos prejudiciais e desvantajosos para o interesse social dessa dominada (e excecionadas as situações de ordens e directivas ilícitas, a começar pelo desrespeito de normas imperativas do direito societário e a acabar na violação de disposições estatutárias ou até do próprio "regulamento da administração"), desde que sirvam os interesses das dominantes ou interesses de (se existirem) outras sociedades dos respectivos grupos – art. 503º (as contrapartidas desse poder, para a tutela dos interesses das sociedades subordinadas e totalmente dominadas, dos seus sócios "livres" e dos seus credores, estão nos arts. 501º, 502º e 504º, nº 2). Esta actuação dos administradores da sociedade dominante não é, por via desse *poder legal de direcção*, ilícita, mesmo que vise uma actuação que um gestor criterioso e ordenado, num cenário de independência estrita, não adoptaria; antes é *consentida pelo ordenamento*, que reconhece *em termos amplos* a actuação *unilateral* sobre a gestão da sociedade subordinada ou dominada e, por esse caminho, uma *legitimação normativa à conduta externa dos administradores da sociedade diretora ou dominante e ao acatamento irrecusável (em regra) por parte dos administradores da sociedade subordinada ou dominada*. Sobre o ponto, mais desenvolvidamente, v. RICARDO COSTA (2014), p. 289 e s.; em esp. para a minha tese de admissibilidade dos administradores ou gerentes das sociedades diretoras ou dominantes (em princípio, totalmente) como administradores de facto *ope legis* ou *reconhecidos pela lei* das sociedades subordinadas ou dominadas, v. p. 294-295 e nt. 618, 643, s. (645); acentuando, no contexto de a relação de grupo por domínio total ser "a forma mais intensa de coligação societária prevista no CSC, o "controlo exercido sobre o órgão de gestão" e o exercício pela sociedade dominante-sócia única de "todas as competências pertencentes à assembleia geral da dependente", ANA PERESTRELO OLIVEIRA (2011), p. 1241. Sobre essa relação de *contrapartida* entre os arts. 503º ("direito de dar instruções") e 501º ("responsabilidade para com os credores da sociedade dominada"), aplicáveis aos grupos constituídos por domínio total pela remissão feita pelo art. 491º, v. por todos ENGRÁCIA ANTUNES (2002), *passim*, mas, em geral, p. 73, 168-170, e, em esp., p. 862-863.

De tal modo que não se pode afirmar que a sociedade anónima recebeu a unipessoalidade enquanto *tipo hospedeiro incondicionado* da monossubjectividade. Por um lado, porque estas anónimas unipessoais de raiz dispõem de um regime próprio de responsabilidade ilimitada, previsto nos arts. 491º e 501º, para a sociedade constituinte (dominante) dessa espécie unipessoal: ora, esse tipo de responsabilidade não é o *padrão normativo* para a sociedade anónima em termos de responsabilidade dos sócios perante os credores sociais (cfr. art. 271º). Por outro lado – reitero –, essa prescrição não faz mais do que conceder a normativização de uma forma *delimitada* de unipessoalidade originária a esse tipo social, mas não a reconhece como forma de constituição *normal* a par da pluripessoalidade mínima exigida por lei.

1.2. Extensão do art. 488º, 1: a sociedade por quotas unipessoal como sociedade totalmente dominada-sujeito passivo da relação de grupo?

Se uma sociedade por quotas tiver como único sócio uma sociedade por quotas, uma sociedade anónima ou uma sociedade em comandita por ações, consideram-se tais sociedades em "relação de grupo"?

A questão surge em razão do reconhecimento da SQU originária no art. 270º-A: "se, apesar de o art. 488º, nº 1 apenas se ter referido expressamente ao caso da sociedade anónima [como sociedade totalmente dominada e, assim, sujeito *passivo* da relação de coligação grupal], não se deverá considerar como igualmente relevante, para efeitos da respectiva sujeição às normas reguladoras do domínio total inicial, o caso da *sociedade por quotas unipessoal* constituída por uma das pessoas colectivas referidas no art. 481º, nº 1"[9]? Esta é, aliás, uma das várias portas que se abrem por efeito da existência de dois regimes jurídicos de unipessoalidade, relativamente aos quais o legislador de 1996 – que introduziu a SQU por efeito do DL 257/96, de 31 de dezembro –, não teve o cuidado de coordenar e, dessa feita, *evitar o cruzamento da disciplina das coligações com a regulamentação da SQU.*

A doutrina mencionada – ou seja, Engrácia Antunes – esclarece que a "natureza excepcional do universo normativo das sociedades coligadas" contraria essa extensão, mas diminui o inconveniente em face da valia dos argumentos contrários para fornecer resposta afirmativa: a sociedade por quotas é uma das

---

[9] ENGRÁCIA ANTUNES (2002), p. 850, 854, 855 ("... à constituição de um grupo por domínio total inicial é assim conatural a aquisição originária de uma *participação totalitária de capital* (arts. 488º, nº 1 e 270º-A, nº 1)...".

formas societárias admitidas nas relações de coligação intersocietária, tanto para se ser sociedade dominante ("os requisitos formais gerais previstos no art. 481º, nº 1, parecem ter permanecido integralmente aplicáveis ao *sujeito activo* destas relações") como sociedade dominada; as razões que subjazem ao regime das relações de grupo por domínio total inicial procedem no caso da sociedade por quotas ser a sociedade totalmente dominada, que só não tinha sido ainda incluída no domínio total intersocietário por não ter sido admitida a unipessoalidade originária quotista aquando da aprovação do CSC[10]. Mais recentemente, Coutinho de Abreu afina pelo mesmo diapasão: "tendo em vista as razões da lei das sociedades em relação de grupo – nomeadamente, proteger os credores da sociedade dominada (art. 501º) e ela mesma (art. 502º) de uma sociedade dominante que tem o poder (também jurídico) de a instrumentalizar em larga escala (art. 503º) –, a 'unidade do sistema jurídico' societário, a circunstância de o art. 488º ter aparecido em tempo em que não era lícito constituir sociedades por quotas unipessoais e o facto de os arts. 270º-A e segs. visarem geral e abstratamente um conjunto vasto de sujeitos (pessoas singulares e coletivas) possíveis sócios únicos de 'responsabilidade limitada', devemos entender que uma *sociedade por quotas unipessoal constituída por outra sociedade* (das indicadas no art. 481º, nºs 1 e 2) fica com esta 'em relação de grupo'"[11].[12]

Não obstante a simpatia *de lege ferenda* por tais argumentos, reitero as reservas sobre esta leitura dominante da nossa doutrina[13], tendo em conta outros pontos relevantes de interpretação do direito positivo, nomeadamente os que resultam do regime especial da SQU, a saber, o art. 270º-C[14].

Desde logo, note-se que o legislador ignorou o aproveitamento da SQU na estruturação de grupos de empresas(-sociedades), do mesmo tipo ou não, com a mesma feição subjectiva ou outra, omitindo qualquer intervenção *em sede de coligações de sociedades* para a SQU. Compreende-se: ao cumprir os ditames da

---

[10] ENGRÁCIA ANTUNES (2002), p. 850-851.

[11] COUTINHO DE ABREU (2012), p. 228-229.

[12] No mesmo sentido, ALBINO MATOS (2001), p. 35-36 (interrogativamente), MARIA ÂNGELA COELHO (2003), p. 41-42, HENRIQUE MESQUITA (2003), p. 240, MARIA FÁTIMA RIBEIRO (2009), nt. (90) – p. 412 e s., CASSIANO DOS SANTOS (2009), p. 74-75, 85, s., em esp. 91-92, ANA PERESTRELO OLIVEIRA (2011), p. 1240, 1242, PAULO OLAVO CUNHA (2012), p. 960.

[13] Previamente expressas em RICARDO COSTA (2003), p. 85 e s..

[14] Já antes difundidas em RICARDO COSTA (2003), 87, s., (2012), 303, s..

12ª Diretiva do Conselho (nº 89/667/CEE, de 21 de Dezembro de 1989[15]), não se desconhecia que o seu *efeito central* consistia na tutela jurídica da pequena e média empresa individual, para o exercício da qual se fornecia uma vantajosa forma organizativa caracterizada pelo privilégio da limitação do risco patrimonial. Assim, não obstante a configuração final da Diretiva ter evoluído para uma posição mais *aberta* em face das medidas restritivas inscritas na Proposta primitiva quanto à possibilidade de uma pessoa colectiva ser sócia de uma sociedade unipessoal, a nossa lei apenas seguiu a posição *reservada* da Directiva quanto à faculdade de utilização da SQU como utensílio a utilizar pelas pessoas colectivas e, logo, em grupos societários. *Reservada* em função da possibilidade de os legisladores dos Estados-membros poderem "prever disposições especiais ou sanções aplicáveis (...) quando uma sociedade unipessoal ou qualquer pessoa colectiva for o sócio único de uma sociedade" (art. 2º, nº 2, al. *b*)), mas *aberta* a admitir (em consequência da ampla atribuição discricionária aos direitos nacionais) a ausência de qualquer valoração *restritiva* à concepção da sociedade unipessoal como uma forma de organização da empresa aproveitável em toda a plenitude na formação e desenvolvimento de "grupos de empresas"[16]. A nossa lei parece ter respeitado o escopo primordial de tutelar a empresa singular, mas *em quase nada obviou à utilidade da SQU como um novo expediente para a criação de grupos (de direito ou de facto) de sociedades*: na realidade, o art. 270º-C, nº 2 ("Uma sociedade por quotas não pode ter como sócio único uma sociedade unipessoal por quotas."), permite a constituição unilateral de uma SQU por qualquer pessoa colectiva, *desde que não seja uma outra SQU*. Foi apenas isto apenas que restringiu – uma *rede vertical* de SQU em cascata – e nada mais. E o *mais* seria estatuir uma disciplina que atendesse ao facto de a SQU poder ser parte integrante de agrupamentos societários, nomeadamente "grupos de direito" com base em domínio total. Deste modo, o comando inibitório do nº 2 do art. 270º-C não trouxe nada de constrangedor à constituição de coligações de sociedades com recurso à SQU – seja com aplicação de "relação de domínio" (simples) *ex* arts. 482º, al. *c*), e 486º, seja com aplicação

---

[15] JOCE L 395, de 30/12/1989, p. 40, s..
A 12ª Diretiva foi revogada (mas mantida nos seus arts. 2º a 7º) pela Diretiva nº 2009/102/CE do Parlamento Europeu e do Conselho da União Europeia, de 16 de Setembro de 2009 (JOUE L 258, de 01/10/2009, p. 20, s.). Para a sua substituição, v., por ora, a Proposta de Diretiva do Parlamento Europeu e do Conselho da União Europeia relativa às sociedades unipessoais de responsabilidade limitada, COM (2014) 212, de 09/04/2014.
[16] Sobre o assunto, v. RICARDO COSTA (2002), nt. (9) – p. 34 e s.; n. (37) – p. 72-73; nt. (286) – p. 308--309; p. 512 e s..

de "relação de grupo" *ex* arts. 488º e 489º – nem trouxe nada que acautelasse efeitos indesejáveis (porque menos tuteladores para os interesses em causa – em particulares, os dos seus credores) do cruzamento da regulamentação da SQU com a dos grupos societários por domínio total inicial ou superveniente. Ao invés, se esmiuçarmos o nº 2 desse art. 270º-C em confronto com o seu nº 1 ("Uma pessoa singular só pode ser sócia de uma única sociedade unipessoal por quotas."), parece legítimo continuar a entender que uma e outra disposição *se completam em sintonia uma com outra*. Se o fito é impedir que uma só pessoa singular tenha mais de uma SQU – atacando a indesejada subjectivação contemporânea de diferentes partes (empresas) do respectivo património com "responsabilidades limitadas" sucessivas –, então proíbe-se a forma mais natural de contornar essa limitação. Essa seria a constituição de uma SQU com um sócio-pessoa singular como sociedade-mãe a controlar totalitariamente uma ou várias outras SQU: aí já não seria formalmente a pessoa singular a ser delas titular, mas antes a pessoa colectiva societário-quotista a aparecer como sócia única dessa ou dessas SQU inteiramente participadas pela SQU-mãe. Posto isto, continuo a ver transparentemente a densificação da *ratio* das *duas normas em conjunto*: (i) circunscrever *ao limite* o uso da SQU por uma só pessoa singular, e (ii) sentenciar a esterilidade da SQU para formar outras SQU em cascata, especialmente – mas não só – quando o sócio único da sociedade unipessoal *participante* é pessoa singular[17].

Assim: a) a possibilidade de fazer assumir a SQU na veste piramidal de um agrupamento de sociedades unipessoais sob a forma quotista, com sucessivos expedientes de irresponsabilidade patrimonial, foi vedada pela lei; b) a inibição de constituir, *directamente*, mais do que uma SQU vem só definida para as pessoas singulares – nada é dito para as outras pessoas colectivas, a começar pelas sociedades de qualquer espécie, excepção feita à SQU, que nem sequer uma outra SQU pode constituir[18]; c) uma sociedade por quotas (ou uma anónima)

---

[17] Favoráveis: CATARINA SERRA (1997), p. 136-137, ALBINO MATOS (2001), p. 37, MARGARIDA AZEVEDO ALMEIDA (2005), p. 72.
Esta compreensão *racional* não tem como corolário uma restrição do nº 2 do art. 270º-C, ou seja, à aplicação da proibição constante do preceito apenas quando o sócio da SQU que é sócia única de outra SQU seja pessoa singular – como sustentam, criticamente, ser a consequência dessa compreensão CASSIANO DOS SANTOS (2009), p. 86 (ainda que reconhecendo, a p. 90, a articulação entre os nºˢ 1 e 2 e ser este nº 2 "uma proibição instrumental da do nº 1"), e JOÃO ESPÍRITO SANTO (2013), p. 66-67; todavia, MARGARIDA AZEVEDO ALMEIDA (2005), p. 72-73, 83, defendeu essa restrição.

[18] Em sentido contrário, CASSIANO DOS SANTOS (2009), p. 85-86, 88-89, 91-92 (constituição de "uma sociedade por quotas unipessoal de grupo", "sem limitação de responsabilidade", que "não é uma sociedade unipessoal por quotas no sentido dos arts. 270º-A e segs."; o que o art. 270º-C, 2, proíbe é a cons-

DOMÍNIO TOTAL INICIAL **ART. 488º** 117

plural pode constituir uma, ou mais, SQU; d) uma SQU pode legitimamente criar uma sociedade anónima unipessoal com domínio total inicial[19] – estando a sociedade anónima unipessoal constituída, poderá esta constituir uma ou mais SQU (*sem fraude à lei*, por não existir contradição com a *ratio* conjunta dos nºs 1 e 2 do art. 270º-C)[20-21].[22] Nestes ângulos de perspectivação, percebe-se que a lei não quis a SQU como vértice de um grupo de SQU, apesar de isso poder ser ladeado, mas pactuou com a SQU como sociedade-mãe de um encadeamento ("grupal", no todo ou em parte, para os efeitos de aplicação dos arts. 488º e s.) de sociedades por quotas plurais ou sociedades anónimas (unipessoais ou plurais) e como sociedade-filha.

Com a presença no ordenamento de uma disciplina orgânica em matéria de coligação e grupos de sociedades, se, pelo facto de o nosso legislador ter vedado que uma SQU constituísse uma outra SQU, sancionando-a com a dissolução (agora, administrativa), se tinha em mente evitar que por essa via o sócio único pudesse multiplicar os seus centros de imputação empresarial sob a forma societário-unipessoal, registe-se que o intento cai num logro absoluto. Basta que o empresário o queira e terá o seu "grupo" a funcionar, devidamente articulado na relação de dependência em face da "direcção económica unitária" exercida pela

tituição de SQU "de responsabilidade limitada" submetida aos arts. 270º-A e s., "em que o seu sócio não assuma responsabilidade pelas dívidas"); favorável, COUTINHO DE ABREU (2012), nt. 14 – pág. 229.
[19] Admitido por ALBINO MATOS (2001), p. 36-37, que propugnava *de iure condendo* que fosse vedada à SQU, "por exigência de coerência normativa", a faculdade de constituição da sociedade anónima unipessoal; OLIVEIRA ASCENSÃO (2000), p. 583; RICARDO COSTA (2002), p. 519 e s.; ENGRÁCIA ANTUNES (2002), nt. 1679 – p. 852-853; CASSIANO DOS SANTOS (2009), p. 88, 91; ANA PERESTRELO OLIVEIRA (2011), nt. 14 – p. 1242; JOÃO ESPÍRITO SANTO (2013), p. 67.
[20] RICARDO COSTA (2003), p. 94, (2012), p. 307.
[21] Entre a SQU[1]-sociedade dominante e a sociedade anónima unipessoal, há relação de grupo *ex* art. 488º, 1 (com ilimitação de responsabilidade da SQU e compensação de perdas). Entre a sociedade anónima unipessoal e a SQU[2] e SQU[3] (i) aplica-se o regime dos arts. 270º-A e s. e o dos arts. 486º, 1, e 2, al. *a*) ("grupo de facto"/relação de domínio com possibilidade de "influência dominante" da SQU), e 487º na constituição originária da SQU ou (ii) aplica-se o regime do art. 489º (e arts. 501º-504º) se a unipessoalidade da SQU (inicialmente uma sociedade por quotas plural) for superveniente (tanto para a sociedade anónima unipessoal-dominante direta, como para a SQU[1]-dominante indirecta, nos termos dos arts. 489º, 1, e 483º, 2). Mais desenvolvidamente, v. RICARDO COSTA (2002), p. 527, s.; para a relação-articulação com o art. 270º-C, 2, RICARDO COSTA (2012), p. 308.
Debruçando-se igualmente sobre a integração da SQU no direito dos grupos por domínio total e sobre o concurso com a relação de (simples) domínio, MARGARIDA AZEVEDO ALMEIDA (2005), p. 82 e s., CASSIANO DOS SANTOS (2009), p. 73-75, 86-87, 88, 91-92, ANA PERESTRELO OLIVEIRA (2011), p. 1242.
[22] Com solução literalmente contrária, v. o art. 5º, 1, do DL 212/94, de 10 de agosto (regime aplicável às sociedades de capitais unipessoais licenciadas para operar na Zona Franca da Madeira): "É vedado a uma sociedade unipessoal constituir outras sociedades de que seja a única sócia".

SQU dominante – sujeitando-a, de todo o modo, à responsabilidade ilimitada enquanto *sociedade participante de "grupo de direito"* por *domínio total, inicial e superveniente*[23] –, e concretizada, sem embargo da personalidade jurídica própria de cada uma das sociedades da cadeia, numa unidade funcional-orgânica e patrimonial reportada ao seu poder de decisão. Assim, parece que o que motivou o legislador foi apenas e só coibir o empresário individual – pessoa singular ou utilizando o expediente da pessoa jurídica *stricto sensu* – de constituir duas ou mais SQU. Nele não se individualiza qualquer vontade de estorvar a possibilidade de a SQU ser a mãe de outras sociedades, unipessoais ou não, quotistas ou anónimas: caso o legislador tivesse entendido referir-se ao fenómeno dos grupos de sociedades, devia ter sido mais explícito e não restringir à SQU o tipo de sociedades *participantes de uma SQU e dominadas por uma SQU*.

Isto vem a significar que a disciplina do art. 270º-C não se reconduz ao escopo de controlar o fenómeno dos grupos de sociedades, o que implicaria ter, pelo menos, como móbil garantir a solvabilidade das obrigações contraídas pelas SQU inseridas no âmbito de um grupo. O mais sensato teria sido exprimir uma clara intervenção, para assegurar a adequada tutela dos interesses que se movem no âmbito da edificação de um agrupamento de sociedades que recorram às SQU. Em particular, para precisar com rigor as regras aplicáveis à responsabilidade pelas obrigações de cada uma das sociedades integradas na unidade "grupal". Ou, pelo menos, permitir *ex professo* que tanto às sociedades pluripessoais dos diversos tipos como às sociedades anónimas unipessoais permitidas no ordenamento e às SQU fosse possibilitada a constituição de SQU e fossem as relações de domínio integral reguladas pelo regime dos grupos dos arts. 488º e ss[24]. Não o tendo feito, *desinteressou-se a lei da interpenetração que esse aproveitamento da SQU podia gerar com o regime e as regras ditadas para o direito das coligações societárias*. Razão que me parece válida para afastar a integração da SQU originária no âmbito do art. 488º e manter, quanto à constituição inicial de domínio total, a *limitação no tipo de uma das sociedades intervenientes – a sociedade dominada*: o

---

[23] Vendo aqui ainda um "grupo de facto", "embora de domínio ostensivo", por não "resultar de um contrato (com essa ou com outra direcção afim) ou de específicas deliberações das assembleias gerais (com essa ou com outra direcção)", FRANCISCO PEREIRA COELHO (1988), p. 308-309, nt. 85 – p. 332, p. 337 e nt. 102, nt. 103 – p. 337.

[24] Neste sentido, v., numa primeira tomada de posição, COUTINHO DE ABREU (2011), nt. 25 – p. 98.

art. 488º continua a prever unicamente a constituição de uma sociedade anónima nessas condições, *estando os outros tipos excluídos*[25-26].[27]

1.3. Participação totalitária direta

O domínio total inicial verifica-se quando *todas as participações* da sociedade dominada-sociedade anónima unipessoal são subscritas/tituladas *directamente* pela sociedade dominante-sócia única: o nº 1 do art. 488º refere-se à sociedade dominante como *"inicialmente* a única titular" das ações da sociedade anónima dominada. O domínio total inicial não se verifica quando se verifiquem participações sociais indirectas no "capital social" da dominada, tendo em conta os requisitos indicados no art. 483º, 2 (que valem nos termos deste preceito e das remissões operadas pelos arts. 486º, 1, e 489º, 1) para que uma sociedade seja considerada dominante ainda que não seja titular das participações na sociedade anónima unipessoal dominada.[28]

Não há domínio total inicial: a) entre as sociedades *A* e *C* quando a sociedade *A* domina (totalmente ou, p. ex., a 60%) a sociedade *B* e a sociedade *B* constitui originariamente a sociedade anónima unipessoal *C* (sem prejuízo de domínio

---

[25] Assim, OLIVEIRA ASCENSÃO (2000), p. 576, 581. No entanto, note-se que o Autor critica implicitamente tal opção restritiva (e a sua manutenção, subentende-se) e confronta-a com o facto de o art. 270º-A prever a possibilidade de "criação sob domínio total" de uma SQU, tendo deixado "de se fazer restrição quanto à constituição de uma sociedade por quotas unipessoal"; de todo o modo, a p. 583, o Autor refere a exclusão feita pelo art. 270º-C, 2.

[26] Neste trilho adverso à extensão do art 488º, 1, à SQU originária, v. RUI PEREIRA DIAS (2007), p. 264-265 e nt. 723 (para a sociedade dominante de estatuto pessoal estrangeiro), PINTO MONTEIRO/ /PEDRO MAIA (2010), p. 139 e nt. 6; CARVALHO FERNANDES/JOÃO LABAREDA (2010), p. 20 e nt. 11. Em sentido próximo, mas para contrariar a aplicação analógica dos arts. 501º e 502º (responsabilidade da sociedade dominante por dívidas e perdas da sociedade dominada) à SQU, v. MARGARIDA AZEVEDO ALMEIDA (2005), p. 86, s..

[27] ENGRÁCIA ANTUNES (2002), nt. 1677 – p. 851-852, foi mais longe, embora neste ponto aconselhando somente "uma urgente reequacionação da disciplina vigente", tendo em conta que "a letra da norma do art. 481º, 1, e a já referida natureza excepcional do acervo normativo em causa", quando pergunta (ainda neste contexto da utilização das SQU no âmbito de uma relação grupal) se "não se deveria considerar existir uma relação de grupo por domínio total inicial (com a consequente aplicabilidade do regime previsto nos arts. 488º e segs.), *não apenas naqueles casos em que o sócio-quotista único é uma pessoa colectiva que reveste uma das referidas formas societárias*, mas também genericamente em *todos aqueles outros nos quais o sócio fundador é uma pessoa singular ou um qualquer outro tipo de pessoa colectiva*, que desenvolvam uma actividade económico-empresarial própria" (destaquei).

[28] FRANCISCO PEREIRA COELHO (1988), p. 333-334 e nt. 90, MARIA GRAÇA TRIGO (1990), p. 60-61, ENGRÁCIA ANTUNES (2002), p. 855, RICARDO COSTA (2002), p. 527-529, MARGARIDA AZEVEDO ALMEIDA (2005), p. 84-85. Inversamente, em sentido favorável ao domínio total inicial indireto, ANA PERESTRELO OLIVEIRA (2005), p. 84-85.

total superveniente indirecto[29]); b) entre as sociedades *A, B, C, D, E* e *F* quando a sociedade anónima *F* é constituída por *A, B, C, D, E* e *A* domina (totalmente ou com "simples" domínio) *B, C, D* e E^{30}-[31]

1.4. Necessidade de deliberação do(s) sócio(s) da futura sociedade dominante?

O art. 488º legitima a constituição de uma sociedade integralmente dominada e a formação *ope legis* de um "grupo totalitário"[32] com a sociedade dominante, sem acrescentar qualquer estatuição sobre a intervenção da vontade dos sócios (ou do sócio) da sociedade futuramente dominante. *Prima facie*, sendo a subscrição--aquisição de participações sociais um acto de gestão, nos termos do art. 11º, 4 e 5, essa seria matéria da competência *autónoma* e *exclusiva* do órgão de administração dessa futura sociedade dominante (arts. 252º, 1, 259º, 1ª parte; 405º, 1-373º, 2, 406º), que dispensaria prévia deliberação dos sócios ou decisão do sócio[33].

Contudo, não parece ser de ignorar que a constituição de uma relação de grupo por domínio total (tanto originário como, aliás, superveniente) implica necessariamente uma *alteração* ou *modificação estrutural* na sociedade dominante, resultante da interacção dos arts. 501º a 504º: por um lado, o órgão de administração da dominante determina (ou pode determinar) *unilateralmente* a gestão da sociedade dominada através da emissão de instruções vinculantes (desde que lícitas) e os seus membros assumem uma "diligência grupal" (assentes em deve-

---

[29] ENGRÁCIA ANTUNES (2002) – nt. 1685 – p. 855-856; COUTINHO DE ABREU (2014), p. 128 ("A superveniência referida na epígrafe do art. 489º não significa necessariamente posterioridade temporal. O domínio total, quando não seja consequência da constituição de sociedade unipessoal por sociedade dominante (*A*), é "superveniente", aplicando-se-lhe, não o art. 488º, mas o art. 489º, para cujo nº 2 não remete o nº 3 do art. 488º."); contrária: ANA PERESTRELO OLIVEIRA, p. 1243 e nt. 16.

[30] ENGRÁCIA ANTUNES (2002), p. 855 (abrangendo no raciocínio a relação de domínio indireto através dos sujeitos referidos no art. 483º, 2).

Em sentido diverso, CARVALHO FERNANDES/JOÃO LABAREDA (2010), nt. 14 – p. 21 ("se uma sociedade for constituída, *ab initio*, por uma aparente pluralidade de sócios, mas em termos tais que o conjunto das participações é imputável a uma única entidade de acordo com os critérios do nº 1 do art. 489º, existirá uma situação de domínio total inicial lícito, quando a participada seja uma sociedade anónima, e verificar-se-á um caso de constituição irregular nas demais hipóteses"). Por sua vez, MARIA GRAÇA TRIGO incluía a hipótese, observado o número mínimo de sócios, no art. 489º, 1 (domínio total indirecto).

[31] Questão paralela: pode ser constituída uma sociedade anónima com *um número inferior* ao mínimo--regra legal de accionistas (art. 273º, 1) *se entre as sociedades constituintes se verificar uma relação de domínio ou de grupo, mesmo as que se referem às relações de titularidade indirecta de participações admitidas pelo art. 483º, 2*? A resposta deve ser negativa – assim, com fundamentos diversos, MARIA GRAÇA TRIGO (1991), pág. 76, ANA PERESTRELO OLIVEIRA (2011), p. 1243.

[32] PEDRO PAIS DE VASCONCELOS (1994), p. 47, s., (2012), nt. 2 – p. 35.

[33] É a posição de ANTÓNIO PEREIRA DE ALMEIDA (2013), p. 647.

res de cuidado e de lealdade), em relação à sociedade dominada, nessa actuação para com a respetiva administração[34]; por outro lado, a sociedade dominante corre o risco de ter de responder pelas dívidas e pelas perdas anuais de uma outra sociedade a constituir, até ao termo da relação de grupo, com a possível repercussão negativa no direito ao lucro dos sócios e no valor das respectivas participações sociais.[35] É de assumir a existência de um princípio geral de submissão à vontade dos sócios das matérias que importam modificações estruturais "com grave modificação da posição jurídica da sociedade"[36], princípio esse resultante, nomeadamente, do regime grupal do contrato de "grupo paritário" (art. 493º, 2), do contrato de subordinação (art. 496º) e do domínio total superveniente (art. 489º, 1 e 2, nomeadamente para quem entende que a deliberação dos sócios ou sócio da dominante – ou, pelo menos, a omissão de deliberação no prazo previsto pelo art. 489º, 2 – tem valor constitutivo da relação de grupo derivada[37]), assim como do regime do processo de fusões (arts. 100º, 2, 6, 102º, 103º, 116º, 3, al. d), 117º-F, 117º-I, 3), de cisão (art. 120º) e de transformação (art. 133º, 1). Logo, *em geral*, por *analogia juris* (acrescento) extraída das circunstâncias normativo-societárias de *igual tutela de interesses dos sócios*, a constituição de sociedade anónima unipessoal dominada e da subsequente relação de grupo exige prévia deliberação dos sócios ou sócio da futura sociedade dominante[38].[39]

---

[34] V. RICARDO COSTA (2014), p. 289 e s.; tb. o comentário ao art. 504º, ponto 1..

[35] MARIA AUGUSTA FRANÇA (1990), p. 133, s., em esp. 135 ("Os efeitos deste acto [de constituição da sociedade anónima dominada] são semelhantes aos das alterações estruturais e não aos dos actos de gestão (...)") e 137; ENGRÁCIA ANTUNES (1994), p. 45-46, 52 e s., (2002), p. 857, (2002ª), p. 156, s.; ANA PERESTRELO OLIVEIRA (2011), p. 1244 ("amplas consequências jurídicas e patrimoniais associadas pelo legislador à relação de grupo"), (2012), p. 330, 420; para o domínio total superveniente, PEDRO PAIS DE VASCONCELOS (2012), p. 41-42, COUTINHO DE ABREU (2014), p. 130-131.

[36] PEDRO PAIS DE VASCONCELOS (2012), p. 41.

[37] V. o comentário ao art. 489º, ponto 1.2..

[38] Neste contexto, um "acto social de natureza mista, que respeita simultaneamente à gestão e à estrutura do ente social", considerando as "alterações profundas nas próprias regras jurídicas disciplinadoras da vida do ente social": ENGRÁCIA ANTUNES (1994), p. 53 e nt. 56.

[39] ENGRÁCIA ANTUNES (1994), p. 47 e s., em esp. nt. 51 (para a necessidade de uniformidade de tratamento dos sócios tendo em conta a disciplina do contrato de subordinação e do domínio total superveniente), 54-55, 55-57 (advogando *de lege data* a interpretação extensiva do art. 488º em nome da "unidade intrínseca do sistema legal em matéria de co-participação dos sócios na formação dos grupos societários" e a aplicação analógica do regime aplicável à deliberação social congénere no domínio total superveniente), (2002), p. 857, (2002ª), p. 160-161 (defendendo para todos os tipos de grupos de direito uma deliberação, aparentemente e sempre, *posterior* – "*favorável*" e legitimadora" – à atuação dos administradores, tomada por *maioria qualificada*, com a qual se tornaria lícito aos administradores praticarem os actos que dariam lugar à "conclusão definitiva do projecto concentracionístico em curso"); ANA PERESTRELO OLIVEIRA (2011), p. 1244, (2012), p. 330, 420 – recorrendo ao cumprimento de "deveres

De todo o modo, ainda *em geral*, julgo que a constituição de uma sociedade anónima dominada integralmente, com esses efeitos e riscos potenciais, entra no lote de *operações, negócios e matérias que, pelo relevo patrimonial e incidência significativa na estrutura da organização da sociedade (e da empresa social) e na posição dos sócios*[40], *são equivalentes às decisões de alteração dos estatutos sociais* e, por tal razão (e recurso a tal analogia *legis*), correspondem a *competências deliberativas "não escritas" dos sócios*[41]. Esta consideração tem um alcance fundamental e preciso: a deliberação prévia (ou preventiva) dos sócios deve observar a maioria qualificada exigida para essas modificações do "contrato de sociedade", nos termos dos arts. 85º, 2, 265º, 383º, 2 e 386º, 2 e 3[42].

Em especial, também encontramos fundamentos para a exigência de pronúncia dos sócios: a) para a *sociedade por quotas*, se tal deriva da competência legal dispositiva prevista no art. 246º, 2, al. *d)*, ou da competência legal de instruir a gerência em assuntos de gestão prevista no art. 259º, 2ª parte; b) para a *sociedade anónima*, se tal surge em razão da competência legal-residual do(s) acionista(s) prevista no art. 373º, 2 ("[as matérias] que não estejam compreendidas nas atribuições de outros órgãos da sociedade")[43], e/ou da competência estatutária para autorizar-deliberar os actos e negócios relacionados com a aquisição-subscrição de participações em outras sociedade (enquanto consentimento para adopção ou prática de certos actos ou categorias de actos ou negócios de gestão, admitido pela conjugação dos arts. 373º, 2 e 405º, 1[44]).

1.5. Processo de constituição

O nº 2 do art. 488º manda observar os requisitos gerais de constituição das sociedades anónimas; logo, não se excepciona qualquer desses requisitos. Porém, aqui (como no que respeita à orgânica e actividade funcional da socie-

---

de lealdade que vinculam a sociedade perante os sócios" para fundamentar que os administradores submetam a aquisição à deliberação dos sócios, com aplicação analógica do art. 496º; para o domínio total superveniente, v. PEDRO PAIS DE VASCONCELOS (2012), p. 41-42, COUTINHO DE ABREU (2014), p. 129 e s.. Aparentemente contra: FRANCISCO PEREIRA COELHO (1988), nt. 102 – p. 337.

[40] ENGRÁCIA ANTUNES (1994), p. 52-53 e 54, refere-se a "operações de reorganização da superestrutura jurídica de uma empresa social", que "vêm interferir directamente com a estrutura jurídico-patrimonial e organizativa das sociedades".

[41] V., com desenvolvimentos e alusões à doutrina alemã e italiana, RICARDO COSTA (2014), nt. 22 – p. 41-44.

[42] Também chegando a este resultado: ENGRÁCIA ANTUNES (1994), p. 56, (2002ª), p. 161.

[43] Neste sentido: MARIA AUGUSTA FRANÇA (1990), p. 133, 137, ENGRÁCIA ANTUNES (1994), p. 54-55.

[44] Sobre esta admissibilidade, v., com as demais referências, RICARDO COSTA (2014), p. 41, nt. 537 – p. 253, s..

dade dominada-unipessoal) devem excluir-se aqueles requisitos(-preceitos) que pressuponham a pluralidade de sócios ou que sejam incompatíveis com a unipessoalidade da sociedade constituída-dominada (nos mesmos termos que é estatuído pelo art. 270º-G para a SQU originária[45]): *v. g.*, arts. 19º, 2 (assunção voluntária dos negócios pré-registais)[46], 36º, 1[47], 279º, s. (e 168º, s., CVM)[48], etc.

Estamos perante um *negócio unilateral* da sociedade dominante, sujeito à forma do art. 7º, 1, e à observância dos arts. 9º e 272º (menções obrigatórias do negócio-acto constituinte). O processo conclui-se com o registo (definitivo) e publicação do acto constituinte (arts. 18º, 5, 166º; 3º, 1, al. *a)*, 70º, 1, al. *a)*, CRCom.).

2. Termo da relação de grupo – a remissão do art. 488º, 3

O nº 3 do art. 488º determina a aplicação dos n°s 4, 5 e 6 do art. 489º.

Essa remissão implica que a relação de grupo por domínio total inicial cessa nas três situações elencadas no art. 489º, 4: a) *a sede da sociedade dominante ou da sociedade dominada deixa de estar em Portugal* (tendo em conta o âmbito de aplicação territorial prescrito no art. 481º, 2, al. *d)*, na sua melhor interpretação[49])[50]; b) *há dissolução da sociedade dominante (expressis verbis) ou da sociedade dominada* (por identidade de razão com o art. 506º, 3, al. *a): termo do contrato grupal de subordinação*[51]); c) a *sociedade dominante deixa de ter na sociedade dominada, direta ou indiretamente, participação social correspondente a 90% ou mais do capital da dominada*[52] (a participação totalitária não é condição necessária para a manutenção da relação de grupo e do seu regime, que se conserva se a sociedade dominante, mesmo

---

[45] Sobre o alcance desta norma, v. RICARDO COSTA (2009), p. 596 e s..

[46] Para a SQU, v. RICARDO COSTA (2002), p. 507, s..

[47] ENGRÁCIA ANTUNES (2002), p. 855.

[48] ENGRÁCIA ANTUNES (2002), p. 854.

[49] V. por todos RUI PEREIRA DIAS (2007), p. 261 e s., e COUTINHO DE ABREU (2012), p. 227-228 (com indicações da doutrina dividida); tb. o comentário ao art. 481º, ponto 2.2.4.

[50] Com interpretação diversa, ANA PERESTRELO DE OLIVEIRA (2011), p. 1244.

[51] ANA PERESTRELO DE OLIVEIRA (2011), p. 1244.

[52] A remissão para a al. *c)* do art. 489º, 3, parece não abrir outra hipótese que não seja abranger as circunstâncias de domínio indireto articuladas com o art. 483º, 2. Isto é, a *constituição originária* da relação de grupo por domínio total inicial implica participação totalitária *direta* da sociedade dominante mas a *extinção superveniente* da relação de grupo constituída por domínio total inicial não exige que a participação mínima de 90% seja apenas referida diretamente à sociedade participante no "capital" da dominada. Ou seja, podemos ver aqui um denominador comum na origem do domínio total *superveniente* e no termo *superveniente* do domínio total (independentemente da modalidade).

sem domínio total, continuar com participação na dominada correspondente a 90% ou mais do capital desta).[53]

Neste último caso, de acordo com a aplicação do art. 489º, 5, há obrigação (legal específica) de (a administração da sociedade dominante) comunicar o facto extintivo da relação de grupo, "imediatamente e por escrito", à (administração da) sociedade dominada[54]. Não se impõe dever idêntico relativamente aos demais factos extintivos previstos no nº 4, porventura porque tais factos, sujeitos a registo e publicação obrigatórios (CRCom., arts. 3º, 1, als. *o)* e *r)*, 15º, 1, 70º, 1, al. *a)*), são cognoscíveis pela administração da dominada.

Por fim, a remissão implica ainda a convocação da 2ª parte do art. 489º, 6: o termo da relação de grupo está sujeito a registo (por depósito) e publicação obrigatórios (arts. 3º, 1, al. *u)*, 15º, 1, 53º-A, 5, al. *a)*, 70º, 1, al. *a)*, CRCom.). A administração da sociedade dominada tem o poder mas também o dever legal de pedir esse registo. No entanto, aplicando a regra da *legitimidade registal* prevista no art. 29º, 1, do CRCom., podem ainda solicitar o registo os membros das administrações das sociedades que, directa ou indiretamente, eram anteriormente dominantes, outros representantes da sociedade (como procuradores ou mandatários), assim como outros interessados (como sócios das sociedades previamente em relação de grupo).[55]

---

[53] Para desenvolvimentos, v. comentário ao art. 489º, 2.1..

[54] Em algumas situações de domínio indireto, este dever será extensivo a sociedade(s) intermédia(s): neste sentido, COUTINHO DE ABREU (2014), nt. 23 – p. 135.

[55] V. ainda comentário ao art. 489º, 2.2..

ARTIGO 489º
Domínio total superveniente

1. A sociedade que, directamente ou por outras sociedades ou pessoas que preencham os requisitos indicados no artigo 483º, nº 2, domine totalmente uma outra sociedade, por não haver outros sócios, forma um grupo com esta última, por força da lei, salvo se a assembleia geral da primeira tomar alguma das deliberações previstas nas alíneas a) e b) do número seguinte.

2. Nos seis meses seguintes à ocorrência dos pressupostos acima referidos, a administração da sociedade dominante deve convocar a assembleia geral desta para deliberar, em alternativa, sobre:

a) Dissolução da sociedade dependente;

b) Alienação de quotas ou acções da sociedade dependente;

c) Manutenção da situação existente.

3. Tomada a deliberação prevista na alínea c) do número anterior ou enquanto não for tomada alguma deliberação, a sociedade dependente considera-se em relação de grupo com a sociedade dominante e não se dissolve, ainda que tenha apenas um sócio.

4. A relação de grupo termina:

a) Se a sociedade dominante ou a sociedade dependente deixar de ter a sua sede em Portugal;

b) Se a sociedade dominante for dissolvida;

c) Se mais de 10% do capital da sociedade dependente deixar de pertencer à sociedade dominante ou às sociedades e pessoas referidas no artigo 483º, nº 2.

5. Na hipótese prevista na alínea c) do número anterior, a sociedade dominante deve comunicar esse facto, imediatamente e por escrito, à sociedade dependente.

6. A administração da sociedade dependente deve pedir o registo da deliberação referida na alínea c) do nº 2, bem como do termo da relação de grupo.

Índice

1. Constituição de relação de grupo por domínio total superveniente
   1.1. Participação totalitária
   1.1.1. Direta
   1.1.2. Indireta
   1.2. Deliberação dos sócios da sociedade dominante
   1.2.1. Necessidade, em regra, de deliberação
   1.2.2. Deliberações em alternativa
   1.2.3. Registo
2. Termo da relação de grupo
   2.1. Causas
   2.2. Publicidade

Bibliografia

a) Citada:

ABREU, J. M. COUTINHO DE – "Responsabilidade civil nas sociedades em relação de domínio", *SI* nº 329 (2012), p. 223-246; ALMEIDA, A. PEREIRA DE – *Sociedades comerciais, valores mobiliários, instrumentos financeiros e mercados*, vol. 1 – *As sociedades comerciais*, 7ª ed., Coimbra Editora, Coimbra, 2013; ANTUNES, JOSÉ A. ENGRÁCIA – *Os direitos dos sócios da sociedade-mãe na formação e direcção dos grupos societários*, UCP Editora, Porto, 1994, *Os grupos de sociedades – Estrutura e organização jurídica da empresa plurissocietária*, 2ª ed., Almedina, Coimbra, 2002, "Autoparticipações e cômputo das participações intersocietárias", em *Estudos em homenagem ao Prof. Doutor Raúl Ventura*, vol. II, FDUL/Coimbra Editora, 2003, p. 275-291; ASCENSÃO, J. OLIVEIRA – *Direito Comercial*, vol. IV – *Sociedades comerciais. Parte geral*, Lisboa, 2000; COELHO, F. BRITO PEREIRA – "Grupos de sociedades – Anotação preliminar aos arts. 488º a 508º do Código das Sociedades Comerciais", *BFD*, 1988, p. 297-353; CORDEIRO, A. MENEZES – "A responsabilidade da sociedade com domínio total (501º/1, do CSC) e o seu âmbito", *RDS*, 2011, p. 83-115; COSTA, RICARDO – "As sociedades unipessoais", em IDET, *Problemas do direito das sociedades*, Almedina, Coimbra, 2002, p. 25-63; FERNANDES, L. A. CARVALHO/LABAREDA, JOÃO – "A situação dos accionistas perante dívidas da sociedade anónima no Direito português", *DSR* 4 (2010), p. 11-74; FRANÇA, M. AUGUSTA – *A estrutura das sociedades anónimas em relação de grupo*, AAFDL, Lisboa, 1990; KOPPENSTEINER, HANS-GEORG – *Kölner Kommentar zum Aktiengesetz*, Band 6, 3. Aufl., Heymanns, Köln, Berlin, München, 2004; OLIVEIRA, ANA PERESTRELO DE – "Artigo 488º" e "Artigo 489º", em *Código das Sociedades Comerciais anotado* (coord. de A. Menezes Cordeiro), 2ª ed., Almedina, Coimbra, 2011, p. 1238-1244 e 1245-1250; SANTOS, F. CASSIANO DOS – *A sociedade unipessoal por quotas – Comentários e anotações aos artigos 270º-A a 270º-G do Código das Sociedades Comerciais*, Coimbra Editora, Coimbra, 2009; SILVA, F. CASTRO – "Das relações inter-societárias (Sociedades coligadas)", *RN*, 1986, p. 489-538; VASCONCELOS, P. PAIS DE – "Constituição de grupo por domínio total superveniente – o tempo e o modo", *DSR* 8 (2012), p. 35-49.

b) Outra:

ANTUNES, JOSÉ A. ENGRÁCIA – " Os poderes nos grupos de sociedades – O papel dos accionistas e dos administradores na formação e na direcção da empresa de grupo", em IDET, *Problemas do direito das sociedades*, Almedina, Coimbra, 2002, p. 153-165; CORREIA, LUÍS BRITO – "Grupos de sociedades", em FDUL/CEJ, *Novas perspectivas do direito comercial*, Almedina, Coimbra, 1988, p. 377-399; FIGUEIRA, ELISEU – "Disciplina jurídica dos grupos de sociedades – Breves notas sobre o papel e a função do grupo de empresas e sua disciplina jurídica", *CJ*, 1990, t. IV, p. 36-59; KOPPENSTEINER,

HANS-GEORG – "Os grupos no direito societário alemão", em IDET, Miscelâneas nº 4, Almedina, Coimbra, 2006, p. 7-36; MESQUITA, M. HENRIQUE – "Os grupos de sociedades", em Fundação Bissaya Barreto/ISBB, *Colóquio "Os quinze anos de vigência do Código das Sociedades Comerciais"*, s/d, p. 233-247; OLIVEIRA, ANA PERESTRELO DE – *Grupos de sociedades e deveres de lealdade – Por um critério unitário de solução do "conflito do grupo"*, Almedina, Coimbra, 2012; TRIGO, M. GRAÇA – "Grupos de sociedades", OD, 1991, p. 41-114; VENTURA, RAÚL – "Grupos de sociedades – uma introdução comparativa a propósito de um Projecto Preliminar de Directiva da C.E.E.", ROA, 1981, p. 23-81, 305-362.

1. Constituição de relação de grupo por domínio total superveniente
1.1. Participação totalitária

Primeiro pressuposto para que uma sociedade (dominante) – anónima (pluripessoal ou unipessoal), por quotas (pluripessoal ou unipessoal)[1] ou em comandita por ações (necessariamente pluripessoal): v. o art. 481º – forme um grupo por domínio total superveniente de outra sociedade de um daqueles tipos (dominada)[2] é *a dominante possuir, direta e/ou indiretamente, todas as participações sociais na dominada* (participação totalitária da dominante na dominada) – nº 1 do art. 489º.[3]

1.1.1. Direta

Verifica-se o domínio total superveniente *direto* de uma sociedade sobre outra quando aquela adquire ou fica com a totalidade das quotas ou ações desta. A sociedade (por quotas ou anónima) dominada, antes pluripessoal ou unipessoal, fica com a sociedade dominante como sócio único.

A aquisição da totalidade das participações pode dar-se por diversas formas: *v.g.*, compra e venda, troca, dação em cumprimento, aquisição potestativa (art. 490º, 3), aquisição em consequência de alienação potestativa (art. 490º, 6).

---

[1] Apesar do nº 2 do art. 270º-C, uma sociedade por quotas unipessoal pode formar um grupo por domínio total superveniente (e também por domínio total inicial) com outra sociedade por quotas unipessoal – v. CASSIANO DOS SANTOS (2009), p. 73-74, 85, s., COUTINHO DE ABREU (2012), p. 228-229; contra, PERESTRELO DE OLIVEIRA (2011), p. 1247, nt. 5.

[2] A sociedade em comandita por ações, porque tem de ser pluripessoal (arts. 465º, 466º, 479º), não pode ser objeto de domínio total direto. Mas, parece, é suscetível de ser dominada totalmente de modo indireto (por intermédio de sujeitos referidos no art. 483º, 2); diferentemente, PERESTRELO DE OLIVEIRA (2011), p. 1247.

[3] Não se contam para o efeito as participações próprias ou autoparticipações da dominada – v. ENGRÁCIA ANTUNES (2003), p. 288, s..

Contudo, o domínio total superveniente não tem de dar-se por via de negócios aquisitivos de participações sociais. Imagine-se uma sociedade pluripessoal em que, por efeito da amortização de quotas (arts. 232º, s.) ou da amortização-extinção de ações (art. 347º), uma sociedade-sócia fica sendo a única quotista ou a única acionista. Esta sociedade domina então "totalmente uma outra sociedade, por não haver outros sócios" (art. 489º, 1).

1.1.2. Indireta

Há domínio total superveniente *indireto* de uma sociedade sobre outra quando a primeira, apesar de não ser titular das participações na segunda, a domina totalmente por intermédio de sociedade(s) dependente(s) (art. 486º) e/ou subordinada(s) ou totalmente dominada(s) (arts. 493º e 488º, 489º) e/ou de pessoas (singulares ou coletivas) titulares de participações na segunda por conta de qualquer dessas sociedades – nº 2 do art. 483º, para que remete o nº 1 do art. 489º –, não havendo, portanto, outros sócios da segunda sociedade.

Por exemplo, existe domínio total superveniente entre a sociedade A (dominante) e a sociedade C (dominada) quando: (a) A domina (totalmente ou, p. ex., a 60%) a sociedade B e esta adquire (derivadamente) em momento posterior participação totalitária em C; (b) B constitui sozinha C, e A torna-se depois única sócia de B; (c) A domina totalmente B e esta, posteriormente, constitui sozinha C.

Há quem entenda que a hipótese (c) é exemplo de domínio total indireto mas inicial, não superveniente, entre A e C, aplicando-se-lhe, parece, o art. 488º, não o art. 489º[4]. Embora o momento em que B adquire (originariamente) o domínio total de C seja o mesmo momento em que A adquire (indiretamente) o domínio total de C, a hipótese deve ser considerada como de domínio total superveniente de A sobre C. A superveniência referida na epígrafe do art. 489º não significa necessariamente posterioridade temporal. O domínio total, quando não seja consequência da constituição de sociedade unipessoal por sociedade dominante (A), é "superveniente", aplicando-se-lhe, não o art. 488º, mas o art. 489º, para cujo nº 2 não remete o nº 3 do art. 488º.

Causa perplexidade o facto de o art. 489º, 1, admitir o domínio total indireto de uma sociedade sobre outra *por intermédio de sociedade(s) em relação de (simples) domínio* (art. 486º) com aquela – p. ex. A, detendo participação correspondente a 60% do capital de B, que possui participação de 100% em C, domina total-

---

[4] PERESTRELO DE OLIVEIRA (2011), p. 1243; indiciando sentido oposto, ENGRÁCIA ANTUNES (2002), p. 855-856, nt. 1685.

DOMÍNIO TOTAL SUPERVENIENTE **ART. 489º** 129

mente esta. Repare-se: a administração de *A* não tem o direito de dar instruções
à administração de *B* (cfr. o art. 503º), *A* não é responsável perante os credores
de *B* nem perante esta nos termos dos arts. 501º e 502º; porém, *A* já tem (ou
pode ter) esse direito e responsabilidades relativamente a *C*...

Ora, porque "a sociedade totalmente dominada [*C*] pela sociedade dependente [*B*] está numa posição de *igual ou menor proximidade* em relação à sociedade
dominante [*A*] do que a própria sociedade dependente", haveria que interpretar
restritivamente (ou mesmo corretivamente) o art. 489º, 1, "limitando a remissão
que aí se faz [para o art. 483º, 2] às relações *de grupo*" (de domínio total ou de
subordinação)[5].

Embora pareça que esta solução não deve merecer acolhimento[6], é certo
que as als. a) e b) do nº 2 do art. 489º muito dificilmente poderão ser aplicadas
nos casos em que a "intermediária" entre a dominante e a totalmente dominada
é sociedade em relação de (simples) domínio com a dominante. Na verdade,
como pode a sociedade dominante (*A*) deliberar a dissolução da sociedade
dominada (*C*), ou deliberar a alienação de quotas ou ações desta se não é ela,
mas *B*, a sócia de *C*, nem ela tem o direito de instruir *B* para que vote proposta
de deliberação ou aliene participações em *C*? ...

1.2. Deliberação dos sócios da sociedade dominante

Nos termos do nº 1 do art. 489º, a sociedade que, direta ou indiretamente,
domine totalmente outra sociedade "forma um grupo com esta última, por força
da lei". Mas logo se acrescenta: "*salvo se a asssembleia geral da primeira tomar alguma
das deliberações previstas nas alíneas a) e b) do número seguinte.*"

Conjugando este preceito com o do nº 2 do mesmo artigo, dir-se-ia que não
basta a participação totalitária para a constituição da relação de grupo, sendo
ainda necessário que os sócios da dominante não deliberem, em certo tempo, a
dissolução da dominada ou a alienação de participações nesta.

Porém, o nº 3 do art. 489º parece contradizer essa interpretação. No caso
de os sócios deliberarem manter a situação de domínio total "*ou enquanto não
for tomada alguma deliberação* [de dissolução, alienação de participações sociais,
ou manutenção da situação de domínio total], *a sociedade dependente considera-se
em relação de grupo com a sociedade dominante* e não se dissolve, ainda que tenha
apenas um sócio." A participação totalitária (direta ou indireta) seria bastante

---

[5] BRITO PEREIRA COELHO (1988), p. 335-336.
[6] *V.* ENGRÁCIA ANTUNES (2002), p. 860-861, nt. 1692.

para a constituição (automática) da relação de grupo. A partir do momento em que atinge aquela participação, a sociedade dominante passaria a ter o direito de dar instruções vinculantes à administração da dominada e, em contrapartida, ficaria responsável pelas obrigações desta constituídas antes ou depois desse momento, bem como pelas perdas sofridas por esta entre o mesmo momento e o termo da relação de grupo (arts. 501º a 503º, para que remete o art. 491º). Esta segunda linha interpretativa é (brevemente) traçada por alguns autores[7].

Contudo, é mais razoável entender que a relação de grupo constituída por domínio total superveniente *pressupõe não apenas a participação totalitária, mas também comportamento ulterior do órgão deliberativo interno da sociedade dominante.*[8]

1.2.1. Necessidade, em regra, de deliberação

Se a relação de grupo nascesse por mero efeito da participação totalitária, a deliberação de "manutenção da situação existente" (al. *c*) do nº 2 e nº 3 do art. 489º) seria *inútil* – nada acrescentaria quanto à constituição do grupo[9]; as deliberações de dissolução da sociedade dominada ou de alienação de participações nesta (als. *a*) e *b*) do nº 2) *seriam de extinção da relação de grupo*, quando é certo que o art. 489º dedica o *nº 4 a esta matéria*; a adoção destas deliberações de dissolução ou de alienação, ainda que fosse feita em tempo o mais curto possível, não impediria que a sociedade dominante ficasse responsável pelas obrigações da dominada constituídas antes da aquisição da participação totalitária e até ao registo de alguma dessas deliberações – os credores da sociedade dominada alcançariam *proteção inesperada e desproporcionada*[10].

Depois, é preciso tomar em devida conta que a constituição de uma relação de grupo importa *modificação estrutural* (também) na sociedade dominante: o órgão de administração desta (não o órgão deliberativo interno) passa a determinar a gestão da sociedade dominada, e os sócios da dominante passam a sofrer

---

[7] CASTRO SILVA (1986), p. 519, OLIVEIRA ASCENSÃO (2000), p. 586, RICARDO COSTA (2002), p. 49-50, nt. 65 (apontando embora para outra solução *de iure condendo*), MENEZES CORDEIRO (2011), p. 103, PEREIRA DE ALMEIDA (2013), p. 649.

[8] PERESTRELO DE OLIVEIRA (2011), p. 1248, entende também ser necessária deliberação dos sócios da dominante – mas deliberação *prévia* autorizando a aquisição de participação totalitária; devendo, pois, a parte final do nº 1 e os nºˢ 2 e 3 do art. 489º ser objeto de interpretação ab-rogante. Todavia, além de este artigo não suportar tal entendimento, bastará anotar a impossibilidade de deliberação prévia em algumas hipóteses de aquisição de participação totalitária (recorde-se, p. ex., as hipóteses de amortização de participações da dominada ou de alienação potestativa).

[9] PAIS DE VASCONCELOS (2012), p. 43.

[10] Cfr. tb. PAIS DE VASCONCELOS (2012), p. 47-48.

o risco de a sua sociedade poder ter de responder por dívidas de outra sociedade. Compreensivelmente, a lei atribui a última palavra nas modificações estruturais aos sócios. É assim na constituição de grupo por contrato de subordinação (art. 496º) e é assim também fora do campo dos grupos societários, designadamente nas fusões (arts. 100º, 2, 6, 102º, 103º, 116º, 3, d), 117º-F, 117º-I, 3) e cisões (art. 120º).

Portanto, ainda que se entendesse ser duvidoso resultar do art. 489º a exigência da (possibilidade de) intervenção dos sócios da sociedade dominante para a constituição da relação de grupo, essa exigência resulta quer da *analogia iuris* com as normas há pouco citadas, quer (no caso de sociedade por ações) da competência deliberativa legal-residual dos sócios prevista no art. 373º, 2[11], ou (no caso de sociedade por quotas) da competência deliberativa legal dispositiva prevista no art. 246º, 2, d).

Sendo assim, a norma do nº 3 do art. 489º, na parte em diz "enquanto não for tomada alguma deliberação, a sociedade dependente considera-se em relação de grupo com a sociedade dominante", merece, porque está em antinomia lógica e axiológica com a norma do nº 1 do mesmo artigo e com o princípio geral que se extrai de outras normas legais, *interpretação revogatória*.

Em suma, a sociedade que domine totalmente uma outra sociedade *não forma um grupo* com esta última se o órgão deliberativo interno da primeira tomar alguma das deliberações previstas nas als. *a)* e *b)* do nº 2 do art. 489º; *o grupo é formado a partir do momento da aquisição da participação totalitária se aquele órgão deliberar manter a situação de domínio total, ou se não for chamado a deliberar sobre o assunto no prazo de seis meses seguintes à aquisição da participação totalitária.*[12]

1.2.2. Deliberações em alternativa

Segundo o nº 2 do art 489º, nos seis meses seguintes à ocorrência do domínio total superveniente, a administração da sociedade dominante deve convocar a assembleia geral desta para adotar uma das três deliberações aí previstas.

No entanto, *não tem de haver assembleia geral* deliberativa. Se a sociedade dominante for pluripessoal, os sócios podem adotar *deliberação unânime por escrito* (arts. 53º, 2 e 54º, 1). Se a sociedade for unipessoal, o sócio único toma *decisão*, não propriamente deliberação em assembleia (cfr. o art. 270º-E).

---

[11] Convergentemente, v. AUGUSTA FRANÇA (1990), p. 142, s., 169-170, ENGRÁCIA ANTUNES (1994), p. 63, s., PAIS DE VASCONCELOS (2012), p. 40, s..

[12] Para esta última hipótese, v. em termos próximos PAIS DE VASCONCELOS (2012), p. 45, s..

Por outro lado, a assembleia geral *não tem de ser convocada*. É possível a deliberação ser tomada em *assembleia universal* (art. 54º). E a *convocação* da assembleia geral não tem de ser feita pela administração da sociedade dominante. É feita pela *administração* (qualquer gerente) se a sociedade for por quotas (art. 248º, 3). Se a sociedade for por ações, a convocação compete normalmente ao *presidente da mesa da assembleia* (art. 377º, 1), devendo (no caso) o órgão de administração requerê-la (art. 375º, 1).[13]

A convocação da assembleia deve ser feita, recorde-se, dentro de seis meses depois da aquisição do domínio total (a deliberação pode ser tomada depois desse período). Havendo assembleia universal, ou deliberação unânime por escrito, ou decisão do sócio único, a deliberação/decisão deve ser tomada, parece, dentro daqueles seis meses.

Em assembleia geral (convocada ou universal), os sócios hão de optar por uma das três deliberações possíveis: dissolução da sociedade dominada, alienação de participações da sociedade dominada, ou manutenção do domínio total. Com que *maiorias*? Tem-se entendido que deve ser aplicado analogicamente o art. 496º, 1, exigindo-se portanto maiorias qualificadas (v. os arts. 103º, 1, 265º, 1, 386º, 3, 478º)[14]. Não obstante, porque as propostas deliberativas são *alternativas exclusivas* (ou dissolução, ou alienação, ou manutenção), parece mais ajustado entender que será aprovada a proposta que obtiver maior número de votos (a favor) – *maioria relativa*[15].

Se o órgão deliberativo interno da sociedade dominante deliberar ou decidir pela *dissolução* da sociedade dominada (al. *a)* do nº 2), deve o órgão de administração daquela aprovar/decidir a dissolução desta (cfr. o art. 141º, 1, *b)*) ou (no caso de domínio total indireto) fazer o possível e necessário para que as "intermediárias" (sociedades ou pessoas entre a dominante de cúpula e a dominada de base) promovam ou aprovem a dissolução da dominada[16].

Se a sociedade dominante deliberar ou decidir pela *alienação de participações sociais* na dominada (al. *b)* do nº 2) – em percentagem superior a 10% do capital

---

[13] Sem diferençar, ENGRÁCIA ANTUNES (2002), p. 864, nt. 1701.

[14] V. por todos ENGRÁCIA ANTUNES (2002), p. 864 (embora o A. considere aí, p. 866, nt. 1703, que as propostas deliberativas são "alternativas, mutuamente excludentes").

[15] Cfr. o art. 386º, 2.

[16] Sobre a dificuldade de assim se fazer no caso de as intermediárias serem sociedades (anónimas, principalmente) em relação de simples domínio com a dominante, v. *supra* nº 1.1.2.

social desta (cfr. o art. 489º, 4, c))[17] –, deve o órgão de administração aliená-las ou (no caso de domínio total indireto) fazer com que elas sejam alienadas[18].

Deliberando ou decidindo a sociedade dominante *manter o domínio total* (al. c) do nº 2), consolida-se a relação de grupo entre ela e a dominada.

Quando a dominante tenha deliberado ou decidido a dissolução da dominada ou a alienação de participações sociais desta, que sucede se ou enquanto não for efetivada a dissolução ou a alienação? As sociedades *mantêm-se em relação de (simples) domínio* (art. 486º) e, se por período superior a um ano o número de sócios da dominada for (como normalmente será) inferior ao mínimo exigido por lei, pode ser requerida a dissolução administrativa desta (art. 142º, 1, a); RJPADL, art. 4º, 1, a)).

1.2.3. Registo

O órgão de administração da sociedade dominada deve pedir o registo da deliberação (ou decisão) da sociedade dominante de manutenção da situação de domínio total/relação de grupo (nº 6 do art. 489º). Esta deliberação está sujeita a registo obrigatório (CRCom., arts. 3º, 1, u), e 15º, 1 e 2) e a publicação (CRCom., art. 70º, 1, a)).[19]

2. Termo da relação de grupo
2.1. Causas

O nº 4 do art. 489º prescreve três situações em que a relação de grupo por domínio total superveniente termina[20].

a) *A sede da sociedade dominante ou da sociedade dominada deixa de estar em Portugal.*

Esta causa de extinção está em conformidade com o âmbito de aplicação territorial estabelecido no art. 481º, 2.

Releva aqui tanto a sede estatutária (cfr. os arts. 9º, 1, e), 12º) como a sede efetiva da administração (cfr. o art. 3º). A relação de grupo termina *se a sede estatuária e a efetiva da dominante ou da dominada deixarem de estar em Portugal*. Não

---

[17] V. ENGRÁCIA ANTUNES (2002), p. 867-868, nt. 1706.

[18] Sobre a dificuldade existente quando as intermediárias sejam sociedades em relação de domínio, recorde-se o local referido na nt. 16. Acrescente-se, no entanto, a possibilidade de a dominante fazer cessar a relação de domínio com a intermediária...

[19] Sobre os efeitos da falta de registo ou publicação, v. o art. 168º.

[20] Por força da remissão do nº 3 do art. 488º, aquele nº 4 (bem como os nºs 5 e 6) do art. 489º vale igualmente para o término da relação de grupo por domínio total inicial.

termina se apenas a sede efetiva for deslocada para o estrangeiro (a sociedade que mantenha a sede estatutária no nosso país não pode opor a terceiros a sua sujeição a lei diferente da lei portuguesa: art. 3º, 1, 2ª parte), ou se só a sede estatutária para aí for transferida (a lei pessoal da sociedade que aqui mantém a sede efetiva continua sendo a portuguesa: art. 3º, 1, 1ª parte).[21]

b) *Dissolução da sociedade dominante (ou da dominada).*
A al. *b)* do nº 4 do art. 489º refere a dissolução (cfr. os arts. 141º, s.) somente da sociedade dominante. Mas, por identidade de razão com o previsto no art. 506º, 3, *a)*, também a dissolução da sociedade dominada determinará a extinção da relação de grupo[22].

c) *A sociedade dominante deixa de ter, direta ou indiretamente, na dominada participação social correspondente a 90% ou mais do capital desta.*
Ocorre este facto extintivo da relação de grupo quando, por exemplo, 11% das ações emitidas pela sociedade dominada são transmitidas para terceiro (fora do grupo) pela dominante e/ou por sociedade com esta em relação de grupo ou de domínio; uma sociedade titular desses 11% das ações era (simplesmente) dominada pela dominante (de cúpula) e deixa de estar em relação de domínio com esta; a sociedade dominada (de base) aumenta o capital social em 11% e todas as novas ações são subscritas por uma sociedade alheia ao grupo.
Por aqui se vê também que *a participação totalitária*, sendo embora pressuposto da constituição de relação de grupo (*supra*, nº 1.1.), *não é necessária para a manutenção desta*: a relação mantém-se se a sociedade dominante, apesar de perder o domínio total, continuar com participação (direta ou indireta) na dominada correspondente a 90% ou mais do capital desta.
Além destas causas de cessação da relação de grupo por domínio total, *outras há*. Nomeadamente a *fusão* da sociedade dominada com a dominante, a incorporação daquela em sociedade alheia ao grupo (ou a constituição de nova socie-

---

[21] A soluções diferentes chegam os que, por mor sobretudo da introdução (pelo DL 76-A/2006, de 29 de março) da al. d) no nº 2 do art. 481º, consideram estar revogada a norma do art. 489º, 4, a): CARVALHO FERNANDES/JOÃO LABAREDA (2010), p. 31, s., 35, PERESTRELO DE OLIVEIRA (2011), p. 1249. A maioria da doutrina, porém, segue orientação diferente – v., com indicações bibliográficas, COUTINHO DE ABREU (2012), p. 227.
[22] ENGRÁCIA ANTUNES (2002), p. 904, PERESTRELO DE OLIVEIRA (2011), p. 1249. É assim também na Alemanha, onde o § 327 da AktG (inspirador do nosso art. 489º) menciona somente a dissolução da sociedade dominante – v., por todos, KOPPENSTEINER (2004), p. 1274.

dade entre elas), ou a *transformação* da dominante ou da dominada em sociedade em nome coletivo ou em comandita simples (cfr. o art. 481º, 1).

2.2. Publicidade

O termo da relação de grupo está sujeito a registo (por depósito) e publicação obrigatórios (art. 489º, 6; CRCom., arts. 3º, 1, *u*), 15º, 1, 53º-A, 5, *a*), 70º, 1, *a*)).

Têm *legitimidade* para pedir o registo as administrações (ou outros representantes) das sociedades anteriormente em relação de grupo, bem como outros interessados (*v.g.*, eventuais sócios de uma e outra) – art. 29º, 1, do CRCom..

Porém, a administração da sociedade dominada tem não só o poder de pedir o registo mas também o *dever* de fazê-lo (nº 6 do art. 489º).

Para que o dever possa ser cumprido de modo expedito (cfr. o art. 15º, 2, do CRCom.), o nº 5 do art. 489º impõe à sociedade dominante o dever de comunicar o facto extintivo da relação de grupo previsto na al. *c*) do nº 4, "imediatamente e por escrito", à sociedade dominada[23]. Não se impõe dever idêntico relativamente aos demais factos extintivos previstos no nº 4, porventura porque tais factos, sujeitos a registo e publicação obrigatórios (CRCom., arts. 3º, 1, *o*) e *r*), 15º, 1, 70º, 1, *a*)), são cognoscíveis pela administração da dominada.

Mesmo *antes do registo*, o facto extintivo da relação de grupo pode ser *invocado entre as sociedades respetivas* (art. 13º, 1, do CRCom.) – *v.g.*, a sociedade (antes) dominada pode exigir a compensação de perdas anuais (art. 502º, 2) e tem o direito de recusar instruções da (antes) dominante (cfr. o art. 503º). Mas, *antes do registo e publicação, as sociedades não podem opor a terceiros o facto extintivo* (art. 168º, 2, 3; CRCom., art. 14º, 2) – *v.g.*, a sociedade dominante não pode eximir-se à responsabilidade por obrigações da dominada constituídas entre o momento do facto extintivo e o do registo ou da publicação (cfr. o art. 501º).[24]

---

[23] Em algumas situações de domínio indireto, este dever será (também) de sociedade(s) intermédia(s).
[24] Evidentemente, antes ou depois do registo e publicação, a dominante continua responsável pelas obrigações da dominada constituídas anteriormente à extinção da relação de grupo (art. 501º, 1).

ARTIGO 490º *
Aquisições tendentes ao domínio total

1. Uma sociedade que, por si ou conjuntamente com outras sociedades ou pessoas mencionadas no artigo 483º, nº 2, disponha de quotas ou acções correspondentes a, pelo menos, 90% do capital de outra sociedade, deve comunicar o facto a esta nos 30 dias seguintes àquele em que for atingida a referida participação.

2. Nos seis meses seguintes à data da comunicação, a sociedade dominante pode fazer uma oferta de aquisição das participações dos restantes sócios, mediante uma contrapartida em dinheiro ou nas suas próprias quotas, acções ou obrigações, justificada por relatório elaborado por revisor oficial de contas independente das sociedades interessadas, que será depositado no registo e patenteado aos interessados nas sedes das duas sociedades.

3. A sociedade dominante pode tornar-se titular das acções ou quotas pertencentes aos sócios livres da sociedade dependente, se assim o declarar na proposta, estando a aquisição sujeita a registo por depósito e publicação.

4. O registo só pode ser efectuado se a sociedade tiver consignado em depósito a contrapartida, em dinheiro, acções ou obrigações, das participações adquiridas, calculada de acordo com os valores mais altos constantes do relatório do revisor.

5. Se a sociedade dominante não fizer oportunamente a oferta permitida pelo nº 2 deste artigo, cada sócio ou accionista livre pode, em qualquer altura, exigir por escrito que a sociedade dominante lhe faça, em prazo não inferior a 30 dias, oferta de aquisição das suas quotas ou acções, mediante contrapartida em dinheiro, quotas ou acções das sociedades dominantes.

6. Na falta da oferta ou sendo esta considerada insatisfatória, o sócio livre pode requerer ao tribunal que declare as acções ou quotas como adquiridas pela sociedade dominante desde a proposição da acção, fixe o seu valor em dinheiro e condene a sociedade dominante a pagar-lho. A acção deve ser proposta nos 30 dias seguintes ao termo do prazo referido no número anterior ou à recepção da oferta, conforme for o caso.

7. A aquisição tendente ao domínio total de sociedade com o capital aberto ao investimento do público rege-se pelo disposto no Código dos Valores Mobiliários.

* O texto do nº 5 foi alterado pelo DL 257/96, de 31 de dezembro; o DL 486/99, de 13 de novembro, que aprovou o CVM, aditou o nº 7; a redação atual dos nºs 3 e 4 foi introduzida pelo DL 76-A/2006, de 29 de março.

Índice

1. Quadro geral

    1.1. Aquisição de participações sociais de sócios minoritários (caracterização sumária)

1.2. Alienação de participações sociais de sócios minoritários (caracterização sumária)

1.3. Justificações para as aquisições e alienações potestativas

1.4. Constitucionalidade do direito de aquisição potestativa (?)

1.5. Aquisições potestativas abusivas

2. A aquisição potestativa

2.1. Pressupostos

2.2. Oferta de aquisição e declaração de aquisição

2.3. A contrapartida e a sua justificação. O relatório do ROC e a independência deste

2.4. A consignação em depósito da contrapartida. Quando deve ser efetuada

2.5. A consignação em depósito da contrapartida (cont.). Judicial ou extrajudicial?

2.6. Registo e publicação da aquisição

2.7. O momento em que se verifica a aquisição

2.8. A deliberação do art. 489º, 2

2.9. A reação do sócio livre que não se conforma com a aquisição ou com a contrapartida

3. Alienação potestativa

3.1. Pressupostos

3.2. Procedimento

4. A aquisição potestativa nas sociedades abertas

4.1. A razão de ser do regime

4.2. Pressupostos

4.3. A tomada de decisão

4.4. O anúncio preliminar e sua publicação

4.5. O envio do anúncio preliminar para registo na CMVM

4.6. A consignação da contrapartida em depósito

4.7. O registo na CMVM e a sua publicação

4.8. As transferências entre contas

4.9. As ações tituladas não integradas em sistema centralizado

4.10. A perda da qualidade de sociedade aberta e a exclusão da negociação em mercado regulamentado das ações e valores mobiliários a que elas dão direito

4.11. A formação de um grupo de sociedades

5. A alienação potestativa nas sociedades abertas

5.1. A alienação potestativa como eventual recurso perante a ausência de aquisição potestativa

5.2. Pressupostos

5.3. Prazo para exercer o direito de alienação potestativa

5.4. O convite

5.5. A proposta de aquisição

5.6. A falta de proposta (ou a proposta que não é considerada satisfatória) e a declaração de alienação potestativa perante a CMVM

5.7. A verificação pela CMVM dos requisitos da alienação e a notificação por aquela ao sócio dominante

5.8. A formação de um grupo de sociedades

Bibliografia

a) Citada:

ABREU, J.M. COUTINHO DE – *Do abuso de direito – Ensaio de um critério no direito civil e nas deliberações sociais*, Almedina, Coimbra, 1983 (reimpr. 1999, 2006), *Da empresarialidade (As empresas no direito)*, Almedina, Coimbra, 1996 (reimpr. 1999), *Curso de direito comercial*, vol. II – *Das sociedades*, 4ª ed., Almedina, Coimbra, 2011 (reimpr. 2013, 2014), "Notas sobre evoluções recentes no direito das sociedades", *DC* 22 (2005), p. 149-155; ABREU, J.M. COUTINHO DE/MARTINS, ALEXANDRE SOVERAL – *Grupos de sociedades – Aquisições tendentes ao domínio total*, Almedina, Coimbra, 2003; ALMEIDA, CARLOS FERREIRA DE – *Contratos I – Conceito. Fontes. Formação*, 3ª ed., Almedina, Coimbra, 2005; ANTUNES, ANA F. MORAIS – "O Instituto da aquisição tendente ao domínio total (artigo 490º do CSC): um exemplo de uma 'expropriação legal' dos direito dos minoritários?", em FDUC, *Nos 20 anos do Código das Sociedades Comerciais*, vol. II, Coimbra Editora, Coimbra, 2007, p. 203-253, "A aquisição tendente ao domínio total no direito societário e no direito dos valores mobiliários", *Aquisição de empresas* (coord. Paulo Câmara), Coimbra Editora, Coimbra, 2011, p. 313-369; ANTUNES, JOSÉ A. ENGRÁCIA – *Os direitos dos sócios da sociedade-mãe na formação e direcção dos grupos societários*, UCP, Porto, 1994, "O artigo 490º do CSC e a lei fundamental – 'Propriedade corporativa', propriedade privada, igualdade de tratamento", em FDUP, *Estudos em comemoração dos cinco anos (1995-2000) da Faculdade de Direito da Universidade do Porto*, Coimbra Editora, Coimbra, 2001, p. 147-276, *A aquisição tendente ao domínio total. Da sua constitucionalidade*, Coimbra Editora, Coimbra, 2001a, *Os grupos de sociedades – Estrutura e organização jurídica da empresa plurissocietária*, 2ª ed., Almedina, Coimbra, 2002, "O âmbito de aplicação das sociedades coligadas", *Estudos em homenagem à Professora Doutora Isabel de Magalhães Collaço*, vol. II, parte III, Almedina, Coimbra, 2002a, p. 95-116; CÂMARA, PAULO – "As operações de saída do mercado", *Miscelâneas*, nº 2, IDET/Almedina, Coimbra, 2004, p. 81-160, *Manual de direito dos valores mobiliários*, 2ª ed., Almedina, Coimbra, 2011; COELHO, F. BRITO PEREIRA – "Grupos de sociedades – Anotação preliminar aos arts. 488º a 508º do Código das Sociedades Comerciais", *BFD*, 1988, p. 297-353; CORDEIRO, A. MENEZES – "Da constitucionalidade das aquisições tendentes ao domínio total (artigo 490º, nº 3, do Código das Sociedades Comerciais)", *BMJ* 480 (1998), p. 5-30, "Aquisições tendentes ao domínio total: constitucionalidade e efectivação da consignação em depósito (artigo 490º/3 e 4 do Código das Sociedades Comerciais", *OD*, 2005, p. 449-463; CORREIA, LUÍS BRITO – "Grupos de sociedades", em FDUL/CEJ, *Novas perspectivas do direito comercial*, Almedina, Coimbra, 1988, p. 377-399; CORREIA, PAULO – "A contrapartida patrimonial na aquisição tendente ao domínio total", *Julgar*, Set.-Dez. 2009, p. 146-156; COUTO, ANA SÁ – "Breve comentário à Directiva das OPAs", *CadMVM*, 2006, Dezembro, p. 70-78; CUNHA, CAROLINA – "Artigo 148º", em *Código das Sociedades Comerciais em Comentário* (coord. de Coutinho de Abreu), vol. II (Artigos 85º a 174º), Almedina, Coimbra, 2011, p. 637-639; DIAS, RUI PEREIRA – *Responsabilidade por exercício de influência sobre a administração de sociedades anónimas – Uma análise de direito material e direito dos conflitos*, Almedina, Coimbra, 2007; DUARTE, RUI PINTO – "Constitucionalidade da aquisição potestativa de acções tendente ao domínio total – Anotação ao Acórdão do Tribunal Constitucional nº 491/02", *JC* 1 (2004), p. 43-49; FLECKNER, ANDREAS M./HOPT, KLAUS J. (edited by) – *Comparative Corporate Governance – A Functional and International Analysis*, Cambridge University Press, 2013; Forum europaeum sur le droit des groupes de sociétés – "Un droit des groupes de sociétés pour l'Europe", *RSoc.*, 1999, p. 43-80, 285-337; GONÇALVES, PEDRO – "A fixação da contrapartida por auditor independente em OPA", *RLJ*, 140º (2010), p. 39-67; KOPPENSTEINER, HANS-GEORG – *Kölner Kommentar zum Aktiengesetz*, Band 6, 3. Aufl., Heymanns, Köln, Berlin, München, 2004; MARTINS, ALEXANDRE DE SOVERAL – *Da interpretação das leis*, Fora do Texto, Coimbra, 1997, *Cláusulas do contrato de sociedade que limitam a transmissibilidade das acções – Sobre os arts. 328º e 329º do CSC*, Almedina, Coimbra, 2006, *Cessão de quotas. Alguns problemas*, Almedina, Coimbra, 2007, "Penhora de quotas e acções", *DSR*, 2010, ano 2, vol. 3, p. 113-141; MARTINS, PEDRO FAZENDA – "Bloqueio de valores mobiliários e aquisição potestativa ao abrigo do art. 490º do Código das Sociedades Comerciais", *CadMVM* 6, (1999), p. 1-12; NASCIMENTO, A. RITA – "Direitos dos sócios na aquisição tendente ao domínio total: pressupostos e concretização", *RDS*, 2011 (4), p. 985-1025; NEVES, A. CASTANHEIRA – *Metodologia jurídica. Problemas fundamentais*, Universidade de Coimbra/Coimbra Editora, Coimbra, 1993, *Digesta. Escritos acerca do Direito, do pensamento jurídico, da sua metodologia e outros*, vol. 2º, Coimbra Editora, Coimbra, 1995; OLIVEIRA, ANA PERESTRELO DE – "Artigo 490º", em *Código das Sociedades Comerciais anotado* (coord. de A. Menezes Cordeiro), 2ª ed., Almedina, Coimbra, 2011, p. 1251-1260, *Grupos de sociedades e deveres de lealdade – Por um critério unitário de solução do "conflito do grupo"*, Almedina, Coimbra, 2012; PEREIRA, M. MARIANA M. EGÍDIO – "A aquisição tendente ao domínio total. Breves reflexões sobre o artigo 490º do Código das Sociedades Comerciais", *OD*, 2008, p. 923-968; PIMENTEL, J. MENÉRES – "O art. 490º, nº 3, do Código das Sociedades Comerciais será inconstitucional?", em *Estudos em homenagem a Cunha Rodrigues*, vol. II, Coimbra Editora,

Coimbra, p. 515-526; RAMALHO, M. ROSÁRIO PALMA – *Grupos empresariais e societários. Incidências laborais*, Almedina, Coimbra, 2008; RAMOS, FILIPA JORGE/MARTINS, JOSÉ PEDRO FAZENDA/PEREIRA, MARIA REBELO/ROCHA, RAFAELA, "Efeitos da aquisição potestativa nos ónus ou encargos e no bloqueio de acções", *CadMVM*, 2001, p. 89-104; RIEDER, MARKUS S. – "(Kein) Rechtsmissbrauch beim Squeeze-out", *ZGR* 6/2009, p. 981-1006; RONCERO SÁNCHEZ, ANTONIO – "La compra y venta forzosas de acciones *(sell out* y *squeeze out)*, *RdS* 33 (2009), p. 45-72; SÁ, LILIANA DA SILVA – "A contrapartida patrimonial na aquisição tendente ao domínio total", *Julgar*, SET.-DEZ. 2009, p. 157-172; SANTOS, HUGO MOREDO – "Aquisição tendente ao domínio total de sociedades abertas", em IVM, *Direito dos Valores Mobiliários*, vol. VII, Coimbra Editora, Coimbra, 2007, p. 275-402; SILVA, CALVÃO DA – "Anotação – Consignação em depósito e aquisição tendente ao domínio total de sociedade", *RLJ*, ano 138º (2009), p. 359-383; SINGHOF – "§ 327a", em G. SPINDLER/E. STILZ (Hrsg.), *Kommentar zum Aktiengesetz*, 2. Aufl., Beck, München, 2010, p. 1303-1318; TRIGO, MARIA DA GRAÇA – "Grupos de sociedades", *OD*, 123º, 1991, p. 53-114; VASCONCELOS, P. PAIS DE – *A participação social nas sociedades comerciais*, 2ª ed., Almedina, Coimbra, 2006; VEIGA, ALEXANDRE BRANDÃO DA – *Transmissão de valores mobiliários*, Almedina, Coimbra, 2004; VENTURA, RAÚL – *Dissolução e liquidação de sociedades*, Almedina, Coimbra, 1987, *Estudos vários sobre sociedades anónimas*, Almedina, Coimbra, 1992; XAVIER, VASCO G. LOBO – *Anulação de deliberação social e deliberações conexas*, Atlântida Editora, Coimbra, 1976.

b) Outra:

KOPPENSTEINER, HANS-GEORG – "Os grupos no direito societário alemão", em IDET, Miscelâneas nº 4, Almedina, Coimbra, 2006, p. 7-36; VASCONCELOS, PEDRO PAIS DE – "Constituição de grupo por domínio total superveniente – o tempo e o modo", *DSR*, Out. 2012, ano 4, vol. 8, p. 35-50; VENTURA, RAÚL – "Grupos de sociedades – uma introdução comparativa a propósito de um Projecto Preliminar de Directiva da C.E.E.", *ROA*, 1981, p. 23-81, 305-362.

1. Quadro geral
1.1. Aquisição de participações sociais de sócios minoritários (caracterização sumária)

1.1.1. Uma sociedade (por quotas, anónima ou em comandita por ações) que, por si ou em conjunto com outras sociedades ou pessoas referidas no art. 483º, 2[1],

---

[1] Sociedades dependentes e/ou subordinadas ou totalmente dominadas, pessoas (singulares ou coletivas) titulares de participações por conta de qualquer das sociedades.

AQUISIÇÕES TENDENTES AO DOMÍNIO TOTAL **ART. 490º** 141

tenha em outra sociedade participação correspondente a 90% ou mais do capital social desta pode, nos termos dos nºs 1 a 4 do art. 490º, adquirir as participações dos demais sócios (minoritários[2]).[3]

Atingida a participação de pelo menos 90%, a sociedade (direta ou indiretamente) dominante comunica o facto à sociedade dominada (nº 1 do art. 490º); nos seis meses seguintes à data da comunicação, pode a dominante fazer uma "oferta de aquisição" das participações dos restantes sócios, mediante certa contrapartida (nº 2).

Se algum sócio minoritário aceitar a proposta/"oferta", a sociedade dominante adquire por *contrato* a participação respetiva.

Porém, o nº 3 do art. 490º atribui à sociedade dominante o *direito de adquirir potestativamente* todas as participações dos minoritários que não aceitem a proposta. Ela pode, por sua única vontade e iniciativa, por *negócio jurídico unilateral* (não por contrato)[4], adquirir todas essas participações[5].

Este direito potestativo é jurídico-societariamente *excecional e gravoso para os sócios minoritários*. Na verdade, um sócio minoritário – *independentemente da sua vontade, sem ou contra a sua vontade* – pode ver-se *expropriado* (compulsivamente privado) da propriedade da sua participação social, apropriada pela sócia dominante, e excluído da sociedade.[6]

Direito potestativo similar está consagrado em outros países[7]. Excetuando países do *common law* e alguns do *civil law* (Alemanha, Suécia), a admissão das

---

[2] A estes sócios chama a lei, ironicamente, "sócios livres": são tão livres que até podem ser forçados a transmitir as suas participações para a sociedade dominante...

[3] O art. 490º refere-se somente a "quotas" e "ações". Apesar disso, também as sociedades em comandita por ações – em que os comanditados têm "partes", não ações (arts. 465º, 3, 469º) – podem ser dominadas por sociedades por quotas ou anónimas (art. 465º, 2). E a sociedade dominante poderá fazer uso dos direitos atribuídos pelo art. 490º, ao menos quando domine indiretamente a sociedade em comandita (que não pode ser unipessoal) – cfr. a nt. 2 do comentário ao art. 489º.

[4] Cfr. FERREIRA DE ALMEIDA (2005), p. 154.

[5] Se a dominante "assim o declarar na proposta", diz o citado nº 3 – trazendo à memória a "proposta irrecusável" de "o padrinho"...

[6] A exclusão em consequência de aquisição potestativa não é exclusão de sócio propriamente dita, tal como talhada no CSC [v. p. ex. COUTINHO DE ABREU (2011), p. 434, nt. 476, e EGÍDIO PEREIRA (2008), p. 952, nt. 101]. Mas é certo que tanto num caso como no outro o sócio é forçado a sair da sociedade. A título de curiosidade: a parte IV do livro III da AktG (§§ 327a, s.), introduzida por lei de 2001, é intitulada "Exclusão de acionistas minoritários" (*Ausschluss von Minderheitsaktionären*).

[7] Cfr. Forum europaeum sur le droit des groupes de sociétés (1999), p. 302, s., ENGRÁCIA ANTUNES (2001), p. 183, s., COUTINHO DE ABREU/SOVERAL MARTINS (2003), p. 57, s., PAULO CÂMARA (2011), p. 746, s.; várias indicações podem ser colhidas também em diversos relatórios nacionais *in* FLECKNER/ /HOPT (2013).

aquisições potestativas na maioria dos países é posterior ao nosso CSC.[8] E são poucos os que as admitem independentemente de oferta pública de aquisição prévia (Alemanha, Bélgica, Holanda)[9]. Menos ainda são os que preveem a figura não só para as sociedades por ações mas também para as (correspondentes às nossas) sociedades por quotas (Áustria, Holanda). Digno de nota é outrossim o facto de em vários países o direito de aquisição potestativa exigir participação social correspondente a mais de 90% do capital da sociedade dominada (Alemanha, Bélgica, França, Holanda, Itália, Luxemburgo, Suíça: 95%, 98%...).

1.1.2. Depois da entrada em vigor do CVM, a aquisição tendente ao domínio total de *sociedade* (por ações) *aberta* deixou de ser regulada pelo art. 490º, passou a reger-se pelos arts. 194º, s. daquele Código (nº 7 do art. 490º)[10].

De acordo com o nº 1 do art. 194º do CVM, tem direito de adquirir potestativamente as ações minoritárias de sociedade aberta cuja lei pessoal seja a portuguesa qualquer sujeito (sociedade ou não), com domicílio em Portugal ou no estrangeiro[11], que atinja, na sequência de OPA geral e total[12], diretamente e/ou por imputação nos termos do art. 20º desse Código, 90% da totalidade dos direitos de voto e 90% dos direitos de voto abrangidos pela OPA.[13]

O regime do CVM (arts. 194º, 195º, 197º) difere do estabelecido no art. 490º ainda em outros pontos (procedimento, cálculo da contrapartida), apresentando-se mais equilibrado e seguro ou certo.

1.2. Alienação de participações sociais de sócios minoritários (caracterização sumária)

1.2.1. Segundo o nº 5 do art. 490º, se a sociedade dominante não fizer oportunamente a "oferta de aquisição" das participações minoritárias, cada sócio da mino-

---

[8] Fonte inspiradora primeira do art. 490º foi o art. 209 do (inglês) *Companies Act* de 1948 – RAÚL VENTURA (1992), p. 161.

[9] A Diretiva 2004/25/CE, de 21 de abril de 2004, relativa às ofertas públicas de aquisição, permite no art. 15º a aquisição potestativa somente na sequência de OPA geral e total.

[10] O art. 490º, 1 a 4, continua, portanto, a disciplinar as aquisições relativas a sociedades por ações fechadas ao investimento do público.

[11] O art. 490º é aplicável somente a sociedades com sede em Portugal (ou, acrescente-se relativamente às sociedades dominantes, em Estado membro da UE – v. PEREIRA DIAS (2007), p. 285, s.): art. 481º. Diferentemente, MORAIS ANTUNES (2007), p. 218 (basta que uma das sociedades – a dominante ou a dominada – tenha a sede em Portugal).

[12] Evidentemente, o art. 490º não exige qualquer OPA prévia.

[13] No art. 490º, os 90% referem-se ao valor total das participações sociais, correspondam-lhes ou não igual percentagem dos direitos de voto (p. ex., o titular de 90% das ações, mas em que 50% delas são preferenciais sem voto, não terá mais do que 80% dos votos).

ria pode exigir por escrito que ela lhe faça em certo prazo oferta de aquisição da respetiva participação social, mediante contrapartida.

Se a sociedade dominante fizer proposta e o minoritário a aceitar, a participação social transmite-se com fundamento em *contrato*.

Na falta de proposta, ou se ela for considerada insatisfatória pelo minoritário, este tem o *direito potestativo de aliená-la*: pode requerer ao tribunal que declare a participação social adquirida pela sociedade dominante desde o momento da propositura da ação e fixe o valor que ela há de pagar (nº 6 do art. 490º).

1.2.2. Depois da entrada em vigor do CVM, a alienação de participações de minoritários de *sociedade aberta* rege-se pelo art. 196º daquele Código.[14]

Nos três meses subsequentes ao apuramento dos resultados da OPA referida no art. 194º, 1, cada minoritário pode dirigir ao sócio dominante convite por escrito para que faça proposta de aquisição das suas ações (nº 1 do art. 196º).

Se o sócio dominante fizer proposta e o minoritário a aceitar, as ações são transmitidas com base em *contrato*.

Na falta de proposta, ou se ela não for considerada satisfatória, tem o minoritário direito potestativo de aliená-las, mediante declaração (*negócio jurídico unilateral*) perante a CMVM (nº 2; v. tb. os nºˢ 3 e 4).

1.3. Justificações para as aquisições e alienações potestativas

1.3.1. A profusão das justificações adiantadas entre nós para *o direito de aquisição potestativa consagrado no art. 490º* indicia a dificuldade de encontrar o porquê de tal direito; e logo, provavelmente, a não curialidade de muitas delas.

(1) Dizia o autor do anteprojeto do CSC que, no aspeto técnico, o instituto da aquisição compulsiva é, como a exclusão de sócios ou a amortização de participações sociais, "um sucedâneo da dissolução total da sociedade. Dispondo de tão grande maioria na sociedade dependente, a sociedade dominante poderia dissolver aquela e liquidá-la, recebendo os sócios minoritários o valor correspondente às suas quotas ou acções. Avessa à dissolução total, que desperdiça o valor económico da sociedade, a lei também neste caso se inclina para uma dissolução parcial, atenuada, como nos outros referidos casos, pela aquisição da participação, mediante o valor que dessa dissolução resultaria"[15].

---

[14] Cfr. o art. 16º da citada Diretiva 2004/25/CE.
[15] RAÚL VENTURA (1992), p. 168. V. tb. ENGRÁCIA ANTUNES (2001), p. 219.

Porém, uma sociedade *não tem de dissolver-se* só porque um dos sócios é largamente maioritário. Pode ser dissolvida, é certo, por deliberação dos sócios (art. 141º, 1, *b*)); mas o sócio (qualificadamente) maioritário não pode impor a dissolução por *qualquer motivo*[16]. Depois, é sabido que a lei não exige para as deliberações de dissolução *maiorias* de 90% ou mais dos votos (cfr. os arts. 270º, 1, 464º, 1, 473º, 1). Porque não atribuiu então a lei o direito de aquisição potestativa a sócio(s) com participação social inferior aos 90% mencionados no art. 490º?... Por outro lado, se é propósito da lei, no art. 490º, evitar a dissolução total da sociedade dependente, como se compreende que o art. 489º, 2, *a*), permita à sociedade que adquiriu (inclusive pela via da aquisição potestativa) todas as participações da sociedade dominada a *dissolução desta mesma sociedade?...*

(2) Dizem alguns autores que o direito de aquisição potestativa *protege* (também) *os sócios minoritários* (sem participação relevante nas deliberações e na administração, o capital correspondente às suas participações ficaria na disponibilidade da maioria – sendo, pois, preferível a alienação destas pelo respetivo valor)[17].

Mas, afinal, é o sócio maioritário – titular do direito potestativo de adquirir – *tutor dos sócios minoritários*, incapazes de cuidar dos seus interesses?; presta aquele a estes um "favor" quando lhes adquire as participações, contra a sua vontade?; e penaliza-os quando decide não exercer o direito de aquisição? Por outro lado, e principalmente: *não é o direito potestativo de alienação previsto no nº 6 do art. 490º que tutela os interesses dos minoritários?...*

(3) No quadro do CSC, é finalidade (não única, sublinhe-se) da aquisição potestativa *promover a constituição de grupos de sociedades*[18] por domínio total superveniente – a sociedade dominante terá o direito de dirigir a dominada (art. 503º), mas a tutela desta e dos seus credores ficará também assegurada (arts. 501º, 502º, 504º).[19]

Não obstante, esta finalidade *não é necessária ou indefetível*. Porquanto, mesmo no sistema do CSC, a aquisição de participação totalitária não significa consti-

---

[16] Sobre as deliberações abusivas (anuláveis) de dissolução, COUTINHO DE ABREU (2011), p. 555, s..

[17] *V.* BRITO CORREIA (1988), p. 396-397 (considerando embora globalmente o art. 490º), MENEZES CORDEIRO (1998), p. 25, EGÍDIO PEREIRA (2008), p. 967, SILVA SÁ (2009), p. 165, PERESTRELO DE OLIVEIRA (2012), p. 332.

[18] "Grupos de direito", contrapostos aos "grupos de facto" integrantes das sociedades em relação de domínio (incluindo domínio superior a 90%).

[19] V. p. ex. PEREIRA COELHO (1988), p. 342, ENGRÁCIA ANTUNES (2002), p. 870, COUTINHO DE ABREU/ /SOVERAL MARTINS (2003), p. 65-66, MORAIS ANTUNES (2007), p. 249-250, CALVÃO DA SILVA (2009), p. 365, PERESTRELO DE OLIVEIRA (2012), p. 332.

tuição automática de relação de grupo[20] e, quando esta seja constituída, o art. 489º, 4, não impõe tempo mínimo de manutenção da mesma. De outra banda, o direito de aquisição potestativa aparece no CVM sem conexão com a disciplina dos grupos de sociedades – e alguns dos possíveis titulares daquele direito não têm possibilidade de constituir relações de grupo[21] (e aos que tenham essa possibilidade é aplicável o dito há instantes a propósito do CSC). A talhe de foice: compreende-se mais facilmente a atribuição do direito de aquisição das participações minoritárias residuais a quem lance (ou, mais ainda, seja obrigado a lançar) OPA total[22].

(4) Tendo em vista a finalidade anterior (3), avançam alguns (por salto): o direito de aquisição potestativa tutela o *interesse "geral" ou "público"*. Pois se o direito (específico) dos grupos protege as sociedades dominadas e seus credores e estimula a criação de grupos económicos competitivos...[23]

Eis como os *interesses particulares ou individuais* (dos sócios "empresários", do "capital dirigente" contraposto ao "capital de poupança") se transmudam em interesses gerais ou públicos por força da lei[24]. Depois de sono multisecular, em época (recente) de reforço dos oligopólios, o Estado-legislador acordou e atribuiu o direito potestativo de aquisição de participações sociais aos (às) grandes acionistas para tutela do interesse geral, do "bem comum"!

E, repita-se, a aquisição potestativa não é causa necessária de relação de grupo, nem a lei impõe a manutenção dessa relação (depois de constituída). E tenha-se presente que a maioria esmagadora dos países – incluindo os que consagram aquisições potestativas – não tem direito especial (excecional) dos grupos[25]. Ainda assim, os "grupos de facto" aí estão imponentes, com ou sem sócios minoritários...

(5) O direito de aquisição potestativa beneficia ou protege, nisto (quase) todos estarão de acordo, a *sociedade dominante*. Que passa a dispor de um instru-

---

[20] V. nºs 1.2. e 1.2.1. do comentário ao art. 489º.

[21] V. *supra* nº 1.1.2. V. tb. PINTO DUARTE (2004), p. 45.

[22] *V.* COUTINHO DE ABREU/SOVERAL MARTINS (2003), p. 57-58, nt. 76, MOREDO SANTOS (2007), p. 289-290.

[23] MENEZES CORDEIRO (1998), p. 23, Ac. do STJ de 3/2/2005, *CJ-ASTJ*, 2005, t. I, p. 66-67, CALVÃO DA SILVA (2009), p. 366, PERESTRELO DE OLIVEIRA (2011), p. 1254.

[24] Um interesse de sujeitos privados tutelado por lei não passa a interesse geral ou público só porque as leis (imperativas ou dispositivas) são emanadas (normalmente) por razões supra-individuais... Cfr. a propósito LOBO XAVIER (1976), p. 135, s., nt. 28.

[25] Aliás, as empresas ou sócios dominantes não desejam direito "codificado" dos grupos – v. COUTINHO DE ABREU (1996), p. 279.

mento que lhe proporciona *maior liberdade* de iniciativa empresarial ("sem os potenciais conflitos entre tão larga maioria e tão fraca minoria"[26]), poupança nos custos societários associados à proteção dos sócios minoritários (*v. g.*, custos ligados à realização de assembleias gerais, aos direitos de informação, às ações de impugnação de deliberações sociais)[27].

Mas convém não exagerar. Os aludidos "potenciais conflitos" não são prementes, exatamente por haver "tão larga maioria e tão fraca minoria". Aliás, se a razão da lei fosse principalmente evitar potenciais conflitos, porque não atribuiria ela o direito de aquisição compulsiva ao sócio com participação correspondente a 3/4 do capital social (nas sociedades por quotas – cfr. o art. 265º) ou a 2/3 ou menos (nas sociedades anónimas – cfr. o art. 386º, 3, 4)? Pois não são, em geral, mais esperáveis os conflitos quando existem "minorias de bloqueio"? Por outro lado: se o art. 490º, 3, pretende evitar potenciais conflitos (que não são ontologicamente um mal...), porque possibilita o art. 489º, 2, *b)*, que a sociedade dominante, logo após ter adquirido o domínio total, aliene quotas ou ações da sociedade dominada? Há poderes que se alimentam de (mais) poder...

Por sua vez, não deixa de ser curioso o realce nos custos ligados à socialidade dos minoritários. Não foi pendão no direito das sociedades a tutela das minorias? Os direitos de participação e de controlo dos sócios minoritários, enquanto eventual contrapoder (ainda que fraco) interessado no andamento da sociedade, não potencia a regularidade da vida societária? Não era usual alertar para os perigos da unipessoalidade? A concentração e centralização do poder empresarial são lei...

Posto isto, importa registar que a consagração das aquisições potestativas significa *viragem do direito das sociedades*. Influenciado pelo (direito do) mercado de capitais, *tende a reduzir a socialidade a valor de capital; perde em grande medida a dimensão associativa e enfatiza a componente patrimonial.*[28]

Tempos (longos) houve em que a sociedade unipessoal aparecia como impossibilidade (lógica e linguística, também). Pelas aquisições potestativas, promove-se a unipessoalidade. E, tantas vezes, à sombra das bandeiras da

---

[26] RAÚL VENTURA (1992), p. 168.

[27] V. p. ex. MENEZES CORDEIRO (1998), p. 23, s, PERESTRELO DE OLIVEIRA (2011), p. 1254 e, para outros países, RONCERO SÁNCHEZ (2009), p. 49, s., SINGHOF (2010), p. 1304, s..

[28] V. p. ex. KOPPENSTEINER (2004), p. 1281-1282, COUTINHO DE ABREU (2005), p. 149-150, SINGHOF (2010), p. 1307.

AQUISIÇÕES TENDENTES AO DOMÍNIO TOTAL **ART. 490º** 147

"democratização do capital", do "capitalismo popular" ou da "democracia de proprietários"...[29]

1.3.2. É mais fácil justificar o *direito de alienação potestativa*. Adquirindo um sócio participação correspondente a 90% ou mais do capital social, o ou os demais sócios veem reduzido o valor das suas participações, o valor dos direitos de participação, patrimoniais (também por mor da redução das possibilidades de transmissão das participações) e de controlo.

Parece justo, pois, possibilitar aos sócios minoritários saírem da sociedade pela via da transmissão das participações sociais ao sócio (largamente) maioritário.

1.4. Constitucionalidade do direito de aquisição potestativa (?)

Poderá dizer-se que a questão da constitucionalidade do art. 490º, 3, está hoje superada, uma vez que a maioria da jurisprudência – com destaque para o Ac. nº 491/02 do TC – tem decidido pela não inconstitucionalidade da norma[30]. Também a maioria da doutrina tem propugnado a não inconstitucionalidade[31].

Mas vale a pena questionar alguns argumentos avançados a favor da não inconstitucionalidade, às vezes (tão só) repetidos acriticamente.

1.4.1. Diz-se que o CSC contém *institutos funcionalmente equivalentes à aquisição potestativa* regulada no art. 490º – conduzem à transmissão ou extinção compulsivas de participações de sócios minoritários: fusão, cisão, transformação e dissolução de sociedades, liquidação de sociedade por transmissão global do património, amortização de quotas ou ações[32].

---

[29] Quem ri a bandeiras despregadas?

[30] O acórdão do TC foi publicado no DR, II Série, de 22/1/2003. No mesmo sentido, v. os Acs. da RL de 6/6/2002, *CJ*, 2002, t. III, p. 92, e de 29/10/2002, www.dgsi.pt (proc. 7195/2002-7), do STJ de 10/4/2003, *CJ-ASTJ*, 2003, t. II, p. 26, da RP de 20/4/2004, www.dgsi.pt (proc. 0420948), do STJ de 3/2/2005, *CJ-ASTJ*, 2005, t. I, p. 64, da RP de 8/1/2008, www.dgsi.pt (proc. 0725170). Haviam decidido pela inconstitucionalidade os Acs. da RL de 23/5/1996, www.dgsi.pt (proc. 0010936) – só com sumário – e do STJ de 2/10/97, *BMJ* 470 (1997), p. 619 (ofensa dos arts. 13º, 1 e 2, 61º, 1, e 62º, 1, da CRP – respetivamente, princípio da igualdade, iniciativa económica privada e direito de propriedade privada).

[31] V. p. ex. MENEZES CORDEIRO (1998 e 2005), ENGRÁCIA ANTUNES (2001), PINTO DUARTE (2004), EGÍDIO PEREIRA (2008). Contra, v. MENÉRES PIMENTEL (2001).

[32] Ac. do TC, II. A), B) (v. tb. o citados Acs. da RL de 29/10/2002 e da RP de 20/4/2004); MENEZES CORDEIRO (1998), p. 26-27, (2005), p. 453, e, desenvolvidamente, ENGRÁCIA ANTUNES (2001), p. 217, s.; v. tb. PAIS DE VASCONCELOS (2006), p. 244, MORAIS ANTUNES (2007), p. 247-248, EGÍDIO PEREIRA (2008), p. 959, 961, PERESTRELO DE OLIVEIRA (2011), p. 1254.

Porém, há diferenças assinaláveis[33].

Na *fusão, cisão*, e *transformação* de sociedades, *os sócios* (incluindo os minoritários) *não deixam de ser sócios, ou não podem ser obrigados a deixar de o ser* (ao invés do que sucede ou pode suceder nas aquisições potestativas, quanto aos minoritários); *nenhuma participação social é compulsivamente retirada a sócios para ser apropriada por outro sócio* (ao contrário do que acontece na aquisição potestativa).

Na *fusão*, os sócios das sociedades extintas tornam-se sócios da sociedade incorporante ou da nova sociedade (arts. 97º, 4, 112º, *b*)).

Na *cisão*, os sócios da sociedade cindida, além de continuarem nela quando a cisão não seja total, tornam-se sócios da sociedade ou de sociedades beneficiárias (das partes patrimoniais advindas da cindida), de acordo com o estabelecido no projeto de cisão (arts. 119º, *f*), 120º e 112º, *b*), 127º, 129º, 2).

Na *transformação*, a adoção do novo tipo societário não importa mudança no substrato pessoal nem (normalmente) no montante da participação de cada sócio (art. 136º); podem é os sócios que votem contra a proposta de transformação ter o direito de se exonerarem e saírem dela por sua própria iniciativa (art. 137º).

Por sua vez, a *dissolução* faz normalmente entrar a sociedade na fase da liquidação (art. 146º) – fase em que todos os sócios se mantêm como tais. A sociedade é extinta com o registo do encerramento da liquidação (art. 160º, 2), deixando então, naturalmente, de haver sócios – *nenhuma participação social é retirada a sócios por efeito de apropriação por outro sócio* (diferentemente do que sucede na aquisição potestativa).

A *liquidação* de sociedade dissolvida pode ser feita *por transmissão de todo o seu património* para algum ou alguns sócios, inteirando-se os outros a dinheiro, se o estatuto social ou uma deliberação dos sócios (contemporânea ou posterior à dissolução, e que deve ser unânime[34]) assim determinar. Também aqui a sociedade será extinta, deixando então de haver sócios; *nenhum sócio é privado da sua participação social por declaração de, ou apropriação por, outro sócio.*

Finalmente, a *amortização de quota* é *extinção* de quota por meio de deliberação dos sócios (arts. 232º, 2, 234º, 1, 246º, 1, *b*)), não podendo, portanto, ser apropriada por outro sócio.[35] E a *amortização de ações* com redução do capital significa

---

[33] V. logo COUTINHO DE ABREU/SOVERAL MARTINS (2003), p. 60-61.

[34] RAÚL VENTURA (1987), p. 276-277, CAROLINA CUNHA (2011), p. 638.

[35] Veja-se, no entanto, o nº 5 do art. 232º: "Se a sociedade tiver o direito de amortizar a quota pode, em vez disso, adquiri-la ou fazê-la adquirir por sócio ou terceiro". Contudo, a aquisição por sócio ou terceiro continua a depender de deliberação dos sócios.

também a *extinção* das ações[36] – que não podem, pois, ser apropriadas por quem quer que seja – e exige a intervenção de órgão social (art. 347º, 2, 4, 5).

1.4.2. Diz-se também que a titularidade de participações sociais não é "propriedade real", mas *"propriedade corporativa" (korporatives Eigentum)*, mediatizada pelos órgãos de sociedade que, sendo de capitais, se rege pelo *princípio da maioria*. Porque o conteúdo da propriedade corporativa é "necessariamente mediatizado pela organização e pelas decisões internas da corporação", ela apresenta "congénito estado de vulnerabilidade face a vicissitudes do funcionamento da sociedade". Por isso, o art. 490º, 3, não consagra medida "expropriativa" ou ablativa da propriedade de participações sociais, antes "conforma" o alcance dessa propriedade.[37]

Descontando a "magia" de certas expressões que, mais do que denotar, evocam ("propriedade corporativa", "conformação"): a transmissão voluntária de participações sociais não passa necessariamente pelos órgãos da sociedade, e a transmissão compulsiva por efeito de aquisição potestativa *não passa por eles, não decorre de "decisões internas da corporação"*[38]; por conseguinte, *o princípio societário da maioria não tem aqui espaço para atuação*; permitir a sujeição de um sócio à perda da sua participação social, adquirida potestativamente por outro sócio, é permitir a *ablação* do conteúdo do direito de propriedade, *não mera conformação* do conteúdo desse direito[39].

1.4.3. O citado Ac. do TC sublinha que o instituto da aquisição potestativa justifica-se para *favorecer a formação de grupos de sociedades por domínio total*[40].

Vimos acima (nº 1.3.1. (3)) que essa é uma das justificações do instituto – mas *não necessária ou indefetível*. Acrescentamos agora que a promoção dos grupos de direito poderia ser alcançada por *vias que não passassem pela exclusão dos sócios minoritários*. Designadamente, poderia ter-se estabelecido um regime de "relações de grupo" para relações em que uma sociedade possua em outra participação correspondente a 90% ou mais do capital social. Tanto mais quanto é certo que, no sistema do CSC, a relação de grupo não se extingue quando

---

[36] A amortização-reembolso de ações não as extingue (art. 346º).

[37] Ac. do TC, II. B), coincidindo largamente com o discurso de ENGRÁCIA ANTUNES (2001), p. 213, s.. Considerando também que a norma em questão é manifestação do princípio da maioria, PINTO DUARTE (2004), p. 49, PALMA RAMALHO (2008), p. 181, CALVÃO DA SILVA (2009), p. 381.

[38] V. tb. SOVERAL MARTINS (2006), p. 285, nt. 202.

[39] Assim também EGÍDIO PEREIRA (2008), p. 946-947.

[40] II. C).

a sociedade totalmente dominante aliena participações na dominada que não ultrapassem o correspondente a 10% do capital desta (art. 489º, 4, *c*)).[41]

A talhe de foice: vimos também (no local citado) que o direito de aquisição potestativa aparece no CVM sem conexão com a disciplina dos grupos de sociedades. Adotaria o TC a mesma decisão se julgasse sobre as normas daquele Código?...

1.4.4. Contudo, será razoável considerar constitucional o instituto da aquisição potestativa de participações sociais: *no conflito entre o direito de propriedade dos minoritários* (art. 62º, 1, da CRP) *e o reforço do direito de iniciativa económico-empresarial do(a) maioritário(a)* (art. 61º, 1, da CRP), *parece legítimo* (não manifestamente desproporcionado) *a lei dar prevalência a este sobre aquele*[42].[43]

1.5. Aquisições potestativas abusivas

O exercício do direito potestativo de aquisição de participações sociais minoritárias não precisa de ser fundamentado.

Não obstante, tal como se defende para a generalidade dos direitos, é sindicável em termos de abuso do direito[44].

Assim, é abusiva a aquisição que, aparentando embora ser exercício do direito de aquisição potestativa, se traduz na não realização dos interesses de que esse direito é instrumento (constituição de relação de grupo e/ou maior liberdade de iniciativa empresarial) e na negação de interesses atendíveis de sócio(s) minoritário(s) (partilha nos lucros da sociedade, mobilização das participações sociais para satisfação de interesses legítimos); é abusiva tanto a aquisição emulativa ou chicaneira – visa somente o prejuízo de sócio minoritário – como a aquisição que, podendo embora servir interesses legítimos do sócio dominante, cria

---

[41] COUTINHO DE ABREU/SOVERAL MARTINS (2003), p. 66-67.

[42] *V.* EGÍDIO PEREIRA (2008), p. 947, s.. O Ac. do TC (II. C)) serve-se também deste argumento, mas não a título central ou essencial.

[43] Tratámos de questões de (in)constitucionalidade material. Mas parece pertinente a declaração de voto, subscrita por três juízes do TC no citado acórdão, advogando a inconstitucionalidade orgânica da norma do art. 490º, 3.

[44] Desenvolvidamente, v. COUTINHO DE ABREU/SOVERAL MARTINS (2003), p. 61-62, 67-68, 69, s.. No mesmo sentido parecem apontar MENEZES CORDEIRO (1998), p. 29, EGÍDIO PEREIRA (2008), p. 957, 964, nt. 127, PERESTRELO DE OLIVEIRA (2012), p. 398. Diferentemente, MORAIS ANTUNES (2007), p. 238-239 (mas v. p. 241), RITA NASCIMENTO (2011), p. 1018. A questão é muito debatida na Alemanha. Pese embora virem ganhando dominância as teses restritivas, parece não haver quem exclua em absoluto a sindicabilidade judicial por abuso de direito – v. por todos, RIEDER (2009).

escusadas desutilidades para os sócios minoritários (ponderados uns e outros interesses, conclui-se que os do sócio dominante não justificam o sacrifício dos interesses dos minoritários, ou que os interesses daquele são prosseguíveis sem o sacrifício dos destes).[45]

2. A aquisição potestativa
2.1. Pressupostos

Para que possa ter lugar a aquisição tendente ao domínio total prevista no art. 490º, 3, é necessário que estejam preenchidos vários pressupostos.

O adquirente e a sociedade visada têm que ser sociedades por quotas, anónimas ou em comandita por ações[46]. Além disso, a lei exige que a sociedade adquirente e a sociedade visada tenham sede em Portugal[47]. É o que decorre do art. 481º, 1, e 2[48], e do art. 490º, 1. No entanto, na União Europeia *e relativamente às sociedades "europeias" dominantes*, a exigência de sede em Portugal da sociedade dominante coloca especiais dificuldades perante os princípios da não discrimi-

---

[45] Sobre os critérios do abuso do direito, v. COUTINHO DE ABREU (1983), p. 43, s.. Claro que a prova (a cargo dos minoritários) destes abusos não é fácil (até porque as aquisições não têm de ser fundamentadas). Mas isto é outro assunto...

[46] Com a mesma leitura quanto à adquirente, PERESTRELO DE OLIVEIRA (2011), p. 1254. Referindo-se apenas a uma sociedade comercial como sujeito ativo, PEREIRA DE ALMEIDA (2013), p. 650. Afirmando que a sociedade visada pode ser sociedade por quotas e anónima mas nada dizendo quanto à sociedade em comandita por ações, RAÚL VENTURA (1992), p. 163. Já MOREDO SANTOS (2007), p. 303, entende que as sociedades visadas, no que diz respeito às aquisições tendentes ao domínio total do CSC, podem ser por quotas, anónimas ou em comandita por ações. Porém, há que ter em conta que o art. 490º tem em vista a aquisição tendente ao domínio total e que para essa aquisição poder ter lugar é necessário que a sociedade dominante "disponha de quotas ou acções correspondentes a, pelo menos, 90% do capital social" da sociedade dependente. Se a sociedade em comandita por ações pode ser visada por uma daquelas aquisições, a sociedade dominante deveria ter adquirido ações correspondentes a pelo menos 90% do capital social. Mas se todas as entradas dos sócios comanditados forem entradas em indústria, nenhuma delas é computada no capital social (art. 178º, 1, por analogia). As participações sociais desses sócios comanditados também não podem ser adquiridas por força do art. 490º, 3, visto que este último preceito apenas permite adquirir ações ou quotas. Mostrando dúvidas quanto à bondade da solução contida no art. 481º, 1, ENGRÁCIA ANTUNES (2002a), p. 96 ss..

[47] Cfr. EGÍDIO PEREIRA (2008), p. 933 (embora criticando a solução), SILVA SÁ (2009), p. 161. Com outra leitura, defendendo uma interpretação corretiva, MORAIS ANTUNES (2007), p. 218. Sobre os problemas que a solução legal coloca, ENGRÁCIA ANTUNES (2002a), p. 112 e s., PAULO PICHEL (2014), p. 252 e s..

[48] Mas veja-se, defendendo que o nº 2 "opera apenas no tocante a sociedades por quotas, uma vez que a matéria relativa a sociedades anónimas consta dos artigos 325º-A e 325º-B", MENEZES CORDEIRO (1998), p. 5. Cfr., tb., o comentário de RUI DIAS ao art. 481º.

nação em razão da nacionalidade[49] e da liberdade de estabelecimento[50], levando Rui Dias a afirmar, com razão, que se impõe "um afastamento total, nas relações intersocietárias internacionais mas intra-comunitárias, da autolimitação espacial operada pelo art. 481º, nº 2"[51].

Também é necessário que a sociedade adquirente "disponha", "por si ou conjuntamente com outras sociedades ou pessoas mencionadas no artigo 483º, nº 2", de quotas ou ações correspondentes no mínimo a 90% do capital de outra sociedade por quotas, anónima ou em comandita por ações[52]. Assim, a sociedade adquirente deve ter atingido aquela percentagem do capital da sociedade visada quer diretamente, quer indiretamente (nos termos do art. 483º, 2).

Significa isto que vão ser consideradas quotas ou ações da sociedade adquirente as que sejam da titularidade de *outra sociedade dela dependente*, direta ou indiretamente, as de *outra sociedade que com ela esteja em relação de grupo* e as ações de que *uma pessoa (singular ou coletiva) seja titular por conta* de qualquer uma das referidas sociedades (isto é, de que seja titular por conta da própria sociedade adquirente, de outra sociedade dela dependente ou de outra sociedade que com ela esteja em relação de grupo). Estas outras sociedades deverão ser por quotas, anónimas ou em comandita por ações[53]. Não assim, evidentemente, no que diz respeito às pessoas que sejam titulares de ações por conta de qualquer daquelas sociedades.

Uma vez atingida ou ultrapassada a percentagem exigida pelo nº 1, *a sociedade dominante deve comunicar* isso mesmo à sociedade dominada nos 30 dias seguintes. Essa comunicação deve ser efetuada *mesmo que a sociedade dominante não*

---

[49] ENGRÁCIA ANTUNES (2002a), p. 116.

[50] Sobre tudo isto, mais uma vez, cfr. o comentário de RUI DIAS ao art. 481º.

[51] RUI DIAS (2007), p. 292. Evidentemente, a solução adiantada terá maiores perigos quando a contrapartida oferecida não seja constituída apenas por dinheiro.

[52] A percentagem mínima do capital social que deve ser adquirido pela dominante não tem que conferir a mesma percentagem de direitos de voto. As aquisições que permitiram atingir a situação prevista no art. 490º, 1, não têm que resultar de compras e vendas.

[53] Cfr. MARIA EGÍDIO PEREIRA (2008), p. 932; contra, ENGRÁCIA ANTUNES (2002a), p. 103, nt. 17, que defende que "a exigência de forma especial, prevista no art. 481º, nº 1, apenas é aplicável, no contexto das relações indirectas, às sociedades que nelas ocupam o papel de titular activo e de titular passivo". Problema paralelo surge relativamente à sede das sociedades interpostas. Defendendo uma interpretação restritiva do art. 481º, 2, ENGRÁCIA ANTUNES (2002a), p. 115 e s.: "se o que o legislador pretende é atingir os protagonistas reais das relações de coligação intersocietária, por forma a assegurar uma também real protecção das respectivas contrapartes, então deve ser considerado como indiferente o local da sede ou domicílio das pessoas singulares ou colectivas instrumentais". Sobre o tema, cfr. tb. o comentário ao art. 481º, 2.

AQUISIÇÕES TENDENTES AO DOMÍNIO TOTAL **ART. 490º** 153

pretenda iniciar o procedimento que conduz à aquisição potestativa das participações dos sócios restantes. Mas, se a sociedade dominante decidir iniciar esse procedimento, também tem de realizar a comunicação referida.

A comunicação deve ser feita à sociedade dominada através de quem representa esta última passivamente, nessa qualidade (cfr. os arts. 261º, 3, e 408º, 3)[54]. Essa comunicação não tem que ser efetuada aos sócios minoritários da sociedade dominada[55], mas é correto dizer que os membros do órgão de administração desta última devem dar a conhecer aos sócios "livres" que a comunicação foi recebida pela sociedade dominada[56]. A data da comunicação à sociedade constitui o momento a partir do qual começa a correr o *prazo para a realização da oferta de aquisição* das participações dos sócios minoritários.

Lamentavelmente, o nº 1 não estabelece qual é a *forma* que deve ser respeitada na realização da comunicação. Em várias disposições do CSC encontramos a exigência de forma escrita para a realização de comunicações à sociedade. É assim nos arts. 447º, 7, 448º, 3, 484º, 1, e 489º, 5. A falta de exigência de forma escrita no art. 490º, 1, para a comunicação à sociedade dominada só pode ter ficado a dever-se a lapso do legislador. Daí que se imponha a aplicação por analogia de algum dos outros referidos preceitos que contêm aquela exigência[57].

---

[54] Referindo-se genericamente à administração ou aos órgãos de administração, ENGRÁCIA ANTUNES (2001), p. 171, (2001a), p. 25, (2002), p. 875; considerando que o dever de comunicação deve ser exercido "em face" do órgão de administração da sociedade dominada", MORAIS ANTUNES (2007), p. 219; indicando os "representantes legais da sociedade visada, ou seja ao seu órgão de administração", SILVA SÁ (2009), p. 163; mencionando também o órgão de administração, PERESTRELO DE OLIVEIRA (2012), p. 1255.

[55] Para uma crítica da solução, ENGRÁCIA ANTUNES (2002), p. 876, nt. 1723.

[56] PERESTRELO DE OLIVEIRA (2011), p. 1255. Salientando a falta de publicação da ultrapassagem da fasquia, PAULO CÂMARA (2011), p. 753.

[57] Defendendo a analogia com o art. 484º, 1, RAÚL VENTURA (1992), p. 164; já EGÍDIO PEREIRA (2008), p. 962, invoca a analogia com os arts. 484º, 1, 489º, 5, e 490º, 5; sustentando a analogia com o art. 489º, 5, e apoiando-se na remissão do art. 488º, 1, SILVA SÁ (2009), p. 164; no sentido da aplicação analógica dos arts. 448º, 3, e 484º, 1, ENGRÁCIA ANTUNES (2002), p. 875, nt. 1721, PERESTRELO DE OLIVEIRA (2011), p. 1255; sobre a analogia com os arts. 448º, 3, e 484º, 1, RITA NASCIMENTO (2011), p. 1006. Apoiando a exigência de forma escrita, mas sem esclarecer se recorre à analogia ou não, MORAIS ANTUNES (2007), p. 219, nt. 35. Embora se deva entender que as normas que exigem forma escrita são excecionais perante o princípio da liberdade de forma, não se pode esquecer, com CASTANHEIRA NEVES (1993), p. 275, que a analogia quanto a normas excecionais é admissível "sempre que a *eadem ratio* da norma excecional ou do seu regime de exceção se puder afirmar quanto a outros casos não expressamente previstos nessa norma". De qualquer modo, talvez nem seja necessário recorrer à analogia se aceitarmos que o argumento de maioria de razão nos situa ainda na interpretação, que, nesse caso, será enunciativa: CASTANHEIRA NEVES (1995), p. 367, e SOVERAL MARTINS (1997), p. 30. Parecendo bastar-se com o argumento de maioria de razão, PAULO CORREIA (2009), p. 156.

2.2. Oferta de aquisição e declaração de aquisição

Efetuada a comunicação à sociedade dominada de que a sociedade dominante atingiu a participação indicada no nº 1, tem esta um prazo de seis meses para fazer uma oferta de aquisição das participações dos *restantes* sócios.

O art. 490º não esclarece se a *decisão* de adquirir e de fazer a oferta cabe ao órgão de administração da sociedade dominante ou à coletividade de *sócios*. Tudo dependerá do tipo de sociedade em causa e do que o contrato de sociedade dispuser a propósito dentro dos limites legais[58]. Se, quanto às sociedades por quotas, o art. 246º, 2, *d*), torna as coisas mais claras, não é tanto assim no que diz respeito às sociedades anónimas. Não nos custa a aceitar que os membros do órgão de administração tenham o *dever de pedir uma deliberação dos acionistas* (art. 373º, 3). Mas, sem esse pedido, não compete em regra aos acionistas a tomada da decisão. Tudo, naturalmente, sem prejuízo do disposto no art. 11º, 4 e 5, e do que a natureza da contrapartida poderá implicar[59].

Nenhum dos "restantes sócios" poderá ficar excluído[60] e a oferta deverá dizer respeito a *todas as suas participações*[61], assegurando-se o princípio da *igualdade de tratamento*[62]. No entanto, *não existe um dever de apresentar a oferta* ("pode"): a omissão da oferta não constitui um ato ilícito. Essa oferta é dirigida *aos restantes sócios* e não à sociedade dominada. Deve ser uma oferta de aquisição mediante uma contrapartida justificada por um relatório elaborado por um ROC independente das sociedades interessadas. Esse relatório será depositado no registo e colocado à disposição dos interessados nas sedes da sociedade dominante e da sociedade dominada.

Embora a lei não o diga expressamente, parece que tanto o depósito do relatório como a disponibilização do mesmo na sede das duas sociedades devem ter

---

[58] Cfr., para a sociedade por quotas, os arts. 11º, 246º, 2, *d*), e 259º; para as sociedades anónimas, cfr. os arts. 11º, 373º, 3, e 405º. Quanto ao tema, cfr. ENGRÁCIA ANTUNES (1994), p. 25 e ss., (2001), p. 165, nt. 13, e p. 171, nt. 23, (2001a), p. 18 e s., nt. 15, e p. 25, nt. 26, (2002), p. 875; PERESTRELO DE OLIVEIRA (2011), p. 1255 (defendendo que a decisão sobre a oferta de aquisição das quotas ou ações dos sócios livres da sociedade dominada "exige a intervenção do colégio dos sócios" e que a deliberação estará sujeita, por analogia, ao disposto no art. 496º).

[59] Estamos a pensar, obviamente, na contrapartida que consiste em quotas, ações ou obrigações da própria sociedade dominante.

[60] Cfr. JOÃO LABAREDA (1988), p. 276, nt. 2, RAÚL VENTURA (1992), p. 165, SILVA SÁ (2009), p. 164, RITA NASCIMENTO (2011), p. 1009.

[61] Cfr. EGÍDIO PEREIRA (2008), p. 935, nt. 41.

[62] Cfr. ENGRÁCIA ANTUNES (2001), p. 179, e (2001a), p. 33.

lugar *antes* de a oferta ser apresentada aos sócios minoritários, para que a estes possa ser dado a conhecer nessa oferta que uma e outra coisa já ocorreram.

O nº 1 também não esclarece qual é a *forma* a que está sujeita a oferta ou do modo de a levar ao conhecimento dos sócios minoritários. Pelo menos para facilitar a prova do teor da oferta, esta deve ser escrita. E terá de sê-lo quando a oferta contenha a declaração de aquisição prevista no nº 3, uma vez que a aquisição está sujeita a registo por depósito[63].

Da oferta, para além do mais que o caso impuser, parece adequado[64] fazer constar a identificação da sociedade dominante e da sociedade dominada, a participação de que a sociedade dominante é titular (direta ou indiretamente), as ações a adquirir, a contrapartida (valor e modalidade), a referência ao relatório do ROC, ao seu depósito no registo e à possibilidade de os interessados o consultarem nas sedes das sociedades, o período da oferta e os passos a dar por quem pretenda aceitar a oferta. Se a sociedade dominante quer adquirir potestativamente as ações ou quotas dos restantes sócios, deve fazer constar isso mesmo na oferta e informa que, findo o prazo de duração da oferta, torna-se titular daquelas participações, nos termos do nº 3[65]. Julgamos que neste caso também será adequado que a oferta informe que a sociedade dominante efetuará a consignação da contrapartida em depósito[66] e o registo por depósito e que será realizada a publicação.

A oferta deve ser dada a conhecer aos sócios minoritários através do meio que, com razoável segurança, permita dizer que os mesmos podiam ter ficado a saber que a oferta foi feita e qual o seu conteúdo. Mas será melhor utilizar um meio que permita provar o efetivo conhecimento. O registo e publicação referidos no nº 3 dizem respeito à *aquisição*, não à *oferta de aquisição*. A isto voltaremos.

A oferta de aquisição não permite, só por si, adquirir as participações dos sócios minoritários. Esses sócios minoritários podem aceitar a oferta que lhes é dirigida e alienar voluntariamente à sociedade dominante as suas participações. Mas também podem não aceitar aquela oferta.

---

[63] Lembrando isso mesmo, PERESTRELO DE OLIVEIRA (2011), p. 1256. Claramente a favor da consensualidade, RITA NASCIMENTO (2011), p. 1008.

[64] Para uma outra proposta, PERESTRELO DE OLIVEIRA (2011), p. 1256.

[65] Isto, evidentemente, no caso de se entender que só então ocorre a aquisição. Veja-se, porém, o que adiante se escreve acerca do momento da aquisição.

[66] Como veremos adiante, o art. 490º deixa também algumas dúvidas acerca do momento em que deve ser efetuada a consignação.

Por isso, o n.º 3 prevê a possibilidade de a sociedade dominante se tornar titular das ações ou quotas pertencentes aos sócios minoritários "se assim o declarar na proposta, estando a aquisição sujeita a registo por depósito e publicação" (art. 490º, 3). Do que se trata, agora, é de uma aquisição por *ato unilateral*: de uma aquisição que já *não depende de aceitação* dos sócios minoritários e a que podemos chamar "potestativa". Se a "proposta" não for acompanhada dessa declaração, a simples oferta de aquisição não garante à sociedade dominante a efetiva aquisição das participações dos sócios restantes, visto que estes podem não aceitar a oferta.

Mais uma vez, o art. 490º não esclarece qual é o órgão da sociedade dominante que pode tomar a decisão de *adquirir potestativamente* as participações dos sócios restantes. Também aqui será necessário ver o que a lei estabelece para o tipo de sociedade em questão e o que o contrato de sociedade dispõe dentro dos limites legais, nos termos acima expostos.

No n.º 2, é feita menção a uma "oferta de aquisição". Essa oferta de aquisição parece ser a mesma coisa que a "proposta" referida no n.º 3. Se a sociedade dominante apenas faz uma oferta de aquisição (n.º 2), só adquire se os restantes sócios aceitarem a oferta. Para poder adquirir as participações dos sócios minoritários que não aceitem a oferta, a sociedade dominante tem que declarar na "proposta" que se torna titular daquelas participações.

O que a lei quererá dizer é que a aquisição unilateral pressupõe que na oferta foi dado um prazo para que os sócios minoritários aceitem essa oferta. Juntamente com a "oferta" (com a "proposta"), será declarado aos sócios minoritários que, no caso de não aceitarem voluntariamente a "oferta" no prazo que dela conste, a sociedade dominante torna-se titular das ações ou quotas pertencentes aos sócios minoritários da sociedade dominada[67]. Esta declaração não se confunde com a "oferta" (ou "proposta"): não é feita "na proposta", mas juntamente com ela.

Antes das alterações introduzidas no art. 490º pelo DL 76-A/2006, de 29/3, era ainda exigido que a sociedade dominante, nos 60 dias seguintes à declaração na proposta, fizesse "lavrar escritura pública" em que fosse declarada a aquisição por ela das participações. Agora, nem isso é necessário. Desapareceu, assim, o controlo que necessariamente teria que ser realizado pelo notário[68]. Controlo que existia, desde logo, porque a escritura só poderia ser "lavrada" se

---

[67] Sociedade dominada que o n.º 3 designa como "dependente", lançando assim a confusão terminológica.
[68] Como dizia RAÚL VENTURA (1992), p. 167, a escritura fornecia "maior segurança" e permitia a "fiscalização pelo notário do condicionamento da operação".

a sociedade dominante tivesse antes consignado em depósito a contrapartida. Para piorar as coisas, o registo da aquisição é atualmente efetuado por depósito.

2.3. A contrapartida e a sua justificação. O relatório do ROC e a independência deste

A contrapartida que a sociedade dominante deve apresentar para a aquisição pode consistir em dinheiro ou em quotas, ações ou obrigações[69] emitidas pela própria sociedade dominante[70].

O valor da contrapartida deve ser justificado por um relatório elaborado por um ROC independente das sociedades interessadas, relatório esse que deve ser depositado no registo comercial e "patenteado" aos interessados[71] nas sedes da sociedade dominante e dominada. Tendo em conta que existem vários métodos de avaliação das participações sociais, o relatório do ROC poderá conter a indicação de *mais do que um valor* possível para a contrapartida[72]. Nesse caso, a contrapartida consignada deve corresponder aos *valores mais altos* indicados naquele relatório (art. 490º, 4). Mas parece lógico que, se *um dos valores for mais alto* do que os restantes, será apenas esse que deve ser tido em conta[73].

---

[69] Para uma análise crítica à possibilidade de a contrapartida consistir em obrigações, ENGRÁCIA ANTUNES (2001a), p. 34. O nº 5 não faz menção às obrigações. Também a contrapartida em quotas ou ações da sociedade dominante pode fazer surgir inúmeros problemas.

[70] Avançando a eventual aplicação por analogia dos arts. 188º, 3, e 194º 1, do CVM, na redação então em vigor, para assim admitir que a contrapartida em espécie devia ser acompanhada por alternativa em dinheiro de valor equivalente, ENGRÁCIA ANTUNES (2001), p. 179, (2001a), p. 35. O mesmo autor, em (2001), p. 178, nt. 42, e (2001a) p. 34, nt. 45, depois de afirmar que a letra da lei apenas parecia permitir uma das alternativas, também dizia que não via "quais os obstáculos que poderão justificar a proibição de uma contrapartida consistente numa combinação dessas modalidades". Porém, tal leitura parece mais difícil de sustentar com a atual redação do art. 194º, 1. Por seu lado, PERESTRELO DE OLIVEIRA (2011), p. 1256, aceita a "conjugação de mais que uma modalidade de contrapartida" e apresenta casos em que considera que deve ser apresentada uma "oferta alternativa de contrapartida pecuniária" se a contrapartida é mobiliária. Veja-se, porém, defendendo que a sociedade dominante escolhe a contrapartida, RAÚL VENTURA (1992), p. 170; no mesmo sentido, MORAIS ANTUNES (2007), p. 226, (2011), p. 333 e 346, e RITA NASCIMENTO (2011), p. 1011.

[71] E que serão não apenas os que possam ser prejudicados pela aquisição, mas também os que possam ser beneficiados. Referindo-se aos que sejam titulares de posições jurídicas suscetíveis de ser afetadas, PERESTRELO DE OLIVEIRA (2011), p. 1256.

[72] Considerando que é questão em aberto a de saber se os critérios do art. 188º, 1, CVM, podem aplicar-se por analogia, ENGRÁCIA ANTUNES (2001), p. 179, nt. 45 e (2001a), p. 35, nt. 48. Defendendo o recurso ao art. 105º, PERESTRELO DE OLIVEIRA (2011), p. 1257. Falando da correspondência do valor da contrapartida à percentagem do valor patrimonial da sociedade, PAIS DE VASCONCELOS (2006), p. 245, nt. 266.

[73] E isto, julgamos nós, tanto para o caso de os sócios minoritários aceitarem a oferta, como para o de se verificar a aquisição potestativa.

Quanto ao *momento* a considerar para aquela avaliação, o art. 490º é omisso. Podem avançar-se pelo menos duas hipóteses: a) A avaliação deverá ser efetuada tendo em conta o momento da própria avaliação; ou b) O momento a considerar deverá ser o da tomada da decisão de adquirir as participações dos sócios minoritários[74]. Pela nossa parte, consideramos que esta segunda leitura tem, ainda assim, a vantagem de evitar que, após a tomada da decisão de adquirir, sejam adotadas medidas conducentes à redução do valor das participações.

O relatório que justifica o valor da contrapartida consignada em depósito tem que ser elaborado por um ROC[75] *independente* das sociedades interessadas. As sociedades interessadas são, antes de mais, a sociedade *dominante* e a sociedade *dominada*. Mas são também as sociedades que sejam *sócias "livres" da sociedade dominada*. E serão igualmente sociedades interessadas as que sejam *sócias da sociedade dominante*[76]. Se o ROC que elabora o relatório *não é independente* das sociedades interessadas, a aquisição potestativa que seja efetuada é *nula*[77].

2.4. A consignação em depósito da contrapartida. Quando deve ser efetuada

Se a sociedade dominante declarou na proposta que adquiria unilateralmente as participações dos sócios "livres", nos termos do art. 490º, 3, a aquisição está

---

[74] Parece ser essa a opinião de PERESTRELO DE OLIVEIRA (2011), p. 1257, invocando a analogia com o disposto no art. 105º, 2. Mas podem ser invocados também os arts. 188º, 2 (o momento da "ocorrência ou eficácia do facto determinante da liquidação") e 235º, 1, *a*) ("com referência ao momento da deliberação").

[75] Curiosamente, no Ac. da RL de 29/10/2002, *CJ*, 2002, IV, p. 117, é analisado um caso em que a "SROC declarou que 'não foi efectuada qualquer avaliação independente do valor dessas quotas'" e "acrescentou que 'foram analisados os cálculos, pressupostos e justificações apresentados pelo Conselho Administração da SPC, SA. (...) para concluir o parecer dizendo que 'a contrapartida em dinheiro proposta, de (...) se encontra devidamente justificada". Apesar disso, o TRC não considerou nula a aquisição. No entanto, o texto publicado dá a entender que a SROC não chegou a efetuar a avaliação, antes se pronunciou sobre a avaliação efetuada pelo conselho de administração da sociedade dominante. E isso parece insuficiente.

[76] Já o defendemos em COUTINHO DE ABREU/SOVERAL MARTINS (2003), p. 13 e ss., onde o tema é desenvolvidamente analisado. Concordando com a solução por nós avançada, MORAIS ANTUNES (2007), p. 233, EGÍDIO PEREIRA (2008), p. 935, nt. 42, e RITA NASCIMENTO (2011), p. 1011. Sustentando a necessidade de independência também perante o grupo em que se insere a "sociedade" e atendendo à rede de "auditores", PAULO CÂMARA (2011), p. 752. Por sua vez, ANA MORAIS ANTUNES (2007), p. 232-233, afirma que o ROC deve atuar "sem comprometimento com qualquer uma das sociedades implicadas no processo de aquisição, seja a sociedade dominante, ou uma sociedade dependente daquela, seja a sociedade dominada ou uma sociedade que mantenha relações de participação, ou de outra natureza consigo". No Ac. da RL de 29/10/2002, *CJ*, 2002, IV, p. 118, considerou-se que uma situação de dependência poderia "resultar da alegação de que a SROC era quem assegurava a revisão da contabilidade da R. ou de empresas suas subsidiárias".

[77] COUTINHO DE ABREU/SOVERAL MARTINS (2003), p. 29. Parece ser essa também a leitura que faz o Ac. RL de 29/10/2002, já citado, p. 118-119.

sujeita a registo e publicação. O nº 4 estabelece que sem a consignação em depósito da contrapartida das participações adquiridas não pode ser efetuado o registo da aquisição.

Como resulta desse mesmo nº 4, a consignação em depósito abrange a contrapartida em dinheiro, ações ou obrigações. As ações ou obrigações em causa são as que a própria sociedade dominante emitiu (cfr. o nº 2). E se a sociedade dominante for uma sociedade por quotas, pode oferecer como contrapartida as suas próprias quotas. A verdade, porém, é que o nº 4 não faz referência à consignação em depósito das quotas[78]. No entanto, não vemos razão para afastar a aplicação do nº 4 também aqui, por analogia[79].

Mas quando é que deve ser efetuada a consignação em depósito? O nº 2 *não esclarece se é necessário que a oferta seja antecedida da consignação em depósito*. É certo que se poderá dizer que isso decorre da necessidade de apresentação de oferta "mediante uma contrapartida".

Contudo, o teor do nº 4 dá a entender que basta que a consignação em depósito esteja realizada antes do registo. Além disso, faria pouco sentido exigir que a consignação fosse efetuada antes da própria oferta, uma vez que *a aceitação desta pelos sócios livres conduzirá à alienação das participações* nos termos gerais das alienações voluntárias. A exigência de uma consignação em depósito quando a contrapartida já foi recebida não se justificaria e implicaria despesas desnecessárias.

Na verdade, o nº 4 permite dizer que a consignação em depósito tem que ser efetuada antes do registo da aquisição[80], embora também possa ocorrer em momento anterior à própria aquisição ou à oferta de aquisição. E, portanto, parece que a consignação pode ter lugar após o momento indicado na proposta como sendo o da *aquisição potestativa*. A consignação em depósito efetuada após o momento da aquisição potestativa permite que a sociedade dominante apenas realize a consignação em depósito da contrapartida devida pela aquisição potestativa: na nossa opinião, *não terá que efetuar a consignação em depósito da contrapartida devida aos sócios livres que aceitaram a oferta de aquisição* se já receberam

---

[78] Lembrando isso mesmo, SILVA SÁ (2009), p. 166, nt. 17.

[79] Aceitando que a obrigação de consignação em depósito da contrapartida abrange a que é efetuada com quotas, ENGRÁCIA ANTUNES (2001), p. 174, nt. 29, e (2001a), p. 29, nt. 32. Claro está que é necessário algum esforço para se encontrar o regime dessa consignação em depósito. No entanto, o próprio art. 916º, 2, NCPC prevê que o depósito que não possa ser efetuado na CGD tenha lugar com a nomeação de depositário, sendo aplicáveis as normas relativas aos depositários de coisas penhoradas (não havendo aqui lugar a uma entrega material da quota). Ora, as quotas também podem ser penhoradas. Para mais desenvolvimentos, SOVERAL MARTINS (2010), p. 113 e ss..

[80] Registo esse que, naturalmente, não será efetuado sem a consignação em depósito.

a contrapartida (pelo menos, se aceitarmos esta possibilidade – o que também pode gerar dúvidas). Assim, a falta de consignação em depósito da contrapartida não afeta a validade da aquisição.

Neste ponto encontramos uma significativa diferença relativamente ao regime que vigorava antes das alterações introduzidas pelo DL 76-A/2006 na redação do art. 490º. É que nessa anterior versão a consignação em depósito deveria ocorrer *antes da escritura de aquisição* e, por isso, podia defender-se que a aquisição realizada sem a consignação legalmente devida seria nula[81].

O que foi dito mostra também que *a consignação em depósito viu reduzido o seu papel na defesa dos interesses dos sócios livres*. Se a consignação em depósito apenas tem que estar efetuada antes do registo, e se a falta daquela consignação nos termos legalmente exigidos não impede a aquisição, essa falta apenas poderá ter consequências na oponibilidade a terceiros da aquisição e já não no plano da validade da aquisição.

2.5. A consignação em depósito da contrapartida (cont.). Judicial ou extrajudicial?

O art. 490º não esclarece se a consignação em depósito deve ser efetuada nos termos dos arts. 916º e ss. do CPC ou se pode ser realizada sem necessidade de recurso a esse processo.

Perante o anterior CPC, a jurisprudência mostrou-se dividida[82] e o mesmo se verificou na doutrina[83].

Pela nossa parte, defendemos já que a consignação em depósito exigida pelo nº 4 devia ser realizada de acordo com o disposto nos arts. 1024º e ss. do anterior

---

[81] Cfr., nesse sentido, COUTINHO DE ABREU/SOVERAL MARTINS (2003), p. 48.

[82] Considerando que não tem de ser judicial, cfr. o Ac. do STJ de 03/02/2005, www.dgsi.pt (proc. nº 04B4356), e os Acs. da RP de 20/4/2004, www.dgsi.pt (proc. nº 0420948), e de 8/01/2008, www.dgsi.pt (proc. 0725170); exigindo a consignação judicial, cfr. o Ac. da RL de 4/6/2002, *CJ*, 2002, III, p. 92 ss., e a decisão de primeira instância no processo em que foi proferido o mencionado Ac. STJ de 03/02/2005.

[83] Admitindo a consignação extrajudicial (apresentando esta, de forma mais ou menos clara, como alternativa à consignação judicial), ENGRÁCIA ANTUNES (2002), p. 879, nt. 1729, MENEZES CORDEIRO (2005), p. 462 (aceitando a aplicação por analogia do art. 194º, 4, CVM); MORAIS ANTUNES (2007), p. 231, e (2011), p. 337 e s., EGÍDIO PEREIRA (2008), p. 939 (talvez com o texto menos óbvio quanto à existência de alternativa judicial, mas rejeitando a aplicação do art. 194º, 4, CVM); RITA NASCIMENTO (2011), p. 1013. Já CALVÃO DA SILVA (2009), p. 372 e s. não só entende que a consignação deve ser extrajudicial, como defende que o processo especial da consignação em depósito "não serve o fim da consignação em depósito da contrapartida referida no nº 4 do Código das Sociedades Comerciais". Propugnando a consignação judicial, PEREIRA DE ALMEIDA (2013), p. 652; cfr. tb., aparentemente neste último sentido, ABÍLIO NETO (1999), p. 1260.

CPC[84]. E continuamos a entender que a consignação deve ser judicial, agora à luz dos arts. 916º e ss. do novo CPC[85].

A consignação em depósito exigida pelo nº 4 é a que se torna necessária nos casos em que a sociedade dominante declara tornar-se titular das participações dos sócios livres caso estes não aceitem a oferta. Tanto mais que, como procurámos demonstrar, a sociedade dominante pode realizar a consignação em depósito da contrapartida *após o momento em que ocorre a aquisição potestativa*. Este é, aliás, um aspeto que não pode ser esquecido[86] e que revela que a consignação em depósito também serve os interesses da sociedade dominante.

De acordo com a leitura que preferimos, as coisas devem passar-se da seguinte forma:

a) É tomada a *decisão de fazer a oferta de aquisição* prevista no nº 2 e *com a declaração de aquisição* prevista no nº 3;

b) É feita a *oferta com a declaração de aquisição*;

c) A *oferta de aquisição mantém-se por um certo prazo, após o que tem lugar a aquisição* declarada com a oferta no que diz respeito às participações que não foram alienadas voluntariamente na sequência da oferta;

d) É efetuada a *consignação em depósito*;

e) Tem lugar o *registo* por depósito e a *publicação*;

f) Nos seis meses seguintes à aquisição do domínio total, deve ser convocada a assembleia geral da sociedade dominante, nos termos do art. 489º, 2, para deliberar em alternativa sobre os assuntos ali identificados[87].

---

[84] COUTINHO DE ABREU/SOVERAL MARTINS (2003), p. 29 e ss..

[85] A posição contrária à nossa, na vigência da redação do art. 490º anterior às alterações de 2006, parecia ignorar que a sociedade dominante tinha (como continua a ter) que apresentar uma oferta de aquisição, pelo que os sócios que não a aceitassem poderiam ter de sofrer as consequências. Se a sociedade dominante tinha apresentado a oferta de aquisição e declarou que se tornaria titular das ações ou quotas pertencentes aos sócios minoritários da sociedade dependente, teria de realizar a contrapartida. E, por isso, tinha de efetuar a consignação em depósito. Mas tinha de efetuar porque os sócios livres não tinham colaborado: não tinham aceitado a oferta. Por isso, dizer que a consignação em depósito apenas visava proteger os sócios minoritários não tinha (e não tem) correspondência no regime.

[86] Por isso mesmo não nos impressiona a comparação com a consignação em depósito prevista nos arts. 841º e ss. do CCiv.. Com essa comparação, cfr., por ex., CALVÃO DA SILVA (2009), p. 373 e s..

[87] Antes das alterações introduzidas no CSC pelo DL 76-A/2006, poderia discutir-se se era possível dizer que a sociedade dominante já tinha a obrigação, sujeita a condição ou não, de efetuar a contrapartida antes da escritura pública então exigida, ou se a consignação judicial poderia ser usada relativamente a obrigações futuras. Como se poderia discutir também se uma obrigação sujeita a uma condição suspensiva pode extinguir-se antes da verificação da condição. Tudo aspetos que teriam muito interesse perante o disposto nos arts. 1024 e ss. do anterior CPC.

Nos termos do art. 916º, 1, do novo CPC, "Quem pretender a consignação em depósito requer, no tribunal do lugar do cumprimento da obrigação, que seja depositada judicialmente a quantia ou coisa devida, declarando o motivo por que pede o depósito". Deferido o requerimento, o depósito será realizado na CGD, caso isso seja possível, ou, na hipótese contrária, mediante nomeação de depositário e entrega a este. Não obstante tratar-se de um depósito judicial, o depósito não tem lugar no tribunal nem tem que aguardar por decisão acerca da eficácia do mesmo[88]. Deve ser também sublinhado que nada no art. 916º do novo CPC permite dizer que o processo ali regulado apenas se aplica à consignação em depósito dos arts. 841º e s. do CCiv..

Não nos impressiona sequer que o art. 194º, 5, do CVM preveja a realização de depósito extrajudicial junto de instituição de crédito. É que o regime previsto no CVM para a aquisição potestativa contém instrumentos de tutela dos minoritários que não encontramos no art. 490º do CSC[89].

Nem se diga que, perante uma consignação extrajudicial, o sócio minoritário poderia sempre impugnar o valor da contrapartida[90]. Intentar uma ação (e tomar a decisão de o fazer) custa tempo e dinheiro. Não parece justo onerar o sócio minoritário com esse encargo.

A tudo o que foi exposto acresce agora a atual redação do art. 490º, 4, revelando, na nossa opinião, que a consignação em depósito pode ter lugar após o momento da aquisição potestativa. E, portanto, em momento relativamente ao qual ninguém dirá que não existe a obrigação de pagar a contrapartida aos sócios minoritários.

2.6. Registo e publicação da aquisição

A aquisição potestativa está sujeita a registo e publicação. É o que resulta do nº 3. A aquisição que tenha lugar em consequência da aceitação da oferta de aquisição só estará sujeita a registo (ou publicação) se o regime de transmissão das participações sociais em causa o exigir ou vier a exigir[91].

---

[88] Mas veja-se, considerando nula a escritura (então exigida) que foi realizada sem decisão final, o Ac. da RL de 6/6/2002, *CJ*, 2002, p. 96.

[89] Sobre isto, cfr. COUTINHO DE ABREU/SOVERAL MARTINS (2003), p. 37. Com outra leitura, CALVÃO DA SILVA (2009), p. 372 e s..

[90] Com esse argumento, SILVA SÁ (2009), p. 170.

[91] A transmissão de quotas em sociedades por quotas está sujeita a registo (art. 3º, 1, *c*), do CRCom.), mas não a publicação (art. 70º, 1, *a*), do CRCom.). Sobre aquele registo, cfr. SOVERAL MARTINS (2007), p. 11 e s., e os comentários de MARGARIDA ANDRADE aos arts. 242º-A a 242º-E. O registo em causa no

AQUISIÇÕES TENDENTES AO DOMÍNIO TOTAL **ART. 490º** 163

O registo é efetuado por *depósito* e isso constitui motivo de preocupação. Com efeito, é apenas em relação ao registo por *transcrição* que o art. 47º do CRCom. estabelece o dever de apreciar a viabilidade do pedido de registo "em face das disposições legais aplicáveis, dos documentos apresentados e dos registos anteriores". Além disso, o registo por depósito consiste, em regra, "no mero arquivamento dos documentos que titulam factos sujeitos a registo" (art. 53º-A, 3, do CRCom.).

No entanto, mesmo no registo por depósito é necessário controlar *se os documentos efetivamente titulam os factos sujeitos a registo*. Por outro lado, o art. 490º, 4, estabelece que o registo "só pode ser efectuado se a sociedade tiver consignado em depósito a contrapartida, em dinheiro, acções ou obrigações, das acções adquiridas, calculada de acordo com os valores mais altos constantes do relatório do revisor". Este preceito não parece estar dirigido apenas à sociedade dominante. Parece, isso sim, *obrigar a Conservatória a realizar o referido controlo* quando é pedido o registo, que nessa medida não se traduzirá no "mero arquivamento dos documentos que titulam factos sujeitos a registo" (art. 53º-A, 3, do CRCom.).

2.7. O momento em que se verifica a aquisição

O nº 3 revela falta de cuidado por parte do legislador por omitir a definição do momento em que a aquisição potestativa ocorre. Não é claro se a aquisição tem lugar no momento em que é feita *a proposta de aquisição*, naquele em que *termina o prazo para aceitar a oferta de aquisição*, na data do *registo por depósito* ou na data da *publicação*[92]. E, no entanto, a opção por uma dessas alternativas em detrimento das outras pode ter consequências importantes[93].

Já vimos que o nº 3 deve ser interpretado no sentido de permitir que a sociedade dominante apresente uma oferta de aquisição indicando um prazo para a sua aceitação e declare ainda que, não sendo aceite naquele prazo a oferta de aquisição, as ações ou quotas pertencentes aos sócios livres consideram-se

---

art. 490º, 3, é o registo público comercial. Quanto à publicação ali exigida, diz respeito à aquisição – mas v., considerando que se trata da publicação da "proposta", PERESTRELO DE OLIVEIRA (2011), p. 1256.

[92] Sustentando que a titularidade das participações sociais é "adquirida pela sociedade dominante no momento da declaração constante da proposta", MORAIS ANTUNES (2007), p. 210, EGÍDIO PEREIRA (2008), p. 936, PERESTRELO DE OLIVEIRA (2011), p. 1258 ("o efeito aquisitivo potestativo opera com a própria 'proposta'"). Considerando que é pelo registo que "a aquisição se torna válida", SILVA SÁ (2009), p. 170.

[93] Defendendo, por exemplo, que a aquisição potestativa "expurga" as ações dos ónus e encargos que sobre elas incidiam, passando estes a recair sobre a contrapartida, JORGE RAMOS/FAZENDA MARTINS/ REBELO PEREIRA/RAFAELA ROCHA (2001), p. 96.

adquiridas pela sociedade dominante. O nº 3 também estabelece que "a aquisição" está sujeita a registo por depósito e a publicação. Acresce que na redação do art. 490º, 3, anterior à que foi introduzida pelo DL 76-A/2006 era dito que a escritura pública conteria a declaração da "aquisição". Parece, assim, que *antes do registo e da publicação* já há "aquisição". E, nesse caso, o registo e a publicação constituem apenas *requisitos de eficácia em relação a terceiros*.

Com efeito, não parece que se possa dizer que o momento da aquisição será o do *registo*. Não encontramos qualquer apoio na lei para o afirmar. E também não encontramos fundamento para dizer que a aquisição ocorre apenas com a *publicação*. É certo que no nº 3 lemos que a sociedade dominante pode tornar-se titular das participações dos restantes sócios "se assim o declarar na proposta, estando a aquisição sujeita a registo por depósito e publicação". Mas isso não significa que a aquisição só ocorra com o registo e publicação. Veja-se que também no art. 3º, 1, do CRCom. surgem identificados factos relativos a sociedades comerciais e civis sob forma comercial que estão "sujeitos" a registo. Entre eles, encontramos a transmissão de quotas de sociedades por quotas. E não se pode dizer que, em caso de cessão de quotas, a transmissão só ocorre com o registo da cessão.

Também não se afigura aplicável por analogia o disposto no art. 195º, 1, do CVM, que prevê, para a aquisição potestativa das ações remanescentes nas sociedades abertas ali em causa, que a aquisição só se torna eficaz a partir da *publicação* pelo interessado do registo na CMVM. O art. 490º, 7, do CSC parece dar a entender que a lei pretendeu separar as águas: de um lado, está a aquisição potestativa do art. 490º, 3; do outro, a aquisição potestativa de sociedade aberta. E, portanto, se de um lado se estabeleceu um regime e do outro não, é porque se quis que essa diferença existisse. Além disso, as publicações num caso e no outro são diferentes.

Mas será que se pode afirmar que a aquisição tem lugar no momento em que é feita a *proposta de aquisição*? Pensamos que não. Com efeito, parece absurdo dizer que o momento em que se faz a proposta ou oferta de aquisição é já o momento em que se dá a aquisição potestativa. Seria pelo menos uma proposta ou oferta muito estranha[94].

---

[94] Talvez por isso não se manteve no CSC a redação do art. 481º, 2, do Projeto.

AQUISIÇÕES TENDENTES AO DOMÍNIO TOTAL **ART. 490º** 165

Daí que nos pareça preferível dizer que o momento da aquisição potestativa será *aquele que seja declarado na oferta ou proposta* e que deverá coincidir com *aquele em que termina o período de duração da oferta* ou ser *posterior* a este[95].

Se as ações forem tituladas nominativas, a aquisição tem lugar independentemente de declaração de transmissão aposta no título ou de registo junto do emitente. E quando as ações forem tituladas ao portador, a aquisição é independente da entrega dos títulos. Tratando-se de ações escriturais ou tituladas integradas em sistema centralizado, a aquisição tem lugar independentemente do registo que se faça em conta de registo individualizada[96].

2.8. A deliberação do art. 489º, 2

A aquisição das ações ou quotas dos sócios livres prevista no art. 490º, 3, que conduza ao domínio total de uma sociedade por outra pode fazer surgir uma relação de grupo entre elas nos termos do art. 489º. A administração da sociedade dominante deve, também aqui, convocar a assembleia geral daquela sociedade para que os acionistas tomem uma das deliberações mencionadas no art. 489º, 2[97].

2.9. A reação do sócio livre que não se conforma com a aquisição ou com a contrapartida

O sócio livre que pretende opor-se à aquisição potestativa prevista no nº 3 pode intentar uma *ação para ver declarada a nulidade da aquisição* se existir violação da lei que a isso conduza[98]. E também não parece afastada a possibilidade de, mesmo

---

[95] Em sentido, próximo, tanto quanto conseguimos compreender, RITA NASCIMENTO (2011), p. 1010. A aquisição não será impedida pelo bloqueio por iniciativa do titular, como o demonstrou FAZENDA MARTINS (1999), p. 11. E não será impedida por existirem cláusulas do contrato de sociedade que limitem a transmissibilidade das ações – SOVERAL MARTINS (2006), p. 407.

[96] SOVERAL MARTINS (2006), p. 285.

[97] Cfr. o comentário a este preceito. Considerando que "o regime do artigo 490º não configura um tipo autónomo de relação de coligação", antes constituindo "um regime que pretende acautelar a passagem da relação de domínio simples para a de domínio total", GRAÇA TRIGO (1991), p. 78.

[98] Parece-nos que será esse o caso se a sociedade dominante ou a dominada não são sociedades por quotas, anónimas ou em comandita por ações; se a sociedade dominante não dispõe das quotas ou ações necessárias; se não foi feita a comunicação exigida pelo nº 1; se a oferta de aquisição do nº 2 foi realizada fora do prazo ali previsto; se a oferta de aquisição não é justificada por relatório elaborado por ROC independente das sociedades interessadas; se tal relatório não é depositado no registo ou patenteado aos interessados nos termos legais. Sobre a possibilidade de recurso a tribunal deduzindo oposição à aquisição, RAÚL VENTURA (1992), p. 167, ENGRÁCIA ANTUNES (2001a), p. 36, (2002), p. 886, MORAIS ANTUNES (2007), p. 234 e 237, (2011), p. 346 e s..

antes de ocorrer a aquisição, ser apresentado um requerimento de *providência cautelar* adequada[99].

O sócio livre poderá ainda *opor-se apenas à contrapartida oferecida*, por considerar que os valores mais altos constantes do relatório do revisor não são suficientemente altos[100]. Nesse caso, é necessário perguntar se poderá exercer o direito previsto no nº 6, requerendo ao tribunal que "declare as acções ou quotas como adquiridas pela sociedade dominante desde a proposição da acção, fixe o seu valor em dinheiro e condene a sociedade dominante a pagar-lho"[101].

Há que distinguir. O caminho referido faz sentido quando a oferta apresentada nos termos do nº 2 *não foi acompanhada da declaração de aquisição* prevista no nº 3. Se esta declaração existiu[102], não parece que a simples discordância quanto ao valor da contrapartida impeça a aquisição potestativa. E, se assim for, a aplicação do nº 6 não se justifica na medida em que o tribunal não vai declarar adquirido o que já o foi antes...

Além disso, *a aquisição potestativa do nº 3 obriga à consignação em depósito, que consideramos dever ser judicial* pelas razões expostas acima[103]. E por isso também não fará então sentido aplicar apenas a parte do nº 6 em que se permite, quanto às ações ou quotas do sócio minoritário, que este requeira ao tribunal que "fixe

---

[99] RAÚL VENTURA (1992), p. 167, lembrava o recurso a uma providência cautelar que impedisse a celebração da escritura pública de aquisição.

[100] Deixando no ar a possibilidade de oposição judicial com base na ausência de alternativa em dinheiro no caso de contrapartida em espécie, ENGRÁCIA ANTUNES (2001), p. 181, nt. 47, e (2001a), p. 37, nt. 50. O CVM, invocado pelo autor, foi entretanto alterado.

[101] Sobre a aplicação do nº 6 à aquisição do nº 3, diz MORAIS ANTUNES (2007), p. 241: "Consagra-se, assim, no nº 6, uma cláusula geral que admite o recurso jurisdicional sempre que não exista oferta; sempre que o valor oferecido seja objectivamente desproporcionado em função do preço de mercado das participações sociais; sempre que haja indícios da falta de independência do ROC e sempre que seja desrespeitado o processo tipificado na lei (designadamente, por incumprimento dos pressupostos exigidos imperativamente)". Como se lê no texto, não concordamos com tudo o que diz a autora.

[102] ENGRÁCIA ANTUNES (2001), p. 180, e (2001a), p. 36, refere-se à aplicação por analogia do nº 6 à oferta do nº 2. Admitindo a aplicação, por analogia, do disposto no art. 490º, 6, se a contrapartida for considerada insatisfatória, mas sem distinguir as situações, PEREIRA DE ALMEIDA (2013), p. 652. O nº 6 aparenta relacionar-se com a oferta do nº 5, não com a do nº 2. Considerando que o nº 6 não abrange a aquisição potestativa, SILVA SÁ (2009), p. 168 (embora a A. considere que os sócios minoritários podem contestar a insuficiência ou iniquidade da contrapartida na aquisição potestativa, lembrando a solução avançada no Ac. da RL de 29/10/2002, www.dgsi.pt (proc. 7195/2002-7).

[103] Como defendemos em COUTINHO DE ABREU/SOVERAL MARTINS (2003), p. 46, a lei "não prevê no art. 490º, 4, o recurso ao tribunal para contestar o valor depositado, porque justamente conta com a realização de consignação em depósito judicial [...]".

AQUISIÇÕES TENDENTES AO DOMÍNIO TOTAL **ART. 490º** 167

o seu valor em dinheiro e condene a sociedade dominante a pagar-lho", uma vez que *isso deverá ser discutido no processo de consignação judicial em depósito*[104].

Contudo, vimos que a falta da consignação em depósito não parece hoje impedir a aquisição potestativa. Aquela falta apenas obsta à realização do registo. Assim, nos casos em que *houve aquisição potestativa* mas *não foi feita a consignação em depósito*, já se pode defender a aplicação por analogia da parte do nº 6 em que se permite que *o sócio livre* requeira ao tribunal, quanto às ações ou quotas daquele, que "fixe o seu valor em dinheiro e condene a sociedade dominante a pagar-lho".

3. Alienação potestativa
3.1. Pressupostos

O direito potestativo de alienação de participações sociais depende da verificação de *três requisitos*.

(1) A qualidade de sócio minoritário de sociedade na qual outra sociedade passe a dispor, direta ou indiretamente, de uma participação correspondente a pelo menos 90% do capital social (cfr. o nº 1 do art. 490º).[105]

(2) A sociedade dominante não faz em tempo oportuno oferta de aquisição das participações minoritárias. E não faz, ou porque não pode fazê-la, por não ter comunicado à sociedade dominada no prazo de 30 dias que alcançou participação de 90% ou mais (cfr. o nº 1 do art. 490º), ou porque, tendo podido fazê-la, deixou passar os seis meses seguintes à data da comunicação sem a fazer (nº 5 do art. 490º, remetendo para o nº 2).

(3) O sócio minoritário pede por escrito à sociedade dominante que lhe faça em certo prazo proposta de aquisição da sua participação, mas a proposta não é feita ou é considerada insatisfatória (nºˢ 5 e 6 do art. 490º).

---

[104] Se não se entender que a consignação em depósito deve ser judicial, já a aplicação do nº 6 à aquisição potestativa merecerá outra atenção.

[105] O Ac. da RE de 15/3/2007, www.dgsi.pt (proc. 2806/06-3) afirmou que um sócio com participação correspondente a 10% do capital tem o direito de exigir à sociedade-sócia com 90% oferta de aquisição das suas quotas ou ações, mesmo "quando tal distribuição do capital social se achava já feita desde o início da constituição da sociedade detida". Não parece que deva ser assim. Um sujeito que constitui com outro uma sociedade e fica com uma quota correspondente a 10% do capital social não vê o valor da sua participação (supervenientemente) reduzido pelo facto de um outro sócio alcançar a participação restante – sabia desde o início a desproporção existente... Aliás, em uma tal situação não faria sentido o dever de comunicação previsto na parte final do nº 1 do art. 490º.

3.2. Procedimento

Verificado o requisito (2), cada sócio minoritário pode a todo o tempo ("em qualquer altura")[106] exigir por escrito que a sociedade dominante lhe faça, em prazo não inferior a 30 dias[107], oferta de aquisição da sua participação social, "mediante contrapartida em dinheiro, quotas ou ações das sociedades dominantes" (nº 5 do art. 490º).[108]

Quem determina a natureza ou espécie de contrapartida (dinheiro e/ou participações sociais e/ou obrigações)? O sócio minoritário poderá, no convite a contratar, apresentar preferências a respeito. Mas parece que compete à sociedade dominante fixar, na proposta, o objeto da contrapartida.[109]

Se a sociedade dominante não apresentar proposta de aquisição da participação do minoritário, ou se a proposta apresentada for considerada insatisfatória, ele pode então exercer o seu *direito potestativo de alienação*, mediante declaração de vontade integrada por decisão judicial posterior (nº 6 do art. 490º).

O caráter *insatisfatório* – que ao minoritário incumbe provar – da proposta pode resultar quer do quantitativo da contrapartida oferecida (tendo em vista o valor real da participação social do minoritário), quer da natureza ou objeto da contrapartida (quotas, ações ou obrigações).[110]

Intentada a ação judicial pelo minoritário – nos trinta dias seguintes ao termo do prazo fixado para a apresentação de proposta de aquisição (se nenhuma

---

[106] Não no "prazo máximo de cinco anos a contar da data da aquisição da participação maioritária relevante (cfr. art. 174º, nº3)", defendido por ENGRÁCIA ANTUNES (2002), p. 881. Como no texto, v. logo RAÚL VENTURA (1992), p. 169-170.

[107] O prazo é fixado pelo minoritário. Não podendo ser inferior a 30 dias (pode, p. ex. ser de 40 dias, dois meses...). Pensando haver gralha na formulação legal, CALVÃO DA SILVA (2009), p. 367, entende que o prazo não pode ser superior a 30 dias (semelhantemente, RITA NASCIMENTO (2011), p. 1016).

[108] Ao invés do nº 2, este nº 5 do art. 490º não menciona "obrigações" como modalidade possível de contrapartida. Mas, por identidade de razão, elas devem ser admitidas – ENGRÁCIA ANTUNES (2002), p. 880, nt. 1731, PERESTRELO DE OLIVEIRA (2011), p. 1259, nt. 26. De outra banda, o Projeto do CSC (*BMJ* nº 327, 1983) referia-se, no final do nº 3 do art. 481º, à "sociedade dominante", e o nº 5 do art. 490º refere-se às "sociedades dominantes". Isto tem sido tomado como gralha ou lapso do legislador (v. *últs. locs. cits.*). Todavia, a referência legal tem algum sentido útil: no caso de a sociedade-sócia deter o domínio por via indireta, pode ser viável a oferta de quotas, ações ou obrigações de sociedade(s) por aquela dominada(s) (e dominantes da sociedade de que o minoritário é sócio).

[109] Neste sentido, RAÚL VENTURA (1992), p. 170, SILVA SÁ (2009), p. 167. Diferentemente, EGÍDIO PEREIRA (2008), p. 963.

[110] Apontando, parece, neste sentido, v. ENGRÁCIA ANTUNES (2001), p. 181, nt. 47. Diversamente, MORAIS ANTUNES (2007), p. 240-241, e SILVA E SÁ (2009), p. 167-168 (insuficiência tão só em termos quantitativos), RAÚL VENTURA (1992), p. 170 (mas admite que em certas circunstâncias também a contrapartida possa ser considerada insatisfatória por consistir em ações ou obrigações).

AQUISIÇÕES TENDENTES AO DOMÍNIO TOTAL **ART. 490º** 169

proposta tiver sido apresentada) ou à receção da proposta considerada insatisfatória (2ª parte do nº 6 do art. 490º) –, o tribunal, se julgar o pedido procedente, declara a participação social adquirida pela sociedade dominante desde
o momento da propositura da ação, fixa o seu valor em dinheiro e condena no
pagamento (1ª parte do nº 6).

A ação processa-se nos termos previstos no art. 1068º do CPC (v. tb. o art.
1069º)[111].

A participação social do minoritário é, nestes casos, adquirida pela sociedade
dominante sem observância dos procedimentos legais e estatutários em geral
exigidos para a transmissão das partes, quotas ou ações.[112]

4. A aquisição potestativa nas sociedades abertas
4.1. A razão de ser do regime

O art. 490º, 7, CSC remete para o CVM[113] quanto ao regime da aquisição tendente ao domínio total de sociedade com o capital aberto ao investimento do
público[114]. E, de facto, o art. 194º do CVM prevê a possibilidade de, verificados os
pressupostos ali enunciados, ter lugar a aquisição, de forma potestativa, da totalidade das ações "remanescentes" de uma sociedade aberta que tenha como lei
pessoal a lei portuguesa[115]. Como veremos melhor, para que essa aquisição seja

---

[111] Cfr. o citado Ac. da RL de 29/10/2002 (III, 3.1.) e o Ac. da RL de 12/11/2009, www.dgsi.pt (proc.
1423/08.2TYLSB-A.L1-8 – nº 10, s.).

[112] Cfr. SOVERAL MARTINS (2006), p. 286.

[113] São do CVM os preceitos legais que são indicados sem outras menções nos pontos 4 e 5 do comentário
ao art. 490º do CSC.

[114] A CMVM, no seu Parecer "sobre a Perda de Qualidade de Sociedade Aberta, na sequência de aquisição
tendente ao domínio total", de 8 de março de 2000, considerou que "O processo de aquisição tendente
ao domínio total, tal como regulado no artigo 490º do Código das Sociedades Comerciais, é reservado,
à luz do novo regime, às sociedades que não sejam sociedades abertas (cfr. artigo 490º, nº 7 do Código
das Sociedades Comerciais, aditado pelo artigo 13º, nº 5 do Decreto-Lei nº 486/99, de 13 de novembro),
devendo, relativamente a sociedades abertas, recorrer-se ao estatuído nos artigos 194º e seguintes do
Código dos Valores Mobiliários".

[115] É o seguinte o teor do art. 194º: "1 – Quem, na sequência do lançamento de oferta pública de aquisição geral em que seja visada sociedade aberta que tenha como lei pessoal a lei portuguesa, atinja ou
ultrapasse, directamente ou nos termos do nº 1 do artigo 20º, 90% dos direitos de voto correspondentes
ao capital social até ao apuramento dos resultados da oferta e 90% dos direitos de voto abrangidos pela
oferta pode, nos três meses subsequentes, adquirir as ações remanescentes mediante contrapartida
justa, em dinheiro, calculada nos termos do artigo 188º.
2 – Se o oferente, em resultado da aceitação de oferta pública de aquisição geral e voluntária, adquirir pelo menos 90% das acções representativas de capital social com direitos de voto abrangidas pela
oferta, presume-se que a contrapartida da oferta corresponde a uma contrapartida justa da aquisição
das acções remanescentes.

possível é necessário que antes tenha ocorrido uma oferta pública de aquisição (OPA) geral que permitiu alcançar uma posição dominante na sociedade aberta de muito considerável importância: atingiu ou ultrapassou 90% dos *direitos de voto correspondentes ao capital social* daquela sociedade aberta até ao apuramento dos resultados da oferta e 90% dos *direitos de voto abrangidos pela oferta* (art. 194º, 1). Perante esse cenário, a lei permite que o sócio dominante afaste os titulares das ações "remanescentes" porque valoriza mais os interesses do sócio dominante do que o destes últimos.

Os interesses do sócio dominante são fáceis de identificar. Depois de ter conseguido adquirir uma posição na sociedade aberta com a dimensão referida, o sócio dominante que veja os titulares das ações remanescentes como meros empecilhos, podendo estorvar a prossecução de objetivos delineados por aquele para a sociedade, estará certamente interessado em utilizar um instrumento que lhe permite aceder ao domínio de todas as ações, com as inerentes vantagens[116]. A possibilidade de adquirir potestativamente após OPA constituirá também um estímulo para o lançamento desta.

Não se trata de um regime totalmente inovador ou que constitua uma idiossincrasia[117]. Em vários outros países encontram-se regimes próximos[118] e a Diretiva das OPA[119] preocupou-se igualmente com as aquisições e alienações potestativas (arts. 15º e 16º).

---

3 – O sócio dominante que tome a decisão de aquisição potestativa deve publicar de imediato anúncio preliminar e enviá-lo à CMVM para efeitos de registo.

4 – Ao conteúdo do anúncio preliminar aplica-se, com as devidas adaptações, o disposto nas alíneas a) a e) do nº 1 do artigo 176º.

5 – A publicação do anúncio preliminar obriga o sócio dominante a consignar a contrapartida em depósito junto de instituição de crédito, à ordem dos titulares das acções remanescentes".

[116] No Relatório Winter sobre OPAs (*Report of the High Level Group of Company Law Experts on issues related to Takeover Bids*, 2002), p. 11, considerou-se que "the right of a majority shareholder to buy out the minority shareholders subsequent to a takeover bid can be justified on the following grounds: the presence of minority shareholders after a takeover bid leads to various costs and risks, the squeeze-out right makes takeover bids more attractive for potential bidders and may be viewed as a counterpart to the mandatory bid rule, and the squeeze-out right is more efficient than a delisting procedure" (cfr. tb., mais desenvolvidamente, p. 60 e ss.).

[117] Sobre os antecedentes, cfr. PAULO CÂMARA (2004), p. 119 e ss., e (2011), p. 746 e ss..

[118] Cfr., para a França, o *Code Monétaire et Financier* (art. L 433-4); para a Espanha, o art. 60º *quarter* da *Ley del Mercado de Valores*; para a Itália o art. 111 do TUIF.

[119] Diretiva 2004/25/CE do Parlamento Europeu e do Conselho de 21 de abril de 2004 relativa às ofertas públicas de aquisição, *JOUE*, de 30/4/2004, L 142.

4.2. Pressupostos

A possibilidade de aquisição potestativa das ações "remanescentes" de que se ocupa o art. 194º existe quando alguém ("Quem"), na sequência de uma OPA geral[120]-[121], diretamente ou nos termos do nº 1 do art. 20º, atingiu ou ultrapassou 90% dos *direitos de voto correspondentes ao capital social* da sociedade aberta visada que tenha a lei portuguesa como lei pessoal[122] até ao apuramento dos resultados da oferta e 90% dos *direitos de voto abrangidos pela oferta* (art. 194º, 1)[123].

Assim, é necessário que antes tenha havido uma OPA geral, que no entanto não permitiu adquirir a totalidade das ações emitidas pela sociedade aberta visada. Mas, se aquela OPA não permitiu adquirir a totalidade dessas ações, a verdade é que há um sócio dominante[124].

Não basta, porém, que na sequência da oferta pública de aquisição tenham sido adquiridos na oferta pública de aquisição 90% ou mais dos direitos de voto *correspondentes ao capital social*. É preciso também que se tenha conseguido adquirir 90% ou mais dos direitos de voto *abrangidos pela oferta*[125]. E os direitos de voto imputados ao sócio dominante serão contados tendo em conta o disposto no art. 20º, 1, que consagra vários critérios para aquela imputação[126].

O teor do art. 194º, 1, deixa no entanto espaço para dúvidas no que diz respeito à importância das aquisições que ocorrem na pendência da oferta mas fora

---

[120] Considerando OPA geral a que "tem como destinatários os titulares de todas as acções e todos os valores mobiliários que confiram direito à subscrição ou aquisição de acções emitidas pela sociedade visada", MOREDO SANTOS (2007), p. 329-330. O A. admite que o direito de aquisição potestativa seja reconhecido a "dois ou mais accionistas, desde que esses mesmos dois ou mais accionistas tenham assumido a posição de oferentes na oferta antecedente" (p. 308). Do art. 15º, 1, da Diretiva 2004/25, resulta que o regime das aquisições e alienações potestativas deve ser aplicado na sequência de "oferta dirigida a todos os titulares de valores mobiliários da sociedade visada incidindo sobre a totalidade dos seus valores mobiliários".

[121] Mas as aquisições eventualmente efetuadas ao abrigo do disposto no art. 180º levantam dúvidas: sobre o tema, com opiniões diferentes, MOREDO SANTOS (2007), p. 361 e ss., PAULO CÂMARA (2011), p. 757.

[122] Não necessariamente "cotada" (cfr. o art. 13º, 1). Quanto aos deveres de comunicação e divulgação de participações qualificadas em sociedades abertas, cfr. os arts. 16º e s..

[123] Estes pressupostos têm que estar preenchidos na data do exercício do direito de aquisição potestativa: MOREDO SANTOS (2007), p. 394.

[124] O possível adquirente potestativo será o anterior oferente mas não parece que só ele esteja em condições de poder realizar a aquisição prevista no art. 194º, 1: cfr. MOREDO SANTOS (2007), p. 309, s..

[125] Esta exigência foi introduzida com o DL 219/2006, de 2 de novembro, optando a lei pela alternativa constante do art. 15º, 2, b), da Diretiva das OPA. Caso a OPA não tenha permitido adquirir 90% ou mais dos direitos de voto abrangidos pela oferta, não está afastada a possibilidade de perda da qualidade de sociedade aberta e de recurso ao art. 490º: cfr. MOREDO SANTOS (2007), p. 353.

[126] Mas veja-se, propondo uma redução teleológica, PAULO CÂMARA (2004), p. 132, e (2011), p. 754.

desta, nos termos do art. 180º[127]. Inclinamo-nos para dizer que também essas aquisições devem ser contabilizadas para se saber se foram atingidos ou ultrapassados os patamares relevantes. O art. 194º, 1, diz respeito aos casos em que tais patamares são atingidos ou ultrapassados "na sequência" do lançamento da OPA. Ou seja, não se limita a aplicação do preceito às hipóteses em que as aquisições são efetuadas através da própria OPA. Para além disso, o art. 180º, 2, também estabelece que as aquisições de valores mobiliários da mesma categoria dos que são visados pela OPA ou que integram a contrapartida e que ocorram após a publicação do anúncio preliminar "são imputadas no cálculo da quantidade mínima que o adquirente se propõe adquirir".

A identificação dos pressupostos da aquisição potestativa regulada no art. 194º já nos permite identificar algumas diferenças relativamente à aquisição tendente ao domínio total em causa no art. 490º do CSC. Neste último preceito estabelece-se que a aquisição tendente ao domínio total terá que ser levada a cabo por uma *sociedade* (que deverá ser, já o sabemos, por quotas, anónima ou em comandita por ações), o que não é exigido no art. 194º. Por sua vez, este art. 194º só tem em vista as sociedades visadas que sejam abertas. O adquirente que pode recorrer ao regime do art. 194º, 1, não necessita de ter sede em Portugal, mas essa exigência já resulta do art. 481º, 2, do CSC[128].

Além disso, para se verificar se a aquisição potestativa prevista no art. 490º do CSC é possível, o que interessa calcular não são os *votos* de que a sociedade dominante disponha relativamente ao total correspondente ao capital social, mas sim a *parte do capital social* de que a sociedade dominante dispõe. A sociedade dominante pode fazer uma oferta de aquisição das participações dos restantes sócios (oferta que a própria lei qualifica de proposta) e depois "pode tornar-se titular das acções ou quotas pertencentes aos sócios livres da sociedade dependente, se assim o declarar na proposta, estando a aquisição sujeita a registo por depósito e publicação": cfr. o n.º 3 do art. 490.º do CSC. E, como vimos, a aquisição potestativa prevista no art. 194º não pressupõe uma semelhante prévia oferta de aquisição. Outras diferenças serão salientadas na análise que se segue.

---

[127] Defendendo que "as transacções na pendência da oferta pública de aquisição, realizadas ao abrigo do disposto no artigo 180º, importam para efeitos da aplicação do artigo 194º", PAULO CÂMARA (2011), p. 757.

[128] Cfr., porém, o comentário a este último preceito e o que acima se escreveu no que diz respeito às sociedades "europeias".

AQUISIÇÕES TENDENTES AO DOMÍNIO TOTAL **ART. 490º** 173

4.3. A tomada de decisão

Para que tenha lugar a aquisição potestativa prevista no art. 194º, 1, é necessário que o sócio dominante tome a decisão de adquirir. A fixação do momento da tomada de decisão é importante porque o art. 194º, 3, prevê a necessidade de publicação imediata de anúncio preliminar. Se a decisão do sócio dominante que é pessoa singular é um ato interior, no que diz respeito às pessoas coletivas a decisão deve ser tomada pelo órgão que para tal seja competente.

A aquisição potestativa terá também que respeitar o prazo fixado na lei: deve ocorrer nos três meses subsequentes (art. 194º, 1). O preceito não é claro quanto ao momento a partir do qual se contam esses três meses, mas parece indicar que será a partir do apuramento[129] dos resultados da oferta[130]. Contudo, o art. 15º, 4, da Diretiva das OPA's manda contá-los do termo do prazo da aceitação da oferta[131].

4.4. O anúncio preliminar e sua publicação

Como acabámos de ver, imediatamente após a tomada de decisão de aquisição potestativa o sócio dominante deve publicar anúncio preliminar[132]. O conteúdo desse anúncio preliminar deve respeitar, "com as devidas adaptações", o art. 176º, 1, *a*) a *e*).

Assim, o anúncio preliminar deve indicar: o nome, denominação ou firma do sócio dominante adquirente e o seu domicílio ou sede; a firma e sede da sociedade visada; os valores mobiliários objeto da aquisição; a contrapartida oferecida; o intermediário financeiro encarregado da assistência à aquisição, se já tiver sido designado.

---

[129] CALVÃO DA SILVA (2009), p. 366, exige ainda a publicação. Contudo, o apuramento e a publicação devem ter lugar imediatamente depois de terminado o prazo da oferta (art. 127º, 1) e o art. 196º, 1, apenas manda ter em conta o momento do apuramento dos resultados da OPA quanto ao direito de alienação potestativa.

[130] O prazo de 3 meses resulta da Diretiva das OPAs (art. 15º, 4) e das alterações introduzidas pelo DL 219/2006. O prazo inicial era de 6 meses. Ultrapassado o prazo de 3 meses, o direito caduca: cfr., com essa leitura, MOREDO SANTOS (2007), p. 394.

[131] MOREDO SANTOS (2007), p. 393, defende que o prazo de três meses conta-se "da data do apuramento dos resultados da oferta antecedente" e diz que essa é a "solução que consta do art. 15º, nº 4, da Directiva 2004/25/CE". Mas o que lemos nesta última norma é que se "entender exercer o direito de aquisição potestativa, o oferente deve fazê-lo no prazo de três meses a contar do termo do prazo de aceitação da oferta a que se refere o artigo 7". Defendendo também que o prazo se conta a partir do apuramento dos resultados da OPA, SÁ COUTO (2006), p. 76. De qualquer modo, o apuramento e a publicação devem ter lugar, como foi já dito, imediatamente depois de terminado o prazo da oferta (art. 127º, 1).

[132] Sobre as publicações, cfr. o art. 5º.

A publicação do anúncio preliminar tem, desde logo, uma consequência muito importante: "obriga o sócio dominante a consignar a contrapartida em depósito junto de instituição de crédito, à ordem dos titulares das acções remanescentes" (art. 194º, 5).

4.5. O envio do anúncio preliminar para registo na CMVM

Vimos que imediatamente após a tomada da decisão de adquirir as ações remanescentes o sócio dominante deve publicar anúncio preliminar. Mas, além disso, deve também enviá-lo para registo à CMVM (art. 194º, 3).

4.6. A consignação da contrapartida em depósito

Com a publicação do anúncio preliminar o sócio dominante que tomou a decisão de realizar a aquisição potestativa fica obrigado a consignar a contrapartida em depósito junto de instituição de crédito, à ordem dos titulares das ações remanescentes (art. 194º, 5). O cumprimento desta obrigação é fiscalizado pela CMVM.

A contrapartida deve ser *justa* e *em dinheiro*[133], sendo calculada de acordo com o disposto no art. 188º (cfr. o art. 194º, 1)[134]. Este art. 188º estabelece, em primeiro lugar, valores mínimos para a contrapartida calculados em função do disposto no seu nº 1. Resulta deste último que deve ser usado como *valor mínimo* da contrapartida *o mais alto* dos montantes ali indicados: a) O *maior preço*[135], pago pelo oferente (leia-se, adquirente) ou por qualquer das pessoas que estejam em relação a ele numa das situações previstas no art. 20º, 1, pela aquisição de valores mobiliários da mesma categoria *no período de seis meses que imediatamente antecedeu a publicação do anúncio preliminar* que teve lugar no âmbito da *aquisição potestativa*[136]; b) O *preço médio ponderado* que, durante o *mesmo período*, seja apurado relativamente aos mesmos valores mobiliários apurado *em mercado regulamentado*.

Porém, pode não ser possível apurar esses montantes. Pode também suceder que a CMVM considere que a contrapartida proposta não está devidamente jus-

---

[133] Não parece de aceitar que a remissão para o art. 188º do CVM valha também quanto ao seu nº 5, que admite, com limitações, a contrapartida em valores mobiliários. O art. 194º, 1, é claro: a contrapartida é em dinheiro. Defendendo a mesma coisa, SILVA SÁ (2006), p. 76, e MOREDO SANTOS (2007), p. 387, embora questionando a adequação do texto legal ao teor do art. 15º, 5, da Diretiva 2004/25/CE. Aparentemente com outra leitura, PAULO CÂMARA (2011), p. 763.

[134] É bastante diferente o regime de cálculo da contrapartida previsto no art. 490º do CSC.

[135] Sobre a origem da *best price rule*, MOREDO SANTOS (2007), p. 373, nt. 215.

[136] E não no âmbito da oferta pública antecedente: cfr., no sentido que preferimos, HUGO MOREDO SANTOS (2007), p. 389 e ss., e PAULO CÂMARA (2011), p. 763.

AQUISIÇÕES TENDENTES AO DOMÍNIO TOTAL **ART. 490º** 175

tificada ou não é equitativa, por considerá-la insuficiente ou excessiva. Nesses casos, a contrapartida mínima será fixada por auditor independente designado pela CMVM, pagando o sócio dominante as despesas (art. 188º, 2)[137].

No entanto, *presume-se justa* a contrapartida da oferta que permitiu a aquisição potestativa se essa oferta foi geral e voluntária[138] e em resultado da mesma o oferente adquiriu "pelo menos 90% das acções representativas de capital social com direitos de voto abrangidas pela oferta" (art. 194º, 2). A presunção é ilidível, como ilidíveis são em regra as presunções legais.

Se a sociedade aberta visada emitiu ações que integram várias categorias, a contrapartida pode não ser igual para cada categoria. No entanto, o adquirente está obrigado a assegurar um tratamento igual aos titulares de ações da mesma categoria (art. 197º).

4.7. O registo na CMVM e a sua publicação

O registo do anúncio preliminar na CMVM[139] visa o controlo da legalidade e de conformidade com os regulamentos (art. 365º, 1), sendo dada especial atenção à publicação do anúncio preliminar e à consignação da contrapartida em depósito[140]. Além disso, parece de aceitar que, após o registo, já não pode o sócio dominante voltar atrás[141].

A publicação do registo na CMVM é realizada pelo próprio interessado, que será quem tomou a decisão de adquirir as ações remanescentes. O momento da publicação é decisivo, uma vez que só a partir daí é que a aquisição se torna *eficaz*[142]. A aquisição tem lugar, no caso das ações tituladas nominativas, indepen-

---

[137] Sobre a designação do auditor e o seu papel, PEDRO GONÇALVES (2010), p. 60 e s..

[138] A redação do art. 194º, 2, permite duvidar do tratamento merecido pelos casos em que a OPA foi obrigatória. Defendendo que também aí se deve presumir justa a contrapartida porque "calculada de acordo com regras legais vinculativas mínimas, cujo cumprimento pelo oferente foi sujeito ao controlo de uma autoridade de supervisão", MOREDO SANTOS (2007), p. 378.

[139] Os arts. 194º, 3, e 195º, 1, podiam ser mais claros. Com efeito, é preciso algum esforço para se concluir que é o registo do próprio anúncio preliminar que confere eficácia à aquisição. Sobretudo porque é... preliminar. No sentido da necessidade de comunicação do registo ao adquirente no prazo de 8 dias, com base no disposto no art. 118º, 1, *a*), CALVÃO DA SILVA (2009), p. 367.

[140] Admitindo a impugnação judicial do registo com base na inadequação da contrapartida, PAULO CÂMARA (2011), p. 755, nt. 2025.

[141] PAULO CÂMARA (2011), p. 761, nt. 2037.

[142] Defendendo a necessidade de registo junto da CMVM e publicação do registo, sendo o momento da publicação aquele em que tem lugar a aquisição, BRANDÃO DA VEIGA (2004), p. 62, PAULO CÂMARA (2004), p. 130. Os termos usados na lei são pelo menos enganadores. Por um lado, a decisão de aquisição potestativa já tomada obriga a publicar algo a que se chama anúncio preliminar quando não há um outro

dentemente de declaração de transmissão aposta nos títulos, e, sendo as ações tituladas ao portador, sem necessidade de entrega dos títulos. As ações escriturais (ou sujeitas ao seu regime) também se transmitem independentemente de registo na conta do adquirente.

4.8. As transferências entre contas

De acordo com o art. 195º, 2, a CMVM enviará à entidade gestora do sistema centralizado de valores mobiliários ou à entidade registadora das ações as informações necessárias para as transferências entre contas que devem ser realizadas em consequência da aquisição potestativa.

O envio das informações referidas será efetuado a uma ou outra entidade consoante as ações em causa estejam ou não *integradas em sistema centralizado*. A integração em sistema centralizado é obrigatória quando as ações estejam *admitidas à negociação em mercado regulamentado* (cfr. arts. 62º e 99º, 2, a)).

Se as ações não estiverem integradas em sistema centralizado de valores mobiliários, a entidade registadora será um intermediário financeiro ou a entidade emitente (arts. 63º, 64º e 102º, 1).

4.9. As ações tituladas não integradas em sistema centralizado

Nem sempre as ações adquiridas de forma potestativa estão integradas em sistema centralizado de valores mobiliários. Desde logo porque as sociedades abertas visadas *não têm necessariamente as suas ações admitidas à negociação em mercado regulamentado*. Se as ações adquiridas são tituladas e não estão integradas em sistema centralizado, poderia ser difícil ou moroso obter a devolução dos títulos representativos dessas ações. Daí que o art. 195º, 3, obrigue nesse caso a sociedade visada a *emitir novos títulos* representativos das ações adquiridas, que deverá entregar ao adquirente. Os títulos antigos deixam de representar aquelas ações e passam a constituir apenas documentos de legitimação para o recebimento da contrapartida devida a quem deixou de ser titular das ações.

4.10. A perda da qualidade de sociedade aberta e a exclusão da negociação em mercado regulamentado das ações e valores mobiliários a que elas dão direito

A aquisição potestativa das ações remanescentes nas sociedades abertas conduz à perda desta qualidade e à exclusão da negociação em mercado regulamentado

---

anúncio posterior. Por outro, a aquisição torna-se eficaz a partir da publicação do registo na CMVM. Mas a lei podia ser mais clara quanto ao que se regista. Sobre as publicações, cfr. o art. 5º.

das ações e bem assim de outros valores mobiliários que dão direito àquelas, nos termos do art. 195º, 4.

4.11. A formação de um grupo de sociedades

Se a aquisição potestativa conduzir ao domínio total superveniente por uma sociedade por quotas, anónima ou em comandita por ações, será aplicável o disposto no art. 489º do CSC, podendo formar-se um grupo de sociedades nos termos aí previstos. Lembre-se, ainda, que este art. 489º não exige que a sociedade dominada seja unipessoal.

5. A alienação potestativa nas sociedades abertas

5.1. A alienação potestativa como eventual recurso perante a ausência de aquisição potestativa

Tendo sido lançada uma OPA geral sobre uma sociedade aberta que tenha como lei pessoal a lei portuguesa e atingidos ou ultrapassados, na sequência do lançamento daquela OPA, os patamares previstos no art. 194º, 1, os titulares das ações remanescentes podem querer alienar as suas participações. Porém, pode ser difícil efetuar essa alienação a outrem que não seja o sócio dominante. O domínio deste é de tal ordem que as ações remanescentes pouco poder conferem a quem as adquirir se o adquirente não for aquele sócio dominante. É, assim, muito provável que as ações remanescentes sofram uma desvalorização considerável. A procura das mesmas conhecerá, em regra, uma redução.

Se o sócio dominante realizar a aquisição potestativa permitida pelo art. 194º, 1, o titular das ações remanescentes sai da sociedade. Mas, se essa aquisição potestativa não ocorre, pode ainda assim o referido titular querer alienar as ações remanescentes. O art. 196º consagra um caminho para atingir esse objetivo. Com efeito, verificados certos pressupostos, o titular das ações remanescentes (qualquer titular de ações remanescentes) pode obrigar o sócio dominante a adquirir aquelas ações[143]. Vejamos como.

---

[143] É o seguinte o teor do art. 196º:

"Alienação potestativa

1 – Cada um dos titulares das acções remanescentes pode, nos três meses subsequentes ao apuramento dos resultados da oferta pública de aquisição referida no nº 1 do artigo 194º, exercer o direito de alienação potestativa, devendo antes, para o efeito, dirigir por escrito ao sócio dominante convite para que, no prazo de oito dias, lhe faça proposta de aquisição das suas acções.

2 – Na falta da proposta a que se refere o número anterior ou se esta não for considerada satisfatória, qualquer titular de acções remanescentes pode tomar a decisão de alienação potestativa, mediante declaração perante a CMVM acompanhada de: a) Documento comprovativo de consignação em depó-

5.2. Pressupostos

De acordo com o art. 196º, 1, o titular das ações remanescentes após o lançamento de OPA geral na sequência da qual alguém, diretamente ou nos termos do nº 1 do art. 20º, atingiu ou ultrapassou 90% dos *direitos de voto correspondentes ao capital social* da sociedade aberta[144] até ao apuramento dos resultados da oferta e 90% dos *direitos de voto abrangidos pela oferta*, pode exercer o direito de alienação potestativa.

Para isso, e como veremos melhor adiante, o titular das ações remanescentes deverá antes dirigir ao sócio dominante um *convite* para que este lhe faça, no prazo de oito dias, uma *proposta* de aquisição das ações. E só se essa proposta faltar ou não for considerada satisfatória é que poderá tomar a decisão de alienar potestativamente.

5.3. Prazo para exercer o direito de alienação potestativa

O art. 196º, 1, esclarece quanto ao prazo para o exercício do direito de alienação potestativa. Esse exercício deve ter lugar "nos três meses subsequentes ao apuramento dos resultados da oferta pública de aquisição referida no nº 1 do artigo 194º"[145]. Não deixa de ser importante realçar que os prazos para a aquisição e a alienação potestativas referidos nos arts. 194º, 1, e 196º, 1, são hoje iguais e correm em paralelo[146].

Curiosamente, o art. 16º, 3, da Diretiva 2004/25/CE, manda aplicar à alienação potestativa, entre outros, o art. 15º, 4, com as devidas adaptações. Logo, segundo aquela Diretiva, também o direito de alienação potestativa deveria ser exercido "no prazo de três meses a contar do termo do prazo de aceitação da oferta a que se refere o artigo 7".

---

sito ou de bloqueio das acções a alienar; b) Indicação da contrapartida calculada nos termos dos nºˢ 1 e 2 do artigo 194º.

3 – Verificados pela CMVM os requisitos da alienação, esta torna-se eficaz a partir da notificação por aquela autoridade ao sócio dominante.

4 – A certidão comprovativa da notificação constitui título executivo". Note-se que na republicação do CVM feito pelo DL 357-A/2007 o art. 196º, 1, não contém a palavra "pode". Cfr., porém, a redação que tinha sido dada pelo DL 219/2006.

[144] Que tenha a lei portuguesa como lei pessoal.

[145] MOREDO SANTOS (2007), p. 394, parece defender que os acionistas minoritários podem exigir ao maioritário a aquisição das ações remanescentes a partir da caducidade do direito de aquisição potestativa, o que na nossa opinião não tem *hoje* apoio na lei. Realce-se que a exigência do sócio ou acionista livre prevista no art. 490º, 5, do CSC, pode ter lugar "em qualquer altura" se a sociedade dominante não fizer oportunamente a oferta permitida pelo art. 490º, 2, do CSC.

[146] Não era assim na versão original dos arts. 194º e 196º. Para compreender as alterações, cfr. os arts. 15º, 4, e 16º, 3, da Diretiva das OPA.

5.4. O convite

Antes da alienação potestativa, o titular das ações remanescentes deve dirigir ao sócio dominante um convite *escrito* para que este, no prazo de oito dias, lhe faça uma proposta de aquisição das suas ações. Esse convite também deve ocorrer no prazo de três meses subsequentes ao apuramento dos resultados da OPA, mas com a antecedência suficiente para permitir que a alienação potestativa tenha lugar respeitando aquele mesmo prazo (designadamente, tendo em conta o prazo que o sócio dominante terá para apresentar a proposta de aquisição).

A alienação potestativa só pode ocorrer se a proposta de aquisição não foi apresentada ou se, tendo sido apresentada, a contrapartida foi julgada insuficiente.

5.5. A proposta de aquisição

Perante o convite que lhe foi dirigido pelo titular das ações remanescentes, o sócio dominante pode fazer uma proposta de aquisição das ações ou pode optar por não o fazer. Com efeito, não está obrigado por lei a apresentar qualquer proposta. Porém, se quiser apresentar uma proposta de aquisição, deve fazê-lo no prazo de oito dias. O não cumprimento desse prazo permite que o titular das ações remanescentes tome a decisão de alienação potestativa. Se a proposta de aquisição foi apresentada e o titular das ações a aceita, as ações transmitir-se-ão voluntariamente nos termos gerais.

5.6. A falta de proposta (ou a proposta que não é considerada satisfatória) e a declaração de alienação potestativa perante a CMVM

Se o sócio dominante da sociedade aberta, depois de convidado para o efeito, *não apresentar proposta de aquisição* das ações remanescentes que foi convidado a adquirir, o titular destas *pode tomar a decisão de alienação potestativa*. Igual decisão pode ser tomada se o titular das ações remanescentes entender que a contrapartida oferecida pelo sócio dominante *não é considerada satisfatória*.

A tomada de decisão de alienação potestativa obriga a enviar declaração à CMVM. Lê-se no art. 196º, 2, que a decisão de alienação potestativa é tomada "mediante declaração perante a CMVM". Porém, as pessoas coletivas e, em especial, as sociedades comerciais, devem observar as exigências legais e estatutárias aplicáveis quanto à formação da vontade.

A declaração será acompanhada de documento comprovativo de consignação em depósito ou de bloqueio das ações a alienar e da indicação da contrapartida calculada de acordo com o disposto no art. 194º, 1 e 2, do CVM (cfr. o art.

196º, 2, do CVM). Mais uma vez, a contrapartida deverá ser justa, em dinheiro e calculada nos termos do art. 188º CVM.

Contudo, esta última remissão coloca ao intérprete uma dificuldade: é que, como foi visto, o art. 188º, 1, CVM manda ter em conta um *período de seis meses imediatamente anterior à data da publicação do anúncio preliminar*. Ora, se na aquisição potestativa de que trata o art. 194º ainda vemos surgir um *anúncio preliminar* (nos 3 a 5), isso já não se verifica no caso de alienação potestativa. Nesta, a remissão para o art. 188º obriga a ter em conta um outro momento a partir do qual se contará o período de seis meses relevante. Esse momento só pode ser aquele em que o titular das ações remanescentes *convida o sócio dominante a fazer uma proposta de aquisição* das referidas ações[147]. Esse é um momento que tem paralelismo com o da publicação do anúncio preliminar: neste caso, é dada a conhecer aos restantes sócios a vontade do sócio dominante de adquirir as ações remanescentes; naquele, o titular de ações remanescentes dá a conhecer ao sócio dominante que pretende que este lhe adquira as ações.

5.7. A verificação pela CMVM dos requisitos da alienação e a notificação por aquela ao sócio dominante

A CMVM, recebida a declaração de aquisição potestativa, deve verificar o cumprimento dos requisitos necessários para que essa aquisição tenha lugar. Se considerar que estão preenchidos, a CMVM notificará o sócio dominante e nesse momento a alienação torna-se eficaz (art. 196º, 3). Como a lei não faz qualquer distinção, parece que até esse momento a alienação não produz quaisquer efeitos: nem entre alienante e adquirente, nem relativamente a terceiros[148].

Se o sócio dominante não realizar a contrapartida que deve ser efetuada a favor do alienante, a certidão que a CMVM emita comprovando a realização daquela notificação constitui título executivo (art. 196º, 4).

5.8. A formação de um grupo de sociedades

Se a alienação potestativa conduzir ao domínio total superveniente por uma sociedade por quotas, anónima ou em comandita por ações, será aplicável o disposto no art. 489º do CSC, formando-se um grupo de sociedades nos termos aí previstos. Mais uma vez, lembramos que o art. 489º do CSC não exige que a sociedade dominada seja unipessoal.

---

[147] É essa também a solução defendida por PAULO CÂMARA (2011), p. 764.
[148] Cfr. tb., com leitura semelhante, PAULO CÂMARA (2011), p. 762.

ARTIGO 491º
Remissão

Aos grupos constituídos por domínio total aplicam-se as disposições dos artigos 501º a 504º e as que por força destes forem aplicáveis.

Índice
1. Remissão (limitada)
2. Adaptações

1. Remissão (limitada)

Porque os grupos constituídos por domínio total (arts. 488º e 489º) e os constituídos por contrato de subordinação (arts. 493º, s.) têm um regime em parte comum, e para evitar escusadas repetições, o art. 491º manda aplicar àqueles a estatuição de normas (arts. 501º a 504º) diretamente aplicáveis aos segundos.

A remissão não é, evidentemente, ampla ou para todos os artigos aplicáveis aos grupos constituídos por contrato de subordinação. É limitada às normas respeitantes ao poder de direção da sociedade dominante (art. 503º) e às contrapartidas que a lei relaciona com esse poder: arts. 501º (responsabilidade da sociedade dominante para com credores da sociedade dominada), 502º (responsabilidade da dominante por perdas da dominada) e 504º (deveres e responsabilidades dos membros do órgão de administração da dominante).

Ficam naturalmente de fora as normas relativas à elaboração, conteúdo, alterações e termo do contrato de subordinação (arts. 494º-496º, 498º, 505º, 506º, 508º) – o grupo de domínio total não tem base contratual. Bem como as respeitantes à proteção dos sócios minoritários (v. especialmente os arts. 497º, 499º e 500º) – nos grupos de domínio total as sociedades dominadas são normalmente unipessoais; quando não sejam[1], restará aos sócios minoritários (que se fizeram sócios da dominada voluntariamente) o direito de alienação potestativa previsto no art. 490º.

2. Adaptações

A aplicação dos arts. 501º a 504º aos grupos constituídos por domínio total exige algumas adaptações.

---

[1] V. especialmente o art. 489º, 4, *c*) e o comentário respetivo.

Por exemplo, onde se lê "sociedade diretora" e "sociedade subordinada" deve ler-se (também) sociedade dominante e sociedade dominada; as referências ao período de vigência do contrato de subordinação, à publicação e ao termo deste serão feitas (também) para o período de vigência da relação de grupo por domínio total, à publicação e ao termo desta relação; por não haver contrato, as instruções desvantajosas caracterizadas no art. 503º, 2, são sempre permitidas.

SECÇÃO II
CONTRATO DE GRUPO PARITÁRIO

ARTIGO 492º
Regime do contrato

1. Duas ou mais sociedades que não sejam dependentes nem entre si nem de outras sociedades podem constituir um grupo de sociedades, mediante contrato pelo qual aceitem submeter-se a uma direcção unitária e comum.

2. O contrato e as suas alterações e prorrogações devem ser reduzidos a escrito e precedidos de deliberações de todas as sociedades intervenientes, tomadas sobre proposta das suas administrações e pareceres dos seus órgãos de fiscalização, pela maioria que a lei ou os contratos de sociedade exijam para a fusão.

3. O contrato não pode ser estipulado por tempo indeterminado, mas pode ser prorrogado.

4. O contrato não pode modificar a estrutura legal da administração e fiscalização das sociedades. Quando o contrato instituir um órgão comum de direcção ou coordenação, todas as sociedades devem participar nele igualmente.

5. Ao termo do contrato aplica-se o disposto no artigo 506º.

6. Ficam ressalvadas as normas legais disciplinadoras da concorrência entre empresas.

Índice

1. Enquadramento
2. Objeto do contrato
3. Procedimento

Bibliografia

Citada:

ABREU, J. M. COUTINHO DE – "Empresas Virtuais (Esboços)", *Estudos em Homenagem ao Prof. Doutor Inocêncio Galvão Telles*, IV vol., *Novos Estudos de Direito Privados*, Almedina, Coimbra, 2003, p. 599 a 609, e *Governação das Sociedades Comerciais*, Almedina, 2006; ANTUNES, JOSÉ A. ENGRÁCIA – *Os Grupos de Sociedades. Estrutura e Organização Jurídica da Empresa Plurissocietária*, 2ª ed., Almedina, Coimbra, 2002; BEHRENDT, UTE – *Os grupos de sociedades – uma comparação entre a lei alemã e a lei portuguesa* (dissertação de mestrado não publicada – FDUC), 2001; COELHO, FRANCISCO MANUEL DE BRITO PEREIRA – "Grupos de Sociedades", *BFD*, LXIV, 1988, p. 297 a 354; CORDEIRO, ANTÓNIO MENEZES – *Direito Europeu das Sociedades*, Almedina, 2005; EMMERICH, VOLKER e SONNENSCHEIN, JÜRGEN – *Konzernrecht*, 6ª ed., Verlag C. H. Beck, 1997;

GUINÉ; ORLANDO VOGLER – *Da Conduta (Defensiva) da Administração "Opada"*, Almedina, Coimbra, 2009, e "A Responsabilidade da Sociedade Directora por Dívidas Fiscais da Sociedade Dirigida – Algumas Notas para a sua (In)Compreensão", *Estudos em Homenagem ao Professor Doutor Henrique Mesquita*, Studia Iuridica 95, Coimbra Editora, 2008, p. 937 a 965; LANGENBUCHER – "§291", *Aktiengesetz Kommentar* (coord. Karsten Schmidt e Marcus Lutter), 2ª ed, Verlag Dr. Otto Schmidt, 2010, p. 3113 a 3134; OLIVEIRA, ANA PERESTRELO DE – "Artigo 492º", *Código das Sociedades Comerciais Anotado* (coord. António Menezes Cordeiro), 2ª ed., Almedina, 2011, p. 1262 a 1267; TRIGO, MARIA DA GRAÇA – "Grupos de Sociedades", *OD*, 123, 1991, p. 41 a 114; XAVIER, CECÍLIA – "Coligação de Sociedades Comerciais", *ROA*, 53, 1993, p. 575 a 607.

Quanto à delimitação espacial e societária, atente-se no disposto no art. 481º e respectivo comentário.

1. Enquadramento

Este é o art. único de uma Secção II, intitulada justamente de "Contrato de grupo paritário".[1]

Trata-se de um dos sub-tipos da coligação inter-societária de maior intensidade: a relação de grupo. Neste caso, trata-se de uma situação grupal, de base contratual (a mesma base das relações de grupo de subordinação), em contraponto com as situações de grupo participativas (assentes no domínio total inicial ou superveniente). Por outro lado, trata-se de um grupo horizontal (de paridade, como o nome indica), diversamente do que sucede nas outras duas situações de grupo, participativas e por contrato de subordinação (que estabelecem relações verticais).

Por esta razão, as sociedades em causa não podem ser dependentes entre si, nem dependentes de outras sociedades (art. 492º, 1, parte inicial). Isto é, não podem ser objeto de relação de domínio (art. 486º) ou domínio total (arts. 488º e 489º); nem, acrescente-se, por exclusão recíproca, parte de um contrato de subordinação, entre si ou com terceiros. E justamente por estar aqui em causa uma relação de tipo horizontal, pelo que uma situação vertical desse tipo estaria em incongruência com o fundamento de um contrato de grupo paritário; é

---

[1] Enquadrando o contrato de grupo paritário como contrato obrigacional em oposição a contratos de organização, como é o caso do contrato de subordinação, v. LANGENBUCHER (2010), p. 3119 e 3132; para uma crítica e posição contrária, v. BEHRENDT (2001), p. 70, s..

pressuposto que as sociedades em causa sejam, à data da contratação e durante a vida do contrato, independentes[2]. Este aspeto era particularmente salientado no Projeto de 9ª Diretiva sobre Grupos de Sociedades (art. 40º, epigrafado justamente de "Grupo paritário"): "Uma sociedade independente e uma ou mais outras empresas independentes podem acordar, por contrato escrito, submeter-se a uma direção unitária, sem que, com isso, uma parte no contrato fique submetida às outras."[3] No mesmo sentido pode ver-se o disposto sobre o contrato de grupo paritário no §291(2) da AkG.

A referida independência não é afectada se entre elas existir unicamente uma relação de simples participação ou de participação recíproca, relações de coligação societária de menor intensidade, que por isso o nº 1 do art. não proíbe[4]. No entanto, em atenção ao disposto no art. 483º, 1 *in fine*, poderá questionar-se, pelo menos quanto à relação jurídica de coligação mais básica (de simples participação), se esta se mantém enquanto tal com a celebração deste contrato; porventura sim, por servir de antecâmara à relação de participações recíprocas.

O contrato de grupo paritário distingue-se de outras figuras, que apresentam certos pontos de contacto, mas são estrutural e funcionalmente diferentes, consubstanciando o contrato de grupo paritário uma permanência e uma intensidade muito mais fortes, tendo presente o seu escopo primacial: gestão das sociedades sob a égide de uma direção unitária e comum. Entre essoutras figuras, com enquadramento legal, contam-se, p.e., o contrato de consórcio e o agrupamento complementar de empresas (bem como o agrupamento europeu de interesse económico)[5].

O nº 1, além de mencionar a fonte da relação de grupo (contrato), indica também o objeto e menciona as partes do contrato. Através deste contrato, duas ou mais sociedades pode subordinar-se a uma direção unitária e comum.

Não obstante, não existe um regime completo e específico para este contrato, a lei limita-se a prever a sua existência e alguns princípios ou regras

---

[2] Como salienta ENGRÁCIA ANTUNES (2002), p. 915, s., que nota, no entanto, que uma sociedade diretora ou totalmente dominante ao abrigo de um contrato de subordinação com a sociedade X poderá celebrar um contrato de grupo paritário com uma sociedade terceira Y. Por outro lado, e como aponta PERESTRELO DE OLIVEIRA (2011), p. 1265, nada impede que as sociedades sejam dominadas por pessoa singular ou coletiva não abrangida pelo conceito de sociedade relevante nos termos do art. 481º, 1.

[3] Pode encontrar-se uma tradução do projeto em MENEZES CORDEIRO (2005), pp. 751 a 770.

[4] Assim PERESTRELO DE OLIVEIRA (2011), p. 1265; concluindo (indiretamente) da mesma forma, para os direitos alemão e português, v. BEHRENDT (2001), p. 69.

[5] Para uma contraposição entre essas figuras e os grupos, v. por todos ENGRÁCIA ANTUNES (2002), p. 91, s..

gerais[6]. Caberá depois à prática, que tem desconhecido a constituição de grupos horizontais "de direito"[7], contratualizar a relação de grupo paritário, com respeito pelas normas imperativas – do direito das sociedades, dos contratos, da concorrência, etc – aplicáveis. Não é necessariamente mau, antes pelo contrário – existe assim uma maior liberdade de auto-conformação de que as partes dispõem, o que acarreta naturalmente uma maior responsabilidade dos intervenientes perante os respectivos *stakeholders* – torna-os mais *accountable* do que num cenário em que se poderiam escudar num determinado regime legal, denso e imperativo.

2. Objeto do contrato

Como referido, o escopo do contrato é submeter a gestão das sociedades a uma direção unitária e comum.

Dever tratar-se da gestão social "global e total", distinguindo-se assim da gestão de determinados setores de atividade[8]. Mas haverá certamente bastantes zonas cinzentas e a questão há de pelo menos ser casuisticamente apreciada – p. e. deixar de fora unicamente alguns sectores de atividade menos relevantes ou abarcar "apenas" os sectores mais relevantes da atividade poderá não ser suficiente para afastar a qualificação de um contrato como contrato de grupo paritário.

O legislador não definiu, e bem, o que deveria entender-se por direção unitária e comum – esse papel deve ficar à doutrina e prática jurídica. "O conceito de direção unitária constitui o centro de gravidade da estrutura organizativa da empresa plurissocietária, ou empresa de grupo, designando genericamente a *concentração do poder último de direção* sobre os diversos aspectos e sectores da actividade empresarial do conjunto das sociedades agrupadas (finanças, produção,

---

[6] ENGRÁCIA ANTUNES (2002), p. 912 começa justamente por destacar a "ausência de previsão legal de um regime jurídico próprio e específico".

[7] Entendendo ser de reconhecer o chamado grupo paritário de facto, assente designadamente em entrelaçamentos pessoais das administrações ou consultas regulares entre as mesmas, v. COUTINHO DE ABREU (2003), pp. 607 s., notando todavia que neste caso não se consubstanciará uma verdadeira direção unitária, continuando as políticas setoriais de cada sociedade a ser definidas autonomamente. PERESTRELO DE OLIVEIRA (2011), p. 1264 nota também que o art. 492º não afeta os chamados grupos paritários de facto, isto é, constituídos e funcionando efectivamente, mas sem a formalização por via deste art., desde que respeitados os limites do direito societário. (Igualmente assim é reconhecido pela jurisprudência e doutrina alemãs; v. por todos BEHRENDT (2001), p. 68 e referências em nota.) Já ENGRÁCIA ANTUNES (2002), p. 912, em nota, toma posição contrária, pela inadmissibilidade (enquanto tal) dos grupos paritários de facto no plano do direito nacional.

[8] Como salienta PERESTRELO DE OLIVEIRA (2011), p. 1266.

vendas, investimento, pessoal) junto do núcelo dirigente do grupo, resultante de um processo de transferência voluntária das competências empresariais e atribuições decisórias das administrações sociais para o vértice ou cúpula hierárquica daquele. Ponto é – e este constitui porventura o traço distintivo da direcção unitária neste tipo particular de grupos (representando também, por assim dizer, a consequência do estatuto de recíproca independência que caracteriza os respectivos membros) – que todas as sociedades agrupadas participem em *pé de igualdade* na determinação do conteúdo e do exercício desse poder de direcção".[9]

Dirigir é orientar, emitir diretivas, que devem ser seguidas ou tidas em conta pelo respetivo destinatário – neste caso, pelo conjunto das sociedades que formam um grupo paritário. E, se há direção comum e unitária, deve também existir um poder de direção, instrutivo, similar ao disposto no art. 503º para os grupos verticais, com a importante ressalva da igualdade entre as partes e consequências daí decorrentes para a conformação prática e jurídica desse poder[10]. Por outro lado, e perante essa ressalva e sendo ela efectiva, não se suscitarão as mesmas preocupações com os credores sociais e os sócios livres que se revelam nos grupos verticais e justificam regimes como o dos arts. 501º e 502º[11].

Esta direção unitária e comum há de ser, em primeiro lugar, funcionalmente compreendida, podendo ou não ter um reflexo estrutural nos termos do nº 4, pois o contrato pode, mas não tem de necessariamente, instituir um órgão comum de direção ou coordenação (ou mesmo a constituição de uma sociedade comum, do tipo *holding*, para o efeito), em que todas as sociedades devem participar de forma igual. Pode, portanto, passar-se antes por um modelo muito mais informal, passando por membros comuns nas administrações, reuniões ou consultas periódicas, etc[12].

---

[9] Assim ENGRÁCIA ANTUNES (2002), p. 920.

[10] Nesse sentido e com maiores desenvolvimentos, v. ENGRÁCIA ANTUNES (2002), p. 926, S. PERESTRELO DE OLIVEIRA (2011), p. 1266, distingue entre instruções vinculantes admissíveis e instruções desvantajosas para a sociedade (ainda que benéficas para o grupo) não admissíveis. GRAÇA TRIGO (1991), p. 96 também admite a possibilidade de emissão de instruções vinculantes, pelo menos quando exista autonomização de uma estrutura de direção unitária, e desde que a vantagem inerente às instruções seja igualmente partilhada por uma e outra sociedade; no mesmo sentido, mas com maior flexibilidade, v. CECÍLIA XAIVER (1993, p. 597, s.. Em sentido largamente coincidente, v. BEHRENDT (2001), p. 72, s., em que pode também encontrar-se indicações sobre o direito alemão.

[11] V. ENGRÁCIA ANTUNES (2002), p. 929 e comungando do mesmo racional PERESTRELO DE OLIVEIRA (2011), p. 1267.

[12] Assim ENGRÁCIA ANTUNES (2002), p. 921 e PERESTRELO DE OLIVEIRA (2011), p. 1266.

Esta condição (igualdade), estando em consonância com o escopo do contrato (paritário), poderá suscitar alguns obstáculos práticos, designadamente quanto a decisões em que não haja acordo entre os representantes das partes nesse órgão – uma via de resolver a questão será a nomeação de um presidente de direção, independente, escolhido previamente por acordo das partes ou cooptado pelos seus representantes.

O objeto da direção comum é a gestão das atividades das sociedades em causa. O conceito de gestão é em si mesmo um conceito fluido. Pela negativa, estarão fora do conceito todas as matérias cuja competência recaia noutros órgãos sociais além do órgão de administração, mas (pela positiva) estarão dentro todas as matérias da competência do órgão de administração da sociedade dirigida[13]. Por outro lado, é apenas a gestão e não a representação da sociedade que está aqui em causa. Por fim, caso a lei ou regulamentação (ou a prática social) exija uma deliberação social do órgão de administração, esta terá de ser emitida, ainda que refira que o teor da deliberação dá cumprimento ou tem em conta as diretivas/instruções unitárias e comuns recebidas[14]. Aliás, nos termos do art. 492º, 4, 1ª frase, a estrutura legal da administração e fiscalização das sociedades não é alterada por força do contrato.

O conceito de gestão é, como vimos suscetível de diversas gradações, não discriminando a lei entre matérias sujeitáveis e não sujeitáveis ao contrato de grupo paritário. Será essencial interpretar devidamente o contrato, que nesta matéria deverá ser redigido com particular cuidado. Tipicamente estarão em causa sobretudo matérias da chamada alta direção da sociedade dirigida, porventura certas matérias de gestão (relevante mas) corrente, e ficarão certamente de fora, em termos práticos, matérias de mero expediente[15]. Não obstante, se o contrato não dispuser em contrário, qualquer matéria da competência gestionária da administração das sociedades poderá ser objeto de direção unitária e comum.

---

[13] Para um conceito sumário de gestão (social), v. ENGRÁCIA ANTUNES (2002), p. 635 em nota, COUTINHO DE ABREU (2006) p. 38, ou ORLANDO VOGLER GUINÉ (2008), p. 951, s..

[14] Não existe uma norma semelhante ao disposto no art. 504º, nº 3, a benefício dos administradores das sociedades em relação de grupo paritário. Compreende-se mal essa discriminação e resta saber se não poderá mobilizar-se analogicamente, em certos casos.

[15] Sobre estes conceitos, e para mais referências, v. COUTINHO DE ABREU (2006) p. 38, s., ou ORLANDO VOGLER GUINÉ (2009), p. 156, s..

3. Procedimento

Em termos de formalidades, o contrato deve ser reduzido a escrito e ser precedido de deliberações sociais – da assembleia geral – de todas as sociedades intervenientes. As deliberações devem ser tomadas pela maioria exigida, por lei ou estatutariamente, para a fusão. A proposta deve partir das administrações de cada sociedade e com parecer dos seus órgãos de fiscalização, o que lembra justamente o procedimento aplicável às fusões (ver art. 98º e 99º). Não é inocente naturalmente a remissão para o regime das fusões, e justifica-se, considerando a natureza e substância das operações em causa[16]. Aliás, também a propósito do contrato de subordinação o legislador remeteu certas matérias para o regime das fusões (art. 496º, 1). Não obstante, o procedimento é menos detalhado do que o aplicável aos contratos de subordinação (mormente os arts. 495º e 496º), o que se percebe mal, mas poderá porventura servir de inspiração prática aos procedimentos preparatórios e deliberativos a implementar[17]. Teria feito mais sentido seguir a linha da AkG, que contém um regime geral (§§293 a 299) aplicável, salvo ressalva expressa, a todos os contratos de empresa (*Unternehmensverträge*)[18].

Aquela remissão expressa para o regime das fusões poderá sustentar porventura a mobilização das respetivas normas em caso de lacuna, designadamente quanto a matérias similares às compreendidas no âmbito do art. 496º, nº 1 (que remete igualmente para o regime das fusões)[19]. É de questionar também por que razão o legislador não replicou ou remeteu a celebração do contrato para

---

[16] Como nota GRAÇA TRIGO (1991), p. 96, a factualidade subjacente ao grupo paritário aproxima-o de uma fusão por constituição de nova sociedade.

[17] Mais afirmativos ainda quanto a este ponto, v. ENGRÁCIA ANTUNES (2002), p. 924, s., e PERESTRELO DE OLIVEIRA (2011), p. 1265.

[18] Como salientado por EMMERICH/SONNENSCHEIN (1997), p. 187, s.. Note-se, contudo, que para sectores relevantes da doutrina alemã o contrato de grupo paritário, justamente por pressupor a independência das intervenientes, não se trata de um contrato de empresa (*Unternehmensvertrag*), pelo que os §§293 a 299 da AkG não seriam aplicáveis (e caso em que a possibilidade de emissão de instruções vinculantes será controversa) – nesse sentido, v. LANGENBUCHER (2010), p. 3132, s.; para uma crítica e posição contrária, v. BEHRENDT (2001), p. 70, s. PEREIRA COELHO (1988), p. 338 entende ser "claro, pois, que ao grupo paritário não cabe a disciplina geral dos grupos", o que é acertado, mas na medida em que se defina a disciplina geral dos grupos como a regulamentação, abrangente, prevista para os grupos verticais.

[19] PERESTRELO DE OLIVEIRA (2011), p. 1265 sustenta que a remissão abrangerá, por analogia com o art. 496º, todo o regime das deliberações sociais e (p. 1266) que, por analogia com o art. 117º, e atendendo aos interesses prosseguidos, a falta de deliberação dos sócios gera a nulidade do contrato.

o disposto no art. 498º, em particular a sua parte final (contrato de subordinação é objeto de depósito na conservatória pelas duas sociedades e publicado)[20].

A lei esclarece no nº 3 que o contrato não pode ser celebrado por tempo indeterminado, sem prejuízo de poder ser prorrogado. Não se veem razões substanciais em contrário a essa prorrogabilidade, mas poderá questionar-se se deverá sempre ser seguido o mesmo procedimento aplicável à celebração de um novo contrato (porque se trata de uma alteração contratual e o nº 2 do art. 492º refere inclusivamente as prorrogações) ou se poderá p. ex. a assembleia geral delegar, nos termos do nº 2, no órgão de administração, com parecer favorável do órgão de fiscalização, a possibilidade de prorrogar o contrato, até um certo limite pelo menos. Outras modificações contratuais seguem os termos previstos no nº 2 na linha do disposto no art. 505º para os contratos de subordinação.

Quanto ao termo do contrato, o nº 5 remete para o disposto no art. 506º, relativamente ao termo do contrato de subordinação[21]. Naturalmente, apenas na medida aplicável, ou seja, é aplicável o art. 506º, 1, 2, 3, *a)*, *b)* e *c)*. A alínea *a)* do nº 3, o nº 4 e nº 5 deste art. não serão aplicáveis, pois o contrato de subordinação pode ser celebrado por duração indeterminada (pelo que poderá também ser denunciável, nos termos dessas normas aqui não aplicáveis).

O nº 6 ressalva o óbvio, válido também para outras formas de concentração empresarial: ficam ressalvadas as normas jurídicas da concorrência entre empresas. Por uma questão de coerência, faria mais sentido incluir essa ressalva na parte geral do CSC, ou então no capítulo I deste título VI das sociedade coligadas, abarcando todas as situações relevantes.

---

[20] Muito crítico também, relativamente à falta de registo comercial, v. ENGRÁCIA ANTUNES (2002), p. 923. No ordenamento alemão, o registo comercial também não é aplicável aos contratos de grupo paritário, como atesta LANGENBUCHER (2010), p. 3132.

[21] Sobre o tema, com muito interesse, identificando outras causas extintivas além das mencionadas (por remissão) na lei, v. ENGRÁCIA ANTUNES (2002), p. 925, s..

SECÇÃO III
CONTRATO DE SUBORDINAÇÃO

ARTIGO 493º
Noção

1. Uma sociedade pode, por contrato, subordinar a gestão da sua própria actividade à direcção de uma outra sociedade, quer seja sua dominante quer não.

2. A sociedade directora forma um grupo com todas as sociedades por ela dirigidas, mediante contrato de subordinação, e com todas as sociedades por ela integralmente dominadas, directa ou indirectamente.

Índice

1. Enquadramento
2. Objeto do contrato
3. Partes e procedimento
4. Âmbito do grupo

Bibliografia

a) Citada:

ABREU, J. M. COUTINHO DE – *Governação das Sociedades Comerciais*, Almedina, 2006, e "Artigo 503º", *Código das Sociedades Comerciais em Comentário* (coord. de J. M. Coutinho de Abreu), vol. VII (arts. 481º a 545º), Almedina, Coimbra, 2014, p. 280 a 297; ANTUNES, JOSÉ A. ENGRÁCIA – *Os Grupos de Sociedades. Estrutura e Organização Jurídica da Empresa Plurissocietária*, 2ª ed., Almedina, Coimbra, 2002; EMMERICH, VOLKER e SONNENSCHEIN, JÜRGEN – *Konzernrecht*, 6ª ed., Verlag C. H. Beck, 1997; GUINÉ, ORLANDO VOGLER – *Da Conduta (Defensiva) da Administração "Opada", Almedina, 2009,* e "A Responsabilidade da Sociedade Directora por Dívidas Fiscais da Sociedade Dirigida – Algumas Notas para a sua (In)Compreensão", *Estudos em Homenagem ao Professor Doutor Henrique Mesquita*, Studia Iuridica 95, Coimbra Editora, 2008, p. 937 a 965; LANGENBUCHER – "§291", *Aktiengesetz Kommentar* (coord. Karsten Schmidt e Marcus Lutter), 2ª ed, Verlag Dr. Otto Schmidt, 2010, p. 3113 a 3134; MONTEIRO, ANTÓNIO PINTO – "Contrato de Gestão de Empresa (Parecer)", *CJ – STJ*, vol. I, ano III, 1995, p. 5 a 16; OLIVEIRA, ANA PERESTRELO DE – "Artigo 493º", Código das Sociedades Comerciais Anotado (coord. António Menezes Cordeiro), 2ª ed., Almedina, 2011, p. 1267 a 1271; TRIGO, MARIA DA GRAÇA – "Grupos de Sociedades", *OD*, 123, 1991, p. 41 a 114; VENTURA, RAÚL – *Novos Estudos sobre Sociedades Anónimas e Sociedades em Nome*

Colectivo, Comentário ao Código das Sociedades Comerciais, Almedina, (reimpressão) 2003, XAVIER, CECÍLIA, "Coligação de Sociedades Comerciais", *ROA*, 53, 1993, p. 575 a 607.

b) Não citada:

BEHRENDT, UTE – *Os grupos de sociedades – uma comparação entre a lei alemã e a lei portuguesa* (dissertação de mestrado não publicada – FDUC), 2001; COELHO, FRANCISCO MANUEL DE BRITO PEREIRA – "Grupos de Sociedades", *BFDUC*, LXIV, 1988, p. 297 a 354; FIGUEIRA, ELISEU – "Disciplina Jurídica dos Grupos de Sociedades", *CJ*, t. IV, ano XV, 1990, p. 35 a 59.

Quanto à delimitação espacial e societária, atente-se no disposto no art. 481º e respectivo comentário.

1. Enquadramento

Este é o primeiro art. de uma Secção III, intitulada justamente de "Contrato de subordinação". É da respetiva noção que trata este art.[1]

Trata-se de um dos sub-tipos da coligação inter-societária de maior intensidade: a relação de grupo. Neste caso, trata-se de uma situação grupal, de base contratual (a mesma base das relações de grupo paritário), em contraponto com as situações de grupo participativas (assentes no domínio total inicial ou superveniente). Por outro lado, trata-se de um grupo vertical (de supra/infra-ordenação), como sucede nas situações de grupo participativas e diversamente do que sucede nos grupos paritários.

O nº 1, além de mencionar a fonte da relação de grupo (contrato), indica também o objeto e menciona as partes do contrato. Através deste contrato, uma sociedade pode subordinar à direção de outra a gestão da sua própria atividade; no mesmo sentido pode ver-se o §291(1), 1ª frase, 1ª parte – definição de *Beherrschungsvertrag*[2]. Também a lei de Sociedades Anônimas brasileira contém regras sobre a chamada convenção de grupo, nos arts. 265º a 277º.

---

[1] Sobre a respectiva natureza jurídica, como contrato de organização, v. ENGRÁCIA ANTUNES (2002), p. 612, s., e para o direito alemão EMMERICH/SONNENSCHEIN (1997), p. 131, s., salientando-se a liberdade contratual das partes como se encontrando condicionada também pela natureza do contrato.

[2] A lei alemã prevê também outros tipos de contrato de empresa (*Unternehmensverträge*). No próprio §291(1), 1ª frase, 2ª parte refere o contrato de atribuição total de lucros (*Gewinnabführungsvertrag*), em que o art. 508º se inspira; a 2ª frase equipara-lhe um contrato nos termos do qual uma sociedade se

NOÇÃO ART. 493º   193

Como referido acima, existe assim uma relação vertical, do tipo hierárquico, entre ambas as sociedades – a dirigida subordina a sua gestão à diretora. Diversamente do que sucede num grupo paritário, não parece ser necessário que diretora e dirigida estejam sujeitas a uma mesma direção (funcional) – i. e. o sentido de gestão de uma e outra pode ser diverso, não é necessário que haja uma estratégia comum, pode ser diversa para uma e outra sociedade. Por esse motivo não é impeditivo da celebração deste contrato, até será, pelo contrário, comum, a existência de relações de simples participação, participação recíproca ou de domínio entre as sociedades em causa; no entanto, atento o disposto no art. 483º, 1 *in fine*, a superveniência da celebração de um contrato de subordinação determina a cessação da relação de simples participação[3]. Por outro lado, a aquisição do controlo contratual faz nascer (se não existir já) uma relação de domínio entre as sociedades (para efeitos do art. 486º e respectivas consequências)[4] – domínio "simples" (diversamente do total – art. 507º) e contrato de subordinação não são mutuamente excludentes (e v. até o art. 496º, 2).

O contrato de subordinação distingue-se de outras figuras, que apresentam certos pontos de contacto, mas são estrutural e funcionalmente diferentes, consubstanciando o contrato de subordinação uma permanência e uma intensidade muito mais fortes, tendo presente o seu escopo primacial: subordinação da gestão de uma sociedade a outra sociedade[5]. Entre essoutras figuras, com enquadramento legal, contam-se, p.e., o contrato de consórcio (e não se confundindo a sociedade diretora com o chefe de consórcio (art. 12º do DL nº 231/81, de 28 de julho), quando exista)[6].

Outra figura que também não se confunde com o contrato de subordinação são os chamados contratos de gestão, através dos quais um terceiro se obriga, de forma remunerada a gerir uma sociedade, que deverão ter-se por admissíveis

---

compromete a conduzir os seus negócios (a sua empresa) por conta de outra. O §292(1) acrescenta outros contratos de empresa, relacionados também com os lucros, nos primeiros dois casos que elenca. Como salienta PERESTRELO DE OLIVEIRA (2011), p. 1269, os contratos de entrega de lucros apenas são admissíveis entre nós no contexto de um contrato de subordinação, devendo nesse caso respeitar-se o disposto no art. 508º.

[3] Como salienta PERESTRELO DE OLIVEIRA (2011), p. 1269.

[4] V. PERESTRELO DE OLIVEIRA (2011), p. 1265, s..

[5] Equacionando os chamados contratos de subordinação parcial (de certas estruturas ou certas funções da sociedade), que RAÚL VENTURA (2003), p. 110 rejeita em geral, v. ENGRÁCIA ANTUNES (2002), p. 642, s.; para o direito alemão, v. EMMERICH/SONNENSCHEIN (1997), p. 144 e LANGENBUCHER (2010), p. 3122, s..

[6] Para uma contraposição, v. por todos ENGRÁCIA ANTUNES (2002), p. 94, s..

na medida em que a alta direção/o poder de alta decisão permaneça efetivamente com a o órgão de administração da sociedade[7]. Não se confunde necessariamente com esta a atividade das chamadas sociedades gestoras de empresas, reguladas pelo DL nº 82/98, de 2 de abril, cujo art. 1º, 1 determina que: "Consideram-se sociedades gestoras de empresas (SGE) as sociedades que tenham por objecto exclusivo a avaliação e a gestão de empresas, com vista à sua revitalização e modernização".

2. Objeto do contrato

O objeto da subordinação é a gestão da atividade da sociedade dirigida, o que deverá resultar inequívoco do contrato[8].

Deve tratar-se da gestão social em termos universais, distinguindo-se assim da gestão de determinados setores de atividade. Haverá certamente bastantes zonas cinzentas e a questão há de pelo menos ser casuisticamente apreciada – p. e. deixar de fora unicamente alguns sectores de atividade menos relevantes ou abarcar "apenas" os sectores mais relevantes da atividade poderá não ser suficiente para afastar a qualificação de um contrato como contrato de grupo paritário.

O conceito de gestão é em si mesmo um conceito fluido. Pela negativa, estarão fora do conceito todas as matérias cuja competência recaia noutros órgãos sociais além do órgão de administração, mas (pela positiva) estarão todas as matérias da competência do órgão de administração da sociedade dirigida[9]. Por outro lado, é apenas a gestão e não a representação da sociedade que é subordinável; isto é, a sociedade diretora/seus administradores ou gerentes ou procuradores não se podem substituir – com base apenas no contrato de

---

[7] Neste sentido, v. COUTINHO DE ABREU (2006) p. 44. PINTO MONTEIRO (1995) adota uma posição aparentemente muito mais restritiva, notando que um contrato destes apenas seria válido se, no caso concreto, respeitador dos limites jurídico-societários e da lei civil. De permeio entre estas duas posições podemos situar ENGRÁCIA ANTUNES (2002) p. 513, s., chamando a atenção para uma abordagem necessariamente casuística nesta matéria.

[8] Assim RAÚL VENTURA (2003), p. 109, s. No mesmo local o A. rejeita que uma sociedade com determinado objeto possa celebrar um contrato de subordinação com sociedade com um objecto incompatível. Ora, uma rejeição liminar destas situações levanta algumas dúvidas, desde logo por não encontrarmos tal restrição nos grupos constituídos por domínio total; ainda que se siga esse entendimento mais restritivo, não deverá dispensar-se pelo menos uma apreciação casuística cuidada e uma interpretação abrangente dos objectos sociais em causa.

[9] Assim ENGRÁCIA ANTUNES (2002), p. 634, s. Para um conceito sumário de gestão (social), v. ENGRÁCIA ANTUNES (2002), p. 635 em nota, COUTINHO DE ABREU (2006) p. 38, ou ORLANDO VOGLER GUINÉ (2008), p. 951, s..

subordinação – aos administradores ou gerentes ou procuradores da sociedade dirigida para efeitos de representar esta perante terceiros[10]. Por fim, caso a lei ou regulamentação (ou a prática social) exija uma deliberação social do órgão de administração, esta parece que não deve deixar de ser emitida, ainda que refira que o teor da deliberação dá cumprimento ou tem em conta as diretivas/ /instruções recebidas da sociedade diretora. Essa referência servirá igualmente um propósito de salvaguarda dos administradores/gerentes da sociedade dirigida (cfr. art. 504º, 3). Vale a mesma regra que para o grupo paritário (art. 492º, 4, 1ª frase): a estrutura legal da administração e fiscalização das sociedades não é alterado por força do contrato, sem prejuízo (no caso subjacente ao art. 493º) da subordinação funcional, e jurídica, da gestão de uma sociedade a outra.

O conceito de gestão é, como vimos, suscetível de diversas gradações, não discriminando a lei entre matérias subordináveis e outras não subordináveis. Mais uma vez, será essencial interpretar devidamente o contrato, que nesta matéria deverá ser redigido com particular cuidado. Tipicamente estarão em causa sobretudo matérias da chamada alta direção da sociedade dirigida, porventura certas matérias de gestão (relevante mas) corrente, e ficarão certamente de fora, em termos práticos, matérias de mero expediente[11]. Não obstante, se o contrato não dispuser em contrário, qualquer matéria da competência gestionária da administração da dirigida poderá ser objeto de direção pela diretora.

Dirigir é orientar, emitir diretivas, que devem ser seguidas ou tidas em conta pelo destinatário das orientações ou diretivas. Encontra o seu expoente máximo, mas não se esgota, na emissão de instruções vinculantes, que, salvo indicação em contrário no contrato de subordinação, podem mesmo ser prejudiciais à sociedade dirigida, dentro de certos limites (art. 503º, 1 e 2).

Pode colocar-se a questão de saber se a diretora está obrigada a dirigir a outra sociedade ou, ao invés, se esse é apenas um direito da diretora. Este art. nada refere e uma tal obrigação de direção também não consta do elenco (deficitário, como veremos) de obrigações essenciais referidas no art. seguinte. No entanto, nos termos do art. 504º, 1, os administradores da sociedade dirigida deverão adotar, relativamente ao grupo (que engloba por definição a sociedade

---

[10] Assim também ENGRÁCIA ANTUNES (2002), p. 647 e 726, em nota. Como nota RAÚL VENTURA (2003), p. 118: "O contrato de subordinação não modifica a estrutura orgânica da sociedade subordinada: nenhum dos seus órgãos é eliminado, nem nenhum deles é substituído por órgão correspondente da sociedade directora."

[11] Sobre estes conceitos, e para mais referências, v. COUTINHO DE ABREU (2006), p. 38, s., ou ORLANDO VOGLER GUINÉ (2009), p. 156, s..

dirigida), a diligência que a lei lhes exige quanto à administração da sociedade dirigida. Poderá, portanto, dar a ideia de que a simples omissão do poder de direção da sociedade dirigida poderá já corresponder a uma inação negligente. Mas, por outro lado, o poder de dirigir tem a sua expressão máxima no poder de instruir de forma vinculativa a sociedade dirigida; ora, a lei expressamente reconhece a emissão de instruções vinculantes como um direito, e não como uma obrigação, da diretora (art. 503º, 1). E basta a existência do direito, não é necessário o seu efectivo exercício, para justificar o correspectivo dessa situação: responsabilidade solidária e responsabilidade por perdas (arts. 501º e 502º).

Pode questionar-se se existirão efetivamente razões materiais absolutamente decisivas que sejam impeditivas da configuração da situação como um mero direito (poder, mas não dever) e que não permitam preservar assim inteiramente a autonomia privada das partes, que, se assim tivessem querido, poderiam ter acordado uma obrigação de direção.[12]

A meu ver, esta questão deverá começar por ser dirimida através de uma correta interpretação do contrato de subordinação, pois expressa ou tacitamente as partes (as sociedades) poderão ter acordado numa ou noutra coisa. Assim sendo, e por via das dúvidas, será sempre conveniente que o contrato trate diretamente desta questão. No silêncio absoluto do contrato, podem permanecer algumas dúvidas sobre se haverá efetivamente um dever de dirigir ou se apenas se trata de um direito; talvez seja de presumir, atendendo ao escopo normal do contrato, que, na ausência de indicação em contrário, não se trate de um mero direito, mas de um poder-dever de dirigir por parte da sociedade diretora.

Sem prejuízo do que antecede, se efetivamente a diretora dirigir, devem naturalmente ser cumpridos os critérios dos arts. 503 e 504º, sendo que a responsabilidade solidária por dívidas e por perdas e garantia de lucros (arts. 501º e 502º e 500º) serão mobilizáveis independentemente do exercício de direção.

Por fim, o direito de instruir vinculativamente a sociedade deve entender-se como elemento essencial do contrato de subordinação, com exclusão do qual o

---

[12] Podemos encontrar na doutrina indicações que poderão apontar em vários sentidos para resolver esta questão. ENGRÁCIA ANTUNES (2002), p. 731, s., alerta não se dever confundir o dever de administrar diligentemente o grupo (art. 504º, 1) com um dever de emitir instruções vinculantes. GRAÇA TRIGO (1991) p. 110 nota o direito de emitir instruções vinculantes aproximar-se mais de um poder-dever do que de um direito subjetivo propriamente dito. RAÚL VENTURA (2003), p. 119 resolve a questão com referência ao disposto no art. 504º, 1, isto é, existência do dever consoante seja exigível ao abrigo do critério de diligência subjacente a este art. Referindo que a sociedade dominante não tem, em regra, um dever de emitir instruções vinculantes, mas antes um poder-dever de dirigir a gestão da dominada, que não torna inevitável o exercício de instruções vinculantes, v. COUTINHO DE ABREU (2014), nº 5.

contrato não é validamente celebrado como tal, o que não deve significar que não podem ser erigidos certos limites[13] (o art. 503º, 2 refere até expressamente que pode excluir-se o poder de emitir instruções prejudiciais para a sociedade dirigida).

Por outro lado, de forma a permitir uma deliberação informada dos acionistas em assembleia geral, o âmbito concreto e eventuais limitações ou critérios a seguir pela sociedade dirigida no contexto da emissão de instruções vinculantes devem ser adequadamente reflectidos no contrato[14].

3. Partes e procedimento

As partes de um contrato de subordinação são duas sociedades (dentro do âmbito estrutural e territorial do art. 481º), esclarecendo a lei que a diretora pode ou não ser sociedade dominante (nos termos do art. 486º) da dirigida. *A contrario*, não parece que a dirigida possa ser sociedade dominante – seria incongruente. Mas podem ambas as sociedades não estar em relação de domínio ou em qualquer outra relação de coligação societária de menor intensidade. Diversamente, nas relações de grupo paritário, a existência de uma relação de domínio é impeditiva do estabelecimento de tal relação. Explica-se esta diferença em função da natureza – paritária/horizontal v.s. supra/infra-ordenação/ /vertical – dos grupos em causa. Por fim, considerando o disposto no art. 507º, o estabelecimento de uma relação de domínio total é incompatível com uma relação contratual de subordinação.

A prática nacional tem desconhecido a celebração de contratos de subordinação, mas este poderá ser um instrumento interessante a preceder um domínio total superveniente, p. ex., designadamente se a diretora já for sociedade dominante da dirigida, transmutando um poder normalmente de facto num poder jurídico[15].

---

[13] Assim, ENGRÁCIA ANTUNES (2002), p. 639, s., e PERESTRELO DE OLIVEIRA (2011), p. 1270 em nota; no mesmo sentido, para o direito alemão, v. EMMERICH/SONNENSCHEIN (1997), p. 144 e LANGENBUCHER (2010), p. 3121, s. Portanto, limites podem existir, desde que razoáveis e não ponham em causa o escopo do contrato de subordinação. O correspectivo do poder de emitir instruções vinculantes é essencialmente a responsabilidade da sociedade diretora prevista nos arts. 501º e 502º; efetivamente, um e outro (instruções vinculativas e os seus correspectivos) são "as duas faces da mesma moeda", nas palavras do primeiro autor, um sem o outro desvirtuaria o regime legalmente previsto.

[14] Assim EMMERICH/SONNENSCHEIN (1997), p. 143.

[15] Assim ENGRÁCIA ANTUNES (2002), p. 620, s., alertando também para os perigos de subversão do regime legal português que daí (situação de facto e não legalizada) poderá decorrer. Também na Alema-

Em termos de formalidades, o contrato deve ser reduzido a escrito e respeitar o procedimento previsto nos arts. seguintes.

4. Âmbito do grupo

Nos termos do nº 2, a diretora forma um grupo com todas as sociedades por ela dirigidas, bem como com todas as sociedades por ela (pela diretora) integralmente dominadas, direta ou indiretamente.

A primeira questão que se levanta é saber se as próprias sociedades dirigidas se encontram, entre si, em relação de grupo. A letra da lei não parece apontar necessariamente nesse sentido (apenas determina literalmente que que a diretora forma o grupo com as demais sociedades e não que estas formam um grupo entre si) nem existe entre elas uma relação de supra/infra-ordenação; estariam numa situação de certa forma análoga a sociedades-irmãs em grupos participativos. No entanto, a lei parece prever ou pressupor uma certa plurilateralidade da relação de grupo em alguns aspetos[16], designadamente no que toca ao âmbito do poder de direção da sociedade-mãe; por exemplo, o interesse do grupo é o pressuposto alternativo ao mero interesse da sociedade diretora para a admissibilidade de instruções prejudiciais a uma sociedade (art. 503º, 2), e a administração da sociedade diretora deve adotar diligência na sua atuação relativamente a todo o grupo (art. 504º, 1).

A segunda parte deste número esclarece depois que, além das dirigidas, também pertencem ao grupo da diretora as sociedades integralmente (mais corretamente, em atenção à redação utilizada nos arts. 488ºss, totalmente) dominadas, direta ou indiretamente (seguindo a mesma lógica do art. 489º, 1, para os grupos participativos), pela diretora. É aplicável o mesmo raciocínio acima quanto a uma certa plurilateralidade da relação de grupo.

Resta saber se as sociedades que estejam em relação de grupo (seja por serem dirigidas, seja por serem integralmente dominadas) com as sociedades dirigidas estão também em relação de grupo com a sociedade diretora (e plurilateralmente, como antecede). Em termos literais, basta aproveitar a parte final deste número (direta ou indiretamente) para ambos os segmentos desta norma, aplicando-se tanto às "sociedades por ela dirigidas" como às "sociedades por ela

---

nha é reconhecido que a prática ficou muito aquém dos intentos do legislador de 1965 (v. EMMERICH/SONNENSCHEIN (1997), p. 131).

[16] Como salientado por ENGRÁCIA ANTUNES (2002), p. 323, s., em que os exemplos seguintes são igualmente mencionados. No mesmo sentido, v. PERESTRELO DE OLIVEIRA (2011), p. 1268.

NOÇÃO ART. 493º 199

integralmente dominadas". Por outro lado, poderá argumentar-se com um certo sentido de igualdade face aos grupos participativos.

Não obstante, dificilmente seriam aplicáveis as normas seguintes (arts. 494º ao 508º), ou todas elas pelo menos, à relação entre a sociedade diretora e as sociedades indiretamente dirigidas[17]. O ponto com maior interesse será porventura o direito de dar instruções vinculativas (e a correspondente responsabilização, perante credores, e quanto aos lucros dos sócios livres) na situação em que a sociedade A é diretora da sociedade B e esta é diretora da sociedade C – essencialmente saber se A pode instruir diretamente C, por constituir um grupo com esta, ou se, ao invés, quem deve poder dar instruções vinculativas a C será a B (a contraparte de C no contrato de subordinação)[18], ainda que A possa dar uma instrução correspondente a B (que esta depois executa emitindo a sua instrução a C). Esta questão parece estar mais clara no contexto dos grupos de domínio total, considerando o disposto nos arts. 489º, 1 e 483º, 2.

Nos grupos contratuais, a melhor forma de resolver esta situação de dúvida passará por celebrar contratos de subordinação com todas as sociedades que a directora pretende dirigir[19], evitando assim que a direção se venha efectivamente a implementar de forma indireta, em cadeia.

---

[17] Sobre os temas da plurilateralidade do contrato, bem como do grupo, v. ENGRÁCIA ANTUNES (2002), p. 623, s., que responde negativamente ao primeiro (contrato apenas bilateral) e salienta que o segundo deverá ser apreciado de forma casuística, considerando os diversos tipos de problemas, alguns dos quais enumera de seguida. RAÚL VENTURA (2003), p. 109 é muito assertivo recusando liminarmente que uma sociedade diretora de outra possa dirigir, ela mesmo, outras sociedades com as quais a segunda esteja em relação de domínio ou de grupo.

[18] Opinando no primeiro dos sentidos referidos, v. ENGRÁCIA ANTUNES (2002), p. 720, s..

[19] Esta possibilidade não levanta dúvidas na doutrina, v. RAÚL VENTURA (2003), p. 108, ENGRÁCIA ANTUNES (2002), p. 323 e PERESTRELO DE OLIVEIRA (2011), p. 1270. Ao invés, não será possível uma sociedade dirigida ter mais do que uma sociedade diretora, dada a potencial descoordenação dirigente que daí poderia decorrer, salvo, na opinião de PERESTRELO DE OLIVEIRA (2011), p. 1270, se existir algum instrumento de coordenação entre as directoras (um contrato paritário ou parassocial, p.e); v. também, com mais dúvidas sobre a possibilidade de excecionar e alertando para a necessidade de apurar as circunstâncias concretas, ENGRÁCIA ANTUNES (2002), p. 624, s., em nota; rejeitando liminarmente a hipótese de uma subordinação a mais de uma sociedade, v. RAÚL VENTURA (2003), p. 109.

ARTIGO 494º
Obrigações essenciais da sociedade directora

1. No contrato de subordinação é essencial que a sociedade directora se comprometa:
a) A adquirir as quotas ou acções dos sócios livres da sociedade subordinada, mediante uma contrapartida fixada ou por acordo ou nos termos do artigo 497º;
b) A garantir os lucros dos sócios livres da sociedade subordinada, nos termos do artigo 499º.
2. Sócios livres são todos os sócios ou accionistas da sociedade subordinada, exceptuados:
a) A sociedade directora;
b) As sociedades ou pessoas relacionadas com a sociedade directora, nos termos do artigo 483º, nº 2, ou as sociedades que estejam em relação de grupo com a sociedade directora;
c) A sociedade dominante da sociedade directora;
d) As pessoas que possuam mais de 10% do capital das sociedades referidas nas alíneas anteriores;
e) A sociedade subordinada;
f) As sociedades dominadas pela sociedade subordinada.

Índice
1. As obrigações da sociedade diretora
2. Os sócios livres

Bibliografia
Citada:

ANTUNES, JOSÉ A. ENGRÁCIA – *Os Grupos de Sociedades. Estrutura e Organização Jurídica da Empresa Plurissocietária*, 2ª ed., Almedina, Coimbra, 2002; CORDEIRO, ANTÓNIO MENEZES – *Direito Europeu das Sociedades*, Almedina, Coimbra, 2005; OLIVEIRA, ANA PERESTRELO DE – "Artigo 494º", *Código das Sociedades Comerciais Anotado* (coord. António Menezes Cordeiro), 2ª ed., Almedina, Coimbra, 2011, p. 1271 a 1274; TRIGO, MARIA DA GRAÇA – "Grupos de Sociedades", *OD*, 123, 1991, p. 41 a 114; VENTURA, RAÚL – *Novos Estudos sobre Sociedades Anónimas e Sociedades em Nome Colectivo*, Comentário ao Código das Sociedades Comerciais, Almedina, Coimbra, (reimpressão) 2003.

1. As obrigações da sociedade diretora

Este art. surge epigrafado de "obrigações essenciais" da sociedade diretora – uma referência que poderá em certa medida induzir em erro. Desde logo, no próprio CSC existem outras obrigações, também importantes, incluindo

OBRIGAÇÕES ESSENCIAIS DA SOCIEDADE DIRECTORA **ART. 494º** 201

a porventura mais significativa delas (em termos tanto jurídicos como práticos): responsabilidade solidária pelas dívidas da sociedade dirigida, nos termos do art. 501º. Por outro lado, existem também obrigações para além do CSC, designadamente obrigações decorrentes do regime geral dos contratos e princípios gerais, como seja a boa-fé, que deve presidir ao cumprimento de qualquer contrato.

Atentando-se no nº 1, este art. trata mais concretamente das obrigações que essencialmente devem constar do contrato de subordinação e ser contratualmente assumidas pela sociedade diretora: obrigação de aquisição das quotas ou ações dos sócios livres (por um valor a fixar por acordo ou nos termos do art. 497º) e obrigação de garantir os lucros aos sócios livres, nos termos do art. 499º.

Não se percebe bem a razão pela qual a menção expressa destas duas obrigações é condição necessária para que determinado contrato possa ser qualificado como contrato de subordinação[1]. Não se percebe por que razão não são da mesma forma essenciais outras obrigações ou por que não bastasse a qualificação pelas partes (e nos termos das respetivas deliberações sociais) do contrato como contrato de subordinação. Tanto uma como outra obrigação resultam do disposto nos arts. seguintes; quanto à al. *a)*, v. os arts. 495º, *d)* e *e)*, 497ºe 499º; quanto à *b)*, v. o art. 499º mas especialmente o 500º ("a sociedade diretora assume a obrigação de pagar..."). Em todo o caso, refira-se que a AkG prevê igualmente que o contrato deve prever tanto uma como outra situação (§§304 e 305), tal como era essa também a linha do Projeto de 9ª Diretiva sobre Grupos de Sociedades (art. 14º, 1)[2], e que tanto numa como noutra situação o foque do legislador foram os chamados sócios livres, conceito de que trata o número seguinte. A falta de previsão contratual expressa de uma ou outra obrigação acarretará a nulidade do contrato (art. 294º do CC)[3].

As duas alíneas do nº 1 são alternativas (para os sócios, mas não para a sociedade diretora), porque podem ser diversos os interesses de uns e outros sócios da sociedade dirigida. Uns poderão ter interesses e confiança na situação futura da sociedade enquanto integrante de um grupo (de direito), outros poderão

---

[1] Manifestando as mesmas interrogações, mas afirmando em todo o caso a necessidade de cumprimento do preceito legal, v. RAÚL VENTURA (2003), p. 110 s..

[2] Pode encontrar-se uma tradução do projeto em MENEZES CORDEIRO (2005), p. 751 a 770.

[3] Assim também PERESTRELO DE OLIVEIRA (2011), p. 1274.

preferir sair da sociedade[4], ou até aproveitar a situação para materializar uma intenção de saída que já anteriormente acalentavam.

2. Os sócios livres

O n.º 2 começa por definir o conceito relevante de sócios livres (para efeitos deste art. como dos seguintes, aliás) pela positiva: todos os sócios (ou, redundantemente..., acionistas) da sociedade subordinada/dirigida. Depois, pela negativa, exclui um conjunto de entidades que, quando tenham essa qualidade, são excluídos do conceito[5].

As várias alíneas (excludentes) deste número explicam-se genericamente por uma lógica de evitar circularidade e de transparência, em benefício das entidades que sejam de facto independentes do círculo orbitante em redor do grupo constituído pelas sociedades diretora e dirigida[6]. O conceito de "sócios livres" e o regime de protecção que a lei lhes estabelece visa tutelar a sua posição minoritária, em face da instrumentalização, legalmente reconhecida, da sociedade dirigida à directora[7].

Note-se que não existe qualquer cláusula geral, de que as várias alíneas sejam um exemplo[8], e dificilmente as mesmas, enquanto exceção à regra geral (sócios da subordinada são livres, salvo se diversamente previsto na lei), comportarão uma interpretação muito para além da sua letra ou analogia, em atenção ao disposto no art. 11.º do CC. Em todo o caso, a lista é bastante exaustiva.

Por fim, saliente-se que a referência a "pessoas" neste n.º 2, *d*), entre os sócios livres, é um dos exemplos que demonstram que, apesar de coligações societárias (neste caso, uma relação de grupo) apenas se poderem estabelecer entre (certas) sociedades (art. 481.º), as mesmas podem ter um impacto direto e signi-

---

[4] No mesmo sentido, v. PERESTRELO DE OLIVEIRA (2011), p. 1272, salientando como locais paralelos a este direito de saída os arts. 490.º, 5 e 6, 105.º e 137.º, 2, a que poderemos acrescentar quanto às sociedades abertas o art. 196.º do CVM. Como nota GRAÇA TRIGO (1991), p. 85, enquanto que nas aquisições tendentes ao domínio total os sócios podem ser obrigados a sair da sociedade contra a sua vontade, neste caso não existe essa obrigação, é uma pura opção dos sócios. Com maiores desenvolvimentos sobre o direito de saída e alienação das participações sociais correspondente, v. ENGRÁCIA ANTUNES (2002), p. 788, s..

[5] Sobre as formas possíveis de construção legal do conceito de sócios livres, v. ENGRÁCIA ANTUNES (2002), p. 764, s..

[6] Para alguns desenvolvimentos sobre os racionais subjacentes a cada grupo de alíneas, v. ENGRÁCIA ANTUNES (2002), p. 765, s..

[7] Como referido por ENGRÁCIA ANTUNES (2002), p. 764, relativamente ao sócio livre, o seu "estatuto jurídico se vê por isso [nota: por não pertencerem ao círculo de controlo societário] irremediavelmente afectado pela instituição da relação de grupo".

[8] Afirmando claramente a taxatividade do n.º 2, v. PERESTRELO DE OLIVEIRA (2011), p. 1273 em nota.

ficativo noutras entidades (pessoas singulares, outras pessoas colectivas, patrimónios autónomos, que sejam sócios) que, em si mesmas, não se encontram
coligadas, nos termos do CSC, com as sociedades em causa. Neste caso, as mencionadas pessoas não têm direito a que lhe venham a ser adquiridas as suas quotas ou ações ou garantidos lucros, nos termos do nº 1.

ARTIGO 495º *
Projeto de contrato de subordinação

As administrações das sociedades que pretendam celebrar contrato de subordinação devem elaborar, em conjunto, um projeto donde constem, além de outros elementos necessários ou convenientes para o perfeito conhecimento da operação visada, tanto no aspecto jurídico como no económico:

a) Os motivos, as condições e os objetivos do contrato relativamente às duas sociedades intervenientes;

b) A firma, a sede, o montante do capital, o número e data da matrícula no registo comercial de cada uma delas, bem como os textos atualizados dos respetivos contratos de sociedade;

c) A participação de alguma das sociedades no capital da outra;

d) O valor em dinheiro atribuído às quotas ou acções da sociedade que, pelo contrato, ficará a ser dirigida pela outra;

e) A natureza da contrapartida que uma sociedade oferece aos sócios da outra, no caso de estes aceitarem a proposta de aquisição das suas quotas ou ações pela oferente;

f) No caso de a contrapartida mencionada na alínea anterior consistir em ações ou obrigações, o valor dessas ações ou obrigações e a relação de troca;

g) A duração do contrato de subordinação;

h) O prazo, a contar da celebração do contrato, dentro do qual os sócios livres da sociedade que ficará a ser dirigida poderão exigir a aquisição das suas quotas ou ações pela outra sociedade;

i) A importância que a sociedade que ficará a ser diretora deverá entregar anualmente à outra sociedade para manutenção de distribuição de lucros ou o modo de calcular essa importância;

j) A convenção de atribuição de lucros, se a houver.

* O proémio do art. 495º foi retificado pela Declaração de 29/11 de 1986.

Índice

1. O projeto comum de contrato de subordinação

    1.1. Conteúdo mínimo obrigatório

    1.1.1. Motivos, condições e objetivos do contrato relativamente às duas sociedades participantes

    1.1.2. Firma, sede, montante do capital, número e data de matrícula de cada uma das sociedades participantes. A anexação dos textos atualizados dos respetivos estatutos sociais

    1.1.3. A participação de alguma das sociedades no capital de outra

    1.1.4. A contrapartida monetária ou mobiliária pela aquisição das quotas ou ações dos sócios livres. A avaliação das participações sociais da futura sociedade subordinada ou, no caso de contrapartida mobiliária, de ambas as sociedades contratantes e a indicação da relação de troca

1.1.5. A importância a título de garantia de lucros ou o modo de a calcular

1.2. Conteúdo facultativo

1.2.1. Duração do contrato de subordinação

1.2.2. Convenção de atribuição de lucros

Bibliografia

Citada:

ABREU, J. M. COUTINHO DE – *Curso de direito comercial*, vol. II, 4ª ed., Almedina, Coimbra, 2011; ANTUNES, JOSÉ A. ENGRÁCIA – *Os Grupos de Sociedades. Estrutura e Organização Jurídica da Empresa Plurissocietária*, 2ª ed., Almedina, Coimbra, 2002, "Direito de Oposição Judicial dos Sócios Livres", in *Estudos Dedicados ao Prof. Doutor Mário Júlio de Almeida Costa*, Universidade Católica Editora, Lisboa, 2002ª; CORDEIRO, ANTÓNIO MENEZES – *Direito Europeu das Sociedades*, Almedina, Coimbra, 2005; HÜFFER, UWE – "§ 305" e "§307", *Aktiengesetz, Beck'sche Kurz-Kommentare*, 10ª ed., Beck, München, 2012, p. 1604- -1629, p. 1673; PERESTRELO, ANA OLIVEIRA – "Artigo 499º", em *Código das Sociedades Comerciais Anotado* (coord. de A. Menezes Cordeiro), 2ª ed., Almedina, Coimbra, 2011, p. 1285-1290; TRIGO, MARIA DA GRAÇA – "Grupos de sociedades", in *OD*, 123º, 1991, p. 41-114; VENTURA, RAÚL – "Grupos de sociedades – Uma introdução comparativa a propósito de um Projecto Preliminar de Directiva da C.E.E. (conclusão)", in *ROA*, Ano 41, v. II, 1981, p. 305-362, "Contrato de subordinação", em *Novos Estudos sobre Sociedades Anónimas e Sociedades em Nome Colectivo – Comentário ao Código das Sociedades Comerciais*, Almedina, Coimbra, 1994; XAVIER, CECÍLIA – "Coligação de sociedades comerciais", in *ROA*, 53, 1993, p. 575-607.

1. O projeto comum de contrato de subordinação

A formação de um grupo de sociedades por contrato de subordinação supõe uma série de trâmites sucessivos, podendo dividir-se em três momentos fundamentais: elaboração do projeto de contrato de subordinação e respetiva fiscalização interna e/ou externa; submissão do projeto à discussão e votação da coletividade de sócios de cada uma das sociedades contratantes; celebração, registo e publicação do contrato de subordinação[1].

---

[1] ENGRÁCIA ANTUNES (2002), p. 656.

A elaboração do projeto de contrato de subordinação é da competência dos membros do órgão de administração (dos gerentes das SQ ou dos administradores das SA[2]). O projeto de contrato deve ser elaborado em conjunto pelos membros da administração de cada umas das sociedades, dado que o referido projeto é comum a ambas as sociedades contratantes. Há um único projeto de contrato de subordinação que traduzirá o consenso a que terão chegado as administrações quanto a todos os elementos que integram o respetivo conteúdo.

Do projeto devem constar, além dos elementos obrigatórios elencados nas várias alíneas do art. 495º, os que se revelem necessários ou convenientes ao conhecimento da operação, quer do ponto de vista jurídico, quer económico, visando-se garantir o direito à informação dos sócios sobre as condições e efeitos da formação do agrupamento, a quem cabe aprovar ou rejeitar o projeto contratual.

Entre esses elementos não enumerados taxativamente no art. 495º podem referir-se[3]: a previsão de especiais medidas de proteção de sócios titulares de direitos especiais sobre os lucros (*v.g.*, acionistas preferenciais sem voto) e de terceiros não sócios (titulares de obrigações indexadas aos lucros sociais; titulares de obrigações convertíveis em ações ou de obrigações com *warrant*; administradores cuja remuneração consista numa percentagem dos lucros; trabalhadores cujo salário inclua participação nos lucros sociais) da futura sociedade subordinada[4]; quaisquer vantagens especiais atribuídas aos peritos ou membros dos órgãos das sociedades contratantes; a determinação da natureza das instruções emitidas pela futura sociedade diretora (p. ex., proibindo-se a emissão de instruções desvantajosas – cfr. o art. 503º, 2, 1ª parte); o projeto de alteração a introduzir no pacto social da futura sociedade diretora em caso de aumento do seu capital social ou de emissão de empréstimo obrigacionista para oferecer as

---

[2] Tratando-se uma ou ambas as sociedades contratantes de SA e dispondo de um órgão de administração plural (cfr. os arts. 390º, 1 e 2, 424º), este tem de emitir uma deliberação sobre o projeto de contrato (por aplicação analógica do art. 406º, *m)*, uma vez que esta não resulta expressamente aplicável em face da remissão do art. 496º, 1, para o regime da fusão). O projeto de contrato tem assim de ser aprovado mediante deliberação colegial maioritária (cfr. o art. 410º, 7), salvo se maioria mais exigente constar dos estatutos. O regime sobre abuso de informação, previsto no art. 449º, 1 a 3, considera-se estar abrangido pela remissão do art. 496º, 1 para a fusão, relativamente à informação de que os membros do órgão de administração ou fiscalização tomem conhecimento durante o processo negocial.

[3] V. tb. ENGRÁCIA ANTUNES (2002), p. 658, nt. 1278.

[4] ENGRÁCIA ANTUNES (2002ª), p. 844, nt. 14.

suas[5] participações ou obrigações[6] pela aquisição das quotas ou ações dos sócios livres que por ela optem.

Ao projeto comum podem ser anexos, além dos necessários estatutos atualizados das duas sociedades contratantes (cfr. al. *b*)), o balanço de cada uma das sociedades contratantes[7].

1.1. Conteúdo mínimo obrigatório

O art. 495º enumera os vários elementos que hão-de constituir o conteúdo mínimo obrigatório ou essencial do projeto de contrato de subordinação – com exceção dos constantes nas als. *g*) e *f*), que consistem em elementos eventuais do mesmo –, sem prejuízo da indicação de outros aspectos necessários ou convenientes ao conhecimento da operação de agrupamento societário, como acabou de se referir.

1.1.1. Motivos, condições e objectivos do contrato relativamente às duas sociedades participantes

No que respeita aos motivos, condições e objetivos do contrato, trata-se de explicar e justificar as finalidades visadas com a operação de agrupamento societário. Estes aspectos devem ser expostos com referência a cada uma das sociedades participantes, como decorre expressamente da al. *a*) em análise, indicando-se qual a posição que cada uma das sociedades ocupará (diretora ou subordinada).

1.1.2. Firma, sede, montante do capital, número e data de matrícula de cada uma das sociedades participantes. A anexação dos textos atualizados dos respetivos estatutos sociais

As sociedades contratantes devem ser devidamente identificadas, indicando-se a respectiva firma, sede social, capital social e número e data de matrícula no registo comercial. A última versão dos estatutos sociais de ambas as sociedades contratantes deve igualmente ser anexa ao projeto de contrato de subordinação.

---

[5] As quotas ou ações emitidas em aumento de capital da sociedade diretora ou as obrigações emitidas em empréstimo obrigacionista da sociedade diretora, para cumprimento da contrapartida mobiliária pela aquisição das quotas ou ações dos sócios livres que por ela optem, nunca chegam a ser quotas ou ações próprias da sociedade emitente, porquanto são subscritas pelos sócios livres da sociedade subordinada em conformidade com a opção manifestada. A emissão de quotas, ações ou obrigações pode não ser necessária, se existirem suficientes quotas, ações ou obrigações próprias da sociedade diretora.

[6] Cfr. o art. 495º, *f*) – v. *infra* o nº 1.1.4..

[7] Assim, ENGRÁCIA ANTUNES (2002), p. 791. Parece-nos que o balanço de cada uma das sociedades não tem necessariamente de ser elaborado especialmente para este efeito, por analogia ao previsto no art. 98º, 2, relativo à fusão.

1.1.3. A participação de alguma das sociedades no capital de outra

Aquando da elaboração do projeto contratual, entre as sociedades contratantes pode preexistir uma relação de coligação societária (de simples participação, de participações recíprocas ou de relação de domínio[8]), mas já não uma relação de grupo por domínio total[9]. Nesse caso, a participação que alguma das sociedades contratantes detenha no capital da outra deve ser indicada.

A identificação das participações que uma das sociedades contratantes detenha no capital da outra é relevante para efeitos do disposto no art. 496º, 2, que impõe um requisito deliberativo adicional e específico quanto à aprovação do projeto contratual pela assembleia geral da sociedade subordinada, no caso de a futura sociedade diretora dominar a futura sociedade subordinada.

A relação de coligação societária pode surgir posteriormente à elaboração do projeto, mas antes da votação do mesmo em assembleia geral de cada uma das sociedades contratantes. Constituindo-se nesse período uma relação de domínio entre a futura sociedade diretora, na qualidade de dominante, e a futura sociedade subordinada, na qualidade de dependente, é igualmente aplicável o art. 496º, 2[10] citado.

Se, após a tomada das deliberações sobre a aprovação do projeto de contrato de subordinação, ou após a própria celebração ou registo e publicação do contrato de subordinação, a sociedade diretora adquirir, por si só ou por sociedades ou pessoas que preencham os requisitos indicados no art. 483º, 2, o domínio total da sociedade subordinada, a relação de domínio total prevalece sobre a relação de subordinação – aplicando-se unicamente o regime da relação de

---

[8] Parece, porém, estar excluída a admissibilidade da constituição do grupo por subordinação entre sociedades em relação de domínio, em que a sociedade dominante ocupe a posição de sociedade subordinada e a sociedade dependente a posição de diretora – neste sentido, v. GRAÇA TRIGO (1991), p. 81-82, entendendo que tal situação é excluída pelo art. 493º, 1, *in fine*, bem como pela necessidade de evitar a ambiguidade que de outro modo existiria no confronto de duas relações de coligação societária de sentido inverso; ORLANDO VOGLER GUINÉ, no nº 3. do comentário ao art. 493º deste volume, considerando resultar *a contrario* do art. 493º, 1, *in fine*, não poder a dirigida ser sociedade dominante da diretora, o que seria incongruente.

[9] Considerando resultar do disposto no art. 507º, 1, a incompatibilidade legal entre o domínio total e o contrato de subordinação, v. SOVERAL MARTINS, no nº 1 do comentário ao respetivo artigo neste volume. O mesmo A., na nt. 3 do mesmo comentário citado, refere-se ainda à possibilidade de compatibilização entre o contrato de subordinação firmado e a aquisição posterior do domínio total da sociedade subordinada por outra sociedade que não a diretora.

[10] Reportando-se ao momento da realização da assembleia geral como o decisivo para a exigibilidade da verificação do requisito deliberativo constante do art. 496º, 2, v. ENGRÁCIA ANTUNES (2002), p. 670.

PROJETO DE CONTRATO DE SUBORDINAÇÃO ART. 495º   209

grupo por domínio total –, caducando as deliberações sociais tomadas ou cessando a vigência do contrato, conforme o caso[11].

1.1.4. A contrapartida monetária ou mobiliária pela aquisição das quotas ou ações dos sócios livres. A avaliação das participações sociais da futura sociedade subordinada ou, no caso de contrapartida mobiliária, de ambas as sociedades contratantes e a indicação da relação de troca

As als. *d)*, *e)*, *f)*, *h)* concretizam o disposto no art. 494º, 1, *a)*, que impõe, como elemento essencial do contrato de subordinação, que a futura sociedade diretora se obrigue perante os sócios livres (se existirem)[12] a adquirir as suas quotas ou ações mediante uma contrapartida *em dinheiro* ou em *quotas*[13], *ações* ou *obrigações* (convertíveis ou com *warrant*)[14] da futura sociedade diretora, fixada no projeto

---

[11] Cfr. o art. 507º, 1, e respetivo comentário neste volume da autoria de SOVERAL MARTINS.

[12] Não existindo sócios qualificáveis como sócios livres, nos termos do art. 494º, 2, não é necessário que o projeto contratual contemple a informação exigida nas als. *d)* a *f)*, *h)* e *i)* do art. 495º. Porém, o contrato de subordinação que, por falta de sócios livres nos termos do art. 494º, 2, tenha sido firmado sem que a sociedade diretora tenha assumido, em conformidade com o disposto no art. 494º, 1, a obrigação de aquisição das participações dos sócios livres ou a chamada garantia anual de lucros (v. o nº 3. do comentário ao art. 498º neste volume), termina quando surja um sócio livre (v. o nº 2. do comentário ao art. 506º neste volume).

[13] A al. *f)* do art. 495º omite a referência às quotas, o que se terá devido, por certo, a lapso do legislador – assim, tb. ENGRÁCIA ANTUNES (2002), p. 793, nt. 1557; ANA PERESTRELO DE OLIVEIRA (2011), p. 1287, nt. 6. Ademais, esse lapso não se verifica na al. *b)* do nº 1 do art. 500º, que descreve o modo de cálculo da garantia de lucros variável, mandando para o efeito atender ao "lucro que seria auferido por *quotas* ou ações da sociedade diretora, no caso de terem sido por elas trocadas as quotas ou ações" dos sócios livres (itálico nosso). Podendo a sociedade diretora ser uma SQ (cfr. o art. 481º, 1), não se descortina uma razão de fundo que justifique a impossibilidade de esta oferecer, além de uma contrapartida monetária, a troca por quotas no seu capital. A menor negociabilidade das quotas, em face dos valores mobiliários (ações e obrigações), não parece constituir justificação bastante para tal impossibilidade, com vista a uma melhor tutela dos interesses dos sócios livres da sociedade subordinada.

[14] Quanto ao tipo de obrigações da sociedade diretora admitidas como contrapartida dos sócios livres, a lei não estatui qualquer limitação, mas a solução mais adequada à proteção da posição social dos sócios livres seria a de apenas ser permitida a atribuição de obrigações com direito a conversão em ações (ou com direito de subscrição de ações), no caso de a sociedade diretora ser uma SA. Aliás, manifestamo-nos favoráveis a uma interpretação restritiva da referência a "obrigações", constante da al. *f)* do art. 495º, no sentido de apenas estarem em causa obrigações convertíveis em ações (ou com *warrant*), estando excluídas as obrigações comuns. Neste sentido aponta o processo legislativo comunitário da Nona Diretiva, ainda que não tenha culminado num ato legislativo europeu vigente. Segundo informação colhida em RAUL VENTURA (1981), p. 344, o art. 10º do Projeto Preliminar da diretiva previa a possibilidade de, além de dinheiro, a contrapartida consistir (em ações ou) obrigações, *convertíveis* ou *não*. Porém, o art. 15º, 2 a 5 do Projeto de Nona Diretiva sobre Grupos de Sociedades [cuja versão traduzida pode consultar-se em MENEZES CORDEIRO (2005), p. 760] apenas contemplou a possibilidade de a contrapartida oferecida, além de dinheiro, consistir (em ações ou) em títulos de dívida *convertíveis*. Subjacente a esta mudança

de contrato de subordinação *por acordo* entre as administrações, sem prejuízo de vir a ser determinada *judicialmente* em processo de oposição, ao abrigo do art. 497º, 4, caso em que a futura sociedade diretora pode desistir da celebração do contrato, ao abrigo do art. 499º, 3.

Pelo seu lado, aos sócios livres atribui-se, antes da celebração, registo e publicação do contrato de subordinação (cfr. o art. 499º, 1 e 2), um direito de opção entre a alienação das suas participações na sociedade subordinada ou a chamada garantia anual de lucros.

A al. *h)* do art. 495º refere-se ao prazo, "a contar da celebração do contrato", dentro do qual os sócios livres "poderão exigir a aquisição" das suas participações pela sociedade diretora. Esta al. *h)* do art. 495º encontra paralelo no art. 23º, 1, do Projeto de Nona Diretiva sobre Grupos de Sociedades e no § 305 Abs. 4 Sazt 1 da AktG, mas nestes lugares o prazo releva para o exercício da (própria) opção pela alienação das participações sociais, depois de registado e publicado o contrato de subordinação, não estando prevista a elaboração de um projeto contratual. O próprio contrato de subordinação é sujeito a deliberação pela coletividade dos sócios de cada uma das sociedades contratantes e, sendo aprovado, é registado e publicado, podendo os sócios livres exigir a aquisição das suas ações, dentro do prazo de três meses depois da publicação do contrato (cfr. o citado art. 23º, 1 do Projeto de Diretiva) ou dentro do prazo estipulado pela sociedade diretora, que termina o mais tardar dois meses após o dia em que o registo do contrato foi publicitado (cfr. o mencionado § 305[15] Abs. 4 Sazt 1 da AktG).

terá estado, por certo, a preocupação em assegurar uma proteção mais adequada aos interesses dos sócios livres.

[15] Em face do § 305 da AktG, a doutrina e jurisprudência alemãs entendem que o contrato de subordinação deve conter a própria oferta da contrapartida da aquisição (*Abfindungsangebot*) das ações, exercendo o acionista livre o direito de exigir a contrapartida da aquisição (*Abfindungsanspruch*), em vez do direito a exigir a compensação anual (*Ausgleichanspruchs*), através da declaração de opção. Os acionistas externos adquirem a opção pela contrapartida (*Abfindunsgoption*), pelo que o contrato de domínio (*Beherrschungsvertrag*) ou o contrato de tranferência de lucros (*Gewinnabführungsvertrag*) é, a este repeito, um contrato a favor de terceiros (*Vertrag zugunster Dritter*, previsto no § 328 e s. do BGB). A própria obrigação de pagar a contrapartida (*Abfindungspflicht*) só surge através do exercício da opção (*Option*), que é feito por seu turno através da aceitação (*Annahme*) da oferta de contrapartida (*Abfindungsangebot*) estabelecida no contrato. A outra parte contratante (a sociedade dominante) pode estipular um prazo para o exercício da opção, de acordo com § 305 Abs. 4 Sazt 1. A posição maioritária defende que a opção não se extingue através do recebimento do pagamento da compensação anual (*Ausgleichszahlung*), prevista no § 304 da AktG. A lei não prevê tal causa de extinção e uma espécie de renúncia à opção não é justificável na falta de declaração negocial de vontade dos acionistas externos.Tais acionistas podem não querer a renúncia, dado que, de outro modo, eles teriam de rejeitar o pagamento da compensação anual e assim ficariam

PROJETO DE CONTRATO DE SUBORDINAÇÃO **ART. 495º** 211

No direito nacional, a previsão do direito de opção numa fase ainda preliminar do *iter* da constituição do grupo por contrato de subordinação (antes da publicação do contrato) origina algumas incongruências legais em face do disposto no art. 497º, 4, impondo uma interpretação corretiva do prescrito no art. 499º, 1 e 2, quanto ao prazo dentro do qual os sócios podem exercer a opção[16].

De iure condendo, o direito de opção apenas deveria surgir após a última das publicações do contrato, podendo este (e em conformidade com o estipulado no projeto contratual) prever um prazo para o respetivo exercício (do próprio direito de opção), na ausência do qual ao sócio livre caberia a chamada garantia anual de lucros. *De iure constituto*, aos sócios livres cabe exercer previamente o direito de opção, nos termos do art. 499º, 1 e 2, e, sendo o contrato celebrado, exigir a aquisição das suas quotas ou ações dentro de certo prazo, ao abrigo da al. *h)* do art. 495º, se anteriormente tiverem optado pela respetiva alienação. Nesta última hipótese, a lei impõe uma duplicação de atos a cargo do sócio livre, que seria dispensável.

Deve entender-se que o prazo estipulado no projeto de contrato e que constará, por certo, igualmente do próprio contrato de subordinação, para efeitos da exigência da aquisição das participações sociais, começa a correr a partir da última das publicações[17] do contrato e não após a mera celebração do mesmo, segundo uma interpretação corretiva do disposto na al. *h)* do art. 495º. A favor deste entendimento parecem relevar, desde logo, exigências de ordem prática atinentes ao próprio conhecimento por parte dos sócios livres da outorga do contrato, que é garantido pelo registo e publicação do contrato firmado (cfr. o art. 498º), bem como razões de congruência jurídica e sistemática quanto ao momento da eficácia da constituição do grupo por subordinação, em face da natureza constitutiva do registo e publicação do contrato de subordinação[18].

Na doutrina nacional, Raul Ventura[19] e Ana Perestrelo de Oliveira[20] defendem que, uma vez que a obrigação de aquirir as quotas ou ações tem de constar do contrato, este configura-se, neste aspeto, como um contrato estipulado em benefício de terceiros, contrato esse que não é um contrato-promessa, mas sim

---

até à execução da contrapartida da aquisição sem compensação para as perdas de dividendos. V., entre outros, UWE HÜFFER (2012), p. 1607-1608.

[16] V. o nº 2. do comentário ao art. 499º neste volume.

[17] Assim, e com precedência, SOVERAL MARTINS, na nt. 6 do comentário ao art. 507º neste volume.

[18] V. o nº 2. do comentário ao art. 498º neste volume.

[19] (1994), p. 122.

[20] (2011), p. 1289, nt. 14.

um contrato de opção para compra ou troca das quotas ou ações, de modo que a manifestação de vontade da sociedade diretora-adquirente consta do contrato de subordinação e o contrato de compra ou troca torna-se perfeito pela aceitação (opção) do sócio livre. A respeito da al. *h)* do art. 495º, Ana Perestrelo de Oliveira[21] nota que "rigorosamente, não se trata de *exigir a aquisição* mas de exercer a opção que torna perfeito o contrato".

Aceitando-se que o contrato de subordinação pode ser qualificado, na esteira da doutrina alemã[22], quanto à oferta da contrapartida da aquisição, como um acordo em benefício de terceiros (sócios livres), nomeadamente um contrato de opção para compra ou troca das quotas ou ações dos sócios livres, então, do contrato de subordinação constará apenas *a proposta de aquisição*, surgindo a favor dos terceiros sócios livres a *opção de venda ou troca* das suas quotas ou ações, consoante a contrapartida seja monetária ou mobiliária, que deve ser exercida dentro do prazo estipulado a contar da última das publicações do contrato de subordinação, a que se refere a al. *h)* do art. 495º. Com o exercício da opção de venda ou troca pelos sócios livres, que configura juridicamente a *aceitação*, nasce a *obrigação de aquisição* contra a contrapartida proposta. A *aceitação* (*opção de venda ou de troca*) *não* corresponde ao *direito de opção* regulado no art. 499º[23].

De todo o modo, a lei nacional refere-se literalmente à "obrigação de aquisição" que deve constar do contrato (cfr. o art. 494º, *a)*), ao "direito de opção" (cfr. o art. 499º) e "ao poder de exigir a aquisição", dentro de certo prazo (cfr. a al. *h)* do art. 495º). Por seu turno, a regulamentação alemã do contrato de domínio e do contrato de transferência de lucros (cfr. os §§ 304 e 305 da AktG) estatui, textualmente, que o contrato deve conter a obrigação da sociedade diretora de pagar uma compensação anual (*Verpflichtung zum Ausgleich*), bem assim a obrigação de adquirir, a pedido (*auf Verlangen*) dos acionistas externos, as suas participações (*Verpflichtung zum Erwerb*), podendo ser estipulado um prazo para a obrigação de aquisição, que termina o mais tardar dois meses após o dia em que o registo do contrato foi publicitado.

A contrapartida monetária ou mobiliária oferecida pela futura sociedade diretora será resultado do acordo das sociedades contratantes ou, sendo deduzida oposição judicial, da sentença judicial que proceda à sua fixação. Em qual-

---

[21] (2011), p. 1289, nt. 15.

[22] V. *supra* nt. 15.

[23] V. a reflexão feita a este propósito por SOVERAL MARTINS, na nt. 6 do comentário ao art. 507º neste volume.

PROJETO DE CONTRATO DE SUBORDINAÇÃO **ART. 495º** 213

quer dos casos, a determinação das contrapartidas terá por base a *avaliação*[24] *do património* da sociedade subordinada ou de ambas as sociedades, consoante a contrapartida consista em dinheiro ou em valores mobiliários da futura sociedade diretora, respetivamente.

Do projeto de contrato constará, para efeitos da contrapartida *monetária*, o *valor em dinheiro* atribuído às quotas ou ações da sociedade subordinada (cfr. a al. *d)*), que terá de corresponder, no mínimo[25], ao respetivo valor contabilístico[26].

Oferecendo a futura sociedade diretora aos sócios livres da futura sociedade subordinada uma contrapartida *mobiliária*, o projeto de contrato incluirá o *valor* patrimonial *das quotas, ações* ou *obrigações* convertíveis (ou com *warrant*) da futura sociedade diretora oferente *e a relação de troca*[27] entre as quotas ou ações da sociedade subordinada e as quotas, ações ou obrigações convertíveis (ou com *warrant*) da sociedade diretora oferente (cfr. a al. *f)* do art. 495º).

Salvo se a sociedade diretora detiver quotas, ações ou obrigações convertíveis (ou com *warrant*) *próprias* suficientes para a execução da troca, é necessária a

---

[24] Sobre as dificuldades e disparidades advenientes da inexistência de critérios orientadores de tal avaliação, ademais perante a pluralidade de critérios possíveis, v. ENGRÁCIA ANTUNES (2002), p. 779-780, 790-791.

[25] Nada impede que a sociedade diretora ofereça um valor superior àquele a que têm direito os sócios livres.

[26] Não prevê a lei qualquer critério para aferir o valor patrimonial das quotas ou ações detidas pelos sócios livres. Julgamos que deve considerar-se aplicável o art. 105º, 2, embora tomando como referência a data da deliberação da sociedade subordinada sobre o projeto contratual, dado que por várias vezes a regulamentação legal do contrato de subordinação (cfr. os arts. 496º, 1, 497º, 2) remete para as disposições relativas à fusão de sociedades [tb. CECÍLIA XAVIER (1993), p.603], além de o *iter* formal preparatório da constituição do grupo por subordinação aproveitar, quanto possível, o modelo do processo de fusão, iniciando-se com a elaboração de um projeto contratual. Por outro lado, contra a aplicação do referido art. 105º, 2, não nos parece relevante que a aquisição das participações dos sócios livres da sociedade subordinada pela sociedade diretora não se trate de uma exoneração em sentido rigoroso. Assim, salvo estipulação diversa do pacto social ou acordo das sociedades contratantes, o valor patrimonial das participações deve corresponder ao valor que resulta da subsequente remissão para o art. 1021º do CCiv. – o comummente conhecido valor contabilístico da participação social, fixado com base no estado da sociedade à data da deliberação social da sociedade subordinada que aprova o projeto de contrato. O § 305 Abs. 3 Satz 2 da AktG estabelece expressamente que a contrapartida em dinheiro adequada deve atender ao estado da sociedade à data da tomada da deliberação pela respetiva assembleia geral sobre o contrato.

[27] Apesar de a lei não regular a atribuição da contrapartida mobiliária, a atribuição de participações ou obrigações da sociedade diretora deve ser efetuada como se se tratasse de uma troca de participações em caso de fusão de sociedades, em que os restos ou sobras podem ser compensados mediante quantias em dinheiro (cfr. o art. 97º, 5), atendendo às remissões existentes no regime do contrato de subordinação para o da fusão. O § 305 Abs. 3 Satz 1 da AktG alemã prescreve expressamente que a contrapartida em ações de uma outra sociedade é considerada adequada se as ações são atribuídas de acordo com a atribuição de ações na fusão, que admite a compensação monetária dos restos (*Spitzenbeträge*).

emissão de novas quotas ou ações através da realização de um aumento de capital ou a emissão de um empréstimo obrigacionista. Tais operações de aumento de capital ou de empréstimo obrigacionista têm um caráter adjetivo ou instrumental relativamente à formação do grupo por subordinação, não se aplicando nessa medida alguns preceitos que se revelem desnecessários ou incompatíveis com a operação de agrupamento, à semelhança do que defendemos para o problema paralelo da instrumentalidade do aumento do capital em relação à fusão e cisão, sendo pertinentes as considerações a este propósito já tecidas[28].

Tendo lugar a troca por quotas ou ações da sociedade diretora, parece ser admissível a fixação de critérios de atribuição dos lucros apurados no exercício social em que a operação de agrupamento se realiza, designadamente distribuindo-os desigualmente entre os antigos e os novos sócios[29].

Note-se que os sócios livres podem opor-se, por via judicial, à celebração do contrato de subordinação com fundamento na violação de disposição do CSC ou na insuficiência da contrapartida oferecida (cfr. o art. 497º, 1). Julgando procedente o pedido apresentado na oposição deduzida pelo sócio livre, a *decisão judicial* pode *fixar* o valor da contrapartida *monetária* e/ou *mobiliária* da aquisição das suas quotas ou ações (e/ou da garantia de lucros). Poderá assim fixar um diferente (superior) valor em dinheiro atribuído às quotas ou ações dos sócios livres e/ou uma diferente (mais favorável) relação de troca entre as participações dos sócios livres e as quotas, ações ou obrigações convertíveis (ou com *warrant*) da sociedade diretora, cabendo por conseguinte um maior número destas aos sócios livres[30].

Quanto à questão de saber se é obrigatória a oferta da contrapartida pecuniária, a resposta deve ser negativa[31], podendo o projeto contratual prever apenas um dos tipos de contrapartida (monetária ou mobiliária) ou ambos os tipos em alternativa.

A obrigatoriedade de oferta da contrapartida em numerário não resulta da lei, porquanto decorre da al. *e)*[32] do art. 495º competir às sociedades contratan-

---

[28] V. o nº 1.4.1. do comentário ao art. 112º do vol. II desta obra; v. tb. ENGRÁCIA ANTUNES (2002), p. 794.

[29] Tb. ENGRÁCIA ANTUNES (2002), p. 795; quanto ao mesmo problema em caso de fusão, v. o nº 1.1. *m)* do comentário ao art. 98º do vol. II desta obra.

[30] V. o nº 1.2. do comentário ao art. 497º.

[31] Diferentemente, considerando que a contrapartida em dinheiro é obrigatória e a que melhor tutela a posição dos sócios livres, v. ENGRÁCIA ANTUNES (2002), p. 796; ANA PERESTRELO DE OLIVEIRA (2011), p. 1288.

[32] ENGRÁCIA ANTUNES (2002), p. 796, entende que, apesar de a al. *e)* inculcar *prima facie* a ideia de que compete às sociedades contratantes determinar o tipo de contrapartida oferecida, a obrigatoriedade da

PROJETO DE CONTRATO DE SUBORDINAÇÃO **ART. 495º** 215

tes determinar a natureza ou tipo da contrapartida oferecida no projeto.[33] Note-se que, a respeito da alienação potestativa prevista no art. 490º, 5, admite-se a contrapartida monetária e mobiliária, defendendo-se[34] que a sociedade dominante pode escolher a natureza da contrapartida. Diferentemente, nas sociedades abertas, a contrapartida em dinheiro é a única legalmente[35] admitida na alienação potestativa, ao abrigo do art. 196º do CVM, que remete para o 194º, 1[36].

A oferta de uma contrapartida em dinheiro não resulta também obrigatória em face da necessidade de tutelar a posição dos sócios livres. Aliás, a posição jurídica do sócio livre enquanto titular de uma participação societária reclamaria que lhe fosse atribuída, em via de princípio, quotas ou ações (ou obrigações convertíveis ou com *warrant*) na outra sociedade contratante, porquanto assim obtém uma proteção de primeiro grau ou primária (*Primärschutz*[37]) e não apenas uma proteção de segundo grau ou meramente patrimonial (em numerário).

Porém, deve entender-se que a obrigatoriedade de oferta alternativa de uma contrapartida em dinheiro será exigível[38] se a sociedade diretora for uma sociedade dependente (detida maioritariamente por outra ou subordinada de outra sociedade).[39] Numa tal hipótese de intregração do grupo constituído por

oferta da contrapartida de natureza pecuniária encontra apoio no disposto no art. 495º, *d)*, na medida em que parece ter de constar sempre do projeto contratual o valor em dinheiro atribuído às quotas ou ações da futura sociedade subordinada.

[33] A oferta de uma contrapartida pecuniária não é também obrigatória à luz da AktG (cfr. o § 305) e do Projeto de Nona Diretiva sobre Grupos de Sociedades (cfr. o art. 15º) – v. *infra* a nt. 39.

[34] V. COUTINHO DE ABREU/ALEXANDRE SOVERAL MARTINS, no nº 3.2. do comentário ao art. 490º desta obra.

[35] V. COUTINHO DE ABREU/ALEXANDRE SOVERAL MARTINS, no nº 5.6. do comentário ao art. 490º deste volume.

[36] Convocando a solução prevista no art. 194º, 1 do CVM em defesa da oferta obrigatória de contrapartida em dinheiro no projeto de contrato de subordinação, v. ANA PERESTRELO DE OLIVEIRA (2011), p. 1288.

[37] Expressão colhida em UWE HÜFFER (2012), p. 1606, ainda que aí usada com diferente intuito, nomeadamente o de salientar a imperatividade do direito dos acionistas externos a exigir a aquisição das suas ações pela outra parte contratual contra uma contrapartida adequada fundamentalmente em ações da outra sociedade contratante, em vez da compensação patrimonial anual a título de distribuição de lucros.

[38] Assim tb. ANA PERESTRELO DE OLIVEIRA (2011), p. 1287.

[39] Note-se que a situação de eventual dependência da sociedade diretora é expressamente atendida na AktG e no Projeto de Nona Diretiva sobre Grupos de Sociedades, estabelecendo-se, para proteção da posição jurídica dos sócios livres, a oferta de uma contrapartida de aquisição em dinheiro ou em participações da sociedade dominante da sociedade diretora, desde que aquela não seja uma sociedade dependente de uma outra. O § 305 da AktG regula pormenorizadamente a contrapartida da aquisição (*Abfindung*) das participações dos acionistas externos (*außenstehende Aktionärs*), prevendo que a contrapartida deverá consistir na atribuição: de participações da própria sociedade diretora, se a AG diretora não for uma sociedade dependente ou detida em maioria por outra AG ou KGaA com sede num Estado membro da UE ou num Estado membro do EEE – Abs. 2, Nr. 1 –; de participações de AG ou KGaA

subordinação no perímetro de um grupo vertical preexistente, se os sócios livres alienantes (que optem pela saída da sociedade subordinada) não puderem escolher entre uma contrapartida em dinheiro e as participações (ou obrigações) da sociedade diretora (que será uma sociedade filha ou neta de outra), sendo-lhes antes "imposta" a troca das suas quotas ou ações por participações (ou obrigações) da sociedade diretora, ingressarão de novo na posição de sócios minoritários (ou obrigacionistas) de uma sociedade dependente ou subordinada[40], iludindo-se a tutela conferida aos sócios livres através do direito de exigir a aquisição das suas participações.

A contrapartida monetária poderá ser a única solução viável perante uma situação patrimonial deficitária de uma ou de outra das sociedades contratantes[41]. Possuindo a futura sociedade subordinada um passivo superior ao respetivo ativo, a futura sociedade diretora estará impedida, em face da proibição

---

dominante ou titular maioritária da própria sociedade diretora ou de uma contrapartida em dinheiro, se a sociedade diretora for uma AG ou KGaA dependente ou detida maioritariamente e a AG ou KGaA dominante estiver sediada num Estado membro da UE ou num Estado membro do EEE [a doutrina dominante entende que as sociedades contratantes, por acordo no contrato, podem escolher o tipo de contrapartida, não tendo de as oferecer em alternativa; porém, quanto à *Eingliederung*, está prevista expressamente a solução contrária no § 320b, Abs.1, Staz 3 da AktG, para a mesma situação: sendo a sociedade dominante, *Hauptgesellschaft*, uma sociedade dependente de outra sociedade, os sócios livres da sociedade dominada podem escolher entre as ações da própria *Hauptgesellschaft* ou uma adequada compensação em dinheiro] – Abs. 2, Nr. 2 –; de uma compensação em dinheiro em todos os outros casos (p. ex., a sociedade diretora não ser do tipo social AG ou KGaA ou ter a sua sede fora da UE ou do EEE, ou a sociedade dominante da sociedade diretora não ser uma AG ou KGaA ou estar sediada fora da UE ou do EEE) – Abs. 2, Nr. 3. V. art. 15º do Projeto de Nona Diretiva sobre Grupos de Sociedades [cuja versão traduzida pode consultar-se em MENEZES CORDEIRO (2005), p. 760] prevê que a sociedade diretora deve oferecer-se para adquirir as ações de cada acionista livre contra dinheiro (cfr. o respetivo nº 1), mas: se for uma sociedade independente, ela pode, em vez da aquisição contra dinheiro ou à sua escolha, oferecer-lhe a troca das suas ações por ações ou títulos de dívida convertíveis (cfr. o respetivo nº 2); se for uma sociedade independente que não se tenha constituído segundo o direito de um Estado Membro, a sociedade diretora pode deixar ao acionista livre a escolha entre a aquisição contra dinheiro e a troca das suas ações por ações ou títulos de dívida convertíveis, caso os tenha emitido (cfr. o respetivo nº 3); se for uma sociedade dependente, a sociedade diretora pode, em vez da aquisição contra dinheiro ou à sua escolha, oferecer-lhe a troca das suas ações por ações ou títulos de dívida convertíveis que tenham sido emitidos pela sua sociedade dominante, desde que não seja dependente de uma outra (cfr. o nº 4); se for uma sociedade dependente de uma outra que não se tenha constituído segundo o direito de um Estado Membro, a sociedade diretora pode deixar ao acionista livre a escolha entre a aquisição contra dinheiro e a troca das suas ações por ações ou títulos de dívida convertíveis que tenham sido emitidos pela sua sociedade dominante, desde que esta não seja uma sociedade dependente de uma outra (cfr. o respetivo nº 5).

[40] ENGRÁCIA ANTUNES (2002), p. 796.

[41] Tratando a situação, v. ENGRÁCIA ANTUNES (2002), p. 792. Para situação semelhante equacionável na fusão ou cisão de sociedades, v. o nº 1.4.1. do comentário ao art. 112º do vol. II desta obra.

da emissão abaixo do par, de emitir quotas ou ações através de um aumento de capital ou obrigações através de um empréstimo obrigacionista, porquanto as quotas ou ações dos sócios livres representam um valor negativo, pelo que como contrapartida da aquisição destas quotas ou ações apenas poderá entregar uma quantia em dinheiro (salvo se a futura sociedade subordinada sanar a situação deficitária, reduzindo o seu capital social, ou se a futura sociedade diretora detiver suficientes quotas, ações ou obrigações próprias). Caso seja a futura sociedade diretora a registar uma situação líquida negativa, o valor real das suas quotas ou ações será inferior ao seu valor nominal ou, na falta deste, fracional ou aritmético, pelo que a emissão de novas quotas ou ações em aumento de capital da futura sociedade diretora por montante correspondente ao valor das participações dos sócios livres, apesar de não estar impedida pelo princípio da emissão abaixo do par, redundaria em receberem os sócios livres uma contrapartida mobiliária necessariamente insuficiente: as suas participações seriam trocadas por quotas ou ações com um valor real inferior ao seu valor nominal ou, na ausência deste, fracional ou aritmético. Ora, num tal caso, uma contrapartida monetária permite obviar à insuficiência e inadequação da contrapartida mobiliária.

Refira-se ainda que a contrapartida mobiliária oferecida pela futura sociedade diretora pode colocar o problema dos restos[42] ou sobras, originado pela falta de correspondência perfeita entre as participações a alienar e os valores mobiliários da futura sociedade diretora por esta oferecidos como contrapartida daquelas participações, de acordo com a relação de troca fixada no projeto. Tais restos ou sobras devem ser compensados através de uma quantia em dinheiro paga pela sociedade diretora[43].

1.1.5. A importância a título de garantia de lucros ou o modo de a calcular

A al. *j)* impõe que do projeto de contrato de subordinação conste a importância que a futura sociedade diretora deverá entregar anualmente à outra sociedade para manutenção da distribuição de lucros ou o modo de calcular essa importância. Constitui um elemento essencial do contrato de subordinação que a futura

---

[42] Referindo-se ao problema dos restos, v. Engrácia Antunes (2002), p. 796; ANA PERESTRELO DE OLIVEIRA (2011), p. 1288. Para problema idêntico na fusão de sociedades, v. o nº 2. do comentário ao art. 97º no vol. II desta obra.

[43] V. *supra* nt. 27.

sociedade diretora assuma a obrigação de garantir os lucros dos sócios livres, nos termos do art. 500º[44] (cfr. o art. 494º, 1, al. *b*)).

Os sócios livres têm direito a optar entre a alinenação das suas participações contra uma contrapartida (monetária e/ou mobiliária) e a referida garantia anual de lucros (cfr. o art. 499º, 1). A escolha pela garantia anual de lucros e assim pela permanência na sociedade subordinada significa que o sócio livre terá direito ao pagamento anual de uma importância garantida a título de distribuição de lucros, calculada, quanto ao seu montante mínimo devido, de acordo com o disposto no art. 500º, que consagrou duas modalidades de garantia de lucros: uma garantia fixa (al. *a*)) e uma garantia variável (al. *b*)). A respeito da garantia *fixa* de lucros, do projeto deverá constar o montante mínimo legal fixo (a importância resultante do cálculo da média dos lucros dos três exercícios anteriores ao contrato de subordinação) correspondente a cada quota ou ação no capital da sociedade subordinada e o modo de a calcular em concreto em função da percentagem de capital detido pelos sócios livres, resultante da al. *a*) do citado art. 500º; relativamente à garantia de lucros *variável*, terá de constar do projeto a relação de correspondência ou de troca[45] entre as quotas ou ações da sociedade subordinada e as quotas ou ações da sociedade diretora, que constitui um dos elementos necessários ao cálculo anual do montante mínimo legal variável (a importância correspondente aos lucros de exercício distribuídos em cada exercício às quotas ou ações da sociedade diretora, que corresponderiam em caso de troca pelas quotas ou ações da sociedade subordinada detidas pelos sócios livres) e o modo do seu cálculo em concreto, em conformidade com o disposto na al. *b*) do mesmo dispositivo.[46] O sócio livre que opte pela garantia de lucros tem direito a receber a importância respeitante à modalidade da garantia de lucros que seja mais elevada (cfr. o art. 500º, 2), podendo corresponder, por hipótese, num exercício à garantia fixa e noutro à garantia variável.

---

[44] A al. *b*) do art. 494º remete, por lapso, para o art. 499º.
[45] Subentenda-se que aqui, ao contrário da fusão de sociedades (cfr. os arts. 98º, 1, *e*), 99º, 4), não há troca real, mas apenas um cálculo dos valores das paticipações sociais das duas sociedades.
[46] Sobre o modo de cálculo da garantia de lucros fixa e variável, v., mais desenvolvidamente, o comentário ao art. 500º.

1.2. Conteúdo facultativo

Além de outros elementos que sejam convenientes ao conhecimento dos contornos jurídicos e económicos da operação de agrupamento societário por subordinação, o projeto de contrato de subordinação poderá estipular a duração do contrato de subordinação e incluir uma convenção de atribuição de lucros[47], constituindo assim o conteúdo facultativo ou eventual do projeto contratual.

1.2.1. Duração do contrato de subordinação

As administrações podem estipular por acordo um prazo de duração do contrato, após o decurso do qual o contrato de subordinação caducará (cfr. o art. 506º, 3, *b*)), salvo se entretanto terminar por outra causa aplicável (*v. g.*, cfr. os arts. 506º, 1, 3, *a*) e *c*), 507º, 1). Na ausência de estipulação de prazo, estar-se-á perante um contrato de subordinação por tempo indeterminado, sujeito a denúncia nos termos do art. 506º, 3, *d*), 4 e 5, sem prejuízo de outra causa aplicável determinar a sua extinção (*v. g.*, cfr. os arts. 506º, 1, 3, *a*) e *c*), 507º, 1).

1.2.2. Convenção de atribuição de lucros

O projeto de contrato de subordinação pode incluir uma convenção acessória pela qual a sociedade subordinada se obrigue a transferir (parcial ou totalmente) para a sociedade diretora ou para uma outra sociedade do grupo os seus lucros do exercício, nos termos prescritos no art. 508º[48].

---

[47] Assim, GRAÇA TRIGO (1991), p, 83.
[48] Remete-se para o respetivo comentário neste volume.

ARTIGO 496º *
Remissão

1. À fiscalização do projeto, à convocação das assembleias, à consulta dos documentos, à reunião das assembleias, e aos requisitos das deliberações destas aplica-se, sempre que possível, o disposto quanto à fusão de sociedades.
2. Quando se tratar da celebração ou da modificação de contrato celebrado entre uma sociedade dominante e uma sociedade dependente, exige-se ainda que não tenha votado contra a respetiva proposta mais de metade dos sócios livres da sociedade dependente.
3. As deliberações das duas sociedades são comunicadas aos respectivos sócios por meio de carta registada, tratando-se de sócios de sociedades por quotas ou de titulares de ações nominativas; nos outros casos, a comunicação é feita por meio de anúncio.

* O nº 1 do art. 496º foi retificado pela Declaração de 29/11 de 1986.

Índice

1. Objeto de regulação
2. Fiscalização do projeto
3. Convocação das assembleias
4. Consulta do projeto contratual e documentação anexa
5. Reunião das assembleias e direito de informação dos sócios
6. Quórum constitutivo e maioria deliberativa. Requisito deliberativo adicional
7. Publicidade das deliberações sociais
8. O consentimento individual ou colegial-maioritário dos sócios com direitos especiais afetados

Bibliografia

Citada:

ABREU, J. M. COUTINHO DE – *Curso de Direito Comercial*, vol. II, *Das Sociedades*, 4ª ed., Almedina, Coimbra, 2011, "Artigo 383º", "Artigo 386º", em *Código das Sociedades Comerciais em Comentário* (coord. de J. M. Coutinho de Abreu), vol. VI (arts. 373º a 480º), Almedina, Coimbra, 2013, p. 119-123, p. 141-147; ANTUNES, JOSÉ A. ENGRÁCIA – *Os Grupos de Sociedades. Estrutura e Organização Jurídica da Empresa Plurissocietária*, 2ª ed., Almedina, Coimbra, 2002; COELHO, EDUARDO DE MELO LUCAS – *Direito de voto dos accionistas nas assembleias gerais das sociedades anónimas*, Rei dos Livros, Lisboa, 1987; MARQUES, ELDA – "Artigo 389º", em *Código das Sociedades Comerciais em Comentário* (coord. de J. M. Coutinho de Abreu), vol. VI (arts. 373º a 480º), Almedina, Coimbra, 2013, p. 155-194; PERESTRELO,

ANA OLIVEIRA – "Artigo 496º", em *Código das Sociedades Comerciais Anotado* (coord. de A. Menezes Cordeiro), 2ª ed., Almedina, Coimbra, 2011, p. 1277-1280; TRIGO, MARIA DA GRAÇA – "Grupos de Sociedades", in *OD*, 123º, 1991, p. 41-114; VENTURA, RAÚL – "Contrato de subordinação", em *Novos Estudos sobre Sociedades Anónimas e Sociedades em Nome Colectivo – Comentário ao Código das Sociedades Comerciais*, Almedina, Coimbra, 1994.

1. Objeto de regulação

O nº 1 do art. 496º contém uma remissão para o disposto quanto à fusão de sociedades relativamente a aspetos específicos do *iter* formal da constituição do grupo por subordinação, nomeadamente a respeito da fiscalização do projeto de contrato de subordinação, da convocação das assembleias gerais de cada uma das sociedades contratantes, da consulta dos documentos pelos sócios de ambas as sociedades contratantes, da reunião das assembleias gerais, e dos requisitos deliberativos necessários à aprovação do projeto contratual. A regulamentação legal da fusão aplica-se à formação do agrupamento societário por subordinação quanto aos aspetos mencionados, sempre que possível e com as necessárias adaptações.

O nº 2 prevê um requisito deliberativo específico para a aprovação da proposta de celebração ou modificação do contrato de subordinação pela sociedade subordinada, quando esta seja uma sociedade dependente da sociedade diretora, nos termos do art. 486º.

O nº 3 estatui uma regra especial quanto à comunicação das deliberações aos quotistas e aos titulares de ações nominativas e à publicidade das deliberações aos acionistas titulares de ações ao portador.

2. Fiscalização do projeto

Elaborado o projeto comum de contrato de subordinação, a administração de cada sociedade contratante, que tenha órgão social de fiscalização[1], deve comunicar-lho bem como os respetivos anexos, para que sobre ele emita o seu parecer[2] (cfr. o art. 99º, 1, *ex vi* do art. 496º, 1). Além da fiscalização interna ou, caso não exista órgão social de fiscalização, em sua substituição, a administração de cada sociedade contratante deve promover o exame do projeto de contrato por um ROC ou SROC independente de ambas as sociedades envolvidas, que

---

[1] Instituído por lei ou pelos estatutos sociais.
[2] Cfr. a nt. 2 do comentário ao art. 495º neste volume.

poderá ser comum a ambas as sociedades se nisso acordarem, devendo nesse caso o ROC ou SROC ser designado, a solicitação conjunta de ambas as sociedades participantes, pela OROC (cfr. o art. 99º, 2 e 3, *ex vi* do art. 496º, 1).

Cada revisor tem o direito de exigir das sociedades contratantes as informações e os documentos que tenham por necessários, bem como proceder aos exames indispensáveis ao cumprimento das suas funções (cfr. o art. 99º, 5, *ex vi* do art. 496, 1).

Os revisores elaborarão um relatório donde constará o seu parecer fundamentado sobre a adequação e a razoabilidade do valor em dinheiro atribuído às quotas ou ações da futura sociedade subordinada (cfr. a al *d)* do art. 495º), do valor patrimonial atribuído às participações da futura sociedade diretora e da relação de troca entre as participações da futura sociedade subordinada e as participações sociais ou obrigações da futura sociedade diretora (cfr. as als. *f)* e *i)* do art. 495º), indicando, pelo menos, os métodos seguidos na avaliação das participações sociais da futura sociedade subordinada e na determinação da relação de troca entre as participações da futura sociedade subordinada e as participações ou obrigações da futura sociedade diretora, bem como os restantes aspetos exigidos quanto aos métodos de avaliação aplicados e resultados obtidos (cfr. o art. 99º, 4, *ex vi* do art. 496º, 1). Porém, o exame e o relatório dos peritos externos podem ser dispensados, mediante o acordo[3] de todos os sócios (com ou sem direito de voto)[4] de ambas as sociedades contratantes (cfr. o art. 99º, 6, *ex vi* do art. 496º, 1).

3. Convocação das assembleias

Elaborado o projeto de contrato em conjunto pelas administrações de ambas as sociedades contratantes e, se for o caso, emitidos os pareceres do órgão de fiscalização das sociedades contratantes e, se não forem dispensados pelos sócios, os relatórios dos peritos independentes, o projeto de contrato de subordinação não está sujeito a registo comercial e publicação[5], sendo uma das situações em que o

---

[3] Aplicando-se o regime estabelecido no art. 55º.

[4] No art. 99º, 6, o direito de voto é exigido tão-somente em relação aos portadores de outros títulos que não sejam participações sociais. A exigência de direito de voto não respeita, por conseguinte, aos titulares de participações sociais, ou seja, aos sócios (quotistas, acionistas, sócios comanditados ou comanditários). Divergimos assim da posição por nós assumida no nº 1.2. do comentário ao art. 99º do vol. II desta obra, e consideramos que é necessário o acordo de todos os sócios, incluindo dos sócios sem direito de voto (*v.g.*, dos acionistas preferenciais sem voto – cfr. o art. 341º). Com efeito, o consentimento é independente dos direitos de voto e respeita, portanto, tb. aos titulares de participações sem direito de voto.

[5] Diferentemente, RAUL VENTURA (1994), p. 113.

regime da fusão não é aplicável (cfr. o art. 496º, 1), por não se revelar adequado nem necessário, já que o regime do grupo por subordinação apenas concede proteção aos sócios das sociedade envolvidas (*maxime* aos sócios livres da futura sociedade subordinada) e não a terceiros, em relação aos quais a publicidade do projeto de contrato interessaria[6]. A obrigatoriedade de registo comercial do projeto de contrato não está prevista no CRCom., ainda que essa omissão legal não seja decisiva.

O projeto contratual deve ser submetido a deliberação dos sócios de cada uma das sociedade contratantes, tomada em assembleia geral ou universal ou unanimemente por escrito (cfr. o art. 100º, 6, 2ª parte, *ex vi* do art. 496º, 1).

A convocação de assembleia geral, se for o caso, cabe às respetivas administrações (cfr. o art. 100º, 2, *ex vi* do art. 496º, 1). A convocatória deve mencionar que o projeto e documentação anexa podem ser consultados, na sede de cada sociedade, pelos respetivos sócios e qual a data designada para a assembleia, que não pode ser fixada em data anterior ao decurso de um mês sobre a data da publicação da convocatória (cfr. o art. 100º, 3, *ex vi* do art. 496º, 1).

A convocação da assembleia não tem de ser necessariamente publicada, podendo ser feita por qualquer forma de comunicação aos sócios prevista para cada tipo de sociedade (*v. g.*, cfr. os arts. 248º, 3, 377º, 2 e 3), ao abrigo do art. 100º, 6, 1ª parte, *ex vi* do art. 496º, 1.

Por seu turno, sendo a deliberação sobre o projeto de contrato de subordinação tomada nos termos previstos no art. 54º, ou seja, em assembleia universal ou unanimemente por escrito, em conformidade com o art. 100º, 6, 2ª parte, *ex vi* do art. 496º, 1, cremos que não é necessário observar a antecedência prevista de um mês a contar da convocação da assembleia geral, se a houvesse.

4. Consulta do projeto contratual e documentação anexa

Aos sócios de cada uma das sociedades contratantes está garantido o direito de consulta, na sede social, dos seguintes documentos: projeto de contrato de subordinação; pareceres do órgão social de fiscalização, se existir, e relatórios dos peritos, se não tiverem sido dispensados; contas, relatórios dos órgãos de administração, relatórios e pareceres dos órgãos de fiscalização sobre essas con-

---

[6] Na fusão e cisão de sociedades o registo comercial do respetivo projeto releva para efeitos do exercício do direito de consulta dos documentos da fusão ou cisão pelos sócios, credores, representantes dos trabalhadores ou, na falta destes, trabalhadores (cfr. o art. 101º), e para a contagem do prazo dentro do qual podem os credores sociais exercer o seu direito de oposição judicial à realização da operação.

tas, relativamente aos três últimos exercícios (cfr. o art. 101º, 1, *ex vi* do art. 496º, 1). Todos os documentos mencionados, incluindo aqueles que respeitem à outra sociedade contratante, devem estar à disposição dos sócios de qualquer das sociedades contratantes, a partir da data da publicação da convocatória. O fornecimento aos sócios de cópias dos documentos sujeitos a consulta é dispensado mediante a respetiva disponibilização através de meios eletrónicos de comunicação (cfr. o art. 101º, 3 a 6, *ex vi* do art. 496º, 1).

5. Reunião das assembleias e direito de informação dos sócios

Reunido o colégio de sócios de cada uma das sociedades contratantes[7], em assembleia geral convocada ou universal, para deliberar sobre a aprovação do projeto de contrato de subordinação, os administradores começarão por emitir uma declaração expressa sobre a verificação ou não de alterações relevantes nos elementos de facto subjacentes à sua elaboração e, no caso positivo, quais as modificações necessárias a introduzir (cfr. o art. 102º, 1, *ex vi* do art. 496º, 1). Aliás, antes da data das assembleias gerais, os administradores de cada uma das sociedades contratantes devem informar-se reciprocamente sobre a ocorrência de uma mudança relevante no cenário factual que serviu de base à elaboração do projeto (cfr. o art. 102º, 5, *ex vi* do art. 496º, 1).

No caso de ter havido uma mudança relevante, os sócios deliberam se o processo de formação do grupo deve ser renovado (*rectius*, reiniciado) ou se se prossegue na apreciação do projeto contratual (cfr. o art. 102º, 2, *ex vi* do art. 496º, 1).

O projeto contratual proposto a votação é comum a ambas as sociedades contratantes, cabendo aos sócios deliberar unicamente sobre a sua aprovação ou rejeição, considerando-se a proposta rejeitada se a assembleia lhe introduzir qualquer modificação, sem prejuízo de renovação da proposta (cfr. o art. 102º, 3, *ex vi* do art. 496º, 1).

---

[7] A necessidade de deliberação sobre o projeto contratual de cada uma das sociedade contratantes, não só da futura sociedade subordinada, mas também da futura sociedade diretora, resulta da remissão para o regime da fusão quanto à convocação das assembleias (nomeadamente do art. 100º, 2, *ex vi* do art. 496º, 1) e, indiretamente, da referência expressa à obrigatoriedade de comunicação *"das deliberações das duas sociedades"*, contida no nº 3 do art. 496º. Em face da ausência de previsão expressa e direta da exigibilidade de deliberação social sobre o projeto pelos sócios das duas sociedades, compreende-se que SOVERAL MARTINS, na nt. 1 do comentário ao art. 507º neste mesmo volume, note que a *"forma adotada pela lei para estabelecer a necessidade de deliberação de ambas as sociedades (diretora e subordinada) é pouco conseguida"*.

Na apreciação da proposta, os sócios podem pedir informações em plena assembleia, nos termos gerais previstos para cada tipo de sociedade[8]. Especificamente em vista ao esclarecimento dos sócios sobre a proposta de constituição do agrupamento societário por subordinação, qualquer sócio, independentemente do capital representado pela respetiva participação social, é titular do direito a obter as informações relativas à sociedade contratante de que não é sócio, que se revelem indispensáveis (cfr. o art. 102º, 4, *ex vi* do art. 496º, 1).[9]

6. Quórum constitutivo e maioria deliberativa. Requisito deliberativo adicional

A aprovação do projeto de contrato de subordinação depende da verificação do quórum constitutivo e da maioria deliberativa previstas, na lei ou nos estatutos, para a aprovação da deliberação de fusão (cfr. o art. 103º, 1, *ex vi* do art. 496º, 1[10]). Assim, temos que: para as SQ[11], exige-se uma maioria de três quartos dos votos correspondentes ao capital social ou número mais elevado de votos exigido pelo contrato de sociedade (quórum constitutivo implícito e maioria deliberativa); para as SA e SC por ações[12], a assembleia só pode deliberar sobre o projeto de contrato de subordinação, em primeira convocação[13], mediante a presença ou representação de acionistas detentores de, pelo menos, ações correspondentes a um terço do capital social[14] (quórum constitutivo), sendo exigida uma maioria de dois terços dos votos emitidos (quórum deliberativo), quer a assembleia reúna em primeira quer em segunda convocação[15], acrescendo a hipótese especial do art. 386º, 4, ao abrigo da qual se, na assembleia reunida em segunda convocação, estiverem presentes ou representados acionistas detentores de, pelo

---

[8] Em conformidade com o art. 290º, 1 e 2, aplicável diretamente às SA e, por remissão de vários preceitos, às sociedades de outros tipos (cfr. os arts. 189º, 1, 214º, 7, 474º, 478º) – COUTINHO DE ABREU (2011), p. 258.

[9] Desenvolvidamente sobre o direito à informação no âmbito da operação de agrupamento por subordinação, v. ENGRÁCIA ANTUNES (2002), p. 660-664.

[10] Os mesmos requisitos são aplicáveis: à deliberação sobre a modificação do contrato de subordinação (cfr. o art. 505º); à deliberação sobre a revogação e denúncia do contrato de subordinação (cfr. o art. 506º, 2 e 4) – COUTINHO DE ABREU (2013), p. 121, p. 144, especificamente quanto às SA; e, para quem o aceite, à deliberação de extinção por via judicial sem eficácia retroativa do contrato de subordinação (cfr. o art. 506º, 3º, *c*) e, interpretado corretivamente, 5).

[11] Cfr. o art. 265º, 3.

[12] Cfr. o art. 478º.

[13] COUTINHO DE ABREU (2013), p. 121, p. 144.

[14] Cfr. o art. 383º, 2.

[15] Cfr. o art. 386º, 3.

menos, metade do capital social (quórum constitutivo), a deliberação pode ser tomada pela maioria dos votos emitidos (quórum deliberativo).

Porém, se à data da realização da assembleia geral[16] da futura sociedade subordinada, esta for uma sociedade dependente da futura sociedade diretora, designadamente em virtude de a futura sociedade diretora deter uma participação maioritária no capital da futura sociedade subordinada[17] ou ser titular da maioria dos votos[18] da futura sociedade subordinada, ao requisito geral da maioria qualificada dos votos emitidos, acresce cumulativamente um outro requisito deliberativo específico: a deliberação da futura sociedade subordinada tem de obter o voto favorável de, pelo menos, metade dos sócios livres, ou seja, de uma maioria simples destes sócios[19]. O voto desfavorável de mais de metade dos sócios livres da sociedade dependente, independentemente do número de votos que lhes corresponda em função do capital detido[20], impede a aprovação da proposta de celebração (ou modificação)[21] do contrato de subordinação (cfr. o art. 496º, 2)[22]. A lei requer assim que, além da maioria deliberativa qualificada, determinada *"minoria de bloqueio"*, constituída unicamente por sócios livres[23], da sociedade dependente não vote contra a proposta de celebração (ou modificação) do contrato de subordinação[24].

Este requisito deliberativo adicional atende ao eventual desiquilíbrio quanto ao poder ou força de voto existente no seio da assembleia geral da sociedade dependente (futura sociedade subordinada). Visa impedir que a sociedade

---

[16] Reportando-se ao momento da realização da assembleia geral como o decisivo para a exigibilidade da verificação do requisito deliberativo constante do art. 496º, 2, v. ENGRÁCIA ANTUNES (2002), p. 670.

[17] Cfr. o art. 486º, 2, *a)*.

[18] Cfr. o art. 486º, 2, *b)*.

[19] ENGRÁCIA ANTUNES (2002), p. 670-671.

[20] GRAÇA TRIGO (1991), p. 83.

[21] V. o nº 1. do comentário ao art. 505º.

[22] A solução acolhida pelo legislador no nº 2 do art. 496º difere daquela que estabeleceu no nº 2 do art. 104º, no quadro da fusão, não obstante ter em vista em ambos os casos a proteção da autonomia decisória do colégio dos sócios de sociedade dependente (mas sendo diferentes as espécies de coligação societária abrangidas por ambas as normas citadas) de uma outra sociedade que igualmente participe em tais operações – notando-o, v. ENGRÁCIA ANTUNES (2002), p. 679, nt. 1319; ANA PERESTRELO DE OLIVEIRA (2011), p. 1279. Por outro lado, não será aplicável o regime de impedimento de voto (cfr. os arts. 251º, 1, *g)*, 384º, 6, *d)* – GRAÇA TRIGO (1991), p. 83.

[23] Os sócios livres da sociedade subordinada têm direito a participar e votar, na qualidade de respetivos sócios (salvo se o direito de voto lhes estiver vedado – *v. g.* por serem acionistas preferenciais sem voto), na assembleia geral que delibere sobre a celebração ou modificação do contrato de subordinação.

[24] RAUL VENTURA (1994), p. 114; COUTINHO DE ABREU, (2013ª), p. 144, referindo-se ainda a outros casos de "minorias de bloqueio" previstas legalmente.

dominante (futura sociedade diretora) faça valer o poder[25] de voto de que dispõe na aprovação do projeto de contrato de subordinação em assembleia geral da sociedade dela dependente. Reforça assim a proteção conferida aos sócios livres da futura sociedade subordinada, quando seja simultaneamente uma sociedade dependente da futura sociedade diretora, dado que, como é evidente, a força ou poder de voto dos sócios livres (minoritários) da sociedade dependente pode ser insignificante, por si só, para obstar à verificação da maioria qualificada legalmente exigida.

A aprovação do projeto contratual, nos termos referidos, pelos sócios de cada uma das sociedades contratantes é requisito prévio e necessário da outorga[26] do contrato de subordinação pelas administrações de ambas as sociedades.

Note-se que os sócios livres podem arguir vícios que tornem a deliberação da sociedade subordinada nula ou anulável, no próprio processo especial de oposição judicial[27] ao contrato de subordinação. A não observância do disposto no art. 496º, 2, enquanto vício de procedimento da deliberação da sociedade subordinada, pode igualmente ser arguida pelos sócios livres na oposição ao contrato de subordinação, sem prejuízo de os sócios *não livres* da sociedade subordinada arguirem tal vício deliberativo, nos termos gerais, em ação anulatória da deliberação da sociedade subordinada. Com efeito, os sócios (livres e não livres) da sociedade subordinada e os sócios da sociedade diretora podem propor, nos termos gerais (cfr. os arts. 56º e s.), ações judiciais de impugnação da deliberação social sobre o projeto contratual tomada pela sociedade subordinada ou pela sociedade diretora, respetivamente.

A invalidade da deliberação da sociedade subordinada, declarada em qualquer dos processos de oposição judicial deduzida, impede definitivamente a outorga do contrato de subordinação[28].

A invalidade de qualquer uma das deliberações sociais, seja da subordinada ou da diretora, declarada depois de constituída a relação de grupo por subordinação (ou seja, depois da inscrição registral e subsequente publicação do con-

---

[25] Assim, ANA PERESTRELO DE OLIVEIRA (2011), p. 1279.

[26] SOVERAL MARTINS, no nº 5. do comentário ao art. 507º neste volume, considera que, caducando as deliberações sociais que aprovaram o projeto de contrato de subordinação por força da aquisição do domínio total da sociedade subordinada pela diretora, o contrato não pode ser celebrado, mas sendo-o, será ineficaz.

[27] V. o nº 1.2. do comentário ao art. 497º neste volume. Diferentemente, ENGRÁCIA ANTUNES (2002ª), p. 852, nt. 29; RAUL VENTURA (1994), p. 116.

[28] V. o nº 1.2. do comentário ao art. 497º neste volume.

trato de subordinação com respeito a cada uma das sociedades contratantes)[29], é causa de nulidade[30] do contrato de subordinação, mas que terá de ser, por seu turno, apreciada judicialmente, sem prejuízo de, na mesma ação, poder ser requerida a declaração de nulidade ou a anulação da deliberação e, como consequência desse pedido, a extinção judicial do contrato de subordinação. Para efeitos da cessação judicial do contrato, deve ser proposta ação com fundamento em "justa causa", ao abrigo do art. 506º, 3, *c*) e, interpretado corretivamente, 5. O contrato deixa de produzir efeitos com o trânsito em julgado da sentença que declare a sua cessação, dependendo a sua oponibilidade em relação a terceiros do registo comercial e publicação da mesma (cfr. os arts. 3º, *v*), 14º, 2, 15º, 1, 70º, 1, 71º, 1 do CRCom.). A cessação judicial do contrato e da relação de grupo constituída não tem eficácia retroativa[31]. Na verdade, os efeitos jurídicos produzidos pela última das publicações[32] do contrato de subordinação – a aquisição pela sociedade diretora do direito de emissão de instruções vinculantes, a responsabilidade por perdas anuais, a comunicabilidade das dívidas sociais, a garantia de lucros anual dos sócios livres – não podem ser afetados pela cessação da relação de subordinação, com base na nulidade do contrato.[33]

7. Publicidade das deliberações sociais

O art. 496º, 3, prevê regras especiais quanto à publicidade das deliberações tomadas sobre a proposta de celebração do contrato de subordinação. As deliberações das duas sociedades são comunicadas aos respectivos sócios por meio de carta registada, tratando-se de quotistas ou de titulares de ações nominativas. A comunicação das deliberações sociais das sociedades contratantes aos respetivos acionistas titulares de ações ao portador é feita por meio de anúncio. Não obstante estas regras especiais se aplicarem à publicidade das deliberações de ambas as sociedades contratantes, diretora e subordinada, elas visam precipuamente[34] permitir o exercício atempado do direito de oposição judicial à celebra-

---

[29] V. o nº 2. do comentário ao art. 498º neste volume.

[30] Tb. ANA PERESTRELO DE OLIVEIRA (2011), p. 1280. ENGRÁCIA ANTUNES (2002), p. 674-675, defende que a existência de uma válida deliberação social sobre a aprovação do projeto contratual constitui requisito de eficácia absoluta do contrato de subordinação e da formação do grupo por subordinação.

[31] V. o nº 1. do comentário ao art. 506º neste volume.

[32] V. o nº 2. do comentário ao art. 498º neste volume.

[33] Esta solução decorre também da aplicação analógica do disposto no art. 117º, 5, quanto aos efeitos da declaração da nulidade da fusão (e cisão).

[34] Tb. ANA PERESTRELO DE OLIVEIRA (2011), p. 1280.

ção do contrato de subordinação pelos sócios livres da sociedade subordinada (cfr. o art. 497º, 1).

8. O consentimento individual ou colegial-maioritário dos sócios com direitos especiais afetados

Por força do regime previsto para a fusão[35], é necessário o consentimento dos sócios cujos direitos especiais, atribuídos estatutariamente[36], sejam afetados pela celebração ou modificação do contrato de subordinação, de acordo com o preceituado no art. 103º, 2, *b)* e 3, aplicável por força da remissão do art. 496º, 1, e bem assim do art. 505º, que, por sua vez, remete para o art. 496º[37].

Tratando-se os titulares de direitos especiais prejudicados de sócios quotitas, o respetivo consentimento individual (cfr. o art. 103º, 2, *b)*, *ex vi* do art. 496º, 1) pode ser dado em assembleia geral da respetiva sociedade, mediante a emissão de votos favoráveis à proposta da celebração (ou modificação) do contrato de subordinação, ou fora dela, expressa ou tacitamente (cfr. o art. 55º).

Nas SA, a deliberação social da assembleia geral da sociedade contratante que aprove a celebração (ou modificação) do contrato de subordinação, tem, por sua vez, de ser aprovada em assembleia especial de cada categoria de ações que resulte prejudicada[38] pela operação de agrupamento societário (cfr. o art. 103º, 3, *ex vi* do art. 496º, 1). Com efeito, o consentimento dos acionistas, titulares de ações cujos direitos especiais sejam prejudicados, é emitido colegialmente por deliberação maioritária[39] dos titulares de ações da mesma categoria, em assem-

---

[35] Tb. ENGRÁCIA ANTUNES, (2002), p. 671, nt. 1300, quanto à celebração do contrato de subordinação, referindo que a solução decorre igualmente do regime geral contido no art. 24º, 5 e 6.

[36] Cfr. o art. 24º, 1 e 4.

[37] Neste sentido, ainda que a respeito unicamente do consentimento prestado por acionistas em assembleia especial, em face do art. 103º, 3, aplicável remissivamente, v. LUCAS COELHO (1987), p. 117, ELDA MARQUES (2013), p. 167-168.

[38] Pelo contrário, se a celebração ou modificação do contrato de subordinação não afetar, direta ou indiretamente, os direitos especiais atribuídos estatutariamente a categorias de ações, não há lugar a assembleias especiais da correspondente categoria. Tratando-se de ações preferenciais sem direito de voto, os respetivos titulares, além de não terem o direito a votar em assembleia geral (salvo se o tiverem recuperado temporariamente por força do disposto no art. 342º, 3), não reunirão em assembleia especial da mesma categoria. Contudo, se forem sócios livres da sociedade subordinada, são titulares do direito a deduzir oposição judicial à celebração do contrato de subordinação.

[39] A aprovação da deliberação especial depende da verificação do quórum constitutivo especial e deliberativo qualificado (calculados quanto ao capital representativo da mesma categoria especial de ações), em conformidade com o art. 103º, 1, aplicável à deliberação em assembleia geral por força do art. 496º, 1, e, por conseguinte, às assembleias especiais da respetiva sociedade sobre o mesmo assunto daquela (cfr. o art. 389º, 2).

bleia especial convocada ou, em face do disposto no art. 100º, 6, aplicável por força do art. 496º, 1, em assembleia universal ou por deliberação unânime por escrito (cfr. o art. 389º, 1 e 2[40]).

A falta de consentimento é causa de ineficácia absoluta e total das deliberações das assembleias gerais de ambas as sociedades contratantes que tenham aprovado validamente a celebração ou modicação do contrato de subordinação (cfr. o art. 55º).

---

[40] Desenvolvidamente sobre o regime aplicável às assembleias especiais, v. ELDA MARQUES (2013), p. 175-186.

ARTIGO 497º
Posição dos sócios livres

1. Nos 90 dias seguintes à última das publicações do anúncio das deliberações ou à receção da carta registada pode o sócio livre opor-se ao contrato de subordinação, com fundamento em violação do disposto nesta lei ou em insuficiência da contrapartida oferecida.

2. A oposição realiza-se pela forma prevista para a oposição de credores, em casos de fusão de sociedades; o juiz ordenará sempre que a sociedade diretora informe o montante das contrapartidas pagas a outros sócios livres ou acordadas com eles.

3. É vedado às administrações das sociedades celebrarem o contrato de subordinação antes de decorrido o prazo referido no nº 1 deste artigo ou antes de terem sido decididas as oposições de que, por qualquer forma, tenham conhecimento.

4. A fixação judicial da contrapartida da aquisição pela sociedade diretora ou dos lucros garantidos por esta aproveita a todos os sócios livres, tenham ou não deduzido oposição.

Índice

1. Direito de oposição judicial dos sócios livres
    1.1. Titularidade
    1.2. Fundamentos
    1.3. Prazo (de caducidade)
    1.4. Forma processual
2. Suspensão da celebração do contrato de subordinação
3. Eficácia externa do caso julgado que fixe judicialmente o valor das compensações

Bibliografia

Citada:

ALMEIDA, A. PEREIRA DE – *Sociedades Comerciais e Valores Mobiliários*, 5ª ed., Coimbra Editora, Coimbra, 2008; ANTUNES, JOSÉ A. ENGRÁCIA – *Os Grupos de Sociedades. Estrutura e Organização Jurídica da Empresa Plurissocietária*, 2ª ed., Almedina, Coimbra, 2002, "O Direito de Oposição Judicial dos Sócios Livres", in *Estudos Dedicados ao Prof. Doutor Mário Júlio de Almeida Costa*, Lisboa, Universidade Católica Editora, 2002ª; COELHO, FRANCISCO MANUEL DE BRITO PEREIRA – "Grupos de sociedades – Anotação preliminar aos arts. 488º a 508º do Código das Sociedades Comerciais", in *BFDUC*, LXIV, 1988, p. 297-353; FIGUEIRA, ELISEU – "Disciplina jurídica dos grupos de sociedades", in *CJ*, Ano XV, t. IV, Coimbra, 1990, p. 38-59; HÜFFER, UWE – "§ 305", *Aktiengesetz, Beck'sche Kurz-Kommentare*, 10ª ed., Beck, München, 2012, p. 1604-1629; PERESTRELO, ANA OLIVEIRA – "Artigo 497º", "Artigo 499º", em *Código das Sociedades*

Comerciais Anotado (coord. de A. Menezes Cordeiro), 2ª ed., Almedina, 2011, p. 1280-
-283, 1285-1290; VENTURA, RAÚL – "Contrato de subordinação", em *Novos Estudos sobre
Sociedades Anónimas e Sociedades em Nome Colectivo – Comentário ao Código das Sociedades
Comerciais*, Almedina, 1994.

1. Direito de oposição judicial dos sócios livres

O art. 497º consagra o direito substantivo de oposição à celebração do contrato
de subordinação pelos sócios livres, a que corresponde adjetivamente um processo especial de jurisdição voluntária, previsto atualmente no art. 1060º do
(novo)[1] CPC.

A nosso ver, a oposição judicial à celebração do contrato é um meio processual ao serviço da proteção jurídica da posição dos sócios livres relativamente a
qualquer requisito legalmente exigido na constituição da relação de grupo por
contrato de subordinação.

A oposição, sem prejuízo de poder basear-se na invocação de vícios da deliberação tomada pela sociedade subordinada sobre o projeto contratual, faculta
aos sócios livres sujeitar ao controlo judicial a existência e a adequação das compensações patrimoniais[2], que devem constar do projeto contratual (cfr. o art.
495º, *e), f), h)* e *i)*). Com efeito, chamado a intervir, o tribunal ordenará sempre
que a sociedade diretora informe o montante das contrapartidas que tenham
sido acordadas com outros sócios livres (cfr. o nº 2 do art. 497º), e pode proceder
à fixação judicial da contrapartida da aquisição das quotas ou ações ou dos lucros
garantidos, que aproveitará a todos os sócios livres (cfr. o nº 4 do art. 497º).

A título meramente incidental, note-se que, segundo Raul Ventura[3], a epígrafe do artigo em análise contém uma gralha, pois em vez de "posição" deveria
constar "oposição" dos sócios livres. O erro assinalado vem já do projeto[4] do
CSC, nomeadamento da epígrafe do respetivo art. 488º, que corresponde integralmente ao art. 497º do CSC.

---

[1] L 41/2013, de 26 de Junho de 2013.

[2] Considerando ser este o escopo primacial da intervenção judicial no processo de oposição, v. ENGRÁ-
CIA ANTUNES (2002), p. 769. O mesmo A. (2002a), p. 841, nt. 6, p. 848, nts. 20 e 21, sublinha a importância
do controlo judicial das compensações patrimoniais oferecidas pela sociedade diretora, tanto mais que,
seguindo a oposição judicial a forma de processo especial de jurisdição voluntária, a atividade do juiz
não se encontra sujeita ao princípio do dispositivo, mas ao princípio inquisitório, nem a critérios de
legalidade estrita, mas a critérios de conveniência ou equidade.

[3] (1994), p. 121.

[4] V. Ministério da Justiça, CSC (Projeto), *BMJ* 327 (1983), p. 325.

1.1. Titularidade

O nº 1 do art. 497º atribui individualmente o direito de oposição judicial a qualquer sócio[5] livre da sociedade subordinada, independentemente da percentagem de capital representado pela participação social por ele detida[6] e da data em que a adquiriu[7].

Porém, segundo julgamos, à titularidade do direito de dedução de oposição não é indiferente o sentido do exercício do direito de voto emitido em assembleia geral que aprovou o projeto de contrato[8] ou, se for o caso (i. e., sendo a sociedade subordinada uma SA e os direitos especiais de uma ou mais categorias de ações serem prejudicados[9] pela celebração do contrato de subordinação), em assembleia especial de cada categoria de ações[10]. A legitimidade ativa para o exercício da oposição à outorga do contrato de subordinação cabe ao sócio livre da sociedade subordinada que não tenha votado favoravelmente a aprovação do projeto de contrato em assembleia geral ou, quando seja o caso, não tenha votado, em assembleia especial de cada categoria de ações, a favor da aprovação

---

[5] Não foi previsto qualquer direito semelhante em favor de terceiros não sócios da sociedade subordinada (*v.g.*, puros credores sociais, obrigacionistas). Pelo contrário, no âmbito da fusão e cisão de sociedades prevê-se uma tutela específica para os diferentes tipos de terceiros não sócios das sociedades participantes (cfr. os art. 101º-A, 101º-B, 101º-C, 101º-D). A remissão operada pelo art. 496º, 1, para o regime da fusão de sociedades não parece poder ser interpretada como abrangendo as normas aí previstas para tutela dos credores sociais e dos vários tipos de obrigacionistas.

[6] ENGRÁCIA ANTUNES (2002), p. 769, (2002ª), p. 845.

[7] *Idem* (2002), p. 769, (2002ª), p. 845-846. Entendemos, na senda do citado A., que a legitimidade ativa deve ser igualmente reconhecida a quem haja adquirido a condição de sócio livre da sociedade subordinada posteriormente à aprovação do projeto de contrato de subordinação, ainda que tenha de exercer o direito de oposição dentro do prazo legal estatuído no nº 1 do art. 497º. Com efeito, não está impedida a transmissão de participações sociais entre a aprovação do projeto de contrato de subordinação e o registo comercial do mesmo, passando o adquirente das participações a ser titular de todos os direitos e obrigações sociais que cabiam ao alienante. Entre esses direitos, encontra-se o direito de deduzir oposição judicial e o direito às compensações oferecidas pela sociedade diretora, se o adquirente for considerado sócio livre, ao abrigo do art. 494º, 2.

[8] Cfr. o art. 496º, 1.

[9] Pelo contrário, se a celebração do contrato de subordinação não afetar, direta ou indiretamente, os direitos especiais atribuídos estatutariamente a categorias de ações, não há lugar a assembleias especiais da correspondente categoria. Tratando-se de ações preferenciais sem direito de voto, os respetivos titulares, além de não terem o direito a votar em assembleia geral (salvo se o tiverem recuperado temporariamente por força do disposto no art. 342º, 3), não reunirão em assembleia especial da mesma categoria. Contudo, se forem sócios livres da sociedade subordinada, são titulares do direito a deduzir oposição judicial à celebração do contrato de subordinação.

[10] Cfr. o nº 8. do comentário ao art. 496º, 1.

da correspondente deliberação tomada em assembleia geral, sob pena de *venire contra factum proprio*[11].

1.2. Fundamentos

O nº 1 do art. 497º (e bem assim o art. 1060º do CPC) estabelece que o sócio livre pode deduzir oposição à celebração do contrato de subordinação com fundamento na violação de disposição do CSC ou em insuficiência da contrapartida oferecida. Nada impede que os dois fundamentos possam cumular-se numa mesma oposição.

A *violação de disposição do CSC*, a que se refere o mencionado nº 1 do art. 497º, abrange a infração de qualquer norma regulando a constituição da relação de grupo por subordinação[12], passível de ser invocada pelos sócios livres.

O sócio livre pode, por conseguinte, no próprio processo especial de oposição, arguir a nulidade ou anulabilidade da deliberação social[13] da sociedade subordinada (de que é sócio), que aprovou o projeto de contrato de subordinação. É vedado às administrações das sociedades envolvidas outorgarem o contrato de subordinação, enquanto não forem decididas todas as oposições deduzidas de que tenham conhecimento (cfr. o art. 497º, 3). Decidindo o tribunal pela declaração judicial de nulidade ou pela anulação da deliberação da sociedade subordinada, a outorga do contrato de subordinação fica definitivamente impedida. Os sócios livres poderão, assim, fundamentar a sua oposição judicial à celebração do contrato na violação, entre outras, das injunções legais quanto ao conteúdo obrigatório do projeto comum, à elaboração dos pareceres e relatórios exigidos, ao fornecimento dos elementos mínimos de informação na sede da sociedade e em plena assembleia geral, à convocação e reunião da assembleia e

---

[11] V. tb. *infra* nt. 33.

[12] Neste sentido, parece-nos, ANA PERESTRELO DE OLIVEIRA (2011), p. 1282. Diferentemente, ENGRÁCIA ANTUNES (2002), p. 770 e nt. 1501, (2002ᵃ), p. 852 e nt. 29, defende uma interpretação restritiva do art. 497º no sentido de apenas ser considerada relevante a violação de uma norma legal *"com fundamento em irregularidade relativa ao processo contratual em curso, quando esta última possa contender, direta ou indiretamente, com o seu direito à contrapartida ou compensação patrimonial"*, ou seja, com o direito à contrapartida da aquisição das participações sociais dos sócios livres ou à garantia anual de lucros.

[13] Em sentido diferente, entendendo que se alguma das deliberações (incluindo, pois, a deliberação da sociedade subordinada que aprovou o projeto contratual) padecer de vícios que a tornem nula ou anulável, nos termos gerais, os sócios interessados devem usar as respetivas ações judiciais de impugnação e não o processo especial de oposição, v. RAUL VENTURA (1994), p. 116. Por seu turno, ENGRÁCIA ANTUNES (2002ᵃ), p. 852, nt. 29, considera ilegítimo o recurso ao mecanismo da oposição judicial com vista à impugnação de deliberações sociais inválidas, com fundamento na violação de norma legal, se não estiver em causa a existência de qualquer prejuízo patrimonial.

POSIÇÃO DOS SÓCIOS LIVRES **ART. 497º** 235

aos requisitos deliberativos. Inclusive a não observância do disposto no art. 496º, 2, enquanto vício de procedimento da deliberação da sociedade subordinada, pode ser arguida pelos sócios livres[14] no processo de oposição judicial. Julgamos que entendimento diferente não se justifica, devendo o processo de oposição ser um meio processual ao serviço da proteção jurídica plena dos sócios livres no quadro do *iter* constitutivo da relação contratual de subordinação. Porém, sem prejuízo de os sócios livres poderem propor, nos termos gerais (cfr. os arts. 56º e s.), ações judiciais de impugnação da deliberação social da sociedade subordinada que aprovou o projeto contratual.

Contudo, se a violação de disposição legal respeitar à *existência* (ou seja, à ausência de previsão no projeto contratual) ou ao *modo de cálculo* da contrapartida da aquisição das quotas ou ações dos sócios livres ou da chamada garantia de lucros, o tribunal deve (quando não se verifique a violação de outra regra legal que determine a declaração judicial de nulidade ou anulação da deliberação social da sociedade subordinada) também (e não apenas quando a oposição judicial se fundamente na insuficiência das compensações oferecidas) fixar o valor da contrapartida da aquisição e/ou da garantia de lucros. Será o caso, se, do projeto de contrato de subordinação, não consta a indicação dos elementos obrigatórios relativos à informação necessária à determinação das compensações legalmente previstas (cfr. as als. *d)* e *f)* do art. 495º), ou das próprias compensações – da contrapartida[15] pela aquisição das participações e da garantia[16] de lucros (cfr. as als. *e)* e *i)* do art. 495º). O tribunal deve fixar também o montante das compensações se forem infringidas as regras legais a que está sujeita

---

[14] Sem prejuízo de os sócios *não livres* da sociedade subordinada arguirem tal vício deliberativo, nos termos gerais, em ação anulatória da deliberação da sociedade subordinada.

[15] O § 305 Abs. 5 Satz 1 da AktG exclui a impugnação da deliberação, através da qual a assembleia geral tenha aprovado o contrato ou a alteração do mesmo, com fundamento na falta de previsão de uma contrapartida de aquisição adequada. O Abs. 2 estatui que se o contrato não prever qualquer contrapartida da aquisição ou uma contrapartida adequada (por não terem sido observadas as orientações dos Abs. 1 a 3 quanto à respetiva natureza pecuniária ou mobiliária e quanto ao modo do seu cálculo), a pedido de qualquer acionista externo, o tribunal tem de determinar, no processo especial (*Spruchverfahrensgesetz*), a contrapartida a ser atribuída. A deliberação que aprovou o contrato e o próprio contrato firmado são válidos e é no processo especial que os acionistas externos podem obter a proteção dos seus direitos – v. UWE HÜFFER (2012), p. 1627.

[16] O § 304 Abs. 3 Satz 1 da AktG prescreve a nulidade do contrato que não preveja qualquer compensação anual. Diferentemente, se o contrato prevê a compensação anual mas que é considerada inadequada pelos acionistas externos, o tribunal tem de determinar, a pedido de qualquer acionista externo, a compensação anual devida em processo especial (*Spruchverfahrensgesetz*), não podendo os acionistas externos impugnar a deliberação com esse fundamento (inadequação da compensação anual) que aprovou o contrato que a determinou.

a determinação da contrapartida da aquisição das quotas ou ações dos sócios livres (que, sendo de natureza monetária, tem de ser calculada com base no valor contabilístico[17] dessas quotas ou ações da sociedade subordinada; sendo de natureza mobiliária, tem de ser apurada com base na relação de troca[18] entre as quotas ou ações da sociedade subordinada e as quotas, ações ou obrigações da sociedade diretora) ou da garantia de lucros (fixa e variável, segundo o modo de cálculo previsto no art. 500º, 1, quanto ao seu valor mínimo imperativo).

Nos casos referenciados, deve ter lugar a fixação judicial da importância da contrapartida da aquisição das participações e dos lucros garantidos. Na verdade, o nº 4 do art. 497º não restringe o poder judicial de fixação do montante da contrapartida da aquisição das participações sociais e dos lucros garantidos quando a oposição tenha sido deduzida com fundamento na insuficiência das compensações efetivamente oferecidas.

No que respeita à dedução de oposição motivada pela *insuficiência da contrapartida oferecida* pela sociedade diretora aos sócios livres[19], esta abrange quer a contrapartida (monetária ou mobiliária) da aquisição das quotas ou ações[20], quer a garantia de lucros[21] (a nosso ver, nomeadamente variável[22]), referindo-se ademais o art. 497º, 4[23], à fixação judicial de ambas as compensações. Tais compensações, apesar de terem observado as regras legais que determinam a sua fixação, são consideradas insuficientes (ou inequitativas) pelos sócios livres em face do valor económico-patrimonial da sociedade subordinada ou de ambas as sociedades contratantes, consoante o tipo e a natureza de compensação que esteja em causa.

Com efeito, por meio do instituto da oposição, os sócios livres sujeitam ao controlo judicial a adequação e a razoabilidade da determinação: do valor em

---

[17] V. nt. 26 do comentário ao art. 495º.

[18] Sobre a sua determinação, v. a nt. 27 do comentário ao art. 495º.

[19] Referindo-se sobretudo à insuficiência da contrapartida oferecida pela sociedade diretora como fundamento da oposição, v. GRAÇA TRIGO (1991), p. 85; ANA PERESTRELO DE OLIVEIRA (2011), p. 1289.

[20] Diferentemente, considerando que a insuficiência da contrapartida respeita unicamente à contrapartida da aquisição das quotas ou ações dos sócios livres oferecida pela sociedade diretora nos termos da al. *a)* do nº 1 do art. 494º, v. PEREIRA DE ALMEIDA (2008), p. 581.

[21] PEREIRA COELHO (1988), p. 347; ELISEU FIGUEIRA (1990), p. 50; RAUL VENTURA (1994), p. 115.

[22] O cálculo da garantia de lucros variável depende da determinação da relação de troca (fictícia) entre as participações da sociedade subordinada e as participações da sociedade diretora, que poderá revelar-se inadequada, dando causa ao apuramento de uma importância insuficiente a esse título. No que respeita à garantia de lucros fixa, apenas o seu modo de cálculo poderá não ter repetido o prescrito no art. 500º, *a)*, não se colocando problemas quanto à sua insuficiência.

[23] Observando-o, v. RAÚL VENTURA (1994), p. 115.

POSIÇÃO DOS SÓCIOS LIVRES **ART. 497º** 237

dinheiro atribuído às quotas ou ações da sociedade subordinada para efeitos da fixação da contrapartida pecuniária pela sua aquisição pela sociedade diretora; ou da relação de troca entre as quotas ou ações da sociedade subordinada e as quotas, ações ou obrigações da sociedade diretora para efeitos da contrapartida mobiliária pela aquisição das participações dos sócios livres; ou ainda da relação de correspondência (fictícia) entre as frações de capital da sociedade subordinada e diretora, para efeitos da garantia de lucros variável (cfr. o art. 500º, 1, *b*)). O estabelecimento de tais valores ou relação de troca pressupõem a realização de uma avaliação do património social da sociedade subordinada e/ou da sociedade diretora, avaliação para a qual a lei não forneceu qualquer critério e, em face da existência de uma pluralidade de critérios possíveis para efetuar a referida avaliação, podendo ser díspares os resultados obtidos. A apreciação judicial das compensações oferecidas pela sociedade diretora aos sócios livres garante o equilíbrio entre os interesses em confronto, nomeadamente uma real proteção dos interesses patrimoniais dos sócios livres[24].

1.3. Prazo (de caducidade)

Aprovado o projeto de contrato de subordinação por cada uma das sociedades contratantes, as respetivas deliberações sociais são objeto de uma especial publicidade: por meio de carta registada, relativamente aos sócios de SQ ou de titulares de ações nominativas, ou por meio de anúncio, em relação aos restantes acionistas (cfr. o art. 496º, 3). O direito de deduzir oposição à celebração do contrato de subordinação deve ser exercido dentro dos 90 dias a seguir à receção da carta registada, no caso de sócios quotistas ou de titulares de ações nominativas, ou à última das publicações do anúncio das deliberações sociais de ambas as sociedade contratantes, no caso dos acionistas titulares de ações ao portador (cfr. o art. 497º, 1), caducando[25] após o decurso do prazo referido.

1.4. Forma processual

Estatui o nº 2 do art. 497º e o mesmo resultando do art. 1060º do CPC, que a oposição à celebração do contrato de subordinação se realiza pela forma prevista para a oposição de credores à fusão (e cisão) de sociedades, processo este regulado substantivamente no art. 101º-A do CSC e, processualmente, no art. 1059º do CPC. O direito de oposição do sócio livre está assim sujeito à forma

---

[24] ENGRÁCIA ANTUNES (2002), p. 769, 771.
[25] *Idem* (2002), p. 770, (2002ª), p. 849.

judicial, correspondendo a um processo especial de jurisdição voluntária[26], previsto no citado art. 1060º do CPC e que remete, com ressalva das necessárias adaptações, para o art. 1059º do mesmo diploma, aplicável ao processo a seguir na oposição judicial à fusão (e cisão).

Nesta conformidade, o sócio livre que pretenda deduzir oposição judicial à celebração do contrato de subordinação oferecerá prova da sua legitimidade e especificará qual a norma societária violada pelo projeto de contrato de subordinação e/ou os termos e a medida da insuficiência da contrapartida oferecida (cfr. o art. 1059º, 1, *ex vi* do art. 1060º). A sociedade contratante[27] é citada para contestar (cfr. o art. 1059º, 2, *ex vi* do art. 1060º).

O nº 2 do art. 497º, *in fine*, impõe à sociedade diretora, no âmbito do processo de oposição judicial, um dever de informação sobre "*o montante das contrapartidas pagas a outros sócios livres ou acordadas com eles*". Esta cominação especial não limita, porém, os poderes do juiz de investigar livremente os factos sobre a operação de agrupamento societário que considere relevantes para a instrução do processo[28], podendo, nomeadamente, designar peritos indepedentes[29] que procedam à avaliação económico-patrimonial da sociedade subordinada ou de ambas as sociedades contratantes.

O "*montante das contrapartidas*" a que se refere o nº 2 do art. 497º respeita, sobretudo, à contrapartida da aquisição das quotas ou ações dos sócios livres, sem prejuízo de também poder estar em causa a chamada garantia de lucros. Apesar de a lei se referir a contrapartidas "*pagas*", em princípio, não há lugar ao pagamento das contrapartidas pela aquisição das participações dos sócios livres que tenham optado por essa alternativa dentro do prazo de que dispunham para deduzir oposição (cfr. o art. 499º, 1), porquanto a celebração do contrato de subordinação está impedida até que esse prazo tenha transcurrido e, deduzida

---

[26] V. *supra* nt. 2.

[27] A outra parte processual pode ser a futura sociedade subordinada, se forem arguidos vícios deliberativos da correspondente deliberação sobre o projeto contratual ou, estando em causa unicamente a invocação da insuficiência das compensações patrimoniais oferecidas no projeto contratual, a futura sociedade diretora, sem prejuízo de o ser também a futura subordinada. De todo o modo, as administrações devem informar-se reciprocamente sobre qualquer oposição judicial deduzida e respetivos desenvolvimentos processuais, sendo do interesse de ambas a contestação da oposição à celebração do contrato projetado em comum e apresentado por ambas aos respetivos sócios.

[28] ENGRÁCIA ANTUNES (2002ª), p. 847-848, nt. 20.

[29] Os peritos designados pelo tribunal estão sujeitos aos mesmos deveres (designadamente, de independência) e dispõem dos mesmos direitos (sobretudo do direito de exigir das sociedades implicadas as informações e documentos convenientes e de proceder às verificações necessárias) dos peritos que são designados nos termos do art. 99º, 2 e 3, *ex vi* do art. 496º, 1 – v. o nº 2. do comentário ao art. 496º.

qualquer oposição, até que seja decidida (cfr. o art. 497º, 3). Por conseguinte, tendo sido deduzida qualquer oposição judicial sem que tenha chegado ao seu termo, só se entrevê uma hipótese para que o contrato tenha sido outorgado (registado e publicado, passando a produzir os seus efeitos e, assim, sendo exigível o pagamento da contrapartida pela aquisição das quotas ou ações – cfr. o art. 495º, *h*)): as administrações[30] de ambas as sociedades contratantes desconhecerem (todas) as oposições deduzidas, porventura se houver falta de citação[31]. Numa tal hipótese, o tribunal, confrontado com a vigência do contrato de subordinação e chamado a apreciar a existência ou adequação das compensações patrimoniais, ordenará que a sociedade diretora o informe sobre o valor de tais compensações, entretanto pagas, que poderá corresponder à oferta constante do projeto contratual aprovado e do próprio contrato celebrado e publicado, ou a outro valor individualmente acordado entre a sociedade diretora e os sócios livres.

Do projecto de contrato de subordinação devem constar os elementos necessários ao cálculo em concreto da contrapartida da aquisição das quotas ou ações dos sócios livres, ou seja, o valor em dinheiro atribuído às quotas ou ações da sociedade subordinada (al. *d)* do art. 495º), a natureza da contrapartida, monetária ou mobiliária (al. *e)* do art. 495º) e, no caso de ser mobliária, o valor das quotas, ações ou obrigações da sociedade diretora e a relação de troca (cfr. a al. *f)* do art. 495º), bem como a importância que a sociedade diretora deverá entregar anualmente a título de lucros garantidos ou o modo de calcular essa importância (cfr. a al. *i)* do art. 495º). A informação sobre estes elementos determinam o valor mínimo imperativo da contrapartida da aquisição e dos lucros garantidos a que está obrigada a sociedade diretora, a calcular em concreto relativamente a cada sócio livre em função da percentagem de capital por ele detido. Nada impede que a sociedade diretora ofereça um valor superior como contrapartida da aquisição e/ou dos lucros garantidos, que terá de constar do projeto de contrato, adicionalmente à informação daqueles elementos mencionados; porém, tais valores superiores oferecidos terão sempre de ser iguais em relação a todos os sócios livres, porquanto o nº 2 do art. 497º impõe, por via indireta e adjetiva ou processual, o respeito pelo princípio da igualdade de tratamento dos sócios

---

[30] V. *supra* a nt. 27.
[31] Cfr. os arts. 188º e 190º do CPC.

(*in casu*, livres). O mesmo princípio de tratamento igualitário[32] dos sócios livres está claramente sancionado no nº 4 do mesmo art. 497º.

Pode, no entanto, acontecer que a sociedade diretora acorde com alguns sócios livres determinado valor que não conste do projeto, ou um valor superior ao oferecido no projeto. Estes são os casos visados pelo nº 2 do art. 497º. O conhecimento pelo tribunal de tais valores constitui um elemento importante para a instrução do processo, podendo o montante superior de compensação acordado com alguns sócios constituir indício da eventual insuficiência das compensações oferecidas no projeto contratual, que o juiz apreciará e ponderará na decisão judicial adequada ao caso concreto, segundo critérios de equidade.

2. Suspensão da celebração do contrato de subordinação

Decorre[33] do nº 3 do art. 497º poder o contrato de subordinação ser outorgado[34] pelas administrações de ambas as sociedades contratantes apenas após o decurso do prazo previsto (de 90 dias seguintes à receção da carta registada ou à última das publicações do anúncio das deliberações, consoante o caso) para a dedução de oposição, sem que qualquer sócio livre se tenha oposto judicialmente à celebração do contrato ou, se um ou mais sócios livres tiverem exercido tempestivamente o seu direito de oposição judicial, apenas depois de terem sido decididas as oposições deduzidas, de que os administradores, por qualquer forma[35], tenham conhecimento.

Tendo sido deduzidas oposições judiciais, deve entender-se que o impedimento à celebração do contrato de subordinação cessa não após a última das sentenças proferidas, mas após esta ter transitado em julgado[36]. Com efeito, é a partir do trânsito em julgado da última das decisões sobre as oposições deduzidas que começa a correr o prazo para o exercício da faculdade de desistência de celebração do contrato pela sociedade que ficaria a ser a diretora (cfr. o art. 499º,

---

[32] ANA PERESTRELO DE OLIVEIRA (2011), p. 1282.

[33] Porém, se o projeto de contrato de subordinação for aprovado por todos os sócios livres da futura sociedade subordinada, em assembleia geral ou, se for o caso, adicionalmente ou apenas em assembleia especial de uma mesma categoria de ações, deve entender-se não estar a celebração do contrato impedida durante o decurso do próprio prazo previsto para o direito de deduzir oposição, em face da inexistência de legitimidade ativa para o seu exercício, sob pena de *venire contra factum proprium* – v. *supra* o nº 1.1..

[34] Cfr. o art. 498º.

[35] Atente-se que a outra parte processual é citada para contestar a oposição deduzida pelo sócio livre (cfr. o art. 1059º, 2 do CPC, aplicável por força do art. 1060º do mesmo diploma) – v. *supra* a nt. 27.

[36] ENGRÁCIA ANTUNES (2002), p. 686, nt. 1331, (2002ª), 857, em resultado de uma interpretação corretiva da letra da lei.

3). Podendo a sociedade que ocuparia a posição de diretora desistir de celebrar o contrato dentro de determinado prazo a contar do trânsito em julgado da última das sentenças proferidas, pressupõe-se que o não terá celebrado antes desse momento, pelo que a faculdade de celebrar ou não celebrar o contrato de subordinação releva a partir do mesmo momento (o trânsito em julgado da última das decisões). A relevância do momento do trânsito em julgado para a cessação do impedimento à outorga do contrato decorre também do art. 101º-B, 1, *a*), aplicável por analogia[37].

Cumpre observar que o contrato de subordinação apenas poderá ser celebrado se nenhuma das sentenças transitadas em julgado declarar procedente o pedido do sócio oponente, apresentado com fundamento na violação de disposição do CSC[38], e que tenha por consequência a declaração judicial da nulidade ou a anulação da deliberação da sociedade subordinada que aprovou o projeto de contrato de subordinação. O impedimento é removido do mesmo modo depois do trânsito em julgado da sentença sobre a desistência[39] total do pedido pelo sócio oponente, por aplicação analógica do art. 101º-B, 1, *b*).

Por seu turno, a faculdade de desistir da celebração do contrato (cfr. o art. 499º, 3) surge depois do trânsito em julgado da sentença que declare procedente o pedido do sócio oponente, quer tenha sido apresentado com fundamento na violação de disposição do CSC ou na insuficiência das compensações patrimoniais, e que dê lugar (unicamente) à fixação judicial do valor das compensações patrimoniais.[40]

3. Eficácia externa do caso julgado que fixe judicialmente o valor das compensações

A decisão judicial, que põe termo ao processo de oposição deduzida pelo sócio livre, pode fixar[41] o valor da contrapartida[42] monetária e/ou mobiliária da aqui-

---

[37] Assim, SOVERAL MARTINS, na nt. 10 do comentário ao art. 507º neste mesmo volume, considerando adequado exigir o trânsito em julgado da decisão, ainda que o nº 3 do art. 497º não o exija, com base na aplicação por analogia do disposto no art. 101º-B, 1, *a*), uma vez que *"a remissão contida no art. 497º, 2, para o regime da fusão, diz respeito à "forma" de realizar a oposição"*.

[38] V. tb. SOVERAL MARTINS, nt. 8 do comentário ao art. 507º neste volume.

[39] V. tb. ENGRÁCIA ANTUNES (2002), p. 686, nt. 1331, (2002ª), 856.

[40] A faculdade de desistência deverá, pelo contrário, considerar-se excluída no caso de sentença transitada em julgado sobre a transação da sociedade diretora e do sócio oponente sobre o valor das compensações patrimoniais, sob pena de *venire contra factum proprium*.

[41] Apesar de não resultar claro perante a letra do nº 3 do art. 497º, o tribunal apenas poderá fixar o valor das compensações em termos mais favoráveis aos que foram oferecidos no projeto de contrato de subordinação pela sociedade que ficará a ser diretora, estando vedada uma *"reformatio in pejus"* – ENGRÁCIA ANTUNES (2002), p. 771, nt. 1503, (2002ª), p. 858, nt. 40, e 859.

sição das suas quotas ou ações e/ou da garantia de lucros (fixa e/ou variável) oferecidas pela sociedade que ficará a ser diretora. Esta dispõe, todavia, da faculdade de desistir da celebração do contrato (cfr. o art. 499º, 3).

Os sócios livres que tiverem deduzido oposição judicial podem exercer o seu direito de opção entre a alienação das suas quotas ou ações e a garantia de lucros (cfr. o art. 499º, 2), nos três meses seguintes ao trânsito em julgado da sentença que decida a respetiva oposição, declarando improcedente o pedido do sócio oponente ou então procedendo à fixação do valor das compensações patrimoniais[43] (e, portanto, não tendo declarado judicialmente a nulidade ou a anulação da deliberação da sociedade subordinada que tenha aprovado o projeto contratual).

Porém, os efeitos do caso julgado (mais favorável, no caso de haver mais do que uma sentença a fixar o valor das compensações) da decisão que fixe o valor das compensações são estendidos ou aproveitam a todos os sócios livres, quer tenham deduzido oposição, quer não tenham deduzido oposição. Com efeito, o nº 4 do art. 497º consagra a eficácia externa do caso julgado[44], concretizando o princípio do igual tratamento dos sócios livres[45]. Fixando o tribunal o valor das compensações patrimoniais em determinado processo de oposição deduzida, a sociedade que ocupará a posição de diretora está obrigada a pagar o valor da compensação patrimonial fixado judicialmente, em conformidade com a opção do sócio.

Para que o novo valor fixado seja efetivamente aproveitado por todos os sócios livres, é necessário reconhecer aos sócios livres, oponentes ou não, o exercício do direito de opção dentro dos três meses a contar do trânsito em julgado da última das sentenças que fixe, ou fixe em termos mais favoráveis, o valor das compensações patrimoniais, com com base numa interpretação corretiva do art. 499º, 1 e 2, reclamada pela interpretação sistemática dos arts. 497º, 4, e 499º[46].

Assim, ao sócio *oponente*, que tenha exercido a opção na sequência da decisão transitada sobre a sua oposição (cfr. o art. 499º, 2), deve ser reconhecido o

---

[42] O tribunal poderá, por conseguinte, fixar um diferente (superior) valor em dinheiro atribuído às quotas ou ações dos sócios livres (cfr. o art. 495º, d)) e/ou uma diferente (mais favorável) relação de troca entre as participações dos sócios livres e as quotas, ações ou obrigações da sociedade diretora (cfr. o art. 495º, f)), cabendo em seu resultado um maior número destas aos sócios livres.

[43] V. tb. SOVERAL MARTINS, nt. 8 do comentário ao art. 507º neste volume.

[44] ENGRÁCIA ANTUNES (2002ª), p. 771, nt. 1503, (2002ª), p. 858.

[45] ANA PERESTRELO DE OLIVEIRA (2011), p. 1282.

[46] V. o nº 2. do comentário ao art. 499º.

direito de exercer nova opção, se noutro processo de oposição deduzida o tribunal fixar (ou fixar mais favoravelmente) o montante das compensações patrimoniais, dentro de três meses a contar do trânsito em julgado da última das sentenças sobre as oposições deduzidas que fixe, ou fixe em termos mais favoráveis, o valor das compensações patrimoniais.

Por seu turno, os sócios livres *não oponentes* têm de poder exercer o seu direito de opção dentro de três meses a contar do trânsito em julgado da última das sentenças sobre as oposições deduzidas que fixe, ou fixe em termos mais favoráveis, o valor das compensações patrimoniais. Com efeito, os sócios livres que tenham comunicado a sua opção dentro do prazo fixado para a oposição[47] têm de poder efetuar novamente a comunicação[48], alterando a opção feita. Do mesmo modo, aos sócios livres, que não tenham comunicado a sua opção[49], deve ser-lhes reconhecida a faculdade de poderem efetuar (pela primeira vez) a comunicação, dentro de três meses a contar do trânsito em julgado da última das sentenças sobre as oposições deduzidas que fixe, ou fixe em termos mais favoráveis, o valor das compensações patrimoniais, no caso de quererem optar pela alienação potestativa das suas quotas ou ações, quando o valor da contrapartida da respetiva aquisição tiver sido fixado em termos mais favoráveis relativamente à oferta proposta no projeto de contrato de subordinação.

Outra não pode ser a solução, em face da letra do nº 4 do art. 497º, prescrevendo o aproveitamento do novo valor das compensações por todos os sócios livres, sem distinções. De contrário, o sócio livre não oponente ou oponente noutro processo de oposição apenas beneficiaria do valor (ou do valor mais favorável) da compensação fixado judicialmente, se anteriormente tivesse já optado por essa compensação. Não é o que decorre da eficácia externa do caso julgado favorável (ou mais favorável).

---

[47] Cfr. o art. 499º, 1.

[48] Reconhecendo ao sócio livre não oponente o direito de alterar a opção previamente efetuada, atendendo ao facto de o valor da compensação oferecida ter por certo influído na opção entre permanecer ou abandonar a sociedade, v. ENGRÁCIA ANTUNES (2002ª), p. 858, nt. 41; ANA PESTRELO DE OLIVEIRA (2011), p. 1283.

[49] Sobre a questão de saber qual a situação do sócio livre não oponente que não tenha exercido o direito de opção, v. o nº 2. do comentário ao art. 499º.

ARTIGO 498º *
Celebração e registo do contrato

O contrato de subordinação deve ser reduzido a escrito, devendo ser celebrado por administradores das duas sociedades, registado por depósito pelas duas sociedades e publicado.

* A redação do preceito foi alterada pelo DL 76-A/2006, de 29 de Março.

Índice

1. Forma do contrato de subordinação
2. Registo e publicação obrigatória. Efeitos do registo
3. Nulidade do contrato de subordinação

Bibliografia

Citada:

ANTUNES, JOSÉ A. ENGRÁCIA – *Os Grupos de Sociedades. Estrutura e Organização Jurídica da Empresa Plurissocietária*, 2ª ed., Almedina, Coimbra, 2002; FIGUEIRA, ELISEU – "Disciplina jurídica dos grupos de sociedades", in *CJ*, Ano XV, t. IV, Coimbra, 1990, p. 38-59; PERESTRELO, ANA OLIVEIRA – "Artigo 494º", "Artigo 498º", em *Código das Sociedades Comerciais Anotado* (coord. de A. Menezes Cordeiro), 2ª ed., Almedina, Coimbra, 2011, p. 1271-1274, 1283-1285.

1. Forma do contrato de subordinação

Em face do art. 498º, o contrato de subordinação está sujeito a exigência de forma, sob pena de nulidade (cfr. o art. 220º do CCiv.). A desformalização dos atos societários, implementada pelo DL 76-A/2006, de 26 de Março, determinou a eliminação da exigência de escritura pública, passando a ser suficiente a outorga do contrato de subordinação por simples documento escrito assinado (sem prejuízo do disposto no art. 4º-A).

Compete aos gerentes ou administradores de cada uma das sociedade contratantes, em representação da respetiva sociedade (cfr. os arts. 252º, 261º, 408º), a celebração do contrato de subordinação.

Cumpre observar que a celebração do contrato de subordinação só pode ter lugar, se o projeto de contrato tiver sido aprovado por cada uma das sociedades contratantes (cfr. o art. 496º, 1 e 2), e só após o decurso do prazo previsto para a dedução de oposição pelos sócios livres sem que tenha sido deduzida qual-

CELEBRAÇÃO E REGISTO DO CONTRATO **ART. 498º** 245

quer oposição ou, caso tenha sido deduzida oposição pelos sócios livres, apenas depois do trânsito em julgado da última das sentenças sobre as oposições deduzidas (cfr. o art. 497º, 3)[1].

2. Registo e publicação obrigatória. Efeitos do registo

O contrato de subordinação está sujeito a registo comercial por depósito (cfr. tb. os arts. 3º, 1, *v*), 15º, 1, 53-A, 5, *a*) do CRCom.) e a publicação obrigatória (cfr. tb. o art. 70º, 1, *a*) do CRCom.). Efetuado o registo, segue-se-lhe imediatamente a repetiva publicação eletrónica oficiosamente, nos termos do disposto nos arts. 70º, 2 e 71º, 1 do CRCom..

A inscrição registal do contrato de subordinação deve ser promovida pelos gerentes ou administradores, no exercício dos poderes de representação (cfr. os arts. 252º, 261º, 408º), de cada uma das sociedade contratantes com respeito a cada uma delas. Com efeito, a inscrição registral é promovida no registo de ambas as sociedades contratantes, conforme exigido pelo art. 498º[2], e não apenas de uma delas.

Tendo o contrato de subordinação de ser registado e publicado em relação a cada uma das sociedades contratantes, em caso de desfazamento temporal da inscrição no registo das duas sociedades, o contrato torna-se eficaz na data do último registo e publicação.

O CSC não determina com clareza[3] a eficácia do registo comercial e publicação do contrato de subordinação, pelo que à primeira vista o registo e publicação do contrato de subordinação teriam efeitos meramente declarativos entre as partes (cfr. o art. 13º, 1 do CRCom.).

Julgamos, porém, que o registo e imediata publicação do contrato de subordinação têm caráter constitutivo *inter partes* e não meramente declarativo. Neste sentido consideramos decisivo o momento relevante para o exercício do direito a emitir instruções vinculantes, que surge tão-somente com a (última) publicação[4] do contrato de subordinação, ao abrigo do art. 503º, 1, sendo promovida imediatamente após a inscrição registral do mesmo com respeito a cada sociedade contratante.

---

[1] V. o nº 2. do comentário ao art. 497º.
[2] Referindo-o tb., ENGRÁCIA ANTUNES (2002), p. 687.
[3] ANA PERESTRELO DE OLIVEIRA (2011), p. 1284.
[4] Tb. ELISEU FIGUEIRA (1990), p. 49.

Não obstante o art. 501º, 1, reputar como relevante o momento da celebração[5] do contrato de subordinação para efeitos da responsabilidade da sociedade diretora para com os credores sociais da sociedade subordinada[6], em termos práticos a proteção dos credores não sai prejudicada se se considerar antes relevante o momento do registo e publicação do contrato: a sociedade diretora será responsável pelas dívidas sociais constituídas antes ou depois da inscrição registral e publicação do contrato. Por outro lado, esta é a solução congruente[7] com o próprio equilíbrio do sinalagma contratual, fazendo corresponder o nascimento das pesadas obrigações que impendem sobre a sociedade diretora para efeitos de tutela da sociedade subordinada, dos seus sócios livres e dos seus credores – como a responsabilidade por perdas anuais[8], a aquisição[9] das quotas ou ações dos sócios livres ou, em alternativa, a garantia de lucros dos sócios livres, e a comunicabilidade das dívidas sociais, respetivamente –, ao momento da aquisição pela sociedade diretora do direito de emissão de instruções vinculantes. Nesta conformidade, o efeito jurídico central da constituição do grupo por subordinação, a dependência da gestão da atividade da sociedade subordinada às instruções da sociedade diretora, será condição[10] ou causa dos demais efeitos da constituição do grupo por contrato de subordinação.

Diga-se ainda que a favor da eficácia constitutiva do registo e publicação pode invocar-se a analogia dos seus efeitos com a fusão e cisão de sociedades, em relação às quais o registo (seguido de publicação) tem natureza constitutiva, por aplicação do disposto no CSC, nomeadamente do art. 112º a respeito da fusão

---

[5] O art. 500º parece fazer o mesmo relativamente à obrigação de pagamento da garantia de lucros, mas não resultando de forma tão evidente do texto legal.

[6] V. COUTINHO DE ABREU, no nº 1.2. do comentário ao art. 501º neste volume.

[7] No mesmo sentido, v. ANA PERESTRELO DE OLIVEIRA (2011), p. 1284. Em sentido contrário, v. ENGRÁCIA ANTUNES (2002), p. 688-689, 691-692, ainda que critique o regime legal errático em clara contradição com o equilíbrio do sinalagma contratual que subjaz ao contrato de subordinação e reconheça que o registo comercial constituiria *de lege ferenda* a solução mais coerente, concentrando num único momento todos os efeitos do contrato de subordinação.

[8] Cfr. o art. 502º.

[9] Note-se que, no quadro da regulamentação prevista no Projeto de Nona Diretiva sobre Grupos de Sociedades (cfr. o art. 23º) e da AktG alemã (cfr. o § 305), o direito de opção dos sócios livres ou acionistas externos pela alienação das suas participações é exercido depois do registo e publicação do próprio contrato de subordinação e não, como entre nós, antes da celebração, registo e publicação do contrato, nos termos do art. 499º – v. o nº 1.1.4. do comentário ao art. 495º neste volume. Relativamente ao direito dos sócios livres de exigir a aquisição das suas participações, a que se refere a al. *h*) do art. 495º, o prazo que tenha sido estipulado para o respetivo exercício deve contar-se a partir da última das publicações do contrato de subordinação – v. o nº 1.1.4. do comentário ao art. 495º neste volume.

[10] ANA PERESTRELO DE OLIVEIRA (2011), p. 1285.

e aplicável à cisão (cfr. o art. 13º, 2 do CRCom.). Com efeito, apesar de a formação do grupo por contrato de subordinação não contituir formalmente uma alteração estrutural das sociedades contratantes e correspondentemente do ato constitutivo de ambas as sociedades – na medida em que não é alterado, em princípio, o correspondente pacto social[11] –, em termos materiais ou substanciais produz alterações em toda a estrutura jurídico-patrimonial e organizativa das sociedades contratantes (e igualmente do estatuto jurídico-ativo e passivo dos respetivos sócios e credores sociais)[12]. Acresce ainda o facto de o art. 496º, 1, conter uma remissão para o regime previsto para a fusão, e que poderá ser interpretada extensivamente[13] como abrangendo o disposto no art. 112º quanto à natureza dos efeitos produzidos pela inscrição registral dessa operação.

Assim, o contrato de subordinação produz efeitos[14] após a última das suas publicações promovidas imediatamente a seguir ao respetivo registo comercial relativamente a cada uma das sociedades contratantes.

3. Nulidade do contrato de subordinação

A invalidade de qualquer uma das deliberações sociais sobre a aprovação do projeto contratual, seja da subordinada ou da diretora, declarada depois de constituída a relação de grupo por subordinação (ou seja, depois da inscrição registral e subsequente publicação do contrato de subordinação com respeito a cada uma das sociedades contratantes), é causa de nulidade[15] do contrato de subordinação.

O contrato de subordinação registado e publicado é igualmente nulo, se não for observada a forma exigida (cfr. o art. 498º; e o art. 220º do CCiv.) ou se não

---

[11] Pode, porém, conjuntamente com a aprovação do projeto de contrato de subordinação, ser aprovada a título acessório a alteração dos estatutos da sociedade diretora se houver lugar ao aumento do seu capital para a atribuição de quotas ou ações para efeitos da contrapartida mobiliária da aquisição das participações dos sócios livres (cfr. os arts. 495º, f), h), 499º, 1).

[12] Assim, ENGRÁCIA ANTUNES (2002), p. 690.

[13] Tb. ANA PERESTRELO DE OLIVEIRA (2011), p. 1284, nt. 6. Referindo a possibilidade de aplicação analógica dos arts. 112º do CSC e do art. 13º, 2 do CRCom., atenta a analogia dos efeitos do contrato de subordinação com o contrato de fusão e com o instituto de alteração do contrato, v. ENGRÁCIA ANTUNES (2002), p. 690, nt. 1337.

[14] Note-se que não é admitida a atribuição pelas partes contratantes de eficácia retroativa ao contrato de subordinação, sob pena de legitimação do poder fáctico exercido anteriormente sobre a administração da sociedade subordinada, proibido por lei fora de uma relação de grupo (de direito) – ENGRÁCIA ANTUNES (2002), p. 692.

[15] Tb. ANA PERESTRELO DE OLIVEIRA (2011), p. 1280.

prever[16] alguma das obrigações essenciais da sociedade diretora, conforme exigido pelo art. 494º, 1[17], salvo se, à data da celebração do contrato, não[18] existirem sócios qualificáveis como sócios livres, nos termos do art. 494º, 2.

A nulidade do contrato de subordinação deve ser invocada em ação proposta para a cessação judicial do contrato com fundamento em justa causa, de acordo com o art. 506º, 3, *c)* e, interpretado corretivamente, 5. A cessação judicial do contrato e da relação de grupo constituída não tem eficácia retroativa[19].

---

[16] E pressuposto que não tenha havido lugar à fixação judicial do valor das compensações em oposição judicial deduzida à celebração do contrato, ao abrigo do art. 497º, 4, porquanto a sociedade diretora fica por ela diretamente vinculada, independentemente de previsão contratual.

[17] Em conformidade com o disposto no art. 294º do CCiv. – ANA PERESTRELO DE OLIVEIRA (2011), p. 1274; ORLANDO VOGLER GUINÉ, no nº 1. do comentário ao art. 494º neste volume.

[18] V. a nt. 12 do comentário ao art. 495º neste volume.

[19] V. o nº 6. do comentário ao art. 496º, e o nº 1. do comentário ao art. 506º, ambos neste volume.

ARTIGO 499º
Direitos dos sócios livres

1. Os sócios livres que não tenham deduzido oposição ao contrato de subordinação têm o direito de optar entre a alienação das suas quotas ou acções e a garantia de lucro, contanto que o comuniquem, por escrito, às duas sociedades dentro do prazo fixado para a oposição.
2. Igual direito têm os sócios livres que tenham deduzido oposição nos três meses seguintes ao trânsito em julgado das respectivas sentenças.
3. A sociedade que pelo contrato seria diretora pode, mediante comunicação escrita à outra sociedade, efectuada nos 30 dias seguintes ao trânsito em julgado da última das sentenças sobre oposições deduzidas, desistir da celebração do contrato.

Índice

1. Objeto de regulação
2. Condições de exercício do direito de opção pelos sócios livres
3. Desistência da celebração do contrato de subordinação pela sociedade diretora

Bibliografia

Citada:

ANTUNES, JOSÉ A. ENGRÁCIA – *Os Grupos de Sociedades. Estrutura e Organização Jurídica da Empresa Plurissocietária*, 2ª ed., Almedina, Coimbra, 2002; COELHO, FRANCISCO MANUEL DE BRITO PEREIRA – "Grupos de sociedades – Anotação preliminar aos arts. 488º a 508º do Código das Sociedades Comerciais", in *BFDUC*, LXIV, 1988, p. 297-353; CORDEIRO, ANTÓNIO MENEZES – *Direito Europeu das Sociedades*, Almedina, Coimbra, 2005; PERESTRELO, ANA OLIVEIRA – "Artigo 499º", em *Código das Sociedades Comerciais Anotado* (coord. de A. Menezes Cordeiro), 2ª ed., Almedina, Coimbra, 2011, p. 1285-1290; VENTURA, RAÚL – "Contrato de subordinação", em *Novos Estudos sobre Sociedades Anónimas e Sociedades em Nome Colectivo – Comentário ao Código das Sociedades Comerciais*, Almedina, Coimbra, 1994.

1. Objeto de regulação

Os nº^{os} 1 e 2 do art. 499º estabelecem as condições de exercício do direito de escolha pelos sócios livres entre a alienação potestativa das suas quotas ou ações ou a garantia de lucros. A sociedade diretora tem de assumir no (projeto e no) contrato de subordinação a obrigação de aquisição das participações dos sócios livres ou o pagamento da chamada garantia de lucros (cfr. os arts. 494º, 1, *a*) e *b*), e 495º, *e)*, *f)*, *h)* e *i)*). Estas duas obrigações da sociedade diretora constituem os pilares da regulamentação legal do contrato de subordinação – a proteção dos sócios livres[1].

O nº 3 do mesmo preceito em causa concede à sociedade diretora a faculdade de desistir, dentro de determinado prazo, da celebração do contrato de subordinação, quando haja lugar à fixação judicial das contrapartidas da aquisição das quotas ou ações e/ou dos lucros garantidos (cfr. o art. 497º, 4) em termos mais favoráveis aos oferecidos no projeto de contrato de subordinação.

2. Condições de exercício do direito de opção pelos sócios livres

O regime jurídico do grupo constituído por contrato de subordinação estebelece uma proteção específica dos sócios livres[2] (designados por sócios externos, *außenstehende Aktionäre*, na AktG), concretizada através: de um requisito deliberativo especial quanto à aprovação do projeto de contrato (cfr. o art. 496º, 2); da atribuição dos direitos alternativos à alienação potestativa das suas quotas ou ações (cfr. os arts. 494º, *a)*, 495º, *h)*) contra uma contrapartida determinada, quanto ao seu valor mínimo, com base na avaliação do património da sociedade subordinada e/ou da sociedade diretora (cfr. o art. 495º, *d)*, *e)*, e *f)*), ou ao pagamento anual de uma importância garantida a título de distribuição de lucros (cfr. os arts. 494º, *b)*, 495º, *i)*), calculada, quanto ao seu montante mínimo, de acordo com o disposto no art. 500º; e ainda do direito de oposição judicial à celebração do contrato (cfr. o art. 497º, 1).

Com efeito, além de os sócios livres poderem exercer o seu direito de voto[3] no processo deliberativo da sociedade subordinada sobre o projeto de contrato de subordinação, se a sociedade subordinada for uma sociedade dependente[4] da sociedade diretora, a aprovação da proposta de celebração (ou modificação) do contrato de subordinação pela assembleia geral da sociedade dependente (subordinada) requer que, adicionalmente à obtenção de maioria (qualificada)[5] dos votos emitidos, não votem contra ela mais de metade dos sócios livres, inde-

---

[1] RAUL VENTURA (1994), p. 110.

[2] Sobre o conceito de sócios livres, v. o nº 2. do comentário ao art. 494º.

[3] Salvo se, p. ex., forem unicamente titulares de ações preferenciais sem direito de voto – v. nt. 38 do comentário ao art. 496º.

[4] Entre as sociedades contratantes (pre)existirá uma relação de domínio (simples – cfr. o nº 6 do comentário ao art. 496º, 2), sendo a futura sociedade subordinada uma sociedade dependente, direta ou indiretamente, nos termos do art. 486º, 1, da futura sociedade diretora.

[5] Cfr.o art. 496º, 1.

DIREITOS DOS SÓCIOS LIVRES **ART. 499º** 251

pendentemente do capital social representado pelas participações sociais detidas por tais sócios livres (cfr. o art. 496º, 2).

Findo o processo deliberativo e sendo o projeto de contrato de subordinação aprovado por ambas as sociedades contratantes, os sócios livres da sociedade subordinada dispõem do direito de deduzir oposição (por via judicial) à celebração do contrato de subordinação, com fundamento na violação da lei ou na insuficiência das compensações oferecidas pela sociedade diretora (cfr. o art. 497º, 1).

Independentemente do exercício do direito de deduzir oposição à celebração do contrato de subordinação, os sócios livres dispõem do direito de opção entre a alienação das suas quotas ou ações à sociedade diretora (cfr. o art. 495º, *e)*, *f)* e *h)*) e a chamada garantia de lucros a ser paga anualmente pela sociedade diretora (cfr os art. 495º, *i)* e 500º).

Do ponto de vista dos sócios livres, a dedução ou não de oposição judicial releva, por um lado, quanto ao prazo dentro do qual a opção dos sócios livres deve ser exercida (comunicada) e, por outro, quanto ao aproveitamento por todos os sócios livres, incluindo os não oponentes, do valor da contrapartida da aquisição das participações ou da garantia de lucros que venha a ser fixado judicialmente pela sentença (mais favorável, se existir mais do que uma) sobre a oposição deduzida[6].

Do ponto de vista da sociedade diretora, sendo deduzida oposição judicial de que resulte a fixação judicial de um novo (superior) valor das contrapartidas da aquisição de quotas ou ações e/ou dos lucros garantidos, ela pode desistir da celebração do contrato dentro de um determinado prazo.

Quanto aos sócios livres, os que não pretendam deduzir oposição à celebração do contrato de subordinação, devem, dentro do mesmo prazo fixado para a oposição, ou seja, dentro de 90 dias a contar da última das publicações do anúncio das deliberações ou, no caso de sócios de SQ ou de titulares de ações nominativas (cfr. o art. 496º, 3), da receção da carta registada (cfr. o art. 497º, 1), optar entre a alineação das suas quotas ou ações e a garantia de lucros, mediante comunicação, por escrito, a ambas as sociedades contratantes, portanto à sociedade subordinada de que são sócios e à sociedade diretora (art. 499º, 1).

Por seu turno, os sócios livres, que tenham deduzido oposição à celebração do contrato de subordinação, devem comunicar igualmente a ambas as sociedades contratantes a opção entre a alienação das suas quotas ou ações e a garantia

---

[6] V. o nº 3. do comentário ao art. 497º.

de lucros dentro dos três meses seguintes ao trânsito em julgado da sentença relativa ao processo de oposição (art. 499º, 2).

Porém, o exercício do direito de opção numa fase tão preliminar do processo de constituição da relação de grupo por subordinação pode dar origem a algumas incongruências legais que impõem uma interpretação corretiva do disposto no art. 499º, 1 e 2, quanto ao prazo dentro do qual os sócios podem exercer a opção[7]. Isto porque, consagrando o nº 4 do art. 497º o aproveitamento da fixação judicial das compensações por todos os sócios, oponentes ou não, tem de ser-lhes reconhecida, porventura sucessivamente no tempo à medida que forem emitidas as decisões judiciais que procedam à fixação do montante das compensações patrimoniais, a faculdade de (re)exercício da opção dentro de três meses a contar do trânsito em julgado da última das sentenças sobre as oposições deduzidas que fixe, ou fixe em termos mais favoráveis, o valor das compensações patrimoniais, com base numa interpretação corretiva do art. 499º, 1 e 2, reclamada pela interpretação sistemática dos arts. 497º, 4, e 499º.

Nesta conformidade, os sócios livres que não tenham deduzido oposição judicial têm de poder exercer o seu direito de opção dentro de três meses a contar do trânsito em julgado da última das sentenças sobre as oposições deduzidas que fixe, ou fixe em termos mais favoráveis, o valor das compensações patrimoniais, alterando[8] a opção anteriormente feita.

Por sua vez, aos sócios oponentes, que tiverem já feito a opção na sequência da decisão transitada sobre a sua oposição, deve ser reconhecido o direito de exercer nova opção, se noutro processo de oposição deduzida o tribunal fixar (ou fixar mais favoravelmente) o montante das compensações patrimoniais. Cumpre observar que a opção do sócio oponente pressupõe que a sentença transitada em julgado sobre a respetiva oposição deduzida tenha declarado improcedente o respetivo pedido, ou então tenha procedido à fixação do valor das compensações patrimoniais[9] (e, portanto, não tenha declarado judicialmente a nulidade ou a anulação da deliberação da sociedade subordinada que tenha aprovado o projeto contratual, com fundamento na violação do CSC). Declarada a nulidade

---

[7] V. o nº 1.1.4. do comentário ao art. 495º, bem assim o nº 3. do comentário ao art. 497º, ambos neste volume.

[8] Reconhecendo ao sócio livre não oponente o direito de alterar a opção previamente efetuada, atendendo ao facto de o valor da compensação oferecida ter por certo influído na opção entre permanecer ou abandonar a sociedade, v. ENGRÁCIA ANTUNES (2002ª), p. 858, nt. 41; ANA PESTRELO DE OLIVEIRA (2011), p. 1283.

[9] V. tb. SOVERAL MARTINS, nt. 8 do comentário ao art. 507º neste volume.

ou a anulação da deliberação da sociedade subordinada, o contrato não pode ser celebrado, não tendo qualquer efeito jurídico o exercício da opção.

Relativamente à situação do sócio livre que não tenha comunicado tempestivamente ou de todo o seu direito de opção, a lei nada diz. Parece-nos ser de afastar que a sociedade diretora possa determinar qual das compensações atribuirá aos sócios livres, admitindo-se-lhe, por conseguinte, o poder de adquirir potestativamente as quotas ou ações do sócios livre, quiçá contra a sua vontade. A solução juridicamente mais adequada, ainda que possa não corresponder aos melhores interesses económicos[10] do sócio livre, parece ser antes a de considerar que o sócio livre terá optado tacitamente pela permanência na sociedade subordinada, cabendo-lhe a garantia de lucros[11].[12]

Do mesmo modo, aos sócios livres que não tenham comunicado a sua opção, deve ser-lhes reconhecida a faculdade de poderem efetuar (pela primeira vez) a comunicação, dentro de três meses a contar do trânsito em julgado da última das sentenças sobre as oposições deduzidas que fixe, ou fixe em termos mais favoráveis, o valor das compensações patrimoniais, no caso de quererem optar pela alienação potestativa das suas quotas ou ações, quando o valor da contrapartida da respetiva aquisição tiver sido fixado em termos mais favoráveis relativamente à oferta proposta no projeto de contrato de subordinação.

Se os sócios livres optarem pela alienação das suas participações sociais, poderá a sociedade diretora (adquirente) obter o domínio total (direto e indireto) da sociedade subordinada, dispondo o art. 507º, 1 que, em tal caso, se torna aplicável o regime próprio da relação de grupo por domínio total, caducando as deliberações de ambas as sociedades relativas à celebração do contrato de subordinação.

---

[10] Porquanto as suas quotas ou ações detidas na sociedade subordinada, enquanto vigorar o contrato de subordinação, pouco mais serão do que meros "títulos adormecidos" desprovidos de liquidez ou valor de mercado, como refere ENGRÁCIA ANTUNES (2002), p. 773, nt. 1507.

[11] Assim, ENGRÁCIA ANTUNES (2002), p. 772-773. Entendendo que se os sócios nada declararem, o que tem lugar é a garantia de lucros, v. PEREIRA COELHO (1988), p. 346; ANA PERESTRELO DE OLIVEIRA (2011), p. 1290.

[12] Esta é aliás a solução que decorre do Projeto de Nona Diretiva sobre Grupos de Sociedades. Atribuindo aos acionistas livres o direito de exigir a aquisição das suas ações dentro do prazo de três meses a contar da última das duas publicitações do contrato, estatui que, na ausência do exercício de tal direito de venda ou alienação potestativa das ações, os acionistas livres *"mantêm a compensação anual"* (cfr. o respetivo art. 23º, 5). A lógica subjacente ao Projeto de Nona Diretiva é a de considerar que o sócio livre permanece na sociedade subordinada com direito à correspondente compensação anual, salvo se optar por exigir a aquisição das suas ações contra a correspondente contrapartida. O texto traduzido do Projeto mencionado pode consultar-se em MENEZES CORDEIRO (2005), p. 763.

3. Desistência da celebração do contrato de subordinação pela sociedade diretora

A sentença sobre a oposição deduzida pode fixar o valor das compensações a que está obrigada a sociedade diretora, seja da contrapartida pela aquisição das quotas ou ações do sócio livre detidas na sociedade subordinada, seja da garantia de lucros a ser paga anualmente pela sociedade diretora, aproveitando o valor judicialmente fixado a todos os sócios livres, oponentes ou não (cfr. o art. 497º, 3).

Em face desta possibilidade de fixação judicial das compensações devidas, compreende-se que à sociedade que ficaria a ser diretora seja atribuída a faculdade de desistir da celebração do contrato, mediante comunicação escrita à sociedade subordinada, efetuada nos 30 dias seguintes ao trânsito em julgado da última das sentenças sobre as oposições deduzidas (cfr. o art. 499º, 3).[13]

---

[13] A faculdade de desistência deverá estar, pelo contrário, excluída diante de sentença transitada em julgado sobre a transação da sociedade diretora e do sócio oponente sobre o valor das compensações patrimoniais, sob pena de *venire contra factum proprium* – v. o nº 2. do comentário ao art. 497º neste volume.

ARTIGO 500º
Garantia de lucros

1. Pelo contrato de subordinação, a sociedade diretora assume a obrigação de pagar aos sócios livres da sociedade subordinada a diferença entre o lucro efetivamente realizado e a mais elevada das importâncias seguintes:

a) A média dos lucros auferidos pelos sócios livres nos três exercícios anteriores ao contrato de subordinação, calculada em percentagem relativamente ao capital social;

b) O lucro que seria auferido por quotas ou ações da sociedade diretora, no caso de terem sido por elas trocadas as quotas ou ações daqueles sócios.

2. A garantia conferida no número anterior permanece enquanto o contrato de grupo vigorar e mantém-se nos cinco exercícios seguintes ao termo deste contrato.

Índice

1. A garantia de lucros. Modalidades
   1.1. Garantia de lucros fixa
   1.2. Garantia de lucros variável
2. Manutenção da garantia de lucros subsequentemente ao termo de contrato

Bibliografia

a) Citada:

ANTUNES, JOSÉ A. ENGRÁCIA – *Os Grupos de Sociedades. Estrutura e Organização Jurídica da Empresa Plurissocietária*, 2ª ed., Almedina, Coimbra, 2002; COELHO, FRANCISCO MANUEL DE BRITO PEREIRA – "Grupos de sociedades –Anotação preliminar aos arts. 488º a 508º do Código das Sociedades Comerciais", in *BFDUC*, LXIV, 1988, p. 297-353; CORDEIRO, ANTÓNIO MENEZES – *Direito Europeu das Sociedades*, Almedina, Coimbra, 2005; HÜFFER, UWE – "§ 304", *Aktiengesetz, Beck'sche Kurz-Kommentare*, 10ª ed., Beck, München, 2012, p. 1593-1603; PERESTRELO, ANA OLIVEIRA – "Artigo 500º", em *Código das Sociedades Comerciais Anotado* (coord. de A. Menezes Cordeiro), 2ª ed., Almedina, Coimbra, 2011, p. 1290-1293.

b) Outra:

VENTURA, RAÚL – "Grupos de sociedades – Uma introdução comparativa a propósito de um Projeto Preliminar de Directiva da C.E.E. (conclusão)", in *ROA*, Ano 41, v. II, 1981, p. 305-362.

1. A garantia de lucros. Modalidades

O art. 500º, 1, regula as modalidades, fixa (cfr. a respetiva al. *a)*) e variável (cfr. a correspondente al. *b)*), e o modo de cálculo da importância que a sociedade que ficará a ser a diretora deverá pagar anualmente à sociedade que ficará a ser a subordinada para manutenção da distribuição de lucros aos sócios livres desta (cfr. os art. 494º, 1, *b)*, 495º, *i)*, 497º, 1 e 4, 499º, 1).

A garantia de lucros visa compensar os sócios livres da eventual redução ou ausência de lucros distribuíveis no fim do exercício social, em consequência da submissão da gestão da atividade da sociedade subordinada aos interesses empresariais da sociedade diretora ou de outras sociedades do grupo. Com efeito, as instruções vinculantes emitidas pela sociedade diretora (cfr. o art. 503º) poderão impedir a verificação de lucros anuais, deixando, por conseguinte, sem conteúdo o direito social aos lucros[1]. Consequências comparáveis, ainda que de verificação certa, advirão da aposição ao contrato de subordinação de uma convenção acessória de atribuição dos lucros anuais, parcial ou totalmente, à sociedade diretora ou a outras sociedades do grupo (cfr. o art. 508º), o que impedirá efetivamente, na medida da atribuição convencionada, o surgimento de lucros no balanço da sociedade subordinada.

Esta medida de proteção patrimonial do sócio livre permite-lhe assim permanecer na sociedade sem ficar privado do pagamento de um montante mínimo para manutenção do direito à distribuição de dividendos, cuja vigência se prolonga para além da cessação do contrato (cfr. o nº 2 do art. 500º)[2]. Apesar de a lei lhe garantir uma compensação monetária anual, o sócio livre não tem de permanecer na sociedade subordinada, podendo apartar-se dela e realizar o valor das suas quotas ou ações através da respetiva alienação à sociedade diretora contra uma contrapartida adequada.

Nos termos do art. 494º, 1, a futura sociedade diretora está obrigada a oferecer aos sócios livres da futura sociedade subordinada, quer a aquisição das respetivas quotas ou ações contra uma contrapartida fixada por acordo entre as sociedades contratantes no projeto de contrato de subordinação (cfr. o art. 495º, *d)*, *e)* e *f)*) ou por via judicial no âmbito do processo especial de oposição (cfr. o art. 497º, 4), quer a garantir os lucros dos sócios livres nos termos do art. 500º, devendo constar do projeto de contrato a importância devida (por cada ação ou quota da sociedade subordinada) a título de garantia de lucros fixa e o

---

[1] Cfr. o art. 21º, 1, *a)*.
[2] Tb. ANA PERESTRELO DE OLIVEIRA (2011), p. 1292.

modo de calcular a importância devida a título de garantia de lucros variável (cfr. o art. 495º, *i*)), sendo que o tribunal pode igualmente fixar o valor da garantia de lucros (cfr. o art. 497º, 4).

Por sua vez, os sócios livres têm direito apenas a uma das compensações, ou à contrapartida pela alienação potestativa das suas quotas ou ações, abandonando a sociedade subordinada, ou à garantia anual de lucros se (e enquanto)[3] permanecerem na sociedade subordinada. Para o efeito, os sócios livres podem optar por uma dessas compensações dentro do prazo fixado no art. 499º, 1 e 2, cabendo-lhes a garantia anual de lucros se não tiverem feito uso da sua faculdade de escolha[4].

Cada sócio livre pode[5] individualmente opor-se, por via judicial, à celebração do contrato de subordinação, com fundamento na violação de normas legais ou na insuficiência de tais compensações[6].

A decisão judicial pode proceder à fixação de qualquer das compensações patrimoniais (cfr. o art. 497º, 4), sendo reconhecido, por seu turno, à futura sociedade diretora a faculdade de desistir da celebração do contrato de subordinação (cfr. o art. 499º, 3).

Relativamente à compensação anual, esta pode corresponder a uma importância (mínima) *fixa*, sendo passível de ser calculada logo por acordo entre as sociedades contratantes no projeto de contrato de subordinação, ou a uma importância (mínima) *variável* a calcular em concreto para cada exercício social, pelo que apenas o seu modo de cálculo poderá figurar no projeto contratual.

O sócio livre não tem de optar especificamente por uma das modalidades alternativas de garantia anual de lucros, dado que, independenteente de ter efetuado essa escolha, ao abrigo do art. 499º, 1 e 2, a sociedade diretora está obrigada a pagar-lhe *a mais elevada das importâncias* em confronto, por força do prescrito no proémio do art. 500º, 1.[7] Assim, anualmente, terá de ser calculada

---

[3] No caso de o sócio livre alienar as suas quotas ou ações na sociedade subordinada a outrém durante a vigência do contrato de subordinação, e este preencher a qualidade de sócio livre, nos termos do art. 494º, 2, terá direito a receber a garantia de lucros – v. a nt. 7 do comentário ao art. 497º.

[4] V. o nº 2. do comentário ao art. 499º.

[5] V. o nº 1.1. do comentário ao art. 497º.

[6] Sobre os fundamentos da oposição judicial à celebração do contrato de subordinação, v. o nº 1.2. do comentário ao art. 497º.

[7] Diferentemente, a doutrina alemã dominante considera que, perante o silêncio do legislador (cfr. o § 304 da AktG), a escolha entre a compensação (*Ausgleich*) anual fixa ou, quando é admissível (ou seja, quando a sociedade dominante, na forma de AG ou KGaA, é uma sociedade independente ou sozinha num contrato de domínio isolado, não integrada no perímetro de um grupo), variável cabe à sociedade

a importância correspondente à garantia variável de lucros, sendo devida a mais elevada das importâncias em cotejo: a garantia fixa ou a garantia variável que resultar nesse exercício social do respetivo cálculo em concreto.

Cumpre observar que a garantia de lucros poderá funcionar[8] como *complemento* dos lucros de exercício realizados (sendo contabilizados como tal os lucros que não sejam transferidos no âmbito de uma convenção acessória de atribuição de lucros) pela sociedade subordinada, ou como *substituto* dos lucros de exercício inexistentes da sociedade subordinada (em resultado da atividade social ou da transferência dos lucros de exercício no âmbito de uma convenção acessória de atribuição total de lucros).

1.1. Garantia de lucros fixa

Nos termos da al. *a)* do nº 1 do art. 500º, a garantia de lucros fixa consiste na obrigação da sociedade diretora pagar anualmente aos sócios livres *"a diferença entre o lucro efectivamente realizado[9] e a média dos lucros auferidos[10] pelos sócios livres nos três exercícios anteriores ao contrato de subordinação, calculada em percentagem relativamente ao capital social"*.

Em termos concretos, a sociedade diretora só está obrigada a pagar a referida diferença, se os lucros de exercício distribuíveis eventualmente realizados pela sociedade subordinada num determinado exercício forem de montante inferior à média dos lucros de exercício distribuíveis nos três exercícios ante-

---

dominante, não tendo os sócios livres o direito de intervenção nessa escolha – v. UWE HÜFFER (2012), p. 1600.

[8] V. ENGRÁCIA ANTUNES (2002), p. 774-775.

[9] Os lucros a ter em conta são os lucros de exercício distribuíveis, i. e., depois de aos lucros totais apurados terem sido deduzidas as importâncias para cobrir prejuízos transitados ou para formar ou reconstituir reservas impostas pela lei ou pelos estatutos (cfr. o art. 33º, 1) – v. ENGRÁCIA ANTUNES (2002), p. 776, nt. 1513; ANA PERESTRELO DE OLIVEIRA (2011), p. 1292. A possibilidade de formação de reservas livres, na medida em que priva os sócios livres do montante correspondente na distribuição dos lucros do exercício, deve considerar-se limitada às situações em que tal se revele justificado, na linha do Projeto de Nona Diretiva e da AktG. O art. 16º, 7 do Projeto de Nona Diretiva sobre Grupos de Sociedades [cuja versão traduzida pode consultar-se em Menezes Cordeiro (2005), p. 760] dispõe que *"para o cálculo da outra parte do lucro, segundo os nºs 1 a 5, as afetações do lucro anual a reservas livres só devem ser tidas em conta quando isso seja justificado, segundo um prudente juízo"*. Por seu turno, para efeitos da determinação da compensação anual fixa, o § 304 Abs. 2 Satz 1 da AktG impede que sejam constituídas outras reservas de lucros (significando: reservas livres), valendo desse modo o princípio da plena distribuição dos dividendos (*Prinzip der Vollausschütung*) – v. UWE HÜFFER (2012), p. 1598.

[10] Os lucros auferidos pelos sócios nos três exercícios anteriores correspondem aos lucros do exercício que sejam distribuíveis (cfr. o art. 33º, 1) – v. ENGRÁCIA ANTUNES (2002), p. 776, nt. 1513; ANA PERESTRELO DE OLIVEIRA (2011), p. 1292.

riores à vigência do contrato de subordinação. Com efeito, a sociedade diretora está obrigada a garantir anualmente como montante *mínimo*[11] legal a média dos lucros de exercício distribuíveis nos três exercícios anteriores à vigência do contrato de subordinação, calculada em concreto em função da percentagem do capital detido.

Sendo os lucros de exercício distribuíveis num determinado exercício inferiores à mencionada média dos três exercícios, além do montante a título de distribuição de dividendos apurados no exercício da sociedade subordinada[12], o sócio livre tem direito a receber da sociedade diretora, como *complemento* (compensação), o diferencial necessário a perfazer o montante correspondente à média dos lucros dos três exercícios. Não havendo lucros de exercício distribuíveis num determinado exercício[13], a sociedade diretora tem de pagar aos sócios livres, como *substituto* (compensação) dos lucros inexistentes, o montante correspondente à média dos lucros dos três exercícios anteriores à vigência do contrato de subordinação.

Mas se os lucros de exercício distribuíveis eventualmente realizados pela sociedade subordinada num determinado exercício forem de montante superior à média dos lucros dos três exercícios anteriores à vigência do contrato de subordinação, deve entender-se que tais sócios têm direito ao recebimento por inteiro dos dividendos anuais distribuíveis em percentagem do capital detido[14].

Assim, apenas o montante mínimo legal garantido (a média dos lucros dos três exercícios anteriores à vigência do contrato de subordinação) é fixo ou imu-

---

[11] Sem prejuízo de as sociedades contratantes acordarem no projeto contratual um montante mínimo superior ao que resulta da média dos lucros dos três exercícios anteriores à vigência do contrato de subordinação. No mesmo sentido, PEREIRA COELHO (1988), p. 350, ao considerar que o art. 500º estabelece "níveis *mínimos* de garantia – podendo estipular-se no contrato, de acordo aliás com os termos da al. *i)* do art. 495º, uma importância fixa, ou um outro modo de calcular a importância da contrapartida, que podem até ultrapassar o montante resultante da aplicação dos critérios do art. 500º (o que não podem, isso sim, é ser-lhes inferiores, sob pena de serem imperativamente *elevados* a um tal montante)".

[12] Neste sentido, v. PEREIRA COELHO (1988), p. 349, notando que o art. 500º *"começa por garantir aos sócios livres o lucro efetivamente realizado"*, pelo que *"a mais do lucro efetivamente realizado (em cada ano, entenda--se), deve ser garantia aos sócios a diferença entre esse lucro e a média dos lucros auferidos pelos sócios livres nos três exercícios anteriores ao contrato de subordinação, ou, se este for maior, o lucro que seria auferido por quotas ou ações da sociedade diretora (...) O art. 500º peca aqui pois por falta de clareza, pois que se refere apenas ao pagamento da diferença – ora é patente que o pagamento da diferença supõe o pagamento do diminuidor."*; ENGRÁCIA ANTUNES (2002), p. 776, nt. 1512.

[13] Em resultado da atividade social ou da transferência dos lucros do exercício no âmbito de uma convenção de atribuição total de lucros.

[14] Tb. ENGRÁCIA ANTUNES (2002), p. 777, nt. 1514.

tável[15] durante toda a vigência contratual. O sócio livre terá direito, no mínimo, à compensação anual fixa, salvo se a importância correspondente à garantia de lucros variável for mais elevada.

1.2. Garantia de lucros variável

De acordo com a al. *b)* do nº 1 do art. 500º, a garantia de lucros variável consiste na obrigação da sociedade diretora pagar anualmente aos sócios livres *"a diferença entre o lucro efectivamente realizado[16] e o lucro que seria auferido[17] por quotas ou ações da sociedade directora, no caso de terem sido por elas trocadas as quotas ou ações daqueles sócios".*

Esta modalidade de garantia de lucros pressupõe a prévia determinação[18] da

---

[15] Sobre as vantagens da simplicidade do método de cálculo da garantia de lucros fixa e as suas desvantagens ao nível da diminuição inevitável do valor real da compensação e da redução porporcional do valor concreto da proteção do sócio livre, bem assim do perigo de a indexação da garantia de lucros fixa à média dos lucros dos três exercícios anteriores poder conduzir à inexistência de compensação (*Null--Ausgleich*), nomeadamente em sociedades cronicamente deficitárias, v. ENGRÁCIA ANTUNES (2002), p. 777-778; sobre a *Null-Ausgleich*, v. tb. UWE HÜFFER (2012), p. 1599.

[16] V. supra nt. 9.

[17] O lucro que seria auferido por quotas ou ações da sociedade diretora corresponde ao lucro do exercício que seria distribuível (cfr. o art. 33º, 1) em percentagem das quotas ou ações que seriam detidas pelos sócios livres – v. ENGRÁCIA ANTUNES (2002), p. 779 e 781, nt. 1526. A lei não acautelou as incidências negativas sobre a efetividade da proteção da garantia de lucros variável que poderão advir da eventualidade de a sociedade diretora ser uma sociedade dependente ou filha de uma outra sociedade, que decida prosseguir naquela uma constante política de austeridade em matéria de distribuição de lucros – sobre estes perigos colocados pela constituição de um grupo vertical, v. *idem, ibidem*, p. 785-787. Diferentemente, o art. 16º do Projeto de Nona Diretiva sobre Grupos de Sociedades prevê que a sociedade diretora pode oferecer uma compensação anual de montante correspondente à parte do lucro estimada para as suas próprias ações, desde que seja uma sociedade independente, ou, sendo a sociedade diretora uma sociedade dependente, uma compensação anual de montante correspondente à parte do lucro estimada para as ações da respetiva sociedade mãe (da sociedade diretora), desde que não seja uma sociedade dependente de uma outra. De todo o modo, deve considerar-se valer o disposto no nº 7 do art. 16º do citado Projeto de Nona Diretiva sobre Grupos de Sociedades, que limita a constituição de reservas livres pela sociedade diretora, obviando a que esta (ou a sua sociedade mãe) possa manipular o montante da compensação anual variável, mediante uma política de reservas livres excessiva – em sentido próximo, v. *idem, ibidem*, p. 781, nt. 1526.

[18] Sobre os perigos da determinação adequada e razoável da garantia de lucros variável em face da pluralidade de métodos de avaliação possíveis das duas sociedades contratantes, de que depende a fixação da relação de correspondência entre as participações sociais de ambas as sociedades, e perante a possibilidade de a sociedade diretora manipular o montante dessa garantia adotando uma política de reservas excessiva, v. ENGRÁCIA ANTUNES (2002), p. 779-781; porém, justamente para obviar a este último perigo de prosseguimento de uma política de reservas excessiva , v. o que se disse na nt. anterior.

relação[19] de correspondência ou de troca[20] entre as quotas ou ações da socie-dade subordinada e as quotas ou ações da sociedade diretora, que deve constar do projeto de contrato de subordinação.

De resto, valem para esta modalidade as mesmas considerações tecidas a propósito da garantia de lucros fixa, com as devidas adaptações. Deste modo, em termos concretos, a sociedade diretora só está obrigada a pagar a referida diferença, se os lucros de exercício distribuíveis eventualmente realizados pela sociedade subordinada num determinado exercício forem de montante infe-rior aos lucros de exercício distribuídos às quotas ou ações da sociedade dire-tora, que corresponderiam em caso de troca pelas quotas ou ações da sociedade subordinada detidas pelos sócios livres. Com efeito, a sociedade diretora está obrigada a garantir anualmente como montante *mínimo*[21] legal o montante dos lucros de exercício distribuídos às quotas ou ações da sociedade diretora, que corresponderiam em caso de troca pelas quotas ou ações da sociedade subordi-nada detidas pelos sócios livres.

Sendo os lucros de exercício distribuíveis num determinado exercício infe-riores ao montante dos lucros de exercício distribuídos às quotas ou ações da sociedade diretora em face da relação de troca determinada, além do montante a título de distribuição de dividendos apurados no exercício[22], os sócios livres

---

[19] Subentenda-se que aqui, ao contrário da fusão de sociedades (cfr. os arts. 98º, 1, *e)*, 99º, 4), não há troca real, mas apenas um cálculo dos valores das paticipações sociais das duas sociedades.

[20] A lei não estabelece qualquer critério para a determinação da relação de troca (fictícia) entre as participações sociais das duas sociedades contratantes. O mesmo se verifica aliás a respeito da deter-minação da relação de troca na fusão e cisão de sociedades, exigindo apenas a lei que a relação de troca seja adequada e razoável, estando sujeita, em princípio, a fiscalizaçao interna e externa (cfr. o art. 99º, 4). Diferentemente, o art. 16º, 6, do Projeto de Nona Diretiva sobre Grupos de Sociedades, bem como o vigente § 304 Abs. 2 Satz 3 da AktG alemã a respeito do contrato de domínio e de transferência de lucros, prescrevem que a relação entre os valores das ações das sociedades contratantes deve ser calculada como para uma troca de ações no caso de uma fusão de sociedades.

[21] Sem prejuízo de as sociedades contratantes acordarem no projeto contratual um montante mínimo superior (p. ex., estipulando uma majoração percentual ou numérica a acrescer ao montante dos lucros distribuídos correspondentes às quotas ou ações da sociedade diretora) ao que resulta do modo de cálculo da al. *b)* do nº 1 do art. 500º ou um diferente modo de cálculo (p. ex., considerar o montante dos lucros distribuídos correspondentes às quotas ou ações de sociedade dominante da sociedade diretora, sempre que sejam – e sendo previsível que o sejam – superiores aos correspondentes às participações sociais desta última). No mesmo sentido, PEREIRA COELHO (1988), p. 350 – v. a respetiva citação trans-crita *supra na* nt. 11.

[22] Neste sentido, PEREIRA COELHO (1988), p. 349 – v. a citação transcrita *supra* na nt. 12; ENGRÁCIA ANTUNES (2002), p. 776, nt. 1512.

têm direito a receber da sociedade diretora, como *complemento* (compensação), o diferencial necessário a perfazer o montante correspondente aos lucros de exercício distribuídos às quotas ou ações da sociedade diretora em face da relação de troca determinada. Não havendo lucros de exercício distribuíveis num determinado exercício[23], a sociedade diretora tem de pagar aos sócios livres, como *substituto* (compensação) dos lucros inexistentes, o montante correspondente aos lucros de exercício distribuídos às quotas ou ações da sociedade diretora em face da relação de troca determinada.

Mas se os lucros de exercício distribuíveis eventualmente realizados pela sociedade subordinada num determinado exercício forem de montante superior aos lucros de exercício distribuídos às quotas ou ações da sociedade diretora em face da relação de troca determinada, deve entender-se que tais sócios têm direito ao recebimento por inteiro dos dividendos anuais distribuíveis em percentagem do capital detido.

Assim, o montante mínimo legal garantido (correspondente aos lucros de exercício distribuídos em cada exercício social às quotas ou ações da sociedade diretora em face da relação de troca determinada) é variável durante toda a vigência contratual. O sócio livre terá direito, no mínimo, à compensação anual variável, salvo se a importância correspondente à garantia de lucros fixa for mais elevada.

2. Manutenção da garantia de lucros subsequentemente ao termo de contrato

Determina o nº 2 do art. 500º a manutenção da garantia de lucros por todo o tempo que o contrato de subordinação vigorar e nos cinco exercícios subsequentes ao termo do contrato. Resulta, por um lado, estar proibido às sociedades contratantes limitar temporalmente a exigibilidade da garantia de lucros no projeto de contrato de subordinação e, por outro, a obrigatória sobrevigência da garantia de lucros, nos mesmos termos em que é exigível na vigência do contrato, durante os cinco exercícios seguintes ao termo do contrato, independentemente da respetiva causa extintiva[24].

À manutenção da garantia de lucros subsequentemente ao termo de contrato parece estar subjacente uma presunção legal inilidível (*iuris et iuris*) de

---

[23] Em resultado da atividade social ou da transferência dos lucros do exercício no âmbito de uma convenção de atribuição total de lucros.

[24] Sobre as formas de cessação do contrato de subordinação, v. o art. 506º.

diminuição do património da sociedade subordinada verificada durante a vigência do contrato de subordinação, visando-se assegurar o direito aos lucros dos sócios livres para além da cessação do contrato[25].

---

[25] Tb. ANA PERESTRELO DE OLIVEIRA (2011), p. 1292.

ARTIGO 501º
Responsabilidade para com os credores da sociedade subordinada

1. A sociedade directora é responsável pelas obrigações da sociedade subordinada, constituídas antes ou depois da celebração do contrato de subordinação, até ao termo deste.
2. A responsabilidade da sociedade directora não pode ser exigida antes de decorridos 30 dias sobre a constituição em mora da sociedade subordinada.
3. Não pode mover-se execução contra a sociedade directora com base em título exequível contra a sociedade subordinada.

Índice

1. Responsabilidade da sociedade dominante por obrigações da sociedade dominada
   1.1. Categorias de obrigações pelas quais a sociedade dominante responde
   1.2. Obrigações anteriores e posteriores à constituição da relação de grupo
2. Exigibilidade da responsabilidade
3. Caracterização da responsabilidade

Bibliografia

a) Citada:

ABREU, J.M. COUTINHO DE – *Da empresarialidade (As empresas no direito)*, Almedina, Coimbra, 1996 (reimpr. 1999), *Curso de direito comercial*, vol. II – *Das sociedades*, 4ª ed., Almedina, Coimbra, 2011 (reimpr. 2013, 2014); ANDRADE, A. RITA GOMES DE – *A responsabilidade da sociedade totalmente dominante*, Almedina, Coimbra, 2009; ANTUNES, JOSÉ A. ENGRÁCIA – *Os grupos de sociedades – Estrutura e organização jurídica da empresa plurissocietária*, 2ª ed., Almedina, Coimbra, 2002; ASCENSÃO, J. OLIVEIRA – *Direito comercial*, vol. IV – *Sociedades comerciais. Parte geral*, Lisboa, 2000; CORDEIRO, A. MENEZES – *O levantamento da personalidade colectiva no direito civil e comercial*, Almedina, Coimbra, 2000, "A responsabilidade da sociedade com domínio total (501º/1, do CSC) e o seu âmbito", *RDS*, 2011, p. 83-115; CORREIA, LUÍS BRITO – "Grupos de sociedades", em FDUL/CEJ, *Novas perspectivas do direito comercial*, Almedina, Coimbra, 1988, p. 377--399; DUARTE, RUI PINTO – "A intemperança legislativa no direito das sociedades", em *II Congresso Direito das Sociedades em Revista*, Almedina, Coimbra, 2012, p. 571--597; FERNANDES, L. A. CARVALHO/LABAREDA, JOÃO – "A situação dos accionistas perante dívidas da sociedade anónima no Direito português", *DSR* 4 (2010), p. 11-74; FIGUEIRA, ELISEU – "Disciplina jurídica dos grupos de sociedades – Breves notas sobre o papel e a função do grupo de empresas e sua disciplina jurídica", *CJ*, 1990, t. IV, p. 36-59; GARIN, DUARTE/FERREIRA, F. CUNHA – "O âmbito de aplicação temporal do artigo 501º do Código das Sociedades Comerciais: cessação da responsabilidade com a extinção da relação de grupo?", *AJUM* 33 (2012), p. 112-116; GOMES, M. J. COSTA – "A sociedade com domínio total como garante – Breves notas", em *Estudos em homenagem ao Professor Doutor Carlos Ferreira de Almeida*, vol. IV, Almedina, Coimbra, 2011, p. 197-216; GUINÉ, ORLANDO VOGLER – "A responsabilidade da sociedade directora por dívidas fiscais da sociedade dirigida – Algumas notas para a sua (in)compreensão", em *Estudos em homenagem ao Prof. Doutor Manuel Henrique Mesquita*, vol. I, UC/Coimbra Editora, Coimbra, 2009, p. 937-965; KOPPENSTEINER, HANS-GEORG – *Kölner Kommentar zum Aktiengesetz*, Band 6, 3. Aufl., Heymanns, Köln, Berlin, München, 2004; MESQUITA, M. HENRIQUE – "Os grupos de sociedades", em Fundação Bissaya Barreto/ISBB, *Colóquio "Os quinze anos de vigência do Código das Sociedades Comerciais"*, s/d, p. 233-247; OLIVEIRA, ANA PERESTRELO DE – "Artigo 501º", em *Código das Sociedades Comerciais anotado* (coord. de A. Menezes Cordeiro), 2ª ed., Almedina, Coimbra, 2011, p. 1293-1297, *Grupos de sociedades e deveres de lealdade – Por um critério unitário de solução do "conflito do grupo"*, Almedina, Coimbra, 2012, "Questões avulsas em torno dos artigos 501º e 502º do Código das Sociedades Comerciais", *RDS*, 2012a, p. 871-898; RIBEIRO, MARIA DE FÁTIMA – *A tutela dos credores da sociedade por quotas e a "desconsideração" da personalidade jurídica"*, Almedina, Coimbra, 2009.

b) Outra:

FRANÇA, M. AUGUSTA – *A estrutura das sociedades anónimas em relação de grupo*, AAFDL, Lisboa, 1990; KOPPENSTEINER, HANS-GEORG – "Os grupos no direito societário alemão", em IDET, Miscelâneas nº 4, Almedina, Coimbra, 2006, p. 7-36; RAIMUNDO, MIGUEL ASSSIS – "Da responsabilidade por dívidas das empresas públicas dotadas de personalidade jurídico-pública (E.P.E. e E. E. L.)", *RDS*, 2009 (3), p. 767-793; SILVA, F. CASTRO – "Das relações inter-societárias (Sociedades coligadas)", *RN*, 1986, p. 489-538; TRIGO, M. GRAÇA – "Grupos de sociedades", *OD*, 1991, p. 41-114; VENTURA, RAÚL – "Grupos de sociedades – uma introdução comparativa a propósito de um Projecto Preliminar de Directiva da C.E.E.", *ROA*, 1981, p. 23-81, 305-362.

1. Responsabilidade da sociedade dominante por obrigações da sociedade dominada

Segundo o nº 1 do art. 501º, nos grupos de sociedades constituídos por contrato de subordinação, a sociedade diretora é responsável pelas obrigações da sociedade subordinada, constituídas antes ou depois da celebração do contrato (cfr. o art. 498º), até ao termo deste.

Por remissão do art. 491º, vale a mesma estatuição para os grupos constituídos por domínio total (cfr. os arts. 488º e 489º): a sociedade (totalmente) dominante é responsável pelas obrigações da sociedade (totalmente) dominada constituídas antes (no caso de domínio total superveniente) ou durante (seja o domínio total inicial ou superveniente) a vigência da relação de grupo.

Para economizar nas palavras, "sociedade dominante" designará doravante tanto a sociedade diretora como a sociedade totalmente dominante, e "sociedade dominada" designará quer a sociedade subordinada, quer a sociedade totalmente dominada.

A norma do art. 501º, 1, visa *proteger diretamente os credores da sociedade dominada*. Esta proteção é justificada pelo facto de a sociedade dominante ter o *poder de dirigir a gestão da dominada* (cfr. os arts. 493º, 1, 503º) e, consequentemente, prejudicar esta e (indiretamente) seus credores. A responsabilidade prescrita na norma (conjugada com a prevista no art. 504º, 2) visa também (preventivamente) promover a *gestão diligente* das sociedades do grupo.

1.1. Categorias de obrigações pelas quais a sociedade dominante responde

Lendo o enunciado normativo do nº 1 do art. 501º, dir-se-á que a sociedade dominante responde por *todas* as obrigações da sociedade dominada. E assim se tem interpretado: são abrangidas todas as obrigações da dominada, "independentemente das suas *natureza, fonte, modalidades* ou *montante* concretos", as prestações debitórias emergentes de negócio jurídico ou de facto ilícito ou lícito, tenham por objeto prestação de coisa (dar, prestar ou restituir) ou prestação de facto (fazer ou não fazer)[1].

Mas há interpretações *restritivas*. As obrigações em causa seriam tão só contratuais (ou fundadas em negócio jurídico), tendencialmente pecuniárias[2]; ou "débitos fungíveis, normalmente em dinheiro"[3].[4]

Não vejo justificações bastantes para estas interpretações restritivas. A sociedade dominante há de responder por todas as obrigações da sociedade domi-

---

[1] ENGRÁCIA ANTUNES (2002), p. 802. No mesmo sentido, v. p. ex. PERESTRELO DE OLIVEIRA (2012), p. 597.

[2] GOMES DE ANDRADE (2009), p. 112, s..

[3] MENEZES CORDEIRO (2011), p. 101-102, nt. 47. O que contradiz o dito em (2000) p. 81: "a sociedade directora ou dominante responde, pura e simplesmente, pelas dívidas da subordinada ou dominada, *seja qual for a sua fonte*".

[4] Interrogando-se acerca da latitude da responsabilidade da sociedade dominante, v. PINTO DUARTE (2012), p. 584-585.

RESPONSABILIDADE PARA COM OS CREDORES DA SOCIEDADE SUBORDINADA **ART. 501º** 267

nada cuja *responsabilidade por incumprimento seja transmissível* para aquela. Vale, portanto, a interpretação ampla – mas não tão larga quanto a assinalada acima. Há, na verdade, responsabilidades intransmissíveis. É designadamente o caso da responsabilidade *penal* (art. 30º, 3, da CRP): a responsabilidade pelo pagamento de multa aplicada à sociedade dominada (cfr. os arts. 11º e 90º-A do CP) não se transmite à sociedade dominante.[5]-[6]

1.2. Obrigações anteriores e posteriores à constituição da relação de grupo

A responsabilidade da sociedade dominante por obrigações da sociedade dominada *anteriores* à constituição da relação de grupo *nasce* com a celebração (por escrito) do contrato de subordinação[7] ou, no caso de grupo por domínio total superveniente, no momento em que este é formado[8].

Por sua vez, a responsabilidade da sociedade dominante por obrigações contraídas pela sociedade dominada *depois* de constituída a relação de grupo (contratual, ou por domínio total inicial ou superveniente) e antes do registo e publicação do termo desta relação[9] nasce no momento em que essas obrigações são constituídas.[10]

A responsabilidade da sociedade dominante para com os credores da dominada, constituída nos termos vistos até ao termo da relação de grupo (melhor, até ao momento em que esse termo se torna eficaz relativamente a terceiros), *mantem-se depois de extinta* (eficazmente) *a relação de grupo* (cfr. os arts. 489º, 4, 506º)? Continuam aqueles credores com o direito de exigir da sociedade (antes) dominante a satisfação dos seus créditos?

A resposta não pode deixar de ser *afirmativa*. Depois de entrar na esfera jurídica da sociedade dominante, a responsabilidade por concretas obrigações da dominada só pode sair daquela ou extinguir-se com a extinção (por cumprimento ou outras causas) das obrigações. A não ser assim, seria fácil, para as sociedades dominantes, escapar à aplicação do art. 501º...[11]

---

[5] V. tb. CARVALHO FERNANDES/JOÃO LABAREDA (2010), p. 27-28, nt. 21.

[6] Sobre a responsabilidade da sociedade dominante por dívidas fiscais da dominada, v. ORLANDO GUINÉ (2009).

[7] PERESTRELO DE OLIVEIRA (2011), p. 1297, entende que é a partir da publicação do contrato.

[8] Sobre a formação do grupo por domínio total superveniente, v. o comentário ao art. 489º.

[9] V. os arts. 3º, 1, u) e v), 14º, 1 e 2, 15º, 1, 70º, 1, a), do CRCom. e o art. 168º, 2 e 3, do CSC.

[10] Diga-se já que o momento do nascimento ou constituição da responsabilidade não coincide com o da sua exigibilidade (nº 2 do art. 501º).

[11] No mesmo sentido, v. o Ac. do STJ de 31/5/2005 (www.dgsi.pt – proc. 05A1413), OLIVEIRA ASCENSÃO (2000), p. 591, PERESTRELO DE OLIVEIRA (2011), p. 1297, (2012a), p. 885-886, CARVALHO FERNANDES/

2. Exigibilidade da responsabilidade

Constituída a responsabilidade da sociedade dominante por obrigações da sociedade dominada (nº 1 do art. 501º), ela não pode ser logo exigida pelo credor da dominada. O nº 2 do art. 501º concede à dominante um *tempo de espera*: a responsabilidade só pode ser exigida depois de 30 dias sobre a constituição em *mora* da sociedade dominada (cfr. o art. 805º do CCiv.).

Propósito do preceito será o de permitir que a sociedade dominada, que não cumpriu no tempo devido a obrigação, ainda possível (cfr. o nº 2 do art. 804º do CCiv.), a cumpra no citado período de 30 dias, por iniciativa própria, ou por exigência do credor, ou em consequência de instrução dada pela sociedade dominante (art. 503º).

Todavia a mora da devedora principal (sociedade dominada) não é a única modalidade de incumprimento das obrigações. Este pode ser *definitivo* (a prestação tornou-se impossível, ou o credor perdeu o interesse nela – arts. 801º, s., 808º do CCiv.), ou pode o cumprimento ser *defeituoso*. Apesar de estas possibilidades não estarem contempladas no nº 2 do art. 501º, parece que o credor tem de respeitar os 30 dias após o não cumprimento para poder exigir a responsabilidade à sociedade dominante.

Decorridos os tais 30 dias, está o credor da dominada em condições para exigir, extrajudicial ou judicialmente, responsabilidade à dominante. No entanto, esta pode opor àquele meios de defesa. Quer *meios de defesa próprios dela* (sociedade dominante) – *v. g.*, a obrigação reclamada foi contraída pela dominada depois do registo e publicação da cessação da relação de grupo, há lugar para compensação da sua obrigação com a do credor –, quer *meios de defesa próprios da sociedade dominada* (*v.g.*, invalidade da obrigação reclamada, exceção de não cumprimento do contrato, não verificação da condição ou termo apostos à obrigação, impossibilidade do cumprimento por facto superveniente não imputável à dominada)[12].

Precisamente porque os meios de defesa da sociedade dominante não têm de ser idênticos aos da dominada (aquela pode ter meios próprios) é que se jus-

---

JOÃO LABAREDA (2010), p. 23, nt. 17, DUARTE GARIN/ CUNHA FERREIRA (2012), p. 114, s.. Resposta idêntica é dada pacificamente na Alemanha a propósito do § 322 da AktG (inspirador em boa medida do art. 501º) – v. p. ex. KOPPENSTEINER (2004), p. 1248-1249, e SINGHOF (2010), p. 1286-1287. Contudo, há entre nós quem responda em sentido oposto: GOMES DE ANDRADE (2009), p. 120, e MENEZES CORDEIRO (2011), p. 109-110.

[12] V. ENGRÁCIA ANTUNES (2002), p. 812, s., COSTA GOMES (2011), p. 209, s..

tifica o nº 3 do art. 501º: *não pode mover-se execução contra a sociedade dominante com base em título exequível contra a sociedade dominada*[13].

Se a sociedade dominante satisfizer o direito do credor da sociedade dominada[14], ela fica com *direito de regresso* contra esta por tudo quanto prestou. Assim resulta da *ratio* da norma do art. 501º: proteger credores da dominada, não a própria dominada[15].

Importa agora referir sumariamente algumas especialidades de regime no caso de a *sociedade dominada ser declarada insolvente*.

A declaração de insolvência da sociedade determina o vencimento de todas as obrigações não subordinadas a condição suspensiva (CIRE, art. 91º, 1). A sociedade dominante, porque responsável pessoal e ilimitadamente pela generalidade das obrigações da dominada, é considerada "responsável legal" (art. 6º, 2). Por conseguinte, durante o processo de insolvência, o administrador da insolvência tem exclusiva legitimidade para propor e fazer seguir as ações judiciais contra a sociedade dominante/responsável legal (art. 82º, 3, c)).

3. Caracterização da responsabilidade

Depois do que vimos nos nºˢ anteriores, é tempo agora de caracterizar sistematicamente a responsabilidade da sociedade dominante.

É responsabilidade *objetiva*, pois a sociedade dominante responde pelas obrigações da dominada independentemente de ela ter ou não culpa no não cumprimento pela dominada, tenha ou não exercido ativamente o seu poder de direção[16].

É responsabilidade *ilimitada*, pois a sociedade dominante responde com todo o seu património pelas obrigações da dominada, seja qual for o valor pecuniário das mesmas.

---

[13] Cfr. p. ex. KOPPENSTEINER (2004), p. 1255. V. o art. 703º do CPC para as espécies de títulos executivos.

[14] O que bastas vezes não sucederá, por ser exíguo o património – p. ex., frequentemente a dominante é SGPS cujo património se reduz à participação social na dominada... Acrescente-se, no entanto, que nos grupos verticais multigrau os credores de sociedade dominada têm o direito de, nos termos do art. 501º, exigir a satisfação dos seus créditos não apenas da sociedade diretamente dominante mas também, sucessivamente, das dominantes desta – respondem a mãe, a avó, a bisavó, etc. (mas, se houver tias, tias-avós, etc., estas já não respondem, em regra – v. exceção no art. 334º do CT).

[15] V. p. ex. ENGRÁCIA ANTUNES (2002), p. 817-818, e PERESTRELO DE OLIVEIRA (2012a), p. 882, s., na esteira de doutrina generalizada na Alemanha (Perestrelo de Oliveira, *ibid.*, p. 884, encontra apoio legal no art. 592º do CCiv.).

[16] Cfr. ELISEU FIGUEIRA (1990), p. 51, o citado Ac. do STJ de 31/5/2005 e o Ac. da RL de 19/6/2008 (www.dgsi.pt – proc. 260/2007-6), FÁTIMA RIBEIRO (2009), p. 417-418, nt. 97, GOMES DE ANDRADE (2009), p. 88, s., COSTA GOMES (2011), p. 208.

É também de *garantia*: ao devedor principal ou primário (sociedade dominada) junta-se depois, por força da lei, o devedor secundário (sociedade dominante) para reforçar as probabilidades de satisfação dos créditos de terceiros[17].

A maioria dos autores considera que a responsabilidade da sociedade dominante é *solidária* com a da sociedade dominada – sendo tal solidariedade qualificada ora como pura, ora como imperfeita, *sui generis,* etc.[18] Todavia, pese embora as consequências práticas serem pouco significativas, parece mais correto ver a responsabilidade da dominante como *acessória* da responsabilidade (principal ou primária) da dominada[19].

Alguns autores associam o art. 501º à *desconsideração da personalidade coletiva* (ele seria manifestação ou concretização desta)[20]. *Não me parece acertada a associação.*[21]

Com efeito, nos casos de responsabilização de sócios por via da desconsideração da personalidade coletiva há sempre atuação *ilícita* deles (há, designadamente, abuso de direito institucional)[22]; a responsabilidade da sociedade dominante prescrita no art. 501º é independente de qualquer facto ilícito por ela praticado. Por outro lado, nos grupos contratuais de subordinação, a sociedade dominante, embora seja normalmente sócia da dominada, *não tem de sê-lo*; quando não seja, seria de todo inadequado associar a sua responsabilidade, imposta pelo art. 501º, à desconsideração da personalidade coletiva da dominada.[23]

---

[17] Cfr. COSTA GOMES (2011), p. 207-208.

[18] Aos autores citados por COSTA GOMES (2011), p. 198, s. (Brito Pereira Coelho, Raúl Ventura, Engrácia Antunes, Palma Ramalho, Perestrelo de Oliveira – mas v., depois, (2012), p. 602), acrescento, a título de exemplos, FÁTIMA RIBEIRO (2009), p. 417, nt. 96, e GOMES DE ANDRADE (2009), p. 80-81. Na jurisprudência, v. os acórdãos citados *supra* na nt. 16.

[19] Assim COSTA GOMES (2011), p. 209, s., seguido por MENEZES CORDEIRO (2011), p. 105-106.

[20] V. p. ex. BRITO CORREIA (1988), p. 395, OLIVEIRA ASCENSÃO (2000), p. 612, s., MENEZES CORDEIRO (2000), p. 81-82 [mas em (2011), p. 114, apesar da pouca clareza do discurso, a ideia parece contrariada], HENRIQUE MESQUITA (2003), p. 244, PERESTRELO DE OLIVEIRA (2011), p. 1295, (2012), p. 600-601, nt. 1913.

[21] V. tb. ENGRÁCIA ANTUNES (2002), p. 799, nt. 1566, o citado Ac. do STJ de 31/5/2005, GOMES DE ANDRADE (2009), p. 96, s..

[22] V. COUTINHO DE ABREU (2011), p. 180, s., ou nº 3.3. do comentário ao art. 5º.

[23] Curiosamente, MENEZES CORDEIRO (2011), p. 114, depois de escrever que o instituto da desconsideração (ou "levantamento") da personalidade coletiva pode ser referido a propósito do art. 501º, diz na nt. 72: "Fazem-no (...) e JORGE COUTINHO DE ABREU, *Curso de Direito comercial*, [vol. II] – *Das sociedades*, 3ª ed. (2009) (183), em parte." Ora, a verdade é que não refiro, aí ou em outro local, a desconsideração da personalidade coletiva a propósito do art. 501º. Tenho, isso sim, indicado algumas normas do CSC acolhendo soluções "desconsiderantes" (auxiliando por isso na tarefa de superar a personalidade jurídica em alguns casos) – desde (1996), p. 210, nt. 541, até (2011), p. 177, nt. 33. Mas nessas indicações não consta o art. 501º...

ARTIGO 502º
Responsabilidade por perdas da sociedade subordinada

1. A sociedade subordinada tem o direito de exigir que a sociedade directora compense as perdas anuais que, por qualquer razão, se verifiquem durante a vigência do contrato de subordinação, sempre que estas não forem compensadas pelas reservas constituídas durante o mesmo período.

2. A responsabilidade prevista no número anterior só é exigível após o termo do contrato de subordinação, mas torna-se exigível durante a vigência do contrato, se a sociedade subordinada for declarada falida.

Índice

1. Quadro geral
2. Pressupostos da obrigação de compensar perdas
   2.1. Perdas sofridas pela sociedade dominada durante a vigência da relação de grupo
   2.2. Perdas não cobertas nem compensáveis por reservas formadas pela sociedade dominada na vigência da relação de grupo
3. Exigibilidade da obrigação de compensar perdas
   3.1. Momentos
   3.2. Legitimidades

Bibliografia

a) Citada:

ABREU, J. M. COUTINHO DE – *Curso de direito comercial*, vol. II – *Das sociedades*, 4ª ed., Almedina, Coimbra, 2011 (reimpr. 2013, 2014); ANTUNES, JOSÉ A. ENGRÁCIA – *Os grupos de sociedades – Estrutura e organização jurídica da empresa plurissocietária*, 2ª ed., Almedina, Coimbra, 2002; COELHO, F. BRITO PEREIRA – "Grupos de sociedades – Anotação preliminar aos arts. 488º a 508º do Código das Sociedades Comerciais", *BFD*, 1988, p. 297-353; FIGUEIRA, ELISEU – "Disciplina jurídica dos grupos de sociedades – Breves notas sobre o papel e a função do grupo de empresas e sua disciplina jurídica", *CJ*, 1990, t. IV, p. 36-59; KOPPENSTEINER, HANS-GEORG – *Kölner Kommentar zum Aktiengesetz*, Band 6, 3. Aufl., Heymanns, Köln, Berlin, München, 2004; OLIVEIRA, ANA PERESTRELO DE – "Artigo 502º", em *Código das Sociedades Comerciais anotado* (coord. de A. Menezes Cordeiro), 2ª ed., Almedina, Coimbra, 2011, p. 1298-1302; RIBEIRO, MARIA DE FÁTIMA – *A tutela dos credores da sociedade por quotas e a "desconsideração" da personalidade jurídica*, Almedina, Coimbra, 2009; SILVA, F. CASTRO – "Das relações inter-societárias (Sociedades coligadas)", *RN*, 1986, p. 489-538; VEIL – "§ 302", em G. Spindler/E.

Stilz (Hrsg.), *Kommentar zum Aktiengesetz*, 2. Aufl., Beck, München, 2010, p. 1119-1129; VENTURA, RAÚL – *Novos estudos sobre sociedades anónimas e sociedades em nome colectivo*, Almedina, Coimbra, 1994.

b) Outra:

FRANÇA, M. AUGUSTA – *A estrutura das sociedades anónimas em relação de grupo*, AAFDL, Lisboa, 1990; KOPPENSTEINER, HANS-GEORG – "Os grupos no direito societário alemão", em IDET, Miscelâneas nº 4, Almedina, Coimbra, 2006, p. 7-36; OLIVEIRA, ANA PERESTRELO DE – "Questões avulsas em torno dos artigos 501º e 502º do Código das Sociedades Comerciais", *RDS*, 2012, p. 871-898; VENTURA, RAÚL – "Grupos de sociedades – uma introdução comparativa a propósito de um Projecto Preliminar de Directiva da C.E.E.", *ROA*, 1981, p. 23-81, 305-362.

1. Quadro geral

Segundo o nº 1 do art. 502º, nos grupos de sociedades constituídos por contrato de subordinação, a sociedade diretora tem a obrigação de compensar as perdas sofridas pela sociedade subordinada durante a vigência do contrato, quando não compensadas por reservas constituídas por esta nesse período. Porém, de acordo com o nº 2 do art. 502º, a obrigação não é exigível anualmente, mas somente, em regra, depois do termo do contrato de subordinação.

Por remissão expressa do art. 491º, valem as mesmas estatuições para os grupos constituídos por domínio total (cfr. os arts. 488º e 489º): a sociedade (totalmente) dominante tem a obrigação de compensar a sociedade (totalmente) dominada, em regra depois do termo da relação de grupo, pelas perdas sofridas por esta no período de vigência da relação, quando não compensadas por reservas constituídas pela dominada neste período.[1]

Por isso, e para economizar nas palavras, "sociedade dominante" designará doravante tanto a sociedade diretora como a sociedade totalmente dominante, e "sociedade dominada" designará quer a sociedade subordinada, quer a sociedade totalmente dominada.

O art. 502º, intentando assegurar que a sociedade dominada mantenha, no final da relação de grupo, situação patrimonial-contabilística não inferior àquela

---

[1] Cfr. o Ac. do STJ de 31/5/2011 (www.dgsi.pt – proc. 35/1997.L1.S1).

em que estava no início da relação[2], *protege diretamente a dominada e, reflexamente, os sócios minoritários desta[3] e seus credores[4]*.

Esta proteção justifica-se como contrapartida do *poder da sociedade dominante de dirigir a gestão da dominada* (cfr. os arts. 493º, 1, 503º) e, consequentemente, *prejudicar* esta e (reflexamente) seus sócios minoritários e credores.

2. Pressupostos da obrigação de compensar perdas

2.1. Perdas sofridas pela sociedade dominada durante a vigência da relação de grupo

2.1.1. O nº 1 do art. 502º refere-se às perdas "anuais". Mas, tendo em vista o nº 2 do mesmo artigo, "trata-se realmente das perdas durante todo o tempo de vigência do contrato"[5] de subordinação ou da relação de grupo por domínio total.

Contudo, a referência da lei às perdas "anuais" significará que estão em causa as *"perdas de exercício"*: diferença negativa entre o valor do património líquido da sociedade dominada no final de cada exercício social ou "período" e o valor do património social líquido que se verificava no início de cada um desses períodos[6].

As perdas, registadas em balanços e outros documentos de prestação de contas ("demonstrações financeiras"), *podem ter as causas mais variadas*, ligadas ou não à integração da sociedade dominada no grupo: *v.g.*, conjuntura económica desfavorável, créditos incobráveis, desvalorização de participações sociais detidas pela dominada, azares nos negócios, má gestão (lícita ou ilícita) imputável aos administradores da dominada ou a instruções da dominante. A obrigação de cobertura das perdas não depende das causas destas (abarca as perdas que, no dizer da lei, "por qualquer razão" se verifiquem).

A obrigação de compensação das perdas não se confunde, pois, com eventuais *obrigações de indemnização* a cargo da sociedade dominante e de administradores seus (cfr. o art. 504º).[7] São irrelevantes, repita-se, as causas das perdas sofridas pela sociedade dominada; os danos (danos emergentes ou lucros

---

[2] Mas sem garantir consistência patrimonial quantitativa e qualitativamente idêntica...

[3] Sócios minoritários sempre existentes quando o grupo é contratual (cfr. o art. 494º, 2) e eventualmente existentes no caso de o grupo ser por domínio total (cfr. o art. 489º, 4, c), e o nº 2.1. do comentário a este artigo).

[4] Em especial os titulares de créditos constituídos depois de extinta a relação de grupo, já que pelas obrigações anteriores ao termo da relação a sociedade dominante responde nos termos do art. 501º.

[5] RAÚL VENTURA (1994), p. 124.

[6] *V.* COUTINHO DE ABREU (2011), p. 486 (também com as noções de "perda de balanço" e de "perda final ou de liquidação").

[7] Mas v. ELISEU FIGUEIRA (1990), p. 52, a propósito do art. 502º: "devem abranger-se aí os prejuízos relativos a danos emergentes e lucros cessantes".

cessantes) causados por instruções ilícitas da sociedade dominante não têm de refletir-se nas contas sociais de modo a registarem-se perdas, ou (quando registadas) perdas de montante igual ao dos danos; pode, portanto, haver obrigação de cobertura de perdas sem (distinta) obrigação de indemnização, ou esta sem aquela, ou uma e outra mas com valores diferentes.

2.1.2. As perdas compensáveis são as geradas *durante a relação de grupo*: nos exercícios sociais entre a celebração do contrato de subordinação (cfr. o art. 498º) ou a constituição da relação de grupo por domínio total (cfr. os arts. 488º e 489º)[8] e o termo desse contrato (art. 506º) ou o término da relação de grupo de domínio total (arts. 488º, 3, 489º, 4). Não são compensáveis pela sociedade dominante perdas sofridas pela dominada antes do início da relação de grupo (por contrato de subordinação ou domínio total superveniente) ou depois de extinta essa relação.

E se a relação de grupo começa depois de iniciado o exercício económico anual da (já existente) sociedade dominada, ou/e aquela relação termina antes de encerrado o exercício anual? Dado que a sociedade dominante não é obrigada a compensar perdas da dominada ocorridas antes da constituição da relação de grupo ou depois de terminada esta relação, o cálculo das perdas relevantes (no primeiro exercício económico, ou no último) pode ser feito em *balanço intercalar*[9].

2.2. Perdas não cobertas nem compensáveis por reservas formadas pela sociedade dominada na vigência da relação de grupo

Deflui da parte final do nº 1 do art. 502º que a sociedade dominante não tem obrigação de compensar todas as perdas relevantes (*supra*, nº 2.1.) que as demonstrações financeiras da dominada registem. A obrigação existe apenas na medida em que essas perdas "não forem compensadas pelas reservas constituídas" pela sociedade dominada durante a relação de grupo.

As reservas mobilizáveis para o efeito são *as legais, as estatutárias e as livres*[10]. E também os *lucros de exercício* devem para o efeito ser equiparados a reservas.

---

[8] Cfr. tb. o nº 1.2. do comentário ao art. 489º.

[9] *V.* ENGRÁCIA ANTUNES (2002), p. 826, s.. É solução largamente defendida na Alemanha, a propósito do § 302 (1) da AktG, em boa medida inspirador do art. 502º, 1 – cfr., com indicações bibliográficas, KOPPENSTEINER (2004), p. 706, s. e VEIL (2010), p. 1124.

[10] ENGRÁCIA ANTUNES (2002), p. 831, acrescenta ainda as reservas ocultas. Todavia, as reservas ocultas propriamente ditas são ilícitas, e são nulas as deliberações que aprovem contas integrando essas reservas (v. COUTINHO DE ABREU (2011), p. 484-485). Não pode, pois, a sociedade dominante (que, muito

Com efeito, aquelas reservas podem ser utilizadas para cobrir perdas de exercício (art. 296º, *a)* e *b)*); mas também o lucro de certo exercício pode ser utilizado para cobrir perdas transitadas de exercícios anteriores (art. 296º, *b)*).

As reservas (bem como os lucros de exercício) que interessam são, recorde-se, as *"constituídas" pela sociedade dominada enquanto dura a relação de grupo* (não relevam as constituídas antes ou depois da vigência da relação). Quer dizer, estão em causa os valores patrimoniais (derivados normalmente de lucros que os sócios não podem ou não querem distribuir) gerados pela sociedade naquele período e afetados a reservas – de formação ou "constituição" sucessiva (como são, por norma, as reservas legais e estatutárias), iniciada ou não antes do começo da relação de grupo, ou de formação instantânea (como são, às vezes, as reservas livres, incluindo os lucros transitados).

Quando a sociedade dominada possua reservas, as perdas não têm de ser "compensadas" ou cobertas efetivamente (no todo ou em parte) por elas enquanto dura a relação de grupo. Compete aos sócios deliberar (ou ao sócio único decidir) anualmente sobre o tratamento das perdas (cobri-las com reservas ou lucros de exercício, ou fazê-las transitar para exercício seguinte) – cfr. os arts. 246º, 1, *e)*, 376º, 1, *b)*. Se for decidido cobri-las ou compensá-las com reservas, as perdas desaparecerão ou diminuirão na medida do montante das reservas aplicado na cobertura.[11] Se for outra a decisão, as perdas não cobertas ou "compensadas" efetivamente por reservas são, ainda assim, *"compensáveis"*: a sociedade dominante estará obrigada pelo valor das perdas da dominada diminuído do valor das reservas por esta constituídas.

3. Exigibilidade da obrigação de compensar perdas
3.1. Momentos

Diz-se (também) por cá que a obrigação de a sociedade dominante compensar perdas da sociedade dominada nasce no termo de cada exercício social anual em que se registaram perdas[12].

---

provavelmente, determinou a constituição da reserva oculta) fazer deduzir o valor de tais reservas ao valor das perdas registadas contabilisticamente. Contudo, estas reservas podem deixar de ser ocultas, um balanço (designadamente o respeitante ao exercício económico, ou à parte dele, que termina no momento em que finda a relação de grupo) pode transformá-las em aparentes. Neste caso, o valor respetivo já pode ser deduzido ao valor das perdas.

[11] A cobertura, total ou parcial, de perdas por outro meio que não a aplicação de reservas – designadamente por redução do capital social (art. 94º, 1, *a)*) – é irrelevante para a obrigação de a sociedade dominante compensar essas perdas; cfr. ENGRÁCIA ANTUNES (2002), p. 831, nt. 1633.

[12] ENGRÁCIA ANTUNES (2002), p. 833, PERESTRELO DE OLIVIERA (2011), p. 1301.

A ideia é apropriada para o direito alemão, que impõe no § 302(1) da AktG a obrigação de as perdas anuais serem compensadas anualmente[13]. O art. 502º não impõe (embora devesse impor) obrigação idêntica, já o referimos (*supra*, nº 2.1.1.). A sociedade dominante tem o dever de compensar globalmente as perdas sofridas pela dominada durante todo o tempo de vigência da relação de grupo.[14]

Parece, pois, mais acertado dizer que a obrigação de compensação *nasce*, em regra, no momento do termo da relação de grupo.

Mais importante na prática, porém, é averiguar o momento em que a obrigação *se vence ou torna exigível*.

O nº 2 do art. 502º estabelece uma regra com uma (aparente) exceção. Regra: a obrigação é exigível (logo) após o termo da relação de grupo; exceção: a obrigação "torna-se exigível durante a vigência do contrato [de subordinação, ou durante a vigência da relação de grupo de domínio total – art. 491º] se a sociedade subordinada [ou totalmente dominada] for declarada" insolvente[15].

De acordo com aquela *regra*, extinta a relação de grupo, a (ex-)sociedade dominada pode interpelar extrajudicial ou judicialmente a (ex-)dominante para que esta lhe pague certa quantia em dinheiro. O que supõe estarem aprovados os pertinentes balanços de exercício anuais e, eventualmente, intercalares (*supra*, nº 2.1.2.). Para a hipótese de os balanços não estarem elaborados, v. o art. 67º, 1 e 2. Para as hipóteses – especialmente verosímeis nos grupos de domínio total – de não haver deliberação tempestiva sobre balanço elaborado e apresentado, ou haver deliberações de recusa de aprovação, v., respetivamente, o art. 67º, 4 e 5, e os arts. 67º, 3, e 68º. Se a demora na elaboração, deliberação ou aprovação de balanço for provocada pela dominante, esta fica obrigada (também) a indemnizar a dominada.

A *exceção* referida é estranha a mais de um título. Na verdade, a declaração de insolvência de sociedade dominada, sendo causa de dissolução imediata da mesma (art. 141º, 1, *e*)), faz extinguir a relação de grupo (art. 506º, 3, *a*))[16]; nesta medida, a 2ª parte do nº 2 do art. 502º *não é exceção* à regra da 1ª parte. Por outro lado, é *incongruente com a finalidade geral* do art. 502º aquela 2ª parte do nº 2 admitir latamente que a sociedade dominada seja declarada insolvente – mesmo nos

---

[13] Ainda assim, a ideia não é consensual – v. indicações em KOPPENSTEINER (2004), p. 716-717.

[14] As perdas de exercício do ano social 1 podem ter sido cobertas (extintas) por lucros ou reservas da sociedade dominada no ano 2 (e assim sucessivamente). A obrigação de sociedade dominante, a final, compensar perdas da dominada não abrange as perdas do ano 1...

[15] A lei fala ainda de "falida", em vez de "insolvente" – terminologia agora imposta pelo CIRE.

[16] Para os grupos de domínio total, v. o nº 2.1. do comentário ao art. 489º.

RESPONSABILIDADE POR PERDAS DA SOCIEDADE SUBORDINADA **ART. 502º** 277

casos, portanto, em que a sociedade dominante é solvente e tem a possibilidade de satisfazer os credores da dominada (art. 501º) e de compensar as perdas desta (art. 502º). Ora, visto isto, e ainda a *intenção prático-normativa* da citada parte do nº 2 – *proteger excecionalmente a sociedade dominada insolvente* –, deve a norma, nessa parte, ser *interpretada corretivamente* (uma interpretação "literal" frustraria aquela intenção): a obrigação de a sociedade dominante compensar perdas da dominada *vence-se antecipadamente* (antes da cessação da relação de grupo) quando a dominada entre em situação de insolvência (não declarada judicialmente).[17]

3.2. Legitimidades

3.2.1. Pertencendo à sociedade dominada o direito de exigir a compensação de perdas, a ela compete em primeira linha exercê-lo, extrajudicial ou judicialmente, pelos *administradores* (em número suficiente para vinculá-la) ou por mandatário ou procurador por eles nomeados (arts. 252º, 6, 261º; 391º, 7, 408º, 431º, 2 e 3; 470º).

Estando a sociedade (ex-)dominada em liquidação, o exercício do direito cabe aos *liquidatários* (art. 152º, 1, 3, *c*)). Ou, se a dissolução tiver sido causada pela declaração de insolvência, ao *administrador da insolvência* (arts. 81º, 4, 82º, 2, *c*), do CIRE).

Se a sociedade dominada não fizer valer (pelos seus normais representantes) o direito à compensação das perdas[18], *cada sócio minoritário* o poderá fazer, em benefício (direto) dela – aplicar-se-á, por analogia, a norma do art. 504º, 2[19].

Os *credores* da sociedade dominada[20] também têm legitimidade para, em ação sub-rogatória, exercer o direito à compensação das perdas, desde que verificados os requisitos dos arts. 606º, s. do CCiv.[21]

3.2.2. O direito à compensação de perdas é exercido contra a sociedade (ex-) dominante. Se esta for dominada (por contrato de subordinação ou por domínio

---

[17] Propugnando solução idêntica, v. PERESTRELO DE OLIVEIRA (2011), p. 1301-1302.

[18] Do incumprimento do dever pode derivar responsabilidade civil dos faltosos para com a sociedade (art. 72º).

[19] Neste sentido (apesar de não mencionar a analogia), ELISEU FIGUEIRA (1990), p. 52; em sentido próximo (realçando a analogia com o art. 77º, 1), ENGRÁCIA ANTUNES (2002), p. 835, PERESTRELO DE OLIVEIRA (2011), p. 1302.

[20] Por créditos constituídos antes da cessação da relação de grupo, ou depois – caso em que não beneficiam do disposto no art. 501º.

[21] Neste sentido, v. CASTRO SILVA (1986), p. 530-531, PEREIRA COELHO (1988), p. 326-327, nt. 71, FÁTIMA RIBEIRO (2009), p. 419-420, nt. 98. Contra, v. ENGRÁCIA ANTUNES (2002), p. 834-835, PERESTRELO DE OLIVEIRA (2011), p. 1302.

total) por outra sociedade, não parece que a esta dominante de segundo grau deva aplicar-se o art. 502º[22]. Sem embargo de, no caso de a dominante de primeiro grau não cumprir a obrigação de compensação das perdas da dominada, a dominante de segundo grau responder para com a dominada (credora da dominante de primeiro grau) nos termos do art. 501º[23].

---

[22] Diferentemente, PERESTRELO DE OLIVIERA (2011), p. 1299 (responsabilidade solidária de ambas as dominantes).

[23] Assim, ENGRÁCIA ANTUNES (2002), p. 836, nt. 1644.

ARTIGO 503º
Direito de dar instruções

1. A partir da publicação do contrato de subordinação, a sociedade directora tem o direito de dar à administração da sociedade subordinada instruções vinculantes.

2. Se o contrato não dispuser o contrário, podem ser dadas instruções desvantajosas para a sociedade subordinada, se tais instruções servirem os interesses da sociedade directora ou das outras sociedades do mesmo grupo. Em caso algum serão lícitas instruções para a prática de actos que em si mesmos sejam proibidos por disposições legais não respeitantes ao funcionamento de sociedades.

3. Se forem dadas instruções para a administração da sociedade subordinada efectuar um negócio que, por lei ou pelo contrato de sociedade, dependa de parecer ou consentimento de outro órgão da sociedade subordinada e este não for dado, devem as instruções ser acatadas se, verificada a recusa, elas forem repetidas, acompanhadas do consentimento ou parecer favorável do órgão correspondente da sociedade directora, caso esta o tenha.

4. É proibido à sociedade directora determinar a transferência de bens do activo da sociedade subordinada para outras sociedades do grupo sem justa contrapartida, a não ser no caso do artigo 502º.

Índice

1. Direito de a sociedade dominante dar instruções vinculativas à sociedade dominada
2. Quem dá e quem recebe as instruções
3. Instruções: noção e objeto
4. Limites do direito de dar instruções
    4.1. Limites legais gerais
    4.2. Limites estatutários
    4.3. Negócios dependentes de parecer ou consentimento de outro órgão
    4.4. Instruções desvantajosas e "interesse do grupo"
    4.5. Transferências patrimoniais diretas
    4.5.1. Quadro geral
    4.5.2. *Cash-pooling**
5. Dever de dar instruções?
6. Deveres da administração da sociedade dominada
    6.1. Execução e não execução de instruções
    6.2. Na ausência de instruções
7. Vigência das instruções

* Da autoria de Orlando Vogler Guiné

Bibliografia

a) Citada

ABREU, J. M. COUTINHO DE – "Grupos de sociedades e direito do trabalho", separata do vol. LXVI (1990) do *BFD*, *Da empresarialidade (As empresas no direito)*, Almedina, Coimbra, 1996 (reimpr. 1999), *Curso de direito comercial*, vol. II – *Das sociedades*, 4ª ed., Almedina, Coimbra, 2011 (reimpr. 2013, 2014), *Governação das sociedades comerciais*, 2ª ed., Almedina, Coimbra, 2010, "Responsabilidade civil nas sociedades em relação de domínio", *SI* nº 329 (2012), p. 223-246; ALBUQUERQUE, PEDRO DE – *Os limites à pluriocupação dos membros do conselho geral e de supervisão e do conselho fiscal*, Almedina, Coimbra, 2007; ALMEIDA, CARLOS FERREIRA DE – *Contratos III – Contratos de liberalidade, de cooperação e de risco*, Almedina, Coimbra, 2012; ANDRADE, A. RITA GOMES DE – *A responsabilidade da sociedade totalmente dominante*, Almedina, Coimbra, 2009; ANTUNES, JOSÉ A. ENGRÁCIA – *Os grupos de sociedades – Estrutura e organização jurídica da empresa plurissocietária*, 2ª ed., Almedina, Coimbra, 2002; ASCENSÃO, J. OLIVEIRA – *Direito comercial*, vol. IV – *Sociedades comerciais. Parte geral*, Lisboa, 2000; FIGUEIRA, ELISEU – "Disciplina jurídica dos grupos de sociedades – Breves notas sobre o papel e a função do grupo de empresas e sua disciplina jurídica", *CJ*, 1990, t. IV, p. 36-59; FRANÇA, M. AUGUSTA – *A estrutura das sociedades anónimas em relação de grupo*, AAFDL, Lisboa, 1990; GOMES, J. FERREIRA – "O governo dos grupos de sociedades", em AA.VV., *O Governo das organizações – A vocação universal do corporate governance*, Almedina, Coimbra, 2011, p. 125-199; KOPPENSTEINER, HANS-GEORG – *Kölner Kommentar zum Aktiengesetz*, Band 6, 3. Aufl., Heymanns, Köln, Berlin, München, 2004; OLIVEIRA, ANA PERESTRELO DE – *A responsabilidade civil dos administradores nas sociedades em relação de grupo*, Almedina, Coimbra, 2007, "Artigo 503º", em *Código das Sociedades Comerciais anotado* (coord. de A. Menezes Cordeiro), 2ª ed., Almedina, Coimbra, 2011, p. 1303-1307, *Grupos de sociedades e deveres de lealdade – Por um critério unitário de solução do "conflito do grupo"*, Almedina, Coimbra, 2012; RIBEIRO, MARIA DE FÁTIMA – *A tutela dos credores da sociedade por quotas e a "desconsideração" da personalidade jurídica*, Almedina, Coimbra, 2009; SINGHOF – "§ 323", em G. Spindler/E. Stilz (Hrsg.), *Kommentar zum Aktiengesetz*, 2. Aufl., Beck, München, 2010, p. 1291-1295; TRIGO, M. GRAÇA – "Grupos de sociedades", *OD*, 1991, p. 41-114; VEIL – "§ 308", em G. Spindler/E. Stilz (Hrsg.), *Kommentar zum Aktiengesetz*, 2. Aufl., Beck, München, 2010, p. 1175-1183; VENTURA, RAÚL – *Novos estudos sobre sociedades anónimas e sociedades em nome colectivo*, Almedina, Coimbra, 1994.

b) Outra:

ANTUNES, JOSÉ ENGRÁCIA – "The governance of corporate groups", *DSR* 7 (2012), p. 13-48; KOPPENSTEINER, HANS-GEORG – "Os grupos no direito societário alemão", em IDET, Miscelâneas nº 4, Almedina, Coimbra, 2006, p. 7-36; VENTURA, RAÚL – "Grupos de sociedades – uma introdução comparativa a propósito de um Projecto Preliminar de Directiva da C.E.E.", *ROA*, 1981, p. 23-81, 305-362.

1. Direito de a sociedade dominante dar instruções vinculativas à sociedade dominada[1]

Fora das relações de grupo societário, nenhum sócio (mesmo que maioritário ou controlador) tem o poder jurídico (apesar de ter o poder de facto) de, sem observância dos procedimentos e orgânica societários, exigir certo comportamento aos administradores da sociedade. Muito menos tem o direito de exigir, em qualquer circunstância, comportamento prejudicial para a sociedade.

Ora, nas relações de grupo (verticais), o art. 503º atribui à *sociedade dominante* (necessariamente sócia da dominada nas relações de grupo por domínio total, normalmente sócia nas relações de grupo fundado em contrato de subordinação) *o direito de dar instruções vinculativas à administração da sociedade dominada – inclusive instruções desvantajosas.* Correlacionando a lei este poder de direito com deveres e responsabilidades (arts. 501º, 502º, 504º).

2. Quem dá e quem recebe as instruções

2.1. O direito de dar instruções, de que é *titular* a sociedade dominante (nº 1 do art. 503º), é *exercido* primordialmente pelo respetivo órgão de administração *e representação* (arts. 252º, 1, 405º, 2, 431º, 2, 478º), mais precisamente pelo *administrador ou administradores bastantes* (em número fixado na lei ou nos estatutos) *para vincular* (ou representar organicamente) *a sociedade* (arts. 260º, 1, 261º, 1 e 2; 408º, 1 e 2, 409º, 1, 431º, 3).

Com efeito, a este órgão compete a título principal a gestão social (e as instruções respeitam à gestão ou administração) e a expressão (ou declaração) perante terceiros (como a sociedade dominada) de vontade juridicamente imputável à sociedade.

Aliás, aquela competência dos administradores para exercer o direito de dar instruções espelha-se de algum modo tanto no nº 3 do art. 503º (contrapondo o órgão administrador a outros órgãos) como no art. 504º, 1 e 2 (deveres e respon-

---

[1] Porque o art. 503º é aplicável tanto às sociedades em relação de grupo fundada em contrato de subordinação como, por remissão do art. 491º, às sociedades em relação de grupo por domínio total, "sociedade dominante" designará aqui (tal como nos comentários aos arts. 501º e 502º) quer a sociedade diretora, quer a sociedade totalmente dominante, e "sociedade dominada" significará tanto sociedade subordinada como sociedade totalmente dominada.

sabilidade dos administradores da dominante relativamente à gestão da dominada, que passa também pelas instruções dadas por eles).

Não obstante, o órgão de administração da sociedade dominante pode designar *mandatários ou procuradores* para emitirem determinadas instruções ou certas categorias de instruções (cfr. os arts. 252º, 6, e 391º, 7), sob controlo ou supervisão do mesmo órgão[2]. Entre esses representantes voluntários é possível encontrar *trabalhadores dirigentes da dominante*, mas também *outros terceiros*, inclusive uma sociedade irmã (da dominante) ou (nos grupos multigrau) a sociedade mãe (da dominante)[3].

2.2. As instruções são dadas, nos termos do nº 1 do art. 503º, "à administração da sociedade" dominada.

Significa isto, em primeiro lugar, que o recetor das instruções é o órgão de administração da sociedade dominada. "Administração" aparece aí *em sentido orgânico* (gerência, conselho de administração, etc.) – com o mesmo significado aparece também no nº 3 do mesmo artigo ("instruções para a administração da sociedade efetuar um negócio"). No entanto, não parece que as instruções tenham de ser dirigidas (impessoalmente) ao órgão administrador da sociedade dominada; quando o órgão seja pluripessoal, podem ser dirigidas a qualquer dos administradores (v. os arts. 261º, 3, 408º, 3).[4]

A referência legal à "administração" da sociedade dominada significa também que o poder de a dominante dar instruções restringe-se às matérias da competência do órgão administrador da dominada, às matérias de administração/atividade desta sociedade.

3. Instruções: noção e objeto

Para efeitos do art. 503º, *instrução é manifestação de vontade, escrita ou oral, da sociedade dominante dirigida a conformar, de modo abstrato* (para número indeterminado ou indeterminável de casos) *ou concreto* (para determinado caso), *o comportamento da administração da sociedade dominada.*

---

[2] Será ilícita a transferência global (uma "procuração geral") da competência para dar instruções (significativa de uma renúncia do órgão administrador a esta competência).

[3] Cfr., com indicações bibliográficas (nem todas no mesmo sentido), VEIL (2010), p. 1178, e SINGHOF (2010), p. 1293. Parece dever entender-se que uma sociedade de cúpula do grupo, quando não tenha poderes de representação voluntária, não tem o direito de dar instruções diretamente a uma sociedade neta ou bisneta, etc.

[4] O administrador que as recebe deve, em princípio, comunicá-las aos demais administradores.

As instruções podem ser formuladas como *ordens* (concretas ou abstratas) de fazer ou não fazer, mas também como *conselhos, recomendações ou sugestões* (igualmente concretos ou abstratos e para atuação positiva ou omissiva) emitidos e recebidos *com o sentido de obrigarem* (com maior ou menor discricionariedade) a certo comportamento.

Objeto possível das instruções é tudo quanto está incluído na *administração/ /atividade* da sociedade dominada (administração em sentido amplo, abrangendo a gestão ou atividade interna e a representação) *que ao órgão administrador desta compete prosseguir.*

Esta administração é principalmente administração ou *gestão da(s) empresa(s)* da dominada. Compreendendo a *"alta direção"* (decisões estratégicas sobre os objetivos, organização, produção, distribuição, financiamento, recursos humanos, etc.), e os atos de execução ou desenvolvimento dela, quer os de caráter *extraordinário*, quer os de *"gestão corrente"*.[5]

Mas é também *administração da própria sociedade dominada* (quando compita ao seu órgão administrador), respeitante à *organização e funcionamento dela ou de órgãos seus*[6]. Por exemplo, a sociedade dominante tem o direito de ordenar à administração da sociedade dominada a convocação de assembleia geral (cfr. o art. 248º, 3) ou o pedido de convocação (cfr. os arts. 375º, 1, 406º, *c*)), a cooptação de certo administrador (cfr. os arts. 393º, 3, *b*), 406º, *b*)), a elaboração de projeto de cisão ou de transformação (cfr. os arts. 119º, 132º, 406º, *m*)).[7]

O que a sociedade *não tem é o direito de dar instruções a outros órgãos* da dominada que não o de administração (órgão deliberativo interno, órgão fiscalizador). *Nem tem o direito de dar instruções à administração da dominada sobre matérias da competência desses órgãos*[8] – incluindo matérias de administração atribuídas ao órgão deliberativo interno (habitualmente designado assembleia geral)[9],

---

[5] Cfr. COUTINHO DE ABREU (2010), p. 40, s..

[6] Cfr. COUTINHO DE ABREU (2010), p. 42.

[7] Neste sentido, v. ENGRÁCIA ANTUNES (2002), p. 728-729; em contrário, v. AUGUSTA FRANÇA (1990), p. 42-43, RAÚL VENTURA (1994), p. 118.

[8] V. os Acs. do STJ de 29/11/2005, *CJ-ASTJ*, t. III, 2005, p. 140 (atribuição de pensão de reforma a administrador) e de 27/3/2014, www.dgsi.pt (proc. 9836/09.6TBMAI.P1.S1) – fixação de remuneração de administrador.

[9] Este órgão tem alguns poderes de administração da sociedade e de gestão empresarial – cfr. COUTINHO DE ABREU (2010), p. 42-43.

seja esta competência legal (imperativa, dispositiva ou residual), seja estatutária[10].[11]

4. Limites do direito de dar instruções
4.1. Limites legais gerais

Nos termos da 2ª parte do nº 2 do art. 503º, "em caso algum serão lícitas instruções para a prática de atos que em si mesmos sejam proibidos por disposições legais não respeitantes ao funcionamento de sociedades".

Naturalmente, são ilícitas as instruções que contrariem normas de direito penal, fiscal, laboral, civil, da concorrência, etc.

A última parte daquele preceito ("não respeitantes ao funcionamento de sociedades") é equívoca. Pode sugerir a licitude de instruções desrespeitadoras da generalidade das normas do direito societário[12].

Não pode ser esta, porém, a interpretação do preceito. É finalidade do mesmo permitir instruções para certos comportamentos ou funções do órgão de administração da sociedade dominada não permitidos pelo direito societário geral. Dizendo de outra maneira: *não são aplicáveis*, no essencial, as normas do direito das sociedades que atribuem ao órgão de administração *certos poderes e deveres para, sob própria responsabilidade, gerir a sociedade*[13], bem como *as normas que proíbem o comando de uma sociedade por alguém não integrado (ou não atuando) organicamente nela*[14].

4.2. Limites estatutários

A sociedade dominante tem o direito de dar instruções à administração da sociedade dominada. A administração desta tem o dever de respeitar os *estatutos da própria sociedade* – em primeira linha a cláusula relativa ao objeto social (v. p. ex. os arts. 6º, 4, e 72º, 1).

---

[10] Cfr. o comentário aos arts. 246º (vol. IV) e 373º (vol. VI).

[11] Só não é assim a respeito da competência legal facultativa do órgão deliberativo interno de sociedade por quotas (v. o art. 259º). Sendo embora a competência dos sócios em matérias de gestão muito ampla, a sociedade dominante de sociedade por quotas não está de modo algum impedida de dirigir esta, apesar de (ou contra) deliberações adotadas no exercício daquela competência.

[12] Assim, ainda que em tom crítico, parece, OLIVEIRA ASCENSÃO (2000), p. 589: "podem ser subvertidos os preceitos legais relativos ao funcionamento de sociedades".

[13] O órgão de administração da sociedade dominada passa a estar subordinado ao órgão de administração da dominante, ao qual cabe em última instância a gestão daquela.

[14] A sociedade dominante comanda a dominada fora dos órgãos desta.

DIREITO DE DAR INSTRUÇÕES **ART. 503º** 285

Por conseguinte, a sociedade dominante não pode, licitamente, instruir a administração da dominada para que faça o que, segundo os estatutos, não pode fazer.[15]

4.3. Negócios dependentes de parecer ou consentimento de outro órgão

Há certos negócios cuja realização pela sociedade dominada não depende apenas da vontade do seu órgão de administração (ou de administrador(es)), dependendo ainda, para serem válidos ou eficazes, segundo a lei ou os estatutos, do consentimento ou de parecer favorável de outro órgão.

Por exemplo, *a lei* determina que dependem de *deliberação dos sócios* de sociedade por quotas a alienação de quotas próprias (art. 246º, 1, *b*)) e, em regra, a alienação ou oneração de bens imóveis ou de estabelecimentos, a aquisição, alienação ou oneração de participações noutras sociedades (art. 246º, 2, *c*) e *d*)). Nas sociedades anónimas com estrutura orgânica tradicional ou com estrutura de tipo monístico, a validade de certos contratos celebrados entre administrador e a sociedade respetiva (ou sociedade que com ela esteja em relação de domínio ou de grupo) depende (também) de parecer favorável do *órgão de fiscalização* (fiscal único ou conselho fiscal, ou comissão de auditoria) – art. 397º, 2 e 3.

Por sua vez, os estatutos de sociedade por quotas podem fazer depender de *deliberação dos sócios* a aquisição de imóveis ou de estabelecimentos (art. 246º, 1); os estatutos de sociedade anónima podem exigir *deliberação dos sócios* consentindo a aquisição de participações em outras sociedades (art. 11º, 4, 5) ou, nas sociedades com estrutura tradicional ou de tipo monístico, a aquisição ou alienação de bens acima de certo valor[16]; os estatutos de sociedade anónima com sistema orgânico de tipo dualístico ou germânico podem estabelecer a necessidade de consentimento prévio do *conselho geral e de supervisão* para a prática de determinados atos de gestão (art. 442º, 1).

Ora, segundo o nº 3 do art. 503º, se forem dadas instruções para a administração da sociedade dominada efetuar um negócio que, por lei ou pelos estatutos, dependa de parecer ou consentimento de outro órgão da sociedade (órgão deliberativo interno ou órgão de fiscalização) e este *não for dado* – ou porque o órgão não se pronunciou em tempo côngruo, ou porque recusou dar parecer favorável ou consentimento –, *devem as instruções ser executadas* se, verificada a falta ou

---

[15] V. tb. AUGUSTA FRANÇA (1990), p. 44, ENGRÁCIA ANTUNES (2002), p. 735-736.
[16] V. o nº 2.4.2. do comentário ao art. 373º.

recusa, elas *forem repetidas, acompanhadas do consentimento ou parecer favorável do órgão correspondente da sociedade dominante, caso esta o tenha.*

No caso de a dominante não ter órgão (de fiscalização) correspondente[17], deve entender-se que ela tem o direito de repetir as instruções e que estas são vinculativas.[18]

4.4. Instruções desvantajosas e "interesse do grupo"

Em regra, a sociedade dominante tem o direito de dar instruções desvantajosas para a sociedade dominada, se tais instruções servirem os interesses daquela sociedade ou (existindo) de outra(s) sociedade(s) do mesmo grupo (1ª parte do nº 2 do art. 503º). Tal direito só pode ser excluído (total ou parcialmente) no contrato de subordinação (início do nº 2 do art. 503º) – nos grupos de base contratual, portanto, não nos grupos constituídos por domínio total[19].

Uma instrução é qualificável como *desvantajosa* para a sociedade dominada quando os administradores desta, cumprindo os deveres de cuidado e de lealdade para com ela (art. 64º), não adotariam o comportamento visado pela instrução – não o adotariam se não houvesse grupo ou, havendo, se não recebessem a instrução (lícita).

Exemplos de instruções desvantajosas: a sociedade dominante impõe que a dominada cesse determinada produção lucrativa, transferida para aquela ou para outra sociedade do grupo; se ocupe de setores do mercado não rentáveis; empreste dinheiro a baixas taxas de juro a outras sociedades do grupo ou lhes preste gratuitamente garantias reais ou pessoais; forneça bens à dominante ou a outros membros do grupo por preços inferiores aos do mercado; adquira bens a sociedades do grupo por preços superiores aos do mercado.

As instruções desvantajosas só são lícitas, recorde-se, se servirem *os interesses da sociedade dominante ou das outras sociedades do mesmo grupo*[20]. *Com este sentido (derivado da formulação legal), é legítimo falar de "interesse do grupo": enquanto (simplificadora ou cómoda) locução-resumo significando os interesses da dominante ou*

---

[17] Hipótese verificável principalmente quando a dominante seja sociedade por quotas e a dominada sociedade anónima.

[18] RAÚL VENTURA (1994), p. 119, tem opinião contrária.

[19] Cfr. tb. GRAÇA TRIGO (1991), p. 90. A exclusão (total) do direito de dar instruções desvantajosas será rara na prática (se a prática portuguesa registasse grupos constituídos por contrato de subordinação...). Verosímeis são as hipóteses de exclusão de certas instruções tipicamente prejudiciais (p. ex., encerramento de estabelecimentos, aquisição de alguns serviços a preços superiores aos do mercado, não exploração de patente importante) – cfr. KOPPENSTEINER (2004), p. 919.

[20] Para o perímetro do grupo, v. o art. 493º, 2.

(se houver) de outra(s) sociedade(s) do grupo justificadores do sacrifício dos interesses da dominada[21].

Não me parece apropriado o uso de "interesse do grupo" para significar (como símil do "interesse social" ou interesse de singular sociedade[22]) *interesse comum a todas as sociedades* integradas no grupo e prevalecendo sobre o interesse de cada uma delas, ou *interesse de entidade superior, assente em unidade empresarial* (empresa policorporativa, empresa plurissocietária), a que se subordinam os interesses de cada uma das suas componentes[23].

Um grupo (não paritário) de sociedades *não é agrupamento coordenado para a consecução de fins comuns, antes se baseia em relações de subordinação ou dependência para fins (primordialmente) unilaterais (da sociedade dominante)*[24]; *nem é nova entidade (jurídica) de grau superior com socialidade própria e interesses próprios diferentes e superiores aos das entidades agrupadas.*[25] A sociedade dominante tem o direito de denegar o interesse social das dominadas se com isso visar satisfazer interesses lícitos dela própria ou de outras sociedades do grupo; e é porque destes interesses não comungam as sociedades sacrificadas que se impõe tutela especial das mesmas, seus credores e sócios minoritários (arts. 500º, s.). Com maior ou menor dificuldade, consegue-se determinar os interesses de cada sociedade do grupo; já o "interesse do grupo" segundo as conceções aqui criticadas daria azo, pela indeterminação, a insegurança e soluções arbitrárias.

O art. 503º, 2, condiciona a licitude das instruções desvantajosas para a sociedade dominada a elas serem adequadas para servir os interesses da sociedade dominante (ou/e de outras sociedades do grupo) – entre as desvanta-

---

[21] COUTINHO DE ABREU (1996), p. 269.

[22] Sobre as conceções de interesse social (melhor, interesses sociais), COUTINHO DE ABREU (2011), p. 291, s..

[23] Mas v., diferentemente e com matizes diferenciados, p. ex. AUGUSTA FRANÇA (1990), p. 45-46, 54, 63, ELISEU FIGUEIRA (1990), p. 51, ENGRÁCIA ANTUNES (2002), p. 738-739, PEDRO DE ALBUQUERQUE (2007), p. 33-34, nts. 49 e 50, FÁTIMA RIBEIRO (2009), p. 406 (mas v. p. 424-425, nt. 103), FERREIRA GOMES (2011), p. 158 (mas v. nt. 110).

[24] A propósito do contrato de subordinação, FERREIRA DE ALMEIDA (2012), p. 122-123, tem razão quando diz que não é contrato de cooperação (é forçado descortinar nele um fim comum; o fim dominante do contrato serve o interesse próprio da sociedade diretora).

[25] COUTINHO DE ABREU, p. ex. (1996), p. 269-270, (2012), p. 243 (v. *ibid.*, p. 256, s. e 244, respetivamente, crítica às conceções da empresa de grupo). Convergentemente, v. entre nós, PERESTRELO DE OLIVEIRA (2012), p. 228, s.; para a Alemanha, v. KOPPENSTEINER (2004), p. 344, 910 e nt. 115 (com mais indicações bibliográficas).

gens e as vantagens deve haver *relação de causalidade* (ainda que mediata) *e de proporcionalidade.*[26]

Por falta de proporcionalidade, deve entender-se que são, em geral, ilícitas as instruções que criem o perigo sério de a sociedade dominada, se as executar, não sobreviver (entrando em situação de insolvência). A menos que as desvantagens para ela se mostrem necessárias para a sobrevivência da dominante (ou de outras sociedades do grupo).[27]

4.5. Transferências patrimoniais diretas
4.5.1. Quadro geral

O nº 4 do art. 503º proíbe a sociedade dominante de instruir/determinar a transferência de bens do ativo da sociedade dominada (dinheiro em caixa ou em banco, mercadorias, matérias-primas, prédios, equipamentos, participações em outras sociedades, etc.) para outras sociedades do grupo sem justa contrapartida, a não ser no caso do art. 502º.

Este comando legal já foi interpretado, em divergência com o aparente mas criticado significado do enunciado normativo, como mero afloramento particular da doutrina geral subjacente aos demais tipos de limite ao direito de dar instruções. Assim, estaria vedado à sociedade dominante dar instruções à administração da dominada que tenham por objeto ou efeito a transferência de bens desta quando tal transferência não possa ser justificada por uma vantagem para a dominante ou outra sociedade do grupo (a contrapartida não tem de ser, portanto, para a dominada que transfere os bens), ou quando tal transferência possa colocar em causa a sobrevivência económica da dominada.[28]

Parece-me, porém, que o comando legal é antes *afloramento ou confirmação das regras delimitadoras da capacidade jurídica das sociedades* (art. 6º). No art. 6º, 3, a lei permite certos atos – em exceção àquelas regras – a sociedades em relação de grupo. No art. 503º, 4, a lei *não permite exceções* (ressalvada a prevista na parte final do preceito – v. *infra*) relativamente à *transmissão gratuita* (doação pura ou mista) de bens do ativo da sociedade dominada para outras sociedades do grupo; pela transmissão dos bens há de a sociedade dominada receber contrapartida justa (não necessariamente o "justo valor" de mercado, sim o justo valor do "micro-

---

[26] Entre nós, v. ENGRÁCIA ANTUNES (2002), p. 740-741.

[27] *V.* ENGRÁCIA ANTUNES (2002), p. 741, s.. Com opinião diferente, contrariando a doutrina alemã largamente dominante, v. VEIL (2010), p. 1181-1182.

[28] ENGRÁCIA ANTUNES (2002), p. 747 e (mais latamente) 895; no mesmo sentido PERESTRELO DE OLIVEIRA (2012), p. 507.

mercado" grupal). Portanto, é ilícita a instrução que determine a transferência gratuita de bens da dominada, e é nula uma tal transferência.

No entanto, o nº 4 do art. 503º excepciona a proibição "no caso do artigo 502º". Escrevi há uns bons anos: "A remissão exceptuadora do final desta norma – para o art. 502º – é que não faz sentido. Esse artigo não trata propriamente de um 'caso' ou hipótese especial – antes estabelece uma regra geral, aplicável a todas as sociedades subordinadas (e dependentes – v. art. 491º) que registem, 'por qualquer razão', perdas anuais... Mais uma gralha do apressado CSC, não derrotada pelas sucessivas investidas rectificadoras e alteradoras-rectificadoras? Parece que sim. Tal como parece dever a remissão ser feita para o art. 508º (...)"[29].

4.5.2. Cash-pooling*
4.5.2.1. O chamado *"cash-pooling"* consiste normalmente num acordo, multilateral, envolvendo um conjunto de contas bancárias, e através do qual os meios financeiros de um grupo de sociedades é gerido de forma mais eficiente, no interesse do grupo. A lógica subjacente é a seguinte: a agregação num vértice de todos os saldos bancários devedores e credores de cada uma das sociedades deverá permitir, ao grupo de sociedades como um todo, poupar no juro cobrado pelo banco (saldos devedores, por financiamento bancário) e/ou avolumar o juro cobrado ao banco (saldos credores, por depósitos bancários). No final, em termos líquidos (entre o deve e o haver) um sistema de *cash-pooling* permitirá, em princípio, uma gestão mais eficiente da tesouraria do grupo. (Também pode naturalmente estruturar-se um *cash-pooling* com uma única sociedade e que tenha várias contas bancárias, porventura em várias jurisdições).

Vejamos um exemplo:

---

[29] COUTINHO DE ABREU (1990), p. 10, nt. 11. Posteriormente, RAÚL VENTURA (1994), p. 116-117, escreveu: "A referência ao art. 502º é uma gralha não corrigida; a referência correcta é para o art. 508º". Também PERESTRELO DE OLIVEIRA (2012), p. 507, nt. 1542 (citando Raúl Ventura), advoga interpretação ab-rogante ou, pelo menos, corretiva – a norma ressalvará a hipótese de o contrato de subordinação incluir uma convenção de atribuição de lucros, regulada no art. 508º. Não obstante, AUGUSTA FRANÇA (1990), p. 46-47, e ENGRÁCIA ANTUNES (2002), p. 747, não contrariam (embora com conclusões não idênticas) a remissão para o art. 502º.

* A autoria deste número 4.5.2. é de ORLANDO VOGLER GUINÉ. O A. reflete neste texto saber de experiência feito sobre o que são e para que servem os chamados sistemas de *cash-pooling* (4.5.2.1.) e enuncia algumas questões jurídicas que a propósito se levantam (4.5.2.2.). Para outros desenvolvimentos e indicações bibliográficas (sobretudo alemãs e norte-americanas), remete-se para PERESTRELO DE OLIVEIRA (2012), p. 502-531.

Um grupo de sociedades é composto pelas sociedades A (sociedade-mãe e "vértice" do *cash-pooling*), B, C e D (todas subsidiárias de A). Numa determinada data de vencimento são os seguintes os saldos médios das suas contas bancárias, dois saldos credores e dois devedores:

A: 10
B: 100
C: (50)
D: (20)

Por uma questão de facilidade, vamos assumir que o(s) banco(s) cobra(m) um mesmo juro (ex. 5%/ano) nos financiamentos e paga(m) um mesmo juro nos depósitos (ex. 3%/ano), que os juros são cobrados/pagos anualmente, sendo as datas de vencimento respetivas coincidentes e todas anuais.

a) Inexistência de acordo de *cash-pooling*:
Neste caso, as várias sociedades não beneficiarão, à partida, das economias de escala derivadas de um *cash-pooling* e provavelmente cada sociedade negociará tendencialmente de forma individual os seus contratos bancários (de financiamento e/ou de depósito). Assim, na data de vencimento anual:

A: Banco paga 0,3
B: Banco paga 3
C: Banco cobra 2,5
D: Banco cobra 1

Em conformidade, em termos líquidos o banco terá um saldo positivo de 0,2.

b) Existência de acordo de *cash-pooling*:
Normalmente a estrutura de *cash-pooling* é negociada de forma centralizada e os termos comerciais são mais favoráveis ao grupo. No entanto, para facilitar a comparação, vamos manter inalterados os pressupostos. Assim, na data de vencimento anual:
Saldo líquido (da perspetiva do grupo de sociedades):

$$10 + 100 - 50 - 20 = 40$$

Portanto, o grupo de sociedades tem um saldo líquido de 40, pelo que é aplicável um juro credor (no nosso exemplo, 3%), o que corresponde a o grupo de sociedades ter a haver do banco 1,2.

Do ponto de vista do grupo, trata-se de um resultado claramente mais favorável do que na situação sem *cash-pooling* acima exemplificada, em que, perante a mesma situação líquida (consolidando todos os montantes devedores/financiamentos e credores/depósitos), foi o banco a encaixar, em termos líquidos, uma receita (de 0,2).

Portanto, comparando estes dois exemplos, o grupo tem um ganho de 1 (=1,2–0,2) se tiver contratado o *cash-pooling*.

O primeiro efeito (poupança no saldo devedor) é normalmente atingido quando existam disponibilidades de tesouraria noutra sociedade do grupo, que são utilizadas para suprir, parcial ou totalmente, o défice de tesouraria de outra sociedade (em vez de esta sociedade ter de recorrer a financiamento bancário). Não significa que o financiamento intra-societário seja gratuito, mas, ainda que seja realizado a preços de mercado (desde logo, para evitar questões fiscais, derivadas do regime dos preços de transferência), a remuneração pelo financiamento é retida intra-grupo. O segundo efeito (maior ganho no saldo credor) é atingido por o banco estar normalmente disposto a pagar um juro maior quanto maior o volume (médio) de depósitos nesse banco (ou no grupo do banco).

O *cash-pooling* pode ser financeiro ou meramente nocional, sem prejuízo de poderem existir sistemas híbridos. Diz-se financeiro quando o sistema envolve transferências, efetivas, de numerário entre contas das sociedades. É nocional quando apenas são calculadas as exposições devedoras e credoras das sociedades e o juro devedor ou credor relevante é calculado com base nas exposições agregadas. Normalmente, e com especial relevância para o *cash-pooling* financeiro, as transferências/alocações entre diversas sociedades do grupo não são feitas diretamente entre subsidiárias, mas existe interposição da sociedade-mãe ou de uma sociedade operacional abaixo dela, titular do que normalmente é designada como conta-quadro (*master account*).

Sendo o *cash pooling* financeiro, com uma determinada periodicidade (diária, semanal, mensal, outra) as várias contas abrangidas (salvo a conta-quadro) são "varridas" a zero (é o caso mais típico, mas podem também estabelecer-se certos tetos mínimos de saldo), a benefício ou prejuízo da conta-quadro. Isto é, se alguma conta se encontrar com saldo devedor, então são transferidos fundos da conta-quadro em montante necessário para cobrir o saldo devedor; se alguma conta se encontrar com saldo credor, então o seu saldo positivo é transferido para a conta-quadro.

Em termos contabilísticos, estes movimentos entre contas dão lugar à inscrição de um ativo (quando da conta da sociedade sejam transferidos fundos) ou de um passivo (quando para a conta da sociedade sejam transferidos fundos), que naturalmente ao longo dos tempos se vão sucedendo e compensando entre si. De certa forma, existe entre a titular da conta-quadro e cada sociedade do grupo uma situação próxima (ou por vezes qualificável mesmo, consoante o que o clausulado determinar) de uma conta-corrente (arts. 344º, s. do CCom.), em cada momento existindo apenas um certo saldo líquido como sendo devido ou havido por cada sociedade. De forma a prevenir consequências fiscais naturalmente indesejáveis (como seja preços de transferência), bem como para que não se infrinjam ouras disposições imperativas, o crédito (ou o débito, consoante a perspetiva de cada sociedade) deverá ser devidamente remunerado.

O *cash-pooling* pode ser unicamente de âmbito nacional, isto é, todas as sociedades do grupo têm como lei pessoal a portuguesa, ou (o que é mais frequente) de âmbito internacional. Pense-se numa multinacional estrangeira que tem subsidiárias em vários países, entre os quais Portugal, ou uma multinacional portuguesa com subsidiárias noutros países. (Por outro lado, pode também estruturar-se um sistema de *cash-pooling* com uma única sociedade: p. ex., imagine-se uma sociedade com sucursais em vários países, tendo a sociedade conta junto de um banco na sua jurisdição de sede e as sucursais da sociedade contas junto de sucursais ou filiais do referido banco noutras jurisdições).

Tal como de um lado temos um grupo empresarial (de sociedades), do outro temos normalmente um grupo bancário, composto pela "casa-mãe" e suas subsidiárias/sucursais. Dados os movimentos contabilísticos e/ou financeiros em causa nestas estruturas, encontrar-se um grupo bancário único como contraparte é usualmente o mais conveniente, e por vezes a única alternativa viável ou a mais competitiva. Não significa, contudo, que não possa estabelecer-se um *cash-pooling* com intervenção de bancos de diversos grupos bancários, desde que tenham os necessários acordos e procedimentos acordados que viabilizem o *cash-pooling*.

Em termos de estrutura contratual, normalmente existe um contrato-quadro, cujo clausulado e condições comerciais são negociadas primacialmente entre as cúpulas ("casas-mãe") de cada grupo (empresarial e bancário), a que depois as subsidiárias (e/ou sucursais, de ambos os grupos) podem aderir de forma muito simples, assinando um documento de adesão.

4.5.2.2. A questão societária mais óbvia que normalmente se levanta nos *cash-poolings* financeiros é a seguinte: há um interesse óbvio do grupo de sociedades na celebração deste tipo de acordos, mas há também um interesse próprio de cada subsidiária? Em muito casos, provavelmente sim – pois uma sociedade, na sua atividade, tem por vezes saldos devedores e outras saldos credores, pelo que uma gestão financeira mais eficaz desses temas do lado do grupo é mais eficaz também para a própria sociedade. Mas imagine-se, por exemplo, uma sociedade que tem maioritariamente ou mesmo exclusivamente, dada a sua concreta atividade operacional, saldos credores, que periodicamente são varridos para a referida conta-quadro. O "mínimo olímpico", diríamos, passará por o saldo credor de capital, bem como a respetiva remuneração, ser adequadamente contabilizado e que a remuneração seja adequada, "justa" para usar a expressão do nº 4 deste art. 503º e, porventura, efetivamente paga de tempos a tempos. Por outro lado, será sempre aconselhável que a documentação preveja certas situações que suspendam as transferências, em especial caso haja ou se antecipe venham a existir sociedades insolventes na estrutura.

Por fim, relembre-se que este art. 503º, 4, se atém diretamente sobre a emissão de instruções vinculantes para transferência de bens. Ora, a participação de uma subsidiária numa estrutura de *cash-pooling* não é necessariamente imposta, hierarquicamente, pela sociedade-mãe à subsidiária. Pode muito bem ser decidido, por mote próprio, pela sociedade-filha, sob recomendação ou não da sociedade-mãe. A administração da sociedade-mãe pode, por exemplo, expressamente determinar à subsidiária que considere autonomamente a situação e delibere em conformidade. Mas é também de notar que as instruções vinculantes não carecem de forma especial, podem mesmo ser orais (o que levanta naturalmente um problema de prova). Em todo o caso, será sempre muito útil documentar em ata quais os motivos e interesses subjacentes à participação no *cash-pooling* e se houve ou não determinação ou recomendação da sociedade--mãe. Por outro lado, se é certo que a participação pode ter várias vantagens e que a integração num grupo empresarial justifica uma certa confiança entre as sociedades do grupo, também não deve deixar de ponderar-se certas variáveis como sejam o risco de insolvência e segurança/graduação dos créditos intra--grupo nesse contexto (para o caso português, v. arts. 48º, a) e 49º, 2, *b*) do CIRE), ou o risco-país de certas sociedades que possam participar na estrutura, variáveis cambiais, etc.

Note-se também que este art. 503º, 4, é espacialmente auto-limitado, nos termos do art. 481º, 1, sendo que em *cash-poolings* internacionais, por exemplo, muitas vezes é apenas uma subsidiária (ou uma ou mais subsidiárias, irmãs entre si, portanto) portuguesas que participam da estrutura.

5. Dever de dar instruções?

A sociedade dominante tem o direito de dar instruções à administração da sociedade dominada (art. 503º).

Todavia, *não tem, em regra, o dever de as dar*. Tem é o (poder-)*dever de dirigir a gestão da dominada* (cfr. o art. 493º, 1)[30].

Este dever de direção não torna inevitável o exercício do direito de dar instruções. Ele exige, antes, que os administradores da sociedade dominante cumpram o dever de *se informar* acerca da evolução económico-financeira da dominada e do desempenho dos administradores desta[31]. Cumprindo o dever (cfr. o art. 504º), eles podem optar, *v. g.*, por uma *"direção por consenso"* (com relacionamento interdependente de ambas as administrações)[32], ou (especialmente nos grupos de gestão descentralizada) por não exercerem o direito de emitir instruções porque entendem que os critérios de gestão adotados pela sociedade dominada estão *em sintonia com os adotados pela dominante*[33].

Entretanto, o *dever de dar instruções* afirmar-se-á quando a diligência requerida aos administradores da dominante na gestão das sociedades do grupo torne necessárias as instruções[34].

6. Deveres da administração da sociedade dominada
6.1. Execução e não execução de instruções

6.1.1. Ao direito de a sociedade dominante dar instruções (lícitas) vinculativas à administração da sociedade dominada corresponde o *dever de os membros desta administração cumprirem as instruções*.

Se (injustificadamente) as não cumprirem, tem a dominante o direito de *exigir judicialmente da dominada* (devedora, quer a relação com a dominante seja contratual, quer seja baseada em domínio total) *o cumprimento* (art. 817º do CCiv.) e, se tiver sofrido danos, *indemnização* (responsabilidade obrigacional – arts. 798º, 800º do CCiv.); neste caso, tem também o direito de exigir *indemnização do ou dos administradores da dominada* responsáveis pelo não cumprimento das instruções

---

[30] *V.* COUTINHO DE ABREU (1990), p. 10, nt. 12, AUGUSTA FRANÇA (1990), p. 63, s., ENGRÁCIA ANTUNES (2002), p. 731-732.

[31] *V.* FERREIRA GOMES (2011), p. 156, s..

[32] Cfr. FERREIRA GOMES (2011), p. 130, citando Galgano.

[33] Cfr. COUTINHO DE ABREU (1990), p. 10, nt. 12.

[34] Cfr. GRAÇA TRIGO (1991), p. 92, RAÚL VENTURA (1994), p. 119, ENGRÁCIA ANTUNES (2002), p. 732.

DIREITO DE DAR INSTRUÇÕES **ART. 503º** 295

– os administradores (recetores das instruções: art. 503º, 1) têm o dever jurídico específico de executar as instruções perante (também) a sociedade dominante[35].

6.1.2. Se a sociedade dominante der instruções *ilícitas* (ilegais, anti-estatutárias, contrárias ao "interesse do grupo" – *supra*, nº 4) aos administradores da dominada, estes têm não só o direito mas o *dever de as não cumprir*.

Com efeito, os administradores das sociedades em geral devem respeitar as leis e os estatutos e atuar tão só no interesse das mesmas; nas sociedades dominadas, este interesse pode ser postergado somente quando o interesse da dominante ou de outras sociedades do grupo o imponha. Por outro lado, resulta de interpretação *a contrario sensu* do nº 3 do art. 504º aquele direito-dever: se os administradores não são responsáveis pelos atos ou omissões praticados na execução de instruções lícitas, já são responsabilizáveis pela execução de instruções ilícitas[36].

Aquilatar a ilicitude das instruções é relativamente fácil quando elas contrariam disposições específicas da lei ou dos estatutos. Será muitas vezes difícil avaliar a relação de causalidade e proporcionalidade entre as instruções desvantajosas para a sociedade dominada e o "interesse do grupo". Nestes casos, os administradores da dominada – sem competência para definir tal interesse, mas com o direito de requerer informações aos administradores da dominante – só não devem cumprir as instruções quando elas se revelem *manifestamente* inservíveis para a satisfação do "interesse do grupo"[37].

6.2. Na ausência de instruções

Quando, em certo tempo ou sobre determinadas matérias de gestão, a sociedade dominante não dê instruções (abstratas ou concretas) à administração da dominada, esta deve *guiar-se pelo próprio interesse social ou pelo "interesse do grupo"*?

Pelo interesse da própria sociedade. Na falta de imposições ou condicionamentos externos explícitos (lícitos), os administradores da dominada devem observar deveres de cuidado e de lealdade para com a sua sociedade, devem atuar no interesse desta – interesse que eles devem conhecer e/ou definir (art. 64º, 1). Enquanto tais, não definem, nem têm de conhecer o interesse da sociedade

---

[35] V. tb. PERESTRELO DE OLIVEIRA (2007), p. 172-173; contra, v. RAÚL VENTURA (1994), p. 120, ENGRÁCIA ANTUNES (2002), p. 754, nt. 1466.

[36] *V.* AUGUSTA FRANÇA (1990), p. 90-91, ENGRÁCIA ANTUNES (2002), p. 755, s..

[37] À semelhança do que prescreve o § 308(2) da AktG (inspirador do art. 503º do CSC). V. tb. ENGRÁCIA ANTUNES (2002), p. 757-758.

dominante ou das outras sociedades do grupo. Aliás, gerir a dominada em proveito dela própria redunda normalmente em proveito (direto ou indireto) da dominante.[38]

Porém, deve entender-se que a administração da dominada tem o *dever de consultar* a administração da dominante antes de decidir algum assunto importante (de alta direção ou de gestão extraordinária) com impacto no grupo.[39]

7. Vigência das instruções

7.1. O direito de a sociedade dominante dar instruções vinculativas à administração da sociedade dominada *nasce* (estranhamente, só) a partir da publicação do contrato de subordinação (art. 503º, 1) ou, quando o grupo seja por domínio total, a partir do momento em que o mesmo se considere constituído (v. os arts. 488º e 489º).

E *extingue-se* no momento em que termina a relação de grupo (v. os arts. 488º, 3, 489º, 4, 506º).

7.2. As instruções emitidas, quando executadas enquanto dura a relação de grupo, podem originar relações jurídicas de que derivam *obrigações duradoras* para a sociedade dominada cuja execução se prolonga *para lá do termo da relação grupal* (*v.g.*, contratos de trabalho, arrendamento, locação financeira, obrigações de juros).

Ora, *essas obrigações permanecem* depois da cessação da relação de grupo. Podendo embora extinguir-se entretanto por causas variadas. Não se extinguem porque as instruções "caducaram, ou por outra forma deixaram de produzir efeitos"... [40]

---

[38] Nesta perspetiva, v. AUGUSTA FRANÇA (1990), p. 94-95, RAÚL VENTURA (1994), p. 120, COUTINHO DE ABREU (1996), p. 270, FÁTIMA RIBEIRO (2009), p. 427, nt. 103, PERESTRELO DE OLIVEIRA (2012), p. 230, s.. Com outra perspetiva (a administração da dominada deve pautar-se pelo "interesse global do grupo"), v. ENGRÁCIA ANTUNES (2002), p. 758, s.. Na Alemanha, as opiniões estão mais divididas (embora pareça dominar opinião similar à deixada em texto) – v. indicações em KOPPENSTEINER (2004), p. 924-925, SINGHOF (2010), p. 1293-1294.

[39] Ideia defendida, na Alemanha e por cá, por autores propugnando uma ou outra das perspetivas apontadas (v. locais citados na nota anterior).

[40] Falando assim da "caducidade" das instruções, citado Ac. do STJ de 29/11/2005, p. 142 (sem prejuízo, acrescente-se, do acerto da decisão final); concordando com o acórdão, GOMES DE ANDRADE (2009), p. 121-122, e PERESTRELO DE OLIVEIRA (2011), p. 1307.

ARTIGO 504º
Deveres e responsabilidades

1. Os membros do órgão de administração da sociedade directora devem adoptar, relativamente ao grupo, a diligência exigida por lei quanto à administração da sua própria sociedade.
2. Os membros do órgão de administração da sociedade directora são responsáveis também para com a sociedade subordinada, nos termos dos artigos 72º a 77º desta lei, com as necessárias adaptações; a acção de responsabilidade pode ser proposta por qualquer sócio ou accionista livre da sociedade subordinada, em nome desta.
3. Os membros do órgão de administração da sociedade subordinada não são responsáveis pelos actos ou omissões praticados na execução de instruções lícitas recebidas.

Índice

1. Deveres dos administradores da sociedade dominante para com a(s) sociedade(s) dominada(s)
   1.1. Deveres de cuidado
   1.2. Deveres de lealdade
2. Responsabilidade dos administradores da dominante para com sociedades dominadas
   2.1. Casos de responsabilidade
   2.2. Ações de responsabilidade
3. Responsabilidade dos administradores da dominante para com credores e sócios da dominada e terceiros
4. Instruções da dominante e responsabilidade dos administradores da dominada

Bibliografia

a) Citada:

ABREU, J. M. COUTINHO DE – *Da empresarialidade (As empresas no direito)*, Almedina, Coimbra, 1996 (reimpr. 1999), "Deveres de cuidado e de lealdade dos administradores e interesse social", em IDET, *Reformas do Código das Sociedades*, Almedina, Coimbra, 2007, p. 15-47, *Responsabilidade civil dos administradores de sociedades*, 2ª ed., Almedina, Coimbra, 2010; ANTUNES, JOSÉ A. ENGRÁCIA – *Os grupos de sociedades – Estrutura e organização jurídica da empresa plurissocietária*, 2ª ed., Almedina, Coimbra, 2002; COSTA, RICARDO – "Artigo 64º", em *Código das Sociedades Comerciais em Comentário* (coord. de J. M. Coutinho de Abreu), vol. I, Almedina, Coimbra, 2010, p. 721-750, *Os administradores de facto das sociedades comerciais*, Almedina, Coimbra, 2014; GOMES, J. FERREIRA – "O governo dos grupos de sociedades", em AA.VV., *O Governo das organizações – A vocação universal do corporate governance*, Almedina, Coimbra, 2011, p. 125-199; KOPPENSTEINER, HANS-

-GEORG – *Kölner Kommentar zum Aktiengesetz*, Band 6, 3. Aufl., Heymanns, Köln, Berlin, München, 2004; RAMOS, M. ELISABETE GOMES – *O seguro de responsabilidade civil dos administradores (Entre a exposição ao risco e a delimitação da cobertura)*, Almedina, Coimbra, 2010.

b) Outra:

FRANÇA, M. AUGUSTA – *A estrutura das sociedades anónimas em relação de grupo*, AAFDL, Lisboa, 1990; KOPPENSTEINER, HANS-GEORG – "Os grupos no direito societário alemão", em IDET, Miscelâneas n.º 4, Almedina, Coimbra, 2006, p. 7-36; OLIVEIRA, ANA PERESTRELO DE – *A responsabilidade civil dos administradores nas sociedades em relação de grupo*, Almedina, Coimbra, 2007; VENTURA, RAÚL – "Grupos de sociedades – uma introdução comparativa a propósito de um Projecto Preliminar de Directiva da C.E.E.", *ROA*, 1981, p. 23-81, 305-362.

1. Deveres dos administradores da sociedade dominante para com a(s) sociedade(s) dominada(s)[1]

Nos termos do n.º 1 do art. 504.º, os administradores da sociedade dominante "devem adotar, relativamente ao grupo, a diligência exigida por lei quanto à administração da sua própria sociedade".

Na administração da sua própria sociedade, os administradores da dominante estão obrigados a observar *deveres de cuidado e deveres de lealdade* (art. 64.º, 1, para que remete implicitamente o art. 504.º, 1). Idênticos deveres, por conseguinte, têm de ser observados por eles "relativamente ao grupo".

Esta referência ao "grupo" *não significa* que os administradores da dominante devem cuidado e lealdade a uma *nova entidade*, distinta das sociedades dominante e dominada(s) e com interesses próprios diferentes e superiores aos das entidades agrupadas (interesse do grupo)[2]. Eles devem *cuidado e lealdade à dominante mas também às dominadas*[3].

---

[1] Porque o art. 504.º é aplicável tanto às sociedades em relação de grupo fundada em contrato de subordinação como, por remissão do art. 491.º, às sociedades em relação de grupo por domínio total, "sociedade dominante" designa aqui (tal como nos comentários aos arts. 501.º, 502.º e 503.º) quer a sociedade diretora, quer a sociedade totalmente dominante, e "sociedade dominada" significará tanto sociedade subordinada como sociedade totalmente dominada.

[2] V. o n.º 4.4. do comentário ao art. 503.º.

[3] COUTINHO DE ABREU (2007), p. 29, nt. 43, ou (2010), p. 35, nt. 68. Convergentemente, v. ELISABETE RAMOS (2010), p. 123-124, FERREIRA GOMES (2011), p. 158.

Contudo, um grupo de sociedades é um conjunto de sociedades encadea-das[4]. A incidência e intensidade do cuidado e lealdade sobre cada uma das sociedades-elos da cadeia são diferenciadas, consoante circunstâncias várias (maior ou menor centralização da gestão do grupo, importância relativa de cada sociedade, conjuntura económica). Sendo que *o interesse da sociedade dominante é o referente último* (a maior ou menor satisfação dos interesses das dominadas é instrumental para a maior satisfação, imediata ou mediata, dos interesses da dominante).

1.1. Deveres de cuidado[5]

Os administradores da sociedade dominante devem prestar *atenção à evolução económico-financeira* da dominante e das dominadas, bem como ao desempenho de quem gere uma e outras. Implicando isto terem de *aceder à informação* cor-respondente. Produzindo-a eles mesmos ou solicitando-a (nomeadamente aos administradores seus pares e aos administradores das dominadas).

É dever (procedimental) dos administradores da dominante *preparar adequa-damente as decisões* que (sozinhos ou com outros) adotem – também as decisões de emitir ou não emitir instruções às sociedades dominadas. Mormente *reco-lhendo e tratando a informação razoavelmente disponível em que assentarão as decisões.*

E é seu dever *adotarem decisões* (substancialmente) *razoáveis.* Designada-mente, não emitirem instruções conducentes à dissipação ou esbanjamento de património das sociedades do grupo, e evitarem instruções de assunção de ris-cos desmedidos para alguma delas, desenlaçada para a insolvência.

1.2. Deveres de lealdade[6]

Manda o dever de lealdade que os administradores tenham exclusivamente em vista os interesses da sociedade que administram e procurem satisfazê-los, abs-tendo-se portanto de promover o seu próprio benefício ou interesses alheios.

Os administradores da sociedade dominante administram também (indire-tamente embora) as sociedades dominadas. Ora, porque os interesses da domi-nante são os determinantes em última instância e os administradores dela têm o poder de dar instruções vinculativas desvantajosas para as dominadas (art. 503º,

---

[4] Cfr. COUTINHO DE ABREU (1996), p. 271-272.

[5] Cfr., em geral, COUTINHO DE ABREU (2007), p. 19, s., ou (2010), p. 18, s., RICARDO COSTA (2010), p. 730, s. (com numerosas indicações bibliográficas).

[6] Cfr., em geral, COUTINHO DE ABREU (2007), p. 22, s., ou (2010), p. 25, s., RICARDO COSTA (2010), p. 742, s. (com mais indicações).

2), já se vê que eles *não devem lealdade em igual medida a todas as sociedades do grupo*. Têm de proceder a uma *concordância prática de lealdades*, sacrificando, se necessário ou conveniente for, interesses de uma ou outra sociedade em prol de um maior ganho de outra(s) – a final, da dominante.

Não obstante, as manifestações típicas do dever de lealdade valem também para os administradores da dominante em relação com as sociedades dominadas.

Assim, sob pena de nulidade, eles *não podem celebrar certos negócios* com sociedades dominadas e têm de respeitar determinados *requisitos* para celebrar com elas *outros negócios* (arts. 397º, 1, 2 e 3, 428º).

É dever dos administradores da dominante não exercerem, por conta própria ou alheia, atividade concorrente (também) com a das sociedades dominadas, salvo consentimento (a prestar pelos órgãos competentes da dominante e das dominadas em causa).

É igualmente seu dever aproveitarem as *oportunidades de negócio de sociedade dominada em benefício dela ou*, mediante instrução, em benefício de *outra sociedade do grupo*, não para seu próprio proveito ou para proveito de outros sujeitos, salvo consentimento (a prestar pelos órgãos competentes da dominante e da dominada).

Os administradores da sociedade dominante têm também o dever de *não utilizar em benefício próprio meios ou informações das sociedades dominadas*, bem como o dever de *sigilo* relativamente às informações reservadas.

E têm o dever de *não abusar da sua posição ou estatuto*, recebendo vantagens patrimoniais ("comissões", "luvas", etc.) de terceiros ligadas à celebração de negócios entre sociedades dominadas e esses terceiros.

2. Responsabilidade dos administradores da dominante para com sociedades dominadas
2.1. Casos de responsabilidade

De acordo com o nº 2 do art. 504º, os administradores da sociedade dominante são responsáveis civilmente para com a sociedade dominada, "nos termos dos artigos 72º a 77º".[7]

Importa referir aqui especialmente as hipóteses de responsabilidade por *falta de direção da dominada* e pela *emissão de instruções ilícitas*.

A sociedade dominante (pelos seus administradores) tem o *dever de dirigir a gestão da dominada*. Este dever não implica necessariamente o dever de dar ins-

---

[7] Sobre a aplicação destes artigos, v. por todos os comentários respetivos de COUTINHO DE ABREU/ /ELISABETE RAMOS (vol. I).

truções. Mas pode implicá-lo.[8] Imagine-se então que uma sociedade dominada (não instruída pela dominante) realiza investimento vultoso; uma outra sociedade dominada (instruída ou não pela dominante) havia realizado pouco antes investimento idêntico em condições muito mais favoráveis; a primeira dominada não consegue rentabilizar o investimento; os administradores da dominante, se tivessem cumprido o dever de se informar sobre a preparação de decisões importantes nas dominadas, teriam dado ordem à administração da primeira dominada para que o investimento não fosse efetuado. Logo, os administradores da dominante respondem para com a dominada pelos danos a esta causados por omissão de instrução traduzindo inobservância de dever (legal) de cuidado.

Se os administradores da dominante dão *instruções ilícitas*[9] a uma sociedade dominada e os administradores desta as *executam*, daí resultando danos para a dominada, aqueles administradores[10] são (solidariamente) responsáveis para com esta.[11]

No caso de as instruções ilícitas e danosas (executadas) – porque, por exemplo, às desvantagens para a dominada não correspondem quaisquer vantagens (ou vantagens proporcionais) para outra sociedade do grupo – serem emitidas por *representante voluntário* da sociedade dominante[12], também este pode ter de responder para com a dominada. Responde nos termos do art. 483º, 1, do CCiv., por violação ilícita e culposa da norma de proteção (dos interesses da dominada) do art. 503º, 2.[13] Por sua vez, os administradores da dominante responderão quando, violando deveres de cuidado, tenham escolhido ou supervisionado mal o representante voluntário.

2.2. Ações de responsabilidade

A ação de responsabilidade contra administradores da sociedade dominante pode ser proposta *pela própria sociedade dominada* (art. 75º).

O nº 2 do art. 504º, na parte final, atribui legitimidade para propor a ação a *qualquer sócio minoritário da dominada* (sem necessidade, portanto, da posse de

---

[8] V. o nº 5 do comentário ao art. 503º.

[9] V. o nº 4 do comentário ao art. 503º.

[10] Bem como os administradores da dominada.

[11] Nos grupos multigrau, também os administradores da sociedade-avó respondem se as instruções ilícitas e danosas forem dadas à sociedade-filha para as (re)transmitir à sociedade-neta.

[12] V. o nº 2 do comentário ao art. 503º.

[13] Cfr. KOPPENSTEINER (2004), p. 942-943. Em alguns casos será viável o recurso ao art. 80º.

participação social com os valores referidos no art. 77º, 1), "em nome desta" (recaindo, pois, as custas processuais na dominada[14]).

Apesar de o art. 504º não remeter para o art. 78º, 2, este preceito é aplicável: os *credores da dominada* têm legitimidade para propor *ação sub-rogatória* nos termos dos arts. 606º a 609º do CCiv. (especialmente, portanto, quando o património da dominada e da dominante – art. 501º – não seja suficiente para satisfazer os créditos respetivos).

3. Responsabilidade dos administradores da dominante para com credores e sócios da dominada e terceiros

O art. 504º não remete para os arts. 78º e 79º.

Todavia, verificados os pressupostos exigidos[15], os administradores da sociedade dominante respondem civilmente perante os credores e sócios da sociedade dominada, bem como perante terceiros de alguma forma relacionados com esta sociedade.

Esta asserção ganha maior força se considerarmos que os administradores da dominante têm a qualidade de *administradores de facto* da sociedade dominada[16].[17]

4. Instruções da dominante e responsabilidade dos administradores da dominada

4.1. Ao direito de a sociedade dominante dar instruções lícitas vinculativas à administração da sociedade dominada – inclusive instruções desvantajosas para a dominada (art. 503º, 1, 2) – corresponde, naturalmente, o dever de os membros desta administração cumprirem as instruções.

Por conseguinte, os administradores da dominada "*não são responsáveis* pelos atos ou omissões praticados na execução de instruções *lícitas* recebidas" da dominante: nº 3 do art. 504º.

Todavia, já são *responsáveis para com a sociedade dominante* pelos danos a esta causados pelo *incumprimento de instruções lícitas*[18].

---

[14] ENGRÁCIA ANTUNES (2002), p. 751-752.

[15] V. por todos COUTINHO DE ABREU (2010), p. 71, s., 83, s., e os comentários de COUTINHO DE ABREU/ /ELISABETE RAMOS no vol. I àqueles artigos.

[16] Assim RICARDO COSTA (2014), p. 294-295 e nt. 618, 643, s. (645).

[17] Nos casos em que os administradores (e representantes voluntários) da dominante respondam perante a dominada, seus credores e sócios, e terceiros, também a sociedade dominante responde: art. 6º, 5.

[18] V. o nº 6.1.1. do comentário ao art. 503º.

4.2. Os administradores da sociedade dominada têm o *dever de não cumprir instruções ilícitas* da dominante[19].

Se violarem este dever (executando as instruções), daí resultando danos para a sociedade (dominada), incorrem[20] em *responsabilidade civil para com esta.*

---

[19] V. o nº 6.1.2. do comentário ao art. 503º.
[20] Bem como os administradores da dominante responsáveis pela emissão das instruções.

ARTIGO 505º *
Modificação do contrato

As modificações do contrato de subordinação são deliberadas pelas assembleias gerais das duas sociedades, nos termos exigidos para a celebração do contrato, e devem ser reduzidas a escrito.

* A redação do preceito foi alterada pelo DL 76-A/2006, de 29 de Março.

Índice

1. Procedimento deliberativo necessário à modificação do contrato de subordinação
2. Forma, registo e publicação

Bibliografia

Citada:

ABREU, J. M. COUTINHO DE – "Artigo 383º", "Artigo 386º", em *Código das Sociedades Comerciais em Comentário* (coord. de J. M. Coutinho de Abreu), vol. VI (arts. 373º a 480º), Almedina, Coimbra, 2013, p. 119-123, p. 141-147; ANTUNES, JOSÉ A. ENGRÁCIA – *Os Grupos de Sociedades. Estrutura e Organização Jurídica da Empresa Plurissocietária*, 2ª ed., Almedina, Coimbra, 2002; HÜFFER, UWE – "§ 295", *Aktiengesetz, Beck'sche Kurz-Kommentare*, 10ª ed., Beck, München, 2012 p. 1556-1560; PERESTRELO, ANA OLIVEIRA – "Artigo 505º", em *Código das Sociedades Comerciais Anotado* (coord. de A. Menezes Cordeiro), 2ª ed., Almedina, Coimbra, 2011, p. 1313-1314; VENTURA, RAÚL – "Contrato de subordinação", em *Novos Estudos sobre Sociedades Anónimas e Sociedades em Nome Colectivo – Comentário ao Código das Sociedades Comerciais*, Almedina, Coimbra, 1994.

1. Procedimento deliberativo necessário à modificação do contrato de subordinação

O art. 505º consagra expressamente a alterabilidade do contrato de subordinação firmado, desde que a introdução das modificações propostas seja aprovada pelos sócios de ambas as sociedades contratantes, nos mesmos termos exigidos para a celebração do mesmo, com as adaptações que sejam necessárias. O preceito visa impedir o contorno do regime previsto para a celebração do contrato, que poderia estar em causa se fossem menores as exigências para a alteração do contrato do que para a sua conclusão[1].

---

[1] UWE HÜFFER (2012), a propósito do § 295 Abs. 1 da AktG, previsão similar ao nosso art. 505º.

MODIFICAÇÃO DO CONTRATO **ART. 505º** 305

Assim, tal como a celebração, também a modificação[2] do contrato de subordinação depende do "consentimento" das partes contratantes, que corresponde à vontade social manifestada em assembleia geral de sócios de cada uma das sociedades contratantes. À obrigatoriedade de deliberação social favorável tomada no seio de cada uma das sociedades contratantes poderá acrescer a exigência de prestação de consentimento individual dos sócios quotistas ou de consentimento colegial-maioritário dos acionistas de uma mesma categoria de ações de qualquer uma das sociedades contrantes, se forem afetados os correspondentes direitos especiais instituídos estatutariamente, respetivamente, a título individual[3] ou coletivo[4] (cfr. o art. 103º, 2, *b*) e 3, aplicável por força do art. 496º, 1, para que remete o art. 505º) .

À convocação das assembleias gerais[5], ao direito de consulta de documentos[6], à reunião dos sócios, ao direito à informação em assembleia geral[7] e aos requisitos deliberativos[8] de quórum constitutivo e maioria de votos (em assembleia geral e, se for o caso, em assembleia especial de acionistas de uma mesma categoria, cujos direitos especiais sejam prejudicados) vale o que se disse a propósito das mesmas formalidades e requisitos exigidos para a celebração do contrato, no comentário ao art. 496º, para que remete o art. 505º.

Merece-nos uma referência específica o requisito deliberativo adicional, previsto no art. 496º, 2, e aplicável (literal e) diretamente à modificação do contrato de subordinação. Se, à data da reunião do colégio de sócios da sociedade subordinada, esta for uma sociedade dependente da sociedade diretora, em virtude de uma relação de domínio[9] (estabelecida anterior ou posteriormente à celebra-

---

[2] Aliás, esta é a regra geral no direito civil (cfr. o art. 506º, 1 do CCiv.).

[3] Cfr. o art. 24º, 1 e 5.

[4] Cfr. o art. 24º, 1, 4 e 6.

[5] Sem prejuízo da admissibilidade, do mesmo modo, de assembleias universais ou de deliberações unânimes por escrito (cfr. o art. 100º, 5, aplicável por força do art. 496º, 1).

[6] Tendo de estar disponíveis, na sede social, o contrato de subordinação originário e o texto das modificações propostas, bem assim as contas, relatórios dos órgãos de administração, relatórios e pareceres dos órgãos de fiscalização sobre essas contas, relativamente aos três últimos exercícios (cfr. o art. 101º, 1, aplicável com as devidas adaptações, *ex vi* do art. 496º, 1).

[7] Considerando que este direito à informação abrange não apenas o texto da modificação do contrato a introduzir, mas também o próprio texto contratual originário, a fim de permitir aos sócios formar a sua vontade de forma esclarecida, v. ENGRÁCIA ANTUNES (2002), p. 697, nt. 1350.

[8] V. tb. COUTINHO DE ABREU (2013), p. 121, p. 144.

[9] Cfr. o art. 486º. Preexistindo à celebração do contrato ou formando-se após a sua celebração uma relação de grupo por domínio total da sociedade diretora sobre a sociedade subordinada, vale o disposto no art. 507º, 1, para cujo comentário neste volume se remete.

ção do contrato de subordinação), a deliberação social só se tem por aprovada, votando favoravelmente, pelo menos, metade dos sócios livres da sociedade subordinada-dependente. Porém, ainda que, à data da reunião do colégio de sócios da sociedade subordinada para deliberar sobre a proposta de modificação contratual, esta sociedade não seja uma sociedade dependente da sociedade diretora com base numa relação de domínio, a constituição da relação de grupo por contrato de subordinação deu origem também colateralmente[10] a uma relação de domínio entre as sociedades contratantes.

Com efeito, preexistindo uma relação de domínio à qual acresce posteriormente uma relação de grupo por subordinação, ou constituindo-se uma relação de subordinação, sem que anteriormente existisse uma relação de domínio, em ambos os casos estar-se-á perante um concurso de relações de coligação societária (relação de domínio e relação de grupo por subordinação), aplicando-se cumulativamente os regimes específicos de cada tipo de coligação societária em concurso, salvo se a lei expressamente dispuser de forma diversa[11]. Por conseguinte, constituindo-se um grupo por subordinação, ainda que não preexistisse uma relação de domínio (mas sendo igual a solução, se a uma relação de domínio se juntar posteriormente uma relação de subordinação), será aplicável a proibição de aquisição de quotas (cfr. o art. 487º) ou ações (cfr. os arts. 325º-A e 325º-B) da sociedade diretora pela sociedade subordinada.

Com base na mesma linha de raciocínio, celebrado o contrato de subordinação sem que preexistisse já uma relação de domínio, surge por via do contrato uma relação de domínio entre as sociedades contratantes, não podendo deixar de considerar-se a sociedade subordinada como sociedade dependente da sociedade diretora, em virtude da celebração do próprio contrato de subordinação e, assim, ter-se por preenchida a hipótese legal do nº 2 do citado art. 496º relativamente à modificação do contrato, se existirem sócios livres da sociedade subordinada (e tornada *ex lege* por via do contrato de subordinação igualmente dependente da sociedade diretora). A existência de uma relação de domínio e de sócios livres da sociedade dependente, de que depende a aplicação do nº 2 do art. 496º, tem de verificar-se à data de cada deliberação, seja sobre a proposta de celebração, seja de modificação do contrato.

A doutrina nacional tem-se pronunciado sobre a aplicabilidade do nº 2 do art. 496º, no caso de a modificação do contrato de subordinação consistir numa

---

[10] ENGRÁCIA ANTUNES (2002), p. 699.
[11] ORLANDO VOGLER GUINÉ, v. o nº 4. do comentário ao art. 482º neste volume.

alteração dos direitos contratuais dos sócios livres – *v.g.*, alteração da natureza, método de cálculo ou montante das compensações, ou seja, da contrapartida pela aquisição das participações dos sócios livres (cfr. os arts. 494º, 1, *a*), 495º, *d*), *e*) e *f*)) ou da garantia de lucros (cfr. os arts. 494º, 1, *b*), 495º, *i*) e 500º)) –, e em que não existe uma relação de domínio da sociedade diretora sobre a sociedade subordinada, nos termos do art. 486º. A nosso ver, a solução é a mesma, quer a modificação implique ou não a alteração dos direitos contratados[12] dos sócios livres (que ainda tenham essa qualidade à data da deliberação sobre a modificação contratual ou a tenham adquirido[13] após a aprovação da proposta de celebração do contrato), ainda que a doutrina mencionada apenas se ocupe da situação de a modificação incidir sobre os direitos dos sócios livres. Considerando que a relação de grupo, constituída pelo contrato de subordinação firmado, origina colateralmente uma relação de domínio, o nº 2 do art. 496º é aplicável (diretamente)[14] à aprovação da modificação do contrato pelo colégio de sócios da sociedade subordinada-dependente, sendo necessário obter, no mínimo, o voto favorável de metade dos sócios livres existentes à data da respetiva deliberação. A não aceitar-se este entendimento, a alteração dos direitos contratados só poderia ser alterada com o consentimento de cada sócio livre, dado que à atribuição das compensações subjaz unicamente o respetivo interesse individual.

2. Forma, registo e publicação

Segundo o art. 505º, a modificação do contrato de subordinação deve ser reduzida a escrito (sem prejuízo do disposto no art. 4º-A), à semelhança do que

---

[12] Parece-nos não ser de admitir a alteração do valor das compensações que tenha sido fixado judicialmente, ao abrigo do art. 497º, 4.

[13] Os "novos" sócios livres adquirem o direito às compensações contratadas. No caso de adquirirem a condição de sócio livre após a aprovação do contrato de subordinação, parece ser de reconhecer-lhes inclusive legitimidade ativa para se oporem judicialmente à celebração do contrato, desde que seja respeitado o prazo legal estabelecido no art. 497º, 1 – assim ENGRÁCIA ANTUNES (2002), p. 769, (2002a), p. 846 e nt. 17, com fundamento na *ratio* do art. 497º; v. tb. nt. 7 do comentário ao art. 497º desta obra.

[14] Tb. ENGRÁCIA ANTUNES (2002), p. 699-700. Defendendo uma aplicação analógica ou por identidade de razão, v. ANA PERESTRELO DE OLIVEIRA (2011), p. 1314. Na esteira da solução prevista no § 295 Abs. 2 da AktG, fazendo depender a eficácia da deliberação da assembleia geral da sociedade subordinada que aprove a alteração dos direitos contratados dos acionistas livres de uma deliberação especial destes, RAUL VENTURA (1994), p. 125, defende a aplicação analógica das regras relativas às assembleias especiais de acionistas, não obstante as ações detidas pelos sócios livres não constituirem uma categoria especial de ações. Julgamos ser de rejeitar esta solução, em face do requisito deliberativo especial previsto no art. 496º, 2, e aplicável expressamente à (a qualquer) modificação do contrato.

é exigido para a celebração do mesmo[15], tendo sido eliminada a exigência de escritura pública, após a desformalização dos atos societários, operada pelo DL 76-A/2006, de 26 de Março. Assim, a modificação contratual tem de constar pelo menos de simples documento escrito assinado, sob pena de nulidade[16].

Compete aos gerentes ou administradores de cada uma das sociedade contratantes, em representação da respetiva sociedade (cfr. os arts. 252º, 261º, 408º), a formalização da alteração do contrato de subordinação, que apenas poderá ter lugar após a proposta de modificação ter sido aprovada por cada uma das sociedades contratantes, como se constatou (cfr. o art. 496º, 1 e 2, aplicável por remissão do art. 505º).

A modificação do contrato de subordinação está ainda sujeita a registo comercial por depósito (cfr. os arts. 3º, 1, *v*), 15º, 1, 53º-A, 5, *a*) do CRCom.) e a publicação obrigatória (cfr. o art. 70º, 1, *a*) do CRCom.). Efetuado o registo, segue-se-lhe imediatamente a repetiva publicação eletrónica oficiosamente, nos termos do disposto nos arts. 70º, 2 e 71º, 1 do CRCom..

Compete aos gerentes ou administradores de cada uma das sociedades, no exercício dos seus poderes de representação (cfr. os arts. 252º, 261º, 408º), promover a inscrição registal da modificação contratual no registo de cada uma delas.

[15] Cfr. o art. 498º.
[16] Cfr. o art. 220º do CCiv..

ARTIGO 506º *
Termo do contrato

1. As duas sociedades podem resolver, por acordo, o contrato de subordinação, depois de este ter vigorado um exercício completo.

2. A resolução por acordo é deliberada pelas assembleias gerais das duas sociedades, nos termos exigidos para a celebração do contrato.

3. O contrato de subordinação termina:

a) Pela dissolução de alguma das duas sociedades;

b) Pelo fim do prazo estipulado;

c) Por sentença judicial, em acção proposta por alguma das sociedades com fundamento em justa causa;

d) Por denúncia de alguma das sociedades, nos termos do número seguinte, se o contrato não tiver duração determinada.

4. A denúncia por alguma das sociedades não pode ter lugar antes de o contrato ter vigorado cinco anos; deve ser autorizada por deliberação da assembleia geral, nos termos do nº 2, é comunicada à outra sociedade, por carta registada, e só produz efeitos no fim do exercício seguinte.

5. A denúncia prevista no nº 3, alínea d), é autorizada por deliberação tomada nos termos do nº 2.

* A redação originária do nº 5 foi retificada pelo DL 280/87, de 8 de Julho.

Índice

1. A cessação do contrato de subordinação. Registo e publicação do seu termo
   1.1. Revogação
   1.2. Caducidade
   1.3. Extinção por via judicial
   1.4. Denúncia
   1.5. Extinção do contrato por dissolução de alguma das sociedades contratantes
2. Outras causas extintivas do contrato de subordinação

Bibliografia

ANTUNES, JOSÉ A. ENGRÁCIA – *Os Grupos de Sociedades. Estrutura e Organização Jurídica da Empresa Plurissocietária*, 2ª ed., Almedina, Coimbra, 2002; COELHO, FRANCISCO MANUEL DE BRITO PEREIRA – "Grupos de sociedades – Anotação preliminar aos arts. 488º a 508º do Código das Sociedades Comerciais", in *BFDUC*, LXIV, 1988,

p. 297-353; CORDEIRO, ANTÓNIO MENEZES – *Direito Europeu das Sociedades*, Almedina, Coimbra, 2005; PERESTRELO, ANA OLIVEIRA – "Artigo 506º", em *Código das Sociedades Comerciais Anotado* (coord. de A. Menezes Cordeiro), 2ª ed., Almedina, 2011, p. 1314--1318; VENTURA, RAÚL – "Contrato de subordinação", em *Novos Estudos sobre Sociedades Anónimas e Sociedades em Nome Colectivo – Comentário ao Código das Sociedades Comerciais*, Almedina, 1994.

1. A cessação do contrato de subordinação. Registo e publicação do seu termo

O art. 506º disciplina as condições de que depende a válida cessação do contrato de subordinação (e simultaneamente da relação de grupo)[1], nos casos de *revogação por acordo* (cfr. os n°s 1 e 2 do art. 506º), *caducidade* (cfr. a al. *b)* do nº 3 do art. 506º), *extinção por via judicial* (cfr. a al. *c)* do nº 3 do art. 506º) e *denúncia* (cfr. a al. *d)* do nº 3 e nº 4 do art. 506º). O dispositivo determina ainda que é causa de extinção da relação contratual de subordinação a *dissolução* de uma das sociedades contratantes.

O termo do contrato está sujeito a registo e publicação obrigatória (cfr. os arts. 3º, 1, *v)*, 15º, 1, 70º, 1, 71º, 1 do CRCom.), sendo condição de oponibilidade em relação a terceiros (cfr. o art. 14º, 2 do CRCom.).

Extinto o contrato de subordinação, este deixa de produzir os seus efeitos para o futuro (*ex nunc*)[2] entre as partes contratantes (cfr. o art. 13º, 1 do CRCom.), com exceção da garantia de lucros, que se mantém nos cinco exercícios posteriores ao termo do contrato (cfr. o art. 500º, 2), e sem prejuízo dos efeitos jurídicos que se hajam produzido até ao seu termo, nomeadamente a comunicabilidade das dívidas da sociedade subordinada constituídas antes ou depois da entrada em vigor do contrato e até ao seu termo (cfr. o art. 501º, 1). Com a cessação do contrato, torna-se exigível a responsabilidade da sociedade diretora por perdas da sociedade subordinada, salvo se entretanto a sociedade subordinada tiver sido declarada insolvente, porquanto a declaração de insolvência torna do mesmo modo exigível a responsabilidade pelas perdas (cfr. o art. 502º, 2).

---

[1] Notando-o, ENGRÁCIA ANTUNES (2002), p. 700. Já no caso de aquisição do domínio total da sociedade subordinada pela sociedade diretora, termina o contrato de subordinação (cfr. o art. 507º, 1), mas mantém-se uma relação de grupo, ainda que de outro tipo.

[2] Está proibida a eficácia retroativa (*ex tunc*) da cessação do contrato, ainda que tenha sido aposta uma cláusula nesse sentido no contrato de subordinação ou as sociedades contratantes se ponham de acordo a esse respeito, p. ex., no acordo revogatório – v. *infra* nt. 5.

1.1. Revogação

Os nºˢ 1 e 2 do art. 506º referem-se à cessação do contrato por mútuo acordo, tratando-se de uma revogação por mútuo dissenso (*contrarius consensus*) em sentido próprio[3], não obstante a letra da lei denominar esta causa de cessação incorretamente de resolução. A relação contratual de subordinação não pode, porém, ser revogada por consenso antes de ter vigorado por um exercício social completo (art. 506º, 1). Este requisito de um prazo mínimo de vigência contratual visa acautelar a efetividade da produção dos efeitos associados à vigência do contrato por um exercício social, como são o caso do direito dos sócios livres da sociedade subordinada à garantia anual de lucros (cfr. o art. 500º) e do direito da sociedade subordinada a exigir a compensação das perdas anuais registadas e não cobertas pelas reservas constituídas (cfr. o art. 502º, 1)[4].[5]

O acordo revogatório, da iniciativa conjunta[6] das administrações de ambas as sociedade contratantes, está sujeito a aprovação pelas assembleias gerais das duas sociedades, nos termos exigidos para a celebração do contrato (art. 506º, 2), ou seja, aplicando-se ao procedimento deliberativo (convocatória, reunião, quoruns constitutivo e deliberativo) o regime previsto para a fusão[7], por força do disposto no art. 496º, 1. É igualmente aplicável o requisito adicional deliberativo constante do nº 2 do mesmo art. 496º, pois a sociedade diretora, se não for já

---

[3] PEREIRA COELHO (1988), p. 343, nt. 124; ENGRÁCIA ANTUNES (2002), p. 705; ANA PERESTRELO DE OLIVEIRA (2011), p.1316.

[4] ENGRÁCIA ANTUNES (2002), p.701; ANA PERESTRELO DE OLIVEIRA (2011), p. 1316.

[5] Esta exigência de vigência contratual por um determinado período fundamenta tb. que às partes contratantes esteja excluída a atribuição convencional (*maxime* no interesse da sociedade diretora) de eficácia retroativa ao acordo revogatório. Considerando estar afastada a possibilidade de atribuição de eficácia retroativa *inter partes* ou para com terceiros (nomeadamente, sócios livres e credores da sociedade subordinada) ao acordo revogatório, v. ENGRÁCIA ANTUNES (2002), p. 705-706.

[6] Diferentemente de AktG alemã (cfr. o § 299), que salvaguarda expressamente a autonomia decisória da sociedade subordinada quanto à modificação ou cessação do contrato, a lei nacional não preveniu a eventualidade de a sociedade diretora instruir a administração da sociedade subordinada a pôr-se de acordo quanto à revogação do contrato e a submeter a respetiva proposta à respetiva assembleia geral – e o mesmo valendo, por maioria de razão, em relação à proposta de modificação do contrato (art. 505º) ou à denúncia "*ad nutum*" (art. 506º, 3, *d*)) – ENGRÁCIA ANTUNES (2002), 702-703. Defendendo estar vedada à sociedade diretora instruir a administração da sociedade subordinada quanto à alteração, revogação ou denúncia do contrato, com fundamento nos deveres de lealdade a que está sujeita a sociedade diretora para com a sua subordinada, v. ANA PERESTRELO DE OLIVEIRA (2011), p. 1316-1317. ENGRÁCIA ANTUNES, *ibidem*, nota que no direito português a autonomia decisória está acautelada, ainda que parcialmente, pela necessidade de aprovação da proposta de acordo revogatório – e o mesmo valendo para a modificação ou denúncia do contrato – em assembleia geral da sociedade subordinada nos termos do art. 496º, 1 e 2.

[7] Cfr. o art. 103º, 1, que remete para os arts. 265º, 1 e 2, 383º, 2, 386º, 3, 4 e 5.

cumulativamente (por verificação do disposto no art. 486º) será colateralmente (por via do próprio contrato de subordinação) sociedade dominante da sociedade subordinada, sendo necessário, além da maioria deliberativa qualificada, que a proposta de revogação contratual não seja rejeitada por metade dos sócios livres da sociedade subordinada[8].

1.2. Caducidade

Tendo sido estipulado um prazo de duração contratual (cfr. o art. 495º, *g*)), o contrato caduca no fim do prazo (al. *b*) do nº 3 do art. 506º), salvo se antes da sua verificação o contrato tiver cessado por outra causa (*v.g.*, por revogação, extinção por via judicial, aquisição do domínio total da subordinada pela diretora).

Sendo admissível um contrato de subordinação por tempo indeterminado, nada impede a estipulação de cláusulas de renovação automática[9] no contrato por tempo determinado, renovando-se o contrato pelo mesmo período inicial ou por período diferente acordado, sem que qualquer das partes a tal se oponha (denunciando-o), com determinada antecedência. A oposição de qualquer das partes à renovação automática do contrato deve ser exercida nos termos do regime previsto para a denúncia do contrato de subordinação, só produzindo efeitos no fim do exercício seguinte (cfr. o art. 506º, 3, *d*) e 4).

1.3. Extinção por via judicial

Estatui a al. *c*) do nº 3 do art. 506º que o contrato de subordinação se extingue por sentença judicial (transitada em julgado), em ação proposta unilateralmente por qualquer das sociedades contratantes com fundamento em justa causa. Trata-se de extinguir judicialmente o contrato com base em justa causa[10] subjetiva ou objetiva[11], que torne inexigível a manutenção do contrato, mas sendo necessário que a sociedade contratante intente ação judicial declarativa a

---

[8] ENGRÁCIA ANTUNES (2002), p. 704; ANA PERESTRELO DE OLIVEIRA (2011), p. 1316.

[9] Tb. ENGRÁCIA ANTUNES (2002), p. 713.

[10] Desenvolvidamente sobre as hipóteses equacionáveis de justa causa subjetiva (sobretudo alegada pela sociedade subordinada) e objetiva, v. ENGRÁCIA ANTUNES (2002), p. 709-710.

[11] A nulidade do contrato por falta de forma ou de previsão das obrigações essenciais da sociedade diretora configura uma justa causa objetiva – v. o nº 3. do comentário ao art. 498º neste volume. Admitindo como justa causa para estes efeitos, em geral, a nulidade ou anulabilidade do contrato de subordinação, registado e publicado, v. ENGRÁCIA ANTUNES (2002), p. 693, nt. 1341.

A invalidade de uma das deliberações sociais sobre o projeto de contrato de subordinação é causa de nulidade do contrato registado e publicado, configurando uma justa causa para a respetiva cessação judicial – v. o nº 6. do comentário ao art. 496º neste volume.

fim de fazer prova de uma justa causa que justifique a cessação da relação contratual de subordinação.

Não obstante a invocação de uma causa justificativa para a cessação contratual por via judicial, parece-nos ser de exigir, na esteira do que defende Ana Perestrelo de Oliveira[12], que a propositura da ação judicial de extinção do contrato seja aprovada por deliberação dos sócios, com recurso ao elemento histórico da interpretação do art. 506º, 5, que tal como está redigido não tem qualquer sentido útil (sendo bastante o nº 4 do mesmo art. 506º quanto à exigibilidade de deliberação prévia dos sócios para que seja validamente operada a denúncia contratual) e que correspondia ao art. 497º, 5 do Projeto[13], prevendo a necessidade de a ação judicial ser antecedida de deliberação (à semelhança do previsto para a revogação e a denúncia) e que só por lapso não transitou para o atual nº 5. A A. citada sustenta ainda a necessidade de deliberação social previamente à propositura da ação, com base numa interpretação sistemática do art. 506º, na medida em que este impõe a prévia deliberação dos sócios em relação às causas extintivas do contrato de subordinação que dependem de atos voluntários de uma (quanto à denúncia) ou de ambas (quanto à revogação) as sociedades contratantes.

Aceitando-se este entendimento, a deliberação dos sócios da sociedade-autora da ação judicial declarativa deve obedecer aos termos exigidos para a celebração do contrato, por igualdade de razão (cfr. os nºs 2 e 4 do art. 506º).

O contrato deixa de produzir efeitos com o trânsito em julgado da sentença[14] que declare a sua extinção, dependendo a sua oponibilidade em relação a terceiros do registo comercial e publicação da mesma (cfr. os arts. 3º, v), 14º, 2, 15º, 1, 70º, 1, 71º, 1 do CRCom.).

1.4. Denúncia

No caso de o contrato de subordinação ser um contrato por tempo indeterminado (i. e., não tendo sido determinada a duração do contrato – cfr. art. 495º, g)), qualquer das sociedades contratantes pode denunciá-lo (cfr. a al. d) do nº 1 do art. 506º) sem uma causa justificativa (*ad nutum ou ad libitum*). A lei salvaguarda, expressamente a respeito do contrato de subordinação, o poder de qualquer das

---

[12] (2011), p. 1317.
[13] *BMJ*, Nº 327, Junho (1983), p. 330.
[14] ENGRÁCIA ANTUNES (2002), p. 704; ANA PERESTRELO DE OLIVEIRA (2011), p. 1317.

sociedades se desvincular de um contrato por tempo indeterminado que, de outro modo, se tornaria perpétuo.

A faculdade de denúncia não pode, contudo, ser exercida antes de o contrato ter vigorado por cinco anos (art. 506º, 4). A imposição legal de uma duração mínima acautela as expetativas de médio e longo prazo das partes contratantes geralmente associadas à celebração de um contrato por tempo indefinido.

A iniciativa da denúncia cabe à gerência ou administração da sociedade denunciante[15], mas é necessária a aprovação da denúncia pela assembleia geral da respetiva sociedade, nos termos exigidos para a celebração do contrato (cfr. os nºs 4[16] e 2 do art. 506º). Esta exigência de legitimação da atuação da gerência ou administração pela coletividade dos sócios está em linha com o disposto quanto à revogação por acordo (cfr. o nº 2 do art. 506º) e, aceitando-se a mesma exigência, quanto à extinção por via judicial. Depois de aprovada por deliberação social, a gerência ou administração deve comunicar a denúncia do contrato à sociedade contraparte, por meio de carta registada. A denúncia não produz, porém, efeitos no momento da eficácia da declaração unilateral recetícia[17], mas apenas no fim do exercício seguinte àquele em que ela ocorre.

1.5. A extinção do contrato por dissolução de alguma das sociedades contratantes

Apesar de ser uma causa óbvia[18] de cessação da relação contratual, a al. *a)* do nº 3 do art. 506º determina que o contrato de subordinação se extingue se alguma das sociedades contratantes for dissolvida[19]. Não obstante a dissolução[20] de uma sociedade não implicar a extinção da respetiva personalidade jurírica, porquanto a sociedade dissolvida entra imediatamente em liquidação (cfr. o art. 146º, 1 e 2) e podendo ainda ser deliberado o regresso à atividade social pelos

---

[15] Sendo a sociedade denunciante a sociedade subordinada, à sociedade diretora está vedado instruir a administração daquela a denunciar o contrato – ANA PERESTRELO DE OLIVEIRA (2011), p. 1317; v. *supra* nt. 6. De todo o modo, podendo a própria sociedade diretora denunciar unilateralmente o contrato, o perigo daquela hipótese não se coloca com tanta intensidade como a respeito da revogação por acordo do contrato.

[16] Quanto ao nº 5 do art. 506º, mostrámo-nos favoráveis à interpretação que o reconduz aplicável à extinção do contrato de subordinação por via judicial – v. *supra* o nº 1.3.

[17] Cfr. o art. 224º do CCiv..

[18] Como refere ENGRÁCIA ANTUNES (2002), p. 711.

[19] Idêntica causa extintiva está prevista a respeito do termo da relação de domínio total (cfr. o art. 489º, 4, *b)*).

[20] A dissolução da sociedade está sujeita a registo (cfr. o art. 145º, 2; e os arts. 3º, 1, *r)*, 15º, 1 do CRCom.) e publicação (cfr. o art. 70º, 1 do CRCom.).

respetivos sócios (cfr. o art. 161º), os efeitos jurídicos próprios do contrato de subordinação são incompatíveis com natureza e as finalidades da liquidação[21].

A relação contratual de subordinação cessa automaticamente com a dissolução (quando esta se considerar eficaz, em face da modalidade de dissolução que estiver em causa). O registo e publicação do termo do contrato (cfr. os arts. 3º, 1, v), 15º, 1, 70º, 1, 71º, 1 do CRCom.) é do mesmo modo condição da sua oponibilidade em relação a terceiros (cfr. o art. 14º, 2 do CRCom.).

2. Outras causas extintivas do contrato de subordinação[22]

O termo do contrato de subordinação terá também lugar, entre outros, no caso de a sociedade diretora adquirir o *domínio total*[23] da sociedade subordinada (cfr. o art. 507º, 1), de *fusão* das sociedades contratantes[24] (porquanto resultará uma única sociedade dessa operação – cfr. o art. 97º, 1), de *transformação*[25] de qualquer das sociedades contratantes numa SENC ou SC simples, em face da limitação prevista no art. 481º, 1, quanto ao âmbito subjetivo de aplicação do regime dos grupos.

Na hipótede de um contrato de subordinação em que, por falta de sócios livres nos termos do art. 494º, 2, a sociedade diretora não[26] tenha assumido, em conformidade com o prescrito no art. 494º, 1, a obrigação de aquisição das participações dos sócios livres ou a chamada garantia anual de lucros, deve entender-se que o contrato termina quando surgir um sócio livre – esta é a solução contida no art. 32º, 3 do Projeto de Nona Diretiva sobre Grupos de Sociedades[27].[28]

---

[21] Desenvolvidamente, v. ENGRÁCIA ANTUNES (2002), p. 712-713.

[22] Para maior desenvovimento, v. ENGRÁCIA ANTUNES (2002), p. 714-716.

[23] Note-se que termina a relação de grupo por contrato de subordinação, mas sucede-lhe a relação de grupo por domínio total. Cessa o contrato de subordinação, mas não a relação de grupo – v. *supra* nt.1. V. tb. RAUL VENTURA (1994), p. 127; ENGRÁCIA ANTUNES (2011), p. 714, nt. 1387.

[24] ENGRÁCIA ANTUNES (2002), p. 715, nt. 1388; ANA PERESTRELO DE OLIVEIRA (2011), p. 1318.

[25] ENGRÁCIA ANTUNES (2002), p. 715, nt. 1389; ANA PERESTRELO DE OLIVEIRA (2011), p.1318.

[26] V. o nº 3. do comentário ao art. 498º neste volume.

[27] A respetiva versão traduzida pode consultar-se em MENEZES CORDEIRO (2005), p. 766.

[28] No direito alemão, o contrato de domínio e o contrato de transferência de lucros não têm de prever a contrapartida da aquisição das ações dos sócios livres (*Ausgleich*; expressamente nesse sentido o § 304 Abs. 1 Satz 3 da AktG) e a compensação anual de lucros (*Abfindung*), quando à data da tomada da deliberação em assembleia geral não existirem quaisquer acionistas externos (não tendo por conseguinte a adequação das compensações sido sujeita a verificação judicial na ausência de titulares do direito a requerê-la). Nesse caso, a participação posterior de um ou mais acionistas externos no capital da sociedade subordinada (sendo irrelevante a forma como é adquirida posteriormente a participação social, podendo, p. ex., dever-se ao termo de um contrato de empresa entre a outra sociedade contratante e um acionista da sociedade subordinada, tornando-se este, em consequência, acionista externo) determina,

todavia, o termo do contrato de domínio ou do contrato de transferência de lucros o mais tardar no fim do exercício social em que o sócio livre adquiriu essa qualidade. Nada impede que seja concluído um novo contrato de empresa, com respeito pela proteção especial conferida aos acionistas externos que existirem. V. UWE HÜFFER (2012), p. 1673.

ARTIGO 507º
Aquisição do domínio total

1. Quando por força do disposto no artigo 499º ou de aquisições efectuadas durante a vigência do contrato de subordinação a sociedade directora possua, só por si ou por sociedades ou pessoas que preencham os requisitos indicados no artigo 483º, nº 2, o domínio total da sociedade subordinada, passa a ser aplicável o regime respectivo, caducando as deliberações tomadas ou terminando o contrato, conforme o caso.

2. A existência de projecto ou de contrato de subordinação não obsta à aplicação do artigo 490º.

Índice

1. Enquadramento
2. As aquisições por força do art. 499º
3. As aquisições efetuadas durante a vigência do contrato de subordinação
4. As aquisições diretas ou indiretas
5. A caducidade das deliberações tomadas
6. O termo do contrato
7. O projeto ou contrato de subordinação e a aplicação do art. 490º

Bibliografia

a) Citada:

ALTMEPPEN, HOLGER – "§ 297", in WULF GOETTE/MATHIAS HABERSACK, *Münchener Kommentar zum Aktiengesetz*, Bd. 5, 3. Aufl., 2010, Beck (Beck-online); ANTUNES, JOSÉ A. ENGRÁCIA – *Os grupos de sociedades – Estrutura e organização jurídica da empresa plurissocietária*, 2ª ed., Almedina, Coimbra, 2002; CORREIA, LUÍS BRITO – "Grupos de sociedades", em FDUL/CEJ, *Novas perspectivas do direito comercial*, Almedina, Coimbra, 1988, p. 377-399; DEILMANN, BARBARA – "§ 297", in HÖLTERS, WOLFGANG – *Aktiengesetz*, 2. Aufl., Beck (Beck-online), 2014; OLIVEIRA, ANA PERESTRELO DE – "Artigo 507º", em *Código das Sociedades Comerciais anotado* (coord. de A. Menezes Cordeiro), 2ª ed., Almedina, Coimbra, 2011, p. 1318-1320; TRIGO, MARIA DA GRAÇA – "Grupos de sociedades", *OD*, 123º, 1991, p. 53-114; VEIL, RÜDIGER – "§ 297", in GERALD SPINDLER/EBERHARD STILTZ, *Aktiengesetz*, Bd. 2., 2. Aufl., Beck (Beck-online), 2010; VENTURA, RAÚL – "Contrato de subordinação", in *Novos estudos sobre sociedades anónimas e sociedades em nome colectivo*, Almedina, Coimbra, 1994, p. 89-127.

b) Outra:

KOPPENSTEINER, HANS-GEORG – "Os grupos no direito societário alemão", em IDET, Miscelâneas nº 4, Almedina, Coimbra, 2006, p. 7-36; VENTURA, RAÚL – "Grupos de sociedades – uma introdução comparativa a propósito de um Projecto Preliminar de Directiva da C.E.E.", *ROA*, 1981, p. 23-81, 305-362.

1. Enquadramento

O art. 507º surge integrado no regime do contrato de subordinação. É um preceito em que podemos distinguir vários grupos de casos. Por um lado, aqueles em que, *tendo sido celebrado um contrato de subordinação*, foi adquirido em certos termos o domínio total da sociedade subordinada pela sociedade diretora. Por outro, os casos em que, *tendo sido tomadas as deliberações previstas no art. 496º*[1], a sociedade que iria ser diretora adquiriu em certos termos o domínio total da sociedade que iria ser subordinada. Por fim, aqueles em que *existe apenas projeto de contrato de subordinação*[2].

O art. 507º mostra a *incompatibilidade legal* entre o domínio total e o contrato de subordinação[3]: o domínio total leva, consoante as situações, ao termo do contrato de subordinação e à aplicação do regime previsto para o referido domínio total, à caducidade das deliberações tomadas nos termos do art. 496º e, mais uma vez, à aplicação do regime previsto para o domínio total, ou, *se o domínio total é atingido quando nem sequer tinham ainda sido tomadas as deliberações* referidas no art. 496º, à aplicação, também aqui, do regime previsto para o domínio

---

[1] A forma adotada na lei para estabelecer a necessidade de deliberação de ambas as sociedades (diretora e subordinada) é pouco conseguida. Sobre o preceito referido, cfr. o comentário do mesmo da autoria de ELDA MARQUES.

[2] Em bom rigor, se apenas há ainda um projeto de contrato de subordinação ou deliberações previstas no art. 496º, ainda não há verdadeiramente sociedade diretora ou sociedade subordinada. No entanto, manteremos esta terminologia ainda quando nos referirmos aos mencionados casos para não tornar demasiado complexa a exposição.

[3] Referindo-se a um *favorecimento legal do grupo por domínio total* em relação ao contrato de subordinação, RAÚL VENTURA (1994), p. 127. Considerando também que o contrato de subordinação é incompatível com as relações de grupo por domínio total, GRAÇA TRIGO (1991), p. 89-90, e ENGRÁCIA ANTUNES (2002), p. 618, nt. 1212. Já BRITO CORREIA (1988), p. 394, admite que o contrato de subordinação seja celebrado entre sociedades em relação de domínio integral. ENGRÁCIA ANTUNES (2002), p. 714, nt. 1387, lembra ainda que o domínio total pode ser adquirido por uma outra sociedade estranha ao grupo, defendendo que, em regra, o contrato de subordinação também se extingue exceto quando a sociedade diretora e a terceira sociedade "hajam coordenado entre si o exercício" do poder de direção. Exigindo coordenação em caso de *Eingliederung* em terceiro, HOLGER ALTMEPPEN (2010), Rn. 142, RÜDIGER VEIL (2010), Rn. 51, e BARBARA DEILMANN (2014), Rn. 27.

total. E como já esclarecia Raúl Ventura, "se o contrato de subordinação termina quando a sociedade directora possua o domínio total da sociedade subordinada, por maioria de razão tal contrato nem sequer poderá, nessas circunstâncias, chegar a ser celebrado"[4].

Aquela incompatibilidade compreende-se. O regime do contrato de subordinação contém algumas normas que pressupõem a existência de vários sócios na sociedade subordinada. Além disso, os grupos constituídos por domínio total também ficam sujeitos ao disposto nos arts. 501º a 504º (art. 491º).

2. As aquisições por força do art. 499º

O art. 507º, 1, começa por fazer referência à aquisição do domínio total pela sociedade diretora «por força do disposto no artigo 499º»[5]. Ou seja, a aquisição do domínio total relevante pode ocorrer por força do exercício pelos sócios livres do *direito de alienação* das suas quotas ou ações à sociedade diretora.

Esse direito de *optar* pela referida alienação deve ser exercido dentro de um prazo, que não é sempre o mesmo. Varia consoante os sócios livres tenham ou não deduzido oposição[6].

---

[4] RAÚL VENTURA (1994), p. 108.

[5] Para mais desenvolvimentos, v. o comentário ao art. 499º de ELDA MARQUES.

[6] Tendo em conta o prazo para o exercício do direito de opção e o disposto no art. 495º, *h*), tem sido defendido que *o exercício da opção torna perfeito o contrato de alienação* das participações. Veja-se, nesse sentido, RAÚL VENTURA (1994), p. 122, e PERESTRELO DE OLIVEIRA (2011), p. 1289, nt. 14 (a "manifestação de vontade da sociedade adquirente consta já do contrato de subordinação, tornando-se o contrato de troca ou compra perfeito com a aceitação (opção) do sócio livre"). Não parece que assim seja. Vários argumentos podem ser apresentados contra aquela leitura. Desde logo, o que se retira da letra do art. 494º, 1, *a*): é no contrato de subordinação que a sociedade diretora se compromete a adquirir as quotas ou ações dos sócios livres da sociedade subordinada. Esse compromisso constitui a proposta de aquisição mencionada no art. 495º, *e*), proposta essa que deverá constar do que é ainda um projeto de contrato de subordinação. O art. 495º, *h*), faz menção a um prazo, que começa a contar da celebração do contrato de subordinação, para que os sócios livres possam exigir a aquisição das suas quotas ou ações. Por sua vez, o art. 499º, 1, estabelece que os sócios livres têm o direito de optar pela alienação ou pela garantia de lucro se o comunicarem por escrito às duas sociedades no prazo fixado para a oposição. Mas a oposição pode ter lugar no prazo de 90 dias seguintes à última das publicações do anúncio das deliberações ou à receção da carta registada, como lemos agora no art. 497º, 1. Só que também é "vedado às administrações das sociedades celebrarem o contrato de subordinação antes de decorrido o prazo referido" no art. 497º, 1, ou "antes de terem sido decididas as oposições de que, por qualquer forma, tenham conhecimento" (art. 497º, 3). Isto é, o contrato de subordinação será celebrado depois de decorrido o prazo para que os sócios livres comuniquem a sua opção. E se houver oposição de qualquer dos sócios livres, a celebração do contrato de subordinação pode ser atirada para as calendas. O problema agudiza-se caso se entenda que o próprio registo e/ou publicação do contrato de subordinação têm caráter constitutivo: cfr., sobre o tema, o comentário de ELDA MARQUES ao art. 498º neste volume. Pois bem. Para se falar de um contrato que fica perfeito com a opção do sócio livre exercida no prazo da oposição, é necessário

Os sócios livres que *não deduziram oposição* e queiram optar pela alienação devem comunicá-lo por escrito à sociedade diretora e à sociedade subordinada dentro do *prazo de oposição*[7]. Enquanto esse prazo não terminar, o contrato de subordinação não pode ser celebrado (art. 497º, 3). O prazo para optar pela alienação apenas começa a correr *após as deliberações* das duas sociedades, nos termos do art. 497º, 1. Se tem lugar a *aquisição do domínio total* pela alienação referida, dá-se a *caducidade* das deliberações tomadas e o contrato de subordinação também já não pode ser concluído. Mas basta que *um sócio livre tenha deduzido oposição* para que o contrato de subordinação não possa ser celebrado se as administrações das sociedades tomaram conhecimento dessa oposição (art. 497º, 3).

Por outro lado, se *antes de terminar o prazo de oposição* o contrato de subordinação não pode ser celebrado, também não pode ser celebrado se, *durante aquele prazo*, o exercício do direito de optar pela alienação de quotas ou ações conduziu à aquisição do domínio total.

Os sócios livres que *deduziram oposição* podem optar pela alienação das quotas ou ações no prazo de *três meses após o trânsito em julgado* das sentenças proferi-

que se considere que uma proposta por parte da sociedade diretora está já contida na própria deliberação desta sociedade que aprova o projeto de contrato. Esse contrato estaria sujeito a uma condição: a de celebração do contrato de subordinação, podendo a partir daí os sócios livres exigir a "aquisição" (art. 495º, *h*)). Essa "aquisição" não seria mais do que a execução do contrato concluído com a opção pela alienação por parte do sócio livre. Ainda assim, esta também nos parece uma leitura demasiado rebuscada. É uma leitura condicionada por uma certa interpretação da palavra "optar" que nos surge no art. 499º, 1. Com efeito, julgamos mais adequado considerar que, a haver contrato formado por uma proposta contida na deliberação da sociedade diretora e pela aceitação revelada pela opção do sócio livre, esse será um contrato-promessa. A alienação das participações sociais dos sócios livres poderá ser exigida por estes após a celebração do contrato de subordinação, no prazo aí fixado (cfr., novamente, o art. 495º, *h*)). Mas é o contrato de subordinação (e não a deliberação dos sócios da futura diretora) que contém a proposta de aquisição das participações. Só que esse contrato de subordinação é celebrado *após terminar o prazo para a oposição*, prazo esse que é também o prazo normal para o exercício da opção pelos sócios livres que não queiram deduzir oposição (art. 499º, 1) e que termina antes da celebração do contrato de subordinação. E só com a aceitação pelos sócios livres da proposta contida no contrato de subordinação é que se torna perfeito o contrato de alienação. Aquela aceitação irá ter lugar quando o sócio livre exige a aquisição das suas participações à sociedade diretora no prazo fixado no contrato de subordinação (art. 495º, *h*)). É inclusivamente duvidoso se esse prazo não deve ser contado a partir da data da publicação do contrato de subordinação (art. 498º). Também aqui divergimos, por isso, de PERESTRELO DE OLIVEIRA (2011), p. 1289, nt. 15, pois esta autora considera que o sócio livre não exige a aquisição mas antes exerce "a opção que torna perfeito o contrato, sem necessidade de qualquer outra manifestação de vontade da sociedade directora". Lembre-se por fim que a sociedade que seria diretora até pode desistir da celebração do contrato de subordinação depois do trânsito em julgado de todas as sentenças proferidas sobre as oposições (art. 499º, 3).

[7] Quanto a esse prazo, cfr. o art. 497º, 1, e o respetivo comentário de ELDA MARQUES neste mesmo volume.

das sobre aquelas oposições (art. 499º, 2)[8]. O contrato de subordinação não pode ser celebrado se, tendo havido oposição *conhecida* pelas administrações das sociedades, a mesma ainda não tiver sido decidida. Mas, decidida a oposição *com trânsito em julgado* da sentença, o sócio livre que deduziu a oposição tem ainda o prazo de *três meses* para exercer o direito de optar pela alienação das quotas ou ações (art. 499º, 2)[9]. Se através dessa *alienação* for atingido o *domínio total*, o contrato de subordinação já *não poderá ser celebrado*. As próprias deliberações tomadas caducam.

Mas, como decorre do art. 497º, 3, tendo sido deduzida alguma *oposição*, as administrações das sociedades só estão impedidas de celebrar o contrato de subordinação *até que sejam decididas* "as oposições de que, por qualquer forma, tenham conhecimento"[10]. Essas administrações não estão obrigadas pela lei, segundo parece, a esperar pelo decurso do prazo de três meses previsto no art. 499º, 2. Se celebram o contrato de subordinação durante o decurso desse prazo e as alienações realizadas pelos sócios livres ocorridas ao longo do mesmo período de tempo conduzem à aquisição do domínio total, o contrato de subordinação *termina*. Melhor seria, parece-nos, que as administrações das sociedades só pudessem celebrar o contrato de subordinação depois de decorrido o prazo previsto no art. 499º, 2.

3. As aquisições efetuadas durante a vigência do contrato de subordinação

A celebração do contrato de subordinação não impede a sociedade diretora de adquirir, direta ou indiretamente ("por sociedades ou pessoas que preencham os requisitos indicados no artigo 483º, nº 2"- cfr. o art. 507º, 1), participações na sociedade subordinada. Essas aquisições podem acabar por conduzir a uma situação de *domínio total* da sociedade subordinada. Quando isso aconteça, o contrato de subordinação *termina*.

---

[8] Estará pressuposto que as oposições com fundamento na violação do disposto no CSC foram julgadas improcedentes (art. 497º, 1). Se a sentença transitada em julgado considerou procedente a oposição com aquele fundamento (e não apenas com base na insuficiência da contrapartida oferecida), então parece que o contrato de subordinação também não poderá ser celebrado. Aliás, o sócio que deduziu a oposição terá formulado pedido nesse sentido. Cfr. tb. o comentário de ELDA MARQUES ao art. 499º.

[9] Não faz também sentido que o sócio livre tenha esse direito se a oposição foi considerada procedente com fundamento na violação do disposto no CSC (e não com base apenas na insuficiência da contrapartida)

[10] Não exige agora a lei (art. 497º, 3) que a decisão tenha transitado em julgado. Mas parece adequado exigir esse trânsito, atendendo ao disposto no art. 101º-B, 1, *a*), aplicável por analogia. Na verdade, a remissão contida no art. 497º, 2, para o regime da fusão, diz respeito à "forma" de realizar a oposição.

4. As aquisições diretas ou indiretas

O domínio total que conduz ao termo do contrato de subordinação ou à caducidade das deliberações tomadas tanto pode ser *direto* como *indireto* (nos termos do art. 483º, 2)[11].

As aquisições efetuadas que levaram ao domínio total podem ter sido realizadas pela sociedade diretora devido ao exercício do *direito de optar pela alienação* previsto no art. 499º, 1 e 2 ou por outra razão. Embora o art. 507º, 1, apenas contenha referência às outras aquisições efetuadas durante a vigência do contrato de subordinação, não se podem ignorar as outras aquisições ocorridas *antes da celebração do contrato de subordinação*. A aquisição do domínio total até pode ser atingida através da *aquisição potestativa* prevista no art. 490º, 3, antes da celebração do contrato de subordinação. Isso mesmo é revelado pelo art. 507º, 2, na medida em que mostra que aquela aquisição potestativa pode ocorrer quando ainda só exista um mero projeto de contrato de subordinação. Também essas outras aquisições deverão conduzir, por maioria de razão, à caducidade das deliberações tomadas.

Contarão para a aplicação do art. 507º, 1, as aquisições efetuadas por sociedades ou pessoas que preencham os requisitos do art. 483º, 2 (aquisições *indiretas*). No que diz respeito à *aquisição* a ter lugar por força da opção pela alienação por parte do sócio livre, nos termos do art. 499º, 1 e 2, parece que a mesma será realizada pela sociedade *diretora*. Embora o art. 499º não o diga expressamente, isso resulta do art. 495º, *h*)[12].

5. A caducidade das deliberações tomadas

Decorre do art. 507º, 1, que, tendo a sociedade diretora atingido o domínio total da sociedade subordinada, direta ou indiretamente e nos termos ali referidos, as deliberações tomadas caducam. Essas deliberações são aquelas a que surge feita referência no art. 496º. São, evidentemente, as deliberações tomadas pela sociedade diretora e subordinada que aprovam o projeto do contrato de subordinação. Sem essas deliberações exigidas por lei o contrato de subordinação não pode ser celebrado. E se essas deliberações caducam, o contrato de subordinação também não pode ser celebrado. Se for celebrado, será ineficaz por ter sido

---

[11] Cfr. tb. o comentário ao art. 483º de ORLANDO GUINÉ neste mesmo volume.

[12] Veja-se o comentário ao art. 495º da autoria de ELDA MARQUES.

AQUISIÇÃO DO DOMÍNIO TOTAL **ART. 507º**

violado um limite legal aos poderes de representação dos gerentes ou administradores que nele intervieram[13].

6. O termo do contrato

Se, no momento em que é atingido o domínio total da subordinada pela diretora, o contrato de subordinação já foi celebrado, esse contrato termina. Curiosamente, o art. 506º, que tem por epígrafe "Termo do contrato", não menciona esta causa de cessação[14].

Terminando o contrato de subordinação devido à aquisição do domínio total nos termos referidos, passa a ser aplicável o regime constante dos arts. 489º e ss.[15].

7. O projeto ou contrato de subordinação e a aplicação do art. 490º

O nº 2 esclarece que a existência de *projeto* de contrato de subordinação ou a própria *celebração* deste contrato não impedem a aplicação do art. 490º[16]. E, portanto, não impedem o exercício dos direitos de aquisição e alienação potestativas ali previstos. Isso ganha especial significado se os sócios livres optaram pela alienação das suas quotas ou ações, de acordo com o regime do art. 499º, e a sociedade diretora adquiriu pelo menos 90% do capital da sociedade subordinada, nos termos do art. 490º, 1. Esses 90% podem ter sido atingidos quer na sequência das *alienações* realizadas pelos sócios que *não deduziram oposição* (art. 499º, 1), quer *após o trânsito em julgado* de sentença proferida no âmbito da *oposição* ao contrato de subordinação (art. 499º, 2).

Como lembra Ana Perestrelo de Oliveira, a aquisição potestativa prevista no art. 490º, 3, não é impedida pelo direito de optar que resulta do art. 499º, 1 e 2. Assim, se algum ou alguns sócios da sociedade subordinada optam por alienar as suas quotas ou ações e outros optam pela garantia de lucro, a alienação realizada pelos primeiros pode permitir à sociedade diretora atingir os 90% do capital da subordinada que são exigidos pelo art. 490º, 1. Se a sociedade diretora exercer o

---

[13] ENGRÁCIA ANTUNES (2002), p. 674, considera as deliberações requisitos de eficácia absoluta. Defendendo a nulidade do contrato de subordinação se falta ou é inválida qualquer uma das deliberações sociais (quando a invalidade é "declarada depois de constituída a relação de grupo por subordinação"), ELDA MARQUES, no comentário 6 ao art. 496º. No mesmo sentido, PERESTRELO DE OLIVEIRA (2011), p. 1280.
[14] Para mais desenvolvimentos acerca do art. 506º, veja-se o comentário de ELDA MARQUES neste volume.
[15] O termo do contrato de subordinação está sujeito a registo obrigatório, nos termos dos arts. 3º, 1, *v*), e 15º, 1, do CRCom., e bem assim a publicação, por força do art. 70º, 1, *a*), do CRCom..
[16] Sobre o art. 490º, veja-se o comentário de COUTINHO DE ABREU/SOVERAL MARTINS neste volume.

direito de aquisição potestativa que o art. 490º, 3, lhe reconhece, os sócios livres que optaram pela garantia de lucro acabam por ver frustrada essa escolha e perdem inclusivamente a qualidade de sócios da sociedade subordinada[17].

[17] Chamando a atenção para isto, PERESTRELO DE OLIVEIRA (2011), p. 1319.

ARTIGO 508º
Convenção de atribuição de lucros

1. O contrato de subordinação pode incluir uma convenção pela qual a sociedade subordinada se obriga a atribuir os seus lucros anuais à sociedade directora ou a outra sociedade do grupo.
2. Os lucros a considerar para o efeito do número anterior não podem exceder os lucros do exercício, apurados nos termos da lei, deduzidos das importâncias necessárias para a cobertura de perdas de exercícios anteriores e para atribuição a reserva legal.

Índice

1. O caráter excecional da convenção de atribuição de lucros. Exclusiva aplicação no âmbito de um contrato de subordinação
2. Delimitação do lucro transferível. Regime aplicável

Bibliografia

Citada:

ANTUNES, JOSÉ ENGRÁCIA – *Os grupos de sociedades – Estrutura e organização jurídica da empresa plurissocietária*, 2ª ed. Almedina, Coimbra, 2002; OLIVEIRA, ANA PERESTRELO DE – "Artigo 508º", *em Código das Sociedades Comerciais anotado* (coord. de A. Menezes Cordeiro), 2ª ed., Almedina, Coimbra, 2011, p. 1320-1323; DOMINGUES, PAULO DE TARSO – *Variações sobre o capital social*, Almedina, Coimbra, 2009, "Capital e património sociais, lucros e reservas", em *Estudos de Direito das Sociedades* (coord. de J. Coutinho de Abreu), Almedina, Coimbra, 11ª ed., 2013, p. 151-222; SCHMIDT, KARSTEN – "Die isolierte Verlustdeckungszusage unter verbundenen Unternehmen als Insolvenzabwendungsinstrument", in *Festschrift für Winfried Werner*, Walter de Gruyter, Berlin/New York, 1984, p. 777-794; TRIGO, MARIA DA GRAÇA – "Grupos de sociedades", *OD*, 123º, 1991, p. 53-114; VAN VENROOY, GERD J. – "Isolierte Unternehmensverträge nach § 291 AktG?", *BB*, 1986 (Heft 10), p. 612-616; VENTURA, RAÚL – "Grupos de sociedades – Uma introdução comparativa a propósito de um Projecto Preliminar de Directiva da C.E.E.", *ROA*, 1981, p. 23-81, e 305-362, "Contrato de subordinação", in *Novos estudos sobre sociedades anónimas e sociedades em nome colectivo*, Almedina, Coimbra, 1994, p. 89-127.

1. O caráter excecional da convenção de atribuição de lucros. Exclusiva aplicação no âmbito de um contrato de subordinação

O artigo 508º veio introduzir, entre nós[1], a possibilidade de, no âmbito de um contrato de subordinação, se estabelecer uma convenção de atribuição de lucros, mediante a qual a sociedade subordinada se obriga a transferir para sociedade diretora ou para uma outra sociedade do grupo[2] (total ou parcialmente) os seus lucros.

Com este regime, ao permitirem-se estas transferências de resultados, visa-se alcançar uma "integração económico-financeira mais intensa"[3] do grupo societário, colocando à disposição da sociedade-mãe um instrumento que lhe permite gerir com maior liberdade e flexibilidade a política financeira global do grupo[4]. Note-se que uma solução como esta não seria alcançável, ao abrigo do poder, conferido à sociedade diretora, de dar instruções à sociedade subordinada. Com efeito, o direito de dar instruções dirige-se apenas ao órgão de administração da sociedade subordinada (cfr. art. 501º, 1), não abrangendo os outros órgãos societários, nomeadamente a AG, sendo que é a este órgão que cabe imperativamente, por lei, deliberar sobre a destinação dos lucros[5].

Nesta sede, há um principal aspeto que importa ser sublinhado: a convenção de atribuição de lucros reveste inequivocamente carácter excecional. Com efeito, este regime, para além do mais, subverte e derroga aspetos essenciais do direito societário, como seja a competência imperativa da AG para deliberar sobre a destinação dos lucros, bem como o facto de o lucro dever ser repartido e distribuído pelos sócios (cfr. art. 980º CC)[6]. Por isso, a convenção de atribuição de lucros apenas pode ser admitida nos estritos termos em que o CSC a prevê, ou seja, apenas enquanto cláusula acessória de um contrato de subordinação (cfr. art. 495º, *j*)).

---

[1] A fonte do art. 508º CSC é o "Gewinnabführungsvertrag" – contrato de empresa consagrado no § 291 AktG – e o projeto preliminar da Nona Diretiva sobre Sociedades, relativa aos grupos societários (que não chegou a ser aprovada), de 1974. Cfr. RAÚL VENTURA (1981), p. 352, s., e (1994), p. 103, s. e 124. s..

[2] A transferência dos lucros pode, pois, verificar-se para a "sociedade-mãe" ou para uma outra sociedade do grupo, nomeadamente para uma "sociedade-irmã".

[3] Cfr. ENGRÁCIA ANTUNES (2012), p. 649.

[4] E sendo – como é – esta a finalidade do regime, nada impedirá, assim nos parece, que a sociedade diretora – apesar da convenção de atribuição de lucros – entenda que, num ou mais exercícios, os lucros da sociedade subordinada não devam afinal ser transferidos, mantendo-se na sociedade que os gerou.

[5] Cfr., em sentido idêntico, ENGRÁCIA ANTUNES (2012), p. 649.

[6] Sobre esta matéria, pode ver-se TARSO DOMINGUES (2012), p. 86, s..

Donde, qualquer convenção de atribuição de lucros fora daquele quadro legal – fora do âmbito de um contrato de subordinação – será nula e de nenhum efeito[7]. Não se deve, portanto, considerar admissível entre nós um contrato isoladamente celebrado entre duas sociedades com aquela finalidade[8] ou a inclusão de uma tal convenção no âmbito de outras relações de grupo societário, nomeadamente relativamente a sociedades em relação de domínio total[9]-[10].

2. Delimitação do lucro transferível. Regime aplicável

O art. 508º, 2 estabelece a delimitação do lucro que pode ser objeto da convenção de atribuição de lucros.

Nos termos desta norma, apenas podem ser transferidos da sociedade subordinada para a sociedade diretora (ou outra sociedade do grupo) os lucros de exercício[11], e desde que os mesmos não sejam necessários para cobrir prejuízos transitados ou para constituir a reserva legal. Trata-se de uma solução simétrica à regra geral que está consagrada no art. 33º, 1[12], relativamente ao lucro de exercício distribuível, i. é, ao lucro do exercício que pode ser distribuído pelos sócios. Com uma diferença: no art. 508º não se faz referência – ao contrário do que sucede no art. 33º, 1 – às reservas estatutárias[13]. Atenta a redação da norma – claramente distinta do caso paralelo previsto no art. 33º, 1, para a distribuição do lucro de exercício por parte de uma sociedade independente – e o caráter excecional da mesma, deverá entender-se que na determinação do lucro transferível, ao abrigo do disposto no art. 508º, não haverá que considerar e deduzir qualquer

---

[7] Assim, também ENGRÁCIA ANTUNES (2012), p. 650. No mesmo sentido, vide ANA PERESTRELO DE OLIVEIRA (2011), p. 1321.

[8] Na Alemanha, p. ex., é discutida a admissibilidade de um "isolierte Gewinnabführungsvertrag". Sobre o assunto, pode ver-se KARSTEN SCHMIDT (1984), p. 777, s., e VAN VENROOY (1986), p. 612, s..

[9] Neste sentido também, expressamente, ANA PERESTRELO DE OLIVEIRA (2011), p. 1321. Note-se que nas relações de domínio total o problema só se colocaria quando o destino dos lucros fosse outra sociedade do grupo que não a sociedade mãe (uma vez que esta, enquanto sócia única, sempre seria a beneficiária da totalidade dos lucros da sociedade-filha). Cfr. MA. GRAÇA TRIGO (1991), p. 89, s., e ANA PERESTRELO DE OLIVEIRA (2011), p. 1321, nt 5.

[10] Sobre a admissibilidade de convenções de atribuição de lucros, no contexto de relações plurais de grupo, vide ENGRÁCIA ANTUNES (2012), p. 653, s..

[11] Sobre as diferentes noções de lucro, vide TARSO DOMINGUES (2013), p. 200, s..

[12] O art. 33º, 1 estabelece que os lucros de exercício devem, em primeiro lugar, ser destinados à cobertura de prejuízos transitados e à formação das reservas legais e estatutárias, só podendo ser distribuído pelos sócios o valor remanescente.

[13] O art. 33º, 1 refere-se às reservas impostas pelo contrato de sociedade, mas é preferível a utilização da designação referida em texto (reservas estatutárias). Cfr., sobre o assunto, TARSO DOMINGUES (2013), p. 219.

valor que, nos termos do pacto da sociedade subordinada, deva ser destinado à constituição de reservas estatutárias[14]-[15].

Se, na convenção de atribuição de lucros, se estabelecer a transferência de valores que excedam o limite fixado no art. 508º, 2, isso determinará a nulidade parcial da cláusula, a qual se deverá ter por reduzida até ao limite máximo admitido por lei.

Note-se que o art. 508º fixa o limite máximo dos lucros transferíveis intragrupo. Nada impedirá contudo que, em vez da transferência total[16] do lucro de exercício distribuível, se convencione, no contrato de subordinação, apenas uma transferência parcial desse lucro[17].

Por outro lado, tendo presente que a finalidade do regime previsto no art. 508º é, como se disse supra, a de permitir gerir com maior liberdade e flexibilidade a política financeira global do grupo, nada obstará também a que a sociedade diretora – apesar da convenção de atribuição de lucros – decida que, num ou mais exercícios, os lucros da sociedade subordinada não devam afinal ser transferidos, mantendo-se na sociedade que os gerou.

Finalmente, e mais uma vez tendo em conta a *ratio* do regime, julgamos também admissível que no contrato de subordinação se convencione apenas a possibilidade da transferência intragrupo dos lucros da sociedade subordinada, cabendo depois à sociedade diretora, casuisticamente e em cada exercício, decidir qual será concretamente a sociedade do grupo que beneficiará da mesma.

---

[14] Estão aqui em causa os valores que, em cada exercício – durante a vigência do contrato de subordinação – devessem ser levados a reservas estatutárias e já não os valores anteriormente acumulados nestas reservas. Estes não integram o lucro de exercício e, por isso, não são distribuíveis ao abrigo do art. 508º. Vide, sobre esta matéria, ENGRÁCIA ANTUNES (2012), p. 652, nt. 1268.

[15] Com posição contrária, vide ANA PERESTRELO DE OLIVEIRA (2011), p. 1322, que, considerando que não há fundamento substantivo para a diferença de regimes entre o art. 33º, 1 e 508º, 2, defende que os lucros transferíveis intragrupo não podem deixar de estar em conformidade com o regime geral previsto no art. 33º, relativo aos lucros de exercício distribuíveis pelos sócios. E, por isso, para esta A., também ao abrigo do disposto no art. 508º não poderão ser transferidos lucros que sejam necessários para a constituição de reservas estatutárias na sociedade subordinada.

[16] Note-se que, ainda que se convencione a transferência total do lucro, esta situação não contende com a garantia de lucros que é conferida aos sócios livres pelo art. 500º (sobre a noção de sócio livre, vide art. 494º, 2). Com efeito, com o regime previsto no art. 500º não se assegura a distribuição dos lucros da sociedade subordinada aos seus sócios, mas tão-somente se lhes garante que eles terão direito a receber uma compensação pecuniária calculada nos termos da referida norma.

[17] No mesmo sentido, cfr. ENGRÁCIA ANTUNES (2012), p. 651, e ANA PERESTRELO DE OLIVEIRA (2011), p. 1322.

CAPÍTULO IV
APRECIAÇÃO ANUAL DA SITUAÇÃO DE SOCIEDADES OBRIGADAS À CONSOLIDAÇÃO DE CONTAS

COMENTÁRIO GERAL AOS ARTS. 508º-A A 508º-F

Índice

1. Introdução
2. A necessidade e o quadro fundamental da consolidação
3. A noção de consolidação
4. O problema das limitações da informação financeira consolidada e as possíveis vias de resolução
5. Elaboração das demonstrações financeiras consolidadas: os métodos de consolidação
6. Noção de grupo para a contabilidade
    6.1. Modelo financeiro e a obrigatoriedade de consolidação
    6.2. Modelo baseado na essência económica e a obrigatoriedade de consolidação com base na ideia de controlo
    6.3. Modelo baseado na essência económica e a obrigatoriedade de consolidação com base na ideia de poder
7. A consolidação de contas e a nova Diretiva da Contabilidade

Bibliografia

Citada:

ABAD NAVARRO, C./GARCÍA-BORBOLLA, AMALIA/GARROD, NEIL/LAFFARGA, JOAQUINA/LARRÁN, M./PI¨NERO, J. MANUEL – "An Evaluation of the Value Relevance of Consolidated Versus Unconsolidated Accounting Information: Evidence from Quoted Spanish Firms", *Journal of International Financial Management and Accounting*, 11 (3), 2000, p. 156–177; ÁLVAREZ MELCÓN, SIXTO – *Consolidación de Estados Financieros*, 2ª ed., McGraw-Hill, Madrid, 1999; ANTUNES, JOSÉ A. ENGRÁCIA – *Os Grupos de Sociedades – estrutura e organização jurídica da empresa plurissocietária*, 2ª ed., Almedina, Coimbra, 2002; "A consolidação das contas", in *RCEJ*, nº 19, 2011, p. 185-199; ARCHEL DOMENCH, PABLO – "Sugerencias para una Revisión de las Normas Españolas de Consolidación", *Revista de Contabilidad y Tributación*. Centro de Estudios Financieros, Junio, p.: 173–190; ARNOLD, J./HOLDER, W./MANN, M. – "International reporting aspects of segment disclosures", *International Journal of Accounting*, 1980, p. 125-135; BLASCO BURRIEL,

PILAR – *El Análisis de las Cuentas Anuales Consolidadas. Una Aproximación Conceptual y Empírica*, Madrid, AECA, 1997; BOISSELIER, PATRICK/OLIVERO, BERNARD – "Théorie Comptable et Logique de la Recherche en Comptabilité Financière" *in* L'ÉCOLE FRANÇAISE DE COMPTABILITÉ (Ed.), *Mélanges en l'honneur du Profeseur Claude Pérochon*, Paris, Ed. Foucher, 1995, p. 51–75; CONDOR LÓPEZ, VICENTE – *Cuentas Consolidadas – Aspectos Fundamentales en su Elaboración*, Instituto de Contabilidad y Auditoria de Cuentas/ /Ministerio de Economía y Hacienda, Madrid, 1988; *Las Cuentas Anuales Consolidadas*, Zaragoza, 1993; COSTA, CARLOS BAPTISTA DA/ALVES, GABRIEL CORREIA (2013) – *Contabilidade Financeira*, Lisboa, 8ª Ed., Rei dos Livros; DIAS, RUI PEREIRA – "O acórdão Mömax do Tribunal de Justiça da União Europeia (6.2.2014, C-528/12) – breves notas", *DSR*, nº 11, 2014, p. 273-278; EMMANUEL, C. R./GRAY, S. J. – "Segmental Disclosures and the Segment Identification Problem", *Accounting and Business Research*, Winter, 1977; GABÁS TRIGO, F./BELLOSTAS PÉREZ-GRUESO, A. – "Las Necessidades de los Usuários y los Objectivos de la Información Financiera" *in* JORGE TUA PEREDA, *El Marco Conceptual para la Información Financiera – Análisis y Comentarios*, Asociación Española de Contabilidad y Administración de Empresas (AECA), Madrid, 2000; GRASSI, OLIVIER – *Comptes Consolidés Image Fidéle d'un Lieu de Conflits?*, These de Doctorat en Sciences de Gestion, Université de Caen, Caen, 1999; GROSSFELD, BERNHARD – "International Financial Reporting Standards: European Corporate Governance", in *O Direito do Balanço e as Normas Internacionais de Relato Financeiro*, Coimbra Editora, Coimbra, 2007; HSU, A./ /DDUH, R./CHENG, K. – "Does the Control-based Approach to Consolidated Statements Better Reflect Market Value than the Ownership-based Approach?", *The International Journal of Accounting*, 47 (2), 2012, p. 198-225; KING, THOMAS E./LEMBKE, VALDEAN C. – "An Examination of Financial Reporting Alternatives for Associated Enterprises" *in* BILL N. SCHWARTZ (ED.), *Advances in Accounting*, Vol. 12, London, JAI Press Inc., 1994, p. 1–30; LUTTERMANN, CLAUS – [Bernhard Großfeld (Begr.)], *Bilanzrecht – die Rechnungslegung in Jahresabschluss und Konzernabschluss nach Handelsrecht und Steuerrecht, Europarecht und IAS/IFRS*, 4. Aufl., C. F. Müller, Heidelberg, 2005; MILLER, MALCOLM C. – "Goodwill – An Aggregation Issue", *The Accounting Review*, Vol. 48, no. 2, April, 1973, p. 280–291; MOONITZ, MAURICE – *The Entity Theory of Consolidated Statements*, The Foundation Press, Inc., Brooklyn, 1951; MORAIS, ANA ISABEL/LORENÇO, ISABEL COSTA – *IFRS – Demonstrações Financeiras – um guia para executivos*, Almedina, Coimbra, 2013; MÜLLER, V. O. – "The Value Relevance of Consolidated versus Parent Company Financial Reporting on the London Stock Exchange", *International Journal of Business Research*, 11 (5), 2011, p. 145-150; NOBES, CHRISTOPHER – *Some Practical and Theoretical Problems of Group Accounting*, London, Certified Accountant Publications Limited, Bulletin no. 23 (1987); "An Analysis of the International Development of the Equity

Method", *Abacus*, 38, 1, 2002, p. 16-45; PASQUALINI, FRANÇOIS – *Le Principe de l'Image Fidèle en Droit Comptable*, Litec, Paris, 1992; QUERENDEZ AUZMENDI, FRANCISCO – *La Consolidación Contable*, Instituto de Planificación Contable/Ministerio de Economía y Hacienda, Madrid, 1988; RAFFEGAU, JEAN/DUFILS, PIERRE – *Les Comptes Consolidés*, Presses Universitaires de France, 1984; RICHARD, JACQUES – "Principes et Spécificité de l'Analyse de la Rentabilité des Groupes d'Après les Comptes Consolidés", *Revue Française de Comptabilité*, nº 191, Juin, 1988, p. 81–91; RODRIGUES, ANA MARIA GOMES – *O Goodwill nas Contas Consolidadas: uma análise dos grupos não financeiros portugueses*, Dissertação de Doutoramento, Coimbra, 2003; *O Goodwill nas Contas Consolidadas*, Coimbra, Coimbra Editora, 2006; "A aplicação do MEP em subsidiárias e associadas – uma visão crítica e multidisciplinar", in Rodrigues, Ana Maria/Tavares, Tomás Cantista (coord.) – *O SNC e os Juízos de Valor – Uma perspectiva crítica e multidisciplinar*, Almedina, Coimbra, 2013; RODRIGUES, ANA MARIA/DIAS, RUI PEREIRA – "Capítulo VI - Apreciação anual da situação da sociedade" (arts. 65º–70º-A), *Código das Sociedades Comerciais em Comentário*, coord. de Coutinho de Abreu, vol. I, Almedina, Coimbra, 2010, pp. 759-826; RODRIGUES, ANA MARIA/TAVARES, TOMÁS CANTISTA – "Os grupos na ordem contabilística", *in* Ana Maria Rodrigues/Tomás Cantista Tavares/Cidália Lopes (coord.), *Grupos – Uma análise crítica e multidisciplinar*, Almedina, Coimbra, 2014; RODRIGUEZ FIGUEROA, WALTER – "Alguns Antecedentes Históricos Sobre la Consolidación de Estados Financieros", *Tecnica Contable*, Tomo XXXVIII, Outubro, 1986, p. 427–431; SÁ, A. LOPES DE – "Desarmonia de Procedimentos Contábeis nos Fundos de Comércio ou Aviamentos", *Jornal do Técnico de Contas e da Empresa*, no 362, Novembro, 1995, p. 256–259; TAVARES, TOMÁS CANTISTA – "A interpretação jurídica da lei contabilística", in Rodrigues, Ana Maria/ /Tavares, Tomás Cantista (coord.) – *O SNC e os Juízos de Valor – Uma perspectiva crítica e multidisciplinar*, Almedina, Coimbra, 2013; VILLIERS, CHARLOTTE – *Corporate Reporting and Company Law*, Cambridge University Press, Cambridge, 2006.

1. Introdução

O Capítulo IV do Título VI dedica-se à *"Apreciação anual da situação de sociedades obrigadas à consolidação de contas"*. Trata-se de um conjunto de seis artigos, intro-duzido em 1991 e objeto de algumas alterações legislativas ao longo dos anos, que estabelecem o *regime geral* daquilo a que podemos hoje chamar *relato finan-ceiro consolidado*, ou *prestação de contas consolidadas*, por parte de entidades (orga-nizadas ou não sob a forma de sociedades comerciais) que integram um *grupo* em sentido jurídico-contabilístico. Aí se estabelecem, tal como já definimos para as sociedades comerciais individualmente consideradas[1], os traços gerais da configuração do dever de relatar a gestão e de apresentar contas. Este processo passa pela elaboração dos respetivos documentos, pela informação a ser prestada aos sócios e a todos os outros *stakeholders*, pelo exame das contas pelo órgão de fiscalização e emissão de certificação legal de contas. Assim, no final de cada um dos períodos económicos[2], que não tem que necessariamente coincidir com o ano civil, todas as entidades que se organizam sob a forma de *grupo* e são obrigadas a apresentar informação consolidada segundo as imposições contabilísticas têm que apresentar os seus relatórios e contas *consolidados*. As contas consolidadas são objeto de deliberação de aprovação pela assembleia geral e há posteriormente a obrigatoriedade da sua subsequente publicitação através do registo comercial. Dada a relevância dessa informação para alguns dos seus *stakeholders*, esse registo assume natureza obrigatória.

A este regime geral acrescem outras regras que definem quais as sociedades consolidantes e as entidades que pertencem ao perímetro de consolidação. Sobre os membros dos órgãos de gestão destas últimas, como esclarece o nº 3 do art. 508º-A, recai um dever de informação à entidade consolidante. Veremos como essa imposição se deve estender também aos empreendimentos conjuntos, já que, nos termos das normas contabilísticas nacionais, estas entidades também pertencem ao perímetro de consolidação *alargado*[3].

Estes preceitos também se debruçam sobre alguns aspetos do procedimento de prestação de contas, desde a elaboração dos respetivos documentos, passando pela informação a ser prestada aos sócios, pelo exame das contas pelo órgão de fiscalização e emissão de certificação legal de contas (quando seja o

---

[1] V. o Comentário Geral aos arts. 65º a 70º-A no Volume I (2010) desta obra.

[2] O § 9 da NCRF 1 – Estrutura e conteúdo das demonstrações financeiras refere que: "as demonstrações financeiras devem ser apresentadas pelo menos anualmente. Quando se altera a data do balanço de uma entidade e as demonstrações financeiras anuais sejam apresentadas para um período mais longo ou mais curto do que um ano, a entidade deve divulgar, além do período abrangido pelas demonstrações financeiras:
  (a) A razão para usar um período mais longo ou mais curto; e
  (b) O facto de que não são inteiramente comparáveis quantias comparativas da demonstração dos resultados, da demonstração das alterações no capital próprio, da demonstração de fluxos de caixa e das notas do anexo relacionadas".

[3] Sobre os diferentes conceitos de perímetro de consolidação (amplo *versus* restrito), v. CONDOR LÓPEZ (1988), (1993), e ANA MARIA RODRIGUES (2003), (2006). A partir de 1 de janeiro de 2013, quanto às entidades que aplicam diretamente as normas internacionais de contabilidade, os empreendimentos conjuntos já não são integrados na consolidação de contas, sendo reconhecidos nas contas consolidadas pelo método de equivalência patrimonial.

caso), até ao momento deliberativo, em que é também devida uma apreciação geral da administração e fiscalização.

Atualmente, a divulgação de informação empresarial faz-se em cumprimento das leis societárias (CSC), onde se fixa o mínimo de informação a divulgar, e, no caso das sociedades cotadas, também em cumprimento das normas sobre os valores mobiliários (CVM).

2. A necessidade e o quadro fundamental da consolidação

Os finais do século XX assistiram a um reforço e diversificação das formas de concentração empresarial. Este fenómeno foi favorecido por factores económicos e sociais, uns encontrando a sua origem dentro da própria organização, outros resultando das condições macroeconómicas e que vão desde a proliferação da sociedade anónima, permitindo a reunião massiva de capitais e, eventualmente, a internacionalização do capital; até à ampliação dos mercados, exigindo uma nova planificação organizativa, bem como um acréscimo dos activos patrimoniais; passando pelo forte desenvolvimento tecnológico e a profissionalização dos administradores.

Ora, estes *macro-impérios*, do ponto de vista económico, trouxeram consigo a necessidade de informação contabilística diferenciada. É assim que, nos inícios dos anos 80, a então CEE cria regras sobre a necessidade de certas formas de organização da atividade económica prestarem informação contabilística diferenciada daquela que cada uma das entidades, de *per si*, apresentava. Dando corpo a estas exigências informativas, surge a Sétima Diretiva (83/349/CEE), transposta para a ordem jurídica nacional através do DL 238/91, de 2 de julho, que justamente introduziu no CSC os artigos 508º-A a 508º-E (o artigo 508º-F surgirá mais tarde, com o DL 185/2009, de 12 de agosto).

Durante cerca de vinte anos, mantiveram-se as exigências estatuídas nessa diretiva, e que tiveram diferentes concretizações legislativas nos diferentes Estados-membros. Todavia, para algumas entidades, a obrigatoriedade de elaborar informação consolidada sofreu uma profunda reforma depois da aprovação do Regulamento (CE) 1606/2002, do Parlamento Europeu e do Conselho, de 19 de julho[4]. Com base nesse Regulamento, e de modo uniforme ao nível europeu, passaram a estar obrigatoriamente sujeitas às normas internacionais de contabi-

---

[4] No caso estadunidense, o normativo é o SFAS 141 – *Business Combinations*, do FASB, que se baseia na noção de *direção única* assegurada pela entidade consolidante, que controla os ativos/passivos na sua totalidade.

lidade, na elaboração das contas consolidadas, as sociedades regidas pela legislação de um Estado-membro cujos valores mobiliários estejam admitidos à negociação num mercado regulamentado de qualquer Estado-membro. Não todas as normas internacionais, mas sim aquelas que são aprovadas ("endossadas", no termo comummente utilizado) pela UE[5].

A obrigatoriedade de divulgação de informação consolidada encontra também fundamento legal no artigo 245º do CVM, bem como no artigo 8º do Regulamento da CMVM nº 5/2008, de modo que as sociedades emitentes de valores mobiliários admitidos à negociação em mercado regulamentado situado ou a funcionar em Portugal ou noutro Estado membro devem divulgar os seus relatórios e contas anuais, refletindo a situação financeira do emitente os resultados do emitente e das empresas incluídas no perímetro de consolidação[6].

Quanto às demais sociedades, e perante as possibilidades admitidas por este Regulamento 1606/2002[7], o Estado português optou por alterar todo o seu normativo contabilístico, vindo a revogar o POC (Plano Oficial de Contabilidade), com efeitos a partir de 1 de janeiro de 2010, através da publicação do DL 158/2009, de 13 de julho.

É ainda no DL 158/2009 que encontramos a definição legal de quais as entidades sujeitas à *obrigatoriedade de elaborar contas consolidadas* (art. 6º), bem como as hipóteses de *dispensa* dessa elaboração (art. 7º) ou de *exclusão* da consolidação (art. 8º).

As DF de elaboração obrigatória estão elencadas na EC, bem como nas NCRF 1 e 2. Importa atender a que as regras gerais para a elaboração das demonstrações financeiras consolidadas (DFC) são precisamente as mesmas que para as contas individuais[8]; e todos os modelos de DF são comuns às contas individuais e consolidadas.

As orientações técnicas concretas sobre os procedimentos associados à consolidação são explicitados na NCRF 15 – Investimentos em subsidiárias e consolidação.[9]

---

[5] V. ANA MARIA RODRIGUES/RUI PEREIRA DIAS (2010), p. 763.

[6] Neste regulamento opta-se por uma noção alargada de perímetro de consolidação.

[7] Cfr. o seu art. 5º.

[8] Para este tipo de informação utiliza-se na legislação europeia a expressão *contas anuais*, muito embora não seja rigorosa: também as contas *consolidadas* têm, por regra, uma base *anual*.

[9] *Subsidiárias* é uma nova terminologia da contabilidade em Portugal, substituindo a antes assente designação de *filiais*. Uma tal inovação do legislador contabilístico, em tradução literal de "subsidiary", parece desadequada: não se via necessidade de alterar a terminologia já usada na área societária e fiscal. De todo o modo, usaremos neste texto os termos filiais e subsidiárias como equivalentes.

COMENTÁRIO GERAL AOS ARTS. 508º-A A 508º-F   335

O âmbito das demonstrações financeiras consolidadas é definido nos §§ 10 e 11 da NCRF 15. No § 10, afirma-se que "as demonstrações financeiras consolidadas devem incluir todas as subsidiárias da empresa-mãe". Logo, neste preceito dá-se cabimento à lógica do *perímetro estrito de consolidação*. Todavia, esta orientação prende-se com a ideia de que só é obrigatória a elaboração de DFC quando pré-existe uma dupla constituída por empresa-mãe e sua(s) subsidiária(s), sobre as quais, direta ou indiretamente, aquela *detenha o controlo*, como é explicitado pelo § 11. Ou seja, a sujeição em concreto a esta obrigatoriedade supõe necessariamente uma *relação de controlo* entre duas ou mais entidades.

Os relatórios e contas anuais compreendem três grandes conjuntos de informação: o relatório de gestão; o relato financeiro ou demonstrações financeiras (DF)[10], que o legislador societário designa de "contas" e outros relatórios e pareceres que acompanham os dois conjuntos anteriores, nomeadamente, a certificação legal de contas e o relatório do órgão de fiscalização.

Para além da informação divulgada em cumprimento das normas de contabilidade, as empresas são solicitadas a divulgar outro tipo de informação, que integra o relatório de gestão que acompanha as DF, para efeitos jurídico-societários. A gestão divulga neste documento quaisquer outras circunstâncias que, embora não verificando os critérios de reconhecimento e divulgação previstos naquelas normas, possam informar os utilizadores sobre a capacidade da empresa para gerar fundos (*cash flows*) e, consequentemente, sobre o valor e os riscos das entidades que dirigem[11].

Prevê-se que a elaboração das contas consolidadas constitua um todo, compreendendo de forma obrigatória o balanço consolidado/demonstração da posição financeira, a demonstração consolidada dos resultados/demonstração do rendimento integral[12]; a demonstração de alterações no capital próprio; a

---

[10] O SNC baseia-se num modelo único para as contas individuais e contas consolidadas. Opta-se por um formato vertical e os modelos apresentados representam o conteúdo mínimo obrigatório. Na DR, os rendimentos (excepto financeiros) são apresentados antes dos gastos, pois adota-se uma lógica subtrativa da evidenciação da formação do Resultado Líquido do Período.

[11] O IASB emitiu, em 2010, um *Practice Statement* sobre o *Management Commentary* (MC) (IASB 2010) com os procedimentos, ainda que não vinculativos, a serem observados na elaboração das divulgações narrativas que devem acompanhar as demonstrações financeiras elaboradas nos termos das IFRS.

[12] No que respeita à demonstração do rendimento integral, a IAS 1 prevê ainda a apresentação de uma demonstração designada por "demonstração dos lucros ou prejuízos e outro rendimento integral". Todavia, esta norma prevê a possibilidade de se utilizar a primeira denominação, solução pela qual optámos.

demonstração dos fluxos de caixa e os anexos consolidados /notas[13]. A demonstração consolidada dos fluxos de caixa e a demonstração das alterações dos capitais próprios são agora, depois da adoção das normas internacionais e do SNC, obrigatórias para a empresa consolidante[14]. Deve apresentar-se ainda, agora de acordo com o CSC (arts. 508º–A a 508º- E) o relatório consolidado de gestão, contendo pelo menos uma exposição fiel e clara sobre a evolução dos negócios e a situação do conjunto das empresas compreendidas na consolidação. Este deve mencionar, entre várias outras informações, as seguintes:

- os acontecimentos importantes ocorridos depois do encerramento do período, sendo que o princípio geral é o de que a data de consolidação deve coincidir com a data do fecho das contas da sociedade consolidante[15];
- a evolução previsível do conjunto das empresas;
- as atividades do conjunto da empresas em matéria de investigação e desenvolvimento;
- o número e valor nominal (ou valor contabilístico, na falta daquele) das ações ou partes sociais da empresa-mãe detidas por ela própria e pelas subsidiárias, a não ser que estas indicações sejam apresentadas no Anexo/ /Notas[16].

Não iremos, nesta sede, desenvolver a análise dos pressupostos, características e requisitos desta informação financeira, bem como os conteúdos das diferentes DF, na medida em que coincidam com os referidos em geral no comentário aos artigos 65º a 70º-A[17].

---

[13] Hoje, as demonstrações assumem designações diversas conforme sejam aplicáveis as normas nacionais (SNC) ou as normas internacionais do IASB, tal como tivemos oportunidade de referir anteriormente. Para maiores desenvolvimentos sobre as DF no padrão contabilístico internacional ver MORAIS/LOURENÇO (2013).

[14] Poderão vir a ser obrigatórias outras peças contabilísticas em face de deveres de relato financeiro que recaiam especialmente sobre a sociedade consolidante em resultado de outros normativos: pense-se nas sociedades cotadas e abrangidas por regulamentos das entidades de supervisão e fiscalização (CMVM; BdP; Instituto de Seguros de Portugal). Cfr. art. 15º do DL 158/2009.

[15] Esta orientação é prevista nos §§ 16 e 17 da NCRF 15. Também em POC se previa uma orientação semelhante. Ver ponto 13.2.3 – Data de elaboração, constante do Capítulo 13 do POC.

[16] Na prática, a generalidade das empresas, mesmo as integrantes do PSI 20, presta muito pouca informação a este respeito, seja no relatório de gestão, seja mesmo no Anexo/Notas.

[17] ANA MARIA RODRIGUES/RUI PEREIRA DIAS (2010), p. 759 s..

3. A noção de consolidação[18]

Em geral, pode dizer-se que a consolidação de contas é o conjunto de operações contabilísticas que visa proceder à agregação das contas individuais do conjunto das empresas pertencentes a um *grupo*, mediante o adicionamento dos saldos das contas constantes em cada rubrica do balanço e da demonstração dos resultados, bem como a eliminação dos valores correspondentes às operações realizadas entre as sociedades inseridas no perímetro[19]. Em poucas palavras, trata-se de um conjunto de operações que visa sobretudo analisar e apresentar um *grupo* de empresas *como se* de *uma só* empresa se tratasse[20]. É, nessa medida, essencial apreender os vários aspectos da realidade económica de um grupo, de maneira a com isso poder descrever *verdadeira e fielmente* essa realidade económica – porque esta, não obstante compreender ou desdobrar-se em *várias entidades*, é essencialmente *unitária.*[21] Deste modo se cumpre o objectivo fundamental de fornecer a todos os interessados[22] – os diversos *stakeholders*, entre os quais, para certos efeitos, o próprio Estado ou *v.g.* autoridades de supervisão – uma imagem global do património e do desempenho do grupo[23-24]. Todas estas normas são,

---

[18] Neste ponto, seguimos de perto ANA MARIA RODRIGUES (2003), (2006), e (apenas introdutoriamente) RUI PEREIRA DIAS (2014), p. 275-277.

[19] Assim ENGRÁCIA ANTUNES (2002), p. 194; (2011), p. 186 s..

[20] Entre muitos, CLAUS LUTTERMANN (2005), p. 326; GROSSFELD (2007), p. 16.

[21] QUERENDEZ AUZMENDI (1988), p. 148-149, chama a atenção para o significado comum de "consolidação", no sentido de "dar firmeza e solidez", para ilustrar o objectivo da consolidação: proporcionar uma informação mais *firme* e mais *sólida* do que a que resultaria da apreciação *individual* das contas de uma *pluralidade* de empresas quando, na realidade económico-contabilística, esta constitua verdadeiramente uma *unidade.*

[22] Para uma análise e enumeração exaustiva de todos os "potenciais receptores da informação societária", v. VILLIERS (2006), p. 86 s..

[23] Curiosamente, a técnica da consolidação parece ter surgido nos Estados Unidos da América por iniciativa voluntária de algumas empresas que, nos finais do século XIX, começaram a divulgar este tipo de informação; apenas nos anos 1930 surgiram as primeiras normas que as regularam. Veja-se PILAR BLASCO BURRIEL (1997), p. 31 s..
Para uma análise dogmática mais detalhada dos fundamentos últimos da consolidação, confrontando as duas concepções básicas que se debateram na doutrina estadunidense (*parent company extension concept* vs. *entity concept*), vejam-se as obras de VICENTE CONDOR LÓPEZ (1993), p. 20 s.; (1988), p. 45 s.. V. ainda RAFFEGEAU/DUFILS (1984), p. 101 s.; PASQUALINI (1992), p. 197 s..

[24] Na realidade, a noção de *conjunto de empresas* ou de *grupo* é fundamental no âmbito da consolidação de contas. *I.e.*, estamos perante *uma das várias* noções de *grupo* que a lei portuguesa – tal como a lei de muitos outros países – apresenta, delimitadas consoante a *teleologia* das normas jurídicas a que respeitam: a noção de *grupo* não é a mesma, por exemplo, para o direito das sociedades, o direito dos valores mobiliários, o direito do trabalho, o direito da concorrência, o direito fiscal e... o direito contabilístico. No plano do direito espanhol, pode ver-se constatação semelhante e respectivos dados normativos em Álvarez Melcón (1999), p. 2.

assim, orientadas à pretendida aproximação do chamado *perímetro técnico de consolidação*[25] à *efetiva realidade económica unitária* que o grupo representa, enquanto *conjunto de empresas*, e que a consolidação de contas visa revelar.

Portugal assumiu, ainda que de forma algo dúbia, a perspetiva *financeira* na elaboração das contas anuais consolidadas, tendendo nitidamente, em termos de orientação, para a ótica mista[26]. Prevê-se que as demonstrações financeiras consolidadas constituam um *complemento*, e não um *substituto*, das demonstrações financeiras *individuais* das empresas integrantes de um grupo[27]. Essas demonstrações financeiras consolidadas visam dar uma imagem verdadeira e apropriada (*true and fair view*) da situação financeira e do desempenho das operações do conjunto, como se de uma só entidade se tratasse.

Os princípios teóricos subjacentes à elaboração da informação consolidada não constituem um corpo doutrinal assente numa teoria contabilística devidamente apoiada num paradigma, mas é antes um conjunto espartilhado de regras subjacentes a realidades distintas, como é o caso das empresas individualmente consideradas.

Tendo por base uma concepção doutrinal que entende a técnica de consolidação como um *modelo de representação contabilística* do grupo[28] e ao mesmo tempo um *sistema de prestação de informação*, que tem de atender às necessidades dos diferentes destinatários dessa mesma informação, poder-se-á adiantar que este modelo de representação contabilística se encontra condicionado por grandes fronteiras, a saber, a arbitragem que os dirigentes podem obter para a representação contabilística de uma realidade, ainda que condicionada ao respeito das regras imposta pelo organismo normalizador dominante em cada situação[29].

---

[25] A expressão é usada por CONDOR LÓPEZ (1993), p. 37. V. tb. ANA MARIA RODRIGUES (2006), p. 106.

[26] Nesta matéria, seguimos de perto ANA MARIA RODRIGUES (2006) e (2003).

[27] Antes da entrada em vigor do SNC, tal estava claramente enunciado no ponto 13.2.4 do POC - Aspetos preliminares, do Capítulo 13 do POC.
Hoje não há uma disposição direta sobre a questão, mas do entendimento do ordenamento jurídico--contabilístico e societário, é clara a opção pela natureza complementar da informação consolidada.

[28] P. BOISSELIER/B. OLIVERO (1995) consideram que a consolidação de contas constitui uma das facetas da contabilidade financeira, e como tal definem-na como um sistema de representação. Contudo, interessa-nos a informação consolidada não apenas como um sistema de representação, mas, particularmente, como um verdadeiro sistema de informação, onde a informação consolidada se assume como uma forma de tradução contabilística das operações de concentração empresarial, bem como as consequências da gestão conjunta dessas entidades, mostrando aos seus acionistas os aspetos benéficos resultantes de uma gestão conjunta.

[29] Dentro dos limites impostos por uma regulamentação crescente, ainda assim, existe um risco, não despiciendo, de arbitragem na escolha das regras contabilísticas pelos dirigentes do grupo para traduzir,

Assim, as DFC não representam apenas os resultados da gestão dos dirigentes de um grupo: são igualmente a consequência das escolhas contabilísticas previstas nas normas contabilísticas, em vigor em cada momento, para a apresentação desses mesmos resultados.

Como afirma O. Grassi, "frequentemente, as contas publicadas pelos grupos de sociedades surgem como consequência de uma vasta arbitragem realizada pela direção do grupo entre diferentes regras contabilísticas para apresentar [a informação] nas condições mais favoráveis"[30]. Adianta também que "o impacto da informação consolidada sobre as praças financeiras conduz igualmente certos dirigentes a orientar as suas decisões de gestão, não só nas virtudes intrínsecas da rendibilidade de um investimento, mas igualmente e muitas vezes essencialmente sobre a capacidade de utilizar um método de contabilização da operação que apresente os resultados obtidos no sentido mais favorável aos seus próprios interesses".

4. O problema das limitações da informação financeira consolidada e as possíveis vias de resolução

Num contexto de internacionalização dos mercados financeiros, a informação financeira ocupa um lugar cada vez mais importante na comunicação que os grupos de sociedades fazem a esses mercados, por intermédio da cada vez maior divulgação das suas demonstrações financeiras consolidadas[31]. Por outro lado, há necessidade de repensar os fundamentos conceptuais da Contabilidade de Consolidação[32], estabelecendo com o máximo rigor os objetivos a atingir, os princípios que permitem alcançá-los e as técnicas mais apropriadas para o fazer.

---

não a real *performance* do grupo, mas a apresentação que deseja oferecer dessa mesma realidade. Isso é particularmente grave num quadro de grande flexibilidade das diferentes regras contabilísticas, pois podem ser utilizadas pelos responsáveis do grupo para apresentar as contas que publicam da forma que lhes é mais favorável.

A contabilidade fornece sempre representações de factos reais. Quanto mais profunda for a regulamentação contabilística, mais se poderá afirmar que os mesmos factos reais possam vir a ter representações contabilísticas cada vez mais próximas.

[30] O. GRASSI (1999), p. 386.

[31] Ao longo deste ponto, seguimos de perto ANA MARIA RODRIGUES (2003 e 2006).

[32] Longe da lógica que preside à produção, atualmente, da informação financeira consolidada, que resulta da agregação, mais ou menos, direta das contas das sociedades do grupo. Logo, e neste caso a informação consolidada deduz-se da informação individual, sendo que o sistema lógico aqui presente é que o grupo resulta das suas próprias sociedades, não se afirmando como uma entidade de corpo inteiro. Logo, o conjunto de elementos combinados formam um todo, parece de alguma forma artificial, porque o todo ultrapassa a soma das suas partes constituintes. Logo, a consolidação fundada sobre a contabilidade

Com este quadro em mente, iremos sumariar de seguida as principais limitações apresentadas pela informação financeira consolidada, bem como algumas vias para as ultrapassar.

A este respeito, como refere J. RICHARD, se as contas individuais já não são perfeitamente homogéneas, as contas consolidadas são marcadas, pela sua essência e pela sua construção, "du sceau" da *heterogeneidade*[33]. Assim, em nosso entender, algumas das questões que, ainda hoje, enfermam a consolidação das contas são as seguintes:

- divergências e complexidade na definição de grupos de sociedades;
- heterogeneidade dos acionistas, por vezes com interesses contraditórios: maioritários e minoritários;
- heterogeneidade das sociedades pela diversidade de ligações ao grupo: sociedades subsidiárias; sociedades associadas e empreendimentos conjuntos;
- heterogeneidade dos métodos de consolidação e a sua eleição em cada situação específica: integração global, proporcional, equivalência patrimonial e outras entidades não consolidáveis;
- heterogeneidade dos métodos de avaliação/mensuração em função dos diversos métodos de consolidação (ou de não consolidação);
- a interpretação das contas específicas que surgem da aplicação dos métodos e das técnicas de consolidação;
- durante muito tempo, a inexistência de harmonização nas práticas de consolidação utilizadas nos distintos países. Todavia, a partir de 2005, na Europa, e mesmo a nível mundial, caminhou-se no sentido de alguma harmonização, já que a generalidade das contas consolidadas divulgadas pelas empresas que negoceiam em mercado têm por base as mesmas normas, *i.e.*, as normas do IASB.

---

das sociedades individuais, elas próprias entendidas como entidades, difícil se torna de compreender o postulado da unicidade do grupo, sua identidade e a sua essência como entidade que devia ser distinta das suas partes constituintes. Esta opção da doutrina contabilística conduz à existência de fraquezas significativas na consolidação, com fortes impactos na qualidade da informação contabilística obtida. O processo de agregação tem fortes impactos na qualidade e fiabilidade da informação contabilística e financeira consolidada. Veja-se, por exemplo, a regra de intangibilidade do balanço de abertura (balanço inicial), que significa tão só que o balanço inicial de um período corresponderá sempre ao balanço final do período anterior nas contas individuais. Todavia, o tratamento contabilístico das operações exigidas pela consolidação não assegura essa intangibilidade do balanço consolidado de abertura.

[33] J. RICHARD (1988), p. 81.

COMENTÁRIO GERAL AOS ARTS. 508º-A A 508º-F   341

Neste contexto, iremos passar em revista algumas das limitações mais frequentemente apontadas, que nos parecem condicionadoras da imagem a prestar pelos grupos nas suas DFC.

Uma das primeiras e grandes limitações apontadas à informação consolidada é a *definição da própria unidade grupo*, tendo em conta a distinta natureza das ligações que se podem estabelecer entre diferentes entidades. Em primeiro lugar, tem sido aceite de forma generalizada que a *detenção da maioria de capital* é o critério primário, ou a regra geral, para a obrigatoriedade de elaborar informação consolidada, ainda que seja aceite que o controlo possa não ser assegurado em exclusivo pela detenção de partes de capital, mas antes seja complementado com outros meios que assegurem à sociedade-mãe o controlo sobre uma outra entidade, tais como acordos com outros acionistas. A problemática dos grupos horizontais foi, por isso, seriada como uma das grandes limitações apresentadas pelas contas consolidadas, até 2005. No entanto, a Sétima Diretiva abria já o caminho para a consolidação de contas deste tipo particular de grupos, já que previa que as situações de controlo pudessem ser asseguradas por outros requisitos que não a simples detenção de capital, prevendo-se neste caso a consolidação de contas deste tipo de grupos. Nos termos do seu artigo 12º, *"sem prejuízo do disposto nos artigos 1º a 10º, os Estados-membros podem impor a qualquer empresa que esteja sujeita ao respetivo direito nacional a obrigação de elaborar contas consolidadas e um relatório consolidado de gestão, desde que:*

a) *esta empresa, bem como uma ou várias outras empresas entre as quais não existam as relações referidas nos n.ᵒˢ 1 ou 2 do art. 1º, estejam colocadas sob uma direção única por força de um contrato concluído com esta empresa ou de cláusulas estatutárias daquelas empresas, ou*

b) *os órgãos de administração, de direção ou de fiscalização dessa empresa, bem como os de uma ou de várias outras empresas entre as quais não existam as relações referidas nos n.ᵒˢ 1 e 2 do artigo 1º, sejam compostos na maioria pelas mesmas pessoas em função durante o exercício e até à elaboração das contas consolidadas."*

Todavia, e até 2005, não se previa, na generalidade das normas contabilísticas, que existisse obrigatoriedade de elaborar este tipo de informação contabilística, desde que não existisse detenção de capital (direta ou indireta) por parte da sociedade consolidante, ainda que se tenha tornado cada vez mais frequente surgirem formas de dominação que não são asseguradas pela detenção de capital. Neste contexto, o que se afigura como verdadeiramente relevante é, mais do que a participação de capital, analisar o poder de atuação da sociedade no vértice da hierarquia sobre outras entidades, de modo a assegurar ou não a existência de uma direção unitária, responsável pela definição das políticas estratégicas e operacionais do conjunto. Assim, e a partir de 2005, as condições associadas à presença de controlo alargaram-se significativamente. Não obstante, o ponto continua a ser alvo de polémica e não se afigura como uma solução fácil para os enquadramentos contabilísticos de referência a nível internacional. Com a publicação da SIC – 12, em 1999, foi significativamente estendida, a nível internacional, a obrigatoriedade de consolidação de contas. Esta norma interpretativa ganha corpo de cidadania com a publicação e adoção da IFRS 10 em Portugal, com o que o conceito de entidade a consolidar, como veremos, alarga-se a um nível até aí quase inimaginável.

A segunda grande limitação que enferma a informação consolidada[34] prende-se com a *inexistência de um quadro teórico suficientemente coerente*, no âmbito do qual se proceda à elaboração das contas consolidadas. A contabilidade tem sido fortemente condicionada pela inexistência de uma figura jurídica autónoma, pelo que acabou por não apostar numa verdadeira filosofia de elaboração das contas consolidadas, dividindo-se entre duas vertentes teóricas fundamentais: *teoria financeira* e *teoria da entidade*. Bebendo algumas ideias de cada uma, permitiu que se viesse a afirmar como dominante, na literatura e nas normas contabilísticas, uma *terceira via* de elaboração das contas consolidadas: a *teoria mista*. Logo, as contas consolidadas enquanto modelo de representação contabilística da entidade económica grupo, encontram-se enxertadas de alguns princípios básicos que presidem à elaboração das contas individuais das entidades juridicamente distintas, e fortemente condicionadas pela prioridade de a informação financeira consolidada ser em primeira mão dirigida aos acionistas da sociedade consolidante.

Em nossa opinião, só a existência de uma teoria fortemente apoiada em sólidos princípios teóricos poderia superar algumas das limitações que enfermam, ainda hoje, a elaboração das contas consolidadas. A primeira coautora destas linhas faz parte do grupo de investigadores[35] que defendem que a formulação

---

[34] Apesar de ter decorrido quase um século desde que uma empresa publicou, pela primeira vez, as suas demonstrações financeiras consolidadas, a *U.S. Steel Corporation*, pouco se tem avançado. Acredita-se que chegou o momento de aproveitar as potencialidades atuais com que o mundo dos negócios nos brinda para avançar no apoio à direção estratégica dos grupos, mediante o desenvolvimento e implantação de modelos criados com base em critérios mais consentâneos com a realidade multifacetada que um grupo apresenta.

[35] MOONITZ (1951); CONDOR LÓPEZ (1988), 1993); ANA MARIA RODRIGUES (2006), entre outros.

COMENTÁRIO GERAL AOS ARTS. 508º-A A 508º-F   343

das contas consolidadas deveria basear-se na *teoria da entidade*, passando a assumir-se o grupo como uma entidade jurídica-económica e financeira distinta das partes que o compõem. A teoria económica da entidade[36] reflete, nesta opinião, de forma mais adequada, a realidade da unidade que constitui o grupo de sociedades. É o grupo, na pessoa da sociedade-mãe, que controla os bens, direitos e obrigações do conjunto e as operações das entidades juridicamente autónomas.

Neste quadro, não fará sentido repartir os ativos e passivos detidos pelas subsidiárias que são posse da sociedade dominante e dos interesses minoritários, dado que o valor a integrar nas contas consolidadas devia ser o valor global do património do conjunto à data da constituição do grupo, independentemente da natureza dos diferentes acionistas. O critério relevante é o *controlo* sobre esses ativos, não a sua «posse» jurídica. Consequentemente, a forma jurídica aparecia secundarizada face à substância económica dos factos, permitindo que essa nova entidade agisse como se de uma única entidade se tratasse. O facto de a entidade ter direito a utilizar/controlar os bens e direitos e obrigações de um conjunto de entidades juridicamente distintas, aproveitando as capacidades intrínsecas que estes têm de virem a gerar serviços potenciais e, por conseguinte, assegurando a posse dos benefícios económicos futuros advindos dessa atividade, resulta, essencialmente, da existência de uma *direção una* com objetivos estratégicos e operacionais comuns.

Relacionada com esta limitação, pode apontar-se também que, no quadro conceptual da maior parte dos países, há uma dualidade de informação a prestar – contas individuais e contas consolidadas – em que as últimas aparecem como *complementares* à informação prestada pelas empresas através das suas contas individuais[37], tendo alguns aspetos inerentes à sua elaboração sido condicionados por esta opção, consciente, por parte dos organismos regulamentadores. Em Portugal, continua a exigir-se a dupla prestação de contas (individuais e consolidadas).

A contabilidade dos grupos foi como que enxertada na contabilidade pensada para unidades empresariais mais simples, resultando, por isso, a elabora-

---

[36] V. ANA MARIA RODRIGUES (2003), (2006).

[37] Esta lógica de dupla apresentação e divulgação de informação (individual e consolidada), que implica elevados custos de cumprimento para as entidades, não é entendida do mesmo modo em todo o mundo. Por exemplo, nos EUA, desde 1982, deixou se ser obrigatória a publicação de contas individuais, quando o grupo prepare e divulgue contas consolidadas. Para maiores desenvolvimentos, v. NOBES (2002) e MÜLLER (2011).

ção das contas consolidadas de uma lógica de *agregação das contas individuais*[38] das sociedades integrantes do perímetro de consolidação, em detrimento de uma verdadeira contabilidade de um "agente económico" muito particular e estreitamente vinculado com a nova realidade económica e social: o grupo de sociedades.

Torna-se necessário repensar o imperativo da aparência jurídico-formal das operações realizadas dentro de um grupo de sociedades. É nossa convicção que tal bloqueio só pode ser ultrapassado via enfoque na substância económica e financeira dessas operações, permitindo desvirtuar o menos possível o objetivo a atingir com a informação contabilística de cada uma das sociedades, reconstituindo-se via informação consolidada.

A *desconexão* entre contas consolidadas e contas individuais é um imperativo da contabilidade dos nossos dias, pelo menos da contabilidade pensada como forma de informação e comunicação, não a "velha e gasta" vertente da contabilidade como registo de factos passados.

Uma outra limitação das DFC, que se encontra fortemente condicionada pela filosofia de elaboração da informação consolidada, anteriormente apontada, é o *tipo de destinatários/utilizadores* que se visa satisfazer com a sua elaboração. As DFC nasceram de desenvolvimentos práticos, que remontam aos finais do século dezanove e primeiras década do século passado, nos Estados Unidos da América e no Reino Unido. Assim, desde o seu início, foram fortemente impregnadas pela concepção contabilística designada de *anglo-saxónica*, que vê as DFC como um instrumento privilegiado de *comunicação com os mercados financeiros* (acionista atuais; eventuais investidores), relegando para plano secundário outros utilizadores, ainda que muito importantes, como os *credores* e os *dirigentes* do grupo. Mais uma vez, em nossa opinião, tal deve-se à inexistência de uma estrutura conceptual fortemente apoiada em sólidas bases teóricas, pelo que propomos uma profunda revolução do atual quadro regulamentar da consolidação, tendo subjacente a ideia de que as normas contabilísticas não constituem

---

[38] A Sétima Diretiva, no seu art. 29º, 2, *a)*, avançou com a ideia de homogeneidade das contas consolidadas face às contas anuais da sociedade-mãe. Já nos referimos *supra* a esta questão das contas anuais. Discordamos de tal orientação: as contas consolidadas deviam ser elaboradas a partir de um referencial distinto, até porque o enquadramento histórico do aparecimento das contas consolidadas dos grandes grupos anglo-saxónicos (americanos e ingleses) não visava substituir as contas individuais da sociedade--mãe do grupo, porque na generalidade desses países as sociedades organizadas em sistema de grupo não tinham qualquer obrigatoriedade de apresentar a respetiva informação individual.

critérios técnicos inamovíveis[39]: são, antes, o produto de circunstâncias concretas ligadas a um tempo determinado[40], sendo possível a sua renovação dentro de um quadro teórico mais adequado.

Pensamos que cada vez mais a informação consolidada deve ser orientada numa dupla perspetiva: *informação interna* e *informação externa*, atenta a íntima conexão que existe entre a informação prestada ao mercado e a informação necessária para efeitos de gestão, numa tentativa de procura de um sistema coordenado de informação, constituindo uma importante ferramenta de gestão que permite medir a *performance* global do grupo enquanto entidade distinta das partes que o constituem, e, ao mesmo tempo, minimizadora dos riscos de decisão dos agentes externos que estabelecem relações com essa entidade. Logo, as contas consolidadas devem afigurar-se indispensáveis tanto para os gestores como para os analistas externos na mira de avaliar a planificação, a seleção dos investimentos e os respetivos financiamentos, com vista a atingir os seus objetivos económicos e financeiros. As contas consolidadas também se afiguram indispensáveis para todo um conjunto mais lato de utilizadores, dado que não são apenas os investidores atuais ou potenciais os únicos agentes económicos atuantes com a *mega-estrutura* do grupo. Pensemos designadamente nos trabalhadores, nos fornecedores e outros credores, no Estado e até o público em geral[41], que estabelecem relações continuadas com o grupo, dado que este deve ser entendido como uma entidade económica, que engendra múltiplas relações entre parceiros de negócio com interesses variados e muitas vezes incompatíveis.

O carácter dinâmico do grupo de sociedades, tanto no tempo como no espaço, gera, por isso, diferentes necessidades de informação. Logo, as demonstrações financeiras consolidadas, modelo de representação contabilístico da vida económica e financeira do grupo, devem ser assumidas como uma prioridade para fornecer informação à generalidade dos *stakeholders*, e não apenas aos acionistas da sociedade mãe, alargando-se pois o seu âmbito de influência.

---

[39] Há alguns autores que entendem que as normas contabilísticas têm sido um dos graves entraves à evolução do conhecimento teórico no campo da contabilidade. Veja-se, por exemplo, a posição altamente crítica de LOPES DE SÁ (1995), p. 258, onde afirma que "as Normas Contábeis (...) tendem a ter [por base] mais critérios de conveniência de quem as emite que um sólido conceito científico".
[40] Sobre a influência das questões culturais na contabilidade, v. NOBES (1998).
[41] Todos estes, aliás, "utentes" das DF, conforme elencados no § 9 da EC do SNC (v. ANA MARIA RODRIGUES/RUI PEREIRA DIAS (2010), p. 765-766).

Outra limitação que pode apontar-se à elaboração das contas consolidadas é, em certa perspetiva[42], a da ausência de uma consagração *jurídica* do grupo como verdadeira entidade económico-financeira autónoma, distinta das "partes" constituintes, com reflexo sobre as responsabilidades das sociedades individualmente consideradas perante as entidades por ela dominadas. Não são inequívocos, porém, a bondade e, caso a tenha, o sentido e o alcance de uma tal consagração[43].

Uma outra grande área de inconsistências, tornando as políticas de consolidação deficientes, prende-se com a *utilização alternativa dos diferentes métodos de consolidação* para integrar sociedades que, na essência, mantêm o mesmo tipo de vínculos de dependência entre si. Uma questão limitadora, ao nível dos métodos de consolidação, respeita à alternativa de utilizar o MEP ou o MCP para a consolidação no que toca aos empreendimentos conjuntos (*joint ventures*), onde o controlo conjunto se encontra repartido por um pequeno número de participantes. Hoje, a nível do IASB, o MEP é comummente utilizado para consolidar os investimentos nas *joint ventures*, tendo, com a publicação da IFRS 11, terminado a hipótese de os integrar pelo MCP. Todavia, este método não parece ser, tão-pouco, totalmente satisfatório para refletir uma imagem adequada do investimento. ARCHEL defendia que o tratamento destas *joint ventures* devia ser feito através do MCP, em detrimento do MEP, já que o primeiro permitiria fornecer uma melhor imagem da situação económica-financeira e patrimonial do conjunto empresarial[44]. Todavia, em Portugal, para as entidades que aplicam o SNC (e não as normas internacionais), continua a poder utilizar-se o MCP para a integração dos empreendimentos conjuntos. Consequentemente, para efeitos de consolidação, estes investimentos aparecem registados pelo MEP[45], significando que as contas consolidadas refletem apenas o valor atualizado do investimento realizado nessas sociedades, em lugar de incorporar todos os bens, direitos e obrigações, rendimentos e gastos desta sociedade. Tais situações podem tornar-se gravosas e desvirtuar os objetivos da informação consolidada, tendo

---

[42] E não obstante, bem entendido, a existência de reflexos da realidade grupal ao nível tributário, insolvencial, laboral, societário, *etc.*.

[43] Os coautores destas linhas não têm visões coincidentes sobre esta questão, pelo que apenas a deixamos assim brevemente enunciada.

[44] P. ARCHEL (1999), p. 188.

[45] A utilização do MEP como método de consolidação conduz à omissão dos ativos, passivos, gastos e rendimentos nos documentos consolidados do grupo. Apenas a percentagem do capital próprio da filial detida pela sociedade consolidante (ou por qualquer das suas filiais) é realçado na conta de investimento.

efeitos significativos na estrutura financeira do grupo de sociedade, proporcionando, nesse caso, uma imagem incompleta do mesmo, com perdas significativas na informação que publicamente disponibilizam.

Outras das grandes limitações normalmente apontadas na elaboração da informação consolidada é a *variabilidade dos critérios de mensuração/valorimetria* utilizados nas contas consolidadas. A questão está ligada à bem conhecida alternativa entre *custo histórico* e *justo valor.*

Primeiro, a valorização dos ativos e passivos nas contas consolidadas não é de forma a assegurar a compreensibilidade e a fiabilidade das demonstrações financeiras consolidadas, não permitindo, em nossa opinião, refletir a imagem verdadeira e apropriada da situação financeira e dos resultados do grupo. Nas DFC, integra-se os "velhos" *custos históricos* (ativos e passivos da sociedade-mãe) com o custo de aquisição dos ativos e passivos da sociedade filial, acrescidos quota-parte da mais-valia potencial que pertence à sociedade-mãe, segundo a percentagem de participação, pela opção pela avaliação do património da adquirida *ao justo valor.* Logo, os ativos e passivos constantes das contas consolidadas não oferecem uma valorização ajustada aos valores de mercado, nem mesmo ao seu preço de custo, dada esta *duplicidade de critérios de valorimetria.*

Ademais, a opção pela avaliação dos ativos detidos pela subsidiária ao justo valor conduz a dificuldades que desde há muito vêm sendo assinaladas na literatura. Já M. MILLER (1973: 285) reconhecia a dificuldade da definição de um referencial de valorização de ativos suficientemente credível e que garantisse uma valorização adequada para os ativos individualmente considerados numa operação de aquisição de partes de capital[46].

Desde a década de setenta até hoje, centenas de textos foram escritos sobre esta problemática, continuando a questão na mesma encruzilhada de há trinta anos: tradicionalmente, as demonstrações financeiras são elaboradas com base no princípio contabilístico do *custo histórico,* mas com laivos de outro critério de mensuração, a saber, o justo valor. No entanto, e cada vez mais frequentemente, vêm-se questionando as principais e tradicionais vantagens apontadas ao custo histórico: *objetividade, verificabilidade* e *simplicidade,* apontando-se cada vez mais as deficiências relacionadas com esse critério de mensuração. A *objetividade*

---

[46] Como escrevia MILLER (1973), p. 285: "individual valuations of assets interacting in a system are arbitrary. Present value is inaccessible; reproduction cost of assets is irrelevant. Replacement cost of service potential and net realizable value of parts of the system structure are values that are dependent upon the manner in which an enterprise is divided arbitrarily into service configurations for replacement or disposal. They cannot be aggregated to obtain reliable indicators of enterprise value".

que o caracteriza é apenas aparente, já que se resume unicamente ao momento da valorização inicial, correspondente ao momento do registo de um facto ou acontecimento. É óbvio que essa objetividade se esgota no final do período económico em que o acontecimento ocorreu, ao proceder-se à depreciação desse elemento, com base num conjunto de percepções subjetivas, nomeadamente as opiniões/julgamentos profissionais da pessoa responsável pela elaboração das contas, e que se traduzem na estimação de uma vida útil e de valor residual arbitrários, longe de poderem ser considerados objetivos. A *verificabilidade*, por seu turno, é inquestionável, porque se suporta em documentos objetivos, "autenticados" pelas partes em questão e resultantes de uma transação de mercado. Também a *simplicidade* da sua aplicação é quase inquestionável, dado que se encontra amplamente provado, na prática, ao longo de períodos de tempo muito alargados. Contudo, essa simplicidade transforma-se numa barreira quase intransponível para os elementos que não resultam de uma transação de mercado nas condições ditas "normais".

Apesar destas aparentes vantagens, há, porém, limitações verdadeiramente relevantes no contexto atual. A *falta de relevância* e *comparabilidade* da informação prestada sob os desígnios do custo histórico são verdadeiramente relevantes no atual contexto económico-empresarial. Assim, os ativos mantêm-se por períodos longos registados a custos históricos, conduzindo a uma representação inadequada do património de todas as entidades. Quanto mais longe estivermos da data de aquisição, maior será a perda de significado do custo histórico para traduzir o verdadeiro valor do património de uma qualquer entidade. Também a propriedade *aditiva* se vê inadequadamente representada nos balanços consolidados: ao permitir-se somar novos valores históricos com velhos valores históricos, aparecem valores que não são homogéneos em termos de unidade de medida, constituindo custos dependentes que serão transferidos ao longo do tempo para a demonstração dos resultados, sem que essa importância monetária traduza o valor desses elementos.

Todavia, e como forma de superar essas lacunas, outros sistemas de valorização/mensuração se têm vindo a afirmar como alternativas ao princípio do custo histórico, sendo o critério mais frequentemente apontado o do *justo valor*. Os seus partidários entendem que as empresas devem adotar o *fair value*[47] como a base mais apropriada para avaliar os ativos líquidos identificados e identificáveis,

---

[47] Esta opção é quase genericamente aceite, particularmente entre os países anglo-saxónicos. Veja-se, entre muitos outros autores que discutem esta questão, Grinyer, Russel e Walker (1991).

COMENTÁRIO GERAL AOS ARTS. 508º-A A 508º-F 349

com vista a calcular o *goodwill* resultante de um processo de aquisição, e também para reconhecer os ativos e passivos controlados pela sociedade-mãe como resultado dessa aquisição de partes sociais.

A adoção de um critério geral de valorimetria assente no justo valor pode, contudo, conduzir à criação de um campo de *discricionariedade* significativa: com efeito, os dirigentes das empresas envolvidas em grandes operações de aquisição podem usar esse critério de valorimetria do modo que mais lhes convier, de maneira a que o valor do *goodwill* resultante da aquisição seja o "mais conveniente", para que o seu tratamento contabilístico possa assegurar a melhor *performance* financeira no curto prazo, bem ao sabor da cultura dominante (*profit oriented culture*) nos mercados financeiros.

Apesar desta discricionariedade, o justo valor é cada vez mais o referencial de valorização aceite pelas diversas estruturas conceptuais, tanto nacionais como internacionais[48], ainda que não isento de críticas.

A utilização de um ou outro referencial valorimétrico, ou de ambos, coloca em questão a *relevância* e a *fiabilidade* da informação financeira a divulgar pelas diferentes entidades nas demonstrações financeiras. Pode, em última análise, pôr em risco qualquer tentativa de comparabilidade internacional, ainda que tendo subjacente o mesmo normativo contabilístico, em virtude de as práticas contabilísticas dos grupos serem muito diversas. Pode, pois, contribuir para que a informação divulgada não seja prestável como base para a comparação da posição financeira e avaliação do desempenho económico dessas entidades.

Logo, tendo como principal objetivo a necessidade de fornecer informação relevante, fiável e comparável, que permita aos utentes das demonstrações financeiras a tomada de decisões económicas e financeiras devidamente fundamentadas, a dupla utilização de critérios valorimétricos não se afigura recomendável nas práticas do relato dos grupos.

Ainda hoje não está devidamente comprovada a relevância, a fiabilidade e a utilidade resultantes da utilização do justo valor *versus* o custo histórico, digladiando-se posições da denominada contabilidade em sistema (*transaction-based* ou *historical cost*) com a contabilidade apoiada no *fair value*. A determinação do justo valor dos ativos e passivos de forma *fiável, objetiva* e *verificável* assume-se

---

[48] É assumido pelo SSAP 22, pelo APB *Opinion* 18 e também pela recente norma, SFAS 141, publicada pelo FASB e mesmo pela NIC 22. O Japão é talvez a único país cujo modelo básico ainda se baseia no custo histórico, embora admita que alternativamente o justo valor possa ser utilizado na contabilização das concentrações empresariais e logo no cálculo do valor do *goodwill*.

como um tema controverso, conceptualmente e do ponto de vista prático, uma vez que para grande parte dos ativos, particularmente dos ativos intangíveis, não existem mercados organizados onde os mesmos sejam transacionáveis, nem sequer representam valores com uma natureza líquida. Torna-se, assim, necessário delimitar com rigor as formas de mensuração do justo valor, bem como as situações em que este poderá ser aplicado. Uma das principais exigências do mundo atual tem que ver com um conjunto de novas realidades que carecem de um relato e divulgação contabilística adequados, de modo a permitir a tomada de decisões; realidades essas cujo enquadramento na lógica do custo histórico se afigura praticamente impossível.

Logo, deve ser considerada fundamental a existência de um relato financeiro *comparável*, *transparente* e *fidedigno*, para que o mercado financeiro seja integrado e eficiente; e onde as decisões dos agentes económicos possam ser tomadas num contexto de minimização de incerteza.

As conclusões a que fomos chegando podem apontar para três aspetos particulares que merecem realce especial.

Primeiro, mais de um século sobre a elaboração das primeiras demonstrações financeiras consolidadas[49], e apesar de um longo caminho percorrido com vista a melhorar a qualidade da informação divulgada nesse tipo de relatos[50], ainda hoje tais documentos contabilísticos são elaborados sem ter por base um conjunto de fundamentos teóricos próprios, porquanto a generalidade das estruturas conceptuais em vigor são pensadas para uma entidade informativa que tanto poderá ser uma única empresa como um *grupo*. Daí as debilidades significativas, na perspetiva da prossecução dos objetivos visados, a que fomos fazendo referência: chegamos, pois, a uma das questões fundamentais da consolidação nos nossos dias. Dentro desta perspetiva, um dos primeiros problemas – talvez um dos mais complexos, constitui em nossa opinião o cerne das limitações que apresentámos ao longo do presente ponto – prende-se com a falta de uma posição conceptual clara no que respeita à ótica de consolidação subjacente à elaboração das DFC. Ape-

---

[49] RODRIGUEZ FIGUEROA (1986) refere que as primeiras DFC foram publicadas em 1903, nos EUA, pela *United States Steel Corporation*.

[50] Estas limitações são visíveis nalguns dos organismos emissores das normas internacionais mais influentes, como é o caso do FASB, que, desde 1982, foi incumbido pela SEC de elaborar um projeto para a criação de uma ou mais normas sobre consolidação e outros assuntos relacionados. Catorze anos depois, em 1996, o FASB volta a reconsiderar as suas prioridades ainda no âmbito desse projeto, e, dentro da linha dos objetivos a atingir, poder-se-á afirmar que ainda hoje há um conjunto amplo de questões que não foram contempladas nos esforços normativos do FASB.

sar da multiplicidade de projetos e "contraprojetos" de normas contabilísticas que foram surgindo, falta uma profunda reflexão teórica sobre a "contabilidade de consolidação". A contabilidade ainda não integrou plenamente esse "novo sujeito"[51], eixo do mundo económico atual, como um "novo sujeito" de corpo inteiro, com toda a problemática contabilística que o envolve, nomeadamente, a sua definição e as regras de elaboração de informações contabilísticas especiais[52]. Em nossa opinião, devia existir uma estrutura conceptual distinta para cada uma das diferentes entidades informativas, *empresa individual* e *grupo*, e não uma única, como se prevê atualmente. Um esquema conceptual coerente é necessário para adequadamente servir de base às práticas utilizadas na consolidação. A orientação geralmente assumida, no sentido da definição da entidade informativa, assenta na existência de uma capacidade de decisão una e com um conjunto de recursos próprios dirigidos para o cumprimento de fins específicos, independente da estrutura jurídica subjacente a essa «unidade decisional». Contudo, a natureza prática que presidiu ao nascimento das contas consolidadas transporta em si os germes das suas insuficiências, ainda que estas se tenham vindo a desenvolver progressivamente dentro de quadros conceptuais mais alargados. Na essência, a sua elaboração continua muito enredada pelas próprias técnicas de consolidação que estiveram presentes ao tempo do seu surgimento.

Um segundo aspeto está ligado à *técnica de consolidação*: se esta estivesse apoiada em sólidos princípios teóricos, poderia contribuir para dirimir os conflitos suscetíveis de nascerem no seio do grupo[53], emergentes p. ex. da aquisição de participações sociais por um preço que se afastou significativamente (para cima ou para baixo) do valor contabilístico (ou mesmo do justo valor) dessas mesmas participações; poderia ainda permitir o reconhecimento de um conjunto de intangíveis que o mercado se encontra ávido em ver reconhecidos na informação contabilística, apresentando por isso condições mais adequadas para traduzir a imagem fiel do *grupo* – lugar de conflito entre os interesses dos diri-

---

[51] *Novo* é uma expressão não inteiramente adequada, visto que o seu reconhecimento na contabilidade já conta com mais de um século de existência.

[52] Segundo GABÁS TRIGO/BELLOSTAS PÉREZ-GRUESO (2000), o raciocínio lógico-dedutivo de uma estrutura conceptual deverá ter como ponto de partida uma adequada percepção da realidade e uma correta formulação dos elementos básicos do sistema de informação, nomeadamente, o objetivo, o emissor ou sujeito contabilístico, o destinatário ou utilizador e o tipo de informação a proporcionar. Parece falhar a existência dessa percepção da realidade, ainda hoje, na generalidade dos enquadramentos contabilísticos que se prendem com a elaboração de informação consolidada.

[53] A ideia das contas consolidadas como meio de dirimir conflitos pode ser analisada na obra de O. GRASSI (1999).

gentes, por um lado, e as necessidades dos múltiplos utilizadores da informação contabilística consolidada, que pretendem obter condições para a tomada de decisões económicas num quadro de menor incerteza possível, por outro lado.

Por último, uma estrutura conceptual que respeitasse a natureza própria das DFC permitiria a opção por um método de mensuração para o conjunto de ativos e passivos detidos pelas diferentes empresas do grupo, possibilitando uma avaliação integral do património do grupo (mãe e subsidiárias), contrariamente ao que até agora tem dominado (em que apenas os ativos da subsidiária são remensurados para efeitos de contas consolidadas)[54]. Para as situações já existentes, escolher-se-ia um momento subsequente em que se verificasse a inclusão de uma nova subsidiária no perímetro de consolidação. Tratar-se-ia de uma "venda teórica" de ativos e passivos de todas as empresas incluídas na consolidação, incluindo os elementos patrimoniais da sociedade-mãe, à nova entidade (o grupo).

Uma das questões polémicas desta solução, é certo, seria a possibilidade de aflorarem na sociedade consolidante mais-valias e menos-valias ou incrementos patrimoniais que se não poderiam considerar realizados como motivo da transação. Todavia, tendo em conta que essas contas consolidadas seriam elaboradas com finalidades distintas do apuramento do resultado e de outras questões fiscais, visando designadamente potencialidades de valorização e consideração de elementos imateriais e as suas aptidões para a realização de lucros, e mostrando, ao mesmo tempo, as atualizações de ativos que o tempo ou o mercado fez modificar. Logo, a obtenção da imagem fiel nas contas consolidadas deve ser procurada num quadro teórico de valorização, em que prevaleça a substância económica sobre a forma jurídica da operação subjacente. As considerações de ordem jurídicas e legais seriam relegadas para plano secundário na elaboração das contas consolidadas, prevalecendo nestas a essência *económica* das operações, ao considerar que as sociedades participantes e participada constituem uma entidade económica e financeira independente: o grupo.

Esta forma de entender o conjunto toma em consideração o controlo e a direção económica unitária assegurada pelo grupo, que condiciona as suas *performances* através da fixação de objetivos e gestão comum, conduzindo a uma informação contabilística e financeira menos distorcida perante a realidade económica una que lhe está subjacente. Se o critério de mensuração a optar for

---

[54] Esta opção conduziria ao reconhecimento do *goodwill* adquirido (filial) e também o *goodwill* gerado internamente na sociedade-mãe.

o *justo valor*, este deve ser desenvolvido num quadro detalhado de critérios para estabelecer essa valorização, de modo a reduzir a discricionariedade da sua aplicação por parte dos responsáveis pela elaboração da informação consolidada.

Um novo modelo de estrutura conceptual tem que assegurar que as operações entre a mãe e a filha não são mascaradas ou omitidas pelas demonstrações financeiras consolidadas, simplesmente como resultado de serem transferidas ou geradas numa entidade legal distinta, apesar de a entidade ser controlada pela mãe ou uma qualquer das suas subsidiárias[55]. Esta concepção aposta mais na inclusão do que na exclusão e é consistente com a tendência geral de que a informação financeira consolidada deve assegurar o máximo de informações sobre o conjunto de empresas que formam o conjunto em análise.

A hipótese de vir a ser considerada a adoção de um outro plano de contas comuns, baseadas em princípios contabilísticos geralmente aceites[56] mais adaptados à elaboração das contas consolidadas, poderá ser um solução a ponderar, dado que a elaboração das contas consolidadas não obedece aos princípios considerados pilares fundamentais das contas individuais, como sejam: princípio da *continuidade*, da *consistência* e do *custo histórico*.

Trata-se, do ponto de vista doutrinal, de formular a estrutura conceptual da contabilidade dos grupos de empresas, fora da estrutura conceptual atual, tentando ultrapassar as debilidades e inconsistências que impedem de assumir o grupo com a verdadeira dimensão económica que ele efetivamente tem, de forma a responder o mais eficientemente possível às necessidades de informação sentidas dentro e fora do conjunto.

Perante estas linhas orientadoras e atentando na diversidade de perspetivas possíveis, o que importa é repensar o processo de consolidação de contas que foi desenhado à semelhança do processo de elaboração das contas individuais das sociedades[57], procurando que as DFC mostrem o património, a sua situação financeira, as suas alterações, e ainda os resultados das suas operações, bem como a evolução da situação do grupo, de acordo com os princípios contabilísti-

---

[55] Daí emerge a necessidade de realizar alguns ajustamentos como resultado da agregação dos saldos das contas individuais das empresas que compreendem a entidade informativa.

[56] Ainda que, hoje, a noção de princípios contabilísticos geralmente aceites tenha desaparecido da contabilidade, entendemos que é porventura apenas uma questão de "moda", pois os pressupostos, características qualitativas e requisitos dessas contas não são mais que o reflexo dos grandes princípios que enformam o sistema contabilístico. Assim sendo, optamos por continuar a designar esses pilares por princípios contabilísticos.

[57] A aplicação das convenções contabilísticas habituais, como o princípio da prudência e o registo ao custo histórico, levanta sérios entraves na elaboração das contas consolidadas.

cos teoricamente mais corretos, ao mesmo tempo que devem ser pensadas para assumir outras finalidades. Devido ao desrespeito dessas orientações na elaboração das contas consolidadas, acentuou-se a forte perda de rigor da informação consolidada divulgada, tornando impossível conciliar a globalização do mercado com "velhas" perspetivas jurídicas, fiscais e contabilísticas, no que estas perspetivas pressupõem de dissonante ou de distinto. Assim, e num contexto marcado pela globalização dos mercados e pela emergência e domínio de organismos supranacionais reguladores dos mesmos, é preciso que a contabilidade, dentro de um renovado quadro conceptual e metodológico, consiga criar contas consolidadas que sejam capazes de construir informações relevantes e oportunas para apoiar decisões estratégicas.

5. Elaboração das demonstrações financeiras consolidadas: os métodos de consolidação

A consolidação de contas visa substituir no balanço da empresa consolidante os valores das partes de capital por ela detida pelo valor que lhe corresponde no património das empresas consolidadas, conforme estabelece o § 12 da NCRF 15.

As demonstrações financeiras *consolidadas* são elaboradas, em cada um dos períodos, a partir das demonstrações financeiras *individuais* das entidades que integram o grupo para efeitos de consolidação. Não há propriamente uma *contabilidade de consolidação*, pois estas demonstrações financeiras são elaboradas em cada um dos anos sem obediência ao princípio da entidade[58].

Podemos dizer que a aplicação de cada um dos métodos de consolidação é função da natureza e da importância das participações para o conjunto a consolidar.

Os métodos de consolidação previstos no enquadramento contabilístico português, direta ou indiretamente, são os seguintes:

- Método de Consolidação Integral (MCI)[59];
- Método de Consolidação Proporcional (MCP)[60];
- Método da Equivalência Patrimonial (MEP).

---

[58] Ver ANA MARIA RODRIGUES (2003). Tal como refere COSTA E ALVES (2013), p. 1165: "estas demonstrações financeiras não são geralmente preparadas com base em registos contabilísticos, mas sim obtidas através de mapas de trabalho (manuais ou informatizados) que as suportam e que se baseiam em cada uma das demonstrações financeiras individuais das entidades que integram o grupo".

[59] O MCI pode também aparecer referido por *método de consolidação global* ou *total*. Na versão anglo-saxónica, aparece designado de *line by line consolidation method*.

[60] A partir de 1 de janeiro de 2014, este método já não é admissível no ordenamento contabilístico internacional. A IFRS 11 veio apenas a permitir o reconhecimento dos empreendimentos conjuntos pelo MEP. Abandonou em definitivo o MCP.

COMENTÁRIO GERAL AOS ARTS. 508º-A A 508º-F   355

Anteriormente, em POC, o DL 239/91 referia explicitamente estes métodos. Porém, com respeito aos períodos iniciados em ou após 1 de janeiro de 2010, o POC foi revogado; e o SNC, na NCRF 15, não define os métodos de consolidação, optando antes por definir um conjunto de procedimentos de consolidação, em detrimento de uma enumeração de métodos. Tão-pouco as normas internacionais de contabilidade elencam os métodos de consolidação a adotar.

A aplicação das técnicas e os procedimentos de consolidação está prevista no diploma legal, conforme os §§ 12 a 26 da NCRF 15[61], tendo por base a aplicação do *método de consolidação integral* (MCI). Todavia, a aplicação do método de consolidação proporcional (MCP) e o método de equivalência patrimonial estão previstos na nossa lei, à semelhança da generalidade dos países europeus[62], conforme resulta da nota de enquadramento à classe 4 – conta 41 – investimentos financeiros. Também a NCRF 13 (*Interesses em empreendimentos conjuntos e investimentos em associadas*) acaba por incluir um conjunto de procedimentos a aplicar nestes casos, ainda que não se possa falar propriamente de procedimentos de consolidação, já que essa norma se aplica à preparação das contas individuais e das contas consolidadas[63].

A aplicação do método de consolidação proporcional está prevista para os empreendimentos conjuntos (entidades conjuntamente controladas)[64]. Neste caso, a empresa consolidante reparte contratualmente o controlo dessa sociedade com uma ou mais entidades. A entidade é incluída na consolidação atendendo à percentagem de capital detida[65]. A inclusão dessa sociedade nas contas consolidadas será feita na proporção dos direitos da sociedade consolidante (diretos e indiretos) no capital das sociedades consolidadas, não dando, por isso, lugar à evidenciação dos interesses minoritários ou dos não controladores. Presume-se que a aplicação do MCP corresponde neste caso melhor ao objetivo das contas consolidadas, em comparação com o MEP, que também poderá ser utilizado para as entidades conjuntamente controladas[66]. No entanto, importa

---

[61] Anteriormente a 2010, e para as empresas que aplicavam o POC, esta exigência constava do ponto 13.2.4 do POC.

[62] Para mais desenvolvimentos, v. CONDOR LÓPEZ (1992).

[63] Sobre uma análise crítica de alguns desses procedimentos, v. ANA MARIA RODRIGUES (2013).

[64] Designadas na doutrina por *joint ventures*, sociedades multigrupo, multidependentes, ou filiais comuns.

[65] Refira-se o art. 32º, 2, da Sétima Diretiva, sobre a aplicação do MCP, no sentido de que "os arts. 13º a 31º [que dizem respeito à aplicação do MCI] aplicam-se *mutatis mutandis* à consolidação proporcional (...)".

[66] No caso português, admite-se a utilização do MEP nestes casos, apenas nas contas individuais, sendo sempre obrigatório o MCP quando a entidade participante (o empreendedor) elabora contas consolidadas. Ver nota de enquadramento da conta 41 – Investimentos Financeiros.

sublinhar que, a partir de janeiro de 2014, as entidades que consolidam utilizando os padrões internacionais não aplicarão este método para "consolidar" os seus empreendimentos conjuntos, pois o MCP foi abandonado, muito recentemente, no normativo internacional, com a publicação da nova IAS 27 – Demonstrações Financeiras Separadas[67], bem como da IFRS 11. Ainda assim, a nova Diretiva da Contabilidade (Diretiva 2013/34/UE do Parlamento Europeu e do Conselho de 26 de junho) admite que os Estados-membros permitam ou exijam que as entidades geridas conjuntamente apareçam no balanço consolidado pelo método da consolidação proporcional. Aparentemente, trata-se de um retrocesso em relação ao previsto no normativo IASB; veremos como Portugal acolherá esta opção na transposição da Diretiva[68]. Enquanto o MCP foi assumido de uma forma optativa, tal como estava previsto no artigo 32º da Sétima Diretiva, o MEP assumia à data natureza obrigatória para o caso das empresas associadas e, até 2005, para as empresas do grupo excluídas da consolidação pelo MCI, desde que essa exclusão fosse baseada na diversidade de atividades – situação esta que veio a sofrer profunda alteração em 2005, com a publicação do DL 35/2005[69].

O MEP foi entendido, como um critério de valorimetria/mensuração nas contas individuais[70] das participações financeiras em empresas associadas, e também como um método de consolidação para "integração" ou reconhecimento dessas entidades nas contas consolidadas. Ainda que como método de consolidação este apresente algumas especificidades face ao método regra (método da consolidação integral ou global), ele reconduz-se também nas contas consolidadas a permitir a integração das associadas através de um novo critério de mensuração, sem que tal implique uma verdadeira integração do património das associadas nas contas consolidadas. Os atuais normativos (IASB-UE e SNC) admitem que, na utilização do MEP para o registo das empresas associadas, se anulem as operações internas realizadas entre a associada e as outras entidades pertencentes

---

[67] A IAS 27, desde a sua publicação inicial em 1989, sofreu variadas revisões, tendo a última revisão, em 2011, sido profunda, pois foi parcialmente substituída pela IFRS 10 no que respeita às demonstrações financeiras consolidadas; a IAS 27 colhe em exclusivo as orientações respeitantes às demonstrações financeiras separadas. A principal alteração da última revisão está na proibição da utilização do método de consolidação proporcional para a inclusão dos empreendimentos conjuntos nas contas consolidadas.

[68] Ainda não se conhece, à data, a opção que a Comissão de Normalização Contabilística irá tomar relativamente a este ponto.

[69] V. ANA MARIA RODRIGUES (2006).

[70] Na legislação comunitária frequentemente designadas de contas *anuais*. Essa expressão, porém, faz pouco sentido, uma vez que tanto as contas individuais como as contas consolidadas são de periodicidade anual: preferível será que se substitua por contas *individuais*.

COMENTÁRIO GERAL AOS ARTS. 508º-A A 508º-F   357

ao grupo, fazendo com que o MEP fosse igualmente entendido como técnica de mensuração nas contas individuais e "método de consolidação" nas contas consolidadas. Hoje, fruto da confusão instalada na NCRF 13, mesmo quando se utiliza o MEP como critério de mensuração nas contas individuais, a aplicação deste critério de mensuração exige a anulação dessas operações internas[71].

O § 5 da NCRF 15 adianta que "uma empresa-mãe ou a sua subsidiária pode ser um investidor numa associada ou um empreendedor numa entidade conjuntamente controlada. Em tais casos, as demonstrações financeiras consolidadas preparadas e apresentadas de acordo com esta Norma também serão preparadas de modo a cumprir os requisitos da NCRF 13 - Interesses em Empreendimentos Conjuntos e Investimentos em Associadas. Logo, está aqui subjacente a ideia de que as contas consolidadas incluem necessariamente as associadas e os empreendimentos conjuntos, numa lógica que designámos acima de conceito lato de consolidação.

6. Noção de grupo para a contabilidade

A noção de grupo para efeitos da obrigatoriedade de elaborar contas consolidadas tem evoluído ao longo do tempo. Assim, em Portugal, podemos identificar três tipos de modelos, correspondentes a três momentos distintos[72].

6.1. Modelo financeiro e a obrigatoriedade de consolidação

Este primeiro modelo dominou em Portugal entre 1991 e 2005, em resultado da opção tomada pelo legislador nacional em transposição da Sétima Diretiva. Nele, o interesse da sociedade *holding* na subsidiária é de natureza essencial-

---

[71] Trata-se de uma opção que, em nosso entender, não faz qualquer sentido: v. a posição altamente crítica defendida em ANA MARIA RODRIGUES (2013). Todavia, importa atender à nota de enquadramento da conta 41 – Investimentos Financeiros, onde se afirma que na aplicação destes métodos deverá, ainda, ter-se em atenção o seguinte:

"O uso do método da equivalência patrimonial nas contas individuais de uma empresa-mãe que elabore contas consolidadas deve ser complementado com a eliminação, por inteiro, dos saldos e transações intragrupo, incluindo rendimentos e ganhos, gastos e perdas e dividendos. Os resultados provenientes de transações intragrupo que sejam reconhecidos nos ativos, tais como inventários e ativos fixos, são eliminados por inteiro. As perdas intragrupo podem indicar uma imparidade que exija reconhecimento nas demonstrações financeiras consolidadas.

A participação numa entidade conjuntamente controlada poderá ser mensurada ou pelo método da consolidação proporcional ou pelo método da equivalência patrimonial se o empreendedor não tiver de elaborar contas consolidadas. Se o empreendedor elaborar contas consolidadas, então terá de, nas suas contas individuais, mensurar a participação na entidade conjuntamente controlada pelo método da equivalência patrimonial."

[72] Neste ponto, seguimos de perto ANA MARIA RODRIGUES/TOMÁS TAVARES (2014).

mente financeira, sendo o perímetro de consolidação definido segundo uma perspetiva baseada na propriedade[73].

Assim, com o DL 238/91, de 2 de julho, estendia-se a obrigatoriedade de elaborar contas consolidadas à generalidade das entidades societárias, com exclusão das entidades sob supervisão do sector financeiro (entidades bancárias e seguradoras). Para estas últimas, os princípios para a apresentação e elaboração das DFC constavam dos seguintes diplomas: DL 36/92, de 28 de março[74], para as entidades financeiras sob a supervisão do Banco de Portugal; e o DL 147/94, de 25 de março, para as entidades seguradoras sob a supervisão do Instituto de Seguros de Portugal[75].

Nesta fase inicial, a ideia do *controlo* assentava essencialmente na *participação de capital* detida pela empresa-mãe. O controlo baseava-se, no essencial, na detenção da maioria do capital social, direta ou indireta, pela entidade controladora.

Claro que as disposições legais alargavam essa situação a realidades conexas em que houvesse participação *não maioritária* no capital; mas era condição *necessária*, ainda que *não suficiente*, a *participação no capital*. Assim, o controlo podia ser atingido não apenas pela participação de capital detida, mas através de outros mecanismos com ela *combinados*, mais ou menos complexos, como sejam:

a) Detenção da maioria dos direitos de voto, individualmente ou por acordo;
b) Detenção de participação minoritária, mas conseguindo de facto exercer influência dominante ou controlo sobre uma outra entidade;
c) Imputação de direitos de voto, agregando, além da sociedade-mãe em nome próprio, as suas subsidiárias, bem como os sócios que atuam em nome próprio mas por conta da sociedade-mãe.

Ter por base a ideia de controlo, e não a percentagem de participação, implica o reconhecimento dos interesses minoritários. Estes representam a parte dos resultados e dos ativos líquidos de uma subsidiária atribuível a interesses de capital próprio que não sejam detidos, direita ou indiretamente através de subsidiárias, pela empresa-mãe.

---

[73] V. ABAD NAVARRO ET AL. (2000), ANA MARIA RODRIGUES (2003), (2006), HSU ET AL. (2012).
[74] Resultante da transposição da Diretiva do Conselho nº 86/635/CEE, de 8 de dezembro de 1986, procedeu à harmonização das regras essenciais a consolidação das instituições financeiras.
[75] Resultante da transposição da Diretiva do Conselho nº 91/674/CEE, do Conselho, de 19 de dezembro.

6.2. Modelo baseado na essência económica e a obrigatoriedade de consolidação com base na ideia de controlo

Este é o modelo que vigora em Portugal, desde 2005, com respeito a todas as entidades que não têm que aplicar direta e obrigatoriamente as NIC do IASB, conforme adotadas pela UE. Para as entidades sujeitas a essa obrigação, este segundo modelo foi superado a partir de 2014[76], pois entrou em vigor a nova IFRS 10, por força do Regulamento (UE) 1254/2012, de 11 de dezembro. Este regulamento adotou ainda as IFRS 11[77], IFRS 12[78], IAS 27 e IAS 28[79].

Depois de 2005, com a publicação do DL 35/2005, de 17 de fevereiro, por força da necessidade de transposição da Diretiva 2003/51/CE, há uma *extensão da noção de controlo*, para efeitos da definição do perímetro de consolidação. Claramente se aceita que situações/entidades na qual a sociedade-mãe *não detenha qualquer participação de capital*, mas que consiga *controlar* as suas *políticas financeiras e operacionais*, devem ser integradas para efeitos da elaboração da informação financeira consolidada. Assim, a noção de grupo horizontal, em que não se exige qualquer relação de capital entre empresa-mãe e subsidiária, surge pela primeira vez no normativo contabilístico nacional, aceitando-se a existência de uma influência dominante ou controlo mesmo na circunstância de a controlada não deter qualquer participação de capital na controlada/subsidiária. Tal corresponde a uma situação de dependência económica e financeira da subsidiária relativamente à sociedade-mãe.

Esta é a noção acolhida pela versão da IAS 27 que foi revogada em 2011 (versão de 2004), em que se exigia a consolidação de entidades controladas por uma entidade que reporta. Entendendo-se neste contexto o *controlo* como o *poder de*

---

[76] Estas normas entram em vigor o mais tardar a partir da data de início do seu primeiro exercício financeiro que comece em ou após 1 de janeiro de 2014.

[77] A IFRS 11 estabelece princípios para o relato financeiro pelas partes em acordos conjuntos e substitui a IAS 31 *Interesses em Empreendimentos Conjuntos*, bem como a SIC-13 *Entidades Conjuntamente Controladas – Contribuições Não Monetárias por Empreendedores*.

[78] A IFRS 12 combina, reforça e substitui os requisitos de divulgação para as subsidiárias, acordos conjuntos, associadas e entidades estruturadas não consolidadas. Esta nova norma determina um aprofundamento das informações a serem divulgadas nas notas, com especial incidência nas sociedades de propósitos especiais ou fundos que não sejam controlados, e que por isso não integram o balanço consolidado. Assim, a IFRS 12 exige a divulgação de informação que permita aos destinatários das DF avaliar a natureza dos riscos associados, os seus interesses em outras entidades e os efeitos de tais interesses sobre a sua posição financeira, desempenho financeiro e fluxos de caixa.

[79] Estas normas já sofreram algumas alterações: v. Regulamento (UE) 313/2013, de 4 de abril, que se refere já a emendas às IFRS 10, IFRS 11 e IFRS 12. Posteriormente, o Regulamento (UE) 1174/2013, de 20 de novembro, assinala ainda outras emendas às IFRS 10, IFRS 12 e IAS 27.

gerir as políticas financeiras e operacionais de uma entidade de modo a obter benefícios das suas atividades. Esta é ainda hoje a noção de controlo que deve ser acolhida pela generalidade das entidades que não aplicam diretamente as normas internacionais para a elaboração das suas demonstrações financeiras consolidadas. Aliás, no contexto nacional, não se deu até hoje corpo à ideia de controlo que veio a ser acolhida na SIC-12, através da obrigatoriedade de integrar no perímetro de consolidação as chamadas "entidades de finalidades especiais".

No período de 2009 a 2013, particularmente até 2011, data da publicação da nova IFRS 10[80], viveu-se um período complexo no que toca à consolidação. Coexistiram diferentes noções de controlo, particularmente no que respeita às entidades com valores negociados em mercados regulamentados, que aplicavam na elaboração das suas contas consolidadas as normas do IASB adotadas pela UE. A noção de controlo para efeitos de elaboração da informação consolidada era a imposta pela IAS 27, em que se exigia a consolidação de entidades controladas por uma entidade que reporta.

O SNC, que entrou em vigor com a publicação do DL 158/2009, criado no contexto da IAS 27, e na presença dessa norma interpretativa (a SIC-12), acabou por publicar a NCRF 15 - *Demonstrações Financeiras Consolidadas e Separadas*, que à data foi adotada pela UE (Regulamento 1606/2002), tendo subjacente a ideia de controlo tal como este era entendido na versão de 2004 da IAS 27. Todavia, optou por incluir no seu âmbito a Norma de Interpretação 1, que não é mais que a tradução da SIC-12. Ainda assim, nesta norma – a NCRF 15 – o controlo era entendido como o poder de gerir as políticas financeiras e operacionais de uma entidade ou de uma atividade económica a fim de obter benefícios da mesma (§ 4, 1 da NCRF 15 e § 4,2 da IAS 27). Afinal, controla quem tem poder para comandar políticas financeiras e operacionais de uma entidade.

6.3. Modelo baseado na essência económica e a obrigatoriedade de consolidação com base na ideia de poder

A crise financeira global que assolou o mundo a partir de 2007 gerou a necessidade de "reinterpretação" do conceito de controlo, de modo a ultrapassar as situações complexas que acabaram por surgir como resultado do envolvimento de muitas grandes entidades em esquemas mais ou menos complexos, que obrigavam essas entidades a uma exposição elevadíssima a riscos como resultado do seu envolvimento com tais veículos, fossem estes criados pelas mesmas entida-

---

[80] A IFRS 10 começou a ser elaborada pelo IASB em 2008, em pleno período da crise financeira.

des ou apenas patrocinados por essas entidades, mas que acabavam por não ser incluídos nos seus perímetros de consolidação, uma vez que esses veículos não estavam abrangidos pelas normas de consolidação – com o resultado final de acabarem por não figurar nas DFC. Todavia, como ficou bem patente na realidade da economia e finanças mundiais, os seus riscos e benefícios podiam condicionar grandemente a situação financeira e o desempenho do grupo, que deveriam estar fielmente refletidos nas suas contas consolidadas. Assim, o IASB viu a necessidade[81] de publicar uma norma contabilística que incluísse a norma interpretativa e que simultaneamente pudesse *estender ainda mais* a noção de controlo a essas entidades, designadas de *entidades veículo* ou *entidades de propósitos* ou *fins específicos*. A entidade controladora pode exercer um poder substancial sobre estes veículos, os SPE, mesmo não sendo titular do seu capital. Consequentemente, a SIC-12 passou a fazer uma interpretação dos requisitos da IAS 27 no contexto dessas entidades de propósitos específicos, dando maior ênfase aos riscos e benefícios que acarretavam essas entidades de fins específicos, muito para além da ideia de a controladora se apropriar dos benefícios das atividades das controladas.

Todavia, e como facilmente se entende, as duas normas (contabilística e interpretativa) conduziam a uma contradição entre as orientações normativas da IAS 27 e as acolhidas pela SIC-12. Esta última norma interpretativa é, apesar da fácil compreensão da sua natureza intrínseca, de difícil interpretação. Abusa de exemplos concretos não devidamente hierarquizados, sem qualquer carácter de generalidade, e dificilmente os operadores económicos tinham condições para aplicar simultânea e adequadamente estas duas normas, pois existia um conflito de ênfase na noção de controlo dificilmente harmonizado no âmbito de normas com visões distintas: apropriação de benefícios das entidades controladas *versus* responsabilidade pelos riscos e benefícios de entidades de propósitos específicos. O controlo avaliado a partir da responsabilidade pelos riscos significa que essa entidade pode ter que suportar os encargos residuais da atividade da sociedade veículo (SPE).

---

[81] O reconhecimento dessa necessidade resultou de forte pressão dos líderes do G20, bem como do Conselho de Estabilidade Financeira e outros intervenientes que solicitaram aos órgãos do IASB que redefinissem os requisitos contabilísticos e de divulgação, para que aqueles veículos, até aí considerados "veículos fora do balanço", passassem obrigatoriamente a ser incluídos no perímetro de consolidação dos grandes grupos económicos.

Esta dificuldade conduziu o IASB a publicar um conjunto de três novas normas contabilísticas. São elas: IFRS 10 – *Demonstrações Financeiras Consolidadas*[82]; IFRS 11 – *Empreendimentos conjuntos*; e IFRS 12 – *Divulgações de participações em outras entidades.*

É neste contexto que surge o terceiro modelo de consolidação que elencámos, baseado na *essência económica*, e a obrigatoriedade de consolidação numa ideia de *poder.*

Tal modelo, corporizado na IFRS 10, representa uma alteração normativa significativa, pois visa eliminar as inúmeras situações de entidades controladas que, por insuficiência da noção de controlo[83] que constava das normas em vigor à data, mormente a IAS 27 (versão de 2004), acabavam por escapar à obrigatoriedade de consolidação, pois tornava-se extremamente complexo comprovar a capacidade de controlar as políticas financeiras e operacionais dessas entidades de modo a obter benefícios resultantes desse controlo. Muitas organizações estavam fortemente expostas a riscos elevados resultantes desses veículos e não contabilizavam os retornos (positivos ou negativos) que obtinham dessas entidades.

Com vista a superar estas limitações, o objetivo da IFRS 10[84] é fornecer um modelo de consolidação único, que identifica a relação de controlo como base para a consolidação de todos os tipos de entidades. A IFRS 10 substitui a IAS 27 *Demonstrações Financeiras Consolidadas e Separadas* e a SIC-12, i.e., a Interpretação 12 do *Standing Interpretations Committee* (SIC) *Consolidação – Entidades com Finalidade Especial.*

Com efeito, pretende-se agora captar a natureza e o alcance do envolvimento da empresa consolidante com outras entidades em que, apesar de não terem maioria dos direitos de voto, acabam por ter um alcance e um envolvimento significativo que pode condicionar verdadeiramente a situação financeira e as suas alterações, bem como o desempenho do conjunto. Os níveis de risco

---

[82] IFRS 10 – *Consolidated Financial Statments* (revogação parcial da IAS 27 e da SIC 12) e IFRS 12 – *Disclosure of Interests in Other Entities.*

[83] HSU ET AL. (2012) concluem que as DFC baseadas em uma definição de controlo mais alargada fornecem informação útil para os investidores, relativamente às empresas cotada na *Taiwan Stock Exchange*, de 2000 a 2008.

[84] A IFRS 10 com *esta nova noção de controlo* pode vir a ter fortes impactos em muitas situações limite, e provavelmente estes novos conceitos serão incorporados na noção de controlo/domínio em outras áreas jurídicas, como no direito comercial, societário, dos mercados financeiros, do direito fiscal, direito trabalho, direito bancário, entre outras.

dessas entidades de finalidades especiais podem condicionar significativamente o desempenho global (presente e futuro) do conjunto.

Este modelo representa, pois, um terceiro nível no percurso do desenvolvimento da consolidação de contas em Portugal e a nível mundial. A IFRS 10 é uma norma do IASB que foi adotada pela UE, tendo sido aprovada pelo Regulamento (UE) 1254/2012, do Parlamento Europeu e do Conselho. Aplica-se, a partir de 2014[85], apenas às entidades com valores admitidos à negociação em mercados organizados, que estejam obrigadas a elaborar contas consolidadas de acordo com as normas internacionais de contabilidade, por via do Regulamento (CE) 1606/2002, do Parlamento Europeu e do Conselho, de 19 de julho.

Esta norma, importa frisar, não tem qualquer força jurídica para a generalidade de entidades que aplicam o SNC, mas sim tão-só para aquelas que aplicam diretamente as normas internacionais adotadas pela UE. Não é, por isso, diretamente aplicável às entidades que preparam contas consolidadas segundo as regras do normativo nacional – o SNC. Só o poderá ser em casos de ser utilizada como padrão interpretativo para a integração de lacunas. Apenas se vier a ser aprovada, total ou parcialmente, pela CNC, constituirá lei interna e, assim sendo, passará a vigorar para todos os grupos de sociedades nacionais. Até que tal aconteça, as empresas-mãe não cotadas aplicam a NCRF 15, cujo noção de controlo foi abordada no ponto anterior, ainda que continuem a ter que lidar com a NI 1, que tem por base a SIC-12 do IASB.

A IFRS 10 visa superar divergências interpretativas da IAS 27 e SIC-12, perante as acentuadas divergências, que acima apontámos, entre o conceito de controlo que subjazia a cada uma destas duas normas[86]. Funda-se numa ideia de *controlo vertical e horizontal*, pois incorpora com maior clareza o conceito de "controlo" da IAS 27 e da SIC-12, alargando-o para que possa integrar algumas outras realidades mais complexas.

A IFRS 10 opta, consequentemente, por uma noção ou definição de controlo mais clara, assente em três elementos base. Com efeito, controlo pode corresponder ao *poder detido sobre uma entidade*; a sua *exposição à variabilidade dos resultados*; e uma *ligação íntima entre poder e retorno*. Opta-se, assim, por definir o controlo recorrendo a um conjunto de tópicos interpretativos. Para além desta técnica legislativa, recorre a um conjunto amplo de exemplos de modo a facilitar

---

[85] Antes de ser adotada pela UE, a IFRS 10 era somente um conjunto de *guidelines* de auto-vinculação, podendo apenas ter uma aplicação residual em face de lacunas do normativo em vigor.
[86] A IFRS 10 prevê, nos casos devidamente enunciados na norma, uma aplicação retrospetiva.

a tarefa do intérprete-aplicador. Todavia, ainda que recorrendo a estas ferramentas interpretativas, o padrão de interpretação é em último termo a análise e o juízo profissional, dado que para os casos mais complexos, em situações de dúvida, a norma aceita juízos e estimativas do investidor controlador.

A IFRS 10 define o âmbito da obrigatoriedade de consolidação. Nos termos do seu § 4: *"uma entidade que é uma empresa-mãe deve apresentar demonstrações financeiras consolidadas. Esta Norma aplica-se a todas as entidades, com as seguintes exceções:*[87]

> *(a) Uma empresa-mãe não tem de apresentar demonstrações financeiras consolidadas se cumprir todas as seguintes condições:*
>
> > *(i) é uma subsidiária total ou parcialmente detida por outra entidade e todos os seus outros proprietários, incluindo aqueles que de outra forma não teriam direito a voto, foram informados de que a entidade não apresenta demonstrações financeiras consolidadas e não se opuseram a tal situação;*
> >
> > *(ii) os seus instrumentos de dívida ou de capital próprio não são negociados num mercado público (uma bolsa de valores nacional ou estrangeira ou um mercado de balcão, incluindo mercados locais e regionais);*
> >
> > *(iii) não depositou nem está em vias de depositar as suas demonstrações financeiras junto de uma comissão de valores mobiliários ou de outra organização reguladora com a finalidade de emitir qualquer categoria de instrumentos em um mercado público; e*
> >
> > *(iv) a sua empresa-mãe final ou qualquer empresa-mãe intermédia elabora demonstrações financeiras consolidadas disponíveis para uso público e que cumprem as IFRS.*

A nova norma opta por fixar um conjunto de definições alargado e relativamente inovador, em face dos normativos anteriores. A ideia de controlo sempre foi a chave para a obrigatoriedade de elaboração de informação consolidada. Mas hoje, esse controlo é entendido como um conceito muito mais abrangente do que o que inspirava a IAS 27.

É nos §§ 5, 6 e 7 que encontramos a definição do controlo. Começa por estabelecer-se que *"independentemente da natureza do seu relacionamento com uma*

---

[87] Também exceciona da obrigatoriedade de consolidação na alínea *b*) do § 4 os planos de benefícios pós-emprego ou outros planos de benefícios de longo prazo dos empregados, aos quais se aplica a IAS 19 *Benefícios dos Empregados.*

entidade (a investida), um investidor deve determinar se é uma empresa-mãe verificando se controla ou não a investida" ($ 5 da IFRS 10). O $ 6 adianta que *"um investidor controla uma investida quando está exposto ou é detentor de direitos relativamente a resultados variáveis por via do seu relacionamento com a mesma e tem capacidade para afetar esses resultados através do poder que exerce sobre a investida"*. Por último, o $ 7 concretiza a ideia de *controlo* dispondo que um investidor controla uma investida se e apenas se tiver, cumulativamente:

(a) poder sobre a investida ($$ 10 a 14);

(b) exposição ou direitos a resultados variáveis por via do seu relacionamento com a investida ($$15 e 16);

(c) a capacidade de usar o seu poder sobre a investida para afetar o valor dos resultados para os investidores ($$ 17 e 18).

Segundo o $ 8, *"um investidor deve atender a todos os factos e circunstâncias para verificar se controla uma investida. O investidor deve reavaliar se controla uma investida se os factos e circunstâncias indicarem a ocorrência de alterações no que respeita a um ou mais dos três elementos de controlo referidos no $ 7"*.

O $ 10 da IFRS 10 centra-se agora num novo conceito, até aqui não explicitamente previsto no normativo internacional: o *poder*. Assim, *"um investidor tem poder sobre uma investida se for detentor de direitos existentes que lhe conferem num determinado momento a capacidade de orientar as atividades relevantes, ou seja, as atividades que afetam significativamente os resultados da investida"*. O $ 11 afirma que *"o poder deriva de direitos. Por vezes, a consideração da existência de poder é simples, nomeadamente quando o poder sobre uma investida decorre direta e unicamente dos direitos de voto conferidos por instrumentos de capital próprio, como ações, e pode ser avaliado considerando os direitos de voto conferidos por essas participações. Em outros casos, a avaliação é mais complexa e exige a consideração de vários fatores, nomeadamente quando o poder resulta de uma ou de vários acordos contratuais"*. O $ 12 adianta: *"Um investidor com capacidade para orientar em um determinado momento as atividades relevantes tem poder mesmo quando os seus direitos de orientação ainda não tiverem sido exercidos. A evidência de que o investidor tem vindo a orientar atividades relevantes pode ajudar a determinar se tem poder, mas tal evidência não é, por si só, conclusiva para determinar se o investidor tem poder sobre uma investida"*.

Entendem-se por *atividades relevantes* as atividades da investida que determinam os seus principais retornos, ou afetam significativamente esses retornos. São, por isso, as atividades da investida que afetam significativamente os seus resultados.

A norma distingue também diferentes direitos. São eles: os *direitos substantivos*, que são destinados a assegurar o controlo sobre as atividades relevantes da investida. Já os *direitos de proteção* são destinados a proteger o interesse da parte que os detém, sem lhe conferir poder sobre a entidade a que esses direitos respeitam. Por último, distingue os *direitos de nomeação/destituição*, enquanto direitos que asseguram que os seus detentores podem escolher a composição desejada dos órgãos de gestão.

O § 15 da IFRS 10 aponta agora para a noção de *resultados*: "*Um investidor está exposto ou é detentor de direitos a resultados variáveis por via do seu relacionamento com a investida se os resultados do investidor por via do seu relacionamento com a investida puderem variar em função do desempenho da mesma. Os resultados do investidor podem ser apenas positivos, apenas negativos ou totalmente positivos e negativos*". Nos termos do § 16: "*Embora apenas um investidor possa controlar uma investida, os resultados de uma investida podem beneficiar mais de uma parte. Por exemplo, os detentores de interesses minoritários podem ter uma participação nos lucros ou nas distribuições de uma investida*."

No que respeita à *ligação entre poder e resultados*, o § 17 estatui que "*um investidor controla uma investida se tiver não só poder sobre a investida e exposição ou direitos a resultados variáveis por via do seu relacionamento com a investida, mas também a capacidade de utilizar o seu poder para afetar os seus resultados como investidor, por via do seu relacionamento com a investida.*" Já no § 18, determina-se que "*(...) um investidor com direito efetivo de tomar decisões deve determinar se é um mandante ou um mandatário. Um investidor que é um mandatário de acordo com os parágrafos B58-B72 não controla uma investida quando exerce um direito de tomar decisões que lhe tenha sido delegado*".

Em síntese, a IFRS 10 contém um único modelo de consolidação que identifica o controlo como a base para a consolidação de todos os tipos de entidades, e prevê a definição de controlo que compreende os três principais elementos seguintes:

- Poder sobre uma investida;
- Exposição, ou direitos, a retornos variáveis de uma investida; e
- Capacidade de usar o poder para afetar os retornos da entidade que relata.

Ou seja, podemos afirmar que há controlo, e logo obrigação de consolidar, quando o "investidor" (a) tem o poder para dirigir unilateralmente as atividades relevantes da investida; (b) através das suas decisões de gestão, expõe-se aos retornos variáveis e residuais da investida; (c) e, com o exercício desse poder, é capaz de modelar o valor desses retornos residuais.

Consequentemente, o conceito de controlo é bem mais abrangente do que o previsto na IAS 27, estendido por efeito da norma interpretativa SIC-12/NI 1, com efeitos a partir de 2010. Essa extensão da aplicação do conceito de controlo exige, em cada caso, um devido *julgamento* no contexto de todos os fatores relevantes. Para densificar o conceito de controlo, a IFRS 10 aponta variadíssimos fatores, que importará ponderar[88], e que afastam significativamente este terceiro modelo de consolidação da inicial perspetiva que via o controlo apenas nos casos em que uma entidade possuía a maioria dos direitos de voto/podia nomear a maioria dos membros dos corpos sociais.

Com as novas orientações da IFRS 10 podemos afirmar que houve uma mudança substancial no conceito de controlo da IAS 27. O novo conceito de controlo assenta no poder decisório sobre o reembolso de rendimentos relativos à investida, enquanto na IAS 27 o enfoque era centralizado no poder advindo dos direitos de voto detidos. A NCRF 15, que transpõe para a ordem interna a IAS 27, assenta o controlo, necessariamente, nos direitos de voto. Já a nova IFRS 10 coloca a ênfase da existência de controlo nos direitos de voto e no controlo do retorno do investimento. Esta última ideia de retorno do investimento foi pela primeira introduzido no normativo internacional com a SIC-12.

7. A consolidação de contas e a nova Diretiva da Contabilidade

Referimo-nos à Diretiva 2013/34/UE, do Parlamento Europeu e do Conselho, de 26 de junho de 2013, relativa às demonstrações financeiras anuais, às demonstrações financeiras consolidadas e aos relatórios conexos de certas formas de empresas, que essencialmente reviu e consolidou as Quarta e Sétima Diretivas. Este novo ato normativo europeu deverá ser transposto até 20 de julho de 2015.

No que respeita às suas implicações na consolidação de contas, importa aqui referir apenas alguns pontos essenciais, uma vez que a extensão e complexidade do diploma não se coaduna com uma análise exaustiva nesta sede.

O primeiro prende-se com a *dispensa obrigatória de consolidação*. Dados os limites adotados nesta diretiva, grande parte dos grupos nacionais, que não os grupos

---

[88] O primeiro respeita ao *propósito e estrutura da investida* (§§ B5 a B8). O segundo relaciona-se com *natureza das atividades relevantes e forma como as decisões sobre essas atividades são tomadas* (§§ B11 a B13). O terceiro prende-se com a *análise se os direitos do investidor lhe conferem a capacidade efetiva para orientar as atividades relevantes* (§§ B14 a B54). O quarto procura avaliar se o *investidor está exposto ou tem direitos a resultados variáveis por via do seu relacionamento com a investida* (§§ B55 a B57). O quinto afere a *capacidade que o investidor tem de utilizar o seu poder sobre a investida para afetar o valor dos resultados dos investidores* (§§ B58 a B72). Todos os §§ referidos nesta nota respeitam ao Anexo B da IFRS 10.

liderados pelas grandes sociedades cotadas em bolsa, podem vir a ser isentados da obrigação de consolidação, pois os referidos limites são muito significativos, quando comparados com a reduzida dimensão do nosso tecido empresarial[89].

Distanciando-se do normativo internacional, esta nova Diretiva da Contabilidade dá a possibilidade aos Estados de permitirem ou exigirem que as entidades geridas conjuntamente apareçam no Balanço Consolidado pelo método da consolidação proporcional. Conforme tivemos oportunidade de referir, este método de consolidação foi abandonado no normativo internacional, já que essas entidades passaram a ser reconhecidas pelo MEP.

Deverá ser aplicável a obrigação estabelecida na presente Diretiva de publicar documentos contabilísticos nos termos do artigo 3º, 5, da Diretiva 2009/101/CE (sucessora da Primeira Diretiva); contudo, os requisitos gerais de publicação poderão ser afastados pelos Estados no que respeita às microempresas.

O *princípio da materialidade* é expressamente afirmado: ele deverá reger o reconhecimento, a mensuração, a apresentação, a divulgação e a consolidação nas demonstrações financeiras. Ele pode ser limitado pelos Estados-membros, mas nunca deverá afetar nenhuma obrigação nacional de manter registos completos das suas operações comerciais que reflitam a sua posição financeira.

Veja-se, por fim (nesta breve alusão), o considerando nº 26 da Diretiva: "*o relatório de gestão e o relatório de gestão consolidado são importantes elementos do relato financeiro. Deverá ser fornecida uma exposição fidedigna do desenvolvimento e da situação da empresa, de uma forma que corresponda à dimensão e complexidade da sua empresa. As informações não deverão circunscrever-se aos aspetos financeiros da atividade da empresa, devendo incluir uma análise dos aspetos ambientais e sociais da atividade da empresa necessários para se compreender o desenvolvimento, o desempenho ou a situação da empresa. Nos casos em que o relatório de gestão consolidado e o relatório de gestão da empresa-mãe sejam apresentados sob a forma de relatório único, pode ser conveniente dar mais destaque às questões significativas para as empresas incluídas na consolidação consideradas no seu conjunto. No entanto, tendo em conta o potencial ónus para as pequenas e médias empresas, convém prever que os Estados-Membros possam prescindir de impor a obrigação de prestação de informações não financeiras no relatório de gestão de tais empresas.*"

---

[89] Como o considerando 12 esclarece, no caso de, em função dessa reduzida dimensão, a empresa-mãe não elaborar demonstrações financeiras consolidadas para o grupo, os Estados-membros poderão tomar as medidas que considerem necessárias para exigir que essa empresa seja classificada como uma empresa de maior dimensão, determinando a sua dimensão e a sua categoria numa base consolidada ou agregada.

É, pois, manifesta a preocupação de contrabalançar a importância de apresentações e divulgações contabilísticas fidedignas e completas com as características de micro, pequenas ou médias empresas, em que os interesses envolvidos justifiquem a sua poupança a custos com relato financeiro que se consideram, e um ponto de vista sistemático, desproporcionados.

ARTIGO 508º-A *
Obrigação de consolidação de contas

1. Os gerentes ou administradores de uma sociedade obrigada por lei à consolidação de contas devem elaborar e submeter aos órgãos competentes o relatório consolidado de gestão, as contas consolidadas do exercício e os demais documentos de prestação de contas consolidadas.
2. Os documentos de prestação de contas referidos no número anterior devem ser apresentados e apreciados pelos órgãos competentes no prazo de cinco meses a contar da data de encerramento do exercício.
3. Os gerentes ou administradores de cada sociedade a incluir na consolidação que seja empresa filial ou associada devem, em tempo útil, enviar à sociedade consolidante o seu relatório e contas e a respectiva certificação legal ou declaração de impossibilidade de certificação a submeter à respectiva assembleia geral, bem como prestadas as demais informações necessárias à consolidação de contas.

* O artigo foi modificado pelo DL 328/95, de 8 de julho; os nos 1 e 3 foram ainda alterados pelo DL 76-A/2006, de 29 de março.

Índice

1. As sociedades obrigadas por lei à consolidação de contas (art. 508º-A, 1)
    1.1. Sociedades sujeitas às NIC/NIRF (ou IAS/IFRS) do IASB-UE: a IFRS 10 (remissão)
    1.2. Sociedades sujeitas à aplicação do DL 158/2009
2. O dever de *relato consolidado da gestão* e *apresentação de contas consolidadas* (art. 508º-A, 1)
    2.1. Modo de elaboração dos documentos consolidados
    2.2. Empreendimentos conjuntos
3. Os documentos de prestação de contas consolidadas (art. 508º-A, 1)
4. Prazos para a prestação de contas consolidadas (art. 508º-A, 2, 3)

Bibliografia

Vide a bibliografia indicada no comentário geral aos arts. 508º-Aº a 508º-F.

1. As sociedades obrigadas por lei à consolidação de contas (art. 508º-A, 1)

Inspirado textualmente na previsão geral do artigo 65º, 1, de um dever de relatar a gestão e apresentar contas, a que estão vinculados, para efeitos das contas *indi-*

viduais[1], os respetivos membros do órgão de administração, o legislador impõe no n.º 1 do artigo 508.º-A uma obrigação paralela, agora com respeito às *contas consolidadas*.

Sujeitos passivos dessa obrigação são os *gerentes ou administradores* da *sociedade obrigada por lei à consolidação de contas*. Não é no próprio CSC, porém, que encontramos a indicação sobre quais são as sociedades *obrigadas por lei* à prestação de informação *consolidada*. Temos, por isso, que recorrer a outros diplomas que definem essa obrigatoriedade. Em breve resumo, podemos dizer que: (1) às sociedades sujeitas ao âmbito de aplicação das normas internacionais de contabilidade aprovadas pela UE, aplicar-se-á a NIRF 10, conforme aprovada pelo Regulamento (UE) n.º 1254/2012 da Comissão, de 11 de dezembro de 2012[2]; (2) às demais sociedades, será aplicável a lei interna portuguesa, *i.e.*, o DL 158/2009, de 13 de julho.

1.1. Sociedades sujeitas às NIC/NIRF (ou IAS/IFRS) do IASB-UE: a IFRS 10 (remissão)

Como sabemos, o art. 4.º do Regulamento (CE) n.º 1606/2002, de 19 de julho de 2002, relativo às normas internacionais de contabilidade, previu o seguinte: *"Em relação a cada exercício financeiro com início em ou depois de 1 de Janeiro de 2005, as sociedades regidas pela legislação de um Estado-Membro devem elaborar as suas contas consolidadas em conformidade com as normas internacionais de contabilidade, adoptadas nos termos do n.º 2 do artigo 6.º, se, à data do balanço e contas, os seus valores mobiliários estiverem admitidos à negociação num mercado regulamentado de qualquer Estado-Membro, na acepção do n.º 13 do artigo 1.º da Directiva 93/22/CEE do Conselho, de 10 de Maio de 1993, relativa aos serviços de investimento no domínio dos valores mobiliários"*.

Na sequência deste Regulamento, foram adoptadas à escala europeia diversas Normas Internacionais de Contabilidade. Ora, na matéria em análise, as alterações têm sido significativas. Para os períodos anuais iniciados em ou após 1 de janeiro de 2013, as entidades devem aplicar uma nova IFRS, a IFRS 10 – *Demonstrações Financeiras Consolidadas*, que revogou, *parcialmente*, a IAS 27 – *Demonstrações*

---

[1] Pese embora a utilização frequente pela legislação europeia da expressão *contas anuais*, tal como já indicámos *supra* no comentário geral a este Capítulo, damos preferência à expressão *contas individuais*, uma vez que tanto estas como as *contas consolidadas* são em regra de periodicidade anual.

[2] Até 31 de dezembro de 2012, a norma aplicável às demonstrações financeiras consolidadas era a IAS 27 – *Demonstrações Financeiras Consolidadas e Separadas*.

financeiras consolidadas e separadas[3], e, totalmente, a SIC-12 – *Consolidação – Entidades de Propósitos Específicos*[4].

A IFRS 10 corporiza, justamente, o método de consolidação que se baseia na *essência económica* e faz gravitar a obrigatoriedade de consolidação em torno da ideia de *poder*, conforme *supra* descrevemos com mais detalhe (cfr. comentário geral, 6.3.).

1.2. Sociedades sujeitas à aplicação do DL 158/2009

O diploma que aprovou o SNC (DL 158/2009) determina os requisitos legais para que uma empresa mãe fique sujeita à *obrigatoriedade* de elaboração e apresentação contas consolidadas, bem como as regras relativas à *dispensa* e às situações de *exclusão*.

A preocupação de integrar no SNC a problemática da consolidação de contas fez com o legislador apresentasse, no artigo 2º, *definições* que interessam à consolidação de contas:

> *a) «Controlo» o poder de gerir as políticas financeiras e operacionais de uma entidade ou de uma atividade económica a fim de obter benefícios da mesma;*
>
> *b) «Demonstrações financeiras consolidadas» as demonstrações financeiras de um grupo apresentadas como as de uma única entidade económica;*
>
> *c) «Empresa mãe» uma entidade que detém uma ou mais subsidiárias;*
>
> *d) «Subsidiária» uma entidade, ainda que não constituída sob a forma de sociedade, que é controlada por uma outra entidade, designada por empresa mãe.*

Há uma clara preferência por critérios *substanciais*, de natureza económica, em detrimento da *natureza jurídica* das entidades envolvidas, de cuja forma ou tipo não deve ficar dependente a aplicabilidade do regime contabilístico de consolidação.

O artigo 4º do DL 158/2009 prevê as situações em que as contas consolidadas devem ser elaboradas tendo por base o normativo internacional. Admitem-se, nos n°s 2 a 4, várias hipóteses em que a aplicação das normas internacionais de contabilidade assume natureza opcional. Todavia, uma vez tomada a opção, a

---

[3] A IAS 27 – *Demonstrações Financeiras Consolidadas e Separadas*, na sua versão de 2008, não foi totalmente revogada, tendo antes sido desagregada em duas normas: a IAS 27 – *Demonstrações Financeiras Separadas* e a IFRS 10 – *Demonstrações Financeiras Consolidadas*.

[4] Esta Norma Interpretativa SIC 12 – *Consolidação – Entidades de Finalidades Especiais*, nos termos do Regulamento (CE) nº 1126/2008 da Comissão, de 3 de novembro, foi adotada pelo legislador nacional com a designação de NI 1 – *Norma Interpretativa 1 – Consolidação – Entidades de Finalidades Especiais*.

OBRIGAÇÃO DE CONSOLIDAÇÃO DE CONTAS **ART. 508º-A** 373

entidade consolidante é obrigada a aplicar as NIC por um período não inferior a 3 anos, conforme dispõe o nº 5 desse preceito.[5]

Apesar do previsto no nº 1 deste artigo 4º, o legislador contabilístico admite, no artigo 5º, a competência das entidades de supervisão (BdP, ISP e CMVM), que podem afastar algumas das disposições constantes neste diploma.

A obrigatoriedade de elaborar contas consolidadas, baseada na *essência económica* e numa ideia de *controlo*[6], consta do artigo 6º[7].

[5] O teor completo do art. 4º é o seguinte:
"1 – As entidades cujos valores mobiliários estejam admitidos à negociação num mercado regulamentado devem, nos termos do artigo 4º do Regulamento (CE) nº 1606/2002, do Parlamento Europeu e do Conselho, de 19 de Julho, elaborar as suas contas consolidadas em conformidade com as normas internacionais de contabilidade adotadas nos termos do artigo 3º do Regulamento (CE) nº 1606/2002, do Parlamento Europeu e do Conselho, de 19 de Julho.
2 – As entidades obrigadas a aplicar o SNC, que não sejam abrangidas pelo disposto no número anterior, podem optar por elaborar as respetivas contas consolidadas em conformidade com as normas internacionais de contabilidade adotadas nos termos do artigo 3º do Regulamento (CE) nº 1606/2002, do Parlamento Europeu e do Conselho, de 19 de Julho, desde que as suas demonstrações financeiras sejam objeto de certificação legal das contas.
3 – As entidades cujas contas sejam consolidadas de acordo com o disposto no nº 1 devem elaborar as respetivas contas individuais em conformidade com as normas internacionais de contabilidade adotadas nos termos do artigo 3º do Regulamento (CE) nº 1606/2002, do Parlamento Europeu e do Conselho, de 19 de Julho, ficando as suas demonstrações financeiras sujeitas a certificação legal das contas.
4 – As entidades obrigadas a aplicar o SNC, mas que estejam incluídas no âmbito da consolidação de entidades abrangidas pelo nº 2, podem optar por elaborar as respetivas contas individuais em conformidade com as normas internacionais de contabilidade adotadas nos termos do artigo 3º do Regulamento (CE) nº 1606/2002, do Parlamento Europeu e do Conselho, de 19 de Julho, ficando as suas demonstrações financeiras sujeitas a certificação legal das contas.
5 – As opções referidas nos nºs 2 a 4 devem ser globais, mantendo-se por um período mínimo de três exercícios.
6 – O período referido no número anterior não se aplica às entidades que, tendo optado pela aplicação de normas internacionais de contabilidade, passem a estar incluídas no âmbito da consolidação de entidades que não as adotem.
7 – A aplicação das normas internacionais de contabilidade a que se refere o presente artigo não prejudica que, para além das informações e divulgações inerentes a estas normas, as entidades abrangidas sejam obrigadas a divulgar outras informações previstas na legislação nacional."
[6] V. *supra*, no comentário geral a este Capítulo, 6.2..
[7] É o seguinte o teor completo do art. 6º:
«*1 – Qualquer empresa mãe sujeita ao direito nacional é obrigada a elaborar demonstrações financeiras consolidadas do grupo constituído por ela própria e por todas as subsidiárias, sobre as quais:*
a) Independentemente da titularidade do capital, se verifique que, em alternativa:
i) Possa exercer, ou exerça efetivamente, influência dominante ou controlo;
ii) Exerça a gestão como se as duas constituíssem uma única entidade;
b) Sendo titular de capital, quando ocorra uma das seguintes situações:
i) Tenha a maioria dos direitos de voto, exceto se for demonstrado que esses direitos não conferem o controlo;
ii) Tenha o direito de designar ou de destituir a maioria dos titulares do órgão de gestão de uma entidade com poderes para gerir as políticas financeiras e operacionais dessa entidade;
iii) Exerça uma influência dominante sobre uma entidade, por força de um contrato celebrado com esta ou de uma outra cláusula do contrato social desta;

Todavia, entendeu o normalizador nacional que os grupos mais pequenos poderiam ser *dispensados* da obrigação de consolidar contas. Para além da dimensão, o optou-se por dispensar a sociedade-mãe da obrigatoriedade de consolidar em dadas circunstâncias claramente enunciadas na lei (cfr. o art. 7º)[8].

iv) Detenha pelo menos 20 % dos direitos de voto e a maioria dos titulares do órgão de gestão de uma entidade com poderes para gerir as políticas financeiras e operacionais dessa entidade, que tenham estado em funções durante o exercício a que se reportam as demonstrações financeiras consolidadas, bem como, no exercício precedente e até ao momento em que estas sejam elaboradas, tenham sido exclusivamente designados como consequência do exercício dos seus direitos de voto;

v) Disponha, por si só ou por força de um acordo com outros titulares do capital desta entidade, da maioria dos direitos de voto dos titulares do capital da mesma.

2 – Para efeitos do disposto nas subalíneas i), ii), iv) e v) da alínea b) do número anterior, aos direitos de voto, de designação e de destituição da empresa mãe devem ser adicionados os direitos de qualquer outra subsidiária e os das subsidiárias desta, bem como os de qualquer pessoa agindo em seu próprio nome, mas por conta da empresa mãe ou de qualquer outra subsidiária.

3 – Para os mesmos efeitos, aos direitos indicados no número anterior devem ser deduzidos os direitos relativos:

a) Às partes de capital detidas por conta de uma entidade que não seja a empresa mãe ou uma subsidiária; ou

b) Às partes de capital detidas como garantia, desde que os direitos em causa sejam exercidos em conformidade com as instruções recebidas ou que a posse destas partes seja para a entidade detentora uma operação decorrente das suas atividades normais, em matéria de empréstimos, com a condição de que os direitos de voto sejam exercidos no interesse do prestador da garantia.

4 – Ainda para os efeitos do disposto nas subalíneas i), iv) e v) da alínea b) do nº 1, à totalidade dos direitos de voto dos titulares do capital da entidade subsidiária devem deduzir-se os direitos de voto relativos às partes de capital detidas por essa entidade, por uma subsidiária desta ou por uma pessoa que atue no seu próprio nome, mas por conta destas entidades."

[8] O teor do art. 7º é o seguinte:

"1 – Uma empresa mãe fica dispensada de elaborar as demonstrações financeiras consolidadas quando, na data do seu balanço, o conjunto das entidades a consolidar, com base nas suas últimas contas anuais aprovadas, não ultrapasse dois dos três limites a seguir indicados:

a) Total do balanço: (euro) 7 500 000;

b) Total das vendas líquidas e outros rendimentos: (euro) 15 000 000;

c) Número de trabalhadores empregados em média durante o exercício: 250.

2 – A dispensa da obrigação de elaborar contas consolidadas só ocorre quando dois dos limites definidos no número anterior se verifiquem durante dois exercícios consecutivos.

3 – Não obstante o disposto nos números anteriores, é ainda dispensada da obrigação de elaborar contas consolidadas qualquer empresa mãe que seja também uma subsidiária, quando a sua própria empresa mãe esteja subordinada à legislação de um Estado membro da União Europeia e:

a) Seja titular de todas as partes de capital da entidade dispensada, não sendo tidas em consideração as partes de capital desta entidade detidas por membro dos seus órgãos de administração, de direção, de gerência ou de fiscalização, por força de uma obrigação legal ou de cláusulas do contrato de sociedade; ou

b) Detenha 90 %, ou mais, das partes de capital da entidade dispensada da obrigação e os restantes titulares do capital desta entidade tenham aprovado a dispensa.

4 – A dispensa referida no número anterior depende da verificação das seguintes condições:

OBRIGAÇÃO DE CONSOLIDAÇÃO DE CONTAS **ART. 508º-A** 375

Compulsando este artigo 7º, verificamos que, no presente, a *dispensa* de consolidação, no âmbito do SNC envolve os seguintes limites:

- Balanço: 7.500.000 €
- Volume de negócios líquidos: 15.000.000 €
- Nº de empregados: 250

Porém, por força da nova Diretiva da Contabilidade (Diretiva 2013/34/UE)[9], esta norma pode vir a ser profundamente alterada: a Diretiva ordena a dispensa da obrigatoriedade de consolidação aos *pequenos grupos*, definidos como os que não ultrapassem 2 dos 3 critérios seguintes:

- Balanço: 4.000.000 €
- Volume de negócios líquidos: 8.000.000 €
- Nº de empregados: 50

Já no que respeita aos *médios grupos*, não há uma obrigatoriedade de dispensa por imposição da Diretiva, mas podem vir a ser isentados por opção de cada um dos Estados-membros. Os limites estabelecidos na Diretiva para este tipo de grupos são os seguintes, sendo que a possibilidade de dispensa, por parte dos Estados-membros, está condicionada à não ultrapassagem de 2 dos 3 abaixo elencados:

- Balanço: 20.000.000 €
- Volume de negócios líquidos: 40.000.000 €
- Nº de empregados: 250

a) A entidade dispensada, bem como todas as suas subsidiárias, serem consolidadas nas demonstrações financeiras de um conjunto mais vasto de entidades cuja empresa mãe esteja sujeita à legislação de um Estado membro da União Europeia;
b) As demonstrações financeiras consolidadas referidas na alínea anterior, bem como o relatório consolidado de gestão do conjunto mais vasto de entidades, serem elaborados pela empresa mãe deste conjunto e sujeitos a revisão legal segundo a legislação do Estado membro a que ela esteja sujeita, adaptada à Diretiva nº 83/349/CEE, de 13 de Junho;
c) As demonstrações financeiras consolidadas referidas na alínea a) e o relatório consolidado de gestão referido na alínea anterior, bem como o documento de revisão legal dessas contas, serem objeto de publicidade por parte da empresa dispensada, em língua portuguesa;
5 – *As dispensas referidas nos nºs 1 e 3 não se aplicam caso uma das entidades a consolidar seja uma sociedade cujos valores mobiliários tenham sido admitidos ou estejam em processo de vir a ser admitidos à negociação num mercado regulamentado de qualquer Estado membro da União Europeia."*
[9] V. *supra*, comentário geral a este Capítulo, 7..

Atendendo ao nosso tecido empresarial, caso tenha lugar o exercício desta opção pelo Estado português, em transposição da Diretiva[10], tal fará com que muito dos grupos presentemente sujeitos a consolidação de contas passarão a estar isentos de tal obrigação.

Por fim, após os requisitos de *dispensa* do artigo 7º, o artigo 8º fixa as hipóteses de *exclusão da consolidação*: ou seja, prevê-se que a sociedade-mãe *obrigada a consolidar* pode, em situações especiais, *excluir* do *perímetro de consolidação* algumas das suas subsidiárias[11].

De um confronto dos dois normativos, o europeu (IFRS 10) e o nacional (DL 158/2009), resulta evidente que as condições de exclusão de uma ou mais subsidiárias são muito mais abrangentes no SNC do que nas atuais normas internacionais.

Para os *procedimentos contabilísticos de consolidação*, vejam-se os §§ 12 a 26 da NCRF 15.

2. O dever de *relato consolidado da gestão* e *apresentação de contas consolidadas* (art. 508º-A, 1)

À semelhança do que prevê o artigo 65º, 1, para as sociedades *individualmente* consideradas, o nº 1 do artigo 508º-A vincula, em acréscimo, a sociedade consolidante, a um dever de relatar a gestão e apresentar contas *numa base consolidada*. Trata-se de um *acréscimo*, bem entendido, porque as contas consolidadas *não substituem* as contas individuais que essa sociedade consolidante, como qualquer sociedade, tem que elaborar, apresentar e fazer aprovar. Os responsáveis pela

---

[10] Estando presentemente em curso o prazo para transposição da Diretiva, não são ainda do conhecimento público as opções que o legislador contabilístico irá tomar.

[11] É o seguinte o teor do art. 8º:

«*1 – Uma entidade pode ser excluída da consolidação quando não seja materialmente relevante para a realização do objetivo de as demonstrações financeiras darem uma imagem verdadeira e apropriada da posição financeira do conjunto das entidades compreendidas na consolidação.*

2 – Quando duas ou mais entidades estejam nas circunstâncias referidas no número anterior, mas sejam, no seu conjunto, materialmente relevantes para o mesmo objetivo devem ser incluídas na consolidação.

3 – Uma entidade pode também ser excluída da consolidação sempre que:

a) Restrições severas e duradouras prejudiquem substancialmente o exercício pela empresa mãe dos seus direitos sobre o património ou a gestão dessa entidade;

b) As partes de capital desta entidade tenham sido adquiridas exclusivamente tendo em vista a sua cessão posterior, e enquanto se mantenham classificadas como detidas para venda.

4 – Uma subsidiária não é excluída da consolidação pelo simples facto de as suas atividades empresariais serem dissemelhantes das atividades das outras entidades do grupo.

5 – O disposto nos números anteriores não se aplica quando as demonstrações financeiras consolidadas sejam preparadas de acordo com as normas internacionais de contabilidade adotadas pela UE."

OBRIGAÇÃO DE CONSOLIDAÇÃO DE CONTAS ART. 508º-A   377

elaboração das contas consolidadas são aos administradores da sociedade-mãe, na sua veste de *sociedade consolidante*.

Tal como nos termos gerais, para além do dever de *elaborar* estes documentos, os membros da administração da consolidante estão vinculados[12] a *submeter estes documentos* aos órgãos competentes da sociedade – a saber, o grémio social, usualmente reunido em *assembleia geral*.

2.1. Modo de elaboração dos documentos consolidados

No que respeita ao *modo de elaboração dos documentos*, ele está sujeito, por comparação com o previsto no SNC para a elaboração das demonstrações financeiras de cada entidade, à aplicação dos mesmos pressupostos, características qualitativas e seus requisitos, bem com dos constrangimentos impostos pelo legislador na Estrutura Conceptual do SNC, da definição dos elementos a integrar nas diferentes demonstrações financeiras, dos critérios de valorimetria/mensuração dos elementos das demonstrações financeiras (ativos; passivos; gastos; rendimentos (réditos e ganhos) e elementos do capital próprio), tanto no reconhecimento inicial como na mensuração subsequente[13], das políticas contabilísticas, bem como para efeitos de apresentação que deve obedecer à estrutura dos modelos previstos no SNC para a elaboração das referidas demonstrações financeiras[14], devendo ser aplicados de forma consistente de um exercício/período para outro, conforme previsto no § 18 da NCRF 15[15]. Em casos excecionais, porém, a aplicação de uma qualquer disposição das normas de consolidação poderá ser afastada, quando se mostre incompatível com o objetivo central subjacente à elaboração das demonstrações financeiras consolidadas, *i.e.*, dar uma imagem verdadeira e apropriada da situação financeira e dos resultados do conjunto das

---

[12] MENEZES CORDEIRO (2005), p. 361, dá o dever paralelo prescrito no art. 65º, 1, como exemplo de um "dever funcional".

[13] Os ajustamentos e as reclassificações prévias passam pela harmonização dos pressupostos, das características e seus requisitos, pela homogeneidade e uniformidade de critérios valorimétricos/mensuração, pelas conversões monetárias e os métodos específicos para contemplar casos de entidades sediadas em países com fortes taxas de inflação. Tudo isto, bem como as técnicas de consolidação a utilizar (consolidação direta ou em cascata), são assuntos amplamente descritos na doutrina *contabilística* da especialidade, pelo que ora nos abstemos de fazer mais que breves considerações de carácter geral, e bem assim remeter os leitores para os manuais contabilísticos.

[14] Na apresentação e estrutura das demonstrações financeiras do SNC, o modelo definido é para as contas consolidadas. As eventuais adaptações que se mostrem necessárias fazem-se na preparação das demonstrações financeiras individuais. O modelo internacional não avança com uma estrutura de apresentação. Logo, as entidades nacionais que aplicam as IAS/IFRS socorrem-se do modelo adotado no SNC.

[15] Anteriormente, a mesma exigência constava das alíneas *b)* e *c)* do ponto 13.2.1 do Capítulo 13 do POC.

empresas compreendidas na consolidação. Estas omissões, porém, devem ser colmatadas através da divulgação dos factos no Anexo/Notas[16], permitindo que o destinatário da informação consolidada possa avaliar a justeza das opções contabilísticas tomadas.

No plano do normativo internacional, após a entrada em vigor da IFRS 10, os requisitos de divulgação para participações em subsidiárias são agora especificados na IFRS 12 – *Divulgação de participações em outras entidades.*

Relativamente às alterações na composição do conjunto[17], caso exista uma alteração significativa nessa composição no decurso de um período contabilístico, as demonstrações financeiras consolidadas devem fornecer informações que permitam a *comparabilidade* de conjuntos sucessivos de demonstrações financeiras consolidadas. Essa obrigatoriedade pode envolver dois níveis de requisitos: a elaboração das demonstrações financeiras ajustadas à data do início do período a que se referem; e a prestação de informações no Anexo consolidado.

Pode assim dizer-se que a elaboração da informação consolidada obriga à aplicação dos mesmos princípios e normas que a elaboração da informação individual de cada uma das sociedades integrantes do perímetro de consolidação, sempre que daí não resultem prejuízos significativos na obtenção da imagem verdadeira e apropriada do conjunto das entidades incluídas na consolidação.[18]

2.2. Empreendimentos conjuntos

Quando o legislador societário se refere (cfr., *v.g.*, o nº 3 deste artigo) a filiais e associadas, parece omitir a obrigatoriedade de consolidação dos empreendimentos conjuntos; mas a verdade é que também estes, à semelhança das associadas, integram o chamado perímetro de consolidação alargado. Pode discutir-se, no plano teórico, se no caso das associadas tratar-se-á de uma verdadeira consolidação, visto que os ativos, passivos e passivos contingentes dessas entidades não são integrados nas contas consolidadas, figurando apenas o investimento financeiro, reconhecido pelo MEP. No caso dos empreendimentos conjuntos,

---

[16] Previsto antes nas alíneas *a)* e *b)* do ponto 13.2.2 do POC. Hoje, as terminologias do SNC e do IASB não são totalmente coincidente, pois o *Anexo* do SNC é antes designado na IAS 1 do IASB por *Notas*. Ao longo deste texto, utilizaremos essas expressões em sinonímia.

[17] Vejam-se já o art. 28º da Sétima Diretiva e o ponto 13.2.4 do POC.

[18] Como refere o considerando 24 da Diretiva 2013/34/UE: *"A divulgação das políticas contabilísticas é um dos elementos essenciais das notas às demonstrações financeiras. Tais divulgações deverão incluir, nomeadamente, as bases de mensuração aplicadas às diversas rubricas, uma declaração de conformidade dessas políticas contabilísticas com o conceito de continuidade e todas as alterações significativas das políticas contabilísticas adotadas".*

OBRIGAÇÃO DE CONSOLIDAÇÃO DE CONTAS **ART. 508º-A** 379

pelo menos no normativo contabilístico nacional, há já uma integração dos ativos líquidos, ainda que seja uma integração parcial em função da percentagem de capital detida nesse empreendimento. Em ambiente IFRS, o método de consolidação proporcional foi abandonado pelo IASB, sendo que, nas novas IFRS, os empreendimentos conjuntos são já considerados, nas contas consolidadas, pelo MEP, à semelhança do que acontece para as associadas[19].

3. Os documentos de prestação de contas consolidadas (art. 508º-A, 1)

No *dever de relato consolidado da gestão e apresentação de contas* consolidadas incluem-se, segundo o art. 508º-A, 1, "o relatório consolidado de gestão, as contas consolidadas do exercício e demais documentos de prestação de contas consolidadas". Quais são, exactamente, estes documentos, uma vez que só o *relatório consolidado de gestão* (v. art. 508º-C) é especificamente identificado no CSC?

Dada a constante evolução que vem caracterizando este domínio, é feliz a inexistência de um elenco taxativo dos *documentos de prestação de contas consolidadas* na lei societária, bem como a referência aberta, na parte final do art. 508º-A, 1, aos "*demais documentos de prestação de contas consolidadas*". Na verdade, esses documentos – e não só o seu conteúdo – podem variar em *nome, número* e *forma*, consoante as normas contabilísticas a que as sociedades comerciais de lei portuguesa estejam sujeitas, assim como sofrer alterações ao longo dos tempos de modo a refletir e acompanhar a evolução da respetiva envolvente económica.

Hoje, um conjunto completo de *demonstrações financeiras consolidadas* inclui:

- Um balanço consolidado/uma demonstração consolidada da posição financeira;
- Uma demonstração consolidada dos resultados/uma demonstração consolidada do resultado integral;
- Uma demonstração consolidada das alterações no capital próprio do período;
- Uma demonstração consolidada dos fluxos de caixa do período;
- Notas/um anexo às contas consolidadas, compreendendo um resumo das políticas contabilísticas adotadas e outras informações explicativas relevantes[20].

---

[19] Ver, sobre os novos requisitos no que respeita aos empreendimentos conjuntos, a IFRS 11 – *Acordos Conjuntos*.

[20] Esta DF tem a designação, em normas internacionais, de *Notas* e assume uma particular relevância, já que dota os destinatários de informação complementar e indispensável para fornecer uma melhor

Segundo o § 8 da NCRF 1: *"cada componente das demonstrações financeiras deve ser identificado claramente. Além disso, a informação seguinte deve ser mostrada de forma proeminente e repetida quando for necessário para a devida compreensão da informação apresentada:*

(a) *O nome da entidade que relata ou outros meios de identificação, e qualquer alteração nessa informação desde a data do balanço anterior;*

(b) *Se as demonstrações financeiras abrangem a entidade individual ou um grupo de entidades;*

(c) *A data do balanço ou o período abrangido pelas demonstrações financeiras, conforme o que for apropriado para esse componente das demonstrações financeiras;*

(d) *A moeda de apresentação, por regra o Euro; e*

(e) *O nível de arredondamento, que não pode exceder o milhar de unidades da moeda referida em d) usado na apresentação de quantias nas demonstrações financeiras."*

4. Prazos para a prestação de contas consolidadas (art. 508º-A, 2, 3)

Para que a sociedade-mãe possa elaborar e apresentar as contas *consolidadas*, é necessário que previamente disponha das contas *individuais* das entidades a consolidar, isto é, que integram o perímetro de consolidação. Ora, o prazo de cinco meses previsto no artigo 508º-A, 2, por contraponto ao prazo geral de três meses (v. art. 65º, 5, 1ª parte), justifica-se por essa circunstância, bem como pelo facto de que não existe um processo de registo *contabilístico* para efeitos da elaboração de contas *consolidadas*: para esse efeito, em cada um dos diferentes períodos contabilísticos, parte-se das demonstrações financeiras *individuais* de cada uma das entidades integrantes do *perímetro de consolidação*. Assim, tendo em conta que as contas individuais têm que ser apresentadas e apreciadas pelos órgãos competentes, em regra, no prazo de três meses (v. art. 65º, 5), podendo o mesmo ser ainda de cinco meses quando as entidades reconhecem nas suas contas individuais os seus investimentos financeiros em empresas associadas, empreendimentos conjuntos e subsidiárias pelo método de equivalência patrimonial[21],

---

compreensão da informação contida nas outras demonstrações financeiras, para além de divulgar todo um conjunto de informações adicionais para permitir uma melhor e mais aprofundada compreensão da situação económica e financeira da entidade.

[21] Esta obrigação encontra-se estabelecida nas NCRF 13 e 15. Ou seja, as sociedades que realizam investimentos que podem ser classificados do ponto de vista contabilístico como investimentos em subsidiárias, empreendimentos conjuntos e associadas, devem reconhecer tais investimentos pelo MEP nas suas contas individuais. Os procedimentos exigidos por este particular critério de mensuração exigem que a entidade tenha informação de cada uma das entidades a mensurar pelo MEP. Sobre algumas das

também para a *consolidação* o prazo teria que ser maior (como aliás resulta também, textualmente, do aludido art. 65º, 5), pois é à agregação das contas das diferentes entidades constituintes do grupo que recorremos quando se preparam as contas consolidadas em cada um dos diferentes períodos contabilísticos.

Pelo mesmo motivo, o nº 3 do artigo 508º-A prevê a obrigação de os membros da administração de cada uma das sociedades a consolidar enviarem *"em tempo útil"* todos os relevantes documentos de prestação de contas (individuais) respetivos, assim como *"prestar[22] as demais informações necessárias à consolidação de contas"*.

Segundo o § 16 da NCRF 15: *"As demonstrações financeiras da empresa-mãe e das suas subsidiárias usadas na preparação das demonstrações financeiras consolidadas devem ser preparadas a partir da mesma data de relato. Quando as datas de relato da empresa--mãe e de uma subsidiária forem diferentes, a subsidiária prepara, para finalidades de consolidação, demonstrações financeiras adicionais a partir da mesma data que a das demonstrações financeiras da empresa-mãe a não ser que isso se torne impraticável"* [23].

Poderão, contudo, ser elaboradas com referência a uma data diferente (cfr. alínea *b)* do mesmo preceito)[24], a fim de serem tomadas em consideração as datas do balanço do maior número de entidades, ou das mais importantes, incluídas na consolidação. Se, eventualmente, nesta circunstância, a data do balanço de uma entidade preceder a do balanço consolidado em mais de três meses, deve ser consolidada tendo por base as demonstrações financeiras intercalares elaboradas com referência à data a que se reportam as contas consolidadas do grupo. Apontavam-se na doutrina duas alternativas para ultrapassar essa questão de datas de fecho diferentes, desde que esse diferencial seja inferior a três meses[25]. Uma delas prevê que as contas individuais de cada empresa sejam corrigidas apenas pelos factos que provocaram alterações significativas entre a data do

---

particularidades associadas ao MEP como método de mensuração ou como método de consolidação, ver ANA MARIA RODRIGUES (2013).

[22] Deve ler-se *prestar*, em vez de *prestadas*, retificando-se assim a conjugação do verbo que surge por manifesto lapso no texto oficial.

[23] Esta mesma exigência se encontrava prevista, no anterior normativo contabilístico, nas alíneas *a)*, *b)* e *c)* do ponto 13.2.3 do POC.

[24] Ainda que as DF sejam geralmente preparadas e apresentadas por um período anual, para algumas entidades, nomeadamente as sociedades com títulos admitidos à cotação, por força da imposição do CVM, estas devem apresentar as suas demonstrações financeiras não só numa base anual, mas também numa base trimestral. A norma do IASB, a IAS 34 – Relato Financeiro intercalar, admite que as entidades optem por apresentar, no relato financeiro intercalar, um conjunto de demonstrações financeiras ou um conjunto de demonstrações financeiras condensadas.

[25] Ver art. 27º da Sétima Diretiva.

seu fecho e a data da consolidação. A outra prevê apenas que se mencionem no anexo os factos que possam ter afetado a informação económica e financeira, ocorridos nesse período de tempo[26]. Hoje, o § 17 da NCRF 15 clarifica: quando *"as demonstrações financeiras de uma subsidiária usadas na preparação de demonstrações financeiras consolidadas forem preparadas a partir de uma data de relato diferente da data de relato da empresa-mãe, devem ser feitos ajustamentos que tenham em consideração os efeitos de transações ou acontecimentos significativos que ocorram entre essa data e a data das demonstrações financeiras da empresa-mãe. Em qualquer caso, a diferença entre a data de relato da subsidiária e a data de relato da empresa-mãe não deve exceder os três meses. A extensão dos períodos de relato e qualquer diferença nas datas de relato devem ser as mesmas de período para período"*. Assim se manifesta, pois, nas normas de contabilidade, uma clara preocupação de *consistência* na preparação da informação financeira e se criam as condições necessárias para se cumprir uma sua importante característica: a comparabilidade, particularmente na vertente de comparação das demonstrações financeiras de uma entidade ao longo do tempo, a fim de identificar tendências na sua posição financeira e no seu desempenho.[27]

---

[26] Esta questão não era tratada de forma tão clara na Sétima Diretiva, nem no Capítulo 13 do POC. Todavia, o nº 2, do art. 27º da Sétima Diretiva refere a eventual necessidade de prestar outras informações adicionais.

[27] Para garantir a comparabilidade da informação, a IAS 1 – *Apresentação de demonstrações financeiras* exige a divulgação de informação comparativa relativa ao período anterior, relativa a todas as peças contabilísticas integrantes no conceito de conjunto completo de demonstrações financeiras.

ARTIGO 508º-B *
Princípios gerais sobre a elaboração das contas consolidadas

1. A elaboração do relatório consolidado de gestão, das contas consolidadas do exercício e dos demais documentos de prestação de contas consolidadas deve obedecer ao disposto na lei, podendo o contrato de sociedade e os contratos entre empresas a consolidar complementar, mas não derrogar, as disposições legais aplicáveis.

2. É aplicável à elaboração das contas consolidadas, com as necessárias adaptações, o disposto nos artigos 65º, nºs 3 e 4, 67º, 68º e 69º

* O nº 2 do artigo foi modificado pelo DL 328/95, de 8 de julho.

Índice

1. Imperatividade das normas sobre a elaboração dos documentos de prestação de contas (art. 508º-B, 1)
2. A remissão para disposições do Capítulo VI do Título I (art. 508º-B, 2)

Bibliografia

Vide a bibliografia indicada no comentário geral aos arts. 508º-A º a 508º-F.

1. Imperatividade das normas sobre a elaboração dos documentos de prestação de contas (art. 508º-B, 1)

O art. 508º-B, 1, em termos quase idênticos aos do artigo 65º, 2, estabelece que o disposto na lei sobre a elaboração das demonstrações financeiras *consolidadas* é imperativo, uma vez que, não só lhe é devido obediência (1ª parte), como o contrato de sociedade ou *"contratos entre empresas a consolidar"*, embora possam *complementar* a lei, não a podem *derrogar* (2ª parte).

É, mais uma vez, uma manifestação da ideia de que as demonstrações financeiras[1] devem obedecer aos pressupostos[2], características qualitativas e seus

---

[1] Para esta breve análise, partiremos sempre das orientações constantes do SNC; todavia, as mesmas não diferem significativamente das dispostas nas normas do IASB-UE (as aprovadas pela UE, por força do Regulamento 1606/2002 e do Regulamento (CE) 1126/2008 da Comissão e respetivas alterações), ou mesmo das normas do IASB.

[2] Dois pressupostos estão subjacentes à preparação e divulgação das DF: continuidade e regime do acréscimo ou da periodização económica (§§ 22 e 23 da EC do SNC).

requisitos[3], bem como os respetivos constrangimentos, de tal modo que possam cumprir o seu principal objetivo: dar uma imagem verdadeira e apropriada da situação financeira, suas alterações e do desempenho da entidade no período considerado[4]. Para tal, para fiabilidade das DF, exige-se, entre muitos outros requisitos que estas sejam *exatas e completas*: por isso mesmo, não podem ser introduzidas cláusulas estatutárias que permitam ou conduzam ao desrespeito pelos princípios fundamentais do relato financeiro. Do mesmo modo, os contratos entre empresas a consolidar – entre os quais podemos imaginar, *v.g.*, *contratos de subordinação*, que geram uma relação de grupo entre as sociedades, ou contratos de efeitos *obrigacionais* dos mais variados tipos, desde os que estabeleçam regras de organização económica do grupo aos que digam respeito à transmissibilidade de participações sociais, *etc.* – não podem colocar em causa tal *exatidão* e *completude*.

Como sabemos, o relato financeiro é, hoje em dia, grandemente fundado numa ideia de *comply or explain*, com a possibilidade de as sociedades se desviarem do que numa primeira linha as normas contabilísticas impõem, precisamente com a justificação de que uma interpretação[5] e aplicação literal das mesmas conduziria a um relato desvirtuado. Tal não significa que as normas contabilísticas percam o seu carácter imperativo nessas hipóteses: a adequação desse desvio deve ser fundamentada e, caso lhe falte uma base justificadora, ele constitui uma violação das normas contabilísticas. Daqui decorre, naturalmente, que a introdução de uma cláusula estatutária ou a celebração de acordos interempresariais que incluam cláusulas sobre a prestação de contas que de alguma maneira desvirtuem as regras contabilísticas não são admitidas.

---

[3] Quatro grandes características são impostas às DF: compreensibilidade; relevância; fiabilidade e comparabilidade. Para a densificação das caraterísticas da relevância e da fiabilidade, o legislador contabilístico socorre-se de um conjunto de requisitos. São eles: natureza e materialidade da informação no que respeita à relevância. E representação fidedigna; "primado" da substância sobre a forma; neutralidade; prudência; plenitude para a densificação da fiabilidade. O legislador não vê necessidade de precisar a característica da compreensibilidade e da comparabilidade, ainda que, em nossa opinião, os conceitos subjacentes sejam complexos e difíceis de entender. Veja-se a propósito ANA MARIA RODRIGUES (2010). Para uma análise mais aprofundada sobre as características e respetivos requisitos, deve consultar-se os §§ 24 a 42 da EC do SNC. No que respeita aos constrangimentos à informação relevante e fiável, ver os §§ 43 a 45 da EC.

[4] Sobre o objetivo das DF, ver §§ 12 a 21 da EC do SNC. O conceito de imagem verdadeira e apropriada consta do §§ 46 da EC.

[5] Sobre a interpretação jurídica das normas contabilísticas, v. TOMÁS CANTISTA TAVARES (2013).

2. A remissão para disposições do Capítulo VI do Título I (art. 508º-B, 2)

O nº 2 do artigo 508º-B faz uma remissão para as disposições que, no Capítulo VI do Título I do CSC (arts. 65º s.), regulam *em geral* a prestação de contas *individuais*.

Em particular, a remissão contempla os artigos 65º, 3 e 4, que estabelecem a obrigatoriedade de assinatura dos documentos de prestação de contas (*consolidadas*, para o que ora interessa) *"por todos os membros da administração"* (da sociedade consolidante, bem entendido). Por outro lado, o nº 4 esclarece que os administradores obrigados a assinar são os *"que estiverem em funções ao tempo da apresentação"*[6].

Do mesmo modo, são convocadas, para aplicação *mutatis mutandis* à prestação de contas *consolidadas*, as regras gerais sobre: a *falta de apresentação* (67º, 1 a 3) e a *falta de aprovação*, pelo órgão competente, das contas consolidadas (67º, 4, 5); a *recusa de aprovação*, pelos sócios (da consolidante), das contas *consolidadas* (68º); e o regime especial de invalidade das deliberações de aprovação de contas (69º)[7].

---

[6] Com mais detalhes, v. ANA MARIA RODRIGUES/RUI PEREIRA DIAS (2010), art. 65º, anot. 4.
[7] Vejam-se os respetivos comentários em ANA MARIA RODRIGUES/RUI PEREIRA DIAS (2010).

ARTIGO 508º-C *
Relatório consolidado de gestão

1. O relatório consolidado de gestão deve conter, pelo menos, uma exposição fiel e clara sobre a evolução dos negócios, do desempenho e da posição das empresas compreendidas na consolidação, consideradas no seu conjunto, bem como uma descrição dos principais riscos e incertezas com que se defrontam.

2. A exposição prevista no número anterior deve incluir uma análise equilibrada e global da evolução dos negócios, do desempenho e da posição das empresas compreendidas na consolidação, consideradas no seu conjunto, conforme com a dimensão e complexidade da sua atividade.

3. Na medida do necessário para a compreensão da evolução do desempenho ou da posição das referidas empresas, a análise prevista no número anterior deve abranger tanto os aspetos financeiros como, quando adequado, referências de desempenho não financeiro relevantes para as atividades específicas dessas empresas, incluindo informações sobre questões ambientais e questões relativas aos trabalhadores.

4. Na apresentação da análise prevista no nº 2 o relatório consolidado de gestão deve, quando adequado, incluir uma referência aos montantes inscritos nas contas consolidadas e explicações adicionais relativas a esses montantes.

5. No que se refere às empresas compreendidas na consolidação, o relatório deve igualmente incluir indicação sobre:

a) Os acontecimentos importantes ocorridos depois do encerramento do exercício;

b) A evolução previsível do conjunto destas empresas;

c) As actividades do conjunto destas empresas em matéria de investigação e desenvolvimento;

d) O número, o valor nominal ou, na falta de valor nominal, o valor contabilístico do conjunto das partes da empresa mãe, detidas por esta mesma empresa, por empresas subsidiárias ou por uma pessoa agindo em nome próprio mas por conta destas empresas, a não ser que estas indicações sejam apresentadas no anexo ao balanço e demonstração de resultados consolidados;

e) Os objectivos e as políticas da sociedade em matéria de gestão dos riscos financeiros, incluindo as políticas de cobertura de cada uma das principais categorias de transações previstas para as quais seja utilizada a contabilização de cobertura, e a exposição por parte das entidades compreendidas na consolidação aos riscos de preço, de crédito, de liquidez e de fluxos de caixa, quando materialmente relevantes para a avaliação dos elementos do ativo e do passivo, da posição financeira e dos resultados, em relação com a utilização dos instrumentos financeiros;

f) A descrição dos principais elementos dos sistemas de controlo interno e de gestão de riscos do grupo relativamente ao processo de elaboração das contas consolidadas, quando os valores mobiliários da sociedade sejam admitidos à negociação num mercado regulamentado.

RELATÓRIO CONSOLIDADO DE GESTÃO **ART. 508º-C** 387

6. Quando para além do relatório de gestão for exigido um relatório consolidado de gestão, os dois relatórios podem ser apresentados sob a forma de relatório único.
7. Na elaboração do relatório único pode ser adequado dar maior ênfase às questões que sejam significativas para as empresas compreendidas na consolidação, consideradas no seu conjunto.
8. No caso de sociedades que sejam emitentes de valores mobiliários admitidos à negociação em mercado regulamentado e que apresentem um único relatório, a informação constante da alínea f) do nº 5 deve ser incluída na secção do relatório sobre governo das sociedades que contém a informação constante da alínea m) do nº 1 do artigo 245º-A do Código dos Valores Mobiliários.

* O artigo foi alterado por: DL 88/2004, de 20 de abril; DL 35/2005, de 17 de fevereiro; DL 185/2009, de 12 de agosto.

Índice
1. O relatório consolidado de gestão

Bibliografia
Vide a bibliografia indicada no comentário geral aos arts. 508º-Aº a 508º-F.

1. O relatório consolidado de gestão
O *relatório consolidado de gestão* é um dos documentos integrantes da prestação de contas. Diferentemente das *contas*, o relatório de gestão rege-se apenas por imposições jurídico-societárias. O legislador contabilístico abstém-se de tomar parte na regulamentação desse documento[1], tal como refere no § 8 da EC do SNC: *"As demonstrações financeiras não incluem, porém, elementos preparados pelo órgão de gestão, tais como relatórios, exposições, debate e análise e elementos similares que possam ser incluídos num relatório financeiro ou anual".* O § 11 da EC do SNC reforça essa posição. Enquanto as demonstrações financeiras de finalidades gerais são preparadas e apresentadas pelo menos anualmente e dirigem-se às necessidades comuns de informação de um vasto leque de *utentes* (§ 6 da EC), alguns destes podem exigir, e têm o poder de obter, *informação* para além da contida nessas

---

[1] Todavia, como referimos, o IASB já fez algumas tentativas no sentido de definir o conteúdo desse relatório, pois emitiu, em 2010, um *Practice Statement* sobre o *Management Commentary* (MC) (IASB 2010) com os procedimentos, ainda que não vinculativos, a serem observados na elaboração das divulgações narrativas que devem acompanhar as demonstrações financeiras elaboradas nos termos das IFRS.

demonstrações financeiras. É o caso do relatório de gestão, e bem assim do relatório *consolidado* de gestão, que, não obstante desempenhe um papel importante como documento integrante do processo de relato financeiro, pode ainda ser visto como uma emanação do *direito geral de informação* de que são titulares os sócios, mormente[2] os da sociedade consolidante. Na verdade, o relatório de gestão inclui, para além dos efeitos financeiros de acontecimentos passados, informação *não financeira* muito relevante, que complementa a informação financeira integrante das demonstrações financeiras, permitindo avaliar o zelo na atuação do órgão de gestão com os recursos que lhe foram confiados. Pode assim revestir-se de grande importância em ações de responsabilidade (civil e penal) dos membros da administração.

A administração da sociedade consolidante, ao fazer o relato da sua gestão, pode optar por apresentar um *relatório único* que congregue a informação devida, quer enquanto sociedade *individualmente* considerada (nos termos do artigo 66º), quer na veste de sociedade *consolidante*. Tal opção é expressamente autorizada pelo nº 6 do artigo 508º-C.

De resto, são quase textualmente aplicáveis ao relatório consolidado de gestão, nos termos do artigo 508º-C, as mesmas exigências que o artigo 66º impõe na elaboração do relatório de gestão para integrar a aprovação de contas *individuais*; razão por que remetemos para o respetivo comentário[3].

---

[2] Muito embora também possa ser devida, pelos administradores da sociedade consolidante, uma diligência jurídico-societariamente relevante para com outras entidades, que não sejam formalmente *sócias* da consolidante (v. o art. 504º).

[3] V. ANA MARIA RODRIGUES/RUI PEREIRA DIAS (2010), anot. ao art. 66º.

ARTIGO 508º-D *
Fiscalização das contas consolidadas

1. A entidade que elabora as contas consolidadas deve submetê-las a exame pelo revisor oficial de contas e pelo seu órgão de fiscalização, nos termos dos artigos 451º a 454º, com as necessárias adaptações.

2. Caso tal entidade não tenha órgão de fiscalização, deve mandar fiscalizar as contas consolidadas, nos termos do número anterior, por um revisor oficial de contas.

3. A pessoa ou pessoas encarregadas da fiscalização das contas consolidadas devem também emitir, na respetiva certificação legal das contas, parecer acerca da concordância, ou não, do relatório consolidado de gestão com as contas consolidadas do mesmo exercício.

4. Quando forem anexadas às contas consolidadas as contas individuais da empresa mãe, a certificação legal das contas consolidadas poderá ser conjugada com a certificação legal das contas individuais da empresa.

* O nº 1 do artigo foi modificado pelo DL 328/95, de 8 de julho; os nºˢ 3 e 4 foram alterados pelo DL 35/2005, de 17 de fevereiro.

Índice
1. O exame e a fiscalização das contas consolidadas

Bibliografia
Vide a bibliografia indicada no comentário geral aos arts. 508º-Aº a 508º-F.

1. O exame e a fiscalização das contas consolidadas

A *"entidade que elabora as contas consolidadas"* está obrigada a submetê-las ao exame por ROC e pelo seu órgão de fiscalização. Replicam-se, assim, tal como confirmado pela remissão operada pela parte final do nº 1, os deveres de exame, apreciação e certificação legal de contas que estão previstos na nossa lei societária para as *sociedades anónimas*[1] nos artigos 451º e seguintes, para os quais a parte final do nº 1 expressamente remete. Ao referir-se a lei aos *"termos dos artigos 451º a 454º"*, exclui o artigo 455º (também integrante, como aqueles, do Capítulo VIII do Título IV do CSC), com certeza porque este regula a *apreciação geral da administração e fiscalização em assembleia geral anual*, que não é duplicada ou

[1] Válido também para certas sociedades por quotas: v. arts. 262º e 263º.

multiplicada em função da existência de contas *consolidadas* (simplesmente, o processo de prestação de contas abrangerá elementos de contabilidade e informação financeira que não se cingem à sociedade consolidante individualmente considerada). A remissão é, porém, válida apenas para os artigos 451º, 452º e 453º, uma vez que o artigo 454º se encontra desde 2006 revogado[2]. A partir da leitura daqueles três preceitos[3] verificamos que os artigos 451º e 452º se referem ao processo de prestação de contas, começando com o *exame das contas* pelo *revisor oficial de contas,* integrante ou não do órgão de fiscalização (art. 451º), e seguindo-se a apreciação das contas, já devidamente *examinadas,* agora por parte do próprio órgão de fiscalização (art. 452º). Neste artigo 452º, dá-se primeiro enfoque às sociedades anónimas que têm estrutura monista tradicional (com conselho fiscal) ou anglo-saxónica (com comissão de auditoria). Por seu turno, o art. 453º dedica-se à prestação de contas nas sociedades de estrutura germânica (com conselho geral e de supervisão), fazendo remissão para várias das prescrições dos dois artigos anteriores.

O nº 2 do artigo 508º-D acautela a hipótese de a *entidade* consolidante (ou *empresa mãe,* como também surge designada no nº 4) não ser sociedade anónima e não ter órgão de fiscalização (como pode suceder, *v.g.,* se a mesma for uma sociedade por quotas). Nesses casos (aliás, tal como no das "grandes" sociedades por quotas que ultrapassem os limites do artigo 262º, 2), deverá haver *exame das contas* por ROC.

O artigo 451º, 3, *e*), exige, na certificação legal das contas individuais emitida pelo ROC, seja incluído *"um parecer em que se indique se o relatório de gestão é ou não concordante com as contas do exercício".* Pois bem: o nº 3 do artigo 508º-D vem expressamente estender tal exigência às contas consolidadas, de tal modo que a sua certificação legal deve igualmente incluir parecer sobre a concordância (ou não) do relatório *consolidado* de gestão com as contas *consolidadas.* Este requisito legal é de tal modo relevante que os ROC das sociedades individuais têm o dever de prestar toda a informação necessária para assegurar uma adequada certificação legal das contas consolidadas. No artigo 72º, 3, *c*), do Estatuto da Ordem dos Revisores Oficiais de Contas (EOROC), no âmbito da revisão legal das contas consolidadas das entidades a ela obrigadas, e na medida do estritamente necessário ao desempenho das suas funções, devem os ROC das entidades individuais prestar toda a colaboração indispensável ao bom desempenho das funções dos

---

[2] V. ANA MARIA RODRIGUES/RUI PEREIRA DIAS (2013), comentário geral, anot. 2..

[3] V., mais desenvolvidamente, ANA MARIA RODRIGUES/RUI PEREIRA DIAS (2013).

ROC encarregados da certificação das contas consolidadas, de forma a estabelecer com todos os profissionais envolvidos uma relação que contribua para garantir o correto exercício dos seus direitos e deveres profissionais.

Por fim, o nº 4 do artigo 508º-D permite que a certificação das contas *consolidadas* seja emitida em conjunto com a das contas *individuais* da empresa mãe.

ARTIGO 508º-E *
Prestação de contas consolidadas

1. A informação respeitante às contas consolidadas, à certificação legal de contas e aos demais documentos de prestação de contas consolidadas, regularmente aprovados, está sujeita a registo comercial, nos termos da lei respectiva.

2. A sociedade deve disponibilizar aos interessados, sem encargos, no respectivo sítio da Internet, quando exista, e na sua sede cópia integral dos seguintes documentos:

a) Relatório consolidado de gestão;

b) Certificação legal das contas consolidadas;

c) Parecer do órgão de fiscalização, quando exista.

3. Caso a empresa que tenha elaborado as contas consolidadas esteja constituída sob uma forma que não seja a de sociedade anónima, sociedade por quotas ou sociedade em comandita por ações e desde que ela não esteja sujeita por lei à obrigação de registo de prestação de contas consolidadas, deve colocar à disposição do público, na sua sede, os documentos de prestação de contas consolidadas, os quais podem ser obtidos por simples requisição, mediante um preço que não pode exceder o seu custo administrativo.

* O nº 1 foi retificado pelo DL 257/96, de 31 de dezembro; a redação atual foi dada pelo DL 8/2007, de 17 de janeiro.

Índice

1. Obrigação de registo comercial e disponibilização dos documentos de prestação de contas consolidadas

Bibliografia

Vide a bibliografia indicada no comentário geral aos arts. 508º-Aº a 508º-F.

1. Obrigação de registo comercial e disponibilização dos documentos de prestação de contas consolidadas

Em paralelo com o previsto em geral no artigo 70º, o artigo 508º-E, 1, sujeita a informação respeitante à prestação de contas *consolidadas* a *"registo comercial, nos termos da lei respectiva".* Essa sujeição não surpreende, atentas, por um lado, as exigências normativas a que responde a obrigação de prestação de contas com a sua configuração atual, tomando em consideração os interesses de um vasto leque de *utentes*[1] e, por outro lado, as finalidades do registo comercial das sociedades nos termos gerais, *i.e.*, dar publicidade à sua situação jurídica *"tendo em vista a segurança do comércio jurídico"* (art. 1º CRCom.).

Nesta matéria, o DL 8/2007, que modificou este artigo, operou mudanças importantes, no sentido de promover a *"simplificação global do regime"*. Foi aí que se criou a Informação Empresarial Simplificada, que tem que ver com uma obrigação de comunicação da informação económico-financeira e não imediatamente com a obrigação de prestação de contas em si mesma, mas releva diretamente para a compreensão deste regime[2].; na prática, porém, a sua breve descrição é conveniente no contexto da análise e aplicação prática deste art. 70º.

Com relevância particular para as contas consolidadas, recordemos que a Portaria nº 208/2007, de 16 de fevereiro, aprovou, entre os seus vários anexos, modelos declarativos específicos respeitantes às contas consolidadas.

O nº 2 exige a disponibilização, a *interessados*, de uma *cópia integral* dos documentos elencados nas suas alíneas *a)*, *b)* e *c)*, que devem ser acessíveis na sua sede social, bem como, caso exista, no seu sítio da Internet.

Já o nº 3 acautela a hipótese de a entidade consolidante não estar legalmente sujeita a uma obrigação de registo comercial. Nesse caso, pode o *público* interessado fazer a sua *simples requisição*, pela qual não pode ser cobrado um valor que exceda o seu *custo administrativo*.

---

[1] V. já ANA MARIA RODRIGUES/RUI PEREIRA DIAS (2010), comentário geral ao Capítulo VI, anot. 3.
[2] Veja-se, pois, o comentário ao art. 70º em ANA MARIA RODRIGUES/RUI PEREIRA DIAS (2010), anot. 2.

ARTIGO 508º-F *
Anexo às contas consolidadas

1. As sociedades devem prestar informação, no anexo às contas:

a) Sobre a natureza e o objetivo comercial das operações não incluídas no balanço e o respetivo impacte financeiro, quando os riscos ou os benefícios resultantes de tais operações sejam relevantes e na medida em que a divulgação de tais riscos ou benefícios seja necessária para efeitos de avaliação da situação financeira das sociedades incluídas no perímetro de consolidação;

b) Separadamente, sobre os honorários totais faturados durante o exercício financeiro pelo revisor oficial de contas ou pela sociedade de revisores oficiais de contas relativamente à revisão legal das contas anuais, e os honorários totais faturados relativamente a outros serviços de garantia de fiabilidade, os honorários totais faturados a título de consultoria fiscal e os honorários totais faturados a título de outros serviços que não sejam de revisão ou auditoria.

2. As sociedades que não elaboram as suas contas de acordo com as normas internacionais de contabilidade adotadas nos termos de regulamento comunitário devem ainda proceder à divulgação, no anexo às contas, de informações sobre as operações, com exceção das operações intragrupo, realizadas pela sociedade mãe, ou por outras sociedades incluídas no perímetro de consolidação, com partes relacionadas, incluindo, nomeadamente, os montantes dessas operações, a natureza da relação com a parte relacionada e outras informações necessárias à avaliação da situação financeira das sociedades incluídas no perímetro de consolidação, se tais operações forem relevantes e não tiverem sido realizadas em condições normais de mercado.

3. Para efeitos do disposto no número anterior:

a) A expressão 'partes relacionadas' tem o significado definido nas normas internacionais de contabilidade adotadas nos termos de regulamento comunitário;

b) As informações sobre as diferentes operações podem ser agregadas em função da sua natureza, exceto quando sejam necessárias informações separadas para compreender os efeitos das operações com partes relacionadas sobre a situação financeira das sociedades incluídas no perímetro de consolidação.

* O artigo foi aditado pelo DL 185/2009, de 12 de agosto.

Índice
1. O anexo às contas consolidadas

Bibliografia
Vide a bibliografia indicada no comentário geral aos arts. 508º-Aº a 508º-F.

1. O anexo às contas consolidadas

Replicando o que vem previsto no artigo 66º-A para a prestação de contas *individuais*[1], o artigo 508º-F refere-se ao *anexo às contas consolidadas*. Esta demonstração financeira tem como objetivo aclarar, completar, ampliar e comentar a informação fornecida pelas demais demonstrações financeiras, de modo a que se potencie a eficácia da informação nelas contida. É um documento que pretende proporcionar informação essencialmente de natureza histórica, de carácter quantitativo e qualitativo, imprescindível no momento de evidenciar uma imagem fidedigna do conjunto económico que integra o perímetro de consolidação.

Lamentavelmente, porém, verifica-se que o legislador societário vem exigir a divulgação de informação *diferente* da que é imposta pela NCRF 15, que, nos seus §§ 27 e 28, prevê a divulgação de um conjunto alargado de informações sobre as contas consolidadas.

Com efeito, dispõe o § 27 da NCRF 15 que deverão ser feitas as seguintes divulgações nas demonstrações financeiras consolidadas:

> "*(a) A natureza da relação entre a empresa-mãe e uma subsidiária quando a empresa--mãe não possuir, direta ou indiretamente através de subsidiárias, mais de metade do poder de voto;*
>
> *(b) As razões pelas quais a propriedade, direta ou indiretamente através de subsidiárias, de mais de metade do poder de voto de uma investida não constitui controlo;*
>
> *(c) A data de relato das demonstrações financeiras de uma subsidiária quando tais demonstrações financeiras forem usadas para preparar demonstrações financeiras consolidadas e corresponderem a uma data de relato ou a um período diferente do da data da empresa-mãe, e a razão para usar uma data de relato ou período diferente; e*
>
> *(d) A natureza e a extensão de quaisquer restrições significativas (por exemplo, resultante de acordos de empréstimo ou requisitos regulamentares) sobre a capacidade das subsidiárias de transferirem fundos para a empresa-mãe sob a forma de dividendos em dinheiro ou de reembolsarem empréstimos ou adiantamentos*".

Por seu turno, o § 28 da NCRF 15 dispõe sobre as divulgações obrigatórias para uma empresa-mãe que esteja *dispensada* de consolidação de contas, ao abrigo do disposto no artigo 7º do DL 158/2009. Assim, "*quando forem preparadas*

---

[1] Razão por que, no que aqui não desenvolvemos, se remete para ANA MARIA RODRIGUES/RUI PEREIRA DIAS (2010), em comentário ao art. 66º-A.

demonstrações financeiras individuais por uma empresa-mãe que, nos termos legais, esteja dispensada de elaborar contas consolidadas, essas demonstrações financeiras individuais devem divulgar:

> *(a) Que a dispensa de consolidação foi usada; o nome e o país de constituição ou sede da entidade que elabora demonstrações financeiras consolidadas; e a morada onde essas demonstrações financeiras consolidadas podem ser obtidas;*
>
> *(b) Uma listagem dos investimentos significativos em subsidiárias, entidades conjuntamente controladas e associadas, incluindo o nome, o país de constituição ou domicílio, a proporção do interesse de propriedade e, se for diferente, a proporção do poder de voto detido; e*
>
> *(c) Uma descrição do método usado para contabilizar os investimentos listados na alínea (b).*
>
> *(d) Quando utilizado o método do custo, descrição das restrições severas e duradouras que prejudiquem significativamente a capacidade de transferência de fundos para a empresa detentora".*

Entende o legislador contabilístico que, ainda que a empresa mãe possa, em situações especiais, ser dispensada da preparação e divulgação de contas consolidadas do grupo que lidera, é exigível, ainda assim, que os destinatários da informação financeira possam conhecer com algum detalhe a situação concreta do grupo, mesmo que este mereça beneficiar de mecanismos de isenção que visam adequar as exigências legais-contabilísticas a situações especiais e pequenos grupos.

Em ambiente IASB-UE, após a entrada em vigor da IFRS 10, os requisitos de divulgação para participações em subsidiárias vêm agora especificados na IFRS 12 – *Divulgação de participações em outras entidades*, reflexo de uma forte pressão no sentido de um aumento do nível de divulgações, em tudo o que respeita a estes complexos temas.

Importa, por fim, referir o entendimento de *'partes relacionadas'* constante das normas internacionais de contabilidade adotadas nos termos de regulamento comunitário (para que remete expressamente o artigo 508º-F, 3, a)), a saber, a IAS 24 – *Divulgações de partes relacionadas*. Segundo o § 9 da IAS 24, uma parte está relacionada com uma entidade se:

> *a) directa, ou indirectamente através de um ou mais intermediários, a parte:*
>
> > *i) controlar, for controlada por ou estiver sob o controlo comum da entidade (isto inclui empresas-mãe, subsidiárias e subsidiárias colegas),*

ii) *tiver um interesse na entidade que lhe confira influência significativa sobre a entidade, ou*

iii) *tiver um controlo conjunto sobre a entidade;*

b) *a parte for uma associada (tal como definido na IAS 28 Investimentos em Associadas) da entidade;*

c) *a parte for um empreendimento conjunto em que a entidade seja um empreendedor (ver IAS 31 Interesses em Empreendimentos Conjuntos);*

d) *a parte for membro do pessoal-chave da gerência da entidade ou da sua empresa-mãe;*

e) *a parte for membro íntimo da família de qualquer indivíduo referido nas alíneas a) ou d);*

f) *a parte for uma entidade controlada, controlada conjuntamente ou significativamente influenciada por, ou em que o poder de voto significativo nessa entidade reside em, direta ou indiretamente, qualquer indivíduo referido nas alíneas d) ou e); ou*

g) *a parte for um plano de benefícios pós-emprego para benefício dos empregados da entidade, ou de qualquer entidade que seja uma parte relacionada dessa entidade.*

No mesmo § 9 da IAS 24, define-se como uma transação com partes relacionadas a que envolve "uma transferência de recursos, serviços ou obrigações entre partes relacionadas, independentemente de haver ou não um débito de preço"[2].

---

[2] Cfr. ainda as demais definições constantes deste § 9 da IAS 24, bem como, também com interesse, os seus §§ 12 e 13.

TÍTULO VII
DISPOSIÇÕES PENAIS E DE MERA ORDENAÇÃO SOCIAL[1]

COMENTÁRIO GERAL SOBRE AS DISPOSIÇÕES PENAIS

Índice
1. Nota histórica
2. Codificação
3. Sistematização
4. Nota comparativa
5. Bem jurídico-penal
6. Penas
7. Questões processuais
    7.1. Natureza pública dos crimes
    7.2. Constituição de assistente
8. Ilícito de mera ordenação social

Bibliografia
Citada: ABREU, J. M. COUTINHO DE – *Curso de Direito Comercial*, vol. II – *Das Sociedades*, 4ª ed., Almedina, Coimbra, 2013; BELEZA, JOSÉ MANUEL MERÊA PIZARRO – "Notas sobre o direito penal especial das sociedades comerciais", *RDE* 3 (1977), p. 267-299; CANOTILHO, J. J. GOMES/MOREIRA, VITAL – *Constituição da República Portuguesa Anotada*, Coimbra Editora, Coimbra, 2007; CARVALHO, JOSÉ TOMÉ – "Direito penal societário", *Julgar 09* (2009), p. 203-232; CORDEIRO, ANTÓNIO MENEZES – "Introdução", *Código das Sociedades Comerciais Anotado* (coord. A. Menezes Cordeiro), Almedina, Coimbra, 2011, p. 37-59; CRESPI, ALBERTO – *Studi di Diritto Penale Societario*, Giuffrè Editore, Milano, 2010; *DAR*, IV Legislatura, 1ª Sessão legislativa (1985-1986), 1ª série, nº 100, p. 3794-3802; DIAS, AUGUSTO SILVA – *"Delicta in se" e "Delicta mere prohibita"*: *uma Análise das Descontinuidades do Ilícito Penal Moderno à Luz da Reconstrução de uma Distinção Clássica*, Coimbra Editora, Coimbra, 2008; DIAS, JORGE DE FIGUEIREDO – "Da legitimidade do sócio de uma sociedade por quotas para se constituir assistente em processo por crime contra a sociedade", *RDES*, Ano XIII (1966), nº 1-2, p. 5-37 (sep.); DOMINGUES, PAULO DE TARSO/SOUSA, SUSANA AIRES DE – "Os crimes societários:

---

[1] Adota-se a epígrafe retificada pela Declaração de 31 de julho de 1987.

algumas reflexões a propósito dos artigos 509º a 527º do Código das Sociedades Comerciais", *Infrações Económicas e Financeiras: Estudos de Criminologia e de Direito*, (coord. José Neves Cruz, Carla Cardoso, André Lamas Leite, Rita Faria), p. 495-504; FERNANDES, GABRIELA PÁRIS – "O crime de distribuição ilícita de bens da sociedade", *Direito e Justiça*, Vol. XV, Tomo 2 (2001), p. 231-331; GRIPPO, GIOVANNI (org.) – *Commentario delle Società*, Tomo Secondo, Utet, 2009, p. 1587; HEFENDEHL, ROLAND – "Dritter Teil. Straf- und Bußgeldvorschriften", *in: Kommentar zum Aktiengesetz* (org. SPINDLER/STILZ), Band 2, Beck, München, 2010; MACHADO, MIGUEL PEDROSA – "Sobre a tutela penal da informação nas sociedades anónimas: problemas de reforma legislativa», *in: Direito Penal Económico e Europeu*, vol. II, Coimbra Editora, Coimbra, 1999, p. 173-226 (originariamente publicado na revista *O Direito*, Tomo especial correspondente aos anos 106-119 (1974/1987), p. 271 e ss.); MENDES, PAULO DE SOUSA – "Título VII – Disposições penais e de mera ordenação social. Introdução", *Código das Sociedades Comerciais Anotado* (coord. A. Menezes Cordeiro), Almedina, Coimbra, 2011, p. 1333-1343; MONTE, ELIO LO – "Riforma dei reati (d.lgs. n. 61/2002) e determinatezza dell'illecito penale: una perenne inconciliabilità", *Critica del Diritto*, n. 3-4, 2002, p. 254-287; MOYA JIMENÉZ, ANTONIO – *La Responsabilidad Penal de los Administradores: Delitos Societarios y otras Formas Delictivas*, Bosch, Barcelona, (coord. de J. M. Coutinho de Abreu), 2010; RAMOS, MARIA ELIZABETE – "Artigo 197º", *Código das Sociedades Comerciais em* Comentário, Vol. III, Almedina, Coimbra, 2011; SEQUEROS SAZATORNIL, FERNANDO/DOLZ LAGO, MANUEL-JESÚS – *Delitos Societarios y conductas afines. La responsabilidade penal y civil de la sociedad, sus sócios y administradores*, La Ley, Las Rozas (Madrid), 2013; SILVA, GERMANO MARQUES DA – "Disposições penais do Código das Sociedades Comerciais – Considerações Gerais", *Textos-Sociedades Comerciais*, Centro de Estudos Judiciários/Conselho Distrital do Porto da Ordem dos Advogados, Lisboa, 1994/95, p. 39-49; SOUSA, SUSANA AIRES DE – "Direito penal das sociedades comerciais. Qual o bem jurídico?", *RPCC* 12 (2002), p. 49-77, "Nótulas sobre as disposições penais do Código das Sociedades Comerciais", *DSR*, ano 5, vol. 9 (2013), p. 115-134; SUÁREZ GONZÁLEZ – "Capítulo XIII – De los delitos societários", *in:* G. Rodríguez Mourullo (dir.), Agustín Jorge Barreiro (coord.), *Comentários al Código Penal*, Editorial Civitas, Madrid, 1997; TRAVERSI, ALESSANDRO/ GENNAI, SARA – *Diritto Penale Commerciale*, CEDAM, 2012; VÉRON, MICHEL – *Droit pénal des affaires*, Dalloz, Paris, 2011.

1. Nota histórica

O CSC, na sua versão primeira, conferida pelo DL 262/86, de 2 de setembro, não incluía entre os seus preceitos normativos qualquer título ou capítulo referente a disposições penais ou sancionatórias, não obstante a expressa previsão de normas desta natureza no projeto de Código das Sociedades Comerciais de 1983. É através do DL 184/87, de 21 de abril, e ao abrigo da autorização conferida pelo artigo 1º da L 41/86, de 23 de setembro[2], que se introduz no CSC, já em vigor, o Título VII, constituído pelos artigos 509º a 529º, a que se fez corresponder a epígrafe inicial "Disposições penais"[3]. Esta epígrafe viria, porém, a ser retificada pela Declaração de 31 de julho de 1987, ampliando a designação para "Disposições penais e de mera ordenação social"[4]. Estas normas mantiveram-se praticamente inalteradas desde então, não obstante as alterações verificadas no plano das normas primárias a que estão visceralmente ligadas. Apontam-se apenas duas alterações legislativas de carácter essencialmente formal: a primeira realizada pelo DL 142-A/91, de 10 de abril, que revogou os artigos 524º e 525º; a segunda efetuada pelo DL 76-A/2006, de 29 de março, em coerência com o novo figurino e denominação atribuídos por este diploma aos órgãos de direção e fiscalização da sociedade comercial.

2. Codificação

O legislador português optou por incluir o direito penal societário no CSC. Outras hipóteses possíveis e alternativas à opção seguida seriam a inclusão destas normas incriminatórias no próprio CP ou a criação de um regime específico em diploma extravagante. A primeira foi desde logo afastada uma vez que a tradição legislativa portuguesa reserva ao CP, por princípio, a matéria do direito penal clássico. Porém, ao legislador português não terá sido totalmente estranha

---

[2] Esta lei autorizava o Governo a definir os ilícitos criminais societários e as respectivas sanções no prazo de 180 dias. Uma vez que o DL 184/87 seria publicado a 21 de abril de 1987 os tribunais foram confrontados com a eventual caducidade da autorização e, consequentemente, com a inconstitucionalidade destas normas. Esta questão chegou ao Tribunal Constitucional que, no acórdão 150/92, de 8 de abril de 1992, se pronuncia pela não inconstitucionalidade. Na conclusão do acórdão pode ler-se que: "1º para que se considere respeitado o prazo da autorização legislativa, basta que ocorra dentro desse prazo a aprovação pelo Conselho de Ministros do decreto-lei emitido no uso dessa autorização; 2º o DL 184/87, de 21 de abril, publicado no uso da autorização legislativa conferida pela Lei nº 41/86, de 23 de setembro, deve considerar-se emitido dentro do prazo de 180 dias fixado nessa Lei, uma vez que foi aprovado em Conselho de Ministros em 19 de Março; 3º assim, não são inconstitucionais os artigos 515º e 518º do Código das Sociedades Comerciais (na redacção daquele Decreto-lei)".

[3] Sobre as razões explicativas deste desfasamento legislativo veja-se a exposição do Ministro da Justiça ao tempo, publicada no *DAR*, IV Legislatura, 1ª Sessão legislativa (1985-1986), 1ª série, n º 100, p. 3794 e ss. Veja-se ainda, sobre esta contextualização histórica, MIGUEL PEDROSA MACHADO (1999), p. 176 e ss.; SUSANA AIRES DE SOUSA (2002), p. 67 e (2013), p. 116 e s.; PAULO DE SOUSA MENDES (2011), p. 1334; JOSÉ TOMÉ CARVALHO (2009), p. 204.

[4] Na republicação do Código efetuada pelo DL 76-A/2006, de 29 de março, não foi considerada esta retificação, restaurando-se indevidamente a curta epígrafe "Disposições penais".

COMENTÁRIO GERAL SOBRE AS DISPOSIÇÕES PENAIS   401

a possibilidade de prever as incriminações societárias em legislação especial, como se depreende do preâmbulo do DL 262/86 que, no seu nº 35, remete as disposições penais e contra-ordenacionais para um diploma especial. Todavia, o DL 184/87 acabaria por introduzir no próprio CSC um novo título – Título VII – referente às disposições penais e contra-ordenacionais. Esta opção tem merecido a crítica de alguma doutrina. Neste sentido, António Menezes Cordeiro, embora reconhecendo que a junção da disciplina civil e penal apresenta a vantagem prática de facilitar aos operadores jurídicos a consulta da matéria, reconhece-lhe uma função mais compilatória do que codificadora na medida em que "ainda não há instrumentos aperfeiçoados para, em conjunto, tratar matéria civil e penal, sendo pouco recomendável que se faça a experiência num Código de fôlego e, para mais, de uso corrente e alargado, com muitos não juristas como destinatários"[5].

Temos para nós que a solução de integração das normas penais no Código merece alguma reservas não tanto quanto à opção seguida mas quanto à forma como foi concretizada. De facto, a técnica legislativa usada, recortando a conduta típica (e o dever por ela pressuposto) através do reenvio para o regime societário, incorre no risco de desvirtuar excessivamente a ilicitude material penal, obscurecendo o concreto conteúdo da conduta criminalizada, em claro prejuízo do princípio da legalidade criminal na sua vertente de determinabilidade da norma penal. Deste modo, esta "técnica de reenvio", presente na maioria das normas incriminadoras, constitui um forte obstáculo à interpretação e concretização dos comportamentos criminalmente tipificados[6].

3. Sistematização

Os artigos 509º a 526º do CSC tipificam condutas de pessoas singulares, responsáveis pela atuação empresarial, relacionadas com a infração de regras que acompanham o desenvolvimento da vida societária[7]. De um ponto de vista sistemático, o legislador tipificou crimes relacionados com a realização e preservação do capital social e do património social, como, no artigo 509º, a falta de cobrança de entradas de capital ou, no artigo 514º, a distribuição ilícita de bens da sociedade. Prevêem-se ainda crimes relacionados com a aquisição e amortização de quotas ou ações em violação da lei (artigos 510º, 511º, 512º e 513º) bem como

---

[5] ANTÓNIO MENEZES CORDEIRO (2011), p. 41.
[6] Cf. SUSANA AIRES DE SOUSA (2002), p. 67 e, também da mesma autora, (2013), p. 118.
[7] Cf. PAULO DE TARSO DOMINGUES/SUSANA AIRES DE SOUSA (2013), p. 495 e s.

determinadas irregularidades na emissão de títulos (artigo 526º). Um terceiro grupo de incriminações tem por referência a assembleia social, criminalizando-se a irregularidade na sua convocação (artigo 515º), a falsidade de informação constante na convocatória (artigo 520º), a perturbação (artigo 516º) e participação fraudulenta em assembleia social (artigo 517º) e, por fim, a recusa ilícita de lavrar acta (artigo 521º). Estas normas sancionatórias compreendem ainda incriminações relacionadas com o dever de prestar informação sobre a sociedade, como sejam os crimes de recusa ilícita de informação (artigo 518º), de prestação de informações falsas (artigo 519º) e de impedimento à fiscalização da vida da sociedade (artigo 522º). Por último, tipifica-se no artigo 523º a violação, por parte do gerente ou administrador, do dever de propor a dissolução da sociedade ou a redução do capital quando estiver perdida metade do capital[8]. Acrescente-se ainda que, na sua versão originária, tipificavam-se nos artigos 524º e 525º as condutas de *Abuso de informação* e de *Manipulação fraudulenta de cotações de títulos*. Todavia, estas normas incriminatórias foram revogadas pelo DL 142-A/91, de 10 de abril, e, com modificações, integram hoje os crimes contra o mercado de valores mobiliários, por via dos artigos 378º e 379º do CVM.

Nos artigos 527º, 528º e 529º não se prevê qualquer tipo legal incriminador. Trata-se antes de normas gerais com distinta natureza. No artigo 527º estabelece-se um conjunto de princípios comuns a todas as incriminações; no artigo 528º tipificam-se os ilícitos de mera ordenação social, bem como as respetivas sanções; por fim, o artigo 529º refere-se à legislação subsidiária aplicável em matéria criminal e contra-ordenacional.

4. Nota comparativa

Em matéria de direito penal societário é possível autonomizar dois grandes modelos representativos, acolhidos pelo direito continental europeu: de um lado, o modelo francês, caracterizado por uma abundância de incriminações no domínio societário; de outro, o modelo germânico, pautado pela subsidiariedade das condutas societárias criminalmente relevantes[9]. O direito francês foi

---

[8] Algumas destas normas incriminatórias estão hoje desatualizadas por força das alterações realizadas no regime societário. Exemplo máximo dessa desatualização é justamente o artigo 523º, conforme se desenvolverá na anotação referente a esta norma.

[9] MIGUEL PEDROSA MACHADO (1999), p. 210, considera que o sistema sancionatório previsto no CSC realiza "como que uma «mistura»" entre o sistema francês de superabundância punitiva e o sistema alemão de poucas previsões de tipos criminais e de remissão da tutela restante para as "contra-ordenações".

historicamente preponderante na afirmação de um direito penal societário[10], prevendo uma panóplia de tipos incriminadores, enquadrados no âmbito do *droit pénal des affaires*[11]. O excessivo número de incriminações previstas e a diminuta relevância criminal de algumas dessas condutas motivaram um movimento de despenalização realizado na última década por diversos diplomas que prosseguiram um intuito de simplificação do direito das sociedades[12]. Ainda assim, permanecem diversas incriminações, previstas fundamentalmente no título IV do *Code de Commerce*, que acompanham a vida da sociedade nos seus diversos momentos, por exemplo, no financiamento da sociedade, no cumprimento das formalidades de publicidade, na manipulação da informação societária, no direito à informação dos sócios, na gestão da sociedade, na correcta distribuição dos dividendos e no cumprimento das regras de dissolução da sociedade[13].

O modelo germânico pauta-se por uma previsão minimalista de um direito penal especificamente societário, por regra inscrito nos códigos societários. Também no direito alemão se prevê desde há mais de um século uma intervenção punitiva no domínio das sociedades comerciais. Porém, de modo diferente ao modelo francês, as incriminações societárias assumem um carácter profundamente subsidiário desde logo em face das incriminações comuns como a Burla (*Betrug*, § 263 do *StGB*) ou a Infidelidade (*Untreue*, § 266 do *StGB*), e como tal longínquas de uma natureza esgotante ou exaustiva[14]. A lei das sociedades anónimas (*AktG*) prevê nos parágrafos 399 a 406 um conjunto de sanções referentes à violação das regras societárias. Entre as condutas incriminadas conta-se a prestação de informações falsas, a violação do dever de convocar e informar os sócios estando perdida metade do capital social, a participação fraudulenta na assembleia social e no exercício do direito de voto, a violação do dever de informar ou de guardar segredo. Também os parágrafos 82 a 85 da lei das sociedades de responsabilidade limitada (*GmbHG*) preveem sanções para atos abusivos das regras destas sociedades, cometidos, desde logo, por aqueles que nelas assumem funções de direção ou gestão.

Sobre estes modelos veja-se ainda JOSÉ TOMÉ CARVALHO (2009), p. 206. Também SUSANA AIRES DE SOUSA (2013), p. 119 e s.

[10] Cf. JOSÉ MANUEL MERÊA PIZARRO BELEZA (1977), p. 267 e s.

[11] De modo desenvolvido, SUSANA AIRES DE SOUSA (2013), p. 120.

[12] Sobre esta evolução legislativa veja-se MICHEL VÉRON (2011), p. 127 e s. Este autor adianta ainda que o movimento de despenalização deverá ser continuado por alguns estudos e propostas legislativas em curso.

[13] Em geral sobre estas incriminações veja-se o comentário de MICHEL VÉRON (2011), p. 131 e s.

[14] Sobre a evolução da legislação alemã veja-se HEFENDEHL (2010), p. 1371; ainda, entre nós, PAULO DE SOUSA MENDES (2011), p. 1337.

404 SUSANA AIRES DE SOUSA

Os modelos expostos partilham uma certa preferência por acolher os específicos crimes societários na codificação primária de direito societário. Foi esta também a escolha, como se referiu anteriormente, do legislador português e, em certa medida, foi ainda a escolha do legislador italiano ao incluir os *reati societari* num código de direito privado, neste caso no *Codice Civile*. As incriminações e contravenções de natureza societária estão, em geral, compreendidos no Libro V, Título XI, do Código Civil italiano, nos artigos 2621 a 2642 [15]. A matéria penal societária foi objeto de uma importante e significativa revisão realizada em 2002 que, entre outras modificações, reduziu o número de crimes com base no princípio da ofensividade e da subsidiariedade da intervenção penal[16]. Entre os propósitos daquele diploma conta-se também uma redefinição dos elementos típicos de modo a conferir maior objetividade e clareza na tipificação das condutas, bem como o estreitar do âmbito de punição, através da introdução de condições de punibilidade e da redução das penas.

Nesta análise comparativa impõe-se ainda a referência ao direito espanhol, pela opção, distinta e original, de incluir, desde 1995, os delitos societários nos artigos 290º a 297º do CP[17]. Estes artigos tipificam condutas fraudulentas dos administradores das sociedades no exercício da sua atividade de administração e de direção da empresa. Os comportamentos puníveis são seis: falsificação de documentos societários (artigo 290º); imposição de acordos abusivos (artigo 291º); imposição de acordos abusivos mediante maiorias fictícias (artigo 292º); lesão dos direitos sociais de informação, de participação na gestão ou de controlo da atividade social (artigo 293º); obstrução de inspeção ou supervisão (artigo 294º) e administração fraudulenta da sociedade (artigo 295º). Todavia, tal como em França, na Alemanha ou em Itália, também no ordenamento jurídico espanhol surgem algumas reservas doutrinárias quanto à tipificação de alguns com-

---

[15] A literatura italiana sobre os crimes societários é abundante e intensificou-se com a reforma legislativa realizada pelo Decreto Legislativo nº 61 de 11 de abril de 2002. Sobre as razões desta reforma veja-se, entre outros, GRIPPO (2009), p. 1587; ALESSANDRO TRAVERSI /SARA GENNAI (2012), p. 37 e s.

[16] Na base desta reforma legislativa esteve o Decreto Legislativo nº 61 de 11 de abril de 2002. Sobre as modificações introduzidas veja-se o estudo de ELIO LO MONTE (2002), p. 254 e s. A despenalização de algumas condutas, realizada por este diploma, foi levada ao Tribunal de Justiça da União Europeia com o fundamento de a entrada em vigor daquelas disposições determinar o incumprimento pelo Estado italiano da obrigação comunitária de sancionar adequadamente os actos abusivos praticados no domínio das sociedades comerciais. Esta pretensão foi porém rejeitada por aquele tribunal. Cf. CRESPI (2010), p. 155 e s.

[17] Sobre a inclusão destes delitos no Código Penal e os seus antecedentes legislativos veja-se ANTONIO MOYA JIMENÉZ (2010), p. 17 e s.; também SEQUEROS SAZATORNIL/DOLZ LAGO (2013), p. 99 e s., SUÁREZ GONZÁLEZ (1997), p. 832 e s.

COMENTÁRIO GERAL SOBRE AS DISPOSIÇÕES PENAIS   405

portamentos de duvidosa relevância penal e simultaneamente quanto à indeterminação dos interesses protegidos por essas normas[18].

Esta breve descrição do desenho normativo conferido aos delitos societários por distintos ordenamentos jurídicos indicia alguns dos problemas, comuns ao direito penal societário português, suscitados pela tipificação destas incriminações, entre as quais se destacam a sua codificação e localização sistemática entre as normas de direito privado ou em legislação de específica natureza punitiva e a opção por um catálogo mais ou menos extenso de incriminações, auxiliadas, nesta última hipótese e em planos distintos, pelo direito penal clássico e pelas sanções administrativas. Acrescente-se também que algumas objeções críticas dirigidas às incriminações societárias são comuns a ordenamentos jurídicos que partiram de uma matriz distinta na edificação destes delitos – como acontece com o modelo punitivo francês e o modelo punitivo germânico – de que constitui exemplo a excessiva intervenção do legislador penal nesta matéria, com claro prejuízo do princípio da subsidiariedade e da *ultima ratio* do direito penal ou a indeterminação das concretas condutas que se pretende ver sancionadas criminalmente. Estas reservas são igualmente extensíveis, da nossa perspetiva, a algumas incriminações estabelecidas pelo legislador português, como se desenvolverá no comentário a essas normas.

5. Bem jurídico-penal

A determinação do bem jurídico tutelado através da criminalização de determinadas condutas constitui um *prius*, um critério legitimador da intervenção punitiva que se projeta na restrição de direitos fundamentais. Daí que se reconheça à categoria dogmática de bem jurídico uma função crítica, enquanto padrão que deve pautar a concreta criminalização, mas se assinale igualmente uma função dogmática, enquanto substrato material necessário à espessura da ofensa, de forma a graduá-la como sendo de lesão ou de perigo, e ainda uma função interpretativa e sistemática, cumprida na ordenação das normas incriminadoras contidas na parte especial do CP. Do cumprimento destas funções decorre o valor acrescido do conceito de bem jurídico na construção de um direito penal legitimado, reconhecido como valioso e fundamental à realização humana em sociedade. Todavia, se a concretização do bem jurídico tutelado no

---

[18] Neste sentido, SUÁREZ GONZÁLEZ (1997), p. 833 e s., referindo-se expressamente à falta de dignidade penal de condutas como aquelas que se preveem nos artigos 291 e 293. Também SEQUEROS SAZATORNIL/DOLZ LAGO (2013), p. 51 e s.

âmbito das incriminações clássicas não releva especiais complexidades, tal não sucede quanto à tutela de interesses periféricos àquele núcleo clássico como aqueles que são próprios do direito penal das sociedades comerciais. Trata--se de um domínio de intervenção situado fora do direito penal clássico, por regra enquadrado no domínio do direito penal económico, caracterizado pela sua maior permeabilidade às modificações económicas e sociais[19]. Esta nota de instabilidade, presente na génese do direito penal dos negócios, permite igualmente compreender algumas das dificuldades em determinar os concretos interesses tutelados no âmbito do direito penal societário. Trata-se de uma questão algo controversa quer em geral na doutrina penal quer, de modo particular, na doutrina portuguesa[20].

De um lado, há quem reconheça aos interesses tutelados uma natureza individual titulada por aqueles que se relacionam com a sociedade comercial. Parece ser este o entendimento seguido por José Manuel Pizarro Beleza para quem o bem jurídico coincide assim com o conjunto de interesses "particulares de grupos ligados à sorte da empresa"[21].

De uma outra perspetiva, confere-se ao interesse tutelado uma natureza coletiva a que corresponde uma maior amplitude, identificando-o com a economia pública. Com efeito, segundo Germano Marques da Silva, "o bem jurídico comum a todos os crimes do Tit. VII é a economia pública que pode ser gravemente afectada pelo irregular funcionamento das entidades admitidas a actuar no mundo do direito com autonomia, como pessoas jurídicas, e que são na sociedade moderna elementos estruturais da actividade económica"[22]. A este entendimento aderem outros autores portugueses. É o caso de Gabriela Páris Fernandes para quem tal bem jurídico foi, em alguns daqueles tipos legais, elevado a elemento constitutivo do tipo de ilícito, dando origem a um delito de perigo concreto ou de dano; noutros tipos legais, a opção legislativa foi no sentido de reservar a tutela da economia pública como motivo ou fundamento da incriminação que surge assim sob a veste de um crime de perigo abstrato[23]. Também Paulo de Sousa Mendes reconhece a economia pública como bem jurídico protegido comum a todas as incriminações societárias. Todavia, segundo

---

[19] Sobre esta natureza instável e dinâmica do direito próprio de um Estado interventivo no plano económico e social, veja-se, de modo desenvolvido, AUGUSTO SILVA DIAS, (2008), p. 220.

[20] Cf. PAULO TARSO DOMINGUES/SUSANA AIRES DE SOUSA, p. 501 e s.

[21] Cf. JOSÉ MANUEL MERÊA PIZARRO BELEZA (1977), p. 286.

[22] Cf. GERMANO MARQUES DA SILVA (1994/95), p. 45.

[23] Cf. GABRIELA PÁRIS FERNANDES (2001), p. 248

este autor, a identificação da ordem económica como interesse primário tutelado não impede que mais bens jurídicos sejam tutelados por aquelas normas, inclusivamente de forma mais direta ou imediata, cabendo "ao intérprete verificar, relativamente a cada tipo incriminador, se existem outros bens jurídicos tutelados"[24] como por exemplo a proteção dos interesses de acionistas ou de terceiros. Por conseguinte, algumas destas incriminações têm para este autor uma natureza pluri-ofensiva.

Da nossa perspetiva o bem jurídico inerente àquelas incriminações coincide com o *correto funcionamento da sociedade comercial* enquanto centro aglomerador de diferentes interesses económicos e instrumento capaz de intervir na economia[25]. Neste sentido, por via daquelas normas tutela-se em primeira linha a própria sociedade comercial enquanto instrumento económico, prevenindo a prática de atos abusivos através da forma jurídica societária. Trata-se pois de um bem jurídico supra-individual ou coletivo, dotado de estrutura valorativa suficiente para sustentar e legitimar a intervenção penal e cujo reflexo constitucional se pode encontrar no artigo 86º da CRP que estabelece "o estatuto da empresa privada enquanto *instituto da organização económica*"[26].

A tutela deste bem jurídico de natureza coletiva serve ainda, embora de forma mediata, a proteção de interesses individuais daqueles que se relacionam com a empresa, designadamente os interesses dos credores, dos sócios, dos acionistas, de terceiros, bem como a salvaguarda da própria economia. Por outro lado, o correto funcionamento da sociedade comercial enquanto agente económico mostra-se, quanto a nós, um bem jurídico dotado de uma maior concretização e delimitação do que a economia pública. Com efeito, para além de poder conduzir a uma excessiva antecipação da tutela penal, a "economia pública" constitui em si mesma, como já tivemos oportunidade de defender[27], um bem jurídico-penal demasiado vago, esventrado da materialidade necessária ao cumprimento da função de padrão crítico orientador e legitimador da norma incriminatória, uma vez que dificilmente pode servir de critério seletivo capaz de expulsar comportamentos inofensivos do âmbito de proteção conferido pelo tipo legal. Esta compreensão do bem jurídico permite ainda justificar que aque-

---

[24] Cf. PAULO DE SOUSA MENDES (2011), p. 1340.
[25] Uma tal compreensão do bem jurídico pode ver-se em SUSANA AIRES DE SOUSA (2002), p. 66 e s.
[26] J. J. GOMES CANOTILHO/VITAL MOREIRA (2007), p. 1013.
[27] Com maiores desenvolvimentos, SUSANA AIRES DE SOUSA (2002), p. 70, e (2013), p. 126.

las disposições penais sejam válidas para todas as formas de sociedades previstas no CSC, independentemente da sua dimensão e capacidade económica.

6. Penas

No âmbito das penas, o regime sancionatório dos crimes societários apresenta algumas especificidades que importa analisar. Desde logo, as sanções previstas destacam-se pela sua natureza branda e pouco grave, uma vez que, por regra, a escolha legislativa recaiu preferencialmente sobre a pena de multa e/ou pena de prisão de curtíssima duração. Entre as razões que justificam esta opção conta--se, na perspetiva de Germano Marques da Silva, um certo pragmatismo, que deve ser contextualizado ao tempo da criação destes delitos, no sentido da inconveniência em transitar de forma abrupta de uma situação de tolerância "em que nada era penalmente sancionável para uma outra de sinal radicalmente inverso"[28]. Para além disso, ao privilegiar-se as penas curtas de prisão, terá igualmente pesado no espírito do legislador o efeito dissuasor e preventivo esperado pela criminalização daqueles comportamentos.

Todavia, ultrapassado um quarto de século de vigência destas incriminações, verifica-se que as razões justificativas daquele leque de sanções parecem, de algum modo, esvanecidas. De um lado, está hoje mais longínquo o tempo em que a comunidade se mostrava alheia e tolerante aos atos ilícitos e de má gestão ocorridos no mundo dos negócios e em particular no interior das sociedades comerciais. A considerável dimensão adquirida pelas grandes empresas e o impacto externo, de carácter económico mas também social, causado por uma gestão ilícita da sociedade e pela rutura financeira de empresas com enorme dimensão económica e social fizeram despertar o interesse da comunidade na sua correta administração. À dimensão objetiva destes danos sociais e económicos associa-se também uma dimensão subjetiva concretizada em uma maior consciência coletiva das consequências negativas decorrentes de atos de má gestão empresarial, de alguma forma amplificadas, nos últimos anos, por uma intensa divulgação através dos meios de informação e de comunicação social de situações fraudulentas em empresas de grande dimensão e importância social. Deste modo, uma intervenção punitiva mais eficaz no plano da gestão fraudulenta da sociedade comercial tem vindo a ganhar novos contornos e exigências que dificilmente se compatibilizam com o tipo de sanções previstas pelo legislador português no âmbito dos crimes societários.

---

[28] GERMANO MARQUES DA SILVA (1994/95), p. 40 e s.

Do ponto de vista da técnica legislativa, importa ainda atender a duas outras notas caracterizadoras do elenco de sanções tipificados nos artigos 509º a 526º do CSC, ilustrativas da sua desatualização.

A primeira refere-se à figura da multa complementar que, pelos inconvenientes político-criminais que lhe estão associados, tem vindo a desaparecer da legislação penal. São vários os tipos legais (artigo 516º, nº 1; artigo 517º; artigo 518º, nº 1; artigo 519º; artigo 520º; artigo 522º; artigo 523º; artigo 526º) que preveem como sanção uma multa complementar à pena de prisão. Com efeito, o recurso a esta figura sancionatória é contrário à conceção da pena de multa como alternativa à pena de prisão de que parte o CP português na sua redação atual[29].

A segunda nota refere-se não apenas à vincada desatualização das penas correspondentes aos crimes societários, mas também à falta de proporcionalidade e de equivalência entre a graduação das sanções previstas, decorrente de subsequentes alterações legislativas no plano sancionatório. Em causa está de modo particular a equiparação entre a sanção correspondente a alguns crimes societários, na sua forma agravada, e o tipo legal de infidelidade previsto, na redação atual, no artigo 224º do CP. Esta equiparação é expressamente querida pelo legislador na parte final do ponto 5 do preâmbulo do DL 184/67, de 21 de abril quando, a propósito do modelo seguido na graduação das penas, remete para aquela incriminação do direito penal comum, tipificada à altura no artigo 319º do CP. Esta escolha é justificada, no texto preambular "pelas analogias existentes entre a infidelidade e a maioria dos ilícitos compendiados no presente diploma". Deste modo, são várias as incriminações societárias em que não se tipifica em concreto uma sanção mas antes se remete para a pena da infidelidade patrimonial: artigo 509º, nº 3; artigo 511º, nº 2; artigo 512º, nº 3; artigo 513º, nº 3; artigo 514º, nº 4; artigo 515º, nº 3; artigo 518º, nº 3. Nas palavras do legislador, para todas estas modalidades de conduta "a pena será a da infidelidade". Em causa estão, por regra, condutas agravadas pela circunstância de o agente "causar dano grave, material ou moral, e que o autor pudesse prever, a algum sócio, à sociedade ou a terceiro". Acontece, porém, que ao tempo da entrada em vigor dos delitos societários (em 1987) a pena prevista para o crime de infidelidade era a de prisão até 1 ano e multa até 60 dias, ou só multa até 120 dias. Com a revisão do CP em 1995 deu-se a agravação daquela sanção para prisão até 3 anos ou multa. Esta alteração tem assim um reflexo na moldura penal das incrimina-

---

[29] De um modo um pouco mais desenvolvido e com referências bibliográficas adicionais, SUSANA AIRES DE SOUSA (2013), p. 128 e s.

ções que reenviam a sua sanção para a pena da infidelidade, dando origem a uma desproporcionalidade nas penas aplicáveis aos crimes societários. Deste modo, cria-se um censurável desfasamento punitivo no quadro sancionatório que corresponde aos crimes societários.

7. Questões processuais
7.1. Natureza pública dos crimes

Do ponto de vista da promoção processual, todos os crimes societários assumem uma natureza pública. Deste modo, adquirida a notícia do crime, cabe apenas à entidade pública decidir sobre a iniciativa processual de investigar os factos, bem como, num segundo momento, decidir sobre a eventual submissão da infração a julgamento. Sobre o Ministério Público recai assim, no cumprimento de imposições legais, o dever de investigar (sem que tal investigação dependa da apresentação de uma qualquer queixa) e o dever de acusar no caso de reunir indícios suficientes da prática de um facto criminoso. Assim, a promoção processual foi retirada das mãos dos particulares e entregue pelo legislador "nas mãos da justiça"[30].

A doutrina portuguesa tem encontrado a justificação para a natureza pública dos crimes societários na titularidade coletiva do bem jurídico protegido. É este o entendimento de Germano Marques da Silva para quem esta opção legislativa se compreende a partir do bem jurídico tutelado que, da sua perspetiva, coincide com a economia pública[31]. Ainda que se discorde deste entendimento quanto ao bem jurídico concretamente tutelado nos crimes societários, deve concordar-se que a natureza supra-individual do bem jurídico – que coincide quanto a nós com a tutela da própria sociedade comercial enquanto instrumento económico – e outrossim o valor que lhe é reconhecido pela comunidade, influíram de forma decisiva na opção de qualificar estes delitos como crimes públicos. Atendendo à importância social do interesse protegido, não se quis deixar nas mãos dos particulares a escolha por um processo penal; antes se estatuiu a necessidade de a entidade pública reagir automaticamente à ofensa criminal. Neste contexto, deve no entanto assinalar-se mais uma incoerência legislativa. Com efeito, a opção pela qualificação pública dos crimes no âmbito processual penal dificilmente se coaduna com a ligeireza e brandura das penas aplicáveis

---

[30] GERMANO MARQUES DA SILVA (1994/95), p. 45.
[31] GERMANO MARQUES DA SILVA (1994/95), p. 44 e s. No mesmo sentido, PAULO DE SOUSA MENDES (2011), p. 1340 e s.

aos crimes societários: se no plano processual o legislador atende à importância do bem jurídico tutelado, este mesmo carácter valioso é desconsiderado no plano punitivo.

Pressuposta a referida natureza pública dos crimes societários, é de algum modo surpreendente a ausência de processos criminais nos tribunais, tanto mais quanto o CSC estabelece, no âmbito das sociedades anónimas, a obrigatoriedade de denúncia para o fiscal único, para o revisor oficial de contas e para os membros do conselho fiscal dos factos delituosos de que tenham tomado conhecimento (artigo 422º, nº 3). A mesma obrigatoriedade recai, nos termos do artigo 423º-G, nº 3, sobre o presidente da comissão de auditoria.

7.2. Constituição de assistente

Uma última nota relacionada com a natureza pública dos crimes societários refere-se à constituição de assistente no processo penal que venha a ter lugar pela prática daqueles factos delituosos. Em particular, importa determinar quem tem legitimidade para adquirir a qualidade de assistente e, por essa via, adquirir um estatuto de sujeito processual penal que lhe confere o acesso a um amplo conjunto de poderes processuais, como o poder de intervir e conformar a tramitação processual, deduzindo acusação, requerendo a abertura de instrução ou interpondo recurso da decisão final. O artigo 68º, nº 1, do CPP, aplicável por via da remissão subsidiária prevista no artigo 529º, reconhece ao ofendido a legitimidade para se constituir assistente. O ofendido é, neste sentido, o titular dos interesses protegidos pela norma que, tradicionalmente, a doutrina faz coincidir com a pessoa imediatamente ofendida pelo crime: o "sujeito passivo do crime"[32]. Todavia, a interpretação desta norma ganha uma especial complexidade quando referida a incriminações que tutelam bens jurídicos de natureza supra-individual ou coletiva, dada a impossibilidade em individualizar o concreto titular do interesse protegido e, consequentemente, aquele que de forma imediata foi afetado pelo crime. Trata-se de uma questão transversal ao direito penal, que tem vindo a ser enfrentada pela jurisprudência penal, mas que ganha forte significado no âmbito da criminalidade da empresa e, de modo particular, no domínio dos crimes societários, em razão do carácter supra-individual do bem jurídico tutelado: realizado um dos delitos previstos nos artigos 509º e s. podem a sociedade, os sócios, os gerentes (ou mesmo os credores, os fornece-

---

[32] Este conceito estrito de ofendido tem ampla tradição no direito processual penal português, cf. FIGUEIREDO DIAS, (1966), p. 17.

dores, os clientes...) que se sintam prejudicados pelo facto criminoso adquirir a qualidade de assistente no processo penal?

Muito embora não exista jurisprudência que incida especificamente sobre os crimes societários, os tribunais têm vindo a confrontar-se com esta questão a propósito de outras incriminações próximas que integram o direito penal da empresa, em particular, no âmbito dos crimes de manipulação de mercado (artigo 379º do CVM[33]) e de infidelidade (artigo 224º do CP).

A recusa em reconhecer-se à sociedade ou aos sócios prejudicados a possibilidade de se constituírem assistente no processo penal tem levantado dúvidas sobre a conformidade constitucional de uma tal interpretação do artigo 68º do CPP. Deste modo, compreende-se que o Tribunal Constitucional se tenha já pronunciado sobre este problema. No Ac. 162/02, de 17 de abril, entendeu aquele tribunal não ser inconstitucional a interpretação daquela norma no sentido de não admitir como assistente a sociedade por quotas prejudicada pela prática de um crime de manipulação do mercado por não ser ela a titular do interesse protegido, a saber, o regular e transparente funcionamento do mercado de valores mobiliários. No mesmo acórdão, reconhece-se porém a legitimidade do ente coletivo, cujo património foi lesado pela atuação criminosa, para se constituir assistente pelo crime de infidelidade visto ser agora o titular do bem jurídico (patrimonial) protegido[34].

---

[33] O crime de *Manipulação de mercado* tem a sua origem primária no crime de *Manipulação fraudulenta de cotações de títulos*, um crime societário, previsto na sua versão primeira no artigo 525º do CSC. Juntamente com o crime de *Abuso de informações* previsto no artigo 524º, o crime de *Manipulação fraudulenta de cotações de títulos* seria revogado pelo DL 142-A/91, de 10 de abril, que aprovou o Código do Mercado de Valores Mobiliários e que nos seus artigos 666º e 667º criminalizava, respetivamente, o *Abuso de informação* e a *Manipulação do mercado*.

[34] Na mesma linha, o Ac. do Tribunal Constitucional nº 145/2006, de 22 de fevereiro, considera não ser inconstitucional a interpretação do artigo 68º do CPP que recusa a qualidade de assistente ao sócio minoritário de uma sociedade comercial por quotas no processo criminal por infidelidade que corre contra o sócio-gerente. Este entendimento merece em abstrato a nossa concordância. Em causa está um bem jurídico de titularidade individualizada que coincide com o acervo patrimonial da sociedade. Ora, o titular do interesse tutelado é a própria sociedade comercial e não o sócio. Porém, no caso da sociedade por quotas, temos algumas reservas em excluir de forma automática os "quotistas" da titularidade do bem jurídico patrimonial (de natureza individual) tutelado pelo crime de infidelidade. É assim pela peculiar natureza deste tipo de sociedade comercial, situada entre uma sociedade de pessoas e uma sociedade de capitais, cf., com adicionais referências bibliográficas, MARIA ELIZABETE RAMOS (2011), p. 175, e COUTINHO DE ABREU (2013), p. 69. Nestas situações, o modelo em abstrato de sociedade por quotas oferecido pelo legislador, bem como a concreta modelação seguida pelos quotistas, em particular quanto à gestão e responsabilidade patrimonial da sociedade, não são alheios à determinação da titularidade do património enquanto bem jurídico protegido pelo crime de infidelidade, tipificado no artigo 224º do CP.

COMENTÁRIO GERAL SOBRE AS DISPOSIÇÕES PENAIS   413

As restrições legais ao acesso à qualidade de assistente, assentes num conceito estrito de ofendido enquanto titular do bem jurídico protegido, encontram a sua razão de ser na amplitude de poderes reconhecidos àquele sujeito processual, procurando preservar o processo penal de uma desmedida abertura que possibilite instrumentalizações indevidas da justiça penal[35]. Deste modo, o assistente enquanto sujeito processual penal não pode confundir-se, pelos poderes processuais que lhe são conferidos, com aquele que é lesado nos seus interesses e que para a sua reposição tem ao dispor os mecanismos próprios do direito civil. Por conseguinte, através do artigo 68º do CPP, procurou limitar-se a constituição de assistente àqueles que tenham sido diretamente afetados pelo crime e que, por essa razão, têm um efetivo interesse em participar na aplicação e na realização do direito[36].

Como já se referiu, da nossa perspetiva, o bem jurídico protegido nos crimes societários tem uma natureza supra-individual e coincide com o correto funcionamento da sociedade comercial enquanto centro aglomerador de diversos interesses económicos e instrumento jurídico capaz de intervir na economia[37]. Neste sentido, ao interesse tutelado não corresponde uma titularidade individualizada. Logo, uma conceção estrita de ofendido exclui quer a sociedade quer aqueles que a integram ou que com ela se relacionam (sócios, trabalhadores, credores, fornecedores, clientes) do âmbito do direito à constituição como assistente em processo penal. Deve, no entanto, sublinhar-se que a jurisprudência portuguesa tem vindo a flexibilizar este conceito estrito de ofendido em incriminações voltadas para a tutela de bens jurídicos de natureza coletiva, admitindo a possibilidade daquele que é diretamente afetado pela prática do crime se constituir assistente (*v. g.*, o caluniado no crime de denúncia caluniosa – Ac. 8/2006, de 12 de outubro – ou o requerente de uma providência cautelar

---

[35] Cf. FIGUEIREDO DIAS, 1966, p. 21. Em sentido crítico quanto ao conceito estrito de ofendido, com adicionais referências bibliográficas, PAULO DE SOUSA MENDES (2011), p. 1341, notas 50 e 51.

[36] Acrescente-se todavia que este conceito estrito de ofendido para efeitos de constituição de assistente processual tem vindo a ser alargado pela jurisprudência a casos em que o interesse particular e individualizado se encontra ainda sob a proteção da norma incriminadora construída em torno da tutela de um bem jurídico supra-individual. Neste sentido, o STJ admitiu, no Ac. nº 1/2003, de 16 de janeiro, que nos casos em que a falsificação de documento seja levada a cabo com intenção de causar prejuízo a outra pessoa, esta se possa constituir como assistente no processo penal; ou ainda, no Ac. nº 8/2006, de 12 de outubro, que aquele que é caluniado através de uma denúncia caluniosa se possa constituir como assistente; ou, mais recentemente, no Ac. nº 10/2010, de 17 de novembro, que o requerente da providência cautelar se possa constituir assistente no processo por crime de desobediência qualificada decorrente da violação de providência cautelar.

[37] *Supra*, ponto 5.

em processo por crime de desobediência decorrente de violação daquela providência – Ac. 10/2010, de 17 de novembro). Seguindo esta tendência jurisprudencial, será de admitir a possibilidade de a sociedade comercial, enquanto ente diretamente afetado pela prática do crime societário, se constituir assistente, uma vez que é sobre ela, enquanto instrumento utilizado na prática do crime, que recai em primeira instância a atuação criminosa. Deste modo, a concreta sociedade comercial é o substrato que confere representatividade ao valor tutelado. Quanto a terceiros (*v. g.*, sócios, clientes, credores, fornecedores), ainda que sejam afetados de forma mediata pelo facto criminoso, devem ter-se, por regra, afastados do círculo daqueles que se podem constituir assistente em processo penal e, por essa via, aceder ao amplo conjunto de direitos reconhecidos a este sujeito processual[38].

8. Ilícito de mera ordenação social

O CSC, no seu Título VII, compreende disposições penais e contra-ordenacionais. Os ilícitos de mera ordenação social e as coimas correspondentes estão tipificados no artigo 528º, remetendo-se o leitor para a respetiva anotação.

---

[38] Em sentido contrário, defendendo uma conceção mais ampla de assistente no âmbito dos crimes societários, PAULO DE SOUSA MENDES (2011), p. 1341.

ARTIGO 509º *
Falta de cobrança de entradas de capital

1. O gerente ou administrador de sociedade que omitir ou fizer omitir por outrem actos que sejam necessários para a realização de entradas de capital será punido com multa até 60 dias.

2. Se o facto for praticado com intenção de causar dano, material ou moral, a algum sócio, à sociedade, ou a terceiro, a pena será de multa até 120 dias, se pena mais grave não couber por força de outra disposição legal.

3. Se for causado dano grave, material ou moral, e que o autor pudesse prever, a algum sócio que não tenha dado o seu assentimento para o facto, à sociedade, ou a terceiro, a pena será a da infidelidade.

* Aditado pelo DL 184/87, de 21 de abril.
A atual redação do nº 1 foi introduzida pelo DL 76-A/2006, de 29 de março.

Índice

1. Bem jurídico
2. Tipo objectivo de ilícito
   2.1. Autor
   2.2. Conduta
3. Tipo subjetivo
4. Agravação pelo resultado
5. Formas do crime
   5.1. Tentativa
   5.2. Comparticipação
6. Pena

Bibliografia

Citada:

ABREU, J. M. COUTINHO DE – *Curso de Direito Comercial*, vol. II – *Das Sociedades*, 4ª ed., Almedina, Coimbra, 2013; COSTA, JOSÉ DE FARIA – *Noções Fundamentais de Direito Penal*, Coimbra Editora, Coimbra, 2012; DIAS, JORGE DE FIGUEIREDO – *Direito Penal. Parte Geral*, Tomo I, Coimbra Editora, Coimbra, 2007; DOMINGUES, PAULO DE TARSO – *Do Capital Social. Noção, Princípios e Funções*, Studia Iuridica 33, Coimbra Editora, Coimbra, 2004; "O regime das entradas no Código das Sociedades Comerciais", *RFDP*, Ano III (2006), p. 673-723; "Artigo 14º", *Código das Sociedades Comerciais em comentário*, coord. de J. M. Coutinho de Abreu, vol. I, Almedina, Coimbra, 2010, p. 241-272, "Artigo

20º", *Código das Sociedades Comerciais em comentário*, coord. de J. M. Coutinho de Abreu, vol. I, Almedina, Coimbra, 2010, p. 338-351, "Artigo 285º", *Código das Sociedades Comerciais em comentário*, coord. de J. M. Coutinho de Abreu, vol. V, Almedina, Coimbra, 2012, p. 156-163; MENDES, PAULO DE SOUSA – "Artigo 509º", *Código das Sociedades Comerciais Anotado*, coord. A. Menezes Cordeiro, Almedina, Coimbra, 2011, p. 1343-1346; SILVA, GERMANO MARQUES DA – "Disposições penais do Código das Sociedades Comerciais – Considerações Gerais", *Textos – Sociedades Comerciais*, Centro de Estudos Judiciários/Conselho Distrital do Porto da Ordem dos Advogados, Lisboa, 1994/95, p. 39-49; SOUSA, SUSANA AIRES DE – "A autoria nos crimes específicos: algumas considerações sobre o artigo 28º do Código Penal", *RPCC*, Ano 15 (2005), p. 343-368, "Nótulas sobre as disposições penais do Código das Sociedades Comerciais", *DSR*, ano 5, vol. 9 (2013), p. 115-134.

1. Bem jurídico

A norma incriminatória tipificada no artigo 509º tutela o correto funcionamento da sociedade comercial[1]. À sociedade, enquanto instrumento de atuação económica, é fundamental a realização das entradas de capital. Em causa está o cumprimento da obrigação principal e originária dos sócios, destinada a assegurar os meios necessários ao exercício da atividade social e, em particular, a exata formação do capital social[2]. O tipo legal refere-se exclusivamente a entradas de capital, ou seja, a entradas que possam ser imputadas no capital social. Por esta via, a *ratio* da incriminação convoca como referência necessária o conjunto de funções que tradicionalmente se reconhecem ao capital social, quer no plano interno da sociedade (*v. g.*, as funções de organização e de financiamento) quer na sua dimensão externa (*v. g.*, as funções de avaliação económico-financeira da sociedade e de garantia)[3]. Deste modo, fica claro que o tipo legal procura acautelar o cumprimento de obrigações fundamentais necessárias à fundação, constituição e funcionamento da sociedade comercial.

---

[1] Sobre a natureza e caracterização deste bem jurídico veja-se o ponto 5 do comentário geral que inicia as anotações às disposições penais e de mera ordenação social.

[2] Cf., de modo desenvolvido, PAULO DE TARSO DOMINGUES (2006), p. 675 e s.; também (2004), p. 72 e s. Do mesmo autor, veja-se ainda anotação ao artigo 20º no volume I deste comentário.

[3] Sobre estas funções veja-se, de modo desenvolvido, a anotação ao artigo 14º de PAULO DE TARSO DOMINGUES (2010), p. 256; também COUTINHO DE ABREU (2013), p. 447 e s.

2. Tipo objetivo de ilícito

O crime de *"Falta de cobranças de capital"* tipifica a conduta do gerente ou do administrador de sociedade que omitir ou fizer omitir por outrem atos que sejam necessários para a realização de entradas de capital.

2.1. Autor

O tipo legal de crime previsto no artigo 509º, à semelhança do que acontece na maioria das incriminações previstas no Título VII do CSC, pressupõe uma especial qualidade do autor para que se possa afirmar a sua responsabilidade criminal: ser gerente ou administrador. Trata-se de um *crime específico próprio* na medida em que a qualidade especial do autor fundamenta a sua responsabilidade criminal[4]. A dupla qualidade típica – gerente ou administrador – atende à concreta natureza da sociedade comercial e à correspondente denominação recebida pelo órgão de administração e governação da sociedade. Deste modo, a especial qualidade exigida no tipo legal tem na sua base os deveres legalmente impostos em matéria de realização de entradas aos órgãos de administração e representação e previstos, para as sociedades por quotas, nos artigos 202º e ss. e, para as sociedades por ações, no artigos 285º e ss.

A qualificação como crime específico adquire o seu significado prático sobretudo em situações de pluralidade de agentes na realização criminosa quando algum ou alguns dos sujeitos não detenham a qualidade (ou o dever) requerido pela norma incriminatória, problema a que se atenderá mais à frente nesta anotação, no âmbito da comparticipação.

2.2. Conduta

O legislador tomou a omissão como forma específica da realização típica. Desta forma, o tipo legal realiza-se não através de uma ação mas antes por intermédio da omissão de um comportamento, juridicamente devido e esperado, por parte do gerente ou administrador. O crime de *"Falta de cobranças de capital"* é, neste sentido, um crime de omissão puro ou próprio em que expressamente se referencia a omissão dos atos necessários à realização das entradas de capital como modo de integração do tipo legal.

A concretização da conduta omissiva incriminada impõe um necessário reenvio para as normas de direito societário que concretizam os deveres e as

---

[4] Sobre a figura dos crimes específicos veja-se, por todos, FIGUEIREDO DIAS (2007), p. 304 e s., FARIA COSTA (2012), p. 247 e s., SUSANA AIRES DE SOUSA (2005), p. 343 e s.

obrigações dos gerentes e administradores quanto à realização das entradas de capital, designadamente para os artigos 202º e ss. e 285º e ss. Deste modo, constitui forma de realização do tipo legal a omissão, pelo gerente ou pelo administrador, de deveres como o dever de interpelar o sócio para efetuar o pagamento da entrada diferida nos termos dos artigos 203º, nº 3, e 285º, nº 2.

Todavia, esta técnica do reenvio não é a melhor do ponto de vista da determinabilidade da conduta típica exigida pelo princípio da legalidade criminal na sua vertente material[5]. Com efeito, a técnica legislativa usada na incriminação, assente na conduta omissiva e no reenvio para as normas de direito societário está na origem de algumas críticas apontadas pela doutrina a esta incriminação, sobretudo pela indefinição que dela resulta. Em particular, Germano Marques da Silva critica a indeterminação quanto ao momento a partir do qual o gerente ou o administrador incorre em responsabilidade criminal por falta de interpelação do sócio[6]. Com efeito, no silêncio da lei, a responsabilidade criminal do gerente ou administrador por omissão da interpelação do sócio deve afirmar-se no primeiro momento em que se podia efectivar aqueles dever? O gerente ou administrador realizam a conduta omissiva se logo no dia seguinte ao prazo fixado no contrato social não procederem à interpelação do sócio em falta? Muito embora esta solução se aproxime de uma responsabilização excessiva, parece ser a que tem respaldo legal. Qualquer outra solução que procure o cumprimento daquele dever num tempo razoável tem contra si argumentos decisivos na medida em que tornaria a responsabilidade criminal indeterminada no tempo e violadora da igualdade.

Levanta-se todavia um segundo problema, também ele relacionado com a amplitude que o legislador reconheceu à incriminação. O tipo legal refere-se à omissão de atos necessários à realização das entradas de capital, sem que se concretizem esses atos. Assim, ainda que o órgão de administração cumpra diligentemente o dever de interpelação estabelecendo um prazo para o pagamento nos termos do nº 3 do artigo 203º ou do nº 2 do artigo 285º, pode o sócio incumprir, ficando sujeito às consequências previstas na lei. Tratando-se de uma sociedade por quotas, o sócio fica sujeito às consequências previstas no artigo 204º. Todavia, a lei impõe o dever de a sociedade o avisar por carta registada de que, a partir do 30º dia seguinte à receção da carta, fica sujeito a exclusão e perda total ou

---

[5] Cf. SUSANA AIRES DE SOUSA (2013), p. 118 e p. 133.
[6] Cf. GERMANO MARQUES DA SILVA (1994/95), p. 49; também PAULO DE SOUSA MENDES (2011), p. 1344.

parcial da quota, podendo o sócio proceder ao pagamento naquele prazo (artigo 204º, nºˢ 1 e 2). Deste modo, sendo esta mais uma tentativa imposta pela lei de obter a entrada em falta, a omissão deste dever de aviso parece corresponder à omissão de um acto necessário à realização da entrada de capital e, como tal, uma falta que faz incorrer o gerente em responsabilidade criminal nos termos do artigo 509º, nº 1. Mas também aqui a lei é indeterminada quanto ao momento a partir do qual se deve considerar realizada uma omissão penalmente relevante do gerente. Já no âmbito das sociedades anónimas esta mesma questão ganha renovada complexidade em virtude da discussão em torno do carácter obrigatório ou facultativo do procedimento relativo ao sócio remisso previsto no artigo 285º, nº 4[7]. Tal discussão, bem como a letra da lei ("os administradores *podem* avisar"), impedem a afirmação de uma responsabilidade criminal, criando-se um regime diferenciado, incompreensível da perspetiva penal, consoante se trate de uma sociedade anónima ou de uma sociedade por quotas.

3. Tipo subjetivo

Em virtude do disposto no nº 1 do artigo 527º, para o qual se remete, a omissão pelo gerente ou administrador de atos necessários à realização das entradas de capital só é punível quando realizada dolosamente, isto é, quando o agente atue com conhecimento e vontade de realização do tipo objetivo de ilícito. A responsabilidade criminal pode fundamentar-se em qualquer uma das modalidades de dolo acolhidas pela doutrina penal: dolo direto, necessário ou eventual.

O nº 2 do artigo 509º prevê um elemento intencional que acresce ao dolo do agente e que fundamenta uma agravação da pena de multa de 60 dias para 120 dias: a intenção de causar dano, material ou moral, a algum sócio, à sociedade, ou a terceiro. A lei não exige, nos termos deste número, que o dano se concretize, bastando-se com a intenção de produção do resultado. Deste modo, no nº 2 do artigo 509º prevê-se um *crime de resultado cortado* nos termos do qual se exige, para além do dolo do tipo, "a intenção de produção de um resultado que todavia não faz parte do ilícito"[8]. Por conseguinte, pune-se, nos termos desta norma, a conduta do gerente ou administrador que oculte atos necessários à realização das entradas de capital com intenção de causar dano, material ou moral, a algum sócio, à sociedade ou a terceiro.

---

[7] Sobre a controvérsia em torno da natureza obrigatória ou facultativa do procedimento previsto no artigo 285º veja-se PAULO DE TARSO DOMINGUES (2012), p. 161 e s.
[8] Cf. FIGUEIREDO DIAS (2007), p. 380 e s.

4. Agravação pelo resultado

O nº 3 do artigo 509º prevê um crime agravado pelo resultado[9]. Crimes agravados ou qualificados pelo resultado são, nos termos do artigo 18º do CP, aqueles tipos legais cuja pena aplicável é agravada em função da produção de um resultado, ligado ao tipo fundamental, que possa imputar-se ao agente pelo menos a título de negligência. Nos termos da lei o resultado agravante consiste "em causar dano grave, material ou moral, e que o autor pudesse prever, a algum sócio que não tenha dado o seu assentimento para o facto, à sociedade, ou a terceiro". A previsibilidade do dano deve entender-se como nota característica e estruturante deste tipo de delitos, segundo a qual entre o delito fundamental omissivo de natureza dolosa previsto no nº 1 (omitir atos necessários à realização do capital) e o evento agravante previsto no nº 3 (causar dano grave, material ou moral a algum sócio, à sociedade ou a terceiro) se estabeleça um nexo de culpa. Deste modo, ao exigir a previsibilidade do dano, o legislador exige que a imputação do resultado agravante se faça pelo menos a título de negligência.

Verificando-se a agravação pelo resultado, a pena a aplicar será, nos termos da lei, a pena prevista para o crime de *Infidelidade*. Este reenvio para o artigo 224º do CP é comum a outras incriminações societárias, tipificadas na sua forma agravada (artigo 509º, nº 3; artigo 511º, nº 2; artigo 512º, nº 3; artigo 513º, nº 3; artigo 514º, nº 4; artigo 515º, nº 3; artigo 518º, nº 3). Esta equiparação é expressamente querida pelo legislador na parte final do ponto 5 do preâmbulo do DL 184/67, de 21 de abril quando, a propósito do modelo seguido na graduação das penas, remetia para a incriminação da infidelidade, tipificada à altura no artigo 319º do CP. Esta escolha é justificada, no texto preambular "pelas analogias existentes entre a infidelidade e a maioria dos ilícitos compendiados no presente diploma"[10]. Em causa estão, por regra, condutas agravadas pela circunstância de o agente "causar dano grave, material ou moral, e que o autor pudesse prever, a algum sócio, à sociedade ou a terceiro". Acontece, porém, que ao tempo da entrada em vigor dos delitos societários (em 1987) a pena prevista para o crime de infidelidade era a de prisão até 1 ano e multa até 60 dias, ou só multa até 120 dias. Com a revisão do CP em 1995 deu-se a agravação daquela sanção para prisão até 3 anos ou multa. Esta alteração tem assim um reflexo na moldura punitiva das incriminações que reenviam a sua sanção para a pena da

---

[9] Assim PAULO DE SOUSA MENDES (2011), p. 1345.
[10] Em sentido crítico quanto à analogia entre a forma agravada dos crimes societários e o crime de infidelidade comum veja-se PAULO DE SOUSA MENDES (2011), p. 1345.

infidelidade, dando origem a uma desproporcionalidade nas penas aplicáveis aos crimes societários.

5. Formas do crime
5.1. Tentativa

O CSC estabelece uma regra especial em matéria de punição de tentativa no artigo 527º, nº 2, nos termos da qual será punível a tentativa dos factos para os quais tenha sido cominada pena de prisão e multa. Remetemos pois para o comentário respetivo.

Adiante-se, porém, que nos termos das penas previstas no artigo 509º apenas é punível uma tentativa enquadrável no nº 3, ou seja, uma tentativa de crime de *Falta de cobrança de entradas de capital* agravado pelo dano grave, material ou moral ao sócio, à sociedade ou a terceiro. Deste modo misturam-se duas problemáticas de especial complexidade para a doutrina penal: a tentativa de um crime omissivo e a tentativa nos delitos qualificados pelo resultado. Muito embora possa ser pensável teoricamente que da tentativa do delito fundamental (da tentativa de omissão do dever de realizar os atos necessários à entrega das entradas de capital) possa resultar o evento agravante (o dano), parece-nos que será uma situação de difícil verificação ou comprovação na realidade dos acontecimentos.

5.2. Comparticipação

O artigo 509º prevê uma conduta omissiva realizada por aquele que tem a qualidade especial de gerente ou de administrador. É por isso um crime de omissão e um crime específico. Esta natureza da incriminação requer reflexões adicionais em matéria de comparticipação criminosa. Importa saber como resolver as situações em que na realização do facto intervenham comparticipantes *extranei*, que não detenham qualidade típica exigida pela lei (por exemplo, o sócio ou o credor que determinem o gerente a omitir o ato necessário à realização da entrada de capital).

É certo que o artigo 28º, nº 1, do CP pune todos os comparticipantes, bastando-se com a verificação daquela qualidade em algum deles, salvo se outra for a intenção da norma incriminadora. Porém, como tivemos oportunidade de sustentar desenvolvidamente noutro contexto[11], a comunicabilidade da qualidade nos termos do artigo 28º depende da prévia afirmação do domínio do facto por parte do agente *extraneus* em alguma das modalidades previstas no artigo

[11] SUSANA AIRES DE SOUSA (2005), p. 357.

26º do CP: autoria mediata, co-autoria ou instigação. O critério do domínio do facto como critério de afirmação de autoria criminosa tem-se por válido para crimes dolosos de ação. Nos crimes de omissão a autoria depende, pela sua natureza omissiva, de um domínio potencial do facto na medida em que autor do crime é aquele que detenha a possibilidade fáctica de intervenção, por sobre ele recair um dever jurídico de ação, e não faz uso dessa possibilidade[12]. Deste modo, uma eventual aplicação do regime de comunicabilidade da qualidade típica estabelecido no artigo 28º está necessariamente dependente da prévia afirmação do domínio potencial do facto pelo agente. Ora, a ilicitude típica de um crime omissivo próprio, como aquele que se prevê no artigo 509º do CSC, tem na sua estrutura o especial dever de atuar que recai sobre o gerente ou sobre o administrador, dever esse que só ele pode incumprir. Por conseguinte, este dever de atuação não pode ser potencialmente dominado por outrem que não detenha a qualidade típica. Deste modo, tendemos a concordar com a doutrina que defende a inaplicabilidade do regime do artigo 28º do CP, por ser outra a intenção da norma incriminadora tipificada no artigo 509º[13]. Com efeito, se o legislador quisesse punir como autor o sócio *extraneus* que toma parte da realização do facto tê-lo-ia expressamente referido, à semelhança do estabelecido no artigo 512º, nº 2.

Desta forma, as situações de comparticipação estariam limitadas aos casos em que sobre todos os agentes recaia o dever de atuar na sua qualidade de gerente ou administrador. Resta saber se, nesta hipótese, o conceito de comparticipação é necessário uma vez que, ao violar aquele dever, tendo a possibilidade de agir, o gerente ou o administrador é já autor (imediato) por omissão[14].

6. Pena

O crime de *Falta de cobrança de entradas de capital* é punido, na modalidade simples a que se refere o nº 1, com pena de multa até 60 dias. A lei fixa apenas o limite máximo da moldura penal. Na determinação do limite mínimo da moldura tem o intérprete de socorrer-se do disposto no artigo 47º do CP, nos termos do qual o limite mínimo da pena de multa será de 10 dias.

---

[12] Cf. FIGUEIREDO DIAS (2007), p. 971.

[13] Neste sentido GERMANO MARQUES DA SILVA (1994/95), p. 47 e PAULO DE SOUSA MENDES (2011), p. 1245.

[14] Sobre a comparticipação nos crimes dolosos de omissão veja-se FIGUEIREDO DIAS (2007), p. 970 e s.

O legislador optou por uma sanção não privativa da liberdade, concretizada num número de dias que permite qualificar aquela sanção como branda e pouco grave. Por regra, nos crimes societários a escolha legislativa recaiu preferencialmente sobre a pena de multa e/ou pena de prisão de curtíssima duração. Entre as razões que justificariam esta opção conta-se, na perspetiva de Germano Marques da Silva, um certo pragmatismo, que deve ser contextualizado ao tempo da criação destes delitos, no sentido da inconveniência em transitar de forma abrupta de uma situação de tolerância "em que nada era penalmente sancionável para uma outra de sinal radicalmente inverso"[15]. Para além disso, no espírito do legislador, ao privilegiar-se as penas curtas de prisão, terá igualmente pesado o efeito dissuasor e preventivo esperado pela criminalização daqueles comportamentos. Todavia, ultrapassado um quarto de século de vigência destas incriminações, verifica-se que, em termos gerais, aquelas razões justificativas estão de algum modo esvanecidas. De um lado, está hoje mais longínquo o tempo em que a comunidade se mostrava alheia e tolerante aos atos ilícitos e de má gestão ocorridos no mundo dos negócios e em particular no interior das sociedades comerciais. A considerável dimensão adquirida pelas grandes empresas e o impacto externo, de carácter económico mas também social, causado por uma gestão ilícita da sociedade, despertaram o interesse da comunidade na sua correta gestão e administração, secundado pela rutura financeira de empresas com enorme dimensão económica e social, muito por causa de atos de gestão danosa. À dimensão objetiva destes danos sociais e económicos associa-se também uma dimensão subjetiva concretizada numa maior consciência coletiva das consequências negativas decorrentes de atos de má gestão empresarial de alguma forma amplificadas, nos últimos anos, por uma intensa divulgação através dos meios de informação e de comunicação social de situações fraudulentas em empresas de grande dimensão e importância social. Deste modo, uma intervenção punitiva mais eficaz no plano da gestão fraudulenta da sociedade comercial reclama uma revisão das sanções previstas no âmbito dos crimes societários.

---

[15] GERMANO MARQUES DA SILVA (1994/95), p. 40 e s.

ARTIGO 510º *
Aquisição ilícita de quotas ou acções

1. O gerente ou administrador de sociedade que, em violação da lei, subscrever ou adquirir para a sociedade quotas ou acções próprias desta, ou encarregar outrem de as subscrever ou adquirir por conta da sociedade, ainda que em nome próprio, ou por qualquer título facultar fundos ou prestar garantias da sociedade para que outrem subscreva ou adquira quotas ou acções representativas do seu capital, será punido com multa até 120 dias.

2. O gerente ou administrador de sociedade que, em violação da lei, adquirir para a sociedade quotas ou acções de outra sociedade que com aquela esteja em relação de participações recíprocas ou em relação de domínio é, igualmente, punido com multa até 120 dias.

* Aditado pelo DL 184/87, de 21 de abril.
A atual redação do nº 1 foi introduzida pelo DL 76-A/2006, de 29 de março.

Índice

1. Bem jurídico
2. Tipo objetivo de ilícito
    2.1. Autor
    2.2. Conduta
3. Tipo subjetivo
4. Formas do crime
    4.1. Tentativa
    4.2. Comparticipação
5. Pena

Bibliografia

Citada:

ABREU, J. M. COUTINHO DE – *Curso de Direito Comercial*, vol. II – *Das Sociedades*, 4ª ed., Almedina, Coimbra, 2013; ANDRADE, MARGARIDA COSTA – "Artigo 220º", *Código das Sociedades Comerciais em comentário*, coord. de J. M. Coutinho de Abreu, vol. III, Almedina, Coimbra, p. 356-371; "Artigo 316º", *Código das Sociedades Comerciais em comentário*, coord. de J. M. Coutinho de Abreu, vol. V, Almedina, Coimbra, 2012, p. 394-414, "Artigo 325º-Aº", *Código das Sociedades Comerciais em comentário*, coord. de J. M. Coutinho de Abreu, vol. V, Almedina, Coimbra, 2012, p. 475-488; DOMINGUES, PAULO DE TARSO – *Do Capital Social. Noção, Princípios e Funções*, Studia Iuridica 33, Coimbra Editora, Coimbra, 2004; MENDES, PAULO DE SOUSA – "Artigo 510º", *Código das Sociedades Comerciais Anotado*, coord. A. Menezes Cordeiro, Almedina, Coimbra, 2011, p. 1346-1348.

1. Bem jurídico

O artigo 510º visa proteger o regular funcionamento da sociedade comercial[1]. Com efeito, esta norma tem por propósito limitar os perigos inerentes à titularidade, pela sociedade, de participações próprias; em particular, procura-se acautelar a intangibilidade do capital social enquanto elemento fundamental e necessário ao funcionamento e à solidez económica da sociedade comercial[2]. Para além da distorção ao capital social, a aquisição de participações próprias pode refletir-se ainda negativamente em planos diversos da vida societária: por exemplo, como forma de influir na organização interna da sociedade ou ainda como instrumento especulativo do valor das ações cotadas em bolsa[3]. Assim, de forma mediata, através da tutela do instrumento societário, protegem-se ainda os interesses daqueles que se relacionam com a sociedade, *v. g.*, os credores sociais, investidores, acionistas.

2. Tipo objetivo de ilícito

O tipo legal de aquisição ilícita de quotas ou ações compreende, no seu nº 1, a conduta do gerente ou do administrador de sociedade que, em violação da lei societária, subscrever ou adquirir para a sociedade, ainda que por intermédio de outra pessoa (singular ou coletiva), quotas ou ações próprias desta, bem como o gerente ou administrador que facultar fundos ou prestar garantias da sociedade para que outrem subscreva ou adquira aquelas quotas ou ações. Desta forma, o tipo objetivo de ilícito remete para o regime de aquisição e subscrição de quotas ou ações próprias a que se referem os artigos 220º e 316º e s. do CSC.

O nº 2, tendo por horizonte as relações entre sociedades comerciais, pune ainda o gerente ou administrador que, em violação da lei societária, adquirir

---

[1] Sobre a natureza e caracterização deste bem jurídico tutelado pelas incriminações societárias veja-se o ponto 5 do comentário geral que inicia as anotações às disposições penais e de mera ordenação social.
[2] Sobre a relação entre princípio da intangibilidade do capital social e o regime de aquisição de participações próprias veja-se, com adicionais referências bibliográficas, PAULO DE TARSO DOMINGUES (2004), p. 140 e s.
[3] Cf., referindo-se aos "perigos das acções próprias", COUTINHO DE ABREU (2013), p. 386 e s., e, de modo desenvolvido, quanto à aquisição de quotas e ações próprias, respetivamente, MARGARIDA COSTA ANDRADE (2010), p. 358, e MARGARIDA COSTA ANDRADE (2012), p. 400 e s.

426 SUSANA AIRES DE SOUSA

para a sociedade quotas ou ações de outra sociedade que com aquela esteja em relação de participação recíprocas ou em relação de domínio.

2.1. Autor

O tipo legal pressupõe que o autor tenha a qualidade de gerente ou de administrador. À semelhança da maioria das normas incriminatórias que integram o Título VII, o artigo 510º prevê um *crime específico próprio* na medida em que é a qualidade especial do autor que fundamenta a sua responsabilidade criminal. A dupla qualidade típica – gerente ou administrador – atende à concreta natureza da sociedade comercial e à correspondente denominação recebida pelo órgão de administração e governação da sociedade. Deste modo, a especial qualidade exigida no tipo legal tem na sua base os deveres legalmente impostos em matéria de aquisição de quotas e ações próprias a que se referem, respetivamente, os artigos 220º e 316º e ss. O tipo legal expressamente admite que o gerente ou administrador possam realizar o facto por intermédio ou por atuação de outrem, questão a que se atenderá no ponto dedicado à matéria da comparticipação.

2.2. Conduta

O tipo legal tipifica diversas formas de conduta, todas elas sob a forma ativa. Trata-se assim de um *delito de ação*.

No nº 1 do artigo 510º autonomizam-se distintas formas de atuação do gerente ou administrador, todas elas suscetíveis de punição: na primeira parte da norma, o legislador equipara a subscrição ou aquisição de quotas ou ações como modalidades de conduta; na segunda parte, a lei pune a conduta do gerente ou administrador que encarrega outrem de subscrever ou adquirir aquelas participações por conta da sociedade, ainda que o faça em nome próprio[4] (resta saber se a tal resultado não se chegaria já pelas regras normais da comparticipação); na última parte do nº 1, tipifica-se ainda a conduta do gerente ou administrador que faculte fundos ou preste garantias da sociedade para que outrem subscreva ou adquira quotas ou ações representativas do seu capital[5]. A previsão desta última modalidade de conduta liga-se de forma imediata à prevenção da finalidade

---

[4] Esta punição liga-se diretamente à proibição prevista no nº 2 do artigo 316º do CSC. Sobre o âmbito de aplicação e finalidades desta norma MARGARIDA COSTA ANDRADE (2012), p. 409 e s.

[5] A proibição legal da concessão de empréstimos ou fundos e de prestação de garantias a favor de terceiro para aquisição de ações está expressamente prevista no artigo 322º do CSC. De modo desenvolvido quanto a esta norma e aos problemas que a sua aplicação coloca veja-se MARGARIDA COSTA ANDRADE (2012), p. 446 e s.

especulativa que pode presidir a aquisição de participações próprias, designadamente de ações, estimulando a procura dos títulos cotados em bolsa através da concessão de fundos ou da prestação de garantias tendo por fim a sua aquisição.

O nº 2 do artigo 510º acrescenta ainda uma outra forma de realização típica que se traduz numa aquisição ilícita para a sociedade de quotas ou ações de outra sociedade a ela ligada por participações recíprocas (artigo 485º) ou em relação de domínio (artigo 486º). A *ratio* da incriminação tem presente os perigos inerentes à aquisição de participações por sociedades que se encontram numa especial relação de dependência, equiparando assim a hetero-participação à auto-participação. Deste modo, a aquisição de ações da sociedade dominante pela sociedade dependente são em geral tidas pela lei como aquisição e detenção de ações próprias nos termos do artigo 325º-A e 325º-B[6].

3. Tipo subjetivo

Em virtude do disposto no nº 1 do artigo 527º, para o qual se remete, as condutas descritas nos nºˢ 1 e 2 do artigo 510º só são puníveis quando realizadas dolosamente, isto é, quando o agente atue com conhecimento e vontade de realização do tipo objetivo de ilícito. A responsabilidade criminal pode fundamentar-se em qualquer uma das modalidades de dolo acolhidas pela doutrina penal: dolo direto, necessário ou eventual.

4. Formas do crime
4.1. Tentativa

Atendendo à regra especial em matéria de punição de tentativa prevista no artigo 527º, nº 2, a tentativa do crime de aquisição ilícita de quotas ou ações não é punível, uma vez que a tais condutas corresponde uma pena de multa.

4.2. Comparticipação

O crime de aquisição ilícita de quotas ou ações exige para o seu integral preenchimento que o autor possua a especial qualidade de gerente ou administrador de uma sociedade comercial. Trata-se de um *crime específico próprio*. Numa tentativa de resolver os problemas de comparticipação que surgem associados à figura dos delitos específicos próprios, a redação da norma não se limitou à previsão de modalidades de atuação direta ou imediata do gerente ou administrador mas integrou ainda situações de realização mediata do tipo legal. Em

---

[6] Cf. COUTINHO DE ABREU (2013), p. 396, e, de modo desenvolvido, MARGARIDA COSTA ANDRADE (2012), p. 475 e s.

particular, prevêem-se expressamente situações de autoria mediata e de instigação. As situações de autoria mediata pressupõem a realização do facto ilícito por intermédio de outrem. Correspondem, em princípio, aos casos em que o diretor se serve de outrem (um *extraneus*), que pode ser um ente singular ou coletivo, para realizar os atos proibidos por lei, encarregando-o de subscrever ou adquirir as participações sociais. Já a concessão de fundos ou de garantias da sociedade para que outrem subscreva ou adquira quotas ou ações representativas do capital societário corresponde, por regra, a uma determinação de outrem à prática de um facto ilícito, tida como característica própria da instigação. Deste modo, o legislador quis afastar qualquer dúvida sobre a punição do diretor que atua como autor mediato ou como instigador na aquisição ilícita de quotas ou ações, afastando assim o regime geral previsto no artigo 28º do CP. Na verdade, estas mesmas soluções já resultariam, em nosso modo de ver, daquele artigo; porém, ao prever expressamente estas situações, o legislador afastou eventuais dúvidas interpretativas suscitadas pela aplicação daquela norma. Ao afastar o regime geral de comunicabilidade da qualidade previsto no artigo 28º do CP, o legislador impede ainda a punição como autor do *extraneus*, isto é, daquele que não tendo a qualidade de gerente ou de administrador com ele comparticipa. Por conseguinte, o legislador quis reservar a sanção mais grave – a pena – para aquele que detém a qualidade típica por ser sobre ele que recaem os especiais deveres de correcta gestão da sociedade comercial.

5. Pena

O crime de aquisição ilícita de quotas ou ações é punido, em quaisquer das modalidades de conduta tipificadas, com multa até 120 dias[7]. O legislador optou por uma sanção não privativa da liberdade[8]. A lei fixa apenas o limite máximo da moldura penal. Na determinação do limite mínimo da moldura tem o intérprete de socorrer-se do disposto no artigo 47º do CP, nos termos do qual o limite mínimo da pena de multa será de 10 dias.

---

[7] Tendo em conta que a aquisição onerosa de participações próprias equivale nos seus efeitos à restituição das entradas dos sócios, Paulo de Sousa Mendes considera que a incriminação prevista no artigo 510º apresenta um desvalor equiparável ao crime de distribuição ilícita de bens da sociedade, não se justificando a diferença de penas estabelecidas pelos artigos 510º e 514º, nº 2, cf. PAULO DE SOUSA MENDES (2011), p. 1347.

[8] Sobre as penas aplicáveis aos crimes societários veja-se o ponto 6 do comentário geral sobre as disposições penais do CSC que antecede a anotação às normas incriminatórias.

ARTIGO 511º *
Amortização de quota não liberada

1. O gerente de sociedade que, em violação da lei, amortizar, total ou parcialmente, quota não liberada será punido com multa até 120 dias.
2. Se for causado dano grave, material ou moral, e que o autor pudesse prever, a algum sócio que não tenha dado o seu assentimento para o facto, à sociedade, ou a terceiro, a pena será a da infidelidade.

* Aditado pelo DL 184/87, de 21 de abril.

Índice
1. Problemas em torno do tipo objetivo de ilícito
    1.1. Autor
    1.2. A desconformidade entre o ilícito penal e a lei societária
    1.3. A indeterminação da conduta e a violação do princípio da legalidade criminal
2. Tipo subjetivo
3. Agravação pelo resultado

Bibliografia
Citada:

ABREU, J. M. COUTINHO DE – *Curso de Direito Comercial*, vol. II – *Das Sociedades*, 4ª ed., Almedina, Coimbra, 2013; CUNHA, CAROLINA – "Artigo 234º", *Código das Sociedades Comerciais em comentário*, coord. de J. M. Coutinho de Abreu, vol. III, Almedina, Coimbra, 2011, p. 508-516; DIAS, JORGE DE FIGUEIREDO – *Direito Penal. Parte Geral*, Tomo I, Coimbra Editora, Coimbra, 2007; SOARES, ANTÓNIO – *O novo regime de amortização das quotas*, AAFL, Lisboa, 1988; VENTURA, RAÚL – *Comentário ao Código das Sociedades Comerciais – Sociedades por quotas*, vol. I, Almedina, Coimbra, reimp. da 2ª ed. de 1989.

1. Problemas em torno do tipo objetivo de ilícito
1.1. Autor

O artigo 511º tem por referência a amortização de quotas em violação da lei societária e pune com multa até 120 dias o gerente de sociedade que amortizar, total ou parcialmente quota não liberada.

Na construção da norma incriminatória o legislador optou por consagrar um *crime específico próprio* nos termos do qual a qualidade de *gerente* do autor fundamenta a sua responsabilidade.

1.2. A desconformidade entre o ilícito penal e a lei societária

A conduta proibida consiste em amortizar quota não liberada em violação da lei societária. De acordo com o artigo 232º, nº 3, é pressuposto geral da amortização que a quota esteja inteiramente liberada, salvo se se proceder a uma redução do capital. Esta disposição integra um conjunto de preceitos que procura acautelar o princípio da exata formação do capital social bem como a proteção dos interesses dos credores uma vez que a extinção da quota decorrente da amortização determinaria o perdão da dívida de entrada[1].

Todavia, a determinação da norma-comportamento, isto é, da concreta conduta proibida não se vislumbra tarefa fácil. É assim, desde logo, porque na concretização da proibição se usa, de novo, a técnica legislativa do reenvio para a lei societária. Contudo, as dificuldades são acrescidas por uma evidente desconformidade existente entre o dever pressuposto pela incriminação e o regime societário em matéria de amortização de quotas. Com efeito, o artigo 511º pressupõe, na sua conformação típica, o poder de o gerente de sociedade poder amortizar a quota do sócio, sancionando o ato de amortização de uma quota não liberada. Ora, o regime de amortização da quota está previsto nos artigos 232º e s. Da leitura dos artigos 232º, nº 2, e 234º, nº 1, resulta que a amortização é um ato da sociedade que tem lugar por *deliberação dos sócios*, tendo-se por nula, nos termos do artigo 56º, nº 1, al. *d)*, as deliberações que amortizem quotas não totalmente liberadas[2]. Deste modo, para proteger a sociedade e os interesses daqueles que com ela se relacionam, o legislador sujeitou o ato de amortização à deliberação dos sócios[3]. A possibilidade de o gerente amortizar a quota só poderia ser eventualmente configurável no quadro da verificação pela gerência de um possível efeito automático operada por força da lei ou pela verificação de uma condição prevista no contrato. Todavia, a figura da amortização automática não é permitida no quadro legal e, como refere Carolina Cunha, "mesmo no caso de a amortização da quota corresponder a um direito estatutariamente reconhecido ao

---

[1] Cf. COUTINHO DE ABREU (2013), p. 410; CAROLINA CUNHA (2011), p. 497. Também ANTÓNIO SOARES (1988), p. 28 e s.

[2] Cf. COUTINHO DE ABREU (2013), p. 412.

[3] Como sublinha ANTÓNIO SOARES (1988), p. 79, em causa estão interesses da mais variada ordem. Desde logo, "o interesse da sociedade, que tanto pode ir no sentido da amortização, como requerer que ela não ocorra. Há o interesse do sócio cuja quota vai ser amortizada que tanto pode ser o de ver a sua quota amortizada como de que a sua quota não seja objecto de tal amortização. Há ainda o interesse dos restantes sócios que pode ser o de se amortizar aquela quota como o de deixar de a amortizar. Por último ainda encontramos o interesse dos credores, que embora não respeite directamente à amortização, relaciona-se com a situação financeira da sociedade após o pagamento da contrapartida".

sócio, a amortização não dispensa a tomada de uma deliberação nesse sentido"[4].
Deste modo, no quadro legal vigente, a amortização não é um ato da gerência,
como parece pressupor o artigo 511º, mas sim um ato dos sócios.

1.3. A indeterminação da conduta e a violação do princípio da legalidade criminal

O desfasamento entre a norma incriminatória e o regime legal de amortização
da quota foi notado pela doutrina societária[5]. Raúl Ventura considera que a convicção errónea em que o legislador incorre de que cabe ao gerente da sociedade
amortizar as quotas torna o crime "legalmente impossível"; acrescenta ainda
que o legislador não pode ter pretendido punir, por via desta norma, o gerente
que se tenha substituído aos sócios para amortizar a quota porque então teria
tipificado este facto e não o desrespeito pelas regras da amortização[6]. Também
António Soares se interroga sobre a responsabilidade penal dos gerentes por
um ato que não é da sua competência. Todavia, numa tentativa de dar conteúdo
à incriminação, o autor procura enquadrá-la no conjunto de atos que, para lá da
simples deliberação de amortização, são da responsabilidade da gerência, dando
alguns exemplos como a convocação da assembleia geral onde a deliberação é
tomada, a comunicação ao sócio de que foi deliberado amortizar-lhe a quota, o
próprio pagamento da contrapartida, ou ainda, na ausência de órgão de fiscalização, avaliar da conformidade das deliberações sociais com a lei. A favor deste
entendimento, o autor convoca a referência, no nº 1 do artigo 513º, à deliberação de amortizar, pressupondo a sua existência, o que permite concluir que
"o legislador, ao redigir estes artigos, não estava a admitir a existência de uma
amortização praticada pela gerência e sem que houvesse uma prévia deliberação
dos sócios"[7].

Muito embora este esforço de interpretação sirva um propósito de conferir
razoabilidade legal à incriminação, confronta-se com reservas inultrapassáveis
impostas pelo princípio da legalidade criminal. Decorre deste princípio que "a
descrição da matéria proibida e de todo os outros requisitos de que dependa
em concreto uma punição seja levada até a um ponto em que se tornem objectivamente determináveis os comportamentos proibidos e sancionados e, consequentemente, se torne objectivamente motivável e dirigível a conduta dos

---

[4] CAROLINA CUNHA (2011), p. 509.
[5] Cf. CAROLINA CUNHA (2011), p. 515 e s.
[6] RAÚL VENTURA (1989), p. 675.
[7] ANTÓNIO SOARES (1988), p. 83. Também p. 30, nt. 7.

cidadãos"[8]. Neste sentido, a norma penal que fundamenta ou agrava a responsabilidade tem de ser *certa* e *determinada*.

Não vemos como possa compatibilizar-se o esforço interpretativo que procure incluir no âmbito de proteção da norma quaisquer atos de gerência relacionados com a amortização de quotas com a exigência de determinabilidade do tipo legal enquanto corolário do princípio da legalidade criminal. A tal se opõe desde logo o teor literal da norma garantia prevista no artigo 511º, que tipifica concretamente o ato de amortizar e, em segundo lugar, a incerteza e indeterminabilidade que uma tal interpretação empresta à norma incriminatória, uma vez que ficam por prever as concretas condutas incriminadas.

Deste modo ao imputar a responsabilidade criminal ao gerente por um ato que não é da sua competência – o ato de amortização – a norma prevista no artigo 511º do CSC é indeterminada e incerta e, como tal, violadora do princípio da legalidade criminal, segundo o qual não pode haver crime, nem pena, que não resultem de uma lei prévia, escrita, estrita e certa.

2. Tipo subjetivo

Em virtude do disposto no nº 1 do artigo 527º, para o qual se remete, a conduta descrita no nº 1 do artigo 511º só é punível quando realizada dolosamente, isto é, quando o agente atue com conhecimento e vontade de realização do tipo objetivo de ilícito, o que, atendendo à desconformidade entre o ilícito criminal e a lei societária será difícil de conceber.

3. Agravação pelo resultado

O nº 2 do artigo 511º prevê um crime agravado pelo resultado. Crimes agravados ou qualificados pelo resultado são, nos termos do artigo 18º do CP, aqueles tipos legais cuja pena aplicável é agravada em função da produção de um resultado, ligado ao tipo fundamental, que possa imputar-se ao agente pelo menos a título de negligência. A agravação prevista consiste em causar dano grave, material ou moral, e que o autor pudesse prever, a algum sócio que não tenha dado o seu assentimento para o facto, à sociedade ou a terceiro. Também a redação deste nº 2 levanta interrogações de difícil resposta: se a amortização está sujeita a deliberação dos sócios e ao necessário quórum deliberativo[9], qual o sentido de pre-

---

[8] JORGE DE FIGUEIREDO DIAS (2007), p. 186.

[9] Sobre o quórum deliberativo necessário para aprovar a deliberação de amortização veja-se CAROLINA CUNHA (2011), p. 511 e s.

ver como resultado agravante o dano causado a sócio que não deu o seu assentimento à amortização?

Todavia, da nossa perspetiva, dada a impossibilidade de realização por parte do gerente do tipo objetivo de ilícito fundamental, fica igualmente arredada, em geral, a aplicação do nº 2.

ARTIGO 512º *
Amortização ilícita de quota dada em penhor ou que seja objecto de usufruto

1. O gerente de sociedade que, em violação da lei, amortizar ou fizer amortizar, total ou parcialmente, quota sobre a qual incida direito de usufruto ou de penhor, sem consentimento do titular deste direito, será punido com multa até 120 dias.

2. Com a mesma pena será punido o sócio titular da quota que promover a amortização ou para esta der o seu assentimento, ou que, podendo informar do facto, antes de executado, o titular do direito de usufruto ou de penhor, maliciosamente o não fizer.

* Aditado pelo DL 184/87, de 21 de abril.

Índice

1. O interesse jurídico protegido e a não necessidade de pena
2. Problemas em torno do tipo objetivo de ilícito
   2.1. Autores
   2.1.1. O gerente
   2.2.2. O sócio
   2.2. A conduta
   2.2.1. "Amortização pelo gerente": a desconformidade entre o tipo objetivo de ilícito e a lei societária
   2.2.2. A promoção da amortização pelo sócio titular da quota
3. Tipo subjetivo
4. Agravação pelo resultado

Bibliografia

Citada:

ANTUNES, MARIA JOÃO – "A problemática penal e o tribunal constitucional", *Estudos em homenagem ao Prof. Doutor José Joaquim Gomes Canotilho, Studia Juridica 102*, Coimbra Editora, Coimbra, 2012, p. 97-118; CUNHA, CAROLINA – "Artigo 234º", *Código das Sociedades Comerciais em comentário*, coord. de J. M. Coutinho de Abreu, vol. III, Almedina, Coimbra, 2011, p. 508-516; DIAS, JORGE DE FIGUEIREDO – *Direito Penal. Parte Geral*, Tomo I, Coimbra Editora, Coimbra, 2007; SOARES, ANTÓNIO – *O novo regime de amortização das quotas*, AAFL, Lisboa, 1988; VENTURA, RAÚL – *Comentário ao Código das Sociedades Comerciais – Sociedades por quotas*, vol. I, Almedina, Coimbra, reimp. da 2ª ed. de 1989.

1. O interesse jurídico protegido e a não necessidade de pena

O artigo 512º tem por referência a amortização de uma quota sobre a qual se constituiu um direito de usufruto ou de penhor sem o consentimento do titular deste direito de usufruto ou penhor. Com efeito, o artigo 233º, nº 4, exige como requisito necessário desta amortização o consentimento do usufrutuário ou do credor pignoratício. Esta exigência legal encontra a sua justificação na consequente extinção daqueles direitos reais, decorrente do desaparecimento do seu objeto (a quota amortizada)[1]. Trata-se de um requisito específico de que cuja verificação depende a *deliberação de amortizar* e que tem em vista acautelar os particulares interesses do usufrutuário e do credor pignoratício. Em consequência, a norma penal parece assumir como bem jurídico diretamente tutelado não a sociedade comercial enquanto forma jurídica e instrumento de atuação económica mas os interesses do usufrutuário e do credor pignoratício de determinada quota. Temos dúvidas sobre a legitimidade da proteção destes interesses individuais através da sanção penal. Dúvidas que se fundamentam, de um lado, na referência constitucional do interesse protegido pelas incriminações societárias e, de outro lado, no critério de necessidade de pena a que estão sujeitas as incriminações penais.

Como vem reconhecendo a jurisprudência do tribunal constitucional, "as medidas penais só são constitucionalmente admissíveis quando sejam *necessárias, adequadas e proporcionadas* à proteção de determinado direito ou interesse constitucionalmente protegido (cfr. artigo 18º da Constituição), e só serão constitucionalmente exigíveis quando se trate de proteger um direito ou bem constitucional de primeira importância e essa proteção não possa ser suficiente e adequadamente garantida de outro modo. O que justificará até o apelo a um *princípio de congruência ou de analogia substancial entre a ordem axiológica constitucional e a ordem legal dos bens jurídicos protegidos pelo direito penal*"[2]. Ora, como já se referiu, no âmbito dos crimes societários esta congruência é realizada por intermédio do artigo 86º da CRP ao tomar como valor constitucional "o estatuto da empresa privada enquanto instituto da organização económica"[3]. O interesse protegido pelo artigo 512º só de forma muito mediata e afastada se pode reconduzir ao bem jurídico que legitima as incriminações societárias, em diálogo com aquele preceito constitucional, e que consiste no correto funcionamento da sociedade

---

[1] Cf. CAROLINA CUNHA (2011), p. 506. Também ANTÓNIO SOARES (1988), p. 39.
[2] MARIA JOÃO ANTUNES (2012), p. 102.
[3] Veja-se o ponto 5 do comentário geral que antecede as anotações às disposições penais.

comercial enquanto centro aglomerador de diferentes interesses económicos e instrumento capaz de intervir na economia.

Por outro lado, é reconhecido na doutrina e na jurisprudência que ao conceito material de crime constituído pela tutela de um bem jurídico há-de acrescer um critério adicional de necessidade (carência) de tutela penal que confere ao direito penal uma natureza subsidiária e de *ultima ratio*[4]. Ora, não nos parece que a tutela penal dos interesses do usufrutuário ou do credor pignoratício se apresente como indispensável; antes nos parece que existem outros meios não-penais mais adequados e que permitem acautelar de forma suficiente aqueles interesses.

2. Problemas em torno do tipo objetivo de ilícito
2.1. Autores
2.1.1. O gerente

O artigo 512º, nº 1, prevê como agente do crime o gerente que, em violação da lei, amortizar ou fizer amortizar, total ou parcialmente, quota sobre a qual incida direito de usufruto ou de penhor, sem consentimento do titular deste direito. Deste modo, na construção da norma incriminatória o legislador optou por consagrar um *crime específico próprio* nos termos do qual a qualidade de *gerente* do autor fundamenta a sua responsabilidade.

2.1.2. O sócio

O nº 2 do artigo 512º pune com a mesma pena (120 dias) o sócio titular da quota que promover a amortização ou para esta der o seu assentimento, ou que, podendo informar do facto, antes de executado, o titular do direito de usufruto ou de penhor, maliciosamente o não fizer. Também neste número se prevê um *crime específico próprio* assente numa especial qualidade: a de sócio titular da quota a amortizar.

2.2. A conduta
2.2.1. "Amortização pelo gerente": a desconformidade entre o tipo objetivo de ilícito e a lei societária

À semelhança da norma incriminatória prevista no artigo 511º, também o nº 1 do artigo 512º padece de uma evidente desconformidade existente entre o dever pressuposto pela incriminação e o regime societário em matéria de amortização

---

[4] JORGE DE FIGUEIREDO DIAS (2007), p. 128; também MARIA JOÃO ANTUNES (2012), p. 102.

de quotas. Na sua conformação típica, a norma pressupõe o poder de o gerente de sociedade amortizar a quota do sócio, sancionando o ato de amortização de uma quota dada em penhor ou que seja objeto de usufruto. Do regime de amortização da quota previsto nos artigos 232º e s. resulta que a amortização é um ato da sociedade que tem lugar por *deliberação dos sócios* e não um ato da esfera de competência do gerente.

A conduta incriminada consiste em *amortizar* ou *fazer amortizar*. Esta segunda modalidade está prevista nos artigos 512º, nº1, e 513º, nº 1, mas já não no artigo 511º, não se percebendo a razão desta discrepância[5]. De todo o modo, também esta segunda modalidade de realização do crime tem sido criticada pela sua indeterminação. Nas palavras de Raúl Ventura "em que consiste «fazer amortizar» uma quota é, para mim, um mistério indecifrável. Certamente não se trata de propor à assembleia a amortização da quota, pois quando é esse o caso, o legislador di-lo claramente, como faz no art. 514º, distinguindo, aliás – como também deveria ser feito no nosso caso – a hipótese de o ato ilícito ter sido proposto e não executado e a de ter chegado a haver execução. De qualquer forma, propor à assembleia a amortização de uma quota não é «fazer amortizar», pois a assembleia mantém a sua independência para deliberar contra ou a favor da proposta"[6].

À semelhança do que se referiu no comentário ao artigo 511º, temos para nós que também o artigo 512º, nº 1, não cumpre o princípio segundo o qual a norma penal deve ser *certa* e *determinada*. Deste modo, ao imputar a responsabilidade criminal ao gerente por um ato que não é da sua competência – o ato de amortização – a norma prevista no artigo 512º do CSC é indeterminada e incerta e, como tal, violadora do princípio da legalidade criminal, segundo o qual não pode haver crime, nem pena, que não resultem de uma lei prévia, escrita, estrita e certa.

2.2.2. A promoção da amortização pelo sócio titular da quota

O nº 2 do artigo 512 estende a responsabilidade criminal ao titular da quota que promova ou dê o seu assentimento, ou que, podendo informar do facto, antes de executado, o titular do direito de usufruto ou de penhor, *maliciosamente* o não fizer. Deste modo, a lei prevê três modalidades de conduta que fazem incorrer o

---

[5] Cf. RAÚL VENTURA (1989), p. 675.

[6] RÁUL VENTURA (1989), p. 675. Em sentido contrário, mostrando-se favorável à responsabilidade penal do gerente, ANTÓNIO SOARES (1988), p. 40.

sócio em responsabilidade criminal: promover a amortização da quota; dar o seu assentimento à amortização; ou não informar maliciosamente o titular do direito de usufruto ou de penhor. Não pode deixar de estranhar-se o uso advérbio *maliciosamente*, não só pela sua indeterminação como pela sua raridade em legislação penal[7]. Ainda que seja tomado como um elemento subjetivo adicional, afasta-se dos elementos por regra usados nos tipos legais, *v. g.*, elementos intencionais (*v. g.*, intenção de prejudicar, de beneficiar) ou motivacionais (motivo fútil).

Este nº 2 parece ter sobretudo em vista os casos em que é reconhecido ao sócio o direito de exigir que a sociedade proceda à extinção da sua quota[8]. Este direito sofre limitações nos casos em que exista sobre a quota um usufruto ou penhor, não podendo o sócio promover ou dar o seu assentimento à amortização. Valem neste domínio as dúvidas que anteriormente se assinalaram quanto à necessidade de proteger os interesses individuais do usufrutuário e do credor pignoratício através da sanção penal[9].

3. Tipo subjetivo

Em virtude do disposto no nº 1 do artigo 527º, para o qual se remete, as condutas descritas nos nºs 1 e 2 do artigo 512º só são puníveis quando realizadas dolosamente, isto é, quando o agente atue com conhecimento e vontade de realização do tipo objetivo de ilícito.

4. Agravação pelo resultado

O nº 3 do artigo 512º prevê um crime agravado pelo resultado. A agravação prevista consiste em causar dano grave, material ou moral, e que o autor pudesse prever, ao titular do direito de usufruto ou de penhor, a algum sócio que não tenha dado o seu assentimento para o facto, ou à sociedade. Vale também aqui a mesma interrogação já formulada na anotação ao artigo 511º: se a amortização está sujeita a deliberação dos sócios e ao necessário quórum deliberativo, qual o sentido de prever como resultado agravante o dano causado a sócio que não deu o seu assentimento à amortização?

---

[7] Não obstante a sua raridade na legislação penal, este advérbio é de novo usado em outras incriminações societárias: no âmbito das *Informações falsas* (artigo 519º, nº 2) e da *Convocatória enganosa* (artigo 520º, nº 2). Sobre este conceito atenda-se em particular à anotação ao artigo 519º.

[8] Sobre os pressupostos e exercício do direito do sócio à amortização da quota veja-se, por todos, CAROLINA CUNHA (2011), p. 499.

[9] *Supra* ponto 1.

Dada a impossibilidade de realização por parte do gerente do tipo objetivo de ilícito fundamental (nº 1), fica igualmente arredada, quanto à atuação do gerente, a aplicação do nº 3. A sua eventual aplicação apenas poderá equacionar-se enquanto resultado agravante da conduta do sócio a que se refere o nº 2.

ARTIGO 513º *
Outras infracções às regras da amortização de quotas ou acções

1. O gerente de sociedade que, em violação da lei, amortizar ou fizer amortizar quota, total ou parcialmente, e por modo que, à data da deliberação, e considerada a contrapartida da amortização, a situação líquida da sociedade fique inferior à soma do capital e da reserva legal, sem que simultaneamente seja deliberada redução do capital para que a situação líquida se mantenha acima desse limite, será punido com multa até 120 dias.

2. O administrador de sociedade que, em violação da lei, amortizar ou fizer amortizar acção, total ou parcialmente, sem redução de capital, ou com utilização de fundos que não possam ser distribuídos aos accionistas para tal efeito, é, igualmente, punido com multa até 120 dias.

3. Se for causado dano grave, material ou moral, e que o autor pudesse prever, a algum sócio que não tenha dado o seu assentimento para o facto, à sociedade, ou a terceiro, a pena será a da infidelidade.

* Aditado pelo DL 184/87, de 21 de abril.
A actual redação do nº 2 foi introduzida pelo DL 76-A/2006, de 29 de março.

Índice

1. Problemas em torno do tipo objetivo de ilícito

    1.1. Autores

    1.1.1. O gerente

    1.1.2. O administrador

    1.2. A conduta

    1.2.1. A "amortização pelo gerente": a desconformidade entre o tipo de ilícito e a lei societária

    1.2.2. A "amortização pelo administrador"

2. Tipo subjetivo

3. Agravação pelo resultado

Bibliografia

Citada:

ABREU, J. M. COUTINHO DE – *Curso de Direito Comercial*, vol. II – *Das Sociedades*, 4ª ed., Almedina, Coimbra, 2013; CUNHA, CAROLINA – "Artigo 234º", *Código das Sociedades Comerciais em comentário*, coord. de J. M. Coutinho de Abreu, vol. III, Almedina, Coimbra, 2011, p. 508-516, "Artigo 346º", *Código das Sociedades Comerciais em comentário*, coord. de J. M. Coutinho de Abreu, vol. V, Almedina, Coimbra, 2012, p. 741-749, "Artigo 347º",

Código das Sociedades Comerciais em comentário, coord. de J. M. Coutinho de Abreu, vol. V, Almedina, Coimbra, 2012, p. 750-758; DOMINGUES, PAULO DE TARSO, "Artigo 235º", *Código das Sociedades Comerciais em comentário*, coord. de J. M. Coutinho de Abreu, vol. III, Almedina, Coimbra, 2011, p. 517-523, "Artigo 236º", *Código das Sociedades Comerciais em comentário*, coord. de J. M. Coutinho de Abreu, vol. III, Almedina, Coimbra, 2011, p. 524-531; SOARES, ANTÓNIO – *O novo regime de amortização das quotas*, AAFL, Lisboa, 1988; VENTURA, RAÚL – *Comentário ao Código das Sociedades Comerciais – Sociedades por quotas*, vol. I, Almedina, Coimbra, reimp. da 2ª ed. de 1989, *Estudos vários sobre as sociedades anónimas – Comentário ao Código das Sociedades Comerciais*, 1992.

1. Problemas em torno do tipo objetivo de ilícito

O artigo 513º tem por referência a amortização de quotas ou de ações, em violação da lei societária, em particular, colocando em causa a intangibilidade do capital social. No caso das sociedades por quotas, pretende-se evitar que o pagamento da contrapartida inerente à amortização deixe a sociedade numa situação líquida inferior à soma do capital social e da reserva legal, em cumprimento da ressalva do capital prevista no artigo 236º [1]; no caso da sociedade anónima, a norma sancionatória procura prevenir que a amortização da ação seja desacompanhada da redução do capital ou seja realizada através de fundos que não possam ser utilizados para aquele fim, de acordo com o disposto nos artigos 346º e 347º.

1.1. Autores
1.1.1. O gerente

O artigo 513º, nº 1, à semelhança dos artigos que o precedem, tem por referência a amortização de quotas e pune com multa até 120 dias o *gerente* de sociedade que *amortizar* ou *fizer amortizar* quota violando a ressalva do capital a que se refere o nº 1 do artigo 236º [2].

Na construção da norma incriminatória o legislador optou assim por consagrar um *crime específico próprio* nos termos do qual a qualidade de *gerente* do autor fundamenta a sua responsabilidade.

---

[1] No sentido de que o regime estatuído pelo artigo 236º é um corolário do princípio da intangibilidade do capital social, PAULO DE TARSO DOMINGUES (2011), p. 525.

[2] Sobre o artigo 236º veja-se PAULO DE TARSO DOMINGUES (2011), p. 524 e s.

1.1.2. O administrador

O nº 2 do artigo 513º tipifica a responsabilidade criminal do administrador de sociedade que, em violação do regime estabelecido pelos artigos 346º e 347º, amortizar ou fizer amortizar ação, total ou parcialmente, sem redução de capital, ou com utilização de fundos que não possam ser distribuídos aos acionistas para tal efeito. A pena prevista é a de multa até 120 dias.

Também aqui, na construção da norma incriminatória, o legislador optou por consagrar um *crime específico próprio* nos termos do qual a qualidade de *administrador* do autor fundamenta a sua responsabilidade.

1.2. A conduta

1.2.1. A "amortização pelo gerente": a desconformidade entre o tipo de ilícito e a lei societária

A conduta proibida consiste em *amortizar* ou *fazer amortizar*, total ou parcialmente, quota por modo a que, à data da deliberação e em consequência do pagamento da contrapartida, a situação líquida da sociedade fique inferior à soma do capital e da reserva legal.

De novo[3] – e à semelhança dos artigos 511º, nº 1, e 512º, nº 2 – nos confrontamos com dificuldades firmadas no princípio da legalidade criminal dado que o ato de *amortizar* (ou de *fazer amortizar*) quota não é da competência do gerente, mas antes está sujeito à *deliberação dos sócios* nos termos do artigo 234º.

O único ato reservado à atuação do gerente é o pagamento da contrapartida em execução da deliberação tomada pelos sócios. Como refere Raúl Ventura, poderia pensar-se que o gerente seria punido pelo único ato que está ao seu alcance praticar – o *pagamento* da contrapartida da amortização"; porém, este autor rejeita uma tal interpretação da norma, em virtude do artigo se referir expressamente "à data da deliberação"[4].

Também António Soares se pronuncia sobre o alcance do artigo 513º no âmbito da sociedade por quotas, entendendo que a execução da deliberação de amortização da quota em violação do princípio da intangibilidade do capital social por parte do gerente o faz incorrer em responsabilidade criminal[5].

Atendendo ao teor literal da norma, não pode escapar-se à dificuldade em considerar como ato de realização típica o pagamento da contrapartida da amor-

---

[3] Veja-se, a este propósito, o ponto 1.2 da anotação ao artigo 511º.
[4] RAÚL VENTURA (1989), p. 676.
[5] ANTÓNIO SOARES (1988), p. 36. No mesmo sentido se pronuncia também PAULO DE TARSO DOMINGUES (2011), p. 531.

tização. Como se referiu, o tipo legal compreende duas modalidades de conduta: *amortizar* e *fazer amortizar*. Ora a contrapartida não se confunde com a amortização, sendo até um elemento não essencial da amortização[6]; esta última constitui-se por deliberação dos sócios e torna-se por regra eficaz mediante comunicação ao sócio afetado (artigo 234º, nº 1). A falta de pagamento da contrapartida dá origem a que o ex-sócio possa exigir o pagamento do valor da contrapartida ou optar pela amortização parcial da quota na proporção do que já recebeu (artigo 235º, nº 3)[7]. Em determinados casos, este não pagamento pode até influenciar os efeitos da amortização, designadamente quando ao tempo do vencimento daquela obrigação o pagamento pusesse em causa o princípio da intangibilidade do capital social; nesta hipótese, a amortização fica sem efeito e o interessado deve restituir à sociedade as quantias porventura já recebidas (artigo 236º, nº 3). Todavia, não é este o momento em torno do qual se constrói a incriminação: a norma não se refere à situação líquida da sociedade no momento de pagamento da contrapartida, mas à situação líquida da sociedade no momento em que é tomada a deliberação, ou na expressão da lei "à data da deliberação". Tal significa que o legislador tem por referência, na construção da norma, a amortização – que é um ato dos sócios – e não o pagamento da contrapartida – que é um ato da gerência. Deste modo, só em grande esforço interpretativo e ao arrepio do princípio da legalidade se pode vislumbrar o pagamento da contrapartida pelo gerente como um ato típico previsto e punido pelo nº 1 do artigo 513º.

1.2.2. A "amortização pelo administrador"

O regime de amortização das ações está previsto nos artigos 346º e 347º: na primeira destas normas regula-se a amortização sem redução de capital, também designada por amortização-reembolso; a segunda refere-se à amortização com redução de capital ou amortização-extinção[8]. Esta segunda espécie de amortização está mais próxima do instituto da amortização por quotas na medida em que tem por efeito a extinção das participações sociais e implica, como tal, a correspondente redução do capital; tem ainda como pressuposto necessário estar prevista e definida estatutariamente[9]. Deste modo, a norma incriminatória prevista no artigo 513º, nº 2, ao contemplar a amortização de ação sem a necessária

---

[6] PAULO DE TARSO DOMINGUES (2011), p. 518.

[7] Sobre este regime, PAULO DE TARSO DOMINGUES (2011), p. 522.

[8] Para uma caracterização do regime estabelecido por estes artigos veja-se CAROLINA CUNHA (2012), p. 741-749 e p. 750-758. Também COUTINHO DE ABREU (2013), p. 416 e s.

[9] Veja-se, de modo mais desenvolvido, COUTINHO DE ABREU (2013), p. 417.

redução de capital em violação da lei societária, refere-se em primeira linha à figura da amortização-extinção prevista no artigo 347º.

Todavia, em nosso modo de ver, o administrador só pode ser responsabilizado criminalmente nos casos em que a amortização seja um ato da sua competência. Nesse sentido, há que considerar as duas formas de amortização abrangidas pelo artigo 347º: a *amortização imposta ou forçada*, regulada no nº 4, e a *amortização permitida*, disciplinada nos números 5 e 6 daquela norma. A diferença fundamental que pode traçar-se entre estas duas formas de amortização com redução de capital passa pela natureza vinculativa para a sociedade da amortização forçada[10]. Ou seja, sendo a amortização simplesmente permitida no contrato social, cabe aos sócios deliberá-la (artigo 347º, nº 5); porém, no caso de a amortização ser *imposta* pelo contrato social não compete aos sócios deliberá-la mas antes deve ser *declarada* pelo conselho de administração nos 90 dias posteriores ao conhecimento que tenha do facto; o administrador deve ainda dar execução ao que para o caso estiver disposto (artigo 347º, nº 4). Deste modo, trata-se de uma amortização que é da competência do administrador e não do órgão deliberativo. Deste modo, sobre os administradores recai o *dever de declarar amortizadas* aquelas ações, nos termos e nas condições definidas pelo contrato social. Ora, se o administrador declarar a amortização destas ações em violação da obrigatoriedade de redução do capital, incorre em responsabilidade criminal nos termos do artigo 513º, nº 2.

Já quanto às amortizações que no quadro do artigo 346º ou 347º sejam da competência do órgão deliberativo, devem ter-se como afastadas do âmbito normativo da incriminação prevista no artigo 513º, nº 2. É assim por via do princípio da legalidade, à semelhança do que se expôs no número anterior quanto à responsabilidade criminal do gerente.

2. Tipo subjetivo

Em virtude do disposto no nº 1 do artigo 527º, para o qual se remete, as condutas descritas no nº 1 e no nº 2 do artigo 513º só são puníveis quando realizadas dolosamente, isto é, quando o agente atue com conhecimento e vontade de realização do tipo objetivo de ilícito.

---

[10] Por todos, com adicionais referências bibliográficas sobre estas modalidades de amortização, veja-se RAÚL VENTURA (1992), p. 502 e s.; COUTINHO DE ABREU (2013), p. 417; CAROLINA CUNHA (2012), p. 782 e s.

3. Agravação pelo resultado

O nº 3 do artigo 513º prevê um crime agravado pelo resultado. Crimes agravados ou qualificados pelo resultado são, nos termos do artigo 18º do CP, aqueles tipos legais cuja pena aplicável é agravada em função da produção de um resultado, ligado ao tipo fundamental, que possa imputar-se ao agente pelo menos a título de negligência. A agravação prevista consiste em causar dano grave, material ou moral, e que pudesse ser previsto pelo autor, a algum sócio que não tenha dado o seu assentimento para o facto, à sociedade ou a terceiro.

Atendendo à análise efetuada e às razões já enumeradas, esta agravação só tem espaço quanto à atuação do administrador nos casos de violação das normas referentes à *amortização imposta*, prevista e punida no nº 2 do artigo 513º.

A previsibilidade do dano exigida no nº 3 deve entender-se como nota característica e estruturante dos delitos agravados pelo resultado, segundo a qual entre o delito fundamental (amortização da ação em violação da lei) e o evento agravante previsto no nº 3 (causar dano grave, material ou moral a algum sócio, à sociedade ou a terceiro) se estabeleça um nexo de culpa. Deste modo, ao exigir a previsibilidade do dano, o legislador exige que a imputação do resultado agravante se faça pelo menos a título de negligência.

Verificando-se a agravação pelo resultado, a pena a aplicar será, nos termos da lei, a pena da infidelidade, isto é, pena de prisão até 3 anos ou pena de multa. Como já se referiu em anotação anterior[11], este reenvio para o artigo 224º do CP merece algumas reservas críticas por através dele se criar um censurável desfasamento punitivo no quadro sancionatório que corresponde aos crimes societários.

---

[11] Veja-se a anotação ao artigo 509º e o ponto 6 do comentário geral que antecede as anotações às normas incriminatórias.

ARTIGO 514º *
Distribuição ilícita de bens da sociedade

1. O gerente ou administrador de sociedade que propuser à deliberação dos sócios, reunidos em assembleia, distribuição ilícita de bens da sociedade será punido com multa até 60 dias.

2. Se a distribuição ilícita chegar a ser executada, no todo ou em parte, a pena será de multa até 90 dias.

3. Se a distribuição ilícita for executada, no todo ou em parte, sem deliberação dos sócios, reunidos em assembleia, a pena será de multa até 120 dias.

4. O gerente ou administrador de sociedade que executar ou fizer executar por outrem distribuição de bens da sociedade com desrespeito de deliberação válida de assembleia social regularmente constituída é, igualmente, punido com multa até 120 dias.

5. Se, em algum dos casos previstos nos n<u>os</u> 3 e 4, for causado dano grave, material ou moral, e que o autor pudesse prever, a algum sócio que não tenha dado o seu assentimento para o facto, à sociedade, ou a terceiro, a pena será a da infidelidade.

* Aditado pelo DL 184/87, de 21 de abril.
A atual redação dos n<u>os</u> 1 e 4 foi introduzida pelo DL 76-A/2006, de 29 de março.

Índice

1. Bem jurídico
2. Tipo objetivo de ilícito
    2.1. Autor
    2.2. Conduta
    2.2.1. Propor à deliberação dos sócios a distribuição ilícita dos bens da sociedade
    2.2.2. Executar, no todo ou em parte, a distribuição ilícita
    2.2.3. Executar, no todo ou em parte, distribuição ilícita sem deliberação dos sócios
    2.2.4. Executar ou fazer executar por outrem distribuição de bens com desrespeito de deliberação válida
    2.2.5. Condutas atípicas
3. Tipo subjetivo
4. Agravação pelo resultado
5. Formas do crime
    5.1. Tentativa
    5.2. Comparticipação
6. Pena

Bibliografia

Citada:

ABREU, J. M. COUTINHO DE – *Curso de Direito Comercial*, vol. II – *Das Sociedades*, 4ª ed., Almedina, Coimbra, 2013; DOMINGUES, PAULO DE TARSO – *Do Capital Social. Noção, Princípios e Funções*, Studia Iuridica 33, Coimbra Editora, Coimbra, 2004; "Artigo 31º", *Código das Sociedades Comerciais em comentário*, coord. de J. M. Coutinho de Abreu, vol. I, Almedina, Coimbra, 2010, p. 478-486; "Artigo 32º", coord. de J. M. Coutinho de Abreu, vol. I, Almedina, Coimbra, 2010, p. 487-502; FERNANDES, GABRIELA PÁRIS – "O crime de distribuição ilícita de bens da sociedade", *Direito e Justiça*, Vol. XV, Tomo 2 (2001), p. 231-331; MENDES, PAULO DE SOUSA – "Artigo 509º", *Código das Sociedades Comerciais Anotado*, coord. A. Menezes Cordeiro, Almedina, Coimbra, 2011, p. 1343-1346; SILVA, GERMANO MARQUES DA – "Disposições penais do Código das Sociedades Comerciais – Considerações Gerais", *Textos-Sociedades Comerciais*, Centro de Estudos Judiciários/Conselho Distrital do Porto da Ordem dos Advogados, Lisboa, 1994/95, p. 39-49; SOUSA, SUSANA AIRES DE, "Nótulas sobre as disposições penais do Código das Sociedades Comerciais", *DSR*, ano 5, vol. 9 (2013), p. 115-134; VENTURA, RAÚL – *Comentário ao Código das Sociedades Comerciais – Sociedades por quotas*, vol. I, Almedina, Coimbra, reimp. da 2ª ed. de 1989.

1. Bem jurídico

O artigo 514º prevê o crime de *Distribuição ilícita de bens da sociedade*. Através da norma incriminatória manifesta-se a firme intenção de acautelar, como bem jurídico protegido, o correto e regular funcionamento da sociedade comercial[1]. Com efeito, as condutas que o legislador procura prevenir constituem um claro abuso da forma jurídica societária, instrumentalizada à distribuição, em violação da lei, de bens da sociedade. Deste modo, procura-se assegurar e conservar o capital social, necessário à solidez e à confiança na sociedade comercial enquanto instrumento de atuação económica, aglomerador de diversos interesses. O bem jurídico tutelado coincide assim com a sociedade comercial. Só de forma mediata se protegem os interesses individuais daqueles que com ela se relacionam (*v. g.*, credores, sócios, trabalhadores...) bem como a economia em geral. Por outras palavras, muito embora o *thelos* da incriminação compreenda a tutela de interesses coletivos, como a economia, e a tutela de interesses indivi-

---

[1] Sobre a natureza e caracterização deste bem jurídico tutelado pelas incriminações societárias veja-se o ponto 5 do comentário geral que inicia as anotações às disposições penais e de mera ordenação social.

duais, como os direitos dos credores, o bem jurídico não se identifica com estes fins sob pena de se confundir o objeto de tutela com a finalidade da norma; enquanto categoria dogmática que cumpre uma função crítica e transcendente à incriminação, o bem jurídico deve ter-se como algo mais concreto e mais próximo da incriminação, coincidindo com a tutela imediata da empresa societária e do seu correto funcionamento[2].

2. Tipo objetivo de ilícito

O crime de distribuição ilícita de bens da sociedade pune a atuação do gerente ou administrador que propuser deliberação ilegal de distribuição ilícita de bens da sociedade (n°s 1 e 2), que executar distribuição ilícita daqueles bens sem deliberação dos sócios, reunidos em assembleia (n° 3); ou que propuser ou fizer executar por intermédio de outrem distribuição de bens da sociedade com desrespeito por deliberação válida de assembleia social regularmente constituída (n° 4). Deste modo, na concretização e determinação do tipo objetivo de ilícito há que atender em especial ao regime societário de distribuição de bens a que se referem os artigos 31° e ss.

Esta norma incriminatória é assim reveladora da opção legislativa, usada na maioria das incriminações societárias, de recortar o tipo objetivo de ilícito, em alguns dos seus principais elementos, através do reenvio para a lei societária, obscurecendo-se o concreto conteúdo da conduta criminalizada[3]. Desde logo, o tipo legal não concretiza o que deve entender-se como distribuição ilícita de bens da sociedade, sendo o intérprete obrigado a socorrer-se de normas extrapenais, em particular das "normas do CSC que disciplinam a distribuição de bens sociais e às quais o legislador pretendeu conferir uma particular tutela penal"[4].

Por conseguinte, há que atender ao disposto nos artigos 31° e ss. Como regra geral (que admite exceções), o artigo 31° estabelece que a competência para deliberar sobre a atribuição de bens aos sócios, "seja a que título for, cabe, em princípio, exclusivamente aos próprios sócios"[5]. Assim se compreende que a

---

[2] Discordamos assim de GABRIELA PÁRIS FERNANDES (2001), p. 277 e s. e p. 323, que, num entendimento mais estreito do interesse tutelado pelo artigo 514°, toma como bem jurídico protegido o princípio da intangibilidade do capital social; também nos afastamos de PAULO SOUSA MENDES (2011), p. 1351, que, seguindo uma conceção mais ampla do objeto de tutela, entende que o artigo 514° protege a economia pública e os interesses de terceiros que lidam com a sociedade.

[3] Cf. SUSANA AIRES DE SOUSA (2013), p. 118 e p. 133.

[4] GABRIELA PÁRIS FERNANDES (2001), p. 283.

[5] PAULO DE TARSO DOMINGUES (2010), p. 480, e, também, do mesmo autor, (2004), p. 139.

deliberação sobre a distribuição de bens constitua um elemento essencial do tipo objetivo de ilícito em torno do qual se tipificam as condutas do órgão de administração. Com efeito, é pressuposto do crime de distribuição ilícita de bens, designadamente nos termos do nº 1 do artigo 514º, a proposta pelo gerente ou administrador à deliberação dos sócios daquela distribuição ilícita de bens. Deste modo, a distribuição de bens que não esteja sujeita pelo regime societário à deliberação dos sócios, ainda que ilícita civilmente, não é abrangida pela norma incriminatória. É aliás este elemento típico que permite conceber a incriminação como um crime contra o funcionamento da empresa societária, cujo capital se pretende manter intocável, e não tanto como um crime patrimonial, assente no desvio ou apropriação indevida de bens societários pelos gerentes ou administradores, para si ou para terceiros[6].

O regime previsto nos artigos 31º e s. diz respeito à distribuição de bens aos sócios. Todavia, o artigo 514º não se limita, na sua tipicidade, aos sócios enquanto destinatários daquela distribuição. A norma alarga-se a outros destinatários de bens sociais, nela cabendo por exemplo a proposta ou execução de deliberações sobre a remuneração dos administradores, em violação do nº 3 do artigo 399º, realizada através de lucro de exercício que não possa ser distribuído aos acionistas de acordo com o disposto no artigo 33º, nºs 1 e 2. Deste modo, no universo da distribuição ilícita de bens da sociedade, para efeitos de concretização dos elementos típicos do artigo 514º, incluem-se quer os sócios quer os administradores[7].

2.1. Autor

O crime de distribuição ilícita de bens da sociedade, à semelhança do que acontece na maioria das incriminações societárias, pressupõe uma especial qualidade do autor para que se possa afirmar a sua responsabilidade criminal: ser gerente ou administrador. Trata-se por esta razão de um *crime específico próprio* na medida em que a qualidade especial do autor fundamenta a sua responsabilidade crimi-

---

[6] Recusando uma natureza patrimonial ao crime de distribuição ilícita de bens da sociedade, GABRIELA PÁRIS FERNANDES (2001), p. 294 e s.

[7] Assim, com argumentos adicionais, GABRIELA PÁRIS FERNANDES (2001), p. 287 e s. A autora defende ainda que devem ser considerados destinatários possíveis da distribuição ilícita de bens da sociedade os membros de órgãos sociais que, nos termos legais, possam auferir uma remuneração total ou parcialmente calculada com base nos lucros da sociedade, na medida em que a disciplina prevista no artigo 399º, nº 3, lhes seja aplicável. Veja-se ainda, em geral, sobre a possibilidade de não-sócios (ou sócios, mas não nesta qualidade) quinhoarem nos lucros, COUTINHO DE ABREU (2013), p. 460 e s.

nal, tendo na sua base os específicos deveres de boa gestão que recaem sobre a gerência e sobre a administração em matéria de distribuição dos bens sociais.

A qualificação como crime específico adquire o seu significado prático sobretudo em situações de pluralidade de agentes na realização criminosa quando algum ou alguns dos sujeitos não detenham a qualidade (ou o dever) requerido pela norma incriminatória, problema a que se atenderá mais à frente nesta anotação, no âmbito da comparticipação.

2.2. Conduta

Através do artigo 514º o legislador procurou prevenir que o órgão de gerência ou de administração promovesse uma distribuição ilícita de bens ou a executasse sem deliberação dos sócios ou em desrespeito dela. Neste sentido, não é penalmente relevante por via desta norma uma qualquer distribuição de bens tida como ilícita pelo direito civil, mas apenas aquela que tenha como pressuposto uma necessária deliberação dos sócios. A doutrina tem vindo a sublinhar a este propósito o indispensável desfasamento entre a ilicitude civil e a ilicitude penal, esta última pautada por uma ideia de mínima intervenção reservada às infrações mais graves. Deste modo, o conceito penal de distribuição ilícita dos bens da sociedade "coincidirá com uma distribuição de bens da sociedade em violação das normas definitórias do conceito de bem distribuível, ou seja, daquelas que determinam, em função do princípio da intangibilidade do capital social, quais os bens que podem ser distribuídos: os artigos 32º e 33º/CSC"[8]. Assim, como elemento constitutivo e referencial da incriminação está a preocupação legislativa de evitar que através da distribuição dos bens o capital próprio se torne inferior à soma do capital social e das reservas indisponíveis, "impedindo que sejam devolvidos aos sócios os valores das entradas que por eles foram destinados à cobertura do capital social"[9].

No corpo e âmbito do artigo 514º é possível distinguir várias modalidades de conduta suscetíveis de responsabilizar criminalmente o gerente ou administrador. Em todas elas o legislador penal toma a ação como forma específica da realização típica. Vejamos então quais são.

---

[8] GABRIELA PÁRIS FERNANDES (2001), p. 307. Também PAULO DE SOUSA MENDES (2011), p. 1352.
[9] PAULO DE TARSO DOMINGUES (2010), p. 491.

2.2.1. Propor à deliberação dos sócios a distribuição ilícita dos bens da sociedade

O nº 1 do artigo 514º responsabiliza "o gerente ou administrador que propuser à deliberação dos sócios, reunidos em assembleia, distribuição ilícita de bens da sociedade". Neste sentido, a conduta típica concretiza-se na apresentação de uma proposta de deliberação de distribuição ilícita dos bens da sociedade. O legislador antecipou a tutela penal para um momento prévio à tomada ou execução daquela deliberação, acentuando assim o dever de correção a que estão vinculados os órgãos de gestão societária[10].

Todavia, a lei exige que esta proposta se faça aos sócios "reunidos em assembleia". Para que o tipo legal esteja preenchido será necessário que a reunião de sócios tenha lugar em assembleia geral, convocada com as necessárias formalidades prévias? Parece que não. Concordamos com Gabriela Páris Fernandes quando entende que, sendo necessário que os sócios estejam reunidos em assembleia, "pode esta ter lugar em assembleia universal"[11].

2.2.2. Executar, no todo ou em parte, a distribuição ilícita

O nº 2 do artigo 514º prevê uma agravação de 60 dias para 90 dias de multa quando "a distribuição ilícita *chegar a ser executada*". A leitura dos elementos normativos pressupõe uma continuidade entre a conduta tipificada no nº 1 e aquela que agora se sanciona através da forma verbal "chegar a ser executada" Trata-se pois de um estádio mais avançado à mera apresentação da proposta aos sócios, coincidente com a execução da deliberação. Ou seja, a execução da distribuição ilícita referida no nº 2 surge na sequência da proposta apresentada aos sócios nos termos do nº 1[12].

2.2.3. Executar, no todo ou em parte, distribuição ilícita sem deliberação dos sócios

O nº 3 prevê uma nova agravação da sanção para multa até 120 dias se a distribuição ilícita dos bens da sociedade for executada, no todo ou parte, sem deliberação dos sócios, reunidos em assembleia. A modalidade de conduta agora tipificada adquire um maior desvalor por não serem observadas regras legais em matéria de distribuição dos bens da sociedade, designadamente a competência

---

[10] Vendo nesta antecipação um perigo abstrato para o princípio da intangibilidade do capital social enquanto bem jurídico protegido pelo artigo 514º, veja-se GABRIELA PÁRIS FERNANDES (2001), p. 309.

[11] GABRIELA PÁRIS FERNANDES (2001), p. 310.

[12] No mesmo sentido, GABRIELA PÁRIS FERNANDES (2001), p. 212. Esta continuidade parece ser igualmente pressuposta por RAÚL VENTURA (1989), p. 370.

reconhecida aos sócios para, através de deliberação, decidirem sobre a atribuição dos bens da sociedade, nos termos do nº 1 do artigo 31º.

2.2.4. Executar ou fazer executar por outrem distribuição de bens com desrespeito de deliberação válida

O nº 4 pune com a mesma pena prevista no nº 3 o gerente ou administrador que executar ou fizer executar por outrem distribuição de bens da sociedade com desrespeito por deliberação válida de assembleia social regularmente constituída. O legislador equipara assim os casos em que a gerência ou administração desrespeitam uma deliberação válida dos sócios à distribuição ilícita de bens sem a necessária deliberação. Interessante notar que, nesta modalidade de conduta, o legislador deixa cair a natureza ilícita da distribuição dos bens, construindo o desvalor da conduta sobre a desconformidade da atuação perante uma deliberação válida da assembleia social. Com efeito, a incriminação encontra o seu fundamento, a par de uma distribuição ilegal dos bens sociais, no desrespeito por parte dos órgãos de gestão societária de uma deliberação da assembleia social a que estão vinculados; trata-se de uma distribuição ilícita por ser violadora de uma deliberação válida dos sócios, independentemente de aquela execução afetar ou não a intangibilidade do capital social. Deste modo, em nome do regular funcionamento da sociedade comercial, procura-se garantir, em matéria de distribuição dos bens societários, o necessário equilíbrio entre o órgão de governação societária e o órgão deliberativo[13].

O legislador exige ainda que a deliberação tenha sido tomada por assembleia social "regularmente constituída". A doutrina tem manifestado algumas notas de incompreensão quanto a este elemento típico. Como assinala Gabriela Páris Fernandes, não se compreende que se com esta expressão o legislador tenha pretendido afastar do âmbito da incriminação o desrespeito por deliberações válidas tomadas em assembleias universais nos termos do artigo 54º, uma vez

---

[13] Esta norma coloca especiais dificuldades interpretativas se se defender, em uma construção distinta àquela que propomos, que o bem jurídico protegido pelo artigo 514º coincide com o princípio da intangibilidade do capital social. Esta é a compreensão é seguida por GABRIELA PÁRIS FERNANDES (2001), p. 314 e s., que, partindo daquele bem jurídico, propõe uma necessária interpretação restritiva do nº 4 do artigo 514º, nos termos da qual o conceito de distribuição de bens sociais aí relevante exige "uma execução de uma distribuição de bens da sociedade que é ilícita por colisão com o princípio da intangibilidade do capital social e que, para além disso, desrespeita uma deliberação válida de assembleia social regularmente constituída". Para além de não concordarmos quanto ao pressuposto essencial do interesse protegido, também nos parece que esta interpretação restritiva enfrenta dificuldades da perspetiva do direito constituído, vertido no nº 4 do artigo 514º.

DISTRIBUIÇÃO ILÍCITA DE BENS DA SOCIEDADE **ART. 514º** 453

que, sendo a deliberação válida, permanece o desvalor da conduta dos gerentes ou administradores[14].

2.2.5. Condutas atípicas

O artigo 514º deixa à margem da tipicidade a conduta do gerente ou administrador que executa uma distribuição ilícita de bens da sociedade na sequência de uma deliberação tomada pelos sócios, em assembleia, sob proposta dos sócios[15].

Do mesmo modo, os atos de gestão danosa do património societário em violação dos deveres de boa gestão que cabem aos gerentes e administradores não são contemplados nesta norma penal[16]. Perante a ausência de uma norma que tipifique tais condutas, a sanção penal só poderá fundamentar-se na medida em que o comportamento dos gerentes integre a factualidade típica dos crimes comuns de abuso de confiança (artigo 205º do CP) ou de infidelidade (artigo 224º do CP)[17].

3. Tipo subjetivo

Em virtude do disposto no nº 1 do artigo 527º, as condutas tipificadas nos nº 1, 2, 3 e 4 do artigo 514º só são puníveis quando realizadas pelo gerente ou administrador a título doloso, isto é, quando o agente atue com conhecimento e vontade de realização do tipo objetivo de ilícito. A responsabilidade criminal pode fundamentar-se em qualquer uma das modalidades de dolo acolhidas pela doutrina penal: dolo direto, necessário ou eventual.

4. Agravação pelo resultado

O nº 5 do artigo 514º prevê um crime agravado pelo resultado. Crimes agravados ou qualificados pelo resultado são, nos termos do artigo 18º do CP, aqueles tipos legais cuja pena aplicável é agravada em função da produção de um resultado, ligado ao tipo fundamental, que possa imputar-se ao agente pelo menos a título de negligência. A agravação prevista consiste em causar dano grave, material ou moral, e que o autor pudesse prever, a algum sócio que não tenha dado o seu assentimento para o facto, à sociedade ou a terceiro. Todavia, a agravação só ganha relevância criminal quando ligada às condutas fundamentais previstas

---

[14] GABRIELA PÁRIS FERNANDES (2001), p. 315.

[15] Veja-se ainda sobre esta e outras lacunas de punibilidade, GABRIELA PÁRIS FERNANDES (2001), p. 318.

[16] É justamente um quadro deste tipo, de fronteira entre o crime comum de abuso de confiança e o delito societário de distribuição ilícita de bens, que se discute no acórdão do STJ de 12-06-2002 (disponível em www.dgsi.pt), culminando na absolvição dos arguidos, gerentes de uma sociedade por quotas.

[17] Cf. PAULO DE SOUSA MENDES (2011), p. 1354.

nos n°s 3 e 4, tendo o legislador deixado de fora o nº 2, sem que se perceba a razão de tal opção, uma vez que também aquela conduta pode implicar os mesmos danos que fundamentam a agravação.

Verificando-se a agravação pelo resultado, a pena a aplicar será, nos termos da lei, a pena da infidelidade, isto é, pena de prisão até 3 anos ou pena de multa. Como já se referiu em anotação anterior[18], este reenvio para o artigo 224º do CP merece algumas reservas críticas por através dele se criar um censurável desfasamento punitivo no quadro sancionatório que corresponde aos crimes societários[19].

5. Formas do crime
5.1. Tentativa

O CSC estabelece uma regra especial em matéria de punição de tentativa no artigo 527º, nº 2, nos termos a qual será punível a tentativa dos factos para os quais tenha sido cominada pena de prisão e multa. Remetemos pois para o comentário respetivo.

Adiante-se, porém, que de acordo com aquela regra e atendendo às penas previstas no artigo 514º, somente será punível uma tentativa enquadrável no nº 5, ou seja, uma tentativa de crime distribuição ilícita de bens da sociedade (nos termos do nº 3 ou 4) agravado pelo dano grave, material ou moral ao sócio, à sociedade ou a terceiro (nº 5). É assim por este ser o único caso em que a conduta é punível com pena de prisão.

5.2. Comparticipação

O crime de *Distribuição ilícita de bens da sociedade* exige para o seu integral preenchimento que o autor possua a especial qualidade de gerente ou administrador de uma sociedade comercial. Trata-se de um crime específico próprio. Numa tentativa de resolver os problemas de comparticipação que surgem associados à figura dos delitos específicos próprios, a redação da norma não se limitou à previsão de modalidades de atuação direta ou imediata do gerente ou administrador mas integrou, em algumas das condutas típicas previstas, situações de realização mediata do tipo legal. Tal possibilidade está prevista no nº 4 do artigo 514º para os casos em que o gerente ou administrador fazem executar por outrem uma distribuição de bens da sociedade com desrespeito por uma deliberação

---

[18] Veja-se a anotação ao artigo 509º e o ponto 6 do comentário geral que antecede as anotações às normas incriminatórias.

[19] Cf. SUSANA AIRES DE SOUSA (2013), p. 129.

válida de assembleia social regularmente constituída. Esta norma parece assim contemplar situações de autoria mediata e de instigação de gerente ou de administrador que instrumentalizam ou determinam um extraneus à prática do facto.

A norma incriminadora pretendeu resolver assim quaisquer dúvidas resultantes de uma eventual aplicação do 28º do CP. Ao afastar o regime geral de comunicabilidade da qualidade previsto neste artigo, o legislador impede ainda a punição como autor do *extraneus*, isto é, daquele que não tendo a qualidade de gerente ou de administrador com ele comparticipa. Por conseguinte, o legislador quis reservar a sanção mais grave – a pena – para aquele que detém a qualidade típica por ser sobre ele que recaem os especiais deveres de correta gestão da sociedade comercial[20].

Todavia, deve assinalar-se a disparidade existente nesta matéria entre os nºs 2 e 3, por um lado, e o nº 4, por outro. Não se fazendo qualquer referência naqueles números à execução por outrem da distribuição ilícita de bens da sociedade e tendo sido intenção do legislador afastar o regime do artigo 28º do CP, as condutas previstas no nºs 2 e 3 só são tipicamente relevantes quando realizadas de forma imediata e direta pelo gerente ou administrador.

6. Pena

O crime de *Distribuição ilícita de bens da sociedade* é punido na sua forma fundamental, em qualquer uma das modalidades de conduta típica previstas nos nºs 1, 2, 3 e 4, com pena de multa. O legislador optou assim por dar primazia à sanção não privativa da liberdade[21]. A diferente gravidade da conduta é ponderada pelo legislador na atribuição dos respetivos dias de multa. A lei fixa apenas o limite máximo da moldura penal. Por conseguinte, na determinação do limite mínimo da moldura tem o intérprete de socorrer-se do disposto no artigo 47º do CP, nos termos do qual o limite mínimo da pena de multa será de 10 dias.

Verificando-se a agravação pelo resultado a que se refere o nº 5, a pena a aplicar será, nos termos da lei, a pena da infidelidade, isto é, pena de prisão até 3 anos ou pena de multa. Como já se referiu, este reenvio para a pena prevista no artigo 224º do CP merece algumas reservas críticas por através dele se criar um censurável desfasamento punitivo no quadro sancionatório que corresponde aos crimes societários.

---

[20] Neste sentido veja-se ainda GERMANO MARQUES DA SILVA (1994/95), p. 47.
[21] Sobre as penas aplicáveis aos crimes societários veja-se o ponto 6 do comentário geral sobre as disposições penais do CSC.

ARTIGO 515º *
Irregularidade na convocação de assembleias sociais

1. Aquele que, competindo-lhe convocar assembleia geral de sócios, assembleia especial de accionistas ou assembleia de obrigacionistas, omitir ou fizer omitir por outrem a convocação nos prazos da lei ou do contrato social, ou a fizer ou mandar fazer sem cumprimento dos prazos ou das formalidades estabelecidos pela lei ou pelo contrato social, será punido com multa até 30 dias.

2. Se tiver sido presente ao autor do facto, nos termos da lei ou do contrato social, requerimento de convocação de assembleia que devesse ser deferido, a pena será de multa até 90 dias.

3. Se for causado dano grave, material ou moral, e que o autor pudesse prever, a algum sócio que não tenha dado o seu assentimento para o facto, à sociedade, ou a terceiro, a pena será a da infidelidade.

* Aditado pelo DL 184/87, de 21 de abril.

Índice

1. Bem jurídico
2. Tipo objetivo de ilícito
   2.1. Autor
   2.2. Conduta
3. Tipo subjetivo
4. Agravação pelo resultado
5. Formas do crime
   5.1. Tentativa
   5.2. Comparticipação
6. Pena

Bibliografia

Citada:

ABREU, J. M. COUTINHO DE – *Curso de Direito Comercial*, vol. II – *Das Sociedades*, 4ª ed., Almedina, Coimbra, 2013; "Artigo 375º", *Código das Sociedades Comerciais em comentário*, coord. de J. M. Coutinho de Abreu, vol. VI, Almedina, Coimbra, 2013, p. 61-66; "Artigo 377º", *Código das Sociedades Comerciais em comentário*, coord. de J. M. Coutinho de Abreu, vol. VI, Almedina, Coimbra, 2013, p. 72-79; ANTUNES, MARIA JOÃO – "A problemática penal e o tribunal constitucional", *Estudos em homenagem ao Prof. Doutor José Joaquim Gomes Canotilho, Studia Juridica 102*, Coimbra Editora, Coimbra, 2012, p. 97-118;

IRREGULARIDADE NA CONVOCAÇÃO DE ASSEMBLEIAS SOCIAIS **ART. 515º**   457

BARBOSA, NUNO – "Artigo 355º", *Código das Sociedades Comerciais em comentário*, coord. de J. M. Coutinho de Abreu, Volume V, Almedina, Coimbra, 2012, p. 820-848; GUIDO CASAROLI – "Art. 2631", *Commentario delle Società*, coord. Giovanni Grippo, Tomo Secondo, 2009, p. 1646-1647; DIAS, JORGE DE FIGUEIREDO – *Direito Penal. Parte Geral*, Tomo I, Coimbra Editora, Coimbra, 2007; MARQUES, ELDA – "Artigo 389º", *Código das Sociedades Comerciais em comentário*, coord. de J. M. Coutinho de Abreu, Volume VI, Almedina, Coimbra, 2013, p. 155-194; SOUSA, SUSANA AIRES DE – "Nótulas sobre as disposições penais do Código das Sociedades Comerciais", *DSR*, ano 5, vol. 9 (2013), p. 115-134; *Os Crimes Fiscais. Análise Dogmática e Reflexão sobre a Legitimidade do Discurso Criminalizador*, Coimbra Editora, Coimbra, 2006; VÉRON, MICHEL, *Droit penal des affaires*, Editions Dalloz, Paris, 2011.

1. Bem jurídico

Também pelo artigo 515º se procura acautelar o *correto funcionamento da sociedade comercial* através da tutela de uma correta formação da vontade da sociedade expressa pela coletividade de sócios, pelo grupo especial de acionistas ou pelo conjunto de obrigacionistas. Ao punir as irregularidades no procedimento de convocação de assembleia, o legislador procura assegurar a efetiva participação em assembleia geral de sócios, em assembleia especial de acionistas ou em assembleia de obrigacionistas daqueles que têm competência para deliberar e para tomar decisões exprimindo uma vontade coletiva. O regular funcionamento da sociedade protege-se por via da garantia de uma correta e conforme convocação da assembleia enquanto "órgão deliberativo-interno"[1]. Com isto protegem-se também, de forma mediata, os interesses individuais de participação e de informação dos sócios, dos acionistas e dos obrigacionistas.

Todavia, muito embora seja possível identificar um bem jurídico digno de proteção jurídica, a norma incriminadora em análise apresenta fragilidades quando perspetivada a partir da necessidade da intervenção penal. Com efeito, temos para nós que o direito penal não deve ser convocado para prevenir irregularidades na convocação de assembleias sociais, ainda que tais condutas sejam ofensivas do regular funcionamento da vida societária e dos interesses por ela mediatizados. É assim porque embora a tutela de um bem jurídico-penal seja pressuposto da criminalização de um comportamento, a sua existência não justifica por si só a intervenção penal. É reconhecido na doutrina e na jurisprudência

---

[1] COUTINHO DE ABREU (2010), p. 637.

que ao conceito material de crime, constituído pela tutela de um interesse jurídico, há de acrescer um critério adicional de necessidade (carência) de tutela penal que confere ao direito penal uma natureza subsidiária e de *ultima ratio*[2]. O bem jurídico não pode desempenhar uma função de indicação ou de parâmetro positivo da conduta a criminalizar mas antes lhe cabe uma função negativa de legitimação: pese embora o objeto de tutela não forneça a conduta a incriminar indica, juntamente com os princípios do direito penal da fragmentaridade, da subsidiariedade e de *ultima ratio*, a montante, e com as finalidades das penas, a jusante, o que pode ser legitimamente tutelado através deste ramo do direito[3]. Assim, da nossa perspetiva, tais irregularidades na convocação de assembleia podem ser suficientemente acauteladas fora da esfera penal, por via, por exemplo, do direito administrativo sancionatório e das contra-ordenações[4].

Ainda a propósito da dignidade e necessidade da intervenção penal da conduta não pode deixar de referir-se que não obstante a abundância de jurisprudência sobre as consequências da irregularidade na convocação de assembleia social (*v. g.*, ac. STJ 25-05-1999; ac. STJ de 8-05-2003; ac. STJ de 26-02-2004; ac. TRL de 4-12-2008; ac. TRP 23-2-2012[5]) seja frequente a omissão à eventual responsabilidade penal por irregularidades na convocação da assembleia social.

2. Tipo objetivo de ilícito

O nº 1 do artigo 515º concede relevância criminal à omissão da convocação de assembleias societárias – assembleia geral dos sócios, assembleia especial de accionistas e assembleia de obrigacionistas – nos prazos estabelecidos na lei ou no contrato social; bem como à sua realização fora dos prazos ou das formalidades estabelecidas pela lei ou pelo contrato social.

Se tal conduta se seguir a um requerimento de convocação de assembleia que devesse ser deferido, a pena de multa é agravada de 30 dias (nº 1 do artigo 515º) para 90 dias (nº 2 do artigo 515º).

---

[2] FIGUEIREDO DIAS (2007), p. 128; também MARIA JOÃO ANTUNES (2012), p. 102.

[3] Cf., com adicionais referências bibliográficas, SUSANA AIRES DE SOUSA (2006), p. 289.

[4] A este propósito é de referir que a omissão da convocação da assembleia foi uma das condutas descriminalizadas pela reforma dos crimes societários italianos, merecendo agora, nos termos do artigo 2631, uma sanção administrativa. Sobre esta modificação, o seu fundamento e as reações críticas que suscitou, veja-se GUIDO CASAROLI (2009), p. 1646 e s. Também em França, onde igualmente se verificou um movimento de descriminalização dos crimes societários, foi introduzida alguma despenalização quanto às regras de convocação da assembleia geral, cf. MICHEL VÉRON (2011), p. 165.

[5] Todos os acórdãos referidos estão disponíveis *em www.dgsi.pt*.

Esta norma incriminatória é assim reveladora da opção legislativa usada na maioria das incriminações societárias, de recortar o tipo objetivo de ilícito, em alguns dos seus principais elementos, através do reenvio para a lei societária[6]. É desde logo assim porque as regras sobre os prazos e formalidades a que está sujeita a convocatória daquelas assembleias estão regulados na lei societária e, de modo particular, nos artigos 56º, 248º, 375º, 377º quanto à convocação da assembleia geral; no artigo 389º quanto à convocação da assembleia especial de acionistas; no artigo 355º quanto à assembleia de obrigacionistas.

2.1. Autor

Muito embora o tipo legal de crime não faça uma referência expressa à qualidade de autor, o artigo 515º prevê um *crime específico* na medida em a lei restringe a autoria criminosa àquele que tem o dever de convocar a assembleia. Com efeito, decisivo para esta qualificação é o dever especial que impende sobre o autor por ser a ele que compete convocar a assembleia geral de sócios, assembleia especial de accionistas ou assembleia de obrigacionistas.

A competência para convocar a assembleia é definida pela lei societária. Desta forma a concretização do dever pressuposto pela incriminação só é possível com recurso às normas societárias. Para a materialização deste dever há que atender desde logo ao disposto nos artigos 248º, nº 3 e 377º, nº 1: de acordo com o primeiro daqueles artigos a convocação da assembleia geral das sociedades por quotas compete a qualquer dos gerentes; a segunda daquelas normas confere a competência para convocar a assembleia geral das sociedades anónimas ao presidente da mesa ou, nos casos especiais previstos na lei, à comissão de auditoria, ao conselho geral e de supervisão, ao conselho fiscal ou ao tribunal[7]. No que diz respeito à competência para convocar assembleias especiais de acionistas, o artigo 389º, nº1, remete de forma genérica para as regras de convocação da assembleia geral[8]. Importa ainda atender, na delimitação do círculo daqueles que podem ser autores deste crime, ao artigo 355º, nº 2, segundo o qual a assembleia de obrigacionistas é convocada e presidida pelo representante comum dos

---

[6] Cf. SUSANA AIRES DE SOUSA (2013), p. 118 e p. 133.

[7] Veja-se o comentário ao artigo 377º da autoria de COUTINHO DE ABREU (2013), p. 74.

[8] Sobre a competência para convocar a assembleia especial de acionistas veja-se o comentário ao artigo 389º, de ELDA MARQUES (2013), p. 178 e s.

obrigacionistas ou, enquanto este não for eleito ou quando se recusar a convocá--la, pelo presidente da mesa da assembleia geral dos acionistas[9].

A qualificação como crime específico adquire o seu significado prático sobretudo em situações de pluralidade de agentes na realização criminosa quando algum ou alguns dos sujeitos não detenham a qualidade (ou o dever) requerido pela norma incriminatória, problema a que se atenderá mais à frente nesta anotação, no âmbito da comparticipação.

2.2. Conduta

O nº 1 do artigo 515º tipifica duas modalidades de conduta, uma de natureza omissiva, outra sobre a forma ativa. Na primeira parte deste número, o comportamento incriminado consiste em omitir ou fazer omitir por outrem a convocação da assembleia nos prazos da lei; na segunda parte a norma contempla a ação de fazer ou mandar fazer a convocatória sem cumprimento dos prazos ou das formalidades estabelecidos pela lei ou pelo contrato social. Numa primeira leitura parece haver uma sobreposição entre estas modalidades de conduta. Desde logo, em ambas se considera a violação de prazos na convocação da assembleia. Todavia, a primeira parte do artigo diz respeito especificamente à obrigação legal ou estatuária de convocar a assembleia dentro de determinado prazo, incluindo aqui a própria falta ou inexistência da convocação; já os prazos referidos na segunda parte da norma parecem estar referidos ao específico procedimento de convocação da assembleia, em particular, aos prazos a observar entre a convocatória e a assembleia (geral de acionistas) a que se refere, por exemplo, o nº 4 do artigo 377º [10].

Para além da falta de cumprimento dos prazos estatutários ou legais, a segunda parte do nº 1 do artigo 515º concede relevância criminal à realização da convocatória sem observar as formalidades estabelecidas pela lei ou pelo contrato social. Sobre as formalidades a observar, designadamente quanto à publicação, divulgação e conteúdo da convocatória, dispõem, quanto à assembleia geral de acionistas, o artigo 377º e, quanto à assembleia geral das sociedades por quotas, o artigo 248º que, no seu nº 1, remete em tudo aquilo que não estiver especificamente regulado para o regime das assembleias gerais das sociedades

---

[9] Sobre a competência para convocar a assembleia de obrigacionistas veja-se o comentário ao artigo 355º por NUNO BARBOSA (2012), p. 820 e s.

[10] Como assinala COUTINHO DE ABREU (2013), p. 76, a lei pode ainda fixar prazos especiais, *v.g.*, artigos 21º-B, nº 1 e 182º, nº 4 do CVM.

anónimas. O artigo 377º é convocado ainda quanto às formalidades a observar na convocação da assembleia especial de acionistas por remissão do artigo 389º, nº 1, e de assembleia de obrigacionistas por remissão do artigo 355º, nº 2, parte final, e ressalvadas as respetivas especificidades e especialidades assinaladas naquelas normas[11].

O nº 2 do artigo 515º contempla uma forma qualificada de realização do ilícito a que corresponde uma agravação da pena de multa de 30 para 90 dias. Em causa está uma convocação irregular da assembleia quando tenha sido apresentado ao autor do facto, isto é, àquele que tenha competência para convocar a assembleia (*v. g.*, o presidente da assembleia geral numa sociedade por ações ou o gerente numa sociedade por quotas) requerimento de convocação da assembleia que devesse ser deferido. O legislador quis assim acautelar o direito reconhecido legalmente de requerer a convocação da assembleia. Os órgãos ou sujeitos a que a lei reconhece a iniciativa de requerer a convocação da assembleia geral dos sócios estão indicados, de forma principal, no artigo 375º. Assim, têm o direito de requerer ao presidente da assembleia geral a convocação de assembleia um ou mais sócios que possuam ações correspondente a 5% ou mais do capital social (375º, nºs 2 e 3), o órgão de fiscalização (artigos 375º, nº 1; 377º, nº 7; 420º, nº 1, *h*); 423º-F, nº 1, *h*) e 441º, nº 1, *s*)) e o órgão de administração (artigos 375º, nº 1; 406º, *c*), 431º, nº 3) [12].

3. Tipo subjetivo

Em virtude do disposto no nº 1 do artigo 527º, para o qual se remete, a irregularidade na convocação de assembleia social só é punível quando realizada dolosamente, isto é, quando o agente atue com conhecimento e vontade de realização do tipo objetivo de ilícito. A responsabilidade criminal pode fundamentar-se em qualquer uma das modalidades de dolo acolhidas pela doutrina penal: dolo direto, necessário ou eventual.

4. Agravação pelo resultado

O nº 3 do artigo 515º prevê um crime agravado pelo resultado. Crimes agravados ou qualificados pelo resultado são, nos termos do artigo 18º do CP, aqueles tipos

---

[11] Sobre esta necessária adaptação veja-se quanto à assembleia de obrigacionistas, NUNO BARBOSA (2012), p. 826, e no que diz respeito à assembleia especial de acionistas, ELDA MARQUES (2013), p. 175 e s.

[12] Cf., de modo desenvolvido, quanto à iniciativa para a convocação da assembleia geral, COUTINHO DE ABREU (2013), p. 63 e s.

legais cuja pena aplicável é agravada em função da produção de um resultado, ligado ao tipo fundamental, que possa imputar-se ao agente pelo menos a título de negligência. A agravação prevista consiste em causar dano grave, material ou moral, e que o autor pudesse prever, a algum sócio que não tenha dado o seu assentimento para o facto, à sociedade ou a terceiro.

Verificando-se a agravação pelo resultado, a pena a aplicar será, nos termos da lei, a pena da infidelidade, isto é, pena de prisão até 3 anos ou pena de multa. Como já se referiu em comentários anteriores[13], este reenvio para o artigo 224º do CP merece algumas reservas críticas por através dele se criar um censurável desfasamento punitivo no quadro sancionatório que corresponde aos crimes societários[14].

5. Formas do crime
5.1. Tentativa

O CSC estabelece uma regra especial em matéria de punição de tentativa no artigo 527º, nº 2, nos termos da qual será punível a tentativa dos factos para os quais tenha sido cominada pena de prisão ou pena de prisão e multa. Remetemos pois para o comentário respetivo.

Adiante-se porém que, de acordo com aquela regra e atendendo às penas previstas no artigo 515º, somente será punível uma tentativa enquadrável no nº 3, ou seja, uma tentativa de uma convocação irregular da assembleia social (nos termos do nºs 1 ou 2) agravado pelo dano grave, material ou moral, ao sócio, à sociedade ou a terceiro (nº 5). É assim por este ser o único caso em que a conduta é punível com pena de prisão. Todavia, trata-se de uma hipótese que muito dificilmente se poderá configurar na realidade dos acontecimentos.

5.2. Comparticipação

O crime de *Irregularidade na convocação de assembleia social* é um crime específico próprio uma vez que a lei delimita o círculo da autoria criminosa àquele que tem o dever de convocar a assembleia.

Numa tentativa de resolver os problemas de comparticipação que surgem associados à figura dos delitos específicos próprios, a redação da norma não se limitou à previsão de modalidades de atuação direta ou imediata daquele a

---

[13] Veja-se a anotação ao artigo 509º e o ponto 6 do comentário geral que antecede as anotações às incriminações societárias.

[14] Cf. SUSANA AIRES DE SOUSA (2013), p. 129.

quem compete convocar a assembleia mas integrou, em algumas das condutas típicas previstas, situações de realização mediata do tipo legal. Deste modo, no nº 1 do artigo 515º a conduta típica consiste em omitir (diretamente) ou *fazer omitir por outrem* (de forma mediata) a convocação da assembleia no prazo legal ou estatutário; também se equipara à realização imediata a ordem dada a outrem para convocar a assembleia em incumprimento dos prazos e das formalidades estabelecidos na lei ou no contrato social. Contemplam-se assim, nesta norma, situações de autoria mediata e de instigação do *intraneus*.

Ao contemplar estas formas específicas de comparticipação, o legislador, à semelhança dos artigos anteriores, procura resolver diretamente as situações de comparticipação em crimes específicos, afastando o regime de comunicabilidade do dever que recai sobre o *intraneus* a que se refere o artigo 28º do CP. Por conseguinte, o legislador quis reservar a sanção mais grave – a pena – para aquele que tem o dever de convocar a assembleia social e incumpre ou cumpre de forma defeituosa esse dever.

6. Pena

O crime de *Irregularidade na convocação de assembleia social* é punido na sua forma fundamental, em qualquer uma das modalidades de conduta típica previstas nos nº 1, com pena de multa até 30 dias. Na modalidade de conduta qualificada prevista no nº 2, a atuação do agente é punida com pena de multa até 90 dias. O legislador optou assim por dar primazia à sanção não privativa da liberdade[15]. A diferente gravidade da conduta é ponderada pelo legislador na atribuição dos respetivos dias de multa. A lei fixa apenas o limite máximo da moldura penal. Por conseguinte, na determinação do limite mínimo da moldura tem o intérprete de socorrer-se do disposto no artigo 47º do CP, nos termos do qual o limite mínimo da pena de multa será de 10 dias.

Verificando-se a agravação pelo resultado a que se refere o nº 3, a pena a aplicar será, nos termos da lei, a pena da infidelidade, isto é, pena de prisão até 3 anos ou pena de multa.

---

[15] Em geral sobre as penas aplicáveis aos crimes societários veja-se o ponto 6 do comentário geral sobre as disposições penais do CSC que antecede a anotação a estas normas sancionatórias.

ARTIGO 516º *
Perturbação de assembleia social

1. Aquele que, com violência ou ameaça de violência, impedir algum sócio ou outra pessoa legitimada de tomar parte em assembleia geral de sócios, assembleia especial de accionistas ou assembleia de obrigacionistas, regularmente constituída, ou de nela exercer utilmente os seus direitos de informação, de proposta, de discussão ou de voto, será punido com pena de prisão até 2 anos e multa até 180 dias.

2. Se o autor do impedimento, à data do facto, for membro de órgão de administração ou de fiscalização da sociedade, o limite máximo da pena será, em cada uma das espécies, agravado de um terço.

3. Se o autor do impedimento for, à data do facto, empregado da sociedade e tiver cumprido ordens ou instruções de algum dos membros dos órgãos de administração ou de fiscalização, o limite máximo da pena será, em cada uma das espécies, reduzido a metade, e o juiz poderá, consideradas todas as circunstâncias, atenuar especialmente a pena.

4. A punição pelo impedimento não consumirá a que couber aos meios empregados para o executar.

* Aditado pelo DL 184/87, de 21 de abril.

Índice

1. Bem jurídico
2. Tipo objetivo de ilícito
    2.1. Autor
    2.2. Conduta
    2.2.1. Crime de ação
    2.2.2. Crime de execução vinculada
3. Tipo subjetivo
4. Formas do crime
    4.1. Tentativa
    4.2. Comparticipação
    4.3. Concurso
5. Pena

Bibliografia

Citada:

ABREU, J. M. COUTINHO DE – *Curso de Direito Comercial*, vol. II – *Das Sociedades*, 4ª ed., Almedina, Coimbra, 2013; ANDRADE, MARGARIDA COSTA – "Artigo 21º", *Código das*

Sociedades Comerciais em comentário, coord. de J. M. Coutinho de Abreu, vol. I, Almedina, Coimbra, 2010, p. 352-363; CARVALHO, AMÉRICO TAIPA DE – "Artigo 154º", *Comentário Conimbricense ao Código Penal*, coord. de Jorge de Figueiredo Dias, Tomo I, Coimbra Editora, Coimbra, 2ª ed., 2012, p. 568-586; CUNHA, MARIA DA CONCEIÇÃO, "Artigo 210º" – *Comentário Conimbricense ao Código Penal*, coord. de Jorge de Figueiredo Dias, Tomo II, Coimbra Editora, Coimbra, 1999, p. 158-192; DIAS, JORGE DE FIGUEIREDO – *Direito Penal. Parte Geral*, Tomo I, Coimbra Editora, Coimbra, 2007; *Direito Penal Português. Parte geral. Tomo II. As Consequências Jurídicas do Crime*, Coimbra Editora, Coimbra, 2005 (reimp.); SOUSA, SUSANA AIRES DE – "Nótulas sobre as disposições penais do Código das Sociedades Comerciais", *DSR*, ano 5, vol. 9 (2013), p. 115-134.

1. Bem jurídico

A assembleia social constitui o momento fundamental de formação da vontade societária. Deste modo, ao impedir-se um sócio ou pessoa legitimada de tomar parte na assembleia está a restringir-se a livre formação da vontade societária e consequentemente a prejudicar *o correto funcionamento da sociedade comercial*[1]. Assim, o crime de *Perturbação de assembleia social*, como a própria designação indicia, constitui um crime contra o regular funcionamento da sociedade comercial enquanto interesse transversal aos crimes societários. Atendendo ao modo como está construída a incriminação, resulta que o legislador reconheceu igualmente como bem jurídico a tutelar, a par deste interesse colectivo e merecendo o mesmo grau de proteção, os direitos individuais do sócio, designadamente os direitos de participação na assembleia social, de informação e voto. Deste modo, este artigo constitui exemplo autêntico de um crime pluri-ofensivo, isto é, a incriminação visa, por um lado, proteger o interesse coletivo presente no correto funcionamento da sociedade comercial e na livre formação da vontade societária; e, por outro lado, tutelar o interesse individual do sócio, objeto da ação criminosa, que se vê impedido de participar na assembleia social. A norma incriminatória coloca ambos os interesses no mesmo plano de proteção direta e imediata.

O nº 5, vincando a natureza societária da incriminação, exclui do âmbito de proteção da norma outros interesses individuais lesados pelos meios empregados para impedir o sócio ou outra pessoa de participar na assembleia social.

---

[1] Sobre este bem jurídico veja-se o ponto 5 do comentário geral às disposições penais que antecede as anotações aos artigos 509º e s.

Trata-se de um preceito especial de particular relevância em matéria de concurso de crimes, ponto para o qual se remete.

2. Tipo objetivo de ilícito

O artigo 516º, nº 1, pune com pena de prisão até dois anos e multa até 180 dias aquele que, com violência, impedir o sócio (ou pessoa legitimada) de tomar parte em assembleia geral de sócios, assembleia especial de acionistas ou assembleia de obrigacionistas ou o impedir de nela exercer utilmente os seus direitos de informação, de proposta, de discussão ou de voto.

Acrescente-se que nos nºs 2 e 3 atende-se à especial qualidade do agente como forma de agravar ou atenuar a pena.

2.1. Autor

O nº 1 do artigo 516º prevê, do ponto de vista do autor, um crime comum, no sentido de que qualquer pessoa pode ser autor do crime que aí se prevê. Assim se compreende que a norma não estabeleça qualquer delimitação do círculo de autoria, iniciando o tipo de ilícito com "Aquele que...".

Os nºs 2 e 3 do artigo 516º preveem regras especiais de determinação da moldura penal atendendo ao autor do crime. No nº 2 coloca-se em evidência a especial qualidade do autor como fundamento de agravação da pena. Deste modo, se o autor do impedimento for, à data do facto, membro do órgão de administração ou de fiscalização da sociedade, o limite máximo da pena será, em cada uma das espécies, agravado de um terço. Deste modo, a posição ocupada pelo autor do impedimento é tomada pelo legislador como uma circunstância que se reflete no limite máximo da moldura penal, agravando-o. Assim, do ponto de vista da técnica legislativa, a circunstância de o impedimento ser realizado por um membro do órgão de administração ou de fiscalização constitui uma agravante da pena aplicável ao agente.

Já o nº 3 estabelece uma regra especial de determinação da pena quando o executante do facto seja empregado da sociedade e cumpra ordens ou instruções de algum dos membros dos órgãos de administração ou fiscalização: neste caso, o limite máximo da pena de prisão e da pena de multa é reduzido a metade e o juiz poderá, consideradas todas as circunstâncias, atenuar especialmente a pena.

Estando em causa, nos nºs 2 e 3, regras de determinação da pena, embora ligadas à qualidade do autor ou do executante do facto, voltaremos a esta questão a propósito da pena aplicável ao crime de *Perturbação de assembleia social*.

2.2. Conduta

2.2.1. Crime de ação

O nº 1 do artigo 516º compreende duas modalidades ativas de conduta. A primeira consiste em impedir, com violência ou ameaça de violência, que algum sócio ou pessoa legitimada tome parte na assembleia. Trata-se de assegurar que, no momento prévio à realização da assembleia, estão reunidas as condições necessárias à sua realização e, em particular, garantir que os sócios (e pessoas legitimadas) possam nela livremente participar. Nesta primeira parte da norma acentua-se assim como valor a proteger a própria constituição da assembleia social enquanto órgão fundamental à formação da vontade societária, assegurando-se que todos os sócios ou pessoas legitimadas possam tomar parte na assembleia.

A segunda modalidade de conduta prevista no tipo legal consiste em impedir, com violência ou ameaça de violência, que o sócio ou pessoa legitimada possa exercer, na assembleia regularmente constituída, os seus direitos de informação, de proposta, de discussão ou de voto. Trata-se assim de assegurar os direitos que o código reconhece aos sócios de acordo com o disposto essencialmente e de forma genérica no artigo 21º, nº 1, al *b*): "o sócio tem o direito a participar nas deliberações dos sócios"[2]. Este segundo impedimento, diferentemente daquele que está previsto na primeira parte do artigo, tem lugar já no decurso da assembleia social. Acentua-se agora como valor a proteger a vontade individual do sócio que, através do exercício dos seus direitos, contribuirá para a formação da vontade social.

2.2.2. Crime de execução vinculada

O crime de *Perturbação de assembleia social* é um crime de execução vinculada porquanto o modo de execução vem descrito no tipo legal de crime[3]. Com efeito, os meios para impedir o sócio de tomar parte na assembleia ou de exercer os seus direitos são especificados no tipo legal sendo eles a violência ou a ameaça de violência.

A tipificação da violência e da ameaça de violência como forma de realização criminosa é comum a várias incriminações clássicas, como os crimes de coação

---

[2] Sobre este artigo e os direitos nele compreendidos veja-se MARGARIDA COSTA ANDRADE (2010), p. 352 e s. Também COUTINHO DE ABREU (2013), p. 236 e s.

[3] Quanto ao conceito de crimes de execução vinculada e crimes de execução livre veja-se, por todos, FIGUEIREDO DIAS, (2007), p. 308.

(artigo 154º do CP), roubo (artigo 210º do CP), extorsão (artigo 223º do CP), no âmbito dos quais se tem precisamente discutido o conteúdo e limites do conceito de violência. Neste sentido, como nos dá conta Taipa de Carvalho, a doutrina e a jurisprudência têm evoluído do conceito tradicional de violência como intervenção de força física sobre aquele que é objeto do crime para um conceito de violência mais abrangente que engloba tanto a violência física como a violência psíquica[4]. Esta "desmaterialização, espiritualização ou sublimação do conceito de violência" tem alargado o conceito de violência fazendo caber nela, para efeitos do crime de coação, condutas omissivas como, por exemplo, não fornecer alimentos ao familiar paralítico enquanto o coagido não praticar a conduta imposta pelo agente, bem como condutas que, apesar de não se traduzirem na utilização da força física, todavia eliminam ou diminuem a capacidade de decisão ou de resistência[5]. Tem-se igualmente entendido, no âmbito do direito penal clássico, que a violência pode dirigir-se contra a pessoa que se quer intimidar ou contra outra pessoa desde que esta esteja numa relação de proximidade existencial com a pessoa cuja liberdade se pretende constranger[6]. Tem-se admitido também que a violência possa ser exercida sob a forma de intromissão física sobre coisas, como por exemplo "furar os pneus do automóvel para impedir que o seu proprietário ou utente possa prosseguir viagem"[7].

Será assim de aceitar, à semelhança do que vem acontecendo nas incriminações de direito penal clássico, o alargamento do conceito de violência também no âmbito do crime de *Perturbação de assembleia social*. Ainda assim, será sempre de exigir um forte constrangimento exercido sobre a vontade da vítima, restringindo-se de forma agressiva a sua liberdade física ou psíquica. Deste modo, atendendo ao carácter violento imprimido pelo legislador a este delito, temos para nós que o mero engano (ou aproveitamento do erro em que incorre o sócio) como forma de evitar a presença do sócio e o exercício dos seus direitos não é suficiente para preencher o tipo legal (*v. g.*, não preencherá o tipo legal a comunicação errada do dia, hora ou local da assembleia com o propósito de impedir que o sócio tome nela parte ou o não esclarecimento do sócio que pensa erroneamente não ter legitimidade ou capacidade para votar).

---

[4] TAIPA DE CARVALHO (1999), p. 570. Também CONCEIÇÃO CUNHA (1999), p. 167.
[5] Cf. TAIPA DE CARVALHO (1999), p. 570.
[6] Cf. TAIPA DE CARVALHO (1999), p. 570.
[7] Cf. TAIPA DE CARVALHO (1999), p. 570 e s..

3. Tipo subjetivo

Em virtude do disposto no nº 1 do artigo 527º, para o qual se remete, as condutas descritas no artigo 516º, nºˢ 1, 2 e 3, só são puníveis quando realizadas dolosamente, isto é, quando o agente atue com conhecimento e vontade de realização do tipo objetivo de ilícito. A responsabilidade criminal pode fundamentar-se em qualquer uma das modalidades de dolo acolhidas pela doutrina penal: dolo direto, necessário ou eventual.

4. Formas do crime
4.1. Tentativa

O CSC estabelece uma regra especial em matéria de punição de tentativa no artigo 527º, nº 2, nos termos a qual será punível a tentativa dos factos para os quais tenha sido cominada pena de prisão ou pena de prisão e multa. Rememos pois para comentário respectivo. Adiante-se, porém, que de acordo com aquela regra e atendendo à pena prevista no nº 1 do artigo 516º a tentativa de perturbação da assembleia social é punível.

4.2. Comparticipação

O crime de *Perturbação de assembleia social* é um *crime comum* que admite a sua realização em qualquer uma das modalidades de comparticipação previstas no artigo 26º do CP: autoria imediata se o agente procede ele próprio à realização do facto típico, impedindo o sócio de participar na assembleia ou de nela exercer os seus direitos (*v. g.*, A agarra B, sócio, impedindo que ele entre no local onde vai realizar-se a assembleia); autoria mediata se o agente se serve de outrem que instrumentaliza à prática do crime (A ordena a C que não deixe entrar B, sócio, na assembleia, criando em C a convicção errónea sobre a falta de qualidade de sócio de B); co-autoria se mais do que um agente decidem e tomam parte direta na execução do crime (A e C decidem em conjunto impedir que B, sócio, tome parte na assembleia, proferindo ameaças contra a sua vida); por último, instigação se o agente determina dolosamente outra pessoa à prática do crime (*v. g.*, A, gerente, dá ordem ao trabalhador C para que este impeça B, sócio, de entrar na empresa no momento em que se vai realizar a assembleia social).

4.3. Concurso

O nº 4 do artigo 516º prevê uma regra especial em matéria de concurso de crimes, nos termos da qual a punição pelo impedimento não consome a punição que couber ao agente pelo uso dos meios violentos empregados. Com efeito, o *iter criminis* pressuposto no artigo 516º implicará do mesmo passo preenchimento de outros tipos legais que protegem bens jurídicos individuais daquele que é objeto de violência, como a integridade física, a liberdade, a vida daquele que é violentado ou ameaçado. Em causa pode estar a realização de outros tipos legais de crime enquanto crimes-meio para a realização do crime-fim *Perturbação da assembleia social*. É o caso dos delitos de *Ofensas à integridade física* (artigo 143º do CP), *Ameaça* (artigo 153º), *Coacção* (artigo 154º), *Sequestro* (artigo 158º) ou *Homicídio* (artigo 131º). Ressalvado o crime de ameaça, a pena prevista para estes crimes é superior à pena que corresponde ao crime societário. O legislador quis deixar claro que o crime de maior gravidade, punido com uma pena mais grave, não consumirá a pena do crime societário. Deste modo, dando primazia ao interesse societário, o legislador quis expressamente autonomizar a punição pelo crime de *Perturbação de assembleia social*, sublinhando que em causa estão não apenas os direitos individuais dos sócios mas um interesse supra-individual que se concretiza no regular funcionamento da assembleia social enquanto órgão essencial à formação da vontade social.

5. Pena

O crime de *Perturbação de assembleia social* é punido, em quaisquer das duas modalidades típicas previstas no nº 1, com pena de prisão até 2 anos e pena de multa até 180 dias. A opção legislativa pela pena de prisão é reveladora, quando comparada com as penas previstas para os restantes crimes societários, da gravidade das condutas punidas pelo artigo 516º.

No plano da sanção, cumula-se a pena de prisão com uma multa complementar. Como já se referiu em anotações anteriores, a figura da multa complementar tem vindo a desaparecer da legislação penal, pelos inconvenientes político-criminais que lhe estão associados[8].

O nº 2 e o nº 3 do artigo 516º estabelecem circunstâncias que modificam a moldura penal estabelecida no nº 1, no sentido da sua agravação ou da sua atenuação, respetivamente. Deste modo, se quem realiza o impedimento (sob qualquer uma das modalidade de autoria possíveis) for membro dos órgãos de administração ou de fiscalização, o limite máximo da pena de prisão e de multa será agravado de um terço. Assim, o agente será punido com pena de prisão até 2 anos e 8 meses e multa até 240 dias.

---

[8] Sobre esta questão em particular veja-se SUSANA AIRES DE SOUSA (2013), p. 129.

De acordo com o disposto no nº 3, se o autor do impedimento, for empregado da sociedade e cumprir ordem ou instrução de algum dos membros dos órgãos de administração ou fiscalização, o limite máximo da pena será em cada uma das espécies reduzido para a metade e o juiz poderá, consideradas todas as circunstâncias, atenuar especialmente a pena. O legislador procurou atender à relação de supra-infra ordenação existente entre aquele que ocupa um lugar de topo na hierarquia empresarial e aquele que, colocado numa posição hierárquica inferior, procura cumprir a ordem que recebeu. Tratando-se de uma ordem ilícita que conduz à prática de um crime, o dever de obediência hierárquica cessa, nos termos do artigo 36º, nº 2 do CP. Porém, ainda assim entendeu o legislador tratar-se de uma circunstância a reflectir na moldura penal, reduzindo o limite máximo da pena, em cada uma das suas espécies, a metade. Deste modo, este concreto agente instigado à prática do crime será punido com pena de prisão até 1 ano e multa até 90 dias. Já ao instigador caberá uma pena determinada nos termos do nº 2 do artigo 516º.

Maiores dúvidas nos suscita, porém, a última parte do nº 3 do artigo 516º. Além da redução do limite máximo da pena, o legislador admite ainda que o juiz possa, consideradas todas as circunstâncias, atenuar especialmente a pena. Não pode o legislador estar a referir-se à valoração da relação de dependência a que está sujeito o empregado da sociedade uma vez que essa circunstância é já fundamento da redução do limite máximo da pena prevista na primeira parte do nº 3. De outro modo, estaria em causa o *princípio da proibição de dupla valoração* a que deve estar sujeito o julgador, de acordo com o qual, nas operações de determinação da pena não devem ser tomadas em consideração circunstâncias já tidas em conta pelo legislador na previsão da moldura penal[9]. Um afloramento deste princípio pode encontrar-se no artigo 71º, nº 2, do CP. Cabe então perguntar qual a utilidade da parte final do nº 3 do artigo 516º. Poder-se-ia pensar na ponderação de outras circunstâncias decorrentes do caso concreto que concorressem, com fundamento distinto daquela relação de subordinação, para a atenuação da pena. Mas também por esta via se revela dispensável a estatuição legislativa uma vez que em todo o caso a possibilidade de atenuação especial da pena decorreria já da norma geral prevista no artigo 72º do CP, aplicável subsidiariamente com fundamento no artigo 529º do CSC. Deste modo, não pode deixar de se questionar a utilidade da parte final do nº 3 do artigo 516º.

---

[9] Sobre este princípio e os seus momentos de aplicação veja-se, por todos, FIGUEIREDO DIAS (2005), p. 234 e s.

ARTIGO 517º *
Participação fraudulenta em assembleia social

1. Aquele que, em assembleia geral de sócios, assembleia especial de accionistas ou assembleia de obrigacionistas, se apresentar falsamente como titular de acções, quotas, partes sociais ou obrigações, ou como investido de poderes de representação dos respectivos titulares, e nessa falsa qualidade votar, será punido, se pena mais grave não for aplicável por força de outra disposição legal, com prisão até 6 meses e multa até 90 dias.

2. Se algum dos membros dos órgãos de administração ou fiscalização da sociedade determinar outrem a executar o facto descrito no número anterior, ou auxiliar a execução, será punido como autor, se pena mais grave não for aplicável por força de outra disposição legal, com prisão de 3 meses a 1 ano e multa até 120 dias.

* Aditado pelo DL 184/87, de 21 de abril.

Índice

1. Bem jurídico
2. O tipo objetivo de ilícito
    2.1. O nº 1 do artigo 517º
    2.1.1. Autor
    2.1.2. Conduta
    2.2. O nº 2 do artigo 517º
    2.2.1. Autor
    2.2.2. Conduta
3. Tipo subjetivo
4. Formas do crime
    4.1. Tentativa
    4.2. Comparticipação
    4.3. Concurso

Bibliografia

Citada:

ABREU, J. M. COUTINHO DE – *Curso de Direito Comercial*, vol. II – *Das Sociedades*, 4ª ed., Almedina, Coimbra, 2013; ANDRADE, MARGARIDA COSTA – "Artigo 21º", *Código das Sociedades Comerciais em comentário*, coord. de J. M. Coutinho de Abreu, vol. I, Almedina, Coimbra, 2010, p. 352-363; CASAROLI, GUIDO – "Art. 2636", *Commentario delle Società*, coord. Giovanni Grippo, Tomo Secondo, 2009, p. 1667-1669; COSTA, JOSÉ DE FARIA

– *Noções Fundamentais de Direito Penal*, Coimbra Editora, Coimbra, 2012; DIAS, JORGE DE FIGUEIREDO, *Direito Penal. Parte Geral*, Tomo I, Coimbra Editora, Coimbra, 2007; SEIÇA, ALBERTO MEDINA DE – "Artigo 360º", *Comentário Conimbricense do Código Penal*, coord. Jorge de Figueiredo Dias, Tomo III, Coimbra Editora, Coimbra, 2001, p. 460-490; "Artigo 363º", *Comentário Conimbricense do Código Penal*, coord. Jorge de Figueiredo Dias, Tomo III, Coimbra Editora, Coimbra, 2001, p. 502-506; SOUSA, SUSANA AIRES DE, "A autoria nos crimes específicos: algumas considerações sobre o artigo 28º do Código Penal", *RPCC*, Ano 15, 2005, p. 343-368; VÉRON, MICHEL – *Droit pénal des affaires*, Dalloz, Paris, 2011.

1. Bem jurídico

Também pelo artigo 517º se procura acautelar o correto funcionamento da sociedade comercial através da tutela de uma correta formação da vontade da sociedade expressa pela coletividade de sócios, pelo grupo especial de acionistas ou pelo conjunto de obrigacionistas. Ao punir a participação fraudulenta em assembleia social, o legislador procura prevenir a adulteração da vontade societária, reservando a expressão dessa vontade coletiva àqueles a quem a lei reconhece legitimidade para deliberar e tomar decisões. Deste modo, o crime de *Participação fraudulenta em assembleia social*, ao tutelar uma genuína vontade social, formada em conformidade com os requisitos legais e estatutários, constitui um crime contra o regular funcionamento da sociedade comercial enquanto interesse transversal aos crimes societários[1].

2. O tipo objetivo de ilícito
2.1. O nº 1 do artigo 517º

O nº 1 do artigo 517º pune com pena de prisão até 6 meses e multa até 90 dias aquele que em assembleia geral de sócios, assembleia especial de acionistas ou assembleia de obrigacionistas simular o seu direito de voto, apresentando-se falsamente como titular de ações, quotas, partes sociais ou obrigações ou como investido de poderes de representação dos respetivos titulares.

2.1.1. Autor

Do ponto de vista do autor do crime, o nº 1 do artigo 517º prevê um delito *comum*, no sentido de que qualquer pessoa pode ser autor do crime que aí se prevê.

---

[1] Sobre este bem jurídico veja-se o ponto 5 do comentário geral aos artigos 509º a 529º.

2.1.2. Conduta

O legislador previu, no n.º 1 do artigo 517.º, duas modalidades de conduta: a primeira consiste em apresentar-se falsamente como titular de ações, quotas, partes sociais ou obrigação e, a segunda, em apresentar-se falsamente como investido de poderes de representação dos titulares daquelas participações sociais. Todavia, estas condutas só se tornam tipicamente relevantes se o agente, na falsa qualidade por si assumida, votar. Deste modo o legislador quis estreitar a punição aos casos em que o perigo de adulterar a vontade societária, viciando a deliberação social, se concretiza no exercício fraudulento do direito de votar enquanto dimensão essencial do direito a participar nas deliberações sociais nos termos do artigo 21.º, n.º 1, alínea *b*)[2]. Porém, o legislador satisfaz-se com o perigo de viciação ou de adulteração da deliberação, não exigindo que ela efetivamente se concretize na adulteração da deliberação, ou seja, o tipo objetivo de ilícito está integralmente preenchido com o voto fraudulento ainda que tal voto não tenha qualquer expressão na deliberação, *v. g.*, pelo diminuto peso relativo que represente na totalidade dos votos. Poderia ter sido outra a escolha legislativa no sentido de, num esforço de concretização da ofensividade ao interesse protegido, condicionar a relevância da conduta à obtenção da maioria ou do número de votos necessários à tomada da deliberação. Foi esta, por exemplo, a escolha seguida pelo legislador italiano na reforma dos crimes societários operada em 2002[3].

2.2. O n.º 2 do artigo 517.º

O n.º 2 do artigo 517.º refere-se expressamente aos membros dos órgãos de administração ou fiscalização que determinem ou auxiliem outrem a participar frau-

---

[2] Para uma caracterização deste direito reconhecido aos sócios veja-se, com adicionais referências bibliográficas, MARGARIDA COSTA ANDRADE (2010), p. 356 e s. Também COUTINHO DE ABREU (2013), p. 236 e s.

[3] Com efeito o atual artigo 2636, que tipifica o delito de *Illecita influenza sull'assemblea*, condiciona a relevância da conduta à obtenção da "maggioranza in assemblea". Sobre esta norma e as alterações que sofreu em 2002 veja-se GUIDO CASAROLI (2009), p. 1668 e s. Já o legislador francês optou por, em 2003 e na senda do movimento de descriminalização dos crimes societários, revogar a norma que criminalizava a *Participation frauduleuse*, cf. MICHEL VÉRON (2011), p. 167.

dulentamente, nos termos do nº 1, em assembleia geral de sócios, assembleia especial de acionistas ou assembleia de obrigacionistas.

2.2.1 Autor

O nº 2 do artigo 517º prevê um crime *específico* cuja autoria está reservada aos membros dos órgãos de administração ou fiscalização. O legislador delimita assim o possível círculo de autores exigindo uma especial qualidade. Todavia, em causa está um crime específico *impróprio* ou *impuro* na medida em que a qualidade do autor não serve para fundamentar a responsabilidade mas unicamente para a agravar[4]. Ou seja, o agente – membro do órgão de administração ou fiscalização – sempre seria punido nos termos gerais das regras da comparticipação, previstas nos artigos 26º e 27º do CP, se determinasse ou auxiliasse outrem a participar de forma fraudulenta na assembleia social. Contudo, atendendo à especial qualidade do agente, membro do órgão de administração ou fiscalização, e aos especiais deveres que impendem sobre os titulares destes órgãos, o legislador entendeu que o facto é revelador de uma maior ilicitude a que corresponde uma pena agravada.

Deste modo, seguindo as regras normais da comparticipação na realização criminosa, aplicáveis na ausência deste nº 2, aquele que determinasse (instigador) outrem a executar o facto previsto no nº 1, sendo ou não membro do órgão de direção ou fiscalização seria punido, desde que o instigado iniciasse a execução, com prisão até 6 meses e multa até 90 dias, nos termos do artigo 26º, última parte, do CP e do artigo 517º, nº 1; já aquele que auxiliasse (cúmplice) outrem na prática daquele facto seria punido com aquela mesma pena atenuada nos termos do artigo 27º, nº 2 do CP. Ao introduzir este número 2, o legislador entendeu assim que, nos casos em que o instigador ou o cúmplice detenham a qualidade de membro do órgão de administração ou fiscalização, a pena aplicável é agravada, sendo agora de prisão de 3 meses a 1 ano e multa até 120 dias.

2.2.2. Conduta

São duas as modalidades de conduta tipificadas no nº 2 do artigo 517º: *determinar* outrem a executar o facto descrito no nº 1 e *auxiliar* a execução desse facto. Estão em causa comportamentos que na sua materialidade se reconduzem a duas formas de comparticipação criminosa, previstas no artigo 26º do CP, a saber, a ins-

---

[4] Sobre esta categoria de crimes *vide* FIGUEIREDO DIAS (2007), p. 304; FARIA COSTA (2012), p. 248; também SUSANA AIRES DE SOUSA (2005), p. 363 e s.

476 SUSANA AIRES DE SOUSA

tigação e a cumplicidade[5]. A sua punição nos termos gerais do CP seria porém menos gravosa e sujeita a requisitos de maior exigência, na medida em que o regime geral exige ainda o início da execução pelo autor/instigado para que se possa punir quer a cumplicidade quer a instigação.

O nº 2 consagra a elevação de formas comparticipativas "à categoria de autónomo ilícito típico"[6], método já conhecido de algumas incriminações previstas no CP. Como exemplo pode apontar-se o crime de *Suborno*, previsto no artigo 363º do CP, onde se tipifica uma particular forma de comparticipação: a instigação ou indução do declarante a prestar um falso depoimento[7].

A primeira modalidade de conduta tipificada no nº 2 do artigo 517º corresponde à figura da instigação, prevista no artigo 26º, última parte, do CP. Para além da agravação da pena prevista no nº 1, deve acrescentar-se que, por via desta norma, se opera uma extensão das margens de punição da instigador. Com efeito, a conduta de instigação tipificada no CSC é mais abrangente quando comparada com o regime previsto no CP. De modo diferente ao estabelecido nesta codificação, no crime de *Participação fraudulenta em assembleia social* não se exige que o instigado inicie a execução criminosa. Por conseguinte, a disposição societária tem ainda o efeito de, excecionando o artigo 26º do CP, antecipar a tutela do bem jurídico aos casos de instigação quando não chegue a verificar-se qualquer início da execução do facto por parte do executante. O legislador societário – diferentemente do legislador do CP – prescinde assim do início da execução do instigado para efeitos de punição do instigador membro do órgão de direção ou de fiscalização. Considera-se assim como criminalmente relevante o próprio ato de instigar a uma participação fraudulenta em assembleia social.

A segunda modalidade de conduta prevista corresponde à figura da cumplicidade, em geral prevista no artigo 27º do CP, tida como forma de participação no facto de outrem através do auxílio material ou moral à prática desse facto[8]. O nº 2 do artigo 517º não distingue quaisquer tipos de auxílio, devendo assim

---

[5] Para uma caracterização aprofundada destas figuras veja-se, por todos, FIGUEIREDO DIAS (2007), p. 797 e s. e p. 824 e s.

[6] A expressão é de ALBERTO MEDINA DE SEIÇA, proferida a propósito das modalidades de comparticipação no crime de *Falsidade de testemunho* (artigo 360º), algumas das quais elevadas à categoria de crime autónomo no artigo 363º sob a forma de *Suborno*, cf. (2001), p. 488.

[7] Sobre este artigo e sobre a tipificação de uma forma de comparticipação como um crime *in se*, veja-se ALBERTO MEDINA DE SEIÇA (2001), p. 502 e s.

[8] Para uma caracterização desta figura veja-se, por todos, FIGUEIREDO DIAS (2007), p. 824 e s.

admitir-se no âmbito da norma quer o auxílio material quer o auxílio moral. Porém, de modo diferente ao previsto para a instigação, o legislador parece ter restringido a relevância do auxílio prestado pelo membro do órgão de administração ou fiscalização aos casos em que pelo menos se inicia a execução da participação fraudulenta em assembleia comercial. A esta conclusão nos impele a redação da norma quando toma por conduta típica "auxiliar na execução".

O crime específico impróprio previsto no nº 2 do artigo 517º concretiza-se, como se referiu, nas condutas de determinação e auxílio à prática criminosa que, por sua vez, correspondem a específicas formas de comparticipação – instigação e cumplicidade – elevadas à categoria de crimes autónomos. Assim, algo incompreensivelmente, ficam de fora da incriminação outras situações de comparticipação dos órgãos de administração ou fiscalização no ato de participação fraudulenta na assembleia, porventura de maior densidade valorativa, como é o caso da autoria mediata ou da co-autoria. A este problema se atenderá quando nos referirmos à questão da comparticipação.

3. Tipo subjetivo

Em virtude do disposto no nº 1 do artigo 527º, para o qual se remete, as condutas descritas no artigo 517º, nᵒˢ 1 e 2, só são puníveis quando realizadas dolosamente, isto é, quando o agente atue com conhecimento e vontade de realização do tipo objetivo de ilícito. A responsabilidade criminal pode fundamentar-se em qualquer uma das modalidades de dolo acolhidas pela doutrina penal: dolo direto, necessário ou eventual.

4. Formas do crime
4.1. Tentativa

O CSC estabelece uma regra especial em matéria de punição de tentativa no artigo 527º, nº 2, nos termos da qual será punível a tentativa dos factos para os quais tenha sido cominada pena de prisão ou pena de prisão e multa. Remetemos pois para o comentário respetivo.

Adiante-se, porém, que de acordo com aquela regra e atendendo às penas previstas no artigo 517º, a tentativa de *Participação fraudulenta em assembleia social* é punida. Por sua vez, também a tentativa de instigação ou de cumplicidade realizadas pelos órgãos de administração ou de fiscalização é punida por via do disposto no nº 2 do artigo 517º. Esta norma ganha assim particular relevância também no âmbito da tentativa, uma vez que, nos termos do regime geral da instigação e da cumplicidade previsto nos artigos 26º, última parte, e 27º do CP, a tentativa de instigação e a cumplicidade tentada não são punidas, exigindo-se o início da execução do facto (instigado ou auxiliado).

4.2. Comparticipação

Como já anteriormente se referiu, o nº 2 do artigo 517º elevou à categoria de um crime específico impróprio a conduta de determinação ou de auxílio à participação fraudulenta em assembleia social realizada pelos órgãos de administração ou fiscalização. Na base desta escolha legislativa poderá estar por um lado a maior gravidade da conduta quando realizada por aqueles que desempenham específicas funções de gestão ou de fiscalização na empresa, em grave violação dos deveres que lhe são reconhecidos. Assim se compreende que a pena que corresponde a estes agentes seja agravada. Todavia, sendo este o fundamento da incriminação, não se compreende que tenham ficado de fora do seu âmbito normativo outras formas de comparticipação dos membros dos órgãos de gestão ou de fiscalização na participação fraudulenta em assembleia social, como a *autoria mediata* ou a *co-autoria*.

Deste modo, o membro de um daqueles órgãos que explore uma situação de erro em que incorrer outrem de modo a induzi-lo a participar fraudulentamente em assembleia social (autoria mediata), ou que se associe a outrem de modo a tomar parte de forma fraudulenta numa tal assembleia (co-autoria) é punido, nos termos do nº 1, segundo as regras normais da comparticipação, sendo-lhe aplicável uma pena menos grave. Dificilmente se poderá compreender a diferença punitiva que decorre dos nºˢ 1 e 2 consoante o membro da direção atue como autor mediato (nº 1) ou como instigador (nº 2) da participação fraudulenta em assembleia social. Não nos parece que haja uma diferente densidade valorativa que possa justificar uma diferença no plano punitivo entre a instigação e cumplicidade, de um lado, e a autoria mediata e a co-autoria de outro. Tanto mais que, ao contrário da instigação e da cumplicidade, tidas tradicionalmente como formas de participação num facto alheio[9], a autoria mediata e a co-autoria são tidas como formas de autoria criminosa. O que nos leva a concluir que o legislador não terá sabido exprimir da melhor forma o seu pensamento quando restringiu a aplicação do nº 2 do artigo 517º às condutas de determinação e auxílio à participação fraudulenta em assembleia social.

---

[9] Sobre a figura da participação e a discussão em torno da sua natureza dogmática veja-se, por todos, FIGUEIREDO DIAS (2007), p. 758 e s. e p. 824 e s.

4.3. Concurso

Tanto o n.º 1 como o n.º 2 do artigo 517.º preveem uma cláusula de subsidiariedade explícita nos termos da qual se restringe expressamente a sua aplicação à inexistência em geral de um outro tipo legal que comine pena mais grave (*subsidiariedade geral*)[10]. Como refere Figueiredo Dias, a relação de subsidiariedade existe quando um tipo legal de crime deva ser aplicado somente de forma auxiliar ou subsidiária, se não existir outro tipo legal, em abstrato também aplicável, que comine pena mais grave. Entendida com este sentido, a relação de subsidiariedade corresponderá a uma relação entre normas, estabelecida em abstrato no plano legal, segundo a qual *lex primaria derogat legi subsidiariae*[11]. Deste modo, se a participação fraudulenta se realizar através da apresentação de um documento falso com intenção de causar prejuízo a outrem ou de obter para si ou para outrem um benefício, prevalecerá o tipo legal de *Falsificação de Documentos* previsto no artigo 256.º do CP.

[10] Sobre a noção de subsidiariedade expressa veja-se FIGUEIREDO DIAS (2007), p. 997 e s.
[11] Cf. FIGUEIREDO DIAS (2007), p. 997.

ARTIGO 518º *
Recusa ilícita de informações

1. O gerente ou administrador de sociedade que recusar ou fizer recusar por outrem a consulta de documentos que a lei determine sejam postos à disposição dos interessados para preparação de assembleias sociais, ou recusar ou fizer recusar o envio de documentos para esse fim, quando devido por lei, ou enviar ou fizer enviar esses documentos sem satisfazer as condições e os prazos estabelecidos na lei, será punido, se pena mais grave não couber por força de outra disposição legal, com prisão até 3 meses e multa até 60 dias.

2. O gerente ou administrador de sociedade que recusar ou fizer recusar por outrem, em reunião de assembleia social, informações que esteja por lei obrigado a prestar, ou, noutras circunstâncias, informações que por lei deva prestar e que lhe tenham sido pedidas por escrito, será punido com multa até 90 dias.

3. Se, no caso do nº 1, for causado dano grave, material ou moral, e que o autor pudesse prever, a algum sócio que não tenha dado o seu assentimento para o facto, ou à sociedade, a pena será a da infidelidade.

4. Se, no caso do nº 2, o facto for cometido por motivo que não indicie falta de zelo na defesa dos direitos e dos interesses legítimos da sociedade e dos sócios, mas apenas compreensão errónea do objecto desses direitos e interesses, o autor será isento da pena.

* Aditado pelo DL 184/87, de 21 de abril.
A atual redação dos nºˢ 1 e 2 foi introduzida pelo DL 76-A/2006, de 29 de março.

Índice
1. Bem jurídico
2. Tipo objetivo de ilícito
    2.1. Autor
    2.2. Conduta
    2.2.1. A recusa de informação para preparação de assembleia social
    2.2.2. A recusa de informação em reunião de assembleia social
    2.2.3. A recusa de informação "noutras circunstâncias"
3. Tipo subjetivo
4. Agravação pelo resultado
5. Formas do crime
    5.1. Tentativa
    5.2. Comparticipação
6. Isenção de pena

Bibliografia

Citada:

ABREU, J. M. COUTINHO DE – *Curso de Direito Comercial*, vol. II – *Das Sociedades*, 4ª ed., Almedina, Coimbra, 2013; ANDRADE, MARGARIDA COSTA – "Artigo 21º", *Código das Sociedades Comerciais em comentário*, coord. de J. M. Coutinho de Abreu, vol. I, Almedina, Coimbra, 2010, p. 352-363; "Artigo 293º", *Código das Sociedades Comerciais em Comentário*, coord. de J. M. Coutinho de Abreu, vol. V, Almedina, Coimbra, 2012, p. 240-247; DIAS, JORGE DE FIGUEIREDO – *Direito Penal. Parte Geral*, Tomo I, Coimbra Editora, Coimbra, 2007; MARTINS, ALEXANDRE SOVERAL – "Artigo 215º", *Código das Sociedades Comerciais em Comentário*, coord. de J. M. Coutinho de Abreu, vol. III, Almedina, Coimbra, 2011, p. 304-309; "Artigo 289º", *Código das Sociedades Comerciais em Comentário*, coord. de J. M. Coutinho de Abreu, vol. V, Almedina, Coimbra, 2012, p. 193-203; "Artigo 290º", *Código das Sociedades Comerciais em Comentário*, coord. de J. M. Coutinho de Abreu, vol. V, Almedina, Coimbra, 2012, p. 204-214; SOUSA, SUSANA AIRES DE – "Nótulas sobre as disposições Penais do Código das Sociedades Comerciais", *DSR*, Ano V, vol. 9 (2013), p. 115-134; TORRES, CARLOS MARIA PINHEIRO – *O direito à informação nas sociedades comerciais*, Almedina, Coimbra, 1994.

1. Bem jurídico

O artigo 518º incrimina a recusa ilícita de informação por parte do gerente ou administrador. Todavia, o âmbito de proteção da norma incriminadora não toma como objeto da omissão toda a informação devida no contexto societário ou sequer o direito à informação dos sócios em toda a sua extensão tal como está previsto na alínea *c)* do artigo 21º. Cumprindo-se o princípio da fragmentaridade do direito penal, apenas se incrimina a omissão da informação tendo por referência primária o contexto da assembleia social, seja nos termos do nº 1 quando se trate de informação necessária à preparação de assembleias comerciais, seja nos termos do nº 2 quando a recusa da informação tenha lugar em reunião de assembleia social. Neste sentido, trata-se de informação fundamental à formação da vontade societária, tanto num primeiro momento através do acesso à informação necessária à preparação da assembleia social, como num segundo momento através dos necessários esclarecimentos e informações que, nos termos da lei, devam ser prestados em reunião de assembleia social. Assim, em primeira linha, o interesse protegido pela norma incriminadora é o regular funcionamento da sociedade comercial[1]: garantindo-se o acesso à informação devida nos termos

---

[1] Sobre este bem jurídico veja-se o comentário geral que antecede a anotação aos artigos 509º e s.

da lei, criam-se as condições necessárias ao funcionamento do órgão deliberativo interno e, desta forma, assegura-se a correta formação da vontade coletiva. Deste modo, o objeto de proteção não é o direito de informação do sócio *qua tale* nas suas diversas dimensões (direito à informação *stricto sensu*; direito de consulta e direito de inspeção[2]); a norma incriminatória toma o direito a ser informado numa dimensão mais restrita enquanto instrumento necessário à correta formação da vontade societária. Em causa está assim um direito de informação condicionado à preparação ou participação em uma assembleia social. Por conseguinte, só nesta medida se tutela por via desta norma incriminatória de forma direta o direito individual do sócio a ser informado.

2. Tipo objetivo de ilícito

O nº 1 do artigo 518º tipifica a conduta do gerente ou administrador de sociedade que recusar ou fizer recusar por outrem a consulta ou o envio de documentos, nos termos definidos pela lei, necessários à preparação de assembleias sociais.

De modo semelhante, também o nº 2 incrimina a recusa de informação devida nos termos da lei, referida porém a um outro momento da formação da vontade societária. Com efeito, tipifica-se a conduta do gerente ou administrador que recusar ou fizer recusar por outrem, em reunião de assembleia social, informações que esteja por lei obrigado a prestar, ou, noutras circunstâncias, informações que por lei deva prestar e que lhe tenham sido pedidas por escrito.

2.1. Autor

O crime de *Recusa ilícita de informações*, à semelhança do que acontece na maioria das incriminações societárias, pressupõe uma especial qualidade do autor para que se possa afirmar a sua responsabilidade criminal: ser gerente ou administrador. Trata-se assim de um *crime específico próprio* na medida em que a qualidade especial do autor fundamenta a sua responsabilidade criminal, tendo na sua base os específicos deveres de informação que recaem sobre o órgão de gestão da sociedade.

A qualificação como crime específico adquire o seu significado prático sobretudo em situações de pluralidade de agentes na realização criminosa, quando algum ou alguns dos sujeitos não detenham a qualidade (ou o dever) requerido

---

[2] Sobre as diferentes dimensões do direito à informação do sócio veja-se COUTINHO DE ABREU (2013), p. 255; também MARGARIDA COSTA ANDRADE (2010), p. 360 e s.

pela norma incriminatória, problema a que se atenderá mais à frente nesta anotação, no âmbito da comparticipação.

2.2. Conduta

O artigo 518º, nos seus números 1 e 2, toma a omissão como forma específica de realização típica. A conduta típica consiste na omissão de um comportamento, por parte do gerente ou do administrador da sociedade, juridicamente devido e esperado. O crime de *Recusa ilícita de informações* é assim um crime de omissão puro ou próprio, em que a omissão da informação, devida nos termos da lei, constitui o modo de realização do tipo legal. Por *recusa* entende-se quer a omissão da informação, quer a não aceitação do pedido de informação, quer ainda a não prestação da informação em tempo útil ou no prazo estabelecido pela lei[3]. A prestação de informações falsas ou incompletas está fora do âmbito da norma, sendo essa situação enquadrável no artigo 519º.

A concretização da conduta omissiva incriminada impõe um necessário reenvio para as normas de direito societário que concretizam os deveres e as obrigações dos gerentes e administradores quanto ao dever de informar no âmbito das assembleias gerais. O legislador reenvia assim o intérprete da norma para o regime societário, ainda que esta não seja a melhor técnica do ponto de vista da determinabilidade da conduta típica exigida pelo princípio da legalidade criminal na sua vertente material[4]. Neste contexto, como forma de concretização do conteúdo da norma incriminatória haverá que atender às disposições societárias que se referem ao direito de informação na preparação e realização das assembleias socias, por forma a determinar desde logo quem e em que circunstâncias tem o direito de solicitar aquela informação. E, de outro lado, sob que circunstâncias é lícita, e como tal atípica, a recusa da informação solicitada ao gerente ou administrador.

Nos termos do artigo 21º, 1, *c)* todo o sócio tem direito a obter informações sobre a vida da sociedade nos termos da lei e do contrato social. As normas concretizadoras deste direito são essencialmente os artigos 181º, 214º a 216º, 288º a 292º, 474º, 478º e 480º. Todavia, nem todos estes artigos concorrem na determi-

---

[3] A recusa ilícita de informação tipificada no artigo 518º recebe assim um sentido mais restrito do que aquele que vem sendo reconhecido pela doutrina societária ao termo *recusa de informação*, onde caberiam tanto os casos em que o órgão competente para prestar a informação, perante uma solicitação exterior, a denegue, bem como os casos em que a informação prestada é falsa ou não elucidativa. Sobre este último sentido societário dado à recusa de informação veja-se CARLOS MARIA PINHEIRO TORRES (1994), p. 217.
[4] Cf. SUSANA AIRES DE SOUSA (2013), p. 118 e p. 133.

nação da informação tutelada por via do artigo 518º. Como já se referiu, os dois primeiros números deste artigo têm por referência primária a recusa de informação no quadro de preparação ou da participação em uma assembleia social.

2.2.1. A recusa de informação para preparação de assembleia social

O nº 1 do artigo 518º tipifica várias modalidades de conduta que em comum têm a recusa de informação necessária à preparação de assembleias sociais. As condutas típicas são: recusar ou fazer recusar por outrem a consulta de documentos que a lei determinar que sejam postos à disposição dos interessados para preparação das assembleias sociais; recusar ou fizer recusar o envio de documentos para esse fim, quando devido por lei; enviar ou fizer enviar esses documentos sem satisfazer as condições e os prazos estabelecidos na lei.

No contexto das informações preparatórias da assembleia geral das sociedades anónimas importa atender ao disposto no artigo 289º. Nos seus nºˢ 1 e 2, esta norma menciona as informações que devem estar à disposição dos acionistas na sede da sociedade para que possam ser por eles *consultadas* durante os 15 dias anteriores à data da assembleia geral. Devem ser facultadas à consulta dos acionistas "os nomes completos dos membros dos órgãos de administração e de fiscalização, bem como da mesa da assembleia geral" (al. *a*)); "a indicação de outras sociedades em que os membros dos órgãos sociais exerçam cargos sociais, com exceção das sociedades profissionais" (al *b*)); "as propostas de deliberação a apresentar à assembleia pelo órgão de administração, bem como os relatórios ou justificação que as devam acompanhar" (al. *c*)); "quando estiver incluída na ordem do dia a eleição de membros dos órgãos sociais, os nomes das pessoas a propor, as suas qualificações profissionais, a indicação das atividades profissionais exercidas nos últimos cinco anos, designadamente no que respeita a funções exercidas noutras empresas ou na própria sociedade, e do número de ações da sociedade de que são titulares" (al. *d*)); tratando-se da assembleia geral anual prevista no artigo 376º, nº 1, "o relatório de gestão, as contas do exercício, demais documentos de prestação de contas, incluindo a certificação legal das contas e o parecer do conselho fiscal, da comissão de auditoria, do conselho geral e de supervisão ou da comissão para as matérias financeiras, conforme o caso, e ainda o relatório anual do conselho fiscal, da comissão de auditoria, do conselho geral e de supervisão e da comissão para as matérias financeiras"[5]. O nº 2 do artigo 289º acrescenta que "devem igualmente ser facultados à con-

---

[5] Sobre estas alíneas veja-se ALEXANDRE DE SOVERAL MARTINS (2012), p. 197 e s.

sulta dos acionistas, na sede da sociedade, os requerimentos de inclusão de assuntos na ordem do dia, previstos no artigo 378º.

Deste modo, o administrador que recusar ao acionista a consulta dos documentos referidos nas diversas alíneas do nº 1 e dos requerimentos a que se refere o nº 2 incorre em responsabilidade criminal nos termos do artigo 518º, nº 1, primeira parte: "recusar a consulta de documentos postos à disposição dos interessados para preparação de assembleias sociais".

O nº 3 do artigo 289º refere-se às condições e prazos para o envio de documentos. A alínea *a)* impõe à sociedade (e ao órgão de administração) o dever de enviar no prazo de oito dias, por carta, a acionistas que o requeiram e sejam titulares de ações correspondentes a pelo menos 1% do capital social, os documentos previstos no n°s 1 e 2. A alínea *b)* impõe o envio por correio eletrónico daqueles documentos, no mesmo prazo, aos titulares de ações que o requeiram, caso a sociedade não os divulgue no respetivo sítio da Internet. A violação dos deveres previstos neste nº 3 do artigo 289º preencherá a segunda parte do nº 1 do artigo 518º. Em causa está o não envio, ou envio fora dos prazos e das condições previstos na lei, de documentos solicitados pelos sócios a fim de preparem devidamente a assembleia social.

Acrescente-se ainda que, no caso de sociedades emitentes de ações admitidas à negociação em mercado regulamentado, a lei exige que sejam facultados elementos adicionais aos respetivos acionistas. Como salienta Alexandre Soveral Martins, o artigo 21º-C do CVM, epigrafado "Informação prévia à assembleia geral", dispõe que aquelas sociedades devem facultar aos seus acionistas, na sede respetiva e no seu sítio na Internet, a convocatória para a reunião da assembleia geral, o número total de ações e direitos de voto à data da divulgação da convocatória, incluindo os totais separados para cada categoria de ações, caso aplicável, os formulários de documento de representação e de voto por correspondência (se não for proibido pelo contrato de sociedade), e outros documentos a apresentar à assembleia geral[6].

No âmbito da sociedade por quotas, importa ainda atender ao disposto no artigo 214º e, de modo particular, à limitação estabelecida na parte final do nº 2, segundo a qual no contrato social não pode excluir-se o direito de consulta que tenha por fim habilitar o sócio a votar em assembleia geral já convocada. Deste modo, se a consulta de documentos tiver por justificação "habilitar o sócio a votar em assembleia geral já convocada", o gerente não poderá invocar a restri-

---

[6] Cf. ALEXANDRE DE SOVERAL MARTINS (2012), p. 199.

ção do direito, ainda que ilegitimamente prevista no contrato social, incorrendo, com tal conduta, no crime de *Recusa ilícita de informação* nos termos do artigo 518º, nº 1, 1ª parte. Para além do disposto no artigo 214º, também o artigo 215º se refere às situações em que excecionalmente a informação pode ser recusada pelo gerente de forma lícita: se for de recear que o sócio a utilize para fins estranhos à sociedade e com prejuízo desta e quando a prestação ocasionar violação de segredo imposto por lei no interesse de terceiros. Fora deste quadro, a recusa da informação será ilícita e faz incorrer o gerente em responsabilidade criminal[7].

2.2.2. A recusa de informação em reunião de assembleia social

Como refere Coutinho de Abreu, nas assembleias gerais das sociedades de qualquer tipo, o sócio que nelas participe pode requerer que lhe sejam prestadas informações que lhe permitam formar opinião fundamentada sobre os assuntos sujeitos a deliberação. "Isto mesmo resulta do artigo 290º, nºs 1 e 2, aplicável diretamente às sociedades anónimas e por remissão de vários preceitos às sociedades dos outros tipos (189º, 1, 214º,7, 474º, 478º)"[8].

Com efeito, o artigo 290º trata do direito do acionista à informação em assembleia geral. No seu nº 1 reconhece-se ao acionista o poder "de requerer que lhe sejam prestadas informações verdadeiras, completas e elucidativas que lhe permitam formar opinião fundamentada sobre assuntos sujeitos a deliberação"[9]. Na medida em que o gerente ou o administrador se recusem a prestar a informação solicitada, incorrem em responsabilidade criminal nos termos do nº 2 do artigo 518º. Todavia, a letra da lei parece admitir apenas a recusa da informação. Se a informação for prestada de forma falsa ou incompleta a sua relevância criminal não será pelo artigo 518º mas antes pelos nºs 1 e 2 do artigo 519º.

Acrescente-se, porém, que da perspetiva criminal a tipicidade da recusa será excluída se se verificar o fundamento exigido pela segunda parte do nº 2 do artigo

---

[7] Sobre a interpretação destas cláusulas justificativas da recusa de informação veja-se ALEXANDRE DE SOVERAL MARTINS (2011), p. 304 a 309. Veja-se também, sobre esta questão, o acórdão do STJ de 16-03-2011 que conclui pela irrelevância do fundamento invocado para recusar a informação, concluindo pela sua ilicitude, sem que no entanto se tenha analisado a relevância criminal da conduta nos termos do artigo 519º.

[8] COUTINHO DE ABREU (2013), p. 258.

[9] Maior controvérsia gera a determinação dos sujeitos titulares deste direito de requerer informação em assembleia geral, designadamente quanto ao acionista sem direito de voto, ao acionista impedido de votar, ao representante comum dos obrigacionistas, ao usufrutuário e ao credor pignoratício. Sobre esta questão veja-se ALEXANDRE DE SOVERAL MARTINS (2012), p. 206 e s. Também COUTINHO DE ABREU (2013), p. 258 e MARGARIDA COSTA ANDRADE (2012), p. 240 e s.

RECUSA ILÍCITA DE INFORMAÇÕES **ART. 518º** 487

290º: que a prestação da informação possa ocasionar grave prejuízo à sociedade ou a outra sociedade com ela coligada ou a violação de segredo imposto por lei[10].

2.2.3. A recusa de informação "noutras circunstâncias"

A segunda parte do nº 2 do artigo 518º parece admitir outras possibilidades de realização do tipo legal de *Recusa ilícita de informação*. A lei admite a existência deste crime quando o gerente ou administrador recusar ou fizer recusar, "noutras circunstâncias, informações que por lei deva prestar e que lhe tenham sido pedidas por escrito".

Temos para nós que nesta modalidade típica a norma incriminadora revela fragilidades inultrapassáveis do ponto de vista dos princípios da legalidade criminal e da ofensividade dos bens jurídicos protegidos.

As dificuldades de interpretação e de determinação do alcance da norma acentuam-se na expressão "noutras circunstâncias". A que outras circunstâncias se refere o legislador penal? Por contraposição à primeira parte da norma que toma por circunstancialismo a reunião em assembleia social, o legislador parece abrir a possibilidade de a punição se estender a toda e qualquer recusa de informação fora da assembleia geral. Todavia, em cumprimento do princípio da legalidade criminal e da exigência, que dele decorre, de uma norma penal *certa* e *determinada*, o legislador deveria ter concretizado quais são essas "outras circunstâncias" por si pressupostas. Com efeito, exige aquele princípio que "a descrição da matéria proibida e de todos os outros requisitos de que dependa em concreto uma punição seja levada até a um ponto em que se tornem objetivamente determináveis os comportamentos proibidos e sancionados e, consequentemente, se torne objetivamente motivável e dirigível a conduta dos cidadãos"[11]. O único elemento do tipo que permite algum grau de concretização da conduta que se pretende tipificar é a exigência de a informação ter sido solicitada por escrito. Ora, temos dúvidas que este elemento por si só permita ultrapassar as reservas apontadas sobre a determinabilidade do comportamento proibido.

Por outro lado, a exigência legal de a informação ter sido solicitada por escrito merece, por si só, alguma incompreensão. Não se entende por que razão o legislador determina a relevância da recusa da informação a partir da *forma* (escrita) usada no pedido pelo interessado. Com efeito, o tipo legal não se refere a informações escritas em documentos de envio obrigatório ao interessado (por

---

[10] Sobre a interpretação desta norma veja-se ALEXANDRE DE SOVERAL MARTINS (2012), p. 212 e s. Também COUTINHO DE ABREU (2013), p. 265 e s.

[11] FIGUEIREDO DIAS (2007), p. 186.

exemplo, nos termos do artigo 288º, nº 4), ou a informações que obrigatoriamente devam ser solicitadas por escrito (*v. g.*, no âmbito do artigo 291º, nº 1),
mas antes compreende quaisquer informações que, independentemente de
qualquer exigência legal, tenham sido requeridas por escrito pelo interessado à
sociedade. Trata-se de uma conduta dotada de uma ofensividade muito distante
para os interesses da sociedade e dos sócios, exclusivamente baseada no incumprimento de uma resposta a um pedido solicitado por escrito e cuja relevância
criminal é, no mínimo, duvidosa.

3. Tipo subjetivo

Em virtude do disposto no nº 1 do artigo 527º, as condutas tipificadas nos nos 1 e
2 do artigo 518º só são puníveis quando realizadas pelo gerente ou administrador a título doloso, isto é, quando o agente atue com conhecimento e vontade
de realização do tipo objetivo de ilícito. A responsabilidade criminal pode fundamentar-se em qualquer uma das modalidades de dolo acolhidas pela doutrina
penal: dolo direto, necessário ou eventual.

4. Agravação pelo resultado

O nº 3 do artigo 518º prevê um crime agravado pelo resultado. Crimes agravados
ou qualificados pelo resultado são, nos termos do artigo 18º do CP, aqueles tipos
legais cuja pena aplicável é agravada em função da produção de um resultado,
ligado ao tipo fundamental, que possa imputar-se ao agente pelo menos a título
de negligência. A agravação prevista consiste em causar dano grave, material
ou moral, e que o autor pudesse prever, a algum sócio que não tenha dado o
seu assentimento para o facto, à sociedade ou a terceiro. Todavia, a agravação
só ganha relevância criminal quando ligada às condutas fundamentais previstas
no n º 1, tendo o legislador deixado de fora o nº 2, sem que se perceba a razão de
tal opção, uma vez que também aquela conduta pode implicar como sua consequência os mesmos danos que fundamentam a agravação.

Verificando-se a agravação pelo resultado, a pena a aplicar será, nos termos
da lei, a pena da infidelidade, isto é, pena de prisão até 3 anos ou pena de multa.
Como já se referiu em anotações anteriores, este reenvio para o artigo 224º do
CP merece algumas reservas críticas por através dele se criar um censurável
desfasamento punitivo no quadro sancionatório que corresponde aos crimes
societários[12].

---

[12] Cf. susana aires de sousa (2013), p. 129.

5. Formas do crime
5.1. Tentativa

O CSC estabelece uma regra especial em matéria de punição de tentativa no artigo 527º, nº 2, nos termos a qual será punível a tentativa dos factos para os quais tenha sido cominada pena de prisão e multa. Remetemos pois para comentário respetivo.

Adiante-se porém que, de acordo com aquela regra e atendendo às penas previstas no artigo 518º, somente será punível uma tentativa enquadrável no nº 1 (tentativa de recusa de informação para preparação de assembleias sociais) ou nº 3, ou seja, uma tentativa do crime de recusa ilícita de informação agravado pelo dano grave, material ou moral ao sócio, à sociedade ou a terceiro. Sublinhe-se porém que, dada a natureza de omissão pura que se esgota na conduta omissiva, será difícil configurar situações de tentativa.

5.2. Comparticipação

O crime de *Recusa ilícita de informação* exige para o seu integral preenchimento que o autor possua a especial qualidade de gerente ou administrador de uma sociedade comercial. Trata-se de um *crime específico próprio*. Numa tentativa de resolver os problemas de comparticipação que surgem associados à figura dos delitos específicos próprios, a redação da norma não se limitou à previsão de modalidades de atuação direta ou imediata do gerente ou administrador mas integrou situações de realização mediata do tipo legal. Tal possibilidade está prevista nos nºs 1 e 2 do artigo 518º por via da expressão "fizer recusar por outrem". Estas normas parecem assim contemplar situações de autoria mediata e de instigação do gerente ou do administrador que instrumentalizem ou determinem um *extraneus* – alguém que não tenha aquela qualidade – à prática do facto.

A norma incriminadora pretendeu resolver assim quaisquer dúvidas resultantes de uma eventual aplicação do artigo 28º do CP. Ao afastar o regime geral de comunicabilidade da qualidade previsto neste artigo, o legislador impede ainda a punição como autor do *extraneus*, isto é, daquele que não tendo a qualidade de gerente ou de administrador com ele comparticipa. Por conseguinte, o legislador quis reservar a sanção mais grave – a pena – para aquele que detém a qualidade típica por sobre ele recaírem os especiais deveres de correta gestão da sociedade comercial[13].

---

[13] Neste sentido veja-se ainda GERMANO MARQUES DA SILVA (1994/95), p. 47.

6. Isenção de pena

O legislador previu no nº 4 do artigo 518º uma situação de isenção de pena para as condutas previstas no nº 2. Deste modo, "se, no caso do nº 2, o facto for cometido por motivo que não indicie falta de zelo na defesa dos direitos e dos interesses legítimos da sociedade e dos sócios, mas apenas por compreensão errónea do objeto desses direitos e interesses, o autor será isento da pena".

Na verdade, este nº 4 contempla situações de erro, por exemplo de erro sobre o carácter lícito da recusa de informação. Na ausência desta disposição, seguir-se-ia o regime normal do erro descrito nos artigos 16º e 17º do CP. Todavia, o legislador pretendeu criar um regime específico, mais favorável ao agente, ao permitir que este erro exclua qualquer punição (ainda que o agente tenha atuado com culpa negligente). Muito provavelmente o legislador terá tido em conta a complexidade em determinar e delimitar as situações de licitude da recusa admitidas pela lei societária.

ARTIGO 519º *
Informações falsas

1. Aquele que, estando nos termos deste Código obrigado a prestar a outrem informações sobre matéria da vida da sociedade, as der contrárias à verdade, será punido com prisão até 3 meses e multa até 60 dias, se pena mais grave não couber por força de outra disposição legal.

2. Com a mesma pena será punido aquele que, nas circunstâncias descritas no número anterior, prestar maliciosamente informações incompletas e que possam induzir os destinatários a conclusões erróneas de efeito idêntico ou semelhante ao que teriam informações falsas sobre o mesmo objecto.

3. Se o facto for praticado com intenção de causar dano, material ou moral, a algum sócio que não tenha conscientemente concorrido para o mesmo facto, ou à sociedade, a pena será de prisão até 6 meses e multa até 90 dias, se pena mais grave não couber por força de outra disposição legal.

4. Se for causado dano grave, material ou moral, e que o autor pudesse prever, a algum sócio que não tenha concorrido conscientemente para o facto, à sociedade, ou a terceiro, a pena será de prisão até 1 ano e multa até 120 dias.

5. Se, no caso do nº 2, o facto for praticado por motivo ponderoso, e que não indicie falta de zelo na defesa dos direitos e dos interesses legítimos da sociedade e dos sócios, mas apenas compreensão errónea do objecto desses direitos e interesses, poderá o juiz atenuar especialmente a pena ou isentar dela.

* Aditado pelo DL 184/87, de 21 de abril.

Índice
1. Nota prévia
2. Bem jurídico
3. Tipo objetivo de ilícito
    3.1. Autor
    3.2. Conduta
    3.2.1. Prestar informações falsas
    3.2.2. Prestar informações incompletas
4. Tipo subjetivo
5. Agravação pelo resultado
6. Formas do crime
    6.1. Tentativa

492 SUSANA AIRES DE SOUSA

6.2. Comparticipação

6.3. Concurso

7. Pena

Bibliografia

Citada:

COSTA, ANTÓNIO MANUEL ALMEIDA – "Artigo 217º", *Comentário Conimbricense do Código Penal*, coord. Jorge de Figueiredo Dias, Tomo II, Coimbra Editora, Coimbra, 1999, p. 274-310; COSTA, JOSÉ DE FARIA – *Noções Fundamentais de Direito Penal*, Coimbra Editora, Coimbra, 2012; CUNHA, CAROLINA – "Artigo 147º", *Código das Sociedades Comerciais em comentário*, coord. de J. M. Coutinho de Abreu, vol. II, Almedina, Coimbra, 2011, p. 624-636; DIAS, JORGE DE FIGUEIREDO – *Direito Penal. Parte Geral*, Tomo I, Coimbra Editora, Coimbra, 2007; DOMINGUES, PAULO DE TARSO – "Artigo 277º", *Código das Sociedades Comerciais em comentário*, coord. de J. M. Coutinho de Abreu, vol. IV, Almedina, Coimbra, 2012, p. 93-105; MACHADO, MIGUEL PEDROSA – "Sobre a tutela da informação nas sociedades anónimas: problemas da reforma legislativa", *in: Direito Penal Económico e Europeu: Textos Doutrinários*, vol. II, 1999, p. 173-226 (originariamente publicado na revista *O Direito*, Tomo especial correspondente aos anos 106-119 (1974/1987); MENDES, PAULO DE SOUSA – "Artigo 519º", *Código das Sociedades Comerciais Anotado*, coord. A. Menezes Cordeiro, Almedina, Coimbra, 2011, p. 1357-1560; PINTO, FREDERICO DE LACERDA DA COSTA – "Falsificação de informação financeira nas sociedades abertas", *Cadernos do Mercado de Valores Mobiliários*, Nº 16, Abril 2013, p. 99-135; SOUSA, SUSANA AIRES DE – "Direito penal das sociedades comerciais. Qual o bem jurídico?", *RPCC* 12 (2002), p. 49-77; "Nótulas sobre as disposições Penais do Código das Sociedades Comerciais", *DSR*, Ano V, vol. 9 (2013), p. 115-134; TORRES, CARLOS MARIA PINHEIRO – *O direito à informação nas sociedades comerciais*, Almedina, Coimbra, 1994.

1. Nota prévia

O artigo 519º prevê o crime de *Informações falsas* sobre matéria da vida da sociedade. No projeto do CSC de 1983 não se incluía uma incriminação deste tipo, mas antes se tipificava a escrituração fraudulenta[1], conduta que só a muito custo

---

[1] O artigo 508º do Proj. CSC – publicado no BMJ, nº 327 (1983) – sob a epígrafe de *Escrituração Fraudulenta*, dispunha o seguinte:

"1. O gerente, administrador ou director que conscientemente elaborar ou apresentar para apreciação ou deliberação quaisquer peças que sirvam de base à prestação de contas de exercício, ou, no seu conjunto, a constituam, em que, com ofensa dos sãos princípios de contabilidade ou de regras legais de escrituração mercantil, se omita, aumente ou diminua qualquer elemento do activo ou passivo, ou se adopte qualquer

INFORMAÇÕES FALSAS **ART. 519º** 493

se poderá incluir no atual artigo 519º, uma vez que esta norma pressupõe como elemento típico a prestação de informações *a outrem*. Deste modo, incrimina-se não a falsificação da informação (constante por exemplo em documentos contabilísticos), mas antes a prestação de informações falsas sobre a vida societária por quem esteja obrigado, nos termos da lei, a prestar aquelas informações[2]. Ainda assim, esses comportamentos de escrita fraudulenta que possam cair fora da alçada típica definida pelo artigo 519º poderão estar sujeitos a censura criminal por via das incriminações comuns, designadamente através do crime de *Falsificação de documentos* (artigo 256º do CP), quando preenchidos os respetivos elementos típicos. Todavia, perante a consagração de um direito penal societário, especial em face das normas gerais, talvez merecesse relevância a previsão de uma incriminação semelhante àquela que se previa no Projeto.

2. Bem jurídico

A norma incriminatória tipificada no artigo 519º tutela o *correto funcionamento da sociedade comercial*[3], prevenindo e assegurando a veracidade da informação societária essencial à afirmação e concretização da sociedade enquanto "sujeito autónomo de direito"[4]. Como sublinha Frederico Costa Pinto, o regime jurídico das sociedades comerciais tem evoluído no sentido de uma maior transparência da vida societária. Esta informação "deixa de ser encarada como um bem puramente particular, objeto duma tutela jurídica equivalente à propriedade, e passa a estar sujeita a um regime jurídico de transparência, organizado a partir de um conjunto de deveres de informação cujos destinatários são, em regra, os acionistas, as entidades de supervisão e, de uma forma mais geral, o mercado e os potenciais investidores"[5].

O disposto no nº 1 deste artigo é um exemplo representativo de que o objeto de tutela não se confina aos particulares interesses dos sócios ou acionistas. Da

---

outro procedimento susceptível de induzir em erro acerca da composição, valor e liquidez do património ou acerca das previsíveis oscilações dos mesmos elementos será punido com prisão até um ano.

2. Na mesma pena incorrem os membros dos órgãos de fiscalização que no seu relatório conscientemente omitam a menção e irregularidades referidas no número anterior".

[2] Neste sentido SUSANA AIRES DE SOUSA (2002), p. 72; também FREDERICO DA COSTA PINTO (2003), p. 105.

[3] Sobre a natureza e caracterização deste bem jurídico veja-se o ponto 5 do comentário geral que inicia as anotações às disposições penais e de mera ordenação social.

[4] A expressão é de MIGUEL PEDROSA MACHADO (1999), p. 184.

[5] FREDERICO DA COSTA PINTO (2003), p. 101. Sobre a "valorização" da informação societária veja-se ainda MIGUEL PEDROSA MACHADO (1999), p. 182 e s.

sua leitura imediatamente se depreende que o objeto da tutela da norma não é, direta e imediatamente, o património da sociedade ou o património dos sócios. Isto porque, em primeiro lugar, as informações prestadas podem nem sequer lesar, mas até fortalecer os patrimónios referidos e, em segundo lugar, porque a essas situações se referem expressamente os números 3 e 4. O n° 3 pressupõe a intenção de causar dano e o n° 4 tem em conta as situações em que ocorra dano grave que o agente pudesse prever. Protege-se sim, em primeira linha, o regular funcionamento da sociedade e a sua transparência[6].

3. Tipo objetivo de ilícito

O artigo 519° tipifica condutas de prestação de informação falsa ou incompleta. Esta norma autonomiza-se de entre os tipos legais que procuram acautelar a informação societária (*v. g.*, os artigos 518° e 520°)[7] por se referir expressamente à prestação de informação falsa[8].

Os dois primeiros números contêm o tipo objetivo de ilícito. Aos números 3, 4 e 5 correspondem circunstâncias agravantes e atenuantes. O n° 1 pune com prisão até 3 meses e multa até 60 dias aquele que estando obrigado a prestar a outrem informações sobre matéria da vida da sociedade as der contrárias à verdade. O n° 2 aplica igual sanção àquele que estando sujeito à mesma obrigação, prestar informações incompletas que possam induzir os destinatários a conclusões erróneas de efeito idêntico ou semelhante ao que teriam informações falsas. Importa pois atender de forma mais pormenorizada aos diversos elementos típicos que integram os dois primeiros números.

3.1. Autor

Não obstante a letra da lei não exigir de modo expresso uma qualidade que fundamente a autoria criminosa, o crime de informações falsas é um *crime específico*. Com efeito, o círculo de autoresa é limitado àqueles que tenham, nos termos do CSC, o dever de prestar informações a outrem sobre matéria da vida societária. Neste sentido, o dever que impende sobre o agente – de prestar as informações devidas no termo da lei – constitui o fundamento da responsabilidade criminal.

---

[6] Neste sentido, SUSANA AIRES DE SOUSA (2002), p. 72 e s. Em sentido diferente, entendendo que o artigo 519° "tutela a economia pública, na medida em que visa garantir a credibilidade da informação social, além de que tutela o património dos destinatários dessa informação (*i.e.*, a sociedade, os sócios e terceiros)", veja-se PAULO DE SOUSA MENDES (2011), p. 1359.

[7] Cf. CARLOS MARIA PINHEIRO TORRES (1998), p. 232

[8] Cf. FREDERICO DA COSTA PINTO (2003), p. 125.

INFORMAÇÕES FALSAS ART. 519º 495

Como refere Figueiredo Dias, decisivo para a qualificação do crime como específico "é, em último termo, o *dever especial* que recai sobre o autor, não a posição do autor de onde este dever resulta. Por isso pode haver crimes específicos que não contenham, ao menos de forma expressa, elementos típicos do autor, antes se limitando a descrever a situação de onde resulta o dever especial"[9]. Parece ser este o caso, embora a concretização dessa situação só possa fazer-se com o auxílio das normas societárias que estabelecem quais os casos em que existe para o agente uma obrigação de prestar informações sobre matéria da vida da sociedade. Assim, na base da incriminação estão os deveres legais de informação atribuídos a determinados sujeitos no âmbito da vida societária. Podem deste modo ser autores deste crime os membros da administração quando prestem informações falsas que eram devidas nos termos da lei (*v. g.*, de acordo com o dever de relatar a gestão e apresentar as contas nos termos do artigo 65º), os órgãos de fiscalização quanto à informação que devam prestar (*v. g.*, nos quadros dos artigos 420º e ss.), os sócios na medida em que sobre eles recaia um dever de prestar informação sobre matéria da vida societária (*v. g.*, quanto à declaração sobre o passivo e ativo da sociedade para efeitos de "extinção" da sociedade[10] ou quanto à declaração de depósito de entradas em dinheiro nos termos do artigo 277º, nº 4 [11]), os membros do conselho fiscal ou o fiscal único (quanto às informações prestadas nos termos do artigo 420º) ou até mesmo os liquidatários (*v. g.*, no cumprimento das obrigações exigidas pelo artigo 155º).

3.2. Conduta
Do ponto de vista da conduta o artigo 519º prevê um crime formal cujo tipo incriminador se preenche através da mera execução de um determinado comportamento[12].

3.2.1. Prestar informações falsas
Nos termos do nº 1, a conduta típica consiste em violar o dever legal de informar outrem sobre a matéria da vida da sociedade, prestando-lhe informações contrá-

---

[9] FIGUEIREDO DIAS (2007), p. 304.
[10] Sobre esta problemática CAROLINA CUNHA (2011), p. 632 e s. e, em particular, p. 636.
[11] Sobre as consequências do incumprimento da obrigação de depósito das entradas em dinheiro veja-se PAULO DE TARSO DOMINGUES (2012), p. 100 e s.
[12] Sobre o conceito de delito formal veja-se FIGUEIREDO DIAS (2007), p. 306, e FARIA COSTA (2012), p. 244.

rias à verdade. Tipifica-se assim uma conduta (ativa) de violação daquele dever contido nas normas societárias.

Numa primeira delimitação, esta norma mostra-se mais abrangente do que a incriminação prevista no artigo 518º, na medida em que a veracidade da informação não se restringe à preparação ou decurso da assembleia social, mas antes toma por referência *qualquer* matéria da vida societária desde que haja o dever de prestar a informação nos termos da lei societária. A conduta consiste assim em prestar falsas informações (independentemente da forma usada) nos diversos momentos da vida da sociedade, violando um dever imposto nos termos da lei. Deste modo, se é certo que a maior relevância desta incriminação se situa naquelas circunstâncias em que a lei exija (por regra aos órgãos de administração) a prestação de contas ou relatórios de gestão societária, a conduta típica tem uma abrangência muito maior: o comportamento incriminado, ao ser referido pelo tipo "à vida societária", vai muito para além da "escrituração fraudulenta", inicialmente prevista no Projeto do CSC, compreendendo toda a prestação de informação sobre a vida da sociedade, imposta por lei e contrária à verdade. Do mesmo passo, o legislador afastou-se também daquela que foi a opção seguida na maioria dos ordenamentos jurídicos estrangeiros que nos são próximos e que tomam por objeto de incriminação a falsificação da informação financeira[13]. Assim, elementos financeiros e contabilísticos falsos só caberão na norma incriminatória na medida em que se trate de informação provinda de quem estava obrigado por lei a prestá-la com verdade. Tal significa também, como bem sublinha Frederico Costa Pinto, que fica excluída do preceito toda a informação facultativa contida por exemplo em comunicados da sociedade sobre a sua situação jurídico-económica[14].

3.2.2. Prestar informações incompletas

O nº 2 estabelece uma cláusula de equiparação nos termos da qual se alarga a sanção prevista nº 1 àquele que, estando obrigado a informar sobre matéria da vida societária, prestar maliciosamente informações incompletas que possam

---

[13] Neste sentido e com maiores desenvolvimentos, FREDERICO DA COSTA PINTO (2003), p. 125. Este autor pronuncia-se ainda pela necessidade de ultrapassar as limitações do artigo 519º do CSC através da criação de um crime autónomo que completaria aquela incriminação e que regularia apenas os casos mais graves de falsidade de informação em sociedades abertas ou sociedades com valores admitidos a mercados regulamentados, *op. cit.*, p. 133.

[14] FREDERICO DA COSTA PINTO (2003), p. 125.

induzir os destinatários a conclusões erróneas de efeito idêntico ou semelhante ao que teriam informações falsas sobre o mesmo objeto.

São várias as interrogações e esclarecimentos suscitados por esta norma. Desde logo, não basta que o agente preste informações incompletas: é necessário que o faça com malícia; e, por outo lado, é preciso que essas informações incompletas sejam aptas a induzir o agente a conclusões erróneas. É por via desta segunda exigência que se aproximam, no seu desvalor, as informações incompletas às informações falsas. O legislador quis equiparar à falsidade de informação as situações, de estrutura valorativa semelhante, em que o agente, embora cumprindo formalmente o dever de prestar a informação, omite informações capazes de induzir o destinatário em erro quanto à matéria da vida societária. Neste sentido, não é qualquer informação incompleta que preenche o ilícito criminal mas somente aquela omissão que se considera fundamental para que o destinatário possa aceder ao núcleo de informação devida nos termos da lei. Só nesta hipótese o desvalor do comportamento do agente se assemelha ao desvalor da conduta daquele que presta informações falsas.

Maiores dificuldades interpretativas coloca a exigência típica de a informação incompleta ser prestada *maliciosamente*. A determinação do sentido a atribuir a esta expressão não se vislumbra imediatamente, desde logo por não se tratar de uma palavra comum ou vulgar na técnica legislativa penal. O significado direto da palavra concretiza-se numa aptidão ou inclinação para o mal, isto é, para a prática proposital do mal. Não nos parece porém ser este o sentido que deva atribuir-se à expressão, desde logo por nele se conter um juízo referente no seu essencial à pessoa ou à personalidade do agente, questionável numa conceção, hoje dominante, de ilícito penal construído a partir da gravidade do facto; ou seja, em síntese, incompatível com um "direito penal do facto".

A expressão conhece porém um segundo significado que coincide com a habilidade para enganar, para criar um ardil, para atuar astuciosamente. Este segundo sentido não é desconhecido da normatividade penal, sendo desde logo um elemento típico do crime de burla, previsto no artigo 217º do CP, também ele, porém, objeto de controvérsia doutrinal[15]. Muito embora esta expressão não escape à crítica tradicional de que "padeceria de uma indeterminação incompatível com os requisitos da certeza e da segurança que se colocam ao direito

---

[15] Sobre esta controvérsia veja-se, com referências bibliográficas adicionais, A. M. ALMEIDA COSTA, (1999), p. 297 e s..

penal"[16], a doutrina tem procurado concretizar o seu sentido, afastando aquela reserva. No entendimento de Almeida Costa, a astúcia comporta, no âmbito do crime de burla, a ideia de manipulação de outrem, através do domínio do erro em que ela incorre, o qual possibilita ao agente antecipar as suas reações e escolher os meios idóneos para conseguir o seu objetivo. É justamente o domínio do erro que permite imputar ao burlão o resultado da conduta[17]. Esta ideia parece estar igualmente presente no nº 2 do artigo 519º, ao restringir-se a tipicidade da conduta a informações incompletas que possam induzir os destinatários a conclusões erróneas; a exigência de que o agente o faça maliciosamente deve interpretar-se pois no sentido de que ao prestar a informação incompleta o agente crie no seu destinatário um erro que lhe permita antecipar e controlar os atos que se seguem e que estão dependentes daquela informação. Neste sentido, a prestação da informação incompleta, enquanto meio idóneo a induzir o destinatário em erro, confere ao agente o domínio do erro daquele que por ele devia ter sido esclarecido, nos termos da lei, sobre matérias da vida da sociedade.

4. Tipo subjetivo

Em virtude do disposto no nº 1 do artigo 527º, as condutas tipificadas nos nº[os] 1 e 2 do artigo 519º só são puníveis quando realizadas a título doloso, isto é, quando o agente atue com conhecimento e vontade de realização do tipo objetivo de ilícito. A responsabilidade criminal pode fundamentar-se em qualquer uma das modalidades de dolo acolhidas pela doutrina penal: dolo direto, necessário ou eventual.

O nº 3 do artigo 519º prevê um elemento intencional que acresce ao dolo do agente e que fundamenta uma agravação da pena: se o agente atuar com a intenção de causar dano, material ou moral, a algum sócio, à sociedade, ou a terceiro, a pena será de prisão até 6 meses e multa até 90 dias. A lei não exige, nos termos deste número, que o dano se concretize, bastando-se com a intenção de produção do resultado. Deste modo, no nº 2 do artigo 519º prevê-se um *crime de resultado cortado* nos termos do qual se exige, para além do dolo do tipo, "a intenção de produção de um resultado que todavia não faz parte do ilícito"[18].

---

[16] Sobre esta crítica e os autores que a apontam veja-se A. M. ALMEIDA COSTA (1999), p. 297.
[17] Cf. A. M. ALMEIDA COSTA (1999), p. 298 e s..
[18] Cf. FIGUEIREDO DIAS (2007), p. 380 e s..

INFORMAÇÕES FALSAS **ART. 519º** 499

5. Agravação pelo resultado

O nº 4 do artigo 519º prevê um crime agravado pelo resultado. Crimes agravados ou qualificados pelo resultado são, nos termos do artigo 18º do CP, aqueles tipos legais cuja pena aplicável é agravada em função da produção de um resultado, ligado ao tipo fundamental, que possa imputar-se ao agente pelo menos a título de negligência. A agravação prevista consiste em causar dano grave, material ou moral, e que o autor pudesse prever, a algum sócio que não tenha dado o seu assentimento para o facto, à sociedade ou a terceiro. O resultado agravante pode ligar-se quer ao ato de prestar informações falsas referido no nº 1, quer à prestação de informações incompletas nos termos e com os limites definidos no nº 2.

Verificando-se a agravação pelo resultado, a pena a aplicar será, nos termos da lei, prisão até um ano e multa até 120 dias[19].

6. Formas do crime
6.1. Tentativa

O CSC estabelece uma regra especial em matéria de punição de tentativa no artigo 527º, nº 2, nos termos da qual será punível a tentativa dos factos para os quais tenha sido cominada pena de prisão ou pena de prisão e multa. Rememos pois para comentário respetivo. Adiante-se que, de acordo com aquela regra e atendendo à pena prevista nos nºˢ 1 e 2 do artigo 519º, a tentativa de crime de prestação de informações falsas ou de prestação de informações incompletas seria em abstrato punível. Tratando-se, porém, de um crime formal ou de mera atividade, cujo tipo incriminador se realiza com a prestação das

---

[19] Encontra-se aqui um exemplo da falta de proporcionalidade e coerência nas sanções previstas para os crimes societários. Esta agravação pelo resultado – causar dano grave, material ou moral, e que o autor pudesse prever, a algum sócio que não tenha dado o seu assentimento para o facto, à sociedade ou a terceiro – é comum a várias incriminações societárias. A pena que corresponde ao resultado agravante vai porém variando, atendendo ao diferente desvalor da conduta fundamental que subjaz à agravação. Por exemplo, nos termos do artigo 518º, nº 3, a pena agravada corresponde à sanção prevista para a infidelidade. Ao tempo da entrada em vigor dos crimes societários, a pena prevista para este crime era a pena de prisão até um ano e multa até 60 dias ou só multa até 120 dias. O que significa que, num juízo comparativo entre as duas normas – artigo 518º, nº 3 e 519º, nº 4 – o legislador quis sancionar de forma mais grave o resultado agravante da conduta de informações falsas ou incompletas a que se refere o artigo 519º. Este juízo valorativo do legislador foi porém subvertido com a alteração da pena prevista para o crime de infidelidade, que após a revisão do CP em 1995 passou a ser punido com prisão até 3 anos ou multa. Esta alteração na legislação comum acarreta assim um efeito automático, não querido pelo legislador, nas sanções aplicáveis aos crimes societários.

informações, parece-nos difícil configurar espaços de concretização do crime na forma tentada[20].

6.2. Comparticipação

O crime de *Informações falsas* é um *crime específico próprio*, uma vez que a lei faz depender o círculo da autoria criminosa do dever de prestar informações sobre matéria da vida da sociedade.

De modo diferente ao previsto em outras incriminações societárias, o legislador não faz qualquer referência expressa às situações de comparticipação que, nos termos do artigo 529º, devem ser resolvidas segundo as normas gerais do CP, atendendo, em particular, ao disposto nos artigos 26º, 27º, 28º e 29º daquele diploma.

6.3. Concurso

O nº 1 do artigo 519º prevê na sua parte final uma cláusula de subsidiariedade expressa concretizada na expressão "se pena mais grave não couber por força de outra disposição legal". Nas palavras de Figueiredo Dias, existe uma relação de subsidiariedade "quando um tipo legal de crime deva ser aplicado somente de forma auxiliar ou subsidiária, se não existir outro tipo legal, em abstrato também aplicável, que comine pena mais grave"[21]. Perante a existência de uma sobreposição de normas, *lex primaria derogat legi subsidiarie*. No que diz respeito à prestação de informação incompleta a que se refere o nº 2, o legislador limita-se porém a remeter para a pena aplicável nos termos do número anterior, sem referir de forma expressa a subsidiariedade da pena, deixando a dúvida sobre a aplicação da cláusula de subsidiariedade aos casos aí previstos; dúvida que se adensa pelo facto de a aplicação desta cláusula ter por efeito a agravação da pena aplicável ao dar preferência à sanção mais grave.

De salientar que o recurso a este tipo de cláusulas de subsidiariedade, aliada a uma falta de critério na sua previsão, tem motivado a crítica doutrinal. Desde logo, tem-se questionado se esta cláusula deve prevalecer ainda quando em causa estejam normas que protejam bem jurídicos distintos ou se, pelo contrário, a subsidiariedade estaria limitada a normas incriminadoras que fundamentalmente protejam os mesmos interesses ou bens jurídicos próximos. Um

---

[20] Sobre a possibilidade da tentativa em crimes de mera atividade veja-se FIGUEIREDO DIAS (2007), p. 724 e s..

[21] FIGUEIREDO DIAS (2007), p. 997.

INFORMAÇÕES FALSAS **ART. 519º** 501

exemplo deste último caso será dado pela relação existente entre os crimes de *Informação Falsa* e de *Falsificação de Documentos* (previsto no artigo 256º do CP) quando a informação contrária à verdade for prestada por documento e com intenção de causar prejuízo a outrem. Em ambas as normas se pretende acautelar a veracidade da informação constante no documento. Assim, nesta hipótese, atendendo à proximidade dos bens jurídicos protegidos, existirá uma relação de sobreposição que afasta a norma subsidiária, sendo o agente punido pelo crime de *Falsificação de Documentos.*

Já será discutível se esta relação de subsidiariedade puramente abstrata deve permanecer quando com a sua conduta o agente preencha incriminações que tutelem interesses mais distantes da informação necessária ao regular funcionamento da sociedade comercial, *v. g.*, o interesse patrimonial individual de um determinado sócio representando pelo agente no âmbito do crime de *Infidelidade patrimonial* (artigo 224º do CP) ou a confiança dos investidores no funcionamento regular e transparente do mercado de valores mobiliários, protegida pelo tipo legal de *Manipulação de mercado* (artigo 379º do CMV). Neste caso, o princípio da esgotante apreciação da matéria de facto exigirá que em concreto se ponderem as duas normas, ainda que entre elas se verifique uma aparência de concurso[22]. A diferença entre uma situação deste tipo e a pura relação de normas de que constitui exemplo a relação de subsidiariedade consiste em que na relação de concurso aparente o ilícito dominado sempre será considerado como fator agravante na determinação da pena concreta[23].

7. Pena

O crime de *Informações falsas* é punido, na sua modalidade simples, com pena até 3 meses e multa até 60 dias. A sanção escolhida pelo legislador, à semelhança das penas aplicáveis às restantes incriminações societárias, tem uma natureza branda e de pouca gravidade[24]. Em particular quanto ao ilícito previsto no artigo 519º, tem-se apontado na doutrina a fraca eficácia dissuasora da pena, atendendo "à notória desproporção em relação às possíveis que podem ser retiradas pelos infractores com as práticas ilícitas e à possível danosidade (directa e indi-

---

[22] Em sentido algo diferente, concedendo uma maior amplitude à cláusula de subsidiariedade e entendendo que através da "fórmula canónica da subsidiariedade expressa quis a lei dar relevo (ou mesmo "criar") uma relação lógica de interferência entre os tipos legais convocados", veja-se FIGUEIREDO DIAS (2007), p. 998.
[23] Para maiores desenvolvimentos, FIGUEIREDO DIAS (2007), p. 1035 e s..
[24] Mais desenvolvidamente, cf. SUSANA AIRES DE SOUSA (2013), p. 127 e s..

recta) dos factos. E se a afirmação pode ser relativizada em relação a sociedades de pequena dimensão, em relação às quais o tipo incriminador do art. 519º do CSC poderia fazer algum sentido no plano da prevenção geral (se fosse efectivamente aplicado), ela é seguramente correcta em relação às entidades emitentes admitidas a mercados regulamentados"[25].

No nº 5 o legislador deixou na disponibilidade do juiz a possibilidade de atenuar especialmente a pena prevista para a conduta tipificada no nº 2, isto é, para os casos em que o agente tenha prestado informações incompletas. Essa possibilidade de atenuação resulta de o facto ter sido praticado por motivo ponderoso e que não indicie falta de zelo na defesa dos direitos e dos interesses legítimos da sociedade e dos sócios, mas apenas uma compreensão errónea do objeto desses direitos e interesses. Todavia, estando verificada esta causa de atenuação da pena, nos termos em que ela é delineada pela lei, dificilmente se verificará o requisito típico exigido pelo nº 2 no sentido de o facto ter sido praticado *maliciosamente*. E, se assim for, não está em causa uma atenuação da pena mas sim a exclusão do próprio tipo, não havendo crime nem punição.

---

[25] Cf. FREDERICO DA COSTA PINTO (2003), p. 126.

ARTIGO 520º *
Convocatória enganosa

1. Aquele que, competindo-lhe convocar assembleia geral de sócios, assembleia especial de accionistas ou assembleia de obrigacionistas, por mão própria ou a seu mandado fizer constar da convocatória informações contrárias à verdade será punido, se pena mais grave não couber por força de outra disposição legal, com pena de prisão até 6 meses e multa até 150 dias.

2. Com a mesma pena será punido aquele que, nas circunstâncias descritas no número anterior, fizer maliciosamente constar da convocatória informações incompletas sobre matéria que por lei ou pelo contrato social ela deva conter e que possam induzir os destinatários a conclusões erróneas de efeito idêntico ou semelhante ao de informações falsas sobre o mesmo objecto.

3. Se o facto for praticado com intenção de causar dano, material ou moral, à sociedade ou a algum sócio, a pena será de prisão até 1 ano e multa até 180 dias.

* Aditado pelo DL 184/87, de 21 de abril.

Índice

1. Bem jurídico
2. Tipo objetivo de ilícito
    2.1. Autor
    2.2. Conduta
3. Tipo subjetivo
4. Formas do crime
    4.1. Tentativa
    4.2. Comparticipação
    4.3. Concurso
5. Pena

Bibliografia

Citada:

ABREU, J. M. COUTINHO DE – "Artigo 56º", *Código das Sociedades Comerciais em comentário*, coord. de J. M. Coutinho de Abreu, vol. I, Almedina, Coimbra, 2010, p. 653-664; "Artigo 375º", *Código das Sociedades Comerciais em comentário*, coord. de J. M. Coutinho de Abreu, vol. VI, Almedina, Coimbra, 2013, p. 61-66; "Artigo 377º", *Código das Sociedades Comerciais em comentário*, coord. de J. M. Coutinho de Abreu, vol. VI, Almedina, Coimbra, 2013, p. 72-79; BARBOSA, NUNO – "Artigo 355º", *Código das Sociedades Comerciais em comentário*, coord. de J. M. Coutinho de Abreu, vol. V, Almedina, Coimbra, 2012,

p. 820-848; *Código Penal. Actas e Projecto da Comissão de Revisão,* Ministério da Justiça, Rei dos Livros, Lisboa, 1993; DIAS, JORGE DE FIGUEIREDO – *Direito Penal. Parte Geral,* Tomo I, Coimbra Editora, Coimbra, 2007; MARQUES, ELDA – "Artigo 389º", *Código das Sociedades Comerciais em comentário,* coord. de J. M. Coutinho de Abreu, vol. VI, Almedina, Coimbra, 2013, p. 155-194; MONIZ, HELENA – "Artigo 256º", *Comentário Conimbricense do Código Penal,* coord. de Jorge de Figueiredo Dias, Tomo II, Coimbra Editora, Coimbra, 1999, p. 674-692; SOUSA, SUSANA AIRES DE – "Nótulas sobre as disposições penais do Código das Sociedades Comerciais", *DSR,* ano 5, vol. 9 (2013), p. 115-134, *Os Crimes Fiscais. Análise Dogmática e Reflexão sobre a Legitimidade do Discurso Criminalizador,* Coimbra Editora, Coimbra, 2006.

1. Bem jurídico

O artigo 520º tutela o correto funcionamento da sociedade comercial assegurando a transparência e a veracidade do conteúdo da convocatória da assembleia social. Deste modo, esta norma completa, em conjunto com os artigos 518º e 519º, as situações em que se reconhece a necessidade de tutelar penalmente informação societária enquanto meio imprescindível ao funcionamento da sociedade. Não estão em causa meras irregularidades na convocação da assembleia social, relevantes nos termos do artigo 515º, mas vícios de conteúdo de um ato fundamental para a formação da vontade societária. Com efeito, uma convocatória com conteúdo falso ou incompleto constitui um meio enganoso que pode impedir ou subverter a vontade social a expressar por intermédio da assembleia geral de sócios, da assembleia especial de acionistas ou da assembleia de obrigacionistas. Sendo a assembleia o órgão de formação da vontade social, responsável pela tomada de decisões que vinculam a sociedade comercial, é necessário assegurar a veracidade e o conteúdo completo das informações que constam ou devem constar da convocatória da assembleia. Deste modo, o regular funcionamento da sociedade protege-se por via da garantia de uma convocatória completa e exata, necessária ao bom funcionamento da assembleia enquanto "órgão deliberativo-interno"[1]. Com isto protegem-se também, de forma mediata, os interesses individuais de participação e de informação dos sócios, dos acionistas e dos obrigacionistas; mas também os interesses daqueles que se relacionam com a sociedade (*v. g.,* os credores ou os trabalhadores).

---

[1] COUTINHO DE ABREU, 2010, p. 637.

O legislador considerou que a gravidade da conduta, pelo seu carácter fraudulento patente na falsidade ou inexatidão da convocatória, quando comparada por exemplo com a conduta tipificada no artigo 515º, justifica uma maior gravidade da sanção fazendo-lhe corresponder a pena de prisão até 6 meses e multa até 150 dias.

2. Tipo objetivo de ilícito

À semelhança do artigo 515º, o artigo 520º tem por objeto da conduta típica a convocatória da assembleia geral. Nele se prevê o crime de convocatória enganosa. Nos termos do nº 1, o tipo objetivo de ilícito consiste em fazer constar da convocatória informações contrárias à verdade. O nº 2 pune com a mesma pena o ato de maliciosamente fazer constar da convocatória informações incompletas sobre matéria que por lei ou pelo contrato social ela deva conter e que possam induzir os destinatários a conclusões erróneas de efeito idêntico ao de informações falsas sobre o mesmo objeto. A equiparação entre as informações falsas a que se refere o nº 1 e as informações incompletas a que se refere o nº 2 dá-se também ao nível da pena, correspondendo a ambos os casos uma pena de prisão até 6 meses e multa até 150 dias.

Para a concretização do ilícito penal torna-se necessário atender às regras societárias sobre o conteúdo da convocatória da assembleia geral dos sócios – artigo 248º, nº 1 e 377º, nº 5 – da assembleia especial de acionistas – artigo 389º, nº 1 – ou da assembleia de obrigacionistas – artigo 355º, nº 2.

2.1. Autor

À semelhança do disposto no artigo 515º, o artigo 520º prevê também um *crime específico*: muito embora o tipo legal de crime não faça uma referência expressa à qualidade de autor, a lei restringe a autoria criminosa àquele que tem o dever de convocar a assembleia. Com efeito, decisivo para esta qualificação é o dever especial que impende sobre o autor por ser a ele que compete convocar a assembleia geral de sócios, assembleia especial de acionistas ou assembleia de obrigacionistas.

A competência para convocar a assembleia é definida pela lei societária. Desta forma, a concretização do dever pressuposto pela incriminação só é possível com recurso às normas societárias. Para a materialização deste dever há que atender desde logo ao disposto nos artigos 248º, nº 3 e 377º, nº 1: de acordo com o primeiro daqueles artigos a convocação da assembleia geral das sociedades por quotas compete a qualquer dos gerentes; a segunda daquelas normas confere a competência para convocar a assembleia geral das sociedades anónimas ao presidente da mesa ou, nos casos especiais previstos na lei, à comissão de auditoria, ao conselho geral e de supervisão, ao conselho fiscal ou ao tribunal[2]. No que diz respeito à competência para convocar assembleias especiais de acionistas, o artigo 389º, nº 1, remete de forma genérica para as regras de convocação da assembleia geral[3]. Importa ainda atender, na delimitação do círculo daqueles que podem ser autores deste crime, ao artigo 355º, nº 2, segundo o qual a assembleia de obrigacionistas é convocada e presidida pelo representante comum dos obrigacionistas ou, enquanto este não for eleito ou quando se recusar a convocá-la, pelo presidente da mesa da assembleia geral dos acionistas[4].

A qualificação como crime específico adquire o seu significado prático sobretudo em situações de pluralidade de agentes na realização criminosa, quando algum ou alguns dos sujeitos não detenham a qualidade (ou o dever) requerido pela norma incriminatória, problema a que se atenderá mais à frente nesta anotação, no âmbito da comparticipação.

2.2. Conduta

O nº 1 do artigo 520º pune a conduta daquele que, competindo-lhe convocar a assembleia geral dos sócios, faz constar da convocatória, por mão própria ou a seu mandado, informações contrárias à verdade. A conduta tem por objeto de ação, de forma primária, informações que devam constar da convocatória. Muito embora no nº 1 não se preveja expressamente esta exigência, expressamente referida no nº 2, deve entender-se que a informação falsa se refere ao conteúdo que, por lei ou contrato, deva constar da convocatória, sob pena de a norma incriminatória se tornar ilimitada no seu âmbito de aplicação.

O conteúdo mínimo da convocatória de uma assembleia geral das sociedades anónimas consta do nº 5 do artigo 377º [5]. De acordo com as alíneas que constituem este preceito, a convocatória deve conter as menções exigidas pelo artigo 171º; o lugar, dia e hora da assembleia[6]; a indicação da espécie, geral ou especial,

---

[2] Veja-se, entre outros, o comentário ao artigo 377º por COUTINHO DE ABREU (2013), p. 74.

[3] Sobre a competência para convocar a assembleia especial de acionistas veja-se, entre outros, o comentário ao artigo 389º por ELDA MARQUES (2013), p. 178 e s..

[4] Sobre a competência para convocar a assembleia de obrigacionistas veja-se o comentário ao artigo 355º, por NUNO BARBOSA (2012), p. 820 e s..

[5] Como refere COUTINHO DE ABREU (2013), p. 76, nota 11, o artigo 21º-B, nº 2, do CVM acrescenta alguns elementos que devem constar da convocatória de assembleia geral das sociedades abertas.

[6] A omissão do dia, da hora e do local tem por efeito não se considerar convocada a assembleia, sendo nulas as deliberações dos sócios nos termos do artigo 56º, nºs 1 e 2. Sobre este artigo veja-se COUTINHO

da assembleia; requisitos a que porventura estejam subordinados a participação e o exercício do direito de voto; a ordem do dia; a descrição e o modo como se processa o voto por correspondência se tal voto não for proibido pelos estatutos[7]. Trata-se de uma norma fundamental porque este preceito é também aplicável à convocatória da sociedade por quotas[8] e, com as necessárias adaptações, à convocatória da assembleia especial de acionistas[9] e à convocatória de assembleia de obrigacionistas[10].

No nº 2 equipara-se, para efeitos penais, as informações incompletas às informações falsas previstas no nº 1. Com efeito, o legislador entendeu punir com a mesma pena aquele que, competindo-lhe convocar assembleia geral de sócios, assembleia especial de acionistas ou assembleia de obrigacionistas, fizer *maliciosamente* constar da convocatória informações incompletas sobre matéria que por lei ou pelo contrato social ela deva conter e que possam induzir os destinatários a conclusões erróneas de efeito idêntico às informações falsas sobre o mesmo objeto. Importa acrescentar duas breves notas sobre esta norma.

A primeira no sentido de evidenciar alguma surpresa com a caracterização do modo de atuar do agente, exigindo-se não só que faça constar da convocatória informações incompletas mas que, na realização da sua conduta, o agente atue *maliciosamente*. Trata-se de um conceito indeterminado, pouco compatível com as requisitos de certeza e segurança exigidos à norma penal e, para além do mais, pouco usual na técnica legislativa penal[11]. Ainda que seja tomado como um elemento subjetivo adicional, afasta-se dos elementos por regra usados na construção típica de que são exemplo os elementos intencionais (*v. g.*, intenção de prejudicar, de beneficiar) ou motivacionais (motivo fútil). Todavia, ao exigir uma atuação maliciosa do agente, o legislador terá querido acentuar uma maior gravidade do comportamento colocando em destaque a insuficiência da mera incúria (dolosa) por parte daquele que é competente para convocar a assembleia, exigindo-se antes uma intencional utilização abusiva do instrumento de convocação dos sócios. Neste sentido, a informação incompleta é tida pelo

---

DE ABREU (2010), p. 654. Aplicando esta norma, sem que no entanto se tenha atendido à eventual responsabilidade criminal, veja-se o ac. do STJ de 16-01-2001 (disponível em www.dgsi.pt).

[7] De modo desenvolvido quanto a estes elementos e com adicionais referências bibliográficas, COUTINHO DE ABREU (2013), p. 76 e s.

[8] Cf. COUTINHO DE ABREU (2012), p. 31.

[9] ELDA MARQUES (2013), p. 180.

[10] NUNO BARBOSA (2012), p. 822 e s., em particular, p. 826 e s.

[11] É todavia de uso frequente entre as incriminações societárias: artigo 512º, nº 2; 519º, nº 2 e artigo 520º, nº 2.

SUSANA AIRES DE SOUSA

agente como um meio idóneo a induzir o destinatário em erro sobre a matéria a que se refere a convocatória; erro esse que é assim dominado pelo agente[12]

A segunda nota, que reforça tudo o que se disse anteriormente, refere-se ao carácter objetivamente concludente da informação omitida. Isto é, o tipo de ilícito exige não uma qualquer informação incompleta mas que essa omissão, à luz das regras da experiência e das práticas comerciais habituais, seja *apta* a induzir os destinatários a conclusões erróneas de efeito idêntico ou semelhante ao de uma informação falsa.

3. Tipo subjetivo

Em virtude do disposto no nº 1 do artigo 527º, o ilícito de *convocatória enganosa*, previsto nos nºs 1 e 2 do artigo 520º, só é punível quando realizado dolosamente, isto é, quando o agente atue com conhecimento e vontade de realização do tipo objetivo de ilícito. A responsabilidade criminal pode fundamentar-se em qualquer uma das modalidades de dolo acolhidas pela doutrina penal: dolo direto, necessário ou eventual.

O nº 3 do artigo 520º prevê um elemento intencional que acresce ao dolo do agente e que fundamenta uma agravação da pena para prisão até um ano e multa até 180 dias. A lei não exige, nos termos deste número, que o dano se concretize, bastando-se com a intenção de produção do resultado. Deste modo, no nº 3 do artigo 520º prevê-se um *crime de resultado cortado* nos termos do qual se exige, para além do dolo do tipo, "a intenção de produção de um resultado que todavia não faz parte do ilícito"[13].

4. Formas do crime
4.1. Tentativa

O CSC estabelece uma regra especial em matéria de punição de tentativa no artigo 527º, nº 2, nos termos da qual será punível a tentativa dos factos para os quais tenha sido cominada pena de prisão ou pena de prisão e multa. Remetemos pois para o comentário respetivo. Adiante-se porém que, de acordo com aquela regra, e atendendo às penas previstas no artigo 520º, a tentativa é punível.

---

[12] Mais desenvolvidamente sobre o sentido a dar à expressão "maliciosamente" no âmbito da prestação de informações sobre a vida societária veja-se a anotação ao artigo 519º.
[13] Cf. JORGE DE FIGUEIREDO DIAS (2007), p. 380 e s..

4.2. Comparticipação

O crime de *Convocatória enganosa* de assembleia social é um *crime específico próprio* uma vez que, à semelhança do disposto no artigo 515º, a lei delimita o círculo da autoria criminosa com base no dever de convocar a assembleia. Por conseguinte, autor do crime será aquele que seja competente nos termos da lei societária para convocar a assembleia geral de sócios, a assembleia especial de acionistas ou a assembleia de obrigacionistas.

Numa tentativa de resolver os problemas de comparticipação que surgem associados à figura dos delitos específicos próprios, a redação da norma não se limitou à previsão de modalidades de atuação direta ou imediata daquele a quem compete convocar a assembleia mas integrou na norma incriminatória formas de realização mediata do tipo legal. Deste modo, no n º 1 do artigo 520º a conduta típica consiste em fazer constar da convocatória informações contrárias à verdade, *por mão própria ou a seu mandado*. Contemplam-se assim, nesta norma, situações de autoria mediata e de instigação do *intraneus*.

Deste modo, o legislador, à semelhança dos artigos anteriores, procura resolver diretamente as situações de comparticipação em crimes específicos, afastando o regime de comunicabilidade do dever que recai sobre o *intraneus*, regime previsto no artigo 28º do CP. Por conseguinte, o legislador quis reservar a sanção mais grave – a pena – para aquele que tem o dever de convocar a assembleia social e incumpre ou cumpre de forma defeituosa esse dever.

4.3. Concurso

Uma breve nota sobre a cláusula de subsidiariedade implícita prevista no nº 1 do artigo 520º, nos termos da qual o agente será punido com pena de prisão até 6 meses e multa até 150 dias *se pena mais grave não couber à conduta por força de outra disposição legal*. De forma imediata, esta cláusula parece convocar o tipo legal de *Falsificação de Documentos*, tipificado no artigo 256º do CP. Todavia, não basta incluir no documento (convocatória) uma informação falsa para que a conduta se torne relevante nos termos desta incriminação comum, designadamente por via da alínea *d*) do nº 1 do artigo 256º: "fazer constar falsamente de documento ou de qualquer dos seus componentes facto juridicamente relevante". Neste caso não se trata de um documento falso, mas sim de uma falsa declaração ou informação em documento regular. Ora, a mera descrição ou narração de um facto falso num documento não constitui sem mais um crime de falsificação de documento, sob pena de um alargamento desmedido do âmbito da norma incriminadora, reserva que foi imediatamente apontada a esta alínea na revisão de 1995 do CP[14]. Neste mesmo sentido se tem pronunciado consensualmente a doutrina: nas palavras de Helena Moniz "a falsidade em documentos é punida quando se tratar de uma declaração de facto falso, mas não todo e qualquer facto, apenas aquele que for juridicamente relevante, isto é, aquele que é apto a constituir, modificar ou extinguir uma relação jurídica"[15].

5. Pena

O crime de *Convocatória enganosa* é punido, em quaisquer das duas modalidades típicas previstas nos n°s 1 e 2 com pena de prisão até 6 meses e pena de multa até 150 dias. Esta sanção é agravada até 1 ano de prisão e multa até 180 dias se o agente atuar com intenção de causar dano, material ou moral, à sociedade ou a algum sócio. A opção legislativa pela pena de prisão, ainda que de curta duração, é reveladora da maior gravidade das condutas punidas pelo artigo 520º quando comparada com as penas previstas para os crimes societários, designadamente para o crime de *Irregularidade na convocação de assembleias sociais* (artigo 515º).

No plano da sanção, cumula-se a pena de prisão com uma multa complementar. Como já se referiu em anotações anteriores, a figura da multa complementar tem vindo a desaparecer da legislação penal, pelos inconvenientes político-criminais que lhe estão associados[16].

---

[14] *Código Penal. Actas* (1993), p. 298.
[15] HELENA MONIZ (1999), p. 683.
[16] Em particular sobre esta questão veja-se SUSANA AIRES DE SOUSA (2013), p. 129.

ARTIGO 521º *
Recusa ilícita de lavrar acta
Aquele que, tendo o dever de redigir ou assinar acta de assembleia social, sem justificação o não fizer, ou agir de modo que outrem igualmente obrigado o não possa fazer, será punido, se pena mais grave não couber por força de outra disposição legal, com multa até 120 dias.

* Aditado pelo DL 184/87, de 21 de abril

Índice
1. Bem jurídico
2. Tipo objetivo de ilícito
   2.1. Autor
   2.2. Conduta
3. Tipo subjetivo
4. Formas do crime
   4.1. Tentativa
   4.2. Comparticipação
   4.3. Concurso

Bibliografia
Citada:
ABREU, J. M. COUTINHO DE – *Curso de Direito Comercial*, vol. II – *Das Sociedades*, 4ª ed., Almedina, Coimbra, 2013; *"Artigo 63º" Código das Sociedades Comerciais em comentário*, coord. de J. M. Coutinho de Abreu, vol. I, Almedina, Coimbra, 2010, p. 711-720; ANTUNES, MARIA JOÃO – "A problemática penal e o tribunal constitucional", *Estudos em homenagem ao Prof. Doutor José Joaquim Gomes Canotilho, Studia Juridica 102*, Coimbra Editora, Coimbra, 2012, p. 97-118; DIAS, JORGE DE FIGUEIREDO – *Direito Penal. Parte Geral*, Tomo I, Coimbra Editora, Coimbra, 2007; SOUSA, SUSANA AIRES DE – "Nótulas sobre as disposições penais do Código das Sociedades Comerciais", *DSR*, ano 5, vol. 9 (2013), p. 115-134, *Os Crimes Fiscais. Análise Dogmática e Reflexão sobre a Legitimidade do Discurso Criminalizador*, Coimbra Editora, Coimbra, 2006.

1. Bem jurídico
O artigo 521º procura acautelar o *correto funcionamento da sociedade comercial*. É assim desde logo pelo valor que se reconhece à ata enquanto documento

escrito, designadamente em matéria de deliberações tomadas pelos sócios em assembleia social uma vez que, segundo a doutrina que tende a ser dominante, a ata constitui uma condição de eficácia das deliberações[1]. Assim, ao punir a violação do dever de redigir ata ou de a assinar, o legislador procura assegurar a eficácia das deliberações tomadas em assembleia social e, consequentemente, o regular funcionamento da sociedade.

Acrescente-se todavia que em ata se registam outros atos que não apenas deliberações. Como refere Coutinho de Abreu, também estão sujeitos àquele registo outros dados dos procedimentos deliberativos. "A acta particular de assembleia geral deve conter (...) as menções referidas nas várias alíneas do nº 2 do art. 63º; a acta notarial de assembleia conterá ainda outras menções (v. o art. 46º, 1 a), b), 6, do C. Not.) Por sua vez, deliberando os sócios por voto escrito, a acta respectiva terá o conteúdo prescrito no art. 247º, 6 do CSC"[2].

Todavia, muito embora seja possível identificar um bem jurídico digno de proteção jurídica, a norma incriminadora em análise apresenta fragilidades quando perspetivada a partir da necessidade da intervenção penal. Com efeito, temos para nós que o direito penal não deve ser convocado para prevenir irregularidades na vida societária, ainda que tais condutas sejam ofensivas do regular funcionamento da vida societária e dos interesses por ela mediatizados. É assim porque embora a tutela de um bem jurídico-penal seja pressuposto da criminalização de um comportamento, a sua existência não justifica por si só a intervenção penal. É reconhecido na doutrina e na jurisprudência que ao conceito material de crime constituído pela tutela de um bem jurídico há de acrescer um critério adicional de necessidade (carência) de tutela penal que confere ao direito penal uma natureza subsidiária e de *ultima ratio*[3]. O bem jurídico não pode desempenhar uma função de indicação ou de parâmetro positivo da conduta a criminalizar mas antes lhe cabe uma função negativa de legitimação: pese embora o bem jurídico não forneça a conduta a incriminar, indica, juntamente com os princípios do direito penal da fragmentaridade, da subsidiariedade e de *ultima ratio*, a montante, e com as finalidades das penas, a jusante, o que pode ser legitimamente tutelado através deste ramo do direito[4]. Assim, da nossa perspetiva, as irregularidades pressupostas pelo artigo 521º podem ser suficientemente

---

[1] Cf., com referências bibliográficas adicionais, COUTINHO DE ABREU (2013), p. 499 e s..

[2] COUTINHO DE ABREU (2013), p. 495.

[3] FIGUEIREDO DIAS (2007), p. 128; também MARIA JOÃO ANTUNES (2012), p. 102.

[4] Cf., com adicionais referências bibliográficas, SUSANA AIRES DE SOUSA (2006), p. 289.

acauteladas fora da esfera penal, por via, por exemplo, do direito administrativo sancionatório e das contra-ordenações.

Esta era aliás a solução seguida no *Projecto de Código das Sociedades Comerciais* de 1983. Dispunha o nº 1 do artigo 506º que "Quem, competindo-lhe, por força de lei ou do contrato de sociedade lavrar a acta duma assembleia, se recuse a fazê-lo, depois de tal lhe ter sido solicitado por algum sócio, gerente ou administrador, director ou liquidatário será punido com coima até 100 000$00". A intervenção penal era reservada nos termos do nº 2 daquela mesma norma para os casos mais graves, equiparáveis à época ao crime de *Falsificação de Documentos*. Assim, de acordo com aquele preceito, "Quem lavrar acta de assembeia onde, com intenção de prejudicar a sociedade ou outrem, omita ou deturpe a data e o lugar da reunião, as pessoas que presidiram e secretariaram, o modo de convocação, a ordem dos trabalhos, o número de sócios ou obrigacionistas com direito a voto, os sócios ou obrigacionistas presentes ou representados, os protestos, o texto das propostas submetidas a votação e o resultado desta será punido nos termos do artigo 228º, nᵒˢ 1 e 4, do Código Penal".

2. Tipo objetivo de ilícito

O tipo objetivo de ilícito está construído em torno daquele que, tendo o dever de redigir ou assinar ata, o não fizer ou atuar de modo a que outrem igualmente obrigado o não faça. Assim, o tipo legal pressupõe implicitamente uma remissão para as normas societárias que determinam quem tem o dever de redigir e assinar ata de assembleia social. Por conseguinte, também esta norma incriminatória, à semelhança da maioria dos crimes societários, é reveladora da opção legislativa usada na maioria das incriminações societárias de recortar o tipo objetivo de ilícito, em alguns dos seus principais elementos, através do reenvio para a lei societária[5].

2.1. Autor

Muito embora o tipo legal de crime não faça uma referência expressa à qualidade de autor, o artigo 521º prevê um *crime específico* na medida em que restringe a autoria criminosa àquele que tem o dever de redigir ou assinar ata de assembleia social. Com efeito, o dever especial societário que impende sobre o autor é decisivo para esta qualificação. Importa assim determinar sobre quem impende o dever de redigir e assinar estas atas. Desta forma, a concretização do dever

---

[5] Cf. SUSANA AIRES DE SOUSA (2013), p. 118 e p. 133.

pressuposto pela incriminação só é possível com recurso às normas societárias, designadamente aos artigos 248º, 388º, nº 2, 374º, 446º-A e s. Com efeito, a competência para redigir e assinar a ata obedece a um conjunto de regras que variam consoante o tipo de sociedade comercial e o tipo de atas. Veja-se a este propósito a descrição de Coutinho de Abreu em anotação ao artigo 63º [6].

2.2. Conduta

No artigo 521º, primeira parte, o legislador tomou a omissão como forma específica da realização típica. Desta forma, o tipo legal realiza-se não através de uma ação mas antes por intermédio da omissão de um comportamento, juridicamente devido e esperado, por parte daquele sobre quem recai o dever de redigir ou assinar a ata. O crime de *"Recusa ilícita de lavrar acta"* é, neste sentido, um *crime de omissão puro ou próprio*. A omissão só é porém relevante se injustificada. Esta referência da lei a uma ausência de justificação parece de alguma forma redundante na medida em que o ilícito penal pressupõe desde logo a ausência de uma causa de justificação em sentido próprio. A menos que se entenda que o termo justificação é aqui usado em sentido impróprio: como uma espécie de cláusula de exclusão da própria tipicidade. Neste sentido, ao fundamentar a sua recusa num motivo válido ou legítimo, a atuação do agente não cria sequer um risco proibido e, enquanto tal, seria a própria tipicidade da conduta que se excluiria.

Na segunda parte da norma, prevê-se uma conduta ativa: "agir de modo que outrem igualmente obrigado não possa assinar ou redigir a acta". O legislador equipara ao comportamento omissivo do *intraneus* (do titular do dever) uma sua atuação positiva que leve outro *intraneus* a não cumprir o dever de assinar ou redigir a ata. Deste modo, tipifica-se, nesta segunda parte, a comparticipação no facto realizado por outro *intraneus*, seja determinando-o a incumprir (instigação), seja instrumentalizando-o (autoria mediata), seja ainda auxiliando esse incumprimento (cumplicidade).

3. Tipo subjetivo

Em virtude do disposto no nº 1 do artigo 527º, para o qual se remete, a *Recusa ilícita de lavrar acta* só é punível quando realizada dolosamente, isto é, quando o agente atue com conhecimento e vontade de realização do tipo objetivo de ilícito. A responsabilidade criminal pode fundamentar-se em qualquer uma das

---

[6] COUTINHO DE ABREU (2010), p. 715 e s..

modalidades de dolo acolhidas pela doutrina penal: dolo direto, necessário ou eventual.

4. Formas do crime
4.1. Tentativa

Atendendo à regra especial em matéria de punição de tentativa prevista no artigo 527º, nº 2, a tentativa do crime *Recusa ilícita de lavrar acta*, designadamente na sua vertente ativa, não é punível, uma vez que a tais condutas corresponde uma pena de multa.

4.2 Comparticipação

Numa tentativa de resolver os problemas de comparticipação que surgem associados à figura dos delitos específicos próprios, a redação da norma não se limitou à previsão de modalidades de atuação direta ou imediata mas integrou no desenho típico situações de realização mediata do tipo legal, com a particularidade de o outro comparticipante ser igualmente um *intraneus*. Com efeito, realiza uma conduta típica o titular do dever (de assinar ou redigir a ata) "que agir de modo que outrem igualmente obrigado o não possa fazer". Acrescente-se todavia que já se chegaria a este resultado por via das normas gerais em matéria de comparticipação previstas nos artigos 26º e s. do CP.

Uma interpretação possível para esta escolha legislativa será a de que, ao prever apenas a comparticipação entre *intranei*, o legislador terá querido excluir do âmbito de aplicação das normas, pelo menos a título de autoria, aqueles que não detenham a titularidade do dever, isto é, os *extranei*. Por outras palavras, o legislador restringiu a autoria criminosa às pessoas que se encontram sujeitas e vinculadas ao dever extra-penal (*o dever societário de redigir ou de assinar*), fazendo depender da sua violação a relevância jurídico-criminal do facto.

4.3 Concurso

Tanto o nº 1 como o nº 2 do artigo 517º preveem uma cláusula de subsidiariedade explícita nos termos da qual se restringe expressamente a sua aplicação à inexistência em geral de um outro tipo legal que comine pena mais grave (*subsidiariedade geral*)[7]. Como refere Figueiredo Dias, a relação de subsidiariedade existe quando um tipo legal de crime deva ser aplicado somente de forma auxiliar ou subsidiária, se não existir outro tipo legal, em abstrato também aplicável, que

---

[7] Sobre a noção de subsidiariedade expressa veja-se FIGUEIREDO DIAS (2007), p. 997 e s..

comine pena mais grave. Entendida com este sentido, a relação de subsidiariedade corresponderá a uma relação entre normas, estabelecida em abstrato no plano legal, segundo a qual a *lex primaria derogat legi subsidiariae*[8]. Deste modo, se o agente, por meio de violência ou de ameaça com mal importante, constrange outrem à não assinatura da ata, preenche com a sua conduta, para além do ilícito tipificado no CSC, o ilícito de *Coação*, previsto no artigo 154º do CP. Nesta hipótese, prevalecerá a punição prevista no CP.

---

[8] Cf. FIGUEIREDO DIAS (2007), p. 997.

ARTIGO 522º*
Impedimento de fiscalização

O gerente ou administrador de sociedade que impedir ou dificultar, ou levar outrem a impedir ou dificultar, actos necessários à fiscalização da vida da sociedade, executados, nos termos e formas que sejam de direito, por quem tenha por lei, pelo contrato social ou por decisão judicial o dever de exercer a fiscalização, ou por pessoa que actue à ordem de quem tenha esse dever, será punido com prisão até 6 meses e multa até 120 dias.

*Aditado pelo DL 184/87, de 21 de abril.
A atual redação foi introduzida pelo DL 76-A/2006, de 29 de março.

Índice

1. Bem jurídico
2. O tipo objetivo de ilícito
   2.1. Autor
   2.2. Conduta
3. Tipo subjetivo
4. Formas do crime
   4.1. Tentativa
   4.2. Comparticipação

Bibliografia

Citada:

ABREU, J. M. COUTINHO DE – *Curso de Direito Comercial*, vol. II – *Das Sociedades*, 4ª ed., Almedina, Coimbra, 2013, "*Corporate governance* em Portugal", *IDET Miscelâneas*, nº 6, 2010, p. 9- 47; CASAROLI, GUIDO – "Art. 2625", *Commentario delle società* (org. Giovanni Grippo), Utet, 2009, p. 1623 -1624; COSTA, JOSÉ DE FARIA – *Noções Fundamentais de Direito Penal*, Coimbra Editora, Coimbra, 2012; DIAS, GABRIELA FIGUEIREDO – *Fiscalização de sociedades e responsabilidade civil (após a reforma do Código das Sociedades Comerciais)*, Coimbra Editora, Coimbra, 2006, "Artigo 262º", *Código das Sociedades Comerciais em comentário*, coord. de J. M. Coutinho de Abreu, vol. IV, Almedina, Coimbra, 2012, p. 177-187; DIAS, JORGE DE FIGUEIREDO – *Direito Penal. Parte Geral*, Tomo I, Coimbra Editora, 2007; GOMES, JOSÉ FERREIRA – "A fiscalização externa das sociedades comerciais e a independência dos auditores", CMVM, 2005, disponível em http://www.cmvm.pt/CMVM/A%20CMVM/Premio/Pages/premio_cmvm2005.aspx; MARQUES, J. P. REMÉDIO – "Artigo 417º", *Código das Sociedades Comerciais em comentá-*

rio, coord. de J. M. Coutinho de Abreu, vol. VI, Almedina, Coimbra, 2013, p. 586-588; "Artigo 418º", *Código das Sociedades Comerciais em comentário*, coord. de J. M. Coutinho de Abreu, vol. VI, Almedina, Coimbra, 2013, p. 589-597; SOUSA, SUSANA AIRES DE – "A responsabilidade criminal do dirigente: algumas considerações acerca da autoria e comparticipação no contexto empresarial», *Estudos em Homenagem ao Prof. Doutor Jorge de Figueiredo Dias, Boletim da Faculdade de Direito*, Stvdia Ivridica 98, Vol. II, 2009/2010, Coimbra Editora, Coimbra, p. 1005-1037, "Algumas considerações sobre a responsabilidade criminal do dirigente empresarial", *Revista Systemas*, vol. 2., nº 1 (2010), p. 147-161, disponível em http://revistasystemas.com.br/index.php/systemas/article/view/31/31, "A autoria nos crimes específicos: algumas considerações sobre o artigo 28º do Código Penal", *RPCC*, Ano 15, 2005, p. 343-368.

1. Bem jurídico

Através do artigo 522º procura-se assegurar a necessária fiscalização da sociedade comercial. São conhecidos, pelas suas catastróficas dimensões sociais e económicas, os casos de rutura financeira de sociedades comerciais não só por causa de atos de gestão danosa dos seus dirigentes, mas também por uma deficiente fiscalização da sociedade. Escândalos como os da Enron e da World-Com, nos Estados Unidos, ou da Parmalat, na Europa, colocaram em evidência a importância de sistemas seguros de fiscalização da sociedade comercial[1]. Na verdade, a fraude em empresas de grande dimensão tem sido notícia recorrente na última década. Deste modo, ao acautelar-se a fiscalização e controlo da sociedade, preserva-se de forma direta e imediata o correto funcionamento da sociedade. Através do artigo 522º tutela-se assim em primeira linha a própria sociedade comercial enquanto instrumento económico, prevenindo a prática de atos abusivos por parte daqueles a quem compete a sua administração e direção. A proteção do *correto funcionamento da sociedade comercial* é também evidenciada pela circunstância de o legislador ter prescindido, nos elementos típicos da incriminação, da verificação de qualquer dano patrimonial para os sócios ou para a sociedade[2].

---

[1] Sublinhando este aspeto, JOSÉ FERREIRA GOMES (2005), p. 1 e s.; GABRIELA FIGUEIREDO DIAS (2006), p. 14. Veja-se ainda, fazendo a ponte com a necessidade de intervenção penal, SUSANA AIRES DE SOUSA (2009/2010), p. 1006 e s. e (2010), p. 147 e s..

[2] No ordenamento jurídico italiano, o mero impedimento da fiscalização enquanto obstáculo à função de controlo da vida societária pelos sócios ou de fiscalização pelos órgãos de "revisão" é objeto de sanção administrativa. A conduta só ganha relevância criminal quando dela deriva um dano patrimonial para os

2. O tipo objetivo de ilícito

O tipo objetivo de ilícito consiste em o gerente ou administrador impedir ou dificultar, ou levar outrem a impedir ou dificultar, atos necessários à fiscalização da sociedade por quem tenha por lei, pelo contrato social ou por decisão judicial o dever de exercer essa fiscalização ou por quem atue à ordem de quem tem tal dever. Foi propósito do legislador assegurar a fiscalização da sociedade concedendo relevância criminal às condutas do órgão de administração que procurem impedir ou dificultar a atividade daqueles a quem a lei, o contrato social ou o juiz reconheceu o dever de controlar ou supervisionar a vida societária. O legislador congrega assim um conjunto de elementos típicos que importa concretizar, designadamente quanto ao círculo de autoria criminosa e quanto às modalidades de conduta prevista.

2.1. Autor

Podem ser autores do crime de *Impedimento de fiscalização* os gerentes ou administradores de sociedade. Trata-se de um *crime específico próprio* na medida em que a qualidade especial do autor fundamenta a sua responsabilidade criminal[3]. A dupla qualidade típica – gerente ou administrador – atende à concreta natureza da sociedade comercial e à correspondente denominação recebida pelo órgão de administração e governação da sociedade. Deste modo, a especial qualidade exigida no tipo legal tem na sua base os deveres legalmente impostos aos órgãos de administração em matéria de fiscalização da sociedade, designadamente facultando a devida informação societária.

2.2. Conduta

A lei tipifica duas modalidades de conduta: *impedir* ou *dificultar* atos necessários à fiscalização da sociedade executados por quem tenha por força de lei, do contrato social ou de decisão judicial poderes para exercer aquela fiscalização.

A determinação do alcance do tipo legal, quanto às condutas tipificadas, há de contextualizar-se na importância que tem vindo a reconhecer-se ao controlo e fiscalização da sociedade, concretizada, na última década, numa atenção acrescida por parte do legislador societário. Com frequência se assinala na doutrina

---

sócios. Deste modo, na sua vertente penal, o bem jurídico protegido é em primeira linha o património dos sócios. Cfr. GUIDO CASAROLI (2009), p. 1623.

[3] Sobre a figura dos crimes específicos veja-se, por todos, FIGUEIREDO DIAS (2007), p. 304 e s., FARIA COSTA (2012) p. 247 e s., SUSANA AIRES DE SOUSA (2005), p. 343 e s..

societária que o reforço da função de fiscalização, designadamente das sociedade anónimas, constituiu "um objectivo prioritário e autónomo" da reforma
do CSC em 2006, justificado pela desatualização do respetivo regime, pela sua
insuficiência e pela erosão funcional dos sistemas de fiscalização até aí vigentes
em Portugal[4].

As condutas tipificadas na lei consistem em impedir ou dificultar atos de fiscalização da sociedade. O legislador equiparou no plano normativo os comportamento impeditivos da fiscalização (*v. g.*, a proibição do acesso aos documentos
societários) e as condutas que se destinam a dificultar aquele controlo (*v. g.*, o
acesso a informações incompletas ou insuficientes). O paralelo fundamenta-se
na gravidade das consequências ligadas a ambas as condutas, desde logo, porque
a colocação de obstáculos à atividade de fiscalização representa igualmente uma
forma de impedir um adequado e atempado controlo da sociedade.

Todavia, a conduta só ganha relevância típica quando dirigida àqueles que
tenham o dever de fiscalização da sociedade, nos termos da lei, do contrato ou
por decisão judicial. Assim, na concretização do ilícito previsto no artigo 522º há
que atender ao regime de fiscalização societária.

No CSC prevêem-se para as sociedades anónimas três sistemas ou modelos
de fiscalização. Em primeiro lugar, o sistema tradicional que integra, a par do
conselho de administração, um conselho fiscal que pode ser substituído por um
fiscal único (devendo um dos membros do conselho fiscal ou o fiscal único ser
um ROC). As competências do fiscal único e do conselho fiscal estão previstas
nos artigos 420º e ss. Em segundo lugar, enuncia-se um modelo dualístico ou de
tipo germânico que prevê ao lado do órgão de administração (conselho de administração executivo), um conselho geral e de supervisão e um ROC. O artigo
441º prevê a competência do conselho geral e de supervisão; as funções desem-
penhadas pelo ROC estão enunciadas no nº 3 do artigo 446º. Por último, prevê-
-se ainda o sistema monístico ou anglo-saxónico, introduzido pela reforma de
2006 do CSC, composto por um conselho de administração, que compreende
uma comissão de auditoria, e um ROC[5]. As competências da comissão de auditoria estão tipificadas no artigo 423º-F.

Como refere José Ferreira Gomes, todos os modelos apresentam uma conjugação dos dois tipos de "*fiscalização privada*: a fiscalização por um órgão interno

---

[4] GABRIELA FIGUEIREDO DIAS (2006), p. 13.
[5] Sobre estes modelos, entre outros, COUTINHO DE ABREU (2010), p. 14 e s., GABRIELA FIGUEIREDO
DIAS (2006), p. 13 e s., e JOSÉ FERREIRA GOMES (2005), p. 7 e s..

da sociedade (que será, no primeiro caso o conselho fiscal ou o fiscal único, no segundo, o conselho geral e de supervisão e, no terceiro, a comissão de auditoria) e a fiscalização por um perito contabilista independente da sociedade, o ROC"[6].

Acrescente-se ainda que os membros do conselho fiscal ou o fiscal único podem ser nomeados judicialmente a requerimento da administração ou de acionistas, nos termos do artigo 417º [7]. A requerimento dos sócios minoritários, pode o tribunal nomear também um membro efetivo e um suplente para o conselho fiscal, desde que verificadas as exigências prevista no artigo 418º [8].

Como refere Gabriela Figueiredo Dias, "a sociedade por quotas não se encontra, em regra, obrigada a incluir qualquer estrutura ou instância específica de fiscalização orgânica"[9]. Assim, o controlo e a fiscalização da sociedade compete em princípio aos sócios; a constituição de um conselho fiscal é facultativa e deve estar prevista, nos termos do artigo 262º, no contrato da sociedade. Todavia, não existindo conselho fiscal, as sociedades com a dimensão referida no nº 2 daquele artigo devem designar um revisor oficial de contas[10].

Assim, no quadro da "fiscalização privada" prevista no CSC, são estas as entidades a quem são reconhecidos poderes de fiscalização e que estão abrangidas pelo âmbito de proteção da norma incriminatória prevista no artigo 522º. Deste modo, integram o tipo legal as condutas dos administradores e gerentes que impeçam ou dificultem a tarefa de fiscalização àqueles a quem cabe exercer tal função por via do CSC, do contrato social ou de nomeação judicial.

Resta porém uma questão adicional. No plano das fontes do dever de fiscalização, o artigo 522º refere a *lei*, o *contrato* e a *decisão judicial*. O contrato corresponderá ao pacto social (por exemplo, no caso das sociedades por quotas); a decisão judicial compreende os casos de nomeação judicial de membro do conselho fiscal ou do fiscal único previstos nos artigos 417º e 418º. Porém, no que diz respeito ao plano legal, cabem no âmbito de proteção da norma incriminatória os sistemas de fiscalização externos ao CSC, desde que previstos em *lei*? Pense-se, desde logo, no sistema de fiscalização adicional a que se refere o artigo 8º do

---

[6] Cf. josé ferreira gomes (2005), p. 7

[7] j. p. remédio marques (2013), p. 586 e s..

[8] Sobre este artigo e a sua razão de ser veja-se, entre outros e com adicionais referências bibliográficas, j. p. remédio marques (2013), p. 589 e s..

[9] Cf. Comentário ao artigo 262º, p. 179.

[10] Sobre este preceito e os regimes nele contidos, veja-se gabriela figureiredo dias (2012), p. 177 e s..

CVM ao prever um auditor externo aos órgãos sociais que verifique e certifique, nos casos aí previstos, as demonstrações financeiras da sociedade. O elemento literal não constitui auxílio decisivo na interpretação e concretização do alcance normativo, uma vez que, em normas anteriores, o legislador, querendo referir-se ao CSC, por vezes o faz de forma expressa, *v. g.*, no artigo 519º, nº 1, "Aquele que, estando nos termos deste Código obrigado"; outras vezes é usada uma referência genérica à *lei, v. g.*, "nos prazos da lei ou do contrato social" (artigo 515º). No escopo da norma está assegurar os mecanismos de controlo e de fiscalização das sociedades comerciais de renovada importância com a crescente complexidade e dimensão negocial das grandes empresas. Assim, tem vindo a ganhar relevo, a par do controlo operacional da sociedade, a "necessidade de atribuir ao relato financeiro um elevado grau de transparência e de rigor técnico", por forma a assegurar-se a fiscalização financeira ou contabilística da sociedade. Este controlo corresponde em primeira linha à *"fiscalização privada"* prevista no CSC. E é a essa que se refere em primeira linha o artigo 522º. Porém, a norma incriminatória parece não se limitar ao CSC enquanto fonte legal do dever de fiscalização, admitindo o exercício de poderes de fiscalização, designadamente de auditoria financeira e contabilística, decorrentes da fiscalização externa ao Código e de que constitui exemplo a figura de auditor externo previsto no artigo 8º do CVM.

3. Tipo subjetivo

Em virtude do disposto no nº 1 do artigo 527º, para o qual se remete, os atos de impedimento ou que criem dificuldade à fiscalização da sociedade só são puníveis quando realizados dolosamente, isto é, quando o agente atue com conhecimento da realização do tipo objetivo de ilícito. A responsabilidade criminal pode fundamentar-se em qualquer uma das modalidades de dolo acolhidas pela doutrina penal: dolo direto, necessário ou eventual.

4. Formas do crime
4.1. Tentativa

O CSC estabelece uma regra especial em matéria de punição de tentativa no artigo 527º, nº 2, nos termos da qual será punível a tentativa dos factos para os quais tenha sido cominada pena de prisão ou pena de prisão e multa. Rememetemos pois para comentário respetivo. Adiante-se que, de acordo com aquela regra e atendendo à pena prevista no artigo 522º, a tentativa de crime de *Impedimento de fiscalização* é punível.

4.2. Comparticipação

O crime de *Impedimento de fiscalização* exige, para o seu integral preenchimento, que o autor possua a especial qualidade de gerente ou administrador de uma sociedade comercial. Trata-se de um *crime específico próprio*. Numa tentativa de resolver os problemas de comparticipação que surgem associados à figura dos delitos específicos próprios, a redação da norma não se limitou à previsão de modalidades de atuação direta ou imediata do gerente ou administrador mas integrou situações de realização mediata do tipo legal quanto tipifica como conduta típica a atuação do gerente ou administrador que "levar outrem a impedir ou dificultar atos necessários à fiscalização da vida da sociedade". Nesta parte, a norma contempla situações de autoria mediata e de instigação de gerente ou de administrador que instrumentalizem ou determinem um *extraneus* (*v. g.*, um trabalhador) à prática do facto.

A norma incriminadora pretendeu resolver assim quaisquer dúvidas resultantes de uma eventual aplicação do 28º do CP[11]. Ao afastar o regime geral de comunicabilidade da qualidade previsto nesta norma, o legislador impede ainda a punição como autor do *extraneus*, isto é, daquele que não tendo a qualidade de gerente ou de administrador com ele comparticipa. Por conseguinte, o legislador quis reservar a sanção mais grave – a pena – para aquele que detém a qualidade típica por ser sobre ele que recaem os especiais deveres no acesso à matéria societária sujeita a fiscalização.

---

[11] Sobre esta norma SUSANA AIRES DE SOUSA (2005), p. 343 e s..

ARTIGO 523º *
Violação do dever de propor dissolução da sociedade ou redução do capital

O gerente ou administrador de sociedade que, verificando pelas contas de exercício estar perdida metade do capital, não der cumprimento ao disposto no artigo 35º, n°s 1 e 2, deste Código será punido com prisão até 3 meses e multa até 90 dias.

* Aditado pelo DL 184/87, de 21 de abril.
A atual redação foi introduzida pelo DL 76-A/2006, de 29 de março.

Índice

1. Problemas em torno do tipo objetivo de ilícito
    1.1. Autor
    1.2. Conduta típica
    1.3. O art. 35º e os deveres dos membros do órgão de administração
    1.4. A revogação implícita do art. 523º

Bibliografia

a) Citada:

ABREU, J. M. COUTINHO DE – *Curso de Direito Comercial*, vol. II – *Das Sociedades*, 4ª ed., Almedina, Coimbra, 2013; CORDEIRO, ANTÓNIO MENEZES – "A perda de metade do capital social e a reforma de 2005: um repto ao legislador", *ROA* 2005, Ano 65, vol. I, p. 45-87 (disponível em http://www.oa.pt/Conteudos/Artigos/detalhe_artigo.aspx?idc =1&idsc=45650&ida=45681); COSTA, JOSÉ DE FARIA – *Noções Fundamentais de Direito Penal*, Coimbra Editora, Coimbra, 2012; DIAS, JORGE DE FIGUEIREDO – *Direito Penal. Parte Geral*, Tomo I, Coimbra Editora, Coimbra, 2007; DOMINGUES, PAULO DE TARSO – *Variações sobre o capital social*, Almedina, Coimbra, 2009, "Artigo 35º", *Código das Sociedades Comerciais em comentário*, coord. de J. M. Coutinho de Abreu, vol. I, Almedina, Coimbra, 2010, p. 511-542; HEFENDEHL, ROLAND – "§ 401", *in: Kommentar zum Aktiengesetz* (org. SPINDLER/STILZ), Band 2, Beck, München, 2010, p. 1466-1473; SOUSA, SUSANA AIRES DE – "Nótulas sobre as disposições penais do Código das Sociedades Comerciais", *DSR*, ano 5, vol. 9 (2013), p. 115-134.

b) Outra:

BELEZA, JOSÉ MANUEL MERÊA PIZARRO – "Notas sobre o direito penal especial das sociedades comerciais", *RDE* 3 (1977), p. 267-299; DOMINGUES, PAULO DE TARSO/ SOUSA, SUSANA AIRES DE – "Os crimes societários: algumas reflexões a propósito dos artigos 509º a 527º do Código das Sociedades Comerciais", *Infrações Económicas e Financeiras: Estudos de Criminologia e de Direito*, (coord. José Neves Cruz, Carla Cardoso, André Lamas Leite, Rita Faria), Coimbra Editora, Coimbra, 2013, p. 495-515; FERNANDES, GABRIELA PÁRIS – "O crime de distribuição ilícita de bens da sociedade", *Direito e Justiça*, vol. XV, Tomo 2 (2001), p. 231-331; SILVA, GERMANO MARQUES DA – "Disposições penais do Código das Sociedades Comerciais – Considerações Gerais", *Textos-Sociedades Comerciais*, Centro de Estudos Judiciários/Conselho Distrital do Porto da Ordem dos Advogados, Lisboa, 1994/95, p. 39-49; SOUSA, SUSANA AIRES DE – "Direito penal das sociedades comerciais. Qual o bem jurídico?", *RPCC* 12 (2002), p. 49-77.

1. Problemas em torno do tipo objetivo de ilícito

O artigo 523º prevê, na sua epígrafe, o crime de *"Violação do dever de propor dissolução da sociedade ou redução do capital social"*. No seu corpo normativo sanciona-se com prisão até três anos e multa até 90 dias o gerente ou administrador de sociedade que, verificando pelas contas de exercício estar perdida metade do capital, não der cumprimento ao disposto nos nºˢ 1 e 2 do artigo 35º. O tipo objetivo de ilícito tem assim por referência uma conduta omissiva, concretizada através do reenvio para as normas de direito societário e concretamente para os nºˢ 1 e 2 do artigo 35º, referente à perda de metade do capital social. Em causa está uma matéria substantiva sujeita a intensa discussão doutrinária, tendo o artigo 35º sido objeto de alterações legislativas que dificultam uma correta determinação da norma sancionatória e em particular do seu âmbito de proteção. Deste problema se dará conta no ponto 1.2.

1.1. Autor

O tipo legal de crime previsto no artigo 523º, à semelhança do que acontece na maioria das incriminações previstas no Título VII do CSC, pressupõe uma especial qualidade do autor para que se possa afirmar a sua responsabilidade criminal: ser gerente ou administrador. Trata-se de um *crime específico próprio* na medida em que a qualidade especial do autor fundamenta a sua responsabilidade criminal[1]. A dupla qualidade típica – gerente ou administrador – atende à concreta natureza da sociedade comercial e à correspondente denominação recebida pelo órgão de administração e governação da sociedade. Deste modo,

---

[1] Sobre a figura dos crimes específicos veja-se, por todos, FIGUEIREDO DIAS (2007), p. 304 e s., e FARIA COSTA (2012) p. 247 e s..

a especial qualidade exigida no tipo legal tem na sua base os deveres legalmente impostos aos órgãos de administração quando esteja perdida metade do capital social.

1.2. A conduta típica

O artigo 523º prevê um crime de *omissão próprio* ou *puro*. O legislador tomou a omissão como forma específica da realização típica, traduzida, nas palavras da lei, em não dar cumprimento ao disposto nos nos 1 e 2 do artigo 35º. Desta forma, o tipo legal realiza-se não através de uma ação mas antes por intermédio da omissão de um comportamento, juridicamente devido e esperado, por parte do gerente ou administrador nos casos em que se verifique pelas contas de exercício estar perdida metade do capital.

A concretização da conduta omissiva incriminada impõe um necessário reenvio para as normas de direito societário que concretizam os deveres e as obrigações dos gerentes e administradores em caso de perda grave de capital, remetendo-se expressamente para os nos 1 e 2 do artigo 35º.

Deste modo, a norma incriminatória, criada em 1987, teve por referência a redação original do artigo 35º. Porém, o percurso conturbado desta norma societária, pautado pela suspensão inicial da norma e por profundas alterações posteriores, justifica que tenha já merecido o epíteto de "preceito mártir"[2]. Estando a norma sancionatória construída pelo reenvio para o artigo 35º, há que atender às necessárias implicações do seu atribulado percurso na vigência e concretização da incriminação.

1.3. O art. 35º e os deveres dos membros do órgão de administração

Em matéria de perda grave do capital social, o artigo 35º consagrava, na sua redação originária, um "modelo reativo" (modelo francês)[3] nos termos do qual, estando verificada a perda de metade do capital social, os administradores deviam reagir propondo aos sócios que a sociedade fosse dissolvida ou o capital fosse reduzido, a não ser que os sócios se comprometessem a efetuar nos 60 dias seguintes entradas que mantivessem em pelo menos dois terços a cobertura

---

[2] MENEZES CORDEIRO (2005), p. 46.
[3] Sobre este modelo veja-se, de modo desenvolvido, PAULO DE TARSO DOMINGUES (2009), p. 339 e s..

do capital[4]. Não sendo adotadas nenhuma destas soluções qualquer sócio podia requerer, nos termos do nº 3 do artigo 35º, a dissolução judicial da sociedade.

A entrada em vigor desta norma ficaria suspensa, uma vez que o artigo 2º, nº 2, do DL 262º/86 veio remeter a sua vigência para data a fixar em diploma legal[5]. Não obstante, o DL 184/87, de 21 de abril, que introduziu no Código um novo título VII dedicado às disposições penais e de mera ordenação social, tipificou criminalmente a violação dos deveres que o artigo 35º fazia recair sobre os administradores ao prever, no artigo 523º, o crime de *Violação de dever de propor dissolução da sociedade ou redução do capital*. O legislador penal não se pronunciou sobre a inaplicabilidade imediata da norma; o que poderia implicar por arrastamento, como refere Paulo de Tarso Domingues, a entrada em vigor do artigo 35º. Porém, como dá conta este autor, prevaleceu o entendimento de considerar inaplicável o artigo 523º enquanto não houvesse disposição legal que expressamente determinasse a entrada em vigor do artigo 35º [6].

Tal viria a suceder por via do DL 237/2001, de 30 de Agosto, que no seu artigo 4º determinava a entrada em vigor do artigo 35º e, consequentemente, do artigo 523º.

Todavia, a entrada em vigor do artigo 35º esteve longe de ser pacífica. O artigo viria a ser modificado logo no ano seguinte através do DL 162/2002, de 11 de Julho, que adiou e diferiu para 2005 a aplicação prática da medida mais gravosa – a dissolução da sociedade – que mais preocupações causava aos empresários[7]. Na sua nova redação, a norma preservava ainda um modelo reativo, assente no dever de os órgãos de administração proporem aos sócios determinadas

---

[4] A redação dada ao artigo 35º pelo DL 262/86, de 2 de Setembro era a seguinte:
1. Os membros da administração que, pelas contas de exercício, verifiquem estar perdida metade do capital social devem propor aos sócios que a sociedade seja dissolvida ou o capital aí seja reduzido, a não ser que os sócios se comprometam a efectuar e efectuem, nos 60 dias seguintes à deliberação que da proposta resultar, entradas que mantenham pelo menos em dois terços a cobertura do capital.
2. A proposta deve ser apresentada na própria assembleia que apreciar as contas ou em assembleia convocada para os 60 dias seguintes aquela ou à aprovação judicial, nos casos previstos pelo artigo 67º
3. Não tendo os membros da administração cumprido o disposto nos números anteriores ou não tendo sido tomadas as deliberações ali previstas, pode qualquer sócio ou credor requerer ao tribunal, enquanto aquela situação se mantiver, a dissolução da sociedade, sem prejuízo de os sócios poderem efectuar as entradas das referidas no nº 1 até ao trânsito em julgado da sentença.
[5] Sobre as razões que fundamentam esta solução legislativa veja-se PAULO DE TARSO DOMINGUES (2009), p. 348-349; também (2010), p. 519.
[6] PAULO DE TARSO DOMINGUES (2009), p. 347, nota 1334. Também, sobre esta questão, MENEZES CORDEIRO (2005), p. 50.
[7] PAULO DE TARSO DOMINGUES (2009), p. 346. Também, do mesmo autor, (2010), p. 519.

medidas quando verificassem estar perdida metade do capital social[8]. Todavia, o novo regime mostrava-se mais grave em caso de não serem adotadas quaisquer medidas para reequilibrar a situação patrimonial societária, determinando a dissolução da sociedade por força da lei caso a situação de perda grave do capital se mantivesse no final do exercício seguinte àquele em foi verificada[9].

A alteração de paradigma ou de modelo do regime de perda grave do capital social ocorreria em 2005 através do DL 19/2005, de 18 de Janeiro[10]. A gravidade dos efeitos decorrentes da perda grave de capital era agora atenuada na nova veste dada ao artigo 35º, consagrando-se um modelo meramente infor-

---

[8] Dispunha o artigo 35º, na versão dada em 2002, do seguinte modo:

1 – Os membros da administração que, pelas contas do exercício, verifiquem estar perdida metade do capital social devem mencionar expressamente tal facto no relatório de gestão e propor aos sócios uma ou mais das seguintes medidas:

a) A dissolução da sociedade;

b) A redução do capital social;

c) A realização de entradas em dinheiro que mantenham pelo menos em dois terços a cobertura do capital social;

d) A adopção de medidas concretas tendentes a manter pelo menos em dois terços a cobertura do capital social.

2 – Considera-se estar perdida metade do capital social quando o capital próprio constante do balanço do exercício for inferior a metade do capital social.

3 – Os membros da administração devem apresentar a proposta prevista no nº 1 na assembleia geral que apreciar as contas do exercício, ou em assembleia convocada para os 90 dias seguintes à data do início da assembleia, ou à aprovação judicial, nos casos previstos no artigo 67º.

4 – Mantendo-se a situação de perda de metade do capital social no final do exercício seguinte àquele a que se refere o nº 1, considera-se a sociedade imediatamente dissolvida, desde a aprovação das contas daquele exercício, assumindo os administradores, a partir desse momento, as competências de liquidatários, nos termos do artigo 151º.

[9] Cf., de modo desenvolvido, PAULO DE TARSO DOMINGUES (2010), p. 519-520.

[10] O artigo 35º na versão que lhe foi dada pelo Decreto-Lei nº 19/2005, que se mantém em vigor com ligeiras modificações introduzidas no nº1 pelo Decreto-Lei nº 76-A/2006, de 29 de Março, tem o seguinte conteúdo:

1 – Resultando das contas de exercício ou de contas intercalares, tal como elaboradas pelo órgão de administração, que metade do capital social se encontra perdido, ou havendo em qualquer momento fundadas razões para admitir que essa perda se verifica, devem os gerentes convocar de imediato a assembleia geral ou os administradores ou directores requerer prontamente a convocação da mesma, a fim de nela se informar os sócios da situação e de estes tomarem as medidas julgadas convenientes.

2 – Considera-se estar perdida metade do capital social quando o capital próprio da sociedade for igual ou inferior a metade do capital social.

3 – Do aviso convocatório da assembleia geral constarão, pelo menos, os seguintes assuntos para deliberação pelos sócios:

a) A dissolução da sociedade;

b) A redução do capital social para montante não inferior ao capital próprio da sociedade, com respeito, se for o caso, do disposto no nº 1 do artigo 96º;

c) A realização pelos sócios de entradas para reforço da cobertura do capital.

mativo (ou modelo alemão): a lei apenas impõe ao órgão de administração a obrigação de informar os sócios sobre a situação patrimonial da sociedade[11].

Não se pretende comentar ou analisar o regime legal da perda grave do capital social. A referência à evolução legislativa do artigo 35º obedece ao propósito de determinação e concretização do alcance do artigo 523º e, em particular, dos deveres dos órgãos de administração que integram o âmbito de proteção da norma incriminadora.

Ora, de acordo com a atual redação do artigo 35º, verificada uma situação de perda grave do capital social, "devem os gerentes convocar de imediato a assembleia geral ou os administradores requerer prontamente a convocação da mesma, a fim de nela se informar os sócios da situação e de estes tomarem as medidas julgadas convenientes". Deste modo, na versão atual do artigo 35º, a única obrigação que recai sobre o gerente ou administrador, como refere Paulo de Tarso Domingues, "é a de convocar ou requerer a convocação da assembleia, visando informar os sócios da situação de desequilíbrio patrimonial em que se encontra a sociedade. Já não há, pois, como sucedia antes, a obrigação de apresentar aos sócios quaisquer propostas que visem repor a situação de equilíbrio financeiro societário"[12]. A administração tem pois o dever de "diligentemente convocar ou requerer convocação de assembleia e de informar os sócios da situação da perda de metade do capital"[13].

1.4. A revogação implícita do art. 523º

A análise realizada no número anterior revelou o atribulado percurso do artigo 35º e colocou em evidência a alteração das obrigações impostas ao órgão de administração da sociedade quando verifique estar perdida metade do capital social. De um modelo reativo, presente na redação originária, onde se exigia ao órgão de administração a adoção de propostas específicas a apresentar aos sócios, passa-se em 2005 para um modelo informativo menos exigente para os gerentes e administradores sobre quem recai agora o dever de informar os sócios sobre a situação patrimonial da sociedade.

A questão que nos importa resolver é a de saber se esta mudança de paradigma, com a consequente alteração das obrigações reconhecidas ao órgão de

---

[11] Neste sentido e de modo mais desenvolvido, PAULO DE TARSO DOMINGUES (2010), p. 520 e s.; também, do mesmo autor, (2009), p. 339 e 350.
[12] Cf. PAULO DE TARSO DOMINGUES (2009), p. 355.
[13] COUTINHO DE ABREU (2013), p. 452.

administração, se estende ou não ao artigo 523º. Pode este artigo reinterpretar-se agora no sentido de sobre a sua alçada se sancionar já não o incumprimento da violação de propor a dissolução da sociedade ou redução de capital, mas antes o incumprimento do dever de convocar e informar os sócios sobre a perda do capital social?

O problema não escapou à doutrina societária. António Menezes Cordeiro considera que, perante as alterações sofridas pelo artigo 35º e atendendo a que o legislador não tocou no artigo 523º, a norma incriminatória perdeu sentido útil[14]. Paulo de Tarso Domingues, ensaiando uma resposta em sentido diferente, considera que o incumprimento do dever de convocar e informar os sócios faz incorrer os gerentes ou administradores na sanção penal prevista no artigo 523º, sendo porém necessária uma correção da norma no sentido de "a referência do artigo 523º CSC ao incumprimento do disposto nos nºs 1 e 2 do artigo 35º deve hoje, com a nova redação dada a esta norma, entender-se para os nºs 1 e 3"[15].

Temos para nós que a resposta à questão anteriormente formulada há de ser negativa, ou seja, o incumprimento por parte dos órgãos de administração do dever pressuposto no artigo 35º não conhece sanção penal, não podendo aplicar-se o disposto no artigo 523º. Tal resulta de forma imediata do princípio da legalidade criminal, quer na sua compreensão material quer na sua dimensão formal.

De um ponto de vista material não pode deixar de se apreciar criticamente a opção, inerente à técnica legislativa usada, de recortar a conduta típica (e o dever por ela pressuposto) através do reenvio para o regime societário. Ao proceder deste modo, o legislador desvirtua excessivamente a ilicitude material penal, obscurecendo o concreto conteúdo da conduta criminalizada, em claro prejuízo do princípio da legalidade criminal na sua vertente de determinabilidade da norma penal e abre espaços de incerteza em situações – como é aquela que ora cuidamos – de alteração do regime societário[16]. Ora, a conduta e o conteúdo do ilícito criminal não podem alterar-se em função das vicissitudes da lei societária: estão em causa juízos de conveniência e adequação diversos, que obedecem, na sua razão de ser, a finalidades distintas. Deste modo, ao desaparecer o dever extra-penal (societário) de propor dissolução da sociedade ou redução do capital social (que constitui até a epígrafe da norma incriminatória), fez-se

---

[14] MENEZES CORDEIRO (2005), p. 83.
[15] PAULO DE TARSO DOMINGUES (2009), p. 355 e s., nota 1363 e, do mesmo autor, (2010), p. 524.
[16] Cf. SUSANA AIRES DE SOUSA (2013), p. 118.

desaparecer o objeto da norma penal, o que determina, no silêncio do legislador, a *revogação implícita* do artigo 523º.

Um argumento decisivo no sentido da revogação implícita do artigo 523º pode encontrar-se no teor da autorização legislativa concedida pela L 41/86 de 23 de Setembro (que corresponde ao que já constava da Proposta de lei nº 12/ IV de 5 de Fevereiro de 1986). Entre o leque de condutas cuja criminalização é autorizada pela Assembleia da República consta expressamente, na alínea *e)* do artigo 2º a "omissão do dever de propositura da dissolução de sociedades ou de redução do capital, verificando-se a perda deste em metade". Deste modo, a autorização legislativa não cobre a alteração verificada no regime societário nos termos da qual o dever que impende sobre o dirigente empresarial, verificada a perda de metade do capital social, corresponde ao dever de convocar a assembleia e informar os sócios. A sujeição deste incumprimento à sanção penal exige assim, no plano da fonte, uma lei formal: só uma lei da Assembleia da República ou por ela competentemente autorizada pode definir o regime dos crimes e das penas[17]. Caso contrário, *nullum crimen sine lege*.

Ao alterar o regime do artigo 35º, passando de um modelo francês ou reativo para um modelo alemão ou informativo, o governo deveria ter solicitado a autorização do parlamento e modificado, do mesmo passo, o artigo 523º, à semelhança do que dispõe, por exemplo, o § 401 da AktG onde expressamente se sanciona a omissão do dever de convocar e informar os sócios em caso de estar perdida metade do capital social[18].

Em conclusão, a eliminação no plano da lei societária do dever de propor aos sócios a dissolução da sociedade ou a redução do capital determina a revogação da norma que criminaliza o seu incumprimento por parte do gerente ou administrador de sociedade.

---

[17] FIGUEIREDO DIAS (2007), p. 182.

[18] Sobre o alcance e caracterização desta norma veja-se HEFENDEHL (2010), p. 1466 e ss. Uma norma incriminatória semelhante para as sociedades de responsabilidade limitada pode encontrar-se no § 84 da GmbHG.

ARTIGO 524º *
Abuso de informações

1. Aquele que, sendo membro de órgão de administração, fiscalização ou liquidação de sociedade anónima, revelar ilicitamente a outrem factos relativos à sociedade aos quais não tenha sido dada previamente publicidade, e que sejam susceptíveis de influir no valor dos títulos por ela emitidos, será punido com prisão até seis meses e multa até 120 dias.

2. Com a mesma pena será punido aquele que, sendo membro de órgão de administração ou de órgão de fiscalização de sociedade anónima, revelar ilicitamente a outrem factos relativos à fusão desta com outras sociedades, aos quais não tenha sido dada previamente publicidade, e que sejam susceptíveis de influírem no valor dos títulos das sociedades que participarem na fusão, ou de sociedades que com elas estejam em relação de domínio.

3. Se o facto for cometido com intenção de causar dano, material ou moral, a algum sócio que para o mesmo não concorrer conscientemente, à sociedade, ou a terceiro, a pena será de prisão até um ano e multa até 150 dias.

4. Aquele que revelar ilicitamente a outrem factos de que haja tomado conhecimento em razão de serviço permanente ou temporário prestado à sociedade, ou por ocasião dele, ocorrendo quanto aos factos revelados as circunstâncias descritas nos n°s 1 e 2, será punido com prisão até três meses e multa até 90 dias.

* Aditado pelo DL 184/87, de 21 de abril.
Revogado pelo DL 142-A/91, de 10 de abril.

Esta norma foi posteriormente corrigida por via da Declaração de Rectificação de 31 de Julho de 1987 nos seguintes termos: "No artigo 524º, nº 3, onde se lê 'a algum sócio que para o mesmo não concorrer conscientemente,' deve ler-se 'a algum sócio que para o mesmo facto não concorrer conscientemente'".

Este artigo foi revogado pelo artigo 24º do DL 142-A/91, de 10 de abril que aprovou o Código do Mercado de Valores Mobiliários e incluiu no seu artigo 666º o crime de *Abuso de informação*. Por sua vez, este diploma seria também ele revogado pelo DL 486/99, de 13 de novembro, que aprovou o novo Código dos Valores Mobiliários e que tipifica no seu artigo 378º o crime de *Abuso de informação*.

ARTIGO 525º *
Manipulação fraudulenta de cotações de títulos

1. O administrador, director ou liquidatário de sociedade que, mediante simulação de subscrição ou de pagamento, difusão pública de notícias falsas ou qualquer outro artifício fraudulento, der causa a que aumente ou diminua a cotação de acções ou de obrigações, ou de outros títulos com cotação na bolsa, emitidos pela sociedade, ou para o mesmo fim receber ou tentar receber, pessoalmente ou por outrem, subscrição ou pagamento de título, será punido com prisão até seis meses e multa até 120 dias.

2. Se o facto for praticado com intenção de causar dano, material ou moral, a algum sócio que para o mesmo facto não concorrer conscientemente, à sociedade, ou a terceiro, a pena será de prisão até um ano e multa até 150 dias.

3. O administrador, director ou liquidatário que, tendo conhecimento de factos praticados por outrem nas circunstâncias e para os fins descritos no nº 1, omitir ou fizer omitir por outrem as diligências que forem convenientes para evitar os seus efeitos será punido, se pena mais grave não couber por força de outra disposição legal, com prisão até três meses e multa até 90 dias.

* Aditado pelo DL 184/87, de 21 de abril.
Revogado pelo DL 142-A/91, de 10 de abril.

Este artigo foi revogado pelo artigo 24º do DL 142-A/91, de 10 de abril, que aprovou o Código do Mercado de Valores Mobiliários e incluiu no seu artigo 667º o crime de *Manipulação de mercado*. Este diploma seria posteriormente revogado pelo DL 486/99, de 13 de novembro, que aprovou o novo Código dos Valores Mobiliários e que tipifica no seu artigo 379º o crime de *Manipulação de mercado*.

ARTIGO 526º *
Irregularidades na emissão de títulos

O administrador de sociedade que apuser, fizer apor, ou consentir que seja aposta, a sua assinatura em títulos, provisórios ou definitivos, de acções ou obrigações emitidos pela sociedade ou em nome desta, quando a emissão não tenha sido aprovada pelos órgãos sociais competentes, ou não tenham sido realizadas as entradas mínimas exigidas por lei, será punido com prisão até 1 ano e multa até 150 dias.

* Aditado pelo DL 184/87, de 21 de abril.
A atual redação foi introduzida pelo DL 76-A/2006, de 29 de março.

Índice

1. Bem jurídico
2. Tipo objetivo de ilícito
    2.1. Autor
    2.2. Conduta
3. Tipo subjetivo
4. Formas do crime
    4.1. Tentativa
    4.2. Comparticipação

Bibliografia

Citada:

ABREU, J. M. COUTINHO DE – *Curso de Direito Comercial*, vol. II – *Das Sociedades*, 4ª ed., Almedina, Coimbra, 2013; BARBOSA, NUNO – "Artigo 350º", Código das Sociedades Comerciais em comentário, coord. de J. M. Coutinho de Abreu, vol. V, Almedina, Coimbra, 2012, p. 795-800; CÂMARA, PAULO – "Emissão e subscrição de valores mobiliários", *Direito dos Valores Mobiliários*, Lex, Lisboa, 1997, p. 201-241; DOMINGUES, PAULO DE TARSO – *Variações sobre o capital social*, Almedina, Coimbra, 2010, "Artigo 277º", *Código das Sociedades Comerciais em comentário*, coord. de J. M. Coutinho de Abreu, vol. V, Almedina, Coimbra, 2012, p. 93-105, "Artigo 456º", *Código das Sociedades Comerciais em comentário*, coord. de J. M. Coutinho de Abreu, vol. VI, Almedina, Coimbra, 2013, p. 952-962; MARTINS, ALEXANDRE DE SOVERAL – "Artigo 304º", *Código das Sociedades Comerciais em comentário*, coord. de J. M. Coutinho de Abreu, vol. V, Almedina, Coimbra, 2012, p. 358-370.

1. Bem jurídico

A norma incriminatória tem por referência a emissão irregular de títulos no âmbito da sociedade anónima[1]. Em causa está a assinatura pelo administrador de títulos – ações ou obrigações – emitidos sem a aprovação dos órgãos sociais competentes ou emitidos sem que tenham sido realizadas as entradas mínimas exigidas por lei. Na sua redação originária, a um tempo em que as ações e obrigações tituladas tinham uma maior representatividade e significado, a norma procurava assegurar que esses títulos das sociedades anónimas fossem corretamente emitidos. Por conseguinte, procurava-se acautelar os interesses dos adquirentes dos títulos emitidos irregularmente. Simultaneamente, procurava-se também proteger, através da incriminação, a própria sociedade comercial. Com efeito, a relevância criminal da conduta não se basta com a mera irregularidade na emissão dos títulos; antes toma por referência dois específicos contextos, individualizados pelo legislador no tipo legal: o cenário em que a emissão não tenha sido aprovada pelos órgãos sociais competentes, ou aquele outro em que se dá a emissão sem que tenham sido realizadas as entradas mínimas exigidas por lei. Na verdade, em alguns casos pode estar em causa a validade do próprio contrato social, por exemplo, quando não seja depositado o valor mínimo das entradas em dinheiro, nos termos do artigo 277º[2]. Cabe assim ao administrador, através da sua assinatura, acautelar o regular funcionamento da sociedade comercial – interesse que igualmente se protege através do crime de *Irregularidades na emissão de títulos*, previsto no artigo 526º.

2. Tipo objetivo de ilícito

O artigo tem por referência primária as sociedades anónimas uma vez que agente do crime é o *administrador* da sociedade: o tipo objetivo de ilícito concretiza-se em torno da sua assinatura em títulos irregularmente emitidos. Todavia, não são todas as irregularidades que se contemplam e se sancionam através da norma incriminatória. Pune-se a conduta do administrador que *apuser, fizer apor* ou *consentir que seja aposta*, a sua assinatura em títulos, provisórios ou definitivos, de ações ou obrigações, quando a emissão não tenha sido aprovada pelos órgãos sociais competentes, ou não tenham sido realizadas as entradas mínimas exigi-

---

[1] Sobre o conceito de emissão, em particular no domínio das sociedades comerciais, veja-se PAULO CÂMARA (1997), p. 202 e s..

[2] Cf. PAULO DE TARSO DOMINGUES (2010), p. 206 e s.; também (2012), p. 101.

das por lei. É pois fundamental concretizar a norma, atendendo ao seu autor, às condutas tipificadas e ao seu objeto de ação.

2.1. Autor

O tipo legal de crime previsto no artigo 526º pressupõe uma especial qualidade do autor para que se possa afirmar a sua responsabilidade criminal: ser *administrador*. Trata-se de um *crime específico próprio*, voltado para as sociedades anónimas, que exige a qualidade especial do autor como fundamento da sua responsabilidade criminal[3]. A qualidade típica – administrador – atende assim à concreta natureza da sociedade comercial e à correspondente denominação recebida pelo órgão de administração e governação da sociedade. Deste modo, a especial qualidade exigida no tipo legal tem na sua base os deveres legalmente impostos em matéria de emissão de títulos ao administrador de sociedade anónima.

2.2. Conduta

Como já se referiu e em cumprimento da exigência de determinabilidade da incriminação, o legislador quis concretizar quais as irregularidades tidas por si como criminalmente relevantes no momento de emissão de títulos.

A incriminação tem por objeto ações[4] ou obrigações[5] tituladas. Enquanto valores mobiliários, as ações e obrigações podem ser materializadas num título ou registadas em conta, nos termos do artigo 46º, nº 1 do CVM. No primeiro caso estamos perante valores mobiliários titulados, representados por documentos em papel; no segundo, perante ações escriturais. O artigo 526º toma por objeto somente as ações e obrigações tituladas. São abrangidos pela norma quer os títulos definitivos quer os títulos provisórios (nominativos) que, no caso de ações e de acordo com o disposto no artigo 304º, nº 1, sejam entregues ao acionista antes da emissão dos títulos definitivos. Como esclarece Alexandre Soveral Martins, "a entrega do título provisório pode ter lugar quando ainda não se entregou qualquer título ao acionista ou quando foi necessário retirar de circulação um título para ser substituído por outro"[6].

---

[3] Sobre a figura dos crimes específicos veja-se, por todos, FIGUEIREDO DIAS (2007), p. 304 e s., e FARIA COSTA (2012) p. 247 e s..

[4] Sobre as ações, sua caracterização e regime jurídico veja-se em especial as anotações aos artigos 298º e ss. Sobre os seus diversos significados veja-se ainda COUTINHO DE ABREU (2013), p. 223 e s..

[5] Sobre as obrigações, sua caracterização e regime jurídico veja-se em especial as anotações aos artigos 348º e s..

[6] Cf. ALEXANDRE DE SOVERAL MARTINS (2012), p. 360 e s..

A conduta típica tem assim por objeto estes títulos, provisórios ou definitivos, de ações ou de obrigações. O tipo legal compreende três modalidades de conduta que se distinguem quanto à forma como administrador assina estes títulos. A lei sanciona o administrador que *apuser, fizer apor* ou *consentir que seja aposta* a sua assinatura nos títulos. Equipara-se assim à assinatura pela própria mão, as situações em que o administrador assente em assinar ou permite que seja aposta a sua assinatura no título.

Todavia, quanto a este ponto surgem de imediato algumas dificuldades interpretativas decorrentes da alteração da legislação societária e, em particular, das modificações introduzidas ao artigo 304º. Com efeito, a obrigatoriedade de assinatura dos títulos definitivos e provisórios por um ou mais administradores constava, na versão originária do CSC pressuposta pela norma incriminadora, do nº 5 do artigo 304º. Nos termos desta norma "Os títulos definitivos e provisórios são assinados por um ou mais administradores ou diretores, não podendo ser de chancela todas as assinaturas (...)". Todavia, o artigo 61º do DL 76-A/2006 revogou os nºs 4 a 6 do artigo 304º. Porém, a exigência da assinatura do administrador decorre também do artigo 97º do CVM que, no seu nº 2, estabelece que os títulos sejam assinados, ainda que através de chancela, por um titular do órgão de administração do emitente. Neste sentido, continua a exigir-se, mas agora em fonte exterior ao CSC e em condições ligeiramente diferentes, que ao título seja aposta assinatura de um administrador. Ainda assim, tratando-se de um dever incluído em uma norma contida em diploma posterior à incriminação e com conteúdo diverso, na medida em que se admite agora sem restrições a assinatura de chancela, subsistem algumas reservas impostas pelo princípio da legalidade criminal, atendendo à alteração, ainda que mínima, da conduta tipificada.

Todavia, ainda que se desconsidere estas dificuldades e que se entenda que a assinatura a que se refere a norma incriminatória é a prevista no artigo 97º do CVM, a conduta só é penalmente relevante se a emissão dos títulos for irregular por um de dois motivos previstos no tipo: ou porque a emissão não foi aprovada pelos órgãos sociais competentes (*v. g.*, a emissão de ações por aumento do capital que deva ser autorizado pela coletividade dos sócios nos termos do artigo 85º e fora do quadro estabelecido pelo artigo 456º [7]; também a emissão de obrigações, estando autorizada pelos estatutos da sociedade, está sujeita à deliberação

---

[7] No artigo 456º prevê-se o aumento de "capital autorizado", permitindo-se que os sócios autorizem o órgão de administração a deliberar, dentro de certas condições, sobre o aumento do capital social. Sobre este regime e a sua finalidade veja-se PAULO DE TARSO DOMINGUES (2013), p. 954 e s..

dos acionistas nos termos do artigo 350º [8]); ou porque não foram realizadas as entradas mínimas exigidas por lei (neste último caso, há que atender aos limites mínimos estabelecidos na lei societária e, de modo particular, no artigo 277º, em matéria de realização de entradas pelos sócios de sociedades anónimas[9]).

3. Tipo subjetivo

Em virtude do disposto no nº 1 do artigo 527º, para o qual se remete, as irregularidades na emissão dos títulos previstas no artigo 526º só são puníveis quando realizadas dolosamente, isto é, quando o agente atue com conhecimento e vontade de realização do tipo objetivo de ilícito. A responsabilidade criminal pode fundamentar-se em qualquer uma das modalidades de dolo acolhidas pela doutrina penal: dolo direto, necessário ou eventual.

4. Formas do crime
4.1. Tentativa

O CSC estabelece uma regra especial em matéria de punição de tentativa no artigo 527º, nº 2, nos termos a qual será punível a tentativa dos factos para os quais tenha sido cominada pena de prisão ou pena de prisão e multa. Remetemos pois para comentário respetivo. Adiante-se porém que, de acordo com aquela regra e atendendo às penas previstas no artigo 526º, a tentativa é punível.

4.2. Comparticipação

O crime de *Irregularidades na emissão de títulos* é um crime específico próprio, uma vez que a lei limita o círculo da autoria criminosa ao administrador de sociedade. Por conseguinte, autor do crime será o administrador que assinar títulos irregularmente emitidos.

Numa tentativa de resolver os problemas de comparticipação que surgem associados à figura dos delitos específicos próprios, a redação da norma não se limitou à previsão de modalidades de atuação direta ou imediata do administrador (*v. g.*, assinatura por mão própria), mas integrou na norma incriminatória formas de realização mediata do tipo legal e ainda o mero consentimento na aposição da assinatura. O legislador, ao alargar as modalidades de autoria, parece assumir como critério da autoria criminosa a violação do dever que recai

---

[8] Sobre este artigo veja-se NUNO BARBOSA (2013), 795 e s..

[9] Sobre esta matéria, de modo desenvolvido e com adicionais referências bibliográficas, PAULO DE TARSO DOMINGUES (2012), p. 93 e s..

sobre o administrador. Deste modo, a realização mediata do tipo legal de crime é revelada na expressão *"fizer apor"* que o legislador equipara à assinatura por mão própria. E, avançando mais um pouco, o legislador toma como suficiente, para afirmar a autoria criminosa por parte do administrador, o seu consentimento, prescindindo de um integral domínio do facto para afirmar a autoria.

Deste modo, o legislador, à semelhança da opção seguida em outros artigos do código que se referem à responsabilidade criminal dos dirigentes societários, ao contemplar expressamente no tipo legal situações de comparticipação (por via das expressões *fizer apor* e *consentir*) pretende afastar o regime de comunicabilidade do dever que recai sobre o *intraneus* previsto no artigo 28º do CP. Por conseguinte, o legislador quis reservar a sanção mais grave – a pena – para aquele que, tendo o dever de apor a sua assinatura nos títulos, o faz em situações de irregularidade na sua emissão: ou porque essa emissão não foi autorizada pelos órgãos competentes ou porque não estão realizadas as entradas mínimas exigidas por lei.

ARTIGO 527º*
Princípios comuns

1. Os factos descritos nos artigos anteriores só serão puníveis quando cometidos com dolo.

2. Será punível a tentativa dos factos para os quais tenha sido cominada nos artigos anteriores pena de prisão ou pena de prisão e multa.

3. O dolo de benefício próprio, ou de benefício de cônjuge, parente ou afim até ao 3º grau, será sempre considerado como circunstância agravante.

4. Se o autor de um facto descrito nos artigos anteriores, antes de instaurado o procedimento criminal, tiver reparado integralmente os danos materiais e dado satisfação suficiente dos danos morais causados, sem outro prejuízo ilegítimo para terceiros, esses danos não serão considerados na determinação da pena aplicável.

* Aditado pelo DL 184/87, de 21 de abril.

Índice

1. Considerações introdutórias
2. Crimes dolosos
3. Tentativa
4. Circunstância (fator) agravante
5. Reparação

Bibliografia

Citada:

ANTUNES, MARIA JOÃO – *Consequências jurídicas do crime*, Coimbra Editora, Coimbra, 2013; COSTA, JOSÉ DE FARIA – *Direito Penal Especial. Contributo a uma sistematização dos problemas "especiais" da Parte Especial*, Coimbra, Coimbra Editora, 2004, "A análise das formas (*ou a análise das "formas do crime": em especial* a tentativa", *RLJ*, ano 139 (2010), nº 3962, p. 289-299; DIAS, JORGE DE FIGUEIREDO – *Direito Penal. Parte Geral*, Tomo I, Coimbra Editora, Coimbra, 2007, *Direito penal português. As consequências jurídicas do crime*, Coimbra Editora, Coimbra, 2005, (reimp.); MENDES, PAULO DE SOUSA – "Artigo 527º", *Código das Sociedades Comerciais Anotado*, coord. A. Menezes Cordeiro, Almedina, Coimbra, 2011, p. 1364-1366; SILVA, GERMANO MARQUES DA – "Disposições penais do Código das Sociedades Comerciais – Considerações Gerais", *Textos – Sociedades Comerciais*, Centro de Estudos Judiciários/Conselho Distrital do Porto da Ordem dos Advogados, Lisboa, 1994/95, p. 39-49; SOUSA, SUSANA AIRES DE – "Direito penal das sociedades comerciais. Qual o bem jurídico?", *RPCC 12 (2002)*, p. 49-77, "Nótulas sobre as disposições penais do Código das Sociedades Comerciais", *DSR*, ano 5, vol. 9 (2013), p. 115-134.

1. Considerações introdutórias

O artigo 527º congrega um conjunto de princípios comuns aos crimes societários. O legislador inclui assim, no final do elenco das incriminações, uma norma de carácter geral onde se aglutina um conjunto de preceitos que complementam os artigos 509º a 526º. Assim, se nos artigos 509º a 526º se prevê, em especial, os crimes societários, o artigo 527º contempla uma brevíssima nota geral e comum àquelas incriminações.

As formulações gerais estabelecidas neste artigo partilham entre si a circunstância de se referirem a matéria por regra incluída na Parte Geral do CP. É assim quanto às matérias do dolo (nº 1) da tentativa (nº 2) ou das circunstâncias modificativas agravantes (nº 3). Assim, também no domínio penal societário se concretiza, através do artigo 527º, o diálogo entre normas incriminatórias especiais, de predominância político-criminal, onde se descrevem e tipificam os comportamentos proibidos, e os princípios gerais ligados à teoria geral do crime e portadores de natureza acentuadamente dogmática[1].

Estando em causa princípios gerais de direito penal, cabe indagar da razão justificadora de uma norma desta natureza. Através desta previsão o legislador societário privilegiou as especificidades próprias dos delitos societários. Se é certo que em alguns casos se limitou a reforçar o princípio geral que subsidiariamente se aplicaria por via do disposto no artigo 529º (*v. g.*, quanto à natureza dolosa das incriminações), em outros casos alterou aquele que seria princípio geral subsidiariamente aplicável, criando um cânone autenticamente específico, próprio do direito penal societário (*v. g.*, quanto à punição da tentativa).

2. Crimes dolosos

O nº 1 do artigo 527º estabelece que os factos descritos nos artigos anteriores só serão puníveis quando cometidos com dolo. Paulo de Sousa Mendes considera que, em face do disposto no artigo 13º do CP[2], aplicável subsidiariamente por via do artigo 529º, esta norma se afigura redundante[3]. Com efeito, da norma prevista no CP resulta já que a negligência só é punível nos casos especialmente previstos na lei. Assim, perante a ausência de uma referência expressa à punição das condutas negligentes no domínio das incriminações societárias, resultaria que os factos tipificados só seriam punidos na sua forma dolosa.

---

[1] Sobre a relação entre a Parte Geral e a Parte Especial do CP veja-se FARIA COSTA (2004), p. 15 e s..
[2] Veja-se, sobre esta norma, FIGUEIREDO DIAS (2007), p. 349.
[3] PAULO DE SOUSA MENDES (2011), p. 1365.

O dolo a que se refere o nº 1 do artigo 527º traduz-se na *representação* e *vontade* de praticar os factos tipificados[4]; ou seja, é necessário que o agente represente que com a sua atuação preenche o tipo de ilícito e que atue com vontade de o realizar, seja a título de dolo direto, necessário ou eventual, nos termos definidos, respetivamente, pelos nºˢ 1, 2, 3, todos do artigo 14º do CP.

Em algumas incriminações, *v. g.*, 509º, nº 2, 519, nº 3, 520º, nº 3, o legislador exige, para além do dolo, um elemento subjetivo adicional. Os especiais elementos subjetivos do tipo dizem respeito à *intenção* de causar dano, material ou moral, ao sócio ou à sociedade. A intenção surge assim como um elemento adicional que concorre com o dolo do tipo. Nestes casos, para que o tipo subjetivo esteja integralmente preenchido, o agente tem de representar e querer realizar o tipo objetivo de ilícito (dolo) e tem ainda de atuar com aquela específica intenção. O objeto da intenção "encontra-se *fora* do tipo objetivo do ilícito"[5] e constitui, nos crimes societários, um fundamento de agravação da pena.

3. Tentativa

O nº 2 do artigo 527º estabelece uma regra especial em matéria de punição de tentativa, segundo a qual se reserva a punição do facto tentado quando se preveja, no tipo legal, pena de prisão ou pena de prisão e multa.

A norma geral em matéria de punição de tentativa está prevista no artigo 23º do CP e faz depender a punição da tentativa da pena aplicável ao crime consumado: a tentativa só é punível se ao crime consumado respetivo corresponder pena superior a três anos de prisão, salvo disposição em contrário (nº 1). A existência desta regra limitadora da punibilidade da tentativa tem o seu fundamento na realização meramente *parcial* do ilícito na medida em que, em caso de tentativa, o desvalor do resultado será sempre menor[6]. Como esclarece Figueiredo Dias, foi intenção político-criminal do legislador restringir a punição da tentativa, por via de princípio, aos casos criminologicamente chamados da *grande* e da *média* criminalidade; o que se justifica precisamente em função da *menor gravidade* que a lei adscreve ao delito tentado por relação com o delito consumado[7].

Já no âmbito dos crimes societários o legislador quis restringir a tentativa aos casos em que pode ser aplicável uma pena de prisão. Muito provavelmente

---

[4] Sobre os momentos intelectual e volitivo do dolo veja-se FIGUEIREDO DIAS (2007), p. 351 e s. e p. 366 e s..

[5] FIGUEIREDO DIAS (2007), p. 379.

[6] Cf. FIGUEIREDO DIAS (2007), p. 712; FARIA COSTA (2010), p. 294 e s..

[7] Cf. FIGUEIREDO DIAS (2007), p. 712.

a opção do legislador prende-se com a pequena gravidade das penas aplicáveis aos crimes societários e de que resultaria, aplicando-se a regra geral prevista no artigo 23º do CP, a impunidade do delito tentado. Germano Marques da Silva e Paulo de Sousa Mendes avançam ainda uma outra tentativa de explicação para o afastamento do regime geral, assente na ideia de o legislador ter procurado reforçar o efeito intimidatório da eventual abertura de um processo criminal: "esta ameaça de instauração do processo criminal terá o efeito de pressionar os gestores para o pontual cumprimento das normas de funcionamento das sociedades"[8].

Criou-se assim uma regra especial que reserva a punição da tentativa aos casos mais graves, a saber, aqueles aqueles a que é aplicável pena de prisão. Porém, atendendo à heterogeneidade das incriminações societárias (que variam desde logo entre delitos materiais e formais) talvez tivesse sido melhor opção fixar-se a punição da tentativa não num princípio comum mas no próprio tipo legal, através da forma comummente usada na legislação penal "a tentativa é punível".

A lei penal societária não esclarece se a tentativa constitui uma circunstância atenuante como se verifica no CP por via do nº 2 do artigo 23º. Todavia, não faz sentido que o delito na forma tentada seja punido com a mesma pena que cabe ao crime consumado. Logo, deverá aplicar-se subsidiariamente, convocando o artigo 529º do CSC, a atenuação prevista no CP, por força dos artigos 23º e 73º. Todavia, em face da escolha legislativa por sanções mínimas, da atenuação podem resultar molduras penais estranhamente curtas: fazendo funcionar a atenuação em um crime punível com pena de prisão até três meses, *v. g.*, artigos 518º ou 519º, o limite máximo da pena de prisão deve ser reduzido de um terço, nos termos do artigo 73º do CP, ou seja, o limite máximo da moldura será de 2 meses e o limite mínimo será de um mês (nos termos do artigo 41º do CP).

4. Circunstância (fator) agravante

O nº 3 do artigo 527º considera como "circunstância agravante" o "dolo de benefício próprio, ou de benefício do cônjuge, parente ou afim até ao terceiro grau". Impõem-se algumas reservas no uso da expressão "dolo de benefício". Não nos parece que se trate de dolo em sentido jurídico-penal; antes, porém, o legisla-

---

[8] Cf. GERMANO MARQUES DA SILVA (1994/95), p. 44; PAULO DE SOUSA MENDES (2011), p. 1365.

dor terá querido referir-se à intenção de o agente se beneficiar a si próprio ou a alguma das pessoas referidas na norma[9].

Muito embora este "dolo" ou intenção de benefício do agente ou de terceiro, cônjuge, parente ou afim até ao terceiro grau, seja um elemento subjetivo, o legislador optou por configurá-lo como uma circunstância agravante da pena. Ou seja, trata-se de uma circunstância que integra não a doutrina geral do crime (societário) mas antes se situa no plano da sanção, das consequências jurídicas do crime.

A expressão legislativa "*circunstância agravante*" deixa, no entanto, a dúvida sobre se na mente do legislador esteve a configuração do "dolo de benefício" como uma circunstância modificativa da moldura penal ou antes como um fator de determinação da medida da pena.

Naquela primeira aceção, entende-se por *circunstâncias modificativas* "os pressupostos ou conjuntos de pressupostos que, não dizendo diretamente respeito nem ao tipo-de-ilícito (objetivo ou subjetivo), nem ao tipo-de-culpa, nem mesmo à punibilidade em sentido próprio, todavia contendem com a maior ou menor gravidade do crime como um todo e relevam por isso diretamente para a doutrina da determinação da pena"[10]. Estas circunstâncias têm por efeito modificar a moldura penal prevista no tipo legal de crime. São por isso *circunstâncias modificativas da moldura penal* no sentido da sua agravação (elevando um ou ambos os limites da moldura penal) ou da sua atenuação (baixando um ou ambos os limites da moldura penal). Estas circunstâncias podem ainda ser *comuns* ou *gerais* se se aplicam a qualquer crime, ou *especiais* se se aplicam especificamente a certos tipos legais de crime[11].

Por sua vez, os *fatores de medida da pena* compreendem as circunstâncias do "complexo integral do facto" que relevam para efeitos de culpa e de prevenção

---

[9] Aproximamo-nos assim de PAULO DE SOUSA MENDES (2011), p. 1365, quando entende que "O dolo de benefício próprio, do cônjuge, parentes ou afim até 3º grau é antes uma intenção de enriquecimento para si ou para terceiro, a exemplo da intenção de enriquecimento que se exige na burla (217º/1 do CP)". Porém, se é certo que o dolo a que se refere o nº 3 do artigo 527 deve ser lido no sentido de "intenção", parece-nos que a expressão "benefício" é dotada de amplitude que vai para além do enriquecimento, compreendendo também qualquer outra vantagem (de natureza patrimonial ou não) presente na mente do agente como finalidade de realização da sua conduta.

[10] Cf. FIGUEIREDO DIAS (2005), p. 201 e s. Também MARIA JOÃO ANTUNES (2013), p. 39.

[11] Cf., de modo mais desenvolvido, FIGUEIREDO DIAS (2005), p. 199 e s.; MARIA JOÃO ANTUNES (2013), p. 39 e s..

enquanto critérios de determinação da pena concreta[12]. Estes fatores são assim o meio de concretização do substrato da medida da pena, estando definidos e previstos, de forma exemplificativa, no artigo 71º, nº 2 do CP: *"na determinação concreta da pena o tribunal atende a todas as circunstâncias que, não fazendo parte do tipo de crime, depuserem a favor do agente ou contra ele (...)"*.

O nº 3 do artigo 527º não esclarece se em causa está uma circunstância modificativa agravante que altere a moldura penal ou um fator (de agravação) da medida da pena. Porém, parece afastar aquela primeira hipótese uma vez que o legislador, querendo esta configuração, deveria ter concretizado o modo de realização da agravação da moldura penal. Por conseguinte, deve entender-se que a norma prevê um fator de agravação da pena, específico para os crimes societários, que o juiz há de ter em conta na operação de determinação da pena concreta. O "dolo" de benefício próprio ou de benefício do cônjuge, parente ou afim até ao terceiro grau, constitui assim não uma "circunstância modificativa agravante" mas um fator de medida da pena que depõe contra o arguido. Tendo em conta a natureza intencional que subjaz a esta circunstância, o seu relevo na determinação da pena será, essencialmente, por via de uma culpa agravada que o agente manifesta na realização do facto.

5. Reparação

O nº 4 do artigo 527º estabelece que se o autor de um crime societário, antes de instaurado o procedimento criminal, tiver reparado integralmente os danos materiais e dado satisfação suficiente dos danos morais causados, sem outro prejuízo ilegítimo para terceiros, esses danos não serão considerados na determinação da pena aplicável. Neste sentido, os danos materiais e morais causados pela conduta do agente não serão tidos em consideração na determinação da pena aplicável.

Assim, esta norma deve ser conjugada na sua leitura com as normas que preveem uma agravação da pena em virtude de o agente ter causado dano grave material ou moral à sociedade ou aos sócios e, em alguns casos, a terceiro: artigos 509º, nº 3; 511º, nº 2; 512º, nº 3; 514º, nº 5; 515º, nº 3; 518º, nº 3; 519º, nº 4. A reparação dos danos terá por efeito como que a "anulação" da agravação prevista nestes artigos.

O regime previsto neste número sugere algumas reflexões adicionais.

---

[12] Cf., de modo mais desenvolvido, FIGUEIREDO DIAS (2005), p. 232 e s.; MARIA JOÃO ANTUNES (2013), p. 44 e s..

A primeira nota procura sublinhar que o regime de privilégio contido neste artigo não é, na sua essência, estranho ao direito penal. Com efeito, a relevância concedida à reparação dos danos é reconhecida em outras normas incriminatórias, por exemplo, no âmbito dos crimes patrimoniais, previstos no CP, por via do artigo 206º, ou dos crimes urbanísticos nos termos do artigo 278º-B, também do CP. Na base de disposições deste tipo está a ideia de que a reparação dos danos causados diminui as exigências de punição, atendendo sobretudo às suas implicações numa mais consistente e efetiva consideração dos interesses dos ofendidos. Pronunciando-se sobre este ponto, Paulo de Sousa Mendes considera que o relevo dado pelo legislador à reparação dos danos e à satisfação moral do ofendido é completamente bem fundado, por revelar consideração pela vítima enquanto destinatária político-criminal[13].

Em segundo lugar, em uma análise comparativa com as disposições do CP, sobressai a exigência prevista no 4 do artigo 527º de que o agente tenha dado satisfação suficiente dos *danos morais* causados. Este requisito levanta um problema adicional: o de saber qual o critério para se apurar se se encontram ressarcidos com suficiência aqueles danos morais. A doutrina tem entendido que é ao ofendido ou a quem o represente que cabe decidir sobre a suficiência da satisfação moral[14]. Ainda assim, permanece uma última interrogação: a de saber se, no plano do dever ser jurídico-penal, a satisfação de danos morais deve revelar autonomamente ou se, pelo contrário, atendendo à sua natureza, melhor seria reservar a sua relevância jurídico-penal de forma mediata aos fatores de determinação da pena positivados na lei, designadamente, na segunda parte da alínea *e)* do nº 2 do artigo 71º do CP: consideração da conduta posterior ao facto especialmente quando esta seja destinada a reparar as consequências do crime. Em nosso modo de ver, do ponto de vista jurídico-penal, seria preferível esta última solução.

Uma terceira reflexão dirige-se à exigência de que a reparação tenha lugar antes de instaurado o procedimento criminal. Por via deste pressuposto, o legislador procurou assegurar alguma voluntariedade no ato de reparação, evitando que a possibilidade de aplicação de uma pena fosse usada como meio de constrangimento ao ressarcimento dos danos. Por outro lado, o privilégio concedido pelo nº 4 encontra igualmente a sua justificação na diminuição das finalidades punitivas uma vez que a reparação dos danos antes de instaurado o procedi-

---

[13] PAULO DE SOUSA MENDES (2011), p. 1365.
[14] GERMANO MARQUES DA SILVA (1994/95), p. 43; PAULO DE SOUSA MENDES (2011), p. 1366.

mento criminal indicia a intenção do agente de regressar à juridicidade, diminuindo-se as exigências do lado da prevenção geral e da prevenção especial.

Por fim, sublinhe-se, não obstante a semelhança anteriormente assinalada entre o disposto no artigo 527, nº 4, e o regime previsto no artigo 206º do CP, há uma diferença assinalável na amplitude das consequências reconhecidas à reparação: os efeitos previstos no CSC têm uma alcance consideravelmente menor. Com efeito, neste último caso o privilégio concedido pela lei traduz-se apenas em desconsiderar os danos causados na determinação da pena aplicável, isto é, na operação de determinação da moldura penal correspondente ao facto praticado pelo agente. Ora, do artigo 206º decorre a atenuação da pena ou, desde a revisão do CP de 2007, a extinção da responsabilidade penal. Esta previsão legislativa tem na sua base a natureza patrimonial do bem jurídico, uma vez que com a restituição da coisa furtada ou ilegitimamente apropriada ou com a reparação integral dos prejuízos causados se dá a reintegração total do bem jurídico lesado pela conduta do agente. É a natureza patrimonial (individualizada) dos interesses tutelados e a possibilidade da sua integral reintegração, reconhecida pela concordância do ofendido, que permitem, no quadro do artigo 206º, nº 1, reconhecer uma tal relevância à restituição da coisa ou à reparação dos prejuízos causados. Como se referiu, os crimes societários não têm, do ponto de vista do bem jurídico tutelado, uma natureza patrimonial. O objeto de tutela destas normas incriminatórias coincide com o correto funcionamento da sociedade comercial[15]. Daí que a reparação dos interesses patrimoniais lesados não tenha por significado a reintegração do bem jurídico protegido pela incriminação e, consequentemente, não possa ter por efeito a extinção da responsabilidade criminal. Assim, de forma indireta, também por via do disposto no nº 4 do artigo 527º se reconhece como interesse protegido pelas incriminações societárias o regular funcionamento da sociedade comercial.

---

[15] Sobre o bem jurídico tutelado pelas incriminações societárias veja-se, entre outros, SUSANA AIRES DE SOUSA (2002), p. 51 e s.; (2013), p. 123 e s..

ARTIGO 528º *
Ilícitos de mera ordenação social

1. O gerente ou administrador de sociedade que não submeter, ou por facto próprio impedir outrem de submeter, aos órgãos competentes da sociedade até ao fim do prazo previsto no nº 1 do artigo 376º, o relatório de gestão, as contas do exercício e os demais documentos de prestação de contas previstos na lei, e cuja apresentação lhe esteja cometida por lei, pelo contrato social, ou por outro título, bem como viole o disposto no artigo 65º – A, será punido com coima de € 50 a € 1500.

2. A sociedade que omitir em actos externos, no todo ou em parte, as indicações referidas no artigo 171º deste Código será punida com coima de € 250 a € 1500.

3. A sociedade que, estando a isso legalmente obrigada, não mantiver livro de registo de acções nos termos da legislação aplicável, ou não cumprir pontualmente as disposições legais sobre registo e depósito de acções, será punida com coima de € 500 a € 49 879,79.

4. (Revogado)

5. Aquele que estiver legalmente obrigado às comunicações previstas nos artigos 447º e 448º deste Código e as não fizer nos prazos e formas da lei será punido com coima de € 25 a € 1000 e, se for membro de órgão de administração ou de fiscalização, com coima de € 50 a € 1500.

6. Nos ilícitos previstos nos números anteriores será punível a negligência, devendo, porém, a coima ser reduzida em proporção adequada à menor gravidade da falta.

7. Na graduação da pena serão tidos em conta os valores do capital e do volume de negócios das sociedades, os valores das acções a que diga respeito a infracção e a condição económica pessoal dos infractores.

8. A organização do processo e a decisão sobre aplicação da coima competem ao conservador do registo comercial da conservatória situada no concelho da área da sede da sociedade, bem como ao director-geral dos Registos e Notariado, com a possibilidade de delegação.

9. O produto das coimas reverte para a Direcção-Geral dos Registos e do Notariado.

*Aditado pelo DL 184/87, de 21 de abril.
A atual redação do nº 1 foi introduzida pelo DL 76-A/2006, de 29 de março.
A atual redação do nos 2, 3, 5, 8 resultou do disposto no artigo 11º do DL 8/2007, de 17 de janeiro. Este diploma aditou ainda o nº 9.
O nº 4 foi revogado pelo DL 486/99, de 13 de novembro.

Índice

1. O ilícito de mera ordenação social
2. As contra-ordenações societárias

2.1. Violação do dever de apresentar os documentos de prestação de contas até ao fim do prazo previsto no nº 1 do art. 376º

2.2. Violação do período de exercício estabelecido no art. 65º-A

2.3. Omissão, total ou parcial, de menções em atos externos

2.4. Violação de deveres relacionados com o registo e depósito de ações

2.5. Violação dos deveres de comunicação previstos nos arts. 447º e 448º

3. Tipo subjetivo

4. Determinação da coima

5. Competência

6. Produto das coimas

Bibliografia

Citada:

ABREU, J. M. COUTINHO DE – "Artigo 376º", *Código das Sociedades Comerciais em comentário*, coord. de J. M. Coutinho de Abreu, vol. VI, Almedina, Coimbra, 2013, p. 67-71; ANDRADE, MANUEL DA COSTA – "Contributo para o conceito de contra-ordenação (a experiência alemã)", *Direito Penal Económico e Europeu: Textos Doutrinários*, IDPEE, Coimbra, Coimbra Editora, 1998, p. 75-107 (publicado originariamente na *Revista de Direito e Economia*, 6/7, 1980-1981, p. 81-121); BRANDÃO, NUNO – *Crimes e contra-ordenações: da cisão à convergência material ensaio para uma recompreensão da relação entre o direito penal e o direito contra-ordenacional*, Tese de Doutoramento em Ciências Jurídico-Criminais apresentada à FDUC em Agosto de 2013; CORREIA, EDUARDO – "Direito penal e direito de mera ordenação social", *Direito Penal Económico e Europeu: Textos Doutrinários*, IDPEE, Coimbra, Coimbra Editora, 1998, p. 1-18 (publicado originariamente no BFD, XLIX, 1973, p. 257-281); COSTA, JOSÉ DE FARIA – "A importância da recorrência no pensamento jurídico. Um exemplo: a distinção entre o ilícito penal e o ilícito de mera ordenação social", *Direito Penal Económico e Europeu: Textos Doutrinários*, IDPEE, Coimbra, Coimbra Editora, 1998, p. 109-143 (publicado originariamente na *Revista de Direito e Economia*, 9, 1983, p. 3-51); DIAS, JORGE DE FIGUEIREDO – *Direito Penal. Parte Geral*, Tomo I, Coimbra Editora, Coimbra, 2007, "O movimento de descriminalização e o ilícito de mera ordenação social, *Direito Penal Económico e Europeu: Textos Doutrinários*, IDPEE, Coimbra, Coimbra Editora, 1998, p. 19-33 (publicado originariamente *in Centro de Estudos Judiciários, Jornadas de direito criminal: o novo Código Penal português e legislação complementar*, I, 1983, p. 317-336); DIAS, GABRIELA FIGUEIREDO – "Artigo 447º", *Código das Sociedades Comerciais em comentário*, coord. de J. M. Coutinho de Abreu, vol. VI, Almedina, Coimbra, p. 872-885, "Artigo 448º", *Código das Sociedades Comerciais em comentário*, coord. de J. M. Coutinho de Abreu, vol. VI, Almedina, Coimbra, p. 886-891; MARTINS, ALEXANDRE DE SOVERAL

– "Artigo 171º", *Código das Sociedades Comerciais em comentário*, coord. de J. M. Coutinho de Abreu, vol. II, Almedina, Coimbra, 2011, p. 732-736, "Artigo 305º", *Código das Sociedades Comerciais em comentário*, coord. de J. M. Coutinho de Abreu, vol. V, Almedina, Coimbra, 2012, p. 371-375; PINTO, FREDERICO DE LACERDA DA COSTA – "O ilícito de mera ordenação social e a erosão do princípio da subsidiariedade da intervenção penal", *Direito Penal Económico e Europeu: Textos Doutrinários*, IDPEE, Coimbra Editora, Coimbra, 1998, p. 209-274 (publicado originariamente na RPCC 7, 1997, p. 7-100); RODRIGUES, ANA MARIA/DIAS, RUI – "Artigo 65º-A", *Código das Sociedades Comerciais em comentário*, coord. de J. M. Coutinho de Abreu, vol. I, Almedina, Coimbra, 2010, p. 783-784.

1. O ilícito de mera ordenação social

O CSC reconhece às condutas descritas nos artigos 509º a 526º uma relevância criminal. Porém, no artigo 528º prevê-se, para além daquelas sanções penais, um conjunto de sanções administrativas aplicáveis à violação de determinados deveres societários. A pretensa diferença entre crime e contra-ordenação societária tem pressuposta a problemática mais abrangente do critério de distinção entre ilícito de mera ordenação social e ilícito criminal. A amplitude desta questão excede largamente o âmbito deste comentário; por esta razão, apenas se cuidará de uma breve referência, funcionalizada aos específicos objetivos desta anotação.

Na sua origem, o ilícito de mera ordenação social obedeceu à finalidade político-criminal de pôr termo ao fenómeno de hipercriminalização verificado a partir do início do século XX e acentuado a partir da segunda metade desse século com a assunção de tarefas crescentes e mais complexas por parte de uma administração interventiva, própria de um Estado social[1]. A tendência para fazer intervir o direito penal, com as suas sanções, como forma de emprestar força às disposições administrativas confrontou-se com a afirmação político-criminal de um direito penal mínimo e de *ultima ratio*. Como refere Figueiredo Dias, "a consequência foi a de, no âmbito complexo e multifacetado daquilo que se chamava direito penal administrativo, se levar a cabo uma distinção fundamental, consoante as condutas por ele proibidas devessem ainda considerar-se relevantes à luz de uma qualquer valoração prévia de carácter ético-social – caso em

---

[1] Sobre a origem da figura das contra-ordenações veja-se FIGUEIREDO DIAS (2007), p. 156 e s. e (1998), p. 19 e s.; EDUARDO CORREIA (1998), p. 3.; MANUEL DA COSTA ANDRADE (1998), p. 35 e s.; JOSÉ DE FARIA COSTA (1998), p. 109 e s.; FREDERICO DA COSTA PINTO (1998), p. 209 e s..

que elas se manteriam dentro do domínio do direito penal e, na verdade, como constitutivas do que veio a ser chamado *direito penal secundário*; ou pelo contrário devessem considerar-se ético-socialmente neutras (...) e consideradas constitutivas de um ilícito administrativo. Assim surgiram as contra-ordenações"[2].

Todavia, na doutrina hodierna, a distinção entre o facto criminal e o facto contra-ordenacional está longe de ser um problema resolvido. De um lado estão aqueles autores que seguem um critério de natureza qualitativa como vinha sendo defendido, entre nós, por Eduardo Correia[3]; de outro lado, aqueles autores que parecem aproximar-se de um critério de pendor quantitativo como, entre nós, propõe Manuel da Costa Andrade[4]. Segundo um critério qualitativo, aquelas infrações têm uma natureza distinta que se reflete, no plano do ilícito, na relação necessária entre a infração penal e a tutela de bens jurídico-penais bem como na relação entre a infração administrativa e a tutela de meras funções sociais, sem ressonância ética imediata. Neste último caso, está em causa a violação de deveres administrativos, a qual confere ao ilícito um carácter formal, axiologicamente neutro. Um critério de natureza quantitativa faz assentar a distinção entre aqueles dois ilícitos numa diferença de gravidade que deve ser avaliada e medida em cada caso pelo legislador; do ponto de vista axiológico não há qualquer diferença entre o ilícito de mera ordenação social e o ilícito penal, pelo que esta distinção tem uma natureza puramente gradativa e é concretizada pelo legislador no momento em que tipifica as condutas[5].

Da nossa perspetiva é necessário ter presente, como primeiro pressuposto, que tanto as contra-ordenações como os crimes servem a proteção de bens jurídicos[6]. Só que, a nosso ver, enquanto no domínio do direito penal o bem jurídico, cumprindo a sua função crítica, tem um papel conformador do próprio ilícito penal, já nas contra-ordenações, dado o seu carácter prévio à tutela de bens jurídicos, o ilícito está afastado do respetivo objeto de tutela.

Neste sentido, concordamos com Figueiredo Dias quando considera que "em certas infrações – os crimes – o bem jurídico protegido se contém logo,

---

[2] FIGUEIREDO DIAS (2007), p. 157.
[3] Cf. EDUARDO CORREIA (1998), p. 8.
[4] Cf. MANUEL DA COSTA ANDRADE (1998), p. 104.
[5] Sobre o modelo misto qualitativo-quantitativo que tende a ser dominante, desde há algumas décadas, na doutrina e na jurisprudência alemã, veja-se o estudo aprofundado de NUNO BRANDÃO (2013), p. 326 e s., correspondente à dissertação de doutoramento recentemente apresentada à Faculdade de Direito da Universidade de Coimbra e a quem se agradece especificamente esta referência.
[6] Cf. SUSANA AIRES DE SOUSA (2006), p. 265 e s..

expressa ou implicitamente, na própria conduta como tal, noutras – as contra-
-ordenações – ele se encontra fora dela e só se desenha quando a conduta se
conexiona com a regra legal que a proíbe"[7]. Por conseguinte, aponta-se uma
outra solução na distinção entre crime e contra-ordenação, assente num critério
material, nos termos propostos por Figueiredo Dias. Segundo o autor, para realizar aquela distinção "necessário é que a perspetiva da 'indiferença ético-social'
se dirija não imediatamente aos *ilícitos* – que supõem já realizada a valoração
legal –, mas às *condutas* que os integram. Existem na verdade condutas a que,
antes e independentemente do desvalor da ilicitude, corresponde, e condutas a
que não corresponde um mais amplo desvalor moral, cultural ou social. A conduta em si mesma, independentemente da sua proibição legal, é no primeiro
caso *axiológico-socialmente relevante*, no segundo caso *axiológico-socialmente neutra*.
O que no direito de mera ordenação social é axiológico-socialmente neutral não
é o *ilícito*, mas a conduta, divorciada da proibição legal; sem prejuízo de, uma vez
conexionada com esta, ela passar a constituir substrato idóneo de um desvalor
ético-social"[8]. Se a conduta é criminosa, o conjunto dos seus elementos constitutivos suportam imediatamente a valoração – social, moral, cultural – em que se
insere a própria ilicitude. Por outras palavras, nas contra-ordenações é o direito
que valora aquelas condutas como ilícitas juntando aos elementos constitutivos
da conduta um outro elemento fundamental: a proibição legal. Este é o critério
pelo qual se deve pautar o legislador na escolha da sanção – pena ou coima – a
aplicar a um determinado comportamento.

Por quanto se referiu, embora a referência ao regular funcionamento da
sociedade comercial constitua uma referência legitimadora das contra-ordenações previstas no artigo 528º, não constitui a referência primária da ilicitude
contra-ordenacional; o objeto de tutela é composto, de forma primordial e
direta, pela prossecução de determinados deveres plasmados na lei societária,
ainda que se trate de deveres cuja violação não é (ainda) sequer adequada a pôr
em causa o correto funcionamento da sociedade comercial.

---

[7] Cf. FIGUEIREDO DIAS (2007), p. 162 e s..
[8] Cf. FIGUEIREDO DIAS (2007), p. 161 e s..

2. As contra-ordenações societárias

2.1. Violação do dever de apresentar os documentos de prestação de contas até ao fim do prazo previsto no nº 1 do art. 376º

O artigo 376º, no seu nº 1, determina que a assembleia geral dos acionistas deve reunir no prazo de três meses a contar da data do encerramento do exercício ou no prazo de cinco meses a contar da mesma data quando se tratar de sociedades que devam apresentar contas consolidadas ou apliquem o método da equivalência patrimonial[9]. A assembleia tem por fim: deliberar sobre o relatório de gestão e as contas do exercício; deliberar sobre a proposta de aplicação de resultados; proceder à apreciação geral da administração e fiscalização da sociedade; proceder às eleições que sejam da sua competência. Dentro daquele prazo, compete ao órgão de administração submeter o relatório da gestão, as contas de exercício e os demais documentos de prestação de conta aos órgãos competentes da sociedade, por forma a que aqueles documentos possam ser apreciados na assembleia geral. Na verdade, nos termos do nº 2 do artigo 376º, recai sobre o conselho de administração ou conselho de administração executivo o dever de apresentar a documentação necessária para que as deliberações previstas no nº 1 possam ser tomadas[10]. Se o órgão de administração se atrasa na elaboração dos documentos de prestação de contas, impedindo que eles possam ser apreciados na data para a qual havia sido convocada a assembleia, há uma violação daquele dever que, embora não impeça uma convocação posterior da assembleia, faz incorrer o órgão de administração em responsabilidade contra-ordenacional nos termos do nº 2, do artigo 528º.

2.2. Violação do período de exercício estabelecido no art. 65º-A

O exercício anual da sociedade coincide normal e supletivamente com o ano civil nos termos do artigo 9º, nº 1, alínea *i*). Porém, a sociedade pode optar por um exercício diferente do correspondente ao ano civil. O artigo 65º-A toma por referência as sociedades que seguiram esta opção, definindo uma regra que se aplica ao primeiro exercício anual, prevendo que o primeiro exercício econó-

---

[9] Sobre estes prazos, COUTINHO DE ABREU (2013), p. 68.

[10] As propostas de deliberação e os documentos de prestação de contas disponibilizados pelo órgão de administração devem ser facultados à consulta dos acionistas durante os quinze dias anteriores à data da assembleia geral nos termos do artigo 289º, nº 1, alíneas *c*) e *e*). Por sua vez, os documentos de prestação de contas devem ser apresentados pelo órgão de administração até 30 dias antes da data da assembleia geral aos órgãos de fiscalização nos termos dos artigos 451º, nº 1 e 453º, nº 1, cf. COUTINHO DE ABREU (2013), p. 70 e s..

mico não poderá ter uma duração inferior a 6 meses nem superior a 18 meses, sem prejuízo do disposto no artigo 7º do CIRC. Deste modo, "se actividade se inicia a menos de 6 meses da data de fim de exercício fixada, o primeiro exercício apenas termina na data prevista de encerramento do ano subsequente (podendo durar entre doze meses e uns dias e quase dezoito meses); diferentemente, se a actividade começa a mais de seis meses da data do fim de exercício fixada, é essa primeira data terminal a relevante, pelo que o primeiro exercício poderá durar pouco mais que seis meses"[11]. A violação desta regra faz incorrer o órgão de gestão em responsabilidade contra-ordenacional nos termos do nº 1 do artigo 528º.

2.3. Omissão, total ou parcial, de menções em atos externos

O artigo 271º estabelece o dever de mencionar determinadas informações em atos externos da sociedade. Sem prejuízo de outras menções exigidas por leis especiais, há um conjunto de informações que devem ser divulgadas pelas sociedades em todos os contratos, correspondência, publicações, anúncios, sítios da internet e de um modo geral em toda a atividade externa. Essas informações são: a firma, o tipo, a sede e a conservatória do registo onde se encontre matriculada a sociedade, o seu número de matrícula e de identificação de pessoa coletiva e, sendo caso disso, a menção de que a sociedade se encontra em liquidação[12].

O nº 2 do artigo 171º acrescenta que as sociedades por quotas, anónimas e em comandita por ações devem ainda indicar o capital social, o montante do capital realizado, se for diverso, e o montante do capital próprio segundo o último balanço aprovado, sempre que este for igual ou inferior a metade do capital[13-14].

A omissão destas informações faz incorrer a *sociedade* em responsabilidade contra-ordenacional. Prevê-se assim, uma responsabilidade do próprio ente coletivo.

---

[11] Cf. ANA MARIA RODRIGUES/RUI DIAS (2010), p. 783 e s..

[12] Sobre estes elementos e a razão justificativa da sua menção expressa veja-se ALEXANDRE SOVERAL MARTINS (2011), p. 733.

[13] Mais desenvolvidamente e com referências bibliográficas adicionais, ALEXANDRE SOVERAL MARTINS (2011), p. 734.

[14] Acrescente-se ainda que, nos termos dos artigos 14º e 390º, nº 3, alínea *a)* do CVM, constitui contra-ordenação a omissão da menção da qualidade de sociedade aberta nos atos qualificados como externos pelo art. 171º do CSC.

2.4. Violação de deveres relacionados com o registo e depósito de ações

O nº 3 do artigo 528º estabelece como ilícito de mera ordenação social, responsabilizando *a sociedade*, a violação da obrigação de manter livro de registo de ações nos termos da legislação aplicável, bem como o incumprimento pontual das disposições legais sobre registo e depósito de ações.

Como explica Alexandre Soveral Martins, o CSC obrigava a sociedade anónima, nos termos do artigo 305º, a ter na sua sede um livro de registo de ações, de modelo oficialmente aprovado[15]. Todavia, com a entrada em vigor do DL 486/99, que aprovou o CVM e revogou o artigo 305º, a matéria referente ao registo de ações, enquanto valores mobiliários, passou a estar disciplinada neste diploma, designadamente nos artigos 43º e 44º. Assim, o dever de registo e a sua disciplina constam hoje essencialmente do CVM e da Portaria 290/2000, de 25 de maio, que regula o registo das emissões de valores mobiliários junto do emitente e que, conforme se esclarece no preâmbulo, substitui "o livro de registo de acções, tal como previsto no artigo 305º do Código das Sociedades Comerciais". O âmbito de aplicação da contra-ordenação prevista no nº 3 do artigo 528º é assim, senão vazio, extremamente reduzido. Tanto mais que o CVM tipifica, entre as suas normas sancionatórias e como contra-ordenação, irregularidades cometidas no registo dos valores mobiliários. Em particular, nos termos do artigo 392º, nº 4, alínea *a)*, constitui contra-ordenação grave "o registo de valores mobiliários escriturais ou o depósito de valores mobiliários titulados junto de entidade ou em sistema centralizado distintos dos permitidos ou exigidos por lei".

2.5. Violação dos deveres de comunicação previstos nos arts. 447º e 448º

a) O artigo 447º prevê um conjunto de obrigações de comunicação assentes no dever de publicidade de participações dos membros dos órgãos de administração. Nos termos do nº 1 daquela norma, "os membros dos órgãos de administração e de fiscalização de uma sociedade anónima devem comunicar à sociedade o número de acções e de obrigações da sociedade de que são titulares, e bem assim todas as suas aquisições, onerações ou cessações de titularidade, por qualquer causa, de acções e de obrigações da mesma sociedade e de sociedades com as quais aquela esteja em relação de domínio ou de grupo". O dever de publicidade de participações pertencentes aos dos membros dos órgãos, bem como das operações que incidam sobre essas participações, encontra o seu fundamento

---

[15] Cf. ALEXANDRE DE SOVERAL MARTINS (2012), p. 372.

imediato na desigualdade de informação. Com efeito, como esclarece Gabriela Figueiredo Dias, "a publicidade obrigatoriamente conferida às operações e contratos em que sejam parte membros dos órgãos sociais e que tenham por objeto ações ou obrigações emitidos pela sociedade reduz o incentivo daqueles sujeitos para o aproveitamento de informação privilegiada a que tenham acesso no exercício das suas funções"[16]. Deste modo, o dever de comunicação à sociedade daquelas operações assenta numa prevenção antecipada à possibilidade de algum abuso de informação a que os órgãos sociais, no exercício das suas funções, têm acesso.

Este dever de comunicação não se restringe às participações dos membros dos órgãos sociais mas ante se estende às ações e obrigações das pessoas que lhe são diretamente próximas, *v. g.*, cônjuge ou descendentes de menor idade.

Por regra, a comunicação à sociedade deve ser feita nos 30 dias posteriores à designação para o cargo social ou aos factos jurídicos de que resulta a modificação na titularidade das participações (alíneas *a)* e *b)* do nº 4 do artigo 447º)[17].

De salientar que, recaindo este dever sobre os órgãos de administração ou de fiscalização, a sua violação é punida de forma mais gravosa: a coima é agravada nos seus limites mínimo (de 25 para 50 euros) e máximo (de 1000 para 1500 euros).

O nº 5 do artigo 447º prevê ainda um outro dever de comunicação, este tendo igualmente como destinatário os restantes acionistas e o próprio mercado: o dever de reporte anual das participações detidas e operações efetuadas durante o exercício pessoal[18]. O seu incumprimento está igualmente abrangido pela redação do artigo 528º, nº 5, dando lugar a responsabilidade contra-ordenacional.

b) Por sua vez o artigo 448º estabelece igualmente um dever de comunicação do acionista à sociedade. Trata-se porém de um acionista especial: titular de ações ao portador não registadas representativas de, pelo menos, um décimo, um terço ou metade do capital de uma sociedade[19]. Neste caso, a lei impõe o dever de comunicar o número de ações de que for titular à sociedade. Em causa está o "objetivo interno da sociedade de identificação, a todo o momento, dos

---

[16] Cf. GABRIELA FIGUEIREDO DIAS (2013), p. 874.
[17] Sobre estes prazos, de modo desenvolvido, GABRIELA FIGUEIREDO DIAS (2013), p. 877 e s..
[18] Sobre este dever, GABRIELA FIGUEIREDO DIAS (2013), p. 878 e s..
[19] Sobre o tempo e modo de cumprimento deste dever, GABRIELA FIGUEIREDO DIAS (2013), p. 889 e s..

respetivos acionistas de controlo ou com condições para o exercício de uma influência decisiva na sociedade"[20].

Para além do dever de comunicação à sociedade previsto no nº 1, o nº 4 do artigo 448º tipifica, à semelhança do disposto no artigo 447º, o dever de informar o mercado, publicitando anualmente, em anexo ao relatório de gestão, as participações detidas pelo acionistas que sejam titulares de, pelo menos, um décimo, um terço ou metade do capital, bem como dos acionistas que tenham deixado de ser titulares das referidas frações de capital. A violação de ambos os deveres de comunicação é abrangida pela alçada típica do artigo 528º, nº 5.

3. Tipo subjetivo

Nos termos do RGCO (artigo 8º), o facto contra-ordenacional praticado com negligência só é punível nos casos especialmente previstos na lei. No âmbito das contra-ordenações societárias, e diferentemente do disposto para os crimes societários, o legislador entendeu prever expressamente a punição por negligência. Deste modo, a violação ainda que negligente dos deveres pressupostos pelos números 1 a 5 do artigo 528º é fundamento suficiente para aplicação de uma coima.

A punição das contra-ordenações societárias a título de negligência está prevista no nº 6 do artigo 528º, sendo neste caso a coima reduzida *em proporção à menor gravidade da falta*. Importa, no entanto, concretizar os termos em que se realiza esta redução da coima aplicável, atendendo para tal ao disposto nos nºˢ 3 e 4 do artigo 17º do RGCO.

Segundo o nº 3 do artigo 17º do RGCO, em caso de negligência, os montantes máximos (supletivos) previstos nos números 1 e 2 daquela norma são reduzidos a metade. Acrescenta o nº 4 que "em qualquer caso, se a lei, relativamente ao montante máximo, não distinguir o comportamento doloso do negligente, este só pode ser sancionado até metade daquele montante". Desta forma, deve conjugar-se a referência qualitativa à "menor gravidade da falta", prevista no nº 6 do artigo 528º, com a referência quantitativa estabelecida pelo nº 4 do artigo 17º do RGCO. Neste sentido, não distinguindo a lei societária, no seu montante máximo, o comportamento doloso do negligente, e atendendo à menor gravidade da falta, a conduta negligente "só pode ser sancionada até metade daquele montante". Deste modo, o juízo proporcional pressuposto pelo nº 6 do artigo 528º ("a coima ser reduzida em proporção adequada à menor gravidade da

---

[20] GABRIELA FIGUEIREDO DIAS (2013), p. 887 e s..

falta") deve concretizar-se nos termos do regime geral, correspondendo o limite máximo da coima aplicável à conduta negligente a metade do montante máximo previsto no tipo legal contra-ordenacional doloso.

4. Determinação da coima

O nº 7 do artigo 528º estabelece critérios específicos para a determinação da coima que hão-de adicionar-se aos fatores gerais referidos no artigo 18º do RGCO. A especificidade destes critérios advém, em particular, da natureza societária dos deveres protegidos pela matéria contraordenacional. Assim, nos termos desta norma, na determinação da medida da coima devem ser tidos em conta *os valores do capital* e *do volume de negócios* das sociedades bem como o *valor das ações* a que diga respeito a infração. A estas circunstâncias acrescenta-se, na última parte da norma, um último fator referente à pessoa do agente e já não à matéria societária, a saber, *a condição económica dos infratores*. Esta última parte não seria contudo necessária em face do disposto no artigo 18º do RGCO na medida em que "a situação económica do agente" constitui já, segundo aquela regra geral, uma circunstância a ter em conta na determinação da coima. A par dela, devem ainda ser considerados a gravidade da contra-ordenação, a gravidade da culpa e o benefício económico que o agente retirou da prática da infração.

Uma última nota relativa ao maior rigor da formulação da disposição legal: o texto da lei refere-se à "graduação da pena" em vez de, como seria juridicamente preferível, à "determinação da medida da coima".

5. Competência

O nº 8 do artigo 528º prevê uma regra específica de natureza processual em matéria de contra-ordenações societárias, nos termos da qual o processo contra-ordenacional e a decisão de aplicação da coima são da competência do conservador do registo comercial da conservatória situada no concelho da área da sede da sociedade. O DL 8/2007 alargou esta competência ao Diretor-geral dos Registos e do Notariado, com possibilidade de delegação.

6. Produto das coimas

O produto das coimas resultantes dos ilícitos de mera ordenação social previstos no artigo 528º reverte, nos termos do nº 9 deste preceito, para a Direção Geral dos Registos e Notariado. Este número foi aditado pelo DL 8/2007.

ARTIGO 529º *
Legislação subsidiária
1. Aos crimes previstos neste Código são subsidiariamente aplicáveis o Código Penal e legislação complementar.

2. Aos ilícitos de mera ordenação social previstos neste Código é subsidiariamente aplicável o regime geral do ilícito de mera ordenação social.

* Aditado pelo DL 184/87, de 21 de abril.

Índice
1. Legislação penal
2. Legislação contra-ordenacional

1. Legislação penal
O nº 1 do artigo 529º determina a aplicação subsidiária do CP e de legislação penal complementar em matéria de crimes societários. Deste modo, as questões problemáticas de natureza substantiva não disciplinadas especificamente nos artigos 509º a 527º devem resolver-se a partir dos princípios gerais previstos na Parte Geral do CP[1].

Do CSC não constam quaisquer normas de natureza processual. Vale assim inteiramente, em matéria processual, o CPP.

2. Legislação contra-ordenacional
No que diz respeito às contra-ordenações societárias, tipificadas no artigo 528º, dispõe o nº 2 do artigo do artigo 509º, que se aplica subsidiariamente o DL 433/82, de 27 de Outubro, no qual se prevê o *Regime geral das contra-ordenações*. Este diploma foi reformulado de modo significativo pelo DL 356/89, de 17 de outubro e, posteriormente pelo DL 244/95, de 14 de setembro, pelo DL 323/2001, de 17 de dezembro e pela L nº 109/2001, de 24 de dezembro.

---

[1] Em cada uma das anotações, sempre que relevante, fez-se referência à aplicação subsidiária das normas gerais previstas no CP.

TÍTULO VIII
DISPOSIÇÕES FINAIS E TRANSITÓRIAS

ARTIGO 530º
Cláusulas contratuais não permitidas

1. As cláusulas dos contratos de sociedade celebrados, na forma legal, antes da entrada em vigor desta lei que não forem por ela permitidas consideram-se automaticamente substituídas pelas disposições de carácter imperativo da nova lei, sendo lícito recorrer à aplicação das disposições de carácter supletivo que ao caso convierem.

2. O disposto no nº 1 não prejudica os poderes que a lei reconhece aos sócios para deliberarem alterações ao contrato de sociedade.

Índice

1. A substituição "automática" das cláusulas não permitidas pelo CSC
2. As deliberações previstas no nº 2
3. Algumas questões não tratadas expressamente no art. 530º

Bibliografia

Citada:

ANDRADE, MANUEL DE – "Fontes de direito. Vigência, Interpretação e aplicação da lei", BMJ, 102º, 1961, p. 141-152, *Teoria geral da relação jurídica*, vol. II, Almedina, Coimbra, 1983 (6ª reimp.); CORDEIRO, ANTÓNIO MENEZES – "Artigo 530º", in ANTÓNIO MENEZES CORDEIRO (coord.), *Código das Sociedades Comerciais anotado*, 2ª ed., Almedina, Coimbra, 2011; ENNECCERUS, LUDWIG/NIPPERDEY, HANS CARL – *Derecho civil (parte general)*, vol. I, 2ª ed. (trad. em castelhano da 39ª ed. alemã), Bosch, Barcelona, 1953; MACHADO, BAPTISTA – *Sobre a aplicação no tempo do novo Código Civil*, Almedina, Coimbra, 1968, *Introdução ao direito e ao discurso legitimador*, Almedina, Coimbra, 1987 (2ª reimp.); SILVA, CALVÃO – "Supremo Tribunal de Justiça. Acórdão de 12 de Setembro de 2013. Âmbito de aplicação e eficácia real de cláusula estatutária de preferência", *RLJ*, 143º, nº 3983, 2013, p. 106-129.

1. A substituição "automática" das cláusulas não permitidas pelo CSC

O CSC entrou em vigor em 1.11.1986 (art. 2º do DL 262/86, de 2 de setembro). Com ele trouxe muitas soluções novas, contidas por vezes em normas de carácter imperativo. A razão de ser subjacente à atribuição dessa natureza imperativa aos

CLÁUSULAS CONTRATUAIS NÃO PERMITIDAS **ART. 530º** 561

preceitos em causa será em regra suficiente para justificar a aplicação dos mesmos às sociedades comerciais constituídas na vigência dos regimes anteriores. Estamos aqui sobretudo a pensar no CCom. e na LSQ[1]. É fácil de compreender que as cláusulas de contratos de sociedade celebrados ao abrigo da lei "antiga" que dizem respeito a situações que se prolongam temporalmente ou que se repetem fazem surgir problemas de aplicação no tempo do CSC. O art. 530º procura resolver alguns desses problemas, embora a sua redação não seja particularmente feliz.

Em regra, os negócios celebrados contra uma disposição legal imperativa são nulos. É o que resulta do art. 294º do CCiv. (que, no entanto, ressalva os casos em que outra solução se extraia da própria lei). Só que o art. 530º não tem em vista o momento da celebração do contrato de sociedade. Se o CSC não permite cláusulas contidas em contratos de sociedade celebrados sob a vigência da lei "antiga" (os "contratos antigos"), não seria adequado estabelecer a nulidade superveniente dessas mesmas cláusulas. E essa nulidade não se retira do art. 530º, 1[2], nem é necessária.

A nulidade resulta da falta de requisitos "que legalmente é necessário observar na sua conclusão para que daí se sigam os efeitos jurídicos pretendidos"[3]. Mas, como já vimos, o art. 530º não se preocupa com a falta de requisitos legais *no momento da conclusão do negócio.* Por isso, nele não surge dito que são nulas as cláusulas de contratos de sociedade celebrados antes da entrada em vigor do CSC e que este proíba[4].

O que o nº 1 estabelece é uma coisa completamente diferente. Em primeiro lugar, deve entender-se que uma cláusula de um daqueles "contratos antigos" que não é permitida pelo CSC não produzirá os seus efeitos na vigência da lei "nova". Nessa medida, cessa a sua vigência[5]. Daí resultará geralmente a necessi-

---

[1] Cfr., para mais regimes, o art. 3º do DL 262/86.

[2] Parece ser essa a leitura de MENEZES CORDEIRO (2011), p. 1370, na medida em que afirma que "a validade de tais cláusulas, mesmo quando sejam contrariadas pela lei nova, não está em causa; discute-se, sim, a subsistência das situações que elas tenham originado".

[3] MANUEL DE ANDRADE (1983), p. 414.

[4] O art. 12º, 2, do CCiv. estabelece que, em caso de dúvida, a lei nova que dispõe sobre condições de validade substancial ou formal de quaisquer factos ou sobre os seus efeitos só visa os factos novos. O mesmo preceito também acrescenta que, se a lei nova dispõe diretamente sobre o conteúdo de certas relações jurídicas de tal forma que se pode concluir que abstrai dos factos que lhes deram origem, então essa lei nova aplica-se às relações já constituídas ainda subsistentes à data da respetiva entrada em vigor. E aplica-se sem necessidade de considerar nulas as cláusulas do eventual contrato que a ela ficará sujeito.

[5] No sentido da caducidade de cláusulas dos pactos sociais que "exigiam para a cessão de quota o consentimento dos sócios não cedentes", Ac. RL de 18/12/2001 (Relator: Maria do Rosário Oliveira), Proc.

dade de encontrar um regime que substitua aquele que estava contido na cláusula contratual agora proibida. As normas imperativas da lei "nova" substituem "automaticamente" as cláusulas proibidas[6]. Porém, nem sempre essas normas imperativas contêm o regime necessário. Quando ocorra essa falta, será possível recorrer às normas supletivas da lei "nova" que ao caso convierem. O "caso" a que diz respeito a parte final do nº 1 é aquele em que a cláusula do contrato de sociedade celebrado antes da entrada em vigor do CSC não é permitida por este e foi automaticamente substituída pelas disposições de caráter imperativo da nova lei[7]. Mas essas normas supletivas da lei nova aplicar-se-ão apenas quando o contrato de sociedade "antigo" não contenha cláusulas (não proibidas pela lei nova) que as afastem.

Parece também evidente que as normas de caráter imperativo do CSC são geralmente aplicáveis aos contratos de sociedade celebrados antes da sua entrada em vigor mesmo quando não estão em conflito com cláusulas daqueles contratos. Com efeito, a norma imperativa da nova lei pode estar a regular matérias sobre as quais nenhuma cláusula do contrato de sociedade incide.

Tenha-se porém em conta que noutros preceitos do CSC encontramos soluções diferentes da que consta do art. 530º, 1. Assim, por exemplo, o art. 531º, 1, admite os direitos de voto plural legalmente constituídos antes da entrada em vigor da lei "nova". E isto apesar de o art. 384º, 5, proibir, para as sociedades anónimas, o estabelecimento de voto plural no contrato de sociedade.

2. As deliberações previstas no nº 2

O nº 2 estabelece que o conteúdo do nº 1 "não prejudica os poderes que a lei reconhece aos sócios para deliberarem alterações ao contrato de sociedade". Para que o preceito não se limite a dizer o óbvio, parece que terá em vista as próprias cláusulas que não são permitidas pela lei "nova". Apesar de serem proibidas, podem ser tomadas deliberações de alteração do contrato de sociedade

---

nº 0081487, www.dgsi.pt (sumário); optando pela "revogação ope legis" de uma autorização que permitia a "designação de um terceiro, estranho aos corpos da sociedade, para representar o, ou os, gerentes nomeados, no exercício dessas funções» (sumário) e encontrada num pacto social de uma sociedade por quotas, Ac. STJ de 20/01/2009 (Relator: Sousa Leite), Revista nº 3517/08; era também de revogação que se falava no Ac. STJ de 15/01/1991 (Relator: Brochado Brandão), Proc. nº 079574, www.dgsi.pt (sumário). Solução diferente foi defendida no Ac. STJ de 30/05/2006, pois naquela decisão entendeu-se que uma cláusula de preferência contida num contrato de sociedade anterior à vigência do CSC que viola o art. 229º, 5, do CSC, será nula.

[6] Falando de uma "conversão legal", MENEZES CORDEIRO (2011), p. 1370.

[7] Parecendo ter opinião diferente, MENEZES CORDEIRO (2011), p. 1370.

para suprimir ou alterar o que delas conste, e bem assim para afastar normas supletivas da "lei nova".

3. Algumas questões não tratadas expressamente no art. 530º

A letra do art. 530º não resolve todos os problemas que a entrada em vigor da lei nova faz surgir no que diz respeito à sua aplicação aos contratos de sociedade celebrados em momento anterior.

Quanto à aplicação das normas supletivas contidas no CSC, há que distinguir. Se alguma cláusula do contrato de sociedade celebrado antes da entrada em vigor do CSC não é por este permitida, então, como vimos, para além de se considerar que tal cláusula é automaticamente substituída pelas disposições de caráter imperativo do CSC, também é lícito recorrer "à aplicação das disposições de carácter supletivo que ao caso convierem".

Quando não se verifique a hipótese descrita, nem o art. 530º nem o art. 12º do CCiv. ajudam muito o intérprete. O art. 12º, 2, CCiv. obriga, na sua segunda parte, a verificar se a lei nova abstrai ou não do facto que está na origem da relação jurídica[8]. Mas é preciso ter presente que no direito das sociedades o "estatuto contratual" será subjugado, em regra, por outros "estatutos" e, em particular, pelo "estatuto real" ou "dos bens"[9]. Por outro lado, onde tenha lugar a aplicação imediata da lei nova, essa aplicação apenas valerá para o futuro[10].

O que parece certo é que as normas supletivas do CSC não afastam as cláusulas sobre a mesma matéria contidas no contrato de sociedade celebrado antes da entrada em vigor daquela lei. No caso de esse contrato nada conter sobre essa matéria, justifica-se perguntar se, então, a nova norma supletiva lhe é aplicável.

---

[8] Trata-se de um preceito que sofreu influência da doutrina de ENNECCERUS e NIPPERDEY: cfr. MANUEL DE ANDRADE (1961), p. 152. Para a distinção entre as normas que determinam o efeito de um facto e as que se referem imediatamente aos próprios direitos, determinando diretamente o seu conteúdo, efeito, existência ou inexistência, LUDWIG ENNECCERUS/HANS CARL NIPPERDEY (1953), p. 231 e s..

[9] Sobre estes "estatutos", BAPTISTA MACHADO (1987), p. 237 e ss.. Escrevia assim aquele Professor (p. 242): "Sempre que, porém, as cláusulas de um contrato celebrado na vigência da LA e por esta consideradas válidas briguem (conflituem) com as disposições da LN com incidência sobre os efeitos dos contratos, sendo o teor de tais disposições ditado por razões atinentes ao estatuto das pessoas ou dos bens, a princípios estruturadores da ordem social ou económica, estas disposições prevalecem sobre aquelas cláusulas. Enquanto ordenadoras do estatuto legal das pessoas e dos bens tais disposições regulam problemas para os quais a lei competente é a LN". Considerando que o CSC visa "o conteúdo de situações jurídicas, independentemente dos factos que as originaram, pelo que, pelas regras gerais, se aplicará às situações constituídas ao abrigo da lei anterior e que subsistam", MENEZES CORDEIRO (2011), p. 1370.

[10] BAPTISTA MACHADO (1968), p. 97.

Baptista Machado[11] afirmava que "o nº 2 do art. 12º [do CCiv.] deixa entrever a possibilidade de leis que regulem o conteúdo das relações jurídicas atendendo aos factos que lhes deram origem (sem abstrair destes factos). Tal o que acontece no domínio dos contratos, pelo menos em todos os casos em que as disposições estabelecidas pela LN tenham natureza supletiva ou interpretativa". Mas, para além do que já afirmámos acerca dos outros "estatutos", também não se pode ignorar a parte final do art. 530º, 1. Com efeito, daí resulta que as normas supletivas da "lei nova" são aplicáveis se alguma cláusula do contrato de sociedade celebrado antes da entrada em vigor do CSC não é por este permitida e foi assim substituída pelas disposições imperativas daquele Código. Isso parece significar que o CSC considera as suas normas supletivas aplicáveis, em regra, aos referidos contratos: não apenas quando a cláusula do contrato de sociedade é substituída pela disposição imperativa, mas também quando não há sequer cláusula do contrato de sociedade sobre a matéria regulada pela norma supletiva. Na verdade, não teria sentido que as normas supletivas do CSC fossem aplicáveis naquela primeira hipótese e já não o fossem nesta segunda[12]. Tanto mais que não está excluída a possibilidade de se dizer que, em regra, as normas relativas ao conteúdo das relações jurídicas são abrangidas pela segunda parte do art. 12º, 2, do CCiv.[13].

---

[11] BAPTISTA MACHADO (1987), p. 233.

[12] Como é sabido, a cessão de quotas está dependente de consentimento da sociedade por quotas nos casos previstos no art. 228º, 2, podendo ser dispensado esse consentimento no contrato de sociedade (art. 229º, 2). Um contrato de sociedade por quotas celebrado na vigência da LSQ e que nada estabeleça acerca daquele consentimento também não o dispensa. Perguntar-se-á então: deve ou não considerar--se que a lei nova supletiva é aplicável? Deve ou não entender-se que, nos casos previstos no art. 228º, 2, a cessão de quotas da referida sociedade fica sujeita à exigência de consentimento da sociedade? O problema é mais complexo do que parece tendo em conta que o art. 6º da LSQ consagrava a regra da livre transmissibilidade das quotas mas admitia cláusulas do contrato de sociedade que fizessem depender a cessão de quotas do consentimento da sociedade ou de outros requisitos. Três alternativas se apresentam no caso de um contrato de sociedade celebrado sob a vigência da LSQ e que nada continha que limitasse a cessão de quotas. Ou se entende que o regime da livre cessão foi incorporado no contrato de sociedade e, nessa medida, é afastado o regime supletivo da lei nova (o art. 228º, 2); ou se defende que a lei nova não é aplicável; ou se considera que a lei nova (o mesmo art. 228º, 2) é, apesar de supletiva, ainda uma lei que dispõe diretamente sobre o conteúdo da relação jurídica, abstraindo do facto que lhe deu origem. Esta última será a melhor solução, pois estamos a falar de um regime que não interessa apenas às partes no contrato. Sobre o problema, parecendo assumir que o art. 228º, 2, será aplicável às sociedades por quotas cujos contratos de sociedade foram celebrados na vigência da LSQ, cfr. CALVÃO DA SILVA (2013), p. 116 e s.. Problema diferente do até agora abordado é, evidentemente, o da interpretação das cláusulas do contrato de sociedade. Designadamente quanto à eventual existência de uma cláusula que afaste o regime supletivo contido na lei nova.

[13] Parece ser esta, aliás, a leitura de BAPTISTA MACHADO (1968), p. 358.

Não é de afastar que o CSC contenha normas interpretativas[14]. Nesse caso, justificar-se-á o recurso ao art. 13º CCiv..

[14] Considerando interpretativo o regime relativo à forma do contrato de suprimento, v. o Ac. RC de 10/11/1992, *CJ*, 1995, V, p. 43.

ARTIGO 531º
Voto plural

1. Os direitos de voto plural constituídos legalmente antes da entrada em vigor desta lei mantêm-se.

2. Tais direitos podem ser extintos ou limitados por deliberação dos sócios tomada nos termos previstos para a alteração do contrato, sem necessidade de consentimento dos sócios titulares desses direitos.

3. Todavia, caso tais direitos tenham sido concedidos em contrapartida de contribuições especiais para a sociedade, para além das entradas, a sociedade deve pagar uma indemnização equitativa pela sua extinção ou limitação.

4. A indemnização referida no número anterior pode ser pedida judicialmente no prazo de 60 dias a contar da data em que o sócio teve conhecimento da deliberação ou, se esta for impugnada, do trânsito em julgado da respectiva sentença.

Índice
1. Manutenção do voto plural permitido antes do CSC mas neste proibido
2. Extinção ou limitação dos direitos de voto plural

Bibliografia
Citada:

COELHO, EDUARDO M. LUCAS – *Direito de voto dos accionistas nas assembleias gerais das sociedades anónimas*, Rei dos Livros, Lisboa, 1987; COELHO, JOSÉ G. PINTO – *Estudo sobre as acções de sociedades anónimas*, separata da *RLJ* (nᵒˢ 3056 a 3093), Coimbra, 1957; CUNHA, PAULO OLAVO – *Os direitos especiais nas sociedades anónimas: as acções privilegiadas*, Almedina, Coimbra, 1993; MAIA, PEDRO – *Função e funcionamento do conselho de administração da sociedade anónima*, UC/Coimbra Editora, Coimbra, 2002; SERRA, ADRIANO P. S. VAZ – "Assembleia geral", *BMJ* 197 (1970), p. 23-176.

1. Manutenção do voto plural permitido antes do CSC mas neste proibido
Vários países com legislação societária tradicionalmente próxima da portuguesa permitiram durante muito tempo ações com voto plural (mais de um voto por cada ação). O nosso país alinhou nesta permissão. Registou-se entretanto nesses países a tendência para, como regra, proibir tais ações – considerando-se injustificado um poder de influência não correspondente à participação no capital

social e aos riscos assumidos.[1] Portugal acabou por proibir as ações com (direito especial de) voto plural a parir de 1 de novembro de 1986 (data da entrada em vigor do CSC – art. 2º, 1, do DL que o aprovou): art. 384º, 5.

No entanto, segundo o nº 1 do art. 531º, os direitos de voto plural validamente constituídos antes daquela data mantêm-se.

Deve entender-se que este preceito vale não só para as ações com voto plural (com dois, três, etc. votos), mas também, em certa medida, para os direitos (especiais) de voto nas sociedades por quotas.

Com efeito, o art. 250º, 2, continua a permitir o voto plural, conquanto tão só duplo (dois votos por cada cêntimo do valor nominal da quota ou quotas de sócios que, no total, não correspondam a mais de 20% do capital social). Por conseguinte, manter-se-ão os direitos de voto triplo, etc. validamente constituídos antes de 1 de novembro de 1986 (depois desta data só é lícito estipular nos estatutos votos duplos).

2. Extinção ou limitação dos direitos de voto plural

Contudo, o nº 2 do art. 531º permite e facilita a eliminação ou a diminuição dos direitos de voto plural constituídos antes da entrada em vigor do CSC.

Basta para isso alterar os estatutos nos termos da lei – arts. 386º, 3 e 4, 265º, 1[2]. Sem necessidade – em facilitadora exceção à regra do art. 24º, 5 e 6 – de consentimento dos titulares dos direitos de voto plural.

Todavia, no caso de os direitos de voto plural terem sido concedidos (estatutariamente) em contrapartida de contribuições especiais para a sociedade (*v. g.*, projetos de negócios ou de estatutos), esta deve pagar uma indemnização equitativa pela extinção ou limitação desses direitos (nº 3 do art. 531º).

A indemnização pode ser pedida judicialmente no prazo de 60 dias a contar da data em que o sócio teve conhecimento da deliberação de eliminação ou restrição ou, se esta for impugnada, do trânsito em julgado da sentença respetiva (nº 4 do art. 531º).

---

[1] Sobre a evolução, v. entre nós PINTO COELHO (1957), p. 143, s. (nas p. 151, s., o A. defende os méritos e a manutenção das ações com voto plural), VAZ SERRA (1970), p. 97, s., LUCAS COELHO (1987), p. 58, s., OLAVO CUNHA (1993), p. 51, s., PEDRO MAIA (2002), p. 122, s., nt. 189.
[2] Os votos plurais são computáveis como tais nestas deliberações.

ARTIGO 532º
Firmas e denominações

As sociedades constituídas antes da entrada em vigor desta lei podem manter as firmas ou denominações que até então vinham legalmente usando, mas as sociedades anónimas passarão a usar a abreviaturas S.A., em vez de S.A.R.L., independentemente de alteração do contrato.

Índice

1. Composição da firma das SA (remissão)
2. Sucessão de leis no tempo, "estatuto" do contrato de sociedade e as abreviaturas "S.A." e "S.A.R.L."

Bibliografia

Citada:

ABREU, J. M. COUTINHO DE – *Curso de Direito Comercial*, vol. I, *Introdução. Actos de Comércio. Comerciantes. Empresas. Sinais Distintivos*, 8ª ed., Coimbra, Almedina, 2011, *Curso de Direito Comercial*, vol. II, *Das Sociedades*, 4ª ed., Coimbra, Almedina, 2011 (2011a); FURTADO, JORGE H. PINTO – *Código das Sociedades Comerciais – Anotado*, 4ª ed., Almedina, Coimbra, 2001; MACHADO, J. BAPTISTA – *Introdução do Direito e ao Discurso Legitimador*, 4ª reimpressão, Almedina, Coimbra, 1990; CORDEIRO, A. MENEZES – "Artigo 532º", em *Código das Sociedades Comerciais Anotado*, (coord. de A. Menezes Cordeiro), Almedina, Coimbra, 2009; MARQUES, J. P. REMÉDIO – "Artigo 275º", em *Código das Sociedades Comerciais em Comentário*, (coord. J. M. Coutinho de Abreu), vol. V (Arts. 271º a 372º-B), Almedina, Coimbra, 2012; SERENS, A. NOGUEIRA – "Aquisição e perda do direito à firma", Faculdade de Direito da Universidade de Coimbra, Coimbra, https://woc.uc.pt/fduc/getFile.do?tipo=2&id_4255.

1. Composição da firma das SA (remissão)

Como sabemos, nas SA, conforme decorre do artigo 275º, 1, do CSC, a *firma* deve ser formada, com ou sem sigla, pelo nome ou firma dos ou de alguns dos sócios e/ou por denominação particular, e concluir por "S.A."[1] ou "sociedade anónima",

---

[1] Nada parece obstar a que a abreviatura indicativa do tipo social "sociedade anónima" não ostente a pontuação *(scilicet,* SA), pese embora na grafia constante do Diário da República esta abreviatura do tipo social esteja provida de pontos finais (S.A.) – PINTO FURTADO (2001), p. 286.

por força do *numerus clausus* de tipos societários associados a regimes especiais de responsabilidade perante os sócios (e perante terceiros) e de formação[2].

2. Sucessão de leis no tempo, "estatuto" do contrato de sociedade e as abreviaturas "S.A." e "S.A.R.L"

A norma em comentário estatui sobre o regime jurídico transitório aplicável à firma das sociedades comerciais (ou civis sob forma comercial).

Trata-se de *situações contratuais* atingidas pela *lei nova*. Neste domínio, como é sabido, o âmbito de competência da lei nova ao "estatuto contratual" ou "estatuto da autonomia privada" é vasto[3]. Este abrange, indeclinavelmente, os contratos por meio dos quais se criam organizações de pessoas e bens, como ocorre com o *contrato de sociedade*. Ademais, cura-se de contratos de execução sucessiva ou continuada, que, pela sua própria natureza, originam uma *relação duradoura* entre as partes.

A opção do legislador terá sido a seguinte: à excepção das sociedades anónimas, o novo regime das firmas (e denominações) depende do facto (*id est*, do contrato) que lhe deu origem, em termos de o conteúdo da situação jurídica contratual emergente da constituição de sociedades antes da entrada em vigor do CSC *não abstrair* ou não poder desconsiderar o contrato de sociedade celebrado antes da sua entrada em vigor. Por isso se determinou a possibilidade de manutenção das firmas (ou denominações) das sociedades constituídas antes da entrada em vigor do CSC, já que é sobre elas que se forma a clientela e o aviamento[4]. É uma faculdade jurídica contratual que permanece intocada, tal como acontecia ao abrigo da lei antiga, uma vez que os sócios, ao abrigo da lei nova (*scilicet*, do CSC e da demais legislação complementar) ficam sempre salvos de a modificar ou manter. Todavia, como é evidente, esta outra modificação terá que obedecer aos requisitos legais previstos na lei no momento dessa alteração, que não aos requisitos previstos na data da aquisição de personalidade jurídica da sociedade ao abrigo da lei antiga.

Já, porém, quanto às *sociedades anónimas*, atenta a sua importância como sociedades de *cariz patrimonialístico* – que assentam primacialmente nas contribuições patrimoniais dos sócios, em detrimento da sua individualidade e participação

---

[2] REMÉDIO MARQUES (2012), p. 50.
[3] BAPTISTA MACHADO (1990), p. 238-239.
[4] MENEZES CORDEIRO (2009), p. 1280.

pessoal na vida da sociedade[5] –, a lei nova aplica-se às situações jurídicas contratuais anteriormente constituídas, regendo os efeitos dos contratos de sociedade no que tange à composição do sinal que as identifica ou individualiza, em particular o *apêndice* ou a *abreviatura indicativa do tipo social*.

A única particularidade da aplicação da lei nova às sociedades anónimas preexistentes na data da sua entrada em vigor consiste, assim, na circunstância de a obrigatoriedade de utilização do apêndice ou da abreviatura "S.A." – em vez de "S.A.R.L." – prescindir da alteração do contrato, *et, pour cause*, dos estatutos.

Vale dizer, na vida societária e nas suas relações com os sócios e com terceiros, a sociedade anónima preexistente no momento do início de vigência do CSC ficou salva de, imediatamente, passar a usar a abreviatura "S.A." (na correspondência comercial, na publicidade, nos recibos de quitação, nos títulos de crédito emitidos por causa de transacções comerciais, etc.).

Pese embora o artigo em comentário se refira indistintamente à manutenção das "firmas ou denominações" das "sociedades", não deve dizer-se que é ele é inidóneo para se aplicar às "denominações" de sociedades[6]. Desde logo, antes do DL 144/83 – aí onde muitas sociedades preexistentes na data do início de vigência do CSC adoptavam *denominação* – esta constituía um "sinal distintivo de destinação subjectiva que *particularizava* a atividade desenvolvida pelo seu titular, que seria uma sociedade anónima ou uma sociedade por quotas"[7]. As distinções de outrora surgem-nos, hoje, um pouco obnubiladas. As *sociedades civis sob comercial* têm firma e *não são comerciantes*. Por outro lado, a "denominação" – é certo – identifica e designa, preferencialmente, *não comerciantes*, mas o legislador utiliza, por vezes, o vocábulo "denominação" para identificar pessoas colectivas que podem ser comerciantes, como acontece, por exemplo, com as entidades abrangidas pelo RSEE (art. 24º, 2) e RJSEL (art. 36º)[8].

---

[5] COUTINHO DE ABREU (2011a), p. 68.

[6] Assim, porém, MENEZES CORDEIRO (2009), p. 1280, segundo o qual as denominações nunca competem às sociedades, mas sim a não comerciantes.

[7] Assim, NOGUEIRA SERENS (2007), p. 11, nt. 16.

[8] COUTINHO DE ABREU (2011), p. 155.

ARTIGO 533º *
Capital mínimo

1. As sociedades constituídas antes da entrada em vigor desta lei cujo capital não atinja os montantes mínimos nela estabelecidos devem aumentar o capital, pelo menos até aos referidos montantes mínimos, no prazo de três anos, a contar daquela entrada em vigor.

2. Para o aumento de capital exigido pelo número anterior podem as sociedades deliberar por maioria simples a incorporação de reservas, incluindo reservas de reavaliação de bens do activo.

3. Para a liberação total do capital, aumentado por novas entradas em cumprimento do disposto no nº 1 deste artigo, podem ser fixados prazos até cinco anos.

4. As sociedades que não tenham procedido ao aumento do capital e à liberação deste, em conformidade com os números anteriores, devem ser dissolvidas nos termos previstos no artigo 143º.

5. Podem ser mantidos os valores nominais de quotas ou acções estipulados de harmonia com a legislação anterior, embora sejam inferiores aos valores mínimos estabelecidos nesta lei, os quais, porém, passarão a ser aplicáveis desde que o capital seja aumentado por força deste artigo ou por outras circunstâncias.

6. O disposto no nº 4 é aplicável às sociedades que não tenham procedido ao aumento do capital até ao montante mínimo previsto no artigo 201º ou no nº 3 do artigo 276º, na redacção dada pelo Decreto-Lei nº 343/98, de 6 de Novembro.

* O DL 76-A/2006, de 29 de março, alterou a redação do nº 4 e aditou o nº 6 a este artigo.

Índice

1. Regime transitório de adaptação das sociedades já constituídas aos novos valores mínimos do capital social e das participações sociais
2. A adaptação do valor nominal das participações sociais
3. A adaptação do capital social
4. A aplicação analógica do art. 533º à hipótese de constituição de uma sociedade em violação do regime do capital social mínimo

Bibliografia

Citada:

DOMINGUES, PAULO DE TARSO – "Artigo 276º", em *Código das Sociedades Comerciais em Comentário* (coord. de J. Coutinho de Abreu), vol. V (Artigos 271º a 372º-B), Almedina, Coimbra, 2012, p. 55-92; MARTINS, ALEXANDRE DE SOVERAL – "Artigo 219º", em

Código das Sociedades Comerciais em Comentário (coord. de J. Coutinho de Abreu), vol. III (Artigos 175º a 245º), Almedina, Coimbra, 2011, p. 346-355.

1. Regime transitório de adaptação das sociedades já constituídas aos novos valores mínimos do capital social e das participações sociais

O artigo 533º estabeleceu o regime transitório relativo à adaptação, por parte das sociedades já existentes, aos novos valores do capital social mínimo e das participações sociais estabelecidos pelo CSC, matéria que foi objeto de profunda alteração relativamente ao direito pregresso.

Com efeito, na vigência da LSQ, o valor mínimo exigido para o capital social era de 50.000$00[1] (cerca de 250€[2]) e o valor nominal mínimo da quota era de 5.000$ (cerca de 25€), devendo o seu valor ser sempre divisível por 250$00 (aproximadamente 1,25€)[3]. Diferentemente, o CCom., diploma que continha a regulamentação das demais sociedades comerciais (designadamente das SA), não estabelecia exigência alguma, para qualquer tipo social, relativamente ao valor mínimo do capital social ou das participações sociais.

Ora, o CSC veio modificar de forma substancial este regime, fixando valores mais elevados – quer para o capital social quer para o valor nominal das participações sociais – para as SQ e estabelecendo, pela primeira vez, entre nós, exigências nesta matéria no que respeita às SA[4]. As sociedades preexistentes ficaram, por isso, obrigadas a adequar os seus estatutos – caso os mesmos não estivessem em conformidade com o regime estabelecido no CSC – a estes novos valores. A finalidade do art. 533º foi precisamente a de facilitar esta adaptação pelas sociedades à nova regulamentação legal.

Note-se que a necessidade de adaptação dos estatutos apenas era exigida para as SQ, SA e SC por ações, uma vez que para as SENC e SC simples o CSC continuou – tal como sucedia no direito anterior – a não estabelecer qualquer exigência quanto aos valores mínimos do capital social ou das participações sociais.

---

[1] Cfr. o *caput* do art. 5º LSQ.
[2] Tenha-se presente que a taxa de conversão do escudo para euros foi fixada em 200,482 (cfr. Regulamento CE nº 2866/98 de 31/12).
[3] Cfr. art. 5º, § 1 LSQ.
[4] O regime previsto para as SA é também aplicável às SC por ações – cfr. art. 478º.

Porque são muito distintos, abordaremos separadamente os regimes de adaptação aos novos valores mínimos do capital social e aos novos valores nominais mínimos das participações sociais.

2. A adaptação do valor nominal das participações sociais

Nesta sede, importa começar por referir que, hoje, em 2014, a adaptação dos valores nominais das participações sociais por parte das sociedades existentes à data da entrada em vigor do CSC[5] é, pode dizer-se, uma não questão.

Na verdade, em face da evolução do regime legal societário sobre esta matéria, não será fácil que alguma daquelas sociedades tenha participações sociais que não estejam de acordo com os valores nominais estabelecidos atualmente na lei.

O cenário era diferente aquando do início da vigência do CSC. Com efeito, este diploma fixou um valor nominal mínimo de 20.000$00 (cerca de 100€) para as quotas[6] e um valor mínimo de 1.000$00 (cerca de 5€) para as ações das sociedades anónimas[7], o que se traduzia em valores muito mais exigentes do que aqueles que estavam estabelecidos no direito anterior[8]. Donde, com facilidade poderia dar-se o caso de as sociedades terem necessidade de conformar as suas participações sociais com o novo regime instituído pelo CSC.

Acontece que, com o DL 343/98, de 6 de novembro – que fixou o regime de transição para o euro – foi alterado o n.º 2 do artigo 276º e passaram a consagrar-se, entre nós, as ações com um valor nominal baixo (*penny stocks*), estabelecendo-se que o valor nominal mínimo das ações passava a ser de 1 cêntimo. Por outro lado, com o DL 33/2011, de 7 de março – que veio alterar o regime do capital social mínimo para as SQ –, o artigo 219º, 3 passou a prescrever que o valor nominal mínimo da quota é agora de 1 euro.

Por isso, atentos os valores extremamente baixos agora exigidos para o valor das quotas e das ações, será muito difícil que uma sociedade possa ter, hoje, par-

---

[5] O CSC entrou em vigor em 1 de novembro de 1986 (cfr. art. 2º, 1 do DL 262/86, de 2 de setembro, que aprovou o CSC).

[6] Cfr. art. 219º, 3 na sua redação originária, que dispunha: "Os valores nominais das quotas podem ser diversos, mas nenhum pode ser inferior a 20.000$00, salvo quando a lei o permitir, e o seu valor tem de ser divisível por 400$00". Sobre a evolução verificada no regime relativo ao valor nominal da quota, vide SOVERAL MARTINS (2011), p. 349, s..

[7] Cfr. art. 276º, 2 na sua redação originária, que dispunha: "Todas as acções têm o mesmo valor nominal, que não pode ser inferior a 1.000$00".

[8] Vide o que ficou dito supra no nº 1 a este comentário.

ticipações sociais com valores nominais que não atinjam aqueles limiares fixados na lei.

Em todo o caso, o legislador societário claramente considerou a eventual desconformidade dos valores nominais das participações sociais com o regime instituído pelo CSC como um "problema menor". De facto, nos termos do art. 533º, 5, as sociedades preexistentes à data da entrada em vigor do Código podiam – como podem – manter o valor nominal das suas participações sociais (ainda que inferior ao limite mínimo fixado no CSC), tendo apenas que proceder à respetiva adaptação ao novo regime legal, no momento em que é realizada a primeira operação de aumento de capital pós-CSC.

3. A adaptação do capital social

Relativamente à adaptação do capital social aos novos mínimos fixados pelo CSC, o art. 533º consagrou um regime bem mais rigoroso e severo.

Recorde-se que, na sua redação inicial, o CSC previu, para as SQ, um capital social mínimo de 400.000$00[9], e para as SA[10] de "5.000 contos"[11], valores muito superiores aos exigidos no direito pregresso[12]. E nesta matéria, o CSC já impôs às sociedades preexistentes a obrigatoriedade da adaptação do seu capital social aos novos valores estabelecidos na lei. O art. 533º consagrou regras facilitadoras da operação destinada àquela finalidade[13], mas fixou também um prazo limite para o efeito[14], sob pena de ficarem sujeitas a dissolução as sociedades que não regularizassem atempadamente a sua situação (cfr. art. 533º, 4).

Os valores do capital social mínimo foram entretanto alterados pelo DL nº 343/98, de 6 de Novembro – que veio estabelecer o regime de transição do

---

[9] Correspondente a cerca de 2.000€. Cfr. art. 201º, que na sua redação inicial dispunha: "A sociedade por quotas não pode ser constituída com um capital inferior a 400.000$00 nem posteriormente o seu capital pode ser reduzido a importância inferior a essa".

[10] Regime igualmente aplicável às SC por ações – cfr. art. 478º.

[11] Correspondente a cerca de 25.000€. Cfr. art. 276º, 3 que na sua redação inicial dispunha: "O valor nominal mínimo do capital é de 5000 contos".

[12] Vide o que ficou dito supra no nº 1 a este comentário.

[13] Permitiu-se que o aumento de capital por incorporação de reservas (que poderiam resultar de reservas de reavaliação do ativo) fosse deliberado por "maioria simples" (cfr. art. 533º, 2) ou que a realização das novas entradas pudesse ser diferida até ao prazo de 5 anos (cfr. art. 533º, 3). Note-se que esta norma do nº 3 aplicava-se – uma vez que a lei não estabelecia qualquer restrição – a todas as entradas, seja às entradas em espécie seja à totalidade das entradas em dinheiro.

[14] O prazo limite para o efeito foi fixado em três anos a partir da entrada em vigor do CSC, prazo esse que foi, contudo, prorrogado por mais um ano, com efeitos a partir de 31 de outubro, pelo DL 418/89, de 30 de novembro, pelo que o termo do prazo, para este efeito, ocorreu em 31 de outubro de 1990.

escudo para o euro –, fixando o capital social mínimo para as SQ em 5.000€ (cfr. art. 201º)[15] e, para as SA, em 50.000€ (cfr. art. 276º, 5)[16].

Note-se que o DL 343/98 não fixou regime sancionatório para a não adequação do valor do capital social aos novos valores mínimos estabelecidos pelo dito diploma. Essa falha foi, contudo, colmatada – muito mais tarde! – pelo DL nº 76-A/2006, de 29 de março, que aditou o nº 6 ao art. 533º e onde se estatuiu que a inobservância dos novos valores fixados para o capital social sujeita a sociedade faltosa a dissolução[17].

Em 2014, estão já completamente ultrapassados os prazos legalmente concedidos às sociedades para adaptarem o seu capital social aos valores fixados na lei[18]. Por isso, se tal não tiver ainda ocorrido, a sociedade está sujeita ao processo de dissolução oficiosa, da competência do conservador, previsto no art. 143º. Note-se que, sendo iniciado o processo de dissolução, a sociedade disporá sempre de um prazo de 30 dias (que pode ser prorrogado até 90 dias, a pedido dos interessados) para regularizar a situação[19]. Nesta hipótese, contudo, a sociedade já não beneficiará do regime especial (nomeadamente quanto ao quórum deliberativo), previsto no art. 533º [20].

Alerte-se, contudo, para o atual regime aplicável às SQ. Como é sabido, o DL 33/2011, de 7 de março, alterando o art. 201º, veio permitir aos quotistas fixar livremente o valor do capital social da respetiva sociedade. Este diploma não eliminou, porém, a figura do capital social, nem tão-pouco o capital social mínimo para as SQ. Com efeito, sendo cada sócio originariamente titular de uma quota (art. 219º, 1), e devendo esta ter um valor nominal mínimo de 1€, o capital social mínimo passa agora a corresponder ao número de sócios multiplicado pelo valor mínimo da quota, i.é, 1€. Ou seja, o capital social mínimo é agora

---

[15] Cfr. art. 201º, com a redação que lhe foi dada pelo referido DL 343/98. Note-se que o art. 201º foi, entretanto, novamente modificado pelo DL 33/2011, de 7 de março (vide infra em texto).

[16] A adaptação a estes novos valores teria de ser efetuada até 1 de janeiro de 2002 (cfr. art. 29º, 1 do DL nº 343/98).

[17] Cfr. art. 533º, 6 que remete para o disposto no nº 4 da mesma norma.

[18] Vide as notas 14 e 16.

[19] Cfr. art. 9º, 1, al. b) e 2 e art. 11º, 1 RJPADL (Regime Jurídico dos Procedimentos Administrativos de Dissolução e de Liquidação de Entidades Comerciais, publicado como Anexo III do DL 76-A/2006).

[20] Foi este, de resto, o entendimento sufragado pelos nossos tribunais, na vigência do regime pretérito ao RJAPDL. Cfr., por todos, Ac. STJ, de de 29 de novembro de 1996, que se pode ler em <www.dgsi.pt>, com o nº convencional JSTJ00031310, e onde se prescreve: "O aumento de capital de uma sociedade por quotas, à sombra do n. 2 do artigo 533 do Código das Sociedades Comerciais, só até 1 de Novembro de 1990 podia ser deliberado por maioria simples. A partir dessa data, envolvendo ele alteração do contrato, só pode ser levado a cabo por 3/4 dos votos correspondentes ao capital social.".

variável – deixou de ser uma cifra fixa legalmente estabelecida –, variando em função do número de quotistas da sociedade (multiplicado pelo valor de 1€).

Daí que, hoje, relativamente às SQ, só quando o respetivo capital social não cumpra esta exigência legal[21] – e não será fácil que tal circunstância ocorra – é que a sociedade poderá ficar sujeita a dissolução, nos termos do art. 533º, 4.

4. A aplicação analógica do art. 533º à hipótese de constituição de uma sociedade em violação do regime do capital social mínimo

Do que atrás ficou dito, resulta que o âmbito de aplicação do art. 533º é atualmente muito reduzido.

Parece-nos, no entanto, que este regime do art. 533º se deve aplicar analogicamente às hipóteses em que uma sociedade é definitivamente registada sem observância das regras relativas ao capital social mínimo estabelecidas para o tipo societário adotado pelos sócios[22]. Impedir-se-á com isto que uma sociedade possa, depois de registada, manter-se indefinidamente com um capital social inferior ao mínimo legalmente exigido. Assim, quando uma sociedade – que não cumpra as exigências da lei quanto ao capital social mínimo – seja, apesar disso, definitivamente registada, ela disporá de um prazo de três anos, após o registo, para adaptar o seu capital social ao mínimo legalmente exigido (art. 533º, 1), sob pena de dever ser oficiosamente dissolvida (arts. 533º, 4 e 143º)[23].

---

[21] I. é, quando o capital social não corresponda, pelo menos, ao valor de 1€ multiplicado pelo nº de sócios.

[22] O problema, hoje, poderá colocar-se essencialmente nas SA.

[23] Para mais detalhes sobre a matéria, vide TARSO DOMINGUES (2012), p. 86, s..

ARTIGO 534º *
Irregularidade por falta de escritura ou de registo

O disposto nos artigos 36º a 40º é aplicável, com ressalva dos efeitos anteriormente produzidos, de harmonia com lei então vigente, às sociedades que, à data da entrada em vigor desta lei, se encontrem nas situações ali previstas.

O atual art. 534º corresponde ao art. 513º da versão original do CSC.

* O art. 2º do DL 184/87, de 21 de abril, deslocou as disposições finais e transitórias para o Título VIII e procedeu à renumeração dos diversos artigos.

Índice

1. Da "não existência" das sociedades irregulares ao "regime da sociedade antes do registo"
2. Os critérios do direito transitório material
   2.1. Aplicação imediata dos arts. 36º a 40º
   2.2. Sobrevigência de legislação pregressa
3. Outros efeitos

Bibliografia

a) Citada:

ABREU, JORGE MANUEL COUTINHO DE – *Curso de direito comercial*, vol. II. *Das sociedades*, 4ª ed., Almedina, Coimbra, 2013; CORREIA, A. FERRER CORREIA – *Lições de direito comercial*, vol. II (c/colab. de Vasco Lobo Xavier, Manuel Henrique Mesquita, José Manuel Sampaio Cabral e António A. Caeiro), Coimbra, 1968, "A sociedade por quotas de responsabilidade limitada nos projetos do futuro Código das Sociedades Comerciais", em *Temas de Direito Comercial e Direito Internacional Privado*, Coimbra, Almedina, 1989, p. 73-121; CUNHA, CAROLINA – "Artigo 172º" em *Código das Sociedades Comerciais em comentário*, coord. de J. M. Coutinho de Abreu, vol. II, Almedina, Coimbra, 2011, p. 737-738, "Artigo 173º" em *Código das Sociedades Comerciais em comentário*, coord. de J. M. Coutinho de Abreu, vol. II, Almedina, Coimbra, 2011ª, p. 739-740; GONÇALVES, LUIZ DA CUNHA – *Comentário ao Código Comercial português*, vol. I, Empreza Editora J. B., Lisboa, 1914; MACHADO, J. BAPTISTA – *Sobre a aplicação no tempo do novo Código Civil. Casos de aplicação imediata. Critérios fundamentais*, Almedina, Coimbra, 1968, *Introdução ao direito e ao discurso legitimador*, Almedina, Coimbra, 1987 (reimp.); MARTINS, ALEXANDRE DE SOVERAL/RAMOS, MARIA ELISABETE – "Artigo 37º", em *Código das Sociedades Comerciais em comentário*, coord. de J. M. Coutinho de Abreu, vol. I, Almedina, Coimbra, 2010, p. 552-565; RAMOS, MARIA ELISABETE – "Artigo 36º", em *Código das Sociedades Comerciais em comentário*, coord. de J. M. Coutinho de Abreu, vol. I, Almedina, Coimbra, 2010, p. 543-551, "Constituição das sociedades comerciais", em *Estudos de direito das sociedades*, coord. de J. M. Coutinho de Abreu, 11ª ed., Almedina, Coimbra, 2013, p. 41-84; RAMOS, MARIA ELISABETE/COSTA, RICARDO – "Artigo 19º", em *Código das Sociedades Comerciais em comentário*, coord. de J. M. Coutinho de Abreu, vol. I, Almedina, Coimbra, 2010, p. 325-337; SERENS, MANUEL NOGUEIRA – *Notas sobre a sociedade anónima*, 2ª ed., Coimbra Editora, Coimbra, 1997; SOUSA, MIGUEL TEIXEIRA DE – *Introdução ao direito*, Almedina, Coimbra, 2012.

b) Outra:

ANTUNES, JOSÉ ENGRÁCIA – "As sociedades em formação: sombras e luzes", CDP, 14 (2006), p. 25-42; CORREIA, A. FERRER – "As sociedades comerciais no período da constituição", em *Estudos vários de direito*, Coimbra, 1982, p. 507-545, "As sociedades comerciais no período de constituição", em *Estudos vários de direito*, Coimbra, 1982, p. 507-545; DOMINGUES, PAULO DE TARSO – "O regime jurídico das sociedades de capitais em formação", em *Estudos em Comemoração dos Cinco Anos (1995-2000) da Faculdade de Direito da Universidade do Porto*, Coimbra Editora, Coimbra, 2001, p. 965-998; JÚNIOR, EDUARDO SANTOS – "Artigo 36º", em *Código das Sociedades Comerciais anotado*, 2ª ed., coord. de A. Menezes Cordeiro, Almedina, Coimbra, 2009, p. 176-180; LABAREDA, JOÃO – "Sociedades irregulares – algumas reflexões", em *Novas perspectivas do direito comercial*, Almedina, Coimbra, 1988, p. 179-204; MAGALHÃES, BARBOSA DE – *Da natureza jurídica das sociedades comerciais irregulares*, Jornal do Fôro, Lisboa, 1953; MATOS, ALBINO – *Constituição de sociedades. Teoria e prática, formulário*, 5ª ed., Almedina Coimbra, 2001; PERALTA, ANA MARIA – "Assunção pela sociedade comercial de negócios celebrados antes do registo", em *Estudos em Homenagem ao Professor Doutor Inocêncio Galvão Telles*, vol. IV. *Novos estudos de direito privado*, Almedina, Coimbra, 2003, p. 611-636; PITA, MANUEL ANTÓNIO – "Contributo para o estudo do regime da sociedade irregular no direito português" em *Estudos em Homenagem ao Prof. Doutor Raúl Ventura*, vol. II, Coimbra Editora, Coimbra, 2003, p. 495-545, *O regime da sociedade irregular e a integridade do capital social*, Almedina, Coimbra, 2004, "Sociedade nula e sociedade irregular (Código das Sociedades Comerciais, jurisprudência e doutrina de Ferrer Correia)", em *Nos 20 anos do Código das Sociedades Comerciais. Homenagem aos Profs. Doutores A. Ferrer Correia, Orlando de Carvalho e Vasco Lobo Xavier*, vol. III. *Vária*, Coimbra Editora, Coimbra, 2007, p. 249-271; RAMOS, MARIA ELISABETE/MARTINS, ALEXANDRE DE/COSTA, RICARDO – "Artigo 40º", em *Código das Sociedades Comerciais em comentário*, coord. de J. M. Coutinho de Abreu, vol. I, Almedina, Coimbra, 2010, p. 575-594; VENTURA, RAÚL – *Apontamentos sobre sociedades civis*, Almedina, Coimbra, 2006.

1. Da "não existência" das sociedades irregulares ao "regime da sociedade antes do registo"

A renovação legislativa operada pelo CSC trouxe *uma nova valoração* das tradicionalmente designadas *sociedades irregulares*. Em vez da controversa "não existência" plasmada no art. 107º do CCom., o CSC submete a sociedade a quem falta a formalização do ato constituinte ao regime das *sociedades civis* (art. 36º, 2)[1]. Deste modo afastou a sociedade não formalizada do regime *jurídico-civil* da nulidade[2]. Considerando o preceito do art. 36º, 2, pode afirmar-se que o vício de forma de que enferma o contrato de sociedade *não afeta a validade* dos negócios jurídicos celebrados no período anterior à celebração do contrato de sociedade. Isto mesmo é confirmado pelo art. 52º, 2, que prescreve que "a eficácia dos negócios jurídicos concluídos anteriormente em nome da sociedade não é afectada pela declaração de nulidade (...) do contrato social". A declaração de nulidade do contrato de sociedade determina a "entrada da sociedade em liquidação" (art. 52º, 1).

O CSC não se opõe ao início da atividade social antes de ter sido formalizada a constituição da sociedade[3]. Mas prefere que as sociedades atuantes na economia estejam regularmente constituídas, porquanto responsabiliza patrimonialmente os sócios que, no período anterior ao registo, praticaram ou autorizaram os negócios jurídicos celebrados em nome da sociedade (arts. 38º a 40º).

2. Os critérios do direito transitório material
2.1. Aplicação imediata dos arts. 36º a 40º

O art. 534º surge integrado no Título VIII relativo às "disposições finais e transitórias". Esta matéria já constava do DL 262/86, de 2 de setembro, que aprovou o CSC. A inserção das disposições penais no CSC, operada pelo DL 184/87, de 21 de abril, deslocou as "disposições finais e transitórias" para o Título VIII e determinou a consequente renumeração.

A revogação das disposições societárias precedentes (em particular, o art. 107º do CCom.)[4] e a entrada em vigor do CSC suscitaram a questão da *lei aplicável* às sociedades irregulares constituídas ao abrigo do direito pregresso e subsistentes na vigência do CSC.

---

[1] Para mais desenvolvimentos, v. MARIA ELISABETE RAMOS (2013), p. 55, s.; COUTINHO DE ABREU (2013), p. 117, ss.; MARIA ELISABETE RAMOS (2010), p. 549.

[2] MARIA ELISABETE RAMOS (2010), p. 549.

[3] MARIA ELISABETE RAMOS (2010), p. 548.

[4] V. o art. 3º do DL 262/86, de 2 de setembro.

Para delimitar, "o âmbito de aplicabilidade"[5] do CCom. e do CSC em matéria de "irregularidade" por falta de escritura ou de registo, o legislador optou por adotar a *disposição de direito transitório material*[6] constante do art. 534º. A ressalva dos "efeitos anteriormente produzidos, de harmonia com lei anteriormente vigente," serve o "interesse na estabilidade"[7]. A aplicação dos arts. 36º a 40º às sociedades que à data da entrada em vigor do CSC se encontrem na situações previstas naqueles preceitos venera o "interessa na adaptação"[8].

O CSC evitou a terminologia "sociedade irregular"[9]. São conhecidas as controvérsias suscitadas pelo art. 107º do CCom. quando declarou "não existentes" as sociedades que não se constituíssem nos termos e trâmites previstos no CCom.[10]. Uma das questões controvertidas era a própria noção de *sociedade irregular*. Antes do DL 42644 de 14 de novembro de 1959[11], e tendo em conta o disposto no art. 107º do CCom., os vícios suscetíveis de provocar a irregularidade da sociedade eram[12]: *a*) a falta de escritura pública; *b*) a omissão das menções que, de acordo com os arts. 104º do CCom. e 61º da Lei de 11 de abril de 1901, deveriam ser consideradas essenciais; *c*) falta do registo do título constitutivo e da matrícula da sociedade; *d*) a falta de publicação dos estatutos da sociedade anónima. No entanto, os dois últimos requisitos suscitavam alguma controvérsia entre a doutrina e entre esta e a jurisprudência[13].

Percebe-se, pois, que em vez de "sociedade irregular", o art. 534º defina o seu âmbito de aplicação por referência às sociedades que, à data da entrada em vigor do CSC, se encontrem nas situações previstas nos arts. 36º a 40º. Estas disposições abrangem as seguintes hipóteses: *a*) falsa aparência de sociedade (art. 36º, 1); *b*) não formalização do ato constituinte de sociedade (art. 36º, 2); *c*) falta de registo (arts. 37º, 38º, 39º, 49º).

---

[5] BAPTISTA MACHADO (1987), p. 231.

[6] Para esta noção, v. BAPTISTA MACHADO (1987), p. 230.

[7] TEIXEIRA DE SOUSA (2012), p. 281.

[8] TEIXEIRA DE SOUSA (2012), p. 281.

[9] No entanto, a expressão surge no art. 174º, 1, e), do CSC. Sobre a controvérsia em torno da noção e da natureza jurídica da sociedade irregular, v. por todos FERRER CORREIA (1968), p. 277, s..

[10] CUNHA GONÇALVES (1914), p. 219.

[11] V. *infra*.

[12] V. FERRER CORREIA (1968), p. 273, s.; CUNHA GONÇALVES (1914), p. 219, considerava irregular a sociedade a quem faltasse autorização legalmente exigida. Sobre as consequências da falta de publicação dos estatutos da sociedade por quotas, v. FERRER CORREIA (1968), p. 274, nt. 1.

[13] V. FERRER CORREIA (1968), p. 274.

A delimitação feita pelo corpo do artigo é mais ampla do que a que resulta da epígrafe do preceito. Este refere a "irregularidade por falta de escritura ou de registo" enquanto a remissão para as situações previstas nos arts. 36º a 40º abrange as hipóteses de falsa aparência de sociedade (art. 36º, 1). É certo que é questionável a coerência da inserção sistemática do art. 36º, 1, na secção relativa ao regime das sociedades antes do registo, porque, na hipótese do art. 36º, 1, não há contrato de sociedade[14]. No entanto, o teor literal do preceito também abrange as hipóteses de "falsa aparência".

A partir de 1 de novembro de 1986[15], as sociedades que se encontrem nas situações tipificadas nos arts. 36º a 40º ficam sujeitas aos efeitos jurídicos aí previstos[16].

Com esta a solução, a *perspetiva inovadora* adotada pelo CSC em matéria de sociedades não formalizadas e não registadas aplica-se tanto às situações vindas do passado como às que se venham a constituir depois da entrada em vigor do CSC.

2.2. Sobrevigência de legislação pregressa

O art. 534º ressalva os efeitos anteriormente produzidos, "de harmonia com lei então vigente". As disposições do CCom. ou de outra legislação aplicável, ainda que tenham sido revogadas[17], continuam a reger os efeitos produzidos à luz de tal legislação, no caso de sociedade que se encontrem nas situações previstas nos arts. 36º a 40º.

De registar que o art. 534º usa a expressão "de harmonia com lei então vigente". Na vigência do art. 107º do CCom. foi publicado o DL 42644 de 14 de novembro de 1959 que subtraiu as sociedades não matriculadas às consequências gravosas da não existência prevista no art. 107º do CCom.. Tais sociedades foram sujeitas à sanção de não se poderem prevalecer da qualidade de comerciante em relação a terceiros (art. 9º do DL 42644)[18].

---

[14] ELISABETE RAMOS (2010), p, 547.

[15] V. art. 2º do DL 262/86, de 2 de setembro.

[16] Sobre estes efeitos, v. as anotações aos arts. 36º a 40º.

[17] V. o art. 3º do DL 282/86, de 2 de setembro.

[18] V. FERRER CORREIA (1968), p. 277, referia que o regime do art. 9º do DL 42644 era aplicável às sociedades reguladas no CCom. Quanto ao regime aplicável às sociedades por quotas, v. FERRER CORREIA (1968), p. 307, s..

Não deve surpreender a sobrevigência[19] lei antiga prevista pelo art. 534º da pois deve atender-se a que "as fontes aplicáveis na decisão de casos concretos não coincidem necessariamente com as fontes vigentes num sistema jurídico, dado que podem ser aplicadas fontes que já não vigoram nesse sistema"[20].

3. Outros efeitos

O CSC prevê, além do disposto nos arts. 36º a 40º, outros efeitos jurídicos aplicáveis a sociedades não formalizadas e não registadas.

Nas hipóteses em que a sociedade iniciou atividade antes do registo definitivo do ato constituinte, o art. 19º integra três regimes: *a*) assunção de pleno direito (nᵒˢ 1 e 3); *b*) assunção mediante decisão da administração (nᵒˢ 2 e 3); *c*) obrigações insuscetíveis de serem assumidas pela sociedade (nº 4)[21].

O art. 172º permite que, no caso de o contrato de sociedade não ter sido celebrado na forma legal, o Ministério Público requeira, sem dependência de ação declarativa, a liquidação judicial da sociedade, se a liquidação (extrajudicial) não tiver sido iniciada pelos sócios ou não estiver terminada no prazo legal[22]. Impõe-se, todavia, que o Ministério Público, antes de requerer a liquidação judicial da sociedade, notifique por ofício a sociedade ou os sócios para, em prazo razoável, regularizarem a situação (art. 173º).[23]

O âmbito de aplicação delimitado pelo art. 534º não abrange os arts. 19º, 172º e 173º, embora estes lidem com efeitos jurídicos decorrentes de sociedades não formalizadas e não registadas.

Parece, pois, que a aplicação no tempo destas disposições será resolvida por intermédio dos critérios gerais previstos no art. 12º do CCiv.[24]

---

[19] Sobre este conceito, v. TEIXEIRA DE SOUSA (2012), p. 287.

[20] TEIXEIRA DE SOUSA (2012), p. 280.

[21] Sobre esta norma v. MARIA ELISABETE RAMOS/RICARDO COSTA (2010), p. 325, s..

[22] CAROLINA CUNHA (2011), p. 737.

[23] CAROLINA CUNHA (2011ª), p. 740.

[24] Sobre estes v. BAPTISTA MACHADO (1987), p. 231, ss.; TEIXEIRA DE SOUSA (2012), p. 284, s..

ARTIGO 535º
Pessoas colectivas em órgãos de administração ou fiscalização

As pessoas colectivas que, à data da entrada em vigor desta lei, exercerem funções que por esta lei não lhes sejam permitidas cessá-las-ão no fim do ano civil seguinte àquele em que esta lei entrar em vigor, se por outro motivo não as tiverem cessado antes daquela data.

Índice

1. Designação de pessoas coletivas como membros de órgãos de administração e de fiscalização
    1.1. Órgãos de administração
    1.2. Órgãos de fiscalização

Bibliografia

Citada:

ALMEIDA, ANTÓNIO PEREIRA DE – *Sociedades comerciais, valores mobiliários, instrumentos financeiros e mercados*, Vol. I, *As sociedades comerciais*, 7ª ed., Coimbra Editora, Coimbra, 2013; COSTA, RICARDO – "Artigo 252º", *Código das Sociedades Comerciais em comentário* (coord. de J. M. Coutinho de Abreu), Volume IV (Artigos 246º a 270º-Gº), Almedina, Coimbra, 2012, p. 73-83, "Artigo 390º", p. 195-217, 2013, "Artigo 423º-B", 2013ª, p. 664-685, "Artigo 434º", ponto 1., p. 762-768, 2013[b], *Código das Sociedades Comerciais em comentário* (coord. de J. M. Coutinho de Abreu), Volume VI (Artigos 373º a 480º), Almedina, Coimbra, 2013; CORDEIRO, ANTÓNIO MENEZES – "Artigo 414º", p. 1089-1092, 2011, "Artigo 434º", p. 1128-1129, 2011ª, "Artigo 535º", p. 1374, 2011[b], *Código das Sociedades Comerciais anotado* (coord. de A. Menezes Cordeiro), 2ª ed., Almedina, Coimbra; DIAS, GABRIELA FIGUEIREDO – "Artigo 414º", *Código das Sociedades Comerciais em comentário* (coord. de J. M. Coutinho de Abreu), Volume VI (Artigos 373º a 480º), Almedina, Coimbra, 2013, p. 528-551; FURTADO, JORGE PINTO – *Código Comercial anotado*, volume II, *Das sociedades em especial*, tomo I, Artigos 151º a 178º, Almedina, Coimbra, 1986; NETO, ABÍLIO – *Código das Sociedades Comerciais – Jurisprudência e doutrina*, 2ª ed., Ediforum, Lisboa, 2003; SANTOS, RUI PAULO – "Artigo 535º", *Lexit – Comentário ao Código das Sociedades Comerciais*, ed. online: *www.lexit.pt*, 2014; SOUTO, ADOLPHO AZEVEDO – *Lei das Sociedades por Quotas anotada*, 7ª ed. revista e actualizada por Manuel Baptista Dias da Fonseca, Coimbra Editora, Coimbra, 1973; TRIUNFANTE, ARMANDO – *Código das Sociedades Comerciais anotado*, Coimbra Editora, Coimbra, 2007.

1. Designação de pessoas coletivas como membros de órgãos de administração e de fiscalização

O art. 535º impôs a cessação obrigatória de funções até 31 de dezembro de 1987 a todas as pessoas coletivas que exercessem funções como membros dos órgãos de administração e de fiscalização sempre que essa designação não fosse admitida pelo CSC.

Nem a LSQ (arts. 26º, 31º; 33º) nem o CCom. (art. 172º, com eleição "de entre os sócios" na administração; 175º) nem o DL nº 49 381, de 15 de novembro de 1969 (art. 1º, 3 e 4[1]), impediam tal exercício de funções na administração ou no conselho fiscal das sociedades por quotas ou das sociedades anónimas, o que se compreendia como lógico ao abrigo do princípio da especialidade[2].

A cautela que estava subjacente ao regime transitório não se veio a traduzir num ambiente adverso do CSC em relação à assunção de qualidades orgânicas por parte de pessoas coletivas, tendência que se veio a confirmar ao longo da vida do próprio Código.

1.1. Órgãos de administração

No que respeita ao órgão de administração das sociedades, o princípio-base encontra-se no art. 390º, 4 (sociedade anónima) e pressuposto no art. 83º, 2: (i) uma pessoa coletiva pode ser designada como administrador; (ii) se assim for, a pessoa coletiva designada fica com o poder-dever de "nomear uma pessoa singular para exercer o cargo em nome próprio", que goza e exerce os direitos, cumpre as obrigações e, antes de tudo o mais, observa os requisitos de elegibilidade e as incompatibilidades (legais e estatutárias) inerentes à qualidade e estatuto de administrador[3].

Esta regra de *atribuição da qualidade de administrador a pessoa coletiva* aplica-se diretamente nas estruturas clássica e monística e, na estrutura germânica (conselho de administração executivo), por remissão do art. 425º, 8. Nas sociedades por quotas, entendo (contra a doutrina *literal* que se fez dominante) que se

---

[1] O art 1º, 4, na redação do DL nº 648/70, de 28 de dezembro, expressamente consentia a designação de pessoas coletivas para o conselho fiscal da sociedade anónima (para além da obrigatoriedade de um deles ser ROC ou SROC, regra aplicável ao fiscal único: nº 3; v. ainda o art. 83º do DL nº 1/72, de 3 de janeiro).

[2] AZEVEDO SOUTO (1973), p. 134, PINTO FURTADO (1986), p. 424-425, ABÍLIO NETO (2003), p. 979, MENEZES CORDEIRO (2011b), p. 1374, RUI PAULO SANTOS (2014), anot. 4.

[3] Desenvolvidamente e com as referências doutrinais favoráveis e contrárias, RICARDO COSTA (2013), p. 210, s..

aplica analogicamente esse mesmo art. 390º, 4[4]. Para quem assim não entendesse, as pessoas colecivas administradores ou gerentes pré-novembro de 1986
viram o seu título extinto *ope legis* no final de 1987 e não podiam ser designadas
como tal a partir de 1 de novembro de 1986.

1.2. Órgãos de fiscalização

O actual art. 414º, 1, 3 (nomeadamente depois da configuração dada pela
Reforma de 2006), determina, para as sociedades anónimas de estrutura clássica (art. 278º, 1, al. *a)*, e 3) e para as sociedades por quotas que tenham (por
força de previsão estatutária ou por força da lei) órgão de fiscalização (tendo em
conta a remissão geral operada pelo art. 262º, 1, 2ª parte), que, nas modalidades
orgânicas previstas no art. 413º, 1, als. *a)* e *b)* (fiscal único ou conselho fiscal; conselho fiscal e ROC), o *fiscal único e o suplente* sejam ROC ou SROC e o *conselho fiscal* seja necessariamente composto por ROC ou SROC (excepto se a modalidade
escolhida seja a que inclui em adição um ROC "separado")[5]. Por seu turno, os
restantes membros do conselho fiscal *podem ser* sociedades de advogados, SROC
ou acionistas (mas apenas se forem pessoas singulares, com os pressupostos e
qualidades previstos no nº 3 do art. 414º, 3). Desta referência específica às sociedades de advogados e às SROC (nomeadamente) a doutrina retira um princípio
geral de "impedimento" ou de "inelegibilidade" das pessoas coletivas (a não ser
aquelas sociedades) para a integração do conselho fiscal ou para a designação
como fiscal único[6]. A versão original do CSC era ainda mais clara sobre essa
inadmissibilidade, se olharmos para a redação do nº 1 do art. 414º: "Os membros do conselho fiscal e os fiscais únicos podem não ser accionistas, *mas devem
ser pessoas singulares* com capacidade jurídica plena, *excepto se* forem sociedades

---

[4] RICARDO COSTA (2012), p. 210.

[5] Cfr. art. 414º-A, 4 a 6, e art. 105º, 1 e 2, do EOROC.

[6] Neste sentido, v. MENEZES CORDEIRO (2011), p. 1091 ("pretende-se uma escolha *intui personae*, sem
intermediários", tendo em conta que as pessoas coletivas teriam que indicar o "membro singular" para
exercício das funções); GABRIELA FIGUEIREDO DIAS (2013), p. 534 ("Nem sequer pode valer aqui qualquer aplicação analógica ou extensiva da admissibilidade de pessoas coletivas no exercício da administração: a natureza, os objetivos e consequentemente os constrangimentos à independência da administração
da sociedade e da sua fiscalização são substancialmente diferentes, pelo que é inútil procurar naquele
regime qualquer amparo para defender idêntica possibilidade, em termos amplos, para a fiscalização"
– interpretação restritiva do art. 414º, segundo a qual a titularidade de cargos no conselho fiscal poderá
apenas ser assumida por pessoas singulares, exceção feita àquelas expressamente mencionadas na lei).

de advogados ou sociedades de revisores oficiais de contas"[7]; o que implicaria a convocação do art. 535º para os restantes casos.

A regra de inelegibilidade para o conselho fiscal é extensiva (na estrutura monística: art. 278º, 1, al. *b*)) à composição da comissão de auditoria, uma vez que o art. 423º-B, 6, remete para o art. 414º, 3, e, por isso, para a sua valoração[8].

Porém, já na estrutura germânica (art. 278º, 1, al. *c*)), aplica-se ao conselho geral e de supervisão, pela remissão operada pelo art. 434º, 3, para o art. 390º, 4[9], e na falta de igual remissão (com teor restritivo) para o art. 414º, 3 (e, consequencialmente, para o art. 414º-A, 4 a 6)[10], a possibilidade de designação de pessoas coletivas nos mesmos termos em que é admitida para os órgãos de administração da anónima[11].

---

[7] Estatuía o nº 2: "O fiscal único, um membro efectivo do conselho fiscal e um dos suplentes têm de ser revisores oficiais de contas ou sociedade de revisores de contas".

[8] Ainda que objecto de interpretação restritiva na possibilidade de designação de SROC: assim, RICARDO COSTA (2013ª), p. 673 e nts. 35-36.

[9] Igual remissão constava, para o "conselho geral", da versão conferida pelo DL 262/86 (retificado pela Declaração de 29 de novembro de 1986) ao art. 434º, 3.

[10] RICARDO COSTA (2013b), p. 768 e nt. 27.

[11] ARMANDO TRIUNFANTE (2007), p. 476, MENEZES CORDEIRO (2011ª), p. 1129, RICARDO COSTA (2013b), p. 763, ANTÓNIO PEREIRA DE ALMEIDA (2013), p. 526.

ARTIGO 536º
Sociedades de revisores oficiais de contas exercendo funções de conselho fiscal

As sociedades de revisores oficiais de contas que, ao abrigo do artigo 4º do Decreto-Lei nº 49381, de 15 de Novembro de 1969, estiverem, à data da entrada em vigor desta lei, a exercer funções de conselho fiscal manterão essas funções até que a sociedade tenha conselho fiscal ou conselho geral, devendo a respectiva eleição ser realizada até ao fim do ano civil seguinte ao da entrada em vigor desta lei.

Índice

1. Evolução histórica dos modelos de fiscalização – fiscal único *versus* conselho fiscal

    1.1. O modelo de fiscalização instituído pelo DL 49381, de 15 de novembro de 1969: admissibilidade de substituição do conselho fiscal por sociedade de revisores oficiais de contas

    1.2. O modelo de fiscalização plural instituído pelo art. 413º (versão original) do CSC

    1.3. O reconhecimento normativo da admissibilidade do fiscal único pelo DL 257/96, de 31 de dezembro

    1.4. A inversão do paradigma do fiscal único produzida pela Reforma Societária de 2006

2. Sentido e alcance da norma do art. 536º, nº 1

Bibliografia

Citada:

ABREU, J. M. COUTINHO DE – *Governação das sociedades comerciais*, 2ª ed., Almedina, Coimbra, 2010, *Curso de Direito Comercial*, vol. II, 4ª ed. (reimp.), Almedina, Coimbra, 2013; BEBIANO, ANA/CALDAS, LUÍS/CORREIA, MIGUEL PUPO/DIAS, GABRIELA FIGUEIREDO – "Corporate Governance, Administração e Fiscalização De Sociedades e Responsabilidade Civil", *Corporate Governance – Reflexões I*, Instituto Português de Corporate Governance, 2007; CÂMARA, PAULO – "O Governo das Sociedades e o Código das Sociedades Comerciais", *Código das Sociedades Comerciais e Governo das* Sociedades, Coimbra, Almedina, 2008, p. 9-141; CÂMARA, PAULO/GABRIELA FIGUEIREDO DIAS – "O Governo das Sociedades Anónimas", *O Governo das Organizações. A Vocação Universal do Corporate Governance*, 2011, Almedina, Coimbra, p. 43-94; *CMVM – Governo das sociedades anónimas: propostas de alteração ao Código das Sociedades Comerciais*. Processo de Consulta Pública nº 1/2006, 2006; CUNHA, PAULO OLAVO – *Direito das sociedades comerciais*, 5ª ed., Almedina, Coimbra, 2012; DIAS, GABRIELA FIGUEIREDO – *Fiscalização de Sociedades*

588 GABRIELA FIGUEIREDO DIAS

e Responsabilidade Civil, Coimbra Editora, 2006, "A fiscalização societária redesenhada: independência, exclusão de responsabilidade e caução obrigatória dos fiscalizadores", em *Reformas do Código das Sociedades*, IDET/Almedina, Coimbra, 2007, p. 277-334; "Art. 413º", em *Código das Sociedades Comerciais em Comentário* Vol. VI (coord. Coutinho de Abreu), Almedina, Coimbra, 2013, p. 514-527; FURTADO, J. PINTO – "Competências e Funcionamento dos Órgãos de Fiscalização das Sociedades Comerciais", *Nos 20 Anos do CSC, Homenagem aos Profs. Doutores A. Ferrer Correia, Orlando de Carvalho e Vasco Lobo Xavier*, Coimbra Editora, 2007, p. 593-619; NEVES, RUI DE OLIVEIRA – "Conflito de Interesses no Exercício de Funções de Fiscalização", *Conflito de Interesses no Direito Societário e Financeiro*, 2010, Almedina, Coimbra, p. 293-313; SILVA, JOÃO CALVÃO DA – "Responsabilidade Civil dos Administradores Não Executivos", *A Reforma do Código das Sociedades Comerciais – Jornadas em Homenagem ao Professor Doutor Raúl Ventura*, Almedina, Coimbra, 2007, p. 103-151.

1. Evolução histórica dos modelos de fiscalização – fiscal único *versus* conselho fiscal
1.1. O modelo de fiscalização instituído pelo DL 49381, de 15 de novembro de 1969: admissibilidade de substituição do conselho fiscal por sociedade de revisores oficiais de contas

O DL nº 49381, de 15 de novembro de 1969, veio estabelecer o regime jurídico de fiscalização das sociedades anónimas.

Esta medida normativa antecipou então uma revisão mais global do regime jurídico das sociedades comerciais por via da reforma do Código Comercial e legislação complementar, já então em curso e adiantada. Contudo, a imprevisibilidade do prazo de conclusão daquele projeto mais amplo determinou, ao tempo, uma intervenção antecipada no regime de fiscalização das sociedades anónimas, justificado então pelo volume e importância dos interesses em jogo nessas sociedades, o respetivo ritmo de desenvolvimento e a expansão do recurso à subscrição pública como forma de angariação de capital, bem como a necessidade de introduzir mecanismos de proteção eficaz das minorias[1].

O art. 4º do DL 49381, de 15 de novembro de 1969, veio assim dispor como se segue:

> *"1. A assembleia geral, salvo disposição estatutária em contrário, pode confiar a uma sociedade de revisão de contas o exercício das funções do conselho fiscal, não procedendo então à eleição deste.*

---

[1] Cf. o preâmbulo do DL nº 49381, de 15 de novembro de 1969.

2. Aos administradores, directores, membros do conselho fiscal e técnicos de revisão aplicam-se as causas de incompatibilidade e inabilidade a que se referem as alíneas a) a f) e h) do artigo 2º."

Foi, deste modo e por esta via, instituída a possibilidade de as sociedade anónimas substituírem o conselho fiscal por um fiscal único, com a única condição de este ser uma sociedade de revisores oficiais de contas – o que revela o entendimento, ao tempo, de que o conselho fiscal não ofereceria qualquer mais valia ou vantagem em relação ao modelo de fiscal único.

1.2. O modelo de fiscalização plural instituído pelo art. 413º (versão original) do CSC

A possibilidade de o conselho fiscal ser integralmente substituído por uma sociedade de revisores oficiais de contas justifica-se, ao tempo, por uma perspetiva muito técnica das funções de fiscalização das sociedades anónimas então vigente, quase exclusivamente resumida à revisão e certificação legal das contas da sociedade.

Esta perspetiva da fiscalização foi, no entanto, diluída com a entrada em vigor do Código das Sociedades Comerciais em 1986, onde foi claramente consagrada, na versão original do art. 413º, uma opção pelos conselhos fiscais plurais, isto é, compostos por outros sujeitos além do revisor oficial de contas[2].

Nessa versão original[3], o modelo de fiscalização assente no *fiscal único* foi efetivamente estabelecido como uma alternativa de segunda linha em relação ao modelo de conselho fiscal, já que apenas foi permitida para as sociedades com um capital inferior a 20 000 contos.

1.3. O reconhecimento normativo da admissibilidade do fiscal único pelo DL 257/96, de 31 de dezembro

O descrédito em relação à mais-valia e eficiência dos conselhos fiscais, por um lado, e a prevalência da aludida abordagem essencialmente técnica e contabilística da fiscalização das sociedades anónimas viria no entanto a ser retomada

---

[2] GABRIELA FIGUEIREDO DIAS (2013), p. 516-518.

[3] Era a seguinte a versão original do art. 413º: **"Composição do órgão de fiscalização:** *1 – A fiscalização da sociedade compete a um conselho fiscal ou um fiscal único. 2 – O conselho fiscal é composto por três membros efectivos; o contrato de sociedade pode aumentar esse número para cinco. 3 – Sendo três os membros efectivos do conselho fiscal, haverá um ou dois suplentes; sendo cinco, haverá dois suplentes. 4 – As sociedades cujo capital seja inferior a 20000 contos podem, no respectivo contrato, adoptar o regime de fiscal único. 5 – Ao fiscal único aplica-se, com as necessárias adaptações, o disposto quanto ao conselho fiscal."*

e a ganhar concretização normativa através da primeira alteração ao art. 413º, 10 anos após a entrada em vigor do CSC, com o DL 257/96, de 31 de dezembro. Esta alteração veio, no essencial, produzir o reconhecimento normativo[4] de uma realidade de facto – a adoção massiva do regime de fiscal único pelas sociedades anónimas portuguesas, no uso da faculdade que lhes era conferida pela versão original da norma, em termos que levaram essa possibilidade a converter-se, na prática, num padrão.

A justificação assumida[5] para esta fratura introduzida no regime da fiscalização, até aí cometida a título de regra a um conselho fiscal, assentou numa mudança de perspetiva sobre a natureza e as funções de fiscalização, refletida deste modo na sua estrutura: por um lado, atribuindo-se, "*em regra*", ao revisor oficial de contas, enquanto "*profissional dotado de qualificação técnica superior*", a competência para a fiscalização, assumiu-se aqui uma visão exclusivamente técnica – e redutora – da fiscalização, que ficou assim resumida à responsabilidade pela certificação legal de contas.

Por outro lado, mas em linha com esta perspetiva, entendeu-se desnecessário exigir que a fiscalização fosse exercida por um órgão plural[6] ou colegial, elegendo-se o fiscal único – obrigatoriamente um revisor oficial de contas – como *o responsável* pela fiscalização e, consequentemente, prescindindo-se dos restantes membros do conselho fiscal, em relação aos quais, lê-se nas entrelinhas do preâmbulo e da alteração normativa produzida, o legislador não possuía quaisquer expectativas.

Ao tempo, alastrara de facto uma profunda inércia dos conselhos fiscais de um grande número de sociedades anónimas, agravada no caso dos membros não ROC desses órgãos, e que contribuiu para uma imagem profundamente negativa dos mesmos – de ineficiência, ineficácia e independência questionável, já que a atribuição de lugares no conselho fiscal era, com frequência, decidida

---

[4] Foi a seguinte a redação do art. 413º introduzida pelo DL 257/96, de 31 de dezembro: "**Composição do órgão de fiscalização:** *1 – A fiscalização da sociedade compete a um fiscal único, que deve ser revisor oficial de contas ou sociedade de revisores oficiais de contas, ou a um conselho fiscal. 2 – O fiscal único terá sempre um suplente, que será igualmente revisor oficial de contas ou sociedade de revisores oficiais de contas. 3 – O conselho fiscal é composto por três membros efectivos; o contrato de sociedade pode aumentar esse número para cinco. 4 – Sendo três os membros efectivos do conselho fiscal, haverá um ou dois suplentes; sendo cinco, haverá dois suplentes. 5 – O fiscal único rege-se pelas disposições legais respeitantes ao revisor oficial de contas e subsidiariamente, na parte aplicável, pelo disposto quanto ao conselho fiscal e aos seus membros.*"

[5] Cf. o que é dito no preâmbulo do DL 257/96, de 31 de dezembro, a título de justificação desta medida.

[6] COUTINHO DE ABREU (2013), p. 589, denomina os órgãos sociais constituídos por mais do que um membro por órgãos plurais.

SOCIEDADES DE REVISORES OFICIAIS DE CONTAS EXERCENDO FUNÇÕES... **ART. 536º** 591

com base em critérios de proximidade e confiança pessoal, ou como forma de encontrar um lugar nos órgãos da sociedade para pessoas influentes (muitas vezes também influenciáveis ...) sem perfil ou consenso para ocupar um lugar de administração.

Foi já então este estado de coisas que levou o legislador a considerar dispensável o órgão colegial de fiscalização, tal como até ali conhecido, e a afirmar a suficiência de um fiscal único, revisor oficial de contas, independentemente da dimensão e complexidade da sociedade em causa[7].

1.4. A inversão do paradigma do fiscal único produzida pela Reforma Societária de 2006

As circunstâncias atrás mencionadas determinaram uma séria e preocupante erosão das estruturas e da atividade da fiscalização das sociedades sobretudo durante os 10 anos que decorreram entre a instituição do modelo de fiscal único, em 1996, e a sua reconstrução em torno de um modelo de fiscalização assente num órgão colegial e de uma dupla instância de fiscalização. Dez anos após a instituição do modelo do fiscal único, enraizara-se não só uma preocupante redução da fiscalização à função de revisão e certificação legal de contas como uma inércia generalizada do conselho fiscal e do fiscal único, exclusivamente preocupado com uma fiscalização de natureza contabilística exercida em termos estáticos e apenas uma vez por ano.

Esta circunstância determinou inclusivamente alguma discussão em torno das opções de política regulatória a adotar – revitalizar o conselho fiscal ou pura e simplesmente extingui-lo[8].

No rescaldo dos escândalos financeiros do início do século e da necessidade de restruturação e reforço dos mecanismos que os mesmos vieram demonstrar, e ainda na linha da profunda reforma da fiscalização societária operada nos EUA com a publicação do *Sarbannes-Oxley Act*[9], a opção recaiu sobre a revitalização e restruturação do conselho fiscal, que a Reforma societária de 2006 veio promover e afirmar como uma das suas mais relevantes linhas de intervenção[10].

---

[7] Sobre o desgaste e a erosão das estruturas de fiscalização no período anterior à Reforma societária, COUTINHO DE ABREU (2010), 175-191; GABRIELA FIGUEIREDO DIAS (2007), p. 13-16, (2007ª), p. 280--282; PAULO CÂMARA/GABRIELA FIGUEIREDO DIAS (2011), p. 69-70; PAULO OLAVO CUNHA (2012), p. 787-789.

[8] COUTINHO DE ABREU, (2010), p. 184, s., (2007), p. 16, s.; PAULO CÂMARA/GABRIELA FIGUEIREDO DIAS (2011), p. 69-72; GABRIELA FIGUEIREDO DIAS (2006), p. 22 e *passim*, (2007), p. 281 e s..

[9] 'Corporate and Auditing Accountability and Responsibility Act', publicado em 30 de julho de 2002.

[10] Para uma análise de direito comparado sobre a evolução das estruturas de fiscalização na década de 2000, PINTO FURTADO (2007), p. 615-619.

As normas sobre o conselho fiscal (composição, funções, funcionamento, etc.), como aliás todo o regime da fiscalização das sociedades anónimas[11], sofreram profundas alterações com a Reforma do CSC de 2006, concretizando uma densificação da função de fiscalização através do reforço significativo das respetivas estruturas e funções.

Neste movimento de reforma, o art. 413º foi objeto de uma profunda modificação, que concretizou algumas das importantes linhas de intervenção nos modelos e regime da fiscalização das sociedades preconizados no documento que colocou a alteração do Código das Sociedades Comerciais a consulta pública[12].

Assim, por um lado, a norma do art. 413º veio sinalizar um movimento de afastamento ou diluição do *paradigma do fiscal único* introduzido pelo DL 257/96, de 31 de dezembro[13]. Esse paradigma marcou de forma assumida a estrutura e a própria filosofia da fiscalização das sociedades anónimas nos 10 anos subsequentes a essa alteração, mas constituiu já, à data, o reconhecimento normativo de uma realidade que alastrara no tecido societário português, em termos de poder falar-se, já então, de um paradigma instituído pela prática.

Com a Reforma de 2006, o modelo de fiscal único passou a ser admitido apenas nas sociedades anónimas de menor dimensão, ao mesmo tempo que se afirmou um novo paradigma de exercício da fiscalização por um órgão colegial.

Essa preferência assumida pela colegialidade assenta em diversos fundamentos: reforço da independência, diversidade de experiências e competências entre os responsáveis pela fiscalização, maior eficácia, possibilidade de funcionamento do órgão fiscalização independentemente de impedimento ou falta do seu titular, etc.

Por outro lado, a permissão e, mais do que isso, o incentivo ao regime de fiscal único instituído pela versão atribuída pelo DL 257/96, de 31 de dezembro, ao art. 413º apresenta-se como uma possibilidade praticamente sem paralelo nos

---

[11] Sobre o impacto da Reforma de 2006 nas estruturas e no regime de fiscalização das sociedades anónimas, GABRIELA FIGUEIREDO DIAS (2006), p. 9-37, (2007), p. 280-283; PAULO CÂMARA/GABRIELA FIGUEIREDO DIAS (2011), p. 69-94; PAULO CÂMARA (2008), p. 62-66; PAULO OLAVO CUNHA (2012), p. 786-788; CALVÃO DA SILVA (2007), p. 105-108; RUI DE OLIVEIRA NEVES (2010), p. 293-313; MIGUEL PUPO CORREIA/ GABRIELA FIGUEIREDO DIAS/ LUÍS FILIPE CALDAS/ANA BEBIANO (2007), p. 34-41.

[12] Documento de Consulta Pública da CMVM nº 1/2006 sobre a revisão do Código das Sociedades Comerciais (2006).

[13] Este diploma veio introduzir uma modificação decisiva na redação do art. 413º, assumindo o modelo de fiscal único como paradigmático na fiscalização das sociedades anónimas.

ordenamentos jurídicos de referência e que produz o esvaziamento das competências de fiscalização das sociedades anónimas.

Atendendo ao enraizamento desta prática no tecido societário português, por um lado, e à pequena dimensão de algumas sociedades anónimas, por outro, o legislador entendeu dever manter alguma permissividade em relação à opção por essa modalidade, designadamente com vista a promover uma aculturação gradual com um novo modelo de fiscalização colegial.

Entendeu-se todavia que, em sociedades emitentes de valores mobiliários admitidos à negociação em mercado regulamentado, essa permissividade não só não deveria ser mais tolerada como, além do mais, contrariaria a versão revista da Oitava Diretiva, que supõe uma segregação de funções de fiscalização e de revisão de contas (art. 39º), *o que significa claramente que uma mesma pessoa não pode acumular as mesmas funções.*

A medida em causa foi, contudo, com vantagem, alargada em relação a sociedades de maior dimensão, tendo sido aqui utilizado um conjunto de critérios quantitativos, vertidos no art. 413º, 2, *a)*, que se considerou serem indiciadores da dimensão relevante da sociedade e que determinaram a conceção de um novo sub-tipo de sociedades anónimas – as *grandes sociedades anónimas*[14] ou *sociedades anónimas de grande dimensão.*

2. Sentido e alcance da norma do art. 536º

Tratou-se, ao tempo da publicação e entrada em vigor do CSC, em 1 de novembro de 1986, de assegurar, com esta norma, um regime transitório para as sociedades anónimas que àquele tempo tivessem optado por uma sociedade de revisores oficiais de contas para exercer as funções de fiscalização da sociedade, em lugar de um conselho fiscal.

Em face da alteração de regime instituída pelo CSC nesta matéria, adotando um modelo de fiscalização plural (conselho fiscal) como padrão, as sociedades que então mantivessem o modelo de fiscal único a ser exercido por uma sociedade de revisores oficiais de contas ficariam em situação de incumprimento dos requisitos legais relativos aos modelos de governo das sociedades anónimas.

Considerou-se no entanto que deveria ser concedido um prazo de adaptação ao novo regime e legitimar temporariamente a subsistência daqueles modelos até que fosse possível essa adaptação sem custos excessivos para as sociedades.

---

[14] Designação proposta por PAULO OLAVO CUNHA (2012), p. 34-35.

Foi assim inicialmente conferido um prazo de 1 ano e 2 meses após a entrada em vigor do CSC para a referida adaptação do modelo, isto é, para a eleição de um conselho fiscal ou de um conselho geral nos termos então previstos no art. 278º e 413º do CSC, de modo a garantir a progressiva conformidade de todas as sociedades anónimas com o novo paradigma legal de fiscalização plural e colegial da sociedade anónima.

A norma do art. 536º reveste hoje quase apenas um mero interesse histórico, na medida em que, pelo comando que estabelece, todas as sociedades anónimas que tivessem uma sociedade de revisores oficiais de contas a exercer a fiscalização deverão ter garantido a conformidade com o novo regime através de eleição de conselho fiscal ou conselho geral até àquela data.

O relevo jurídico desta norma é hoje, assim, de simples habilitação normativa para aplicação de eventuais disposições sancionatórias caso se verifique a subsistência de irregularidades desta natureza (i.e, SROC a exercer a fiscalização em lugar de um órgão plural) na composição do órgão de fiscalização.

Note-se por último que, atentas todas as alterações desde então produzidas no regime da fiscalização das sociedades anónimas, e em particular a introdução de novos modelos no art. 278º, o conteúdo da norma do art. 536º sempre teria de ser objeto de uma interpretação atualista, no sentido de substituir a referência a 'conselho fiscal ou conselho geral' por qualquer um dos modelos de fiscalização hoje admitidos – conselho fiscal, comissão de auditoria ou conselho geral e de supervisão.

ARTIGO 537º
Distribuição antecipada de lucros

Na aplicação do artigo 297º às sociedades constituídas antes da entrada em vigor deste diploma é dispensada a autorização pelo contrato de sociedade.

Índice

1. O regime da antecipação de lucros introduzido pelo CSC. A desnecessidade de autorização estatutária para as sociedades constituídas antes da entrada em vigor do CSC
2. A aplicação do demais regime previsto para a distribuição antecipada de lucros, com exceção do disposto no nº 2 do art. 297

Bibliografia

Citada:

DOMINGUES, PAULO DE TARSO – "Artigo 297º", em *Código das Sociedades Comerciais em Comentário* (coord. de J. Coutinho de Abreu), vol. V (Artigos 271º a 372º-B), Almedina, Coimbra, 2012, p. 289-298; PAIXÃO, NUNO – "Comentário ao artigo 537º", em *Lexit – Código das sociedades comerciais*, ed. online, que se pode ler em <www.lexit.pt>, 2014; VENTURA, RAÚL – *Sociedade por quotas*, vol. I, Almedina, Coimbra, 1989.

1. O regime da antecipação de lucros introduzido pelo CSC. A desnecessidade de autorização estatutária para as sociedades constituídas antes da entrada em vigor do CSC

O CSC veio, de forma pioneira entre nós, consagrar expressamente no art. 297º a possibilidade de se fazerem pagamentos antecipados por conta dos lucros. Trata-se de uma operação que já era utilizada na nossa *praxis* societária, anterior ao CSC, muito embora o direito societário pregresso não fosse explícito quanto à sua admissibilidade[1]. O legislador societário português – com a previsão do art. 537º que, na versão originária do código, correspondia ao art. 516º – veio, no entanto, claramente considerar lícita aquela prática societária.

Nos termos do art. 297º, 1 para que seja possível o pagamento antecipado de lucros é necessário, para além do mais, que essa possibilidade esteja contratualmente prevista.

Ora, não seria razoável que este requisito fosse aplicável às sociedades constituídas antes da entrada em vigor do CSC, uma vez que, obviamente, os sócios,

---

[1] Cfr. RAÚL VENTURA (1989), p. 338, s..

no momento da constituição, não puderam prevenir e tomar em consideração aquela exigência legal.

O art. 537º destina-se precisamente a alcançar este resultado, estatuindo que, para as sociedades constituídas antes da entrada em vigor do CSC, a distribuição antecipada de lucros não necessita de estar autorizada no contrato de sociedade.

2. A aplicação do demais regime previsto para a distribuição antecipada de lucros, com exceção do disposto no nº 2 do art. 297

Afora a particularidade acima referida – de não ser necessária previsão contratual para o efeito –, o regime da antecipação de lucros previsto no art. 297º será inteiramente aplicável às sociedades comerciais constituídas antes da entrada em vigor do CSC[2].

Com uma ressalva que aqui importa fazer sublinhar e que respeita ao disposto no nº 2 do art. 297º. Esta norma determina que se o contrato for alterado para nele ser inserida a cláusula autorizativa da antecipação dos lucros, o primeiro adiantamento apenas poderá ser efetuado "no exercício seguinte àquele em que ocorrer a alteração contratual"[3].

Ora, *il va sans dire*, não faz sentido aplicar esta regra às sociedades constituídas antes da entrada em vigor do CSC. Na verdade, se, por força do disposto no art. 537º, estas sociedades podiam, em qualquer exercício e sem necessidade de alteração do pacto, proceder ao pagamento antecipado de lucros, também o deverão poder fazer no próprio exercício em que deliberam alterar o respetivo pacto social no sentido de nele passar a constar a autorização exigida pelo art. 297º, 1 para a realização desta operação. Há, por isso, que fazer uma interpretação restritiva do art. 297º, 2, considerando que o mesmo não é aplicável à antecipação de lucros por parte das sociedades constituídas antes da entrada em vigor do CSC[4].

---

[2] Sobre o regime do art. 297º, vide TARSO DOMINGUES (2012), p. 289, s..

[3] Visa-se com esta solução impedir um aproveitamento oportunístico de um lucro esporádico, que se perspetive possa vir a ser consumido por prejuízos próximos. Assim, RAÚL VENTURA (1989), p. 346.

[4] Neste sentido, vide também NUNO PAIXÃO (2014), comentários 8, s. ao art. 537º.

ARTIGO 538º
Quotas amortizadas. Acções próprias

1. As quotas amortizadas anteriormente à entrada em vigor desta lei podem continuar a figurar no balanço como tais, independentemente da existência de estipulação contratual.
2. As sociedades anónimas que, à data da entrada em vigor desta lei, possuírem acções próprias, podem conservá-las durante cinco anos a contar da referida data.
3. As alienações de acções próprias a terceiros, durante os cinco anos referidos no número anterior, podem ser decididas pelo conselho de administração.
4. As acções próprias que a sociedade conservar ao fim dos cinco anos referidos no nº 2 serão nessa data automaticamente anuladas na parte em que excedam 10% do capital social.

Esta norma transitória cuida, como a própria epígrafe permite concluir, da situação das quotas amortizadas anteriormente à entrada em vigor do Código das Sociedades Comerciais (1 de Novembro de 1986, nos termos do art. 2º do Decreto-Lei nº 262/86, de 2 de Setembro), bem como das consequências que a nova legislação traz para as acções próprias, a partir do mesmo momento.

Quanto ao primeiro tema, determinou o legislador que as quotas amortizadas previamente àquela data pudessem continuar a figurar no balanço, precisamente, como amortizadas, independentemente de estipulação do contrato social já vigente. É uma solução que se compatibiliza, portanto, com o que passou a decorrer do "novo" art. 237º, 2.

Já no que às acções próprias diz respeito, a pertinência do disposto nos nºs 2, 3 e 4 deste preceito esgotou-se a 1 de Novembro de 1991. Na verdade, foram as sociedades anónimas autorizadas a guardar as acções próprias que houvessem adquirido até 1 de Novembro de 1986 apenas durante um período máximo de 5 anos (prazo mais alargado, contudo, do que o previsto no art. 323º). Momento a partir do qual deveriam delas libertar-se, nomeadamente, segundo o nº 3, por decisão do conselho de administração, quando o adquirente fosse terceiro. Deste modo ficaram as sociedades isentas do cumprimento do disposto no art. 320º. Se, chegadas a 1 de Novembro de 1991, as sociedades mantivessem carteiras de participações próprias representativas de mais de 10% do capital social (limite determinado, aliás, pelo "novo" art. 317º, 2), as acções em excesso foram automaticamente (por efeito da lei) anuladas.

ARTIGO 539º
Publicidade de participações

1. As comunicações, nos termos dos artigos 447º e 448º, de participações existentes até à data da entrada em vigor desta lei devem ser efectuadas durante o 1º semestre seguinte.

2. As sociedades devem avisar os accionistas, pelos meios adequados, do disposto no número anterior.

Bibliografia

Citada:

CÂMARA, PAULO – "Artigo 448º", *Código das Sociedades Comerciais Anotado* (coord. António Menezes Cordeiro), 2ª ed., Almedina, Coimbra, 2011, p. 1052- 1155; DIAS, GABRIELA FIGUEIREDO – "Artigo 447º" e "Artigo 448º", *Código das Sociedades Comerciais em Comentário* (coord. J. M. Coutinho de Abreu), Almedina, Coimbra, 2013, p. 872-891.

1. O DL 184/87, de 21 de abril, veio introduzir no CSC, que havia entrado em vigor em 1 de novembro de 1986, um conjunto adicional de normas destinadas a instituir um regime penal e sancionatório para as sociedades comerciais.

Tais normas vieram a ser incluídas sob os arts. 509º a 529º, forçando assim a renumeração dos anteriores arts. 509º a 524º, que passaram a constar, por força deste 'enxerto', dos arts. 530º a 545º.

A atual norma do art. 539º, embora surja frequentemente referida como tendo sido *adicionada* pelo DL 184/87, de 21 de abril, já existia efetivamente no CSC com o mesmo teor e conteúdo antes das alterações produzidas por aquele diploma, tendo sido objeto de simples renumeração.

2. O dever de comunicação à sociedade das participações sociais e obrigações detidas pelos membros dos órgãos de administração e de fiscalização da sociedade, bem como de todas as transações sobre as mesmas, consagrado no art. 447º, foi, efetivamente, pela primeira vez introduzido no direito societário português pelo DL 262/86, de 2 de setembro, tendo sido posteriormente alterado pela Declaração de 29/11 de 1986 e pelos DL 280/87, de 08/07 e DL 257/96, de 31/12, que todavia se limitaram a introduzir ajustamentos na redação da norma, que enfermava, no texto original, de alguns erros de redação.

De acordo com o preâmbulo do DL 262/86, a consagração de um dever com este conteúdo destinou-se essencialmente a prevenir *"operações especulativas"*. Em causa está, efetivamente, assegurar, através daquele normativo, que a publicidade obrigatoriamente conferida às operações e contratos em que sejam parte membros dos órgãos sociais e que tenham por objeto ações ou obrigações emitidos pela sociedade reduz o incentivo daqueles sujeitos para o aproveitamento de informação privilegiada a que tenham acesso no exercício das suas funções. Por outras palavras: no exercício das respetivas funções os membros dos órgãos sociais acedem necessariamente a informação sobre a sociedade e respetivos negócios que não é pública, mas que pode ser decisiva no que respeita à valorização económica dos títulos emitidos pela sociedade ou à capacidade da sociedade de cumprir com o serviço de dívida. A posse de informação *privilegiada* pode determinar os membros dos órgãos sociais a transacionar aqueles títulos em determinado momento e em certas condições económica com base nessa informação, a que o os acionistas e o mercado em geral não têm acesso, encontrando-se por conseguinte numa situação de *assimetria informativa*[1] que não lhes permite aceder às mesmas vantagens de uma transação sobre os títulos tomada pelos membros dos órgãos de administração com base em certa informação.

Esta norma destina-se pois a evitar as situações contempladas no art. 449º onde, aí sim, se estabelece a respetiva ilicitude[2].

3. O dever de comunicação à sociedade das participações sociais e obrigações detidas pelos acionistas consagrado no art. 448º foi igualmente introduzido no direito societário português pelo DL nº 262/86, de 2 de setembro, não tendo sofrido desde então qualquer alteração.

Este dever prende-se essencialmente com um objetivo interno da sociedade, de identificação, a todo o momento, dos respetivos acionistas de controlo ou com condições para o exercício de uma influência decisiva na sociedade[3].

A necessidade de identificação destes acionistas prende-se, por sua vez, com a existência de regras que fazem depender a constituição e/ou o exercício de certos direitos e deveres sociais da titularidade de uma participação social com uma determinada expressão.

---

[1] PAULO CÂMARA (2011), p. 1048.
[2] Sobre o alcance e conteúdo do dever de divulgação de participações nos termos do art. 447º e 448º, GABRIELA FIGUEIREDO DIAS (2013), p. 872-891.
[3] GABRIELA FIGUEIREDO DIAS (2013), p. 887.

4. Com a consagração do então art. 518º (na versão inicial do CSC, e que corresponde ao atual art. 539º) aquando da publicação do CSC, em 1986, pretendeu o legislador assegurar um regime transitório para progressiva adaptação e conformidade das sociedades com os novos requisitos normativos sobre publicidade de participações introduzidos *ex novo* pelo CSC.

Deste modo, e não obstante ser de 30 dias o prazo para as comunicações de participações de membros dos órgãos de administração e de fiscalização (art. 447º, 4) e de acionistas (art. 448º, 3), entendeu-se apropriado conceder um prazo bastante mais dilatado para o cumprimento destes deveres na fase de implementação das normas em causa, atenta a compreensível dificuldade com que as sociedades se poderiam deparar em promover o cumprimento imediato das mesmas.

5. Dado o tempo entretanto decorrido, esta norma terá perdido praticamente todo o seu sentido útil. Efetivamente, ainda que pudessem hoje subsistir participações já existentes à data de entrada em vigor do CSC que não tenham sido comunicadas em conformidade com o disposto nos arts. 447º ou 448º, consoante o caso, elas passaram a enquadrar-se, após decorrido o prazo definido no art. 539º como prazo transitório para a conformação dos sujeitos abrangidos por aquelas normas com os (então) novos requisitos legais, no regime geral, passando como tal a ser tratadas como situações de incumprimento geral dos deveres de comunicação previstos nos arts. 447º e 448º do CSC.

ARTIGO 540º
Participações recíprocas

1. O disposto no artigo 485º, nº 3, começa a aplicar-se às participações recíprocas existentes entre sociedades à data da entrada em vigor desta lei a partir do fim do ano civil seguinte à referida data, se nessa altura ainda se mantiverem.

2. A proibição de exercício de direitos aplica-se à participação de menor valor nominal, salvo acordo em contrário entre as duas sociedades.

3. As participações existentes à data da entrada em vigor desta lei contam-se para o cálculo dos 10% de capital.

Índice
Âmbito e aplicação

Bibliografia
Citada:

CORDEIRO, ANTÓNIO MENEZES – *Direito Europeu das Sociedades*, Almedina, Coimbra, 2005.

Âmbito e aplicação

Este artigo mantém a sua redação original, tendo apenas sido renumerado (originariamente era o art. 519º) pelo DL nº 184/87, de 21 de abril.

Como indicado pelo título do (atual) Título VIII em que se integra, trata-se de uma disposição transitória, aplicável a certas sociedades já existentes à entrada em vigor do CSC.

O nº 1 introduz um prazo durante o qual o disposto no nº 3 do art. 485º não será aplicável (ou, ao invés, um prazo a partir do qual o referido nº 3 será aplicável): a partir do fim do ano civil seguinte, ou seja, a 1 de janeiro de 1988, uma vez que o CSC entrou (em geral) em vigor a 1 de novembro de 1986 (vide art. 2º, nº 1 do DL nº 262/86, de 2 de setembro).

(Diversamente, quanto ao regime das aquisições por domínio total, a opção do legislador foi diversa no art. 541º, ao esclarecer que o regime não é de todo aplicável aos sócios detentores de 90% ou mais do capital à data da entrada em vigor do CSC.)

O objeto deste art. 540º é, em todo o caso, limitado: apenas se aplica às sociedades em relação (qualificável, à luz dos critérios do CSC) de participações recíprocas previamente à entrada em vigor do CSC. Portanto, sociedades que se encontravam em relação de simples participação e apenas após essa entrada em vigor estabelecem uma relação de participação recíproca não são abrangidas pela exceção estabelecida nos termos do nº 1 deste art.. Por outro lado, sociedades que se encontravam em relação de participações recíprocas previamente à entrada em vigor do CSC, dentro do prazo perderam essa qualidade e mais tarde a readquiriram também não deviam considerar-se abrangidas por esta exceção (nesse sentido a parte final do nº 1 do art. 540º, sendo que o racional da norma transitória – salvaguardar temporariamente sociedades de efeitos legais supervenientes – não é mais aplicável).

Note-se que apenas é excepcionado, e de forma temporária, o nº 3 do art. 485º, que determina a impossibilidade genérica de exercício de direitos inerentes, consequência específica para o incumprimento do disposto no nº 2 do art. 485º (a sociedade que mais tardiamente tenha comunicado à outra ter atingido o limiar de 10% não pode adquirir novas ações ou quotas).

Este art. 540º não exceciona outros números do art. 485º (e v. a propósito também o art. 510º, 2, que entrou em vigor em maio de 1987, de acordo com o art. 4º, 1 do DL nº 184/87, de 21 de abril), nem o disposto no art. 484º, que entraram assim em vigor em 1 de novembro de 1986. É pressuposto que as participações (previamente adquiridas) sejam levadas (se necessário) ao conhecimento da outra sociedade, ainda que não tenham sido realizadas novas aquisições desde a entrada em vigor do CSC; assim o previa expressamente, aliás, o Projeto de 9ª Diretiva sobre Grupos de Sociedades (art. 42º, 2ª frase)[1], fixando um prazo de três meses para essa comunicação após a transposição da Diretiva.

Para as situações abrangidas, o legislador teria depois de decidir que critério seguir, isto é, qual a sociedade a penalizar e que deveria ficar com os seus direitos inerentes limitados, de acordo com o art. 485º, 3. O legislador seguiu o critério da maior participação nominal (art. 540º, 2), um critério que parece equilibrado (ainda que o valor nominal possa ser muito diverso – superior ou inferior – ao capital próprio alocável à participação social em causa), embora seja diverso do estabelecido em geral no art. 485º, 2 (prevalece a posição da sociedade que primeira comunicou o limiar de 10%) – mas é naturalmente diverso, pois à data das aquisições relevantes o CSC não se encontrava em vigor.

Por fim, o nº 3 esclarece (como não podia deixar de ser), para a generalidade das sociedades abrangidas, que as participações adquiridas previamente à entrada em vigor do CSC se contam para efeitos de apurar a participação de 10% de capital.

---

[1] Pode encontrar-se uma tradução do projeto em MENEZES CORDEIRO (2005), p. 751 a 770.

ARTIGO 541º
Aquisições tendentes ao domínio total

O disposto no artigo 490º não é aplicável se a participação de 90% já existia à data da entrada em vigor desta lei.

O art. 490º, comentado *supra*, neste volume, atribui à sociedade dominante, possuidora (direta ou indiretamente) de participação social correspondente a 90% ou mais do capital de outra sociedade, o direito potestativo de, cumprido certo procedimento, adquirir as participações dos sócios minoritários desta sociedade; e atribui a estes sócios, quando a sociedade dominante não exerça aquele poder, o direito potestativo de alienar as participações respetivas à dominante.

O art. 541º declara a inaplicabilidade do art. 490º nos casos em que a participação de pelo menos 90% já existia à data da entrada em vigor do CSC (1 de novembro de 1986: art. 2º, 1, do DL que aprovou o Código). Portanto, nem a (mesma) sociedade dominante tem direito de adquirir potestativamente as participações minoritárias[1], nem os sócios minoritários da sociedade dominada têm o direito de alienação potestativa.

A prescrição do art. 541º tem alguma utilidade – tendo em vista o princípio constitucional da tutela da confiança – para o juízo de não inconstitucionalidade da norma do nº 3 do art. 490º.[2]

---

[1] Aliás, mesmo que tivesse esse direito, deixaria de poder exercê-lo a partir de 1 de dezembro de 1986 se até esta data não procedesse à comunicação prevista no nº 1 do art. 490º.

[2] Cfr. a parte final do Ac. nº 491/02 do TC (disponível em www.tribunalconsitucional.pt).

ARTIGO 542º *
Relatórios

Os Ministros das Finanças e da Justiça, em portaria conjunta, podem completar o conteúdo obrigatório do relatório anual dos órgãos de administração ou de fiscalização e do revisor oficial de contas, sem prejuízo da imediata aplicação do disposto nesta lei.

* O DL 184/87, de 21 de abril, deslocou as disposições finais e transitórias para o Título VIII e procedeu à renumeração dos diversos artigos. O artigo 542º mantém a mesma redação do originário artigo 521º, conforme aprovado pelo DL 262/86, de 2 de setembro.

O artigo 542º conferia a possibilidade de, por portaria conjunta dos Ministros das Finanças e da Justiça, se *completar o conteúdo obrigatório do relatório anual dos órgãos de administração ou de fiscalização e do revisor oficial de contas*. Nos termos do CSC, como vimos[1], o conteúdo obrigatório de tais documentos de prestação de contas está fixado, em geral, nos artigos 65º e seguintes, com referências especiais no artigo 263º, para a sociedade por quotas, e nos artigos 451º a 455º, para as sociedades anónimas (e em comandita por ações). Não se conhece portaria com o objeto apontado no preceito; razão por que, tendo em conta toda a legislação nacional e europeia respeitante à matéria da prestação de contas entretanto surgida após 1986, não se duvida de que *o disposto nesta lei*, devidamente articulado com o que dessa outra legislação resulta, está hoje plenamente em vigor.

---

[1] Cfr. ANA MARIA RODRIGUES/RUI PEREIRA DIAS, nos comentários a disposições do CSC nos Volumes I (2010), IV (2012) e VI (2013).

ARTIGO 543º
Depósitos de entradas

Os depósitos de entradas de capital ordenados por esta lei continuam a ser efectuados na Caixa Geral de Depósitos, enquanto os Ministros das Finanças e da Justiça, em portaria conjunta, não autorizarem que o sejam noutras instituições de crédito.

Índice
1. Depósito obrigatório das entradas em dinheiro
2. Instituições de crédito onde podem ser efetuados os depósitos das entradas em dinheiro

Bibliografia
Citada:

DOMINGUES, P. DE TARSO – *Variações sobre o capital social*, Almedina, Coimbra, 2009.

1. Depósito obrigatório das entradas em dinheiro

O presente artigo regula a matéria relativa às instituições de crédito autorizadas a receber as entradas em dinheiro, quando a lei imponha o seu depósito obrigatório.

Apesar de a norma se referir a entradas de capital[1], deve entender-se que este artigo 543º respeita exclusivamente às entradas em dinheiro, uma vez que apenas estas, por força do regime legal, poderão estar sujeitas a depósito numa instituição de crédito.

Decorre deste artigo que a obrigação de depósito das entradas em dinheiro – quando este seja legalmente exigido – só se considerará cumprida quando o mesmo for efetuado numa das instituições de crédito que cumpra os requisitos fixados pela lei para este efeito[2].

Se o depósito não for imposto por lei, nada impedirá que no contrato se estabeleça regime diverso do legalmente previsto ou, ainda, que os sócios realizem

---

[1] Na noção de entrada de capital – que normalmente se contrapõe à de entrada em indústria –, compreendem-se quer as entradas em dinheiro quer as entradas em espécie.

[2] Cfr. infra ponto 2.

a sua entrada em dinheiro através de outra forma que não o depósito numa das instituições de crédito legalmente autorizadas.

É preciso, de facto, ter presente que a lei não estabelece a necessidade do depósito obrigatório das entradas em dinheiro para todos os tipos sociais. Assim:

a) para as SENC, o CSC não prevê expressamente que as entradas em dinheiro sejam depositadas numa instituição bancária, pelo que parece que tal exigência não se aplica à sociedade em nome coletivo[3];

b) para as SQ, o CSC previa inicialmente a obrigatoriedade do depósito das entradas em dinheiro[4]. Com a alteração de regime efetuada pelo DL 33/2011, de 7 de março, deixou, no entanto, de ser exigido, neste tipo social, que as entradas em dinheiro sejam depositadas numa instituição de crédito (cfr. art. 202º);

c) nas SA, o art. 277º, 3 continua a exigir – como sucede desde a redação originária do CSC – a obrigatoriedade do depósito das entradas em dinheiro.

d) finalmente, quanto às SC, há que distinguir entre o regime aplicável às SC simples e às SC por ações. Para as primeiras, porque a estas se aplica subsidiariamente o regime previsto para as SENC (cfr. art. 474º), não haverá obrigatoriedade de proceder ao depósito das entradas em dinheiro; diferentemente, nas SC por ações, porque o regime subsidiário aplicável é agora o previsto para as SA (cfr. art. 478º), as entradas em dinheiro terão necessariamente que ser depositadas numa instituição de crédito.

2. Instituições de crédito onde podem ser efetuados os depósitos das entradas em dinheiro

Consagrando um regime de privilégio, que vinha de trás, concedido à Caixa Geral de Depósitos – por se tratar da instituição de crédito do Estado –, o art. 543º estabeleceu que os depósitos obrigatórios[5] previstos no CSC teriam necessariamente que ser efetuados nesta instituição bancária.

A norma logo previu, no entanto, a possibilidade de mais tarde, por portaria conjunta dos Ministros das Finanças e da Justiça, se autorizar o depósito noutras instituições de crédito, o que se veio a verificar em 1992. Com efeito, é com a publicação da Portaria 228/92, publicada no DR, II Série, nº 170, de 25 de julho,

---

[3] Cfr. TARSO DOMINGUES, (2009), p. 204, nt 766.

[4] Cfr. as anteriores redações do artigo 202º, 3, norma revogada pelo DL 33/2011. Note-se que, com a alteração efetuada pelo DL 237/01, de 30 de Agosto, deixou de ser exigida a apresentação da guia de depósito, bastando-se a lei com a declaração dos sócios de que tal depósito tinha sido efetuado.

[5] "Ordenados por esta lei" é a expressão usada no artigo.

que passa a ser possível o depósito das entradas em qualquer instituição de crédito, desde que autorizada a receber depósitos do público e possuam fundos próprios não inferiores a "3,5 milhões de contos".

Assim, hoje, o depósito das entradas em dinheiro – quando legalmente exigido – poderá ser efetuado em qualquer instituição de crédito que preencha aqueles requisitos, cabendo obviamente à própria instituição de crédito[6] que recebe o depósito assegurar-se que cumpre as exigências legais, devendo recusar-se a aceitar o depósito quando as mesmas não se encontrem verificadas.

---

[6] Dificilmente o sócio terá possibilidade de se certificar disso mesmo.

ARTIGO 544º
Perda de metade do capital

Enquanto não entrar em vigor o artigo 35º desta lei, os credores de uma sociedade anónima podem requerer a sua dissolução, provando que, posteriormente à época dos seus contratos, metade do capital social está perdido, mas a sociedade pode opor-se à dissolução, sempre que dê as necessárias garantias de pagamento aos seus credores.

Índice
1. Regime transitório aplicável às SA, no caso de perda grave do capital social
2. Caducidade da norma

Bibliografia
Citada:

DOMINGUES, PAULO DE TARSO – "Artigo 35º", em *Código das Sociedades Comerciais em Comentário* (coord. de J. Coutinho de Abreu), vol. I (Artigos 1º a 84º), Almedina, Coimbra, 2010, p. 511-542, "Capital e património sociais, lucros e reservas", em *Estudos de Direito das Sociedades* (coord. de J. Coutinho de Abreu), Almedina, Coimbra, 11ª ed., 2013, p. 151-222.

1. Regime transitório aplicável às SA, no caso de perda grave do capital social

O CSC, logo na sua versão inicial estabelecia – de resto, por imposição comunitária –, no seu art. 35º, um especial regime, aplicável a todos os tipos societários, destinado a prevenir a hipótese de perda grave do capital social[1].

Acontece que o legislador português, receando a difícil situação económico-financeira de boa parte das sociedades de então – que não cumpririam os requisitos postos por aquele art. 35º – diferiu a entrada em vigor do disposto naquele normativo para momento ulterior, ficando suspensa *sine die* a sua vigência[2].

Para as SA, o legislador não quis, no entanto, deixar de prever um regime transitório – até à entrada em vigor da norma do art. 35º – aplicável àquela situação de perda grave do capital social.

---

[1] Sobre o regime do art. 35º, vide TARSO DOMINGUES, (2010), p. 511, s..

[2] Cfr. art. 2º, 2 do referido DL 262/86, que aprovou o CSC, onde se estatui que "a data da entrada em vigor do artigo 35º será fixada em diploma legal".

PERDA DE METADE DO CAPITAL **ART. 544º** 609

Foi o art. 544º que consagrou esse regime transitório, prescrevendo uma solução idêntica à que já estava expressamente prevista, para as SA, na vigência do CCom. (cfr. art. 120º, § 3 CCom.)[3].

O regime do art. 544º consistia na faculdade que era concedida aos credores de uma sociedade anónima (sublinhe-se que, no regime desta norma, a iniciativa cabia exclusivamente aos credores) de requerer a dissolução da sociedade se provassem que, após a celebração dos seus contratos, metade do respetivo capital se encontrava perdido[4]. A sociedade podia, porém, opor-se a essa dissolução, desde que prestasse garantias de pagamento aos credores.

2. Caducidade da norma

Como resulta da parte inicial da norma, o art. 544º apenas teria aplicação enquanto não entrasse em vigor o regime previsto no art. 35º.

A entrada em vigor deste art. 35º foi, entretanto, operada através do art. 4º do DL nº 237/01, de 30 de Agosto[5], pelo que a norma ora em análise caducou e, hoje, não é mais aplicável às SA.

O regime aplicável às SA – bem como a todos os demais tipos societários – é agora, para a hipótese de perda grave do capital social, o previsto no art. 35º.

---

[3] Note-se que o regime previsto no Código Comercial português era também aplicável às SQ, por força do disposto no art. 42º LSQ. Com efeito, esta norma mandava aplicar às SQ o § 4º do art. 120º CCom., mas aquela remissão devia entender-se para o § 3º daquele artigo (que correspondia ao antigo § 4º que foi renumerado pelo DL 363/77, de 2 de Setembro). Com a revogação do art. 120º CCom. e porque o art. 544º apenas se referia às SA – incompreensivelmente e sem qualquer explicação – após a entrada em vigor do CSC (que ocorreu em 1 de Novembro de 1986 – cfr. art. 2º, 1 do DL 262/86), deixou de existir, para as SQ, qualquer regulamentação para o caso de perda grave de capital.
O art. 120º, 5 CCom. estabelecia ainda a perda de dois terços do capital social como causa de dissolução da sociedade anónima.

[4] Sobre o sentido e o alcance da alusão a "perda de metade do capital social", vide TARSO DOMINGUES, (2013), p. 158, s..

[5] Sobre a atribulada entrada em vigor do regime previsto para a perda grave do capital social, vide TARSO DOMINGUES, (2010), p. 517, s..

ARTIGO 545º
Equiparação ao Estado

Para os efeitos desta lei são equiparados ao Estado as regiões autónomas, as autarquias locais, a Caixa Geral de Depósitos, o Instituto de Gestão Financeira da Segurança Social e o IPE – Investimentos e Participações do Estado, S. A.

O CSC refere-se em várias normas ao Estado e a entidades a ele equiparadas. Nomeadamente nos arts. 273º, 2 (as sociedades anónimas podem ser constituídas por dois sócios, em exceção ao mínimo de cinco estabelecido no nº 1, quando uma das partes no contrato seja o "Estado, diretamente ou por intermédio de empresas públicas ou outras entidades equiparadas por lei para este efeito", e "fique a deter a maioria do capital"), 348º, 2, b) (podem emitir obrigações antes de decorrido um ano após o registo definitivo do contrato social as sociedades anónimas em que o "Estado ou entidade pública equiparada detenha a maioria do capital social") e 392º, 8 (obrigatoriedade de um dos sistemas especiais de eleição de administradores previstos no artigo para as sociedades "concessionárias do Estado ou de entidade a este equiparada por lei") e 11 (remissão para legislação especial relativa à nomeação de administradores "por parte do Estado ou de entidade pública a ele equiparada por lei para este efeito").

Ora, para efeitos do CSC, o art. 545º equipara ao Estado as regiões autónomas (Açores e Madeira), as autarquias locais (igualmente pessoas coletivas públicas territoriais), a Caixa Geral de Depósitos (hoje sociedade anónima de capitais exclusivamente públicos), o Instituto de Gestão Financeira da Segurança Social (instituto público).

O art. 545º conclui o rol das entidades equiparadas com o IPE – Investimentos e Participações do Estado, S.A.. Mas esta sociedade de capitais públicos, depois designada IPE – Investimentos e Participações Empresariais, S.A., foi dissolvida em 2002 (Resolução do Conselho de Ministros 70/2002, de 6 de agosto).

Entretanto, foi constituída pelo DL 209/2000, de 2 de setembro, a sociedade de capitais públicos Parpública – Participações Públicas (SGPS), S. A., com objeto similar ao da IPE. O art. 3º do DL manda aplicar à Parpública o disposto no art. 545º do CSC.

ÍNDICE ANALÍTICO*

* Os ordinais (em negrito) indicam os artigos do CSC; os demais números referem-se aos comentários dos artigos onde os assuntos são tratados.

Abuso de informações: 524º

Administradores
De sociedade dominada em relação de grupo
    Deveres: **503º**, 6.1., **504º**, 4.1.
    Responsabilidade: **504º**, 4.2.
De sociedade dominante de grupo
    Deveres: **504º**, 1.
    Responsabilidade: **504º**, 2., 3.

Alienação potestativa de participações sociais
Caracterização: **490º**, 1.2.
Contrapartida: **490º**, 3.2.
Justificação: **490º**, 1.3.
Pressupostos: **490º**, 1.2.1., 3.1.
Procedimento: **490º**, 3.2.

Alienação potestativa de participações sociais nas sociedades abertas
Convite: **490º**, 5.4.
E grupo de sociedades: **490º**, 5.8.
Prazo: **490º**, 5.3.
Pressupostos: **490º**, 1.2.2., 5.2.
Proposta de aquisição: **490º**, 5.5., 5.6.
Verificação dos requisitos: **490º**, 5.7.

Alteração do contrato de sociedade: 530º, 2.

Amortização
De quota não liberada: **511º**
Ilícita de quotas ou ações: **512º**
Outras infrações: **513º**

CÓDIGO DAS SOCIEDADES COMERCIAIS EM COMENTÁRIO

Aplicação imediata da lei nova: 534º, 2.1.

Aplicação no tempo: 530º

Aquisição ilícita de quotas ou ações: 510º

Aquisição potestativa de participações sociais
Abusiva: **490º**, 1.5.
Caracterização: **490º**, 1.1.
Comunicação: **490º**, 2.1.
Consignação em depósito: **490º**, 2.4., 2.5.
Constitucionalidade: **490º**, 1.4.
Contrapartida: **490º**, 2.3., 2.9.
Declaração de aquisição: **490º**, 2.2.
E amortização de quota: **490º**, 1.4.1.
E cisão de sociedades: **490º**, 1.4.1.
E dissolução de sociedades: **490º**, 1.3.1., 1.4.1.
E fusão de sociedades: **490º**, 1.4.1.
E grupo de sociedades: **490º**, 1.3.1., 1.4.3., 2.8.
E igualdade de tratamento: **490º**, 2.2.
E interesse público: **490º**, 1.3.1.
E liberdade de estabelecimento: **490º**, 2.1.
E liquidação de sociedades: **490º**, 1.4.1.
E transformação de sociedades: **490º**, 1.4.1.
Justificação: **490º**, 1.3.
Momento da aquisição: **490º**, 2.7.
Não aplicabilidade do art. 490º: **541º**
Oferta de aquisição: **490º**, 2.2.
Pressupostos: **490º**, 1.1.1., 2.1.
Publicação: **490º**, 2.6.
Registo: **490º**, 2.6.
Relatório do ROC: **490º**, 2.3.

Aquisição potestativa de participações sociais nas sociedades abertas
Anúncio preliminar: **490º**, 4.4., 4.5.
Consignação em depósito: **490º**, 4.6.
Contrapartida: **490º**, 4.6.

Decisão: **490º**, 4.3.

E grupo de sociedades: **490º**, 4.11.

E sistema centralizado: **490º**, 4.8, 4.9.

Exclusão de negociação: **490º**, 4.10.

Perda de qualidade de sociedade aberta: **490º**, 4.10.

Pressupostos: **490º**, 1.1.2, 4.2.

Publicação: **490º**, 4.7.

Razão de ser: **490º**, 4.1.

Registo: **490º**, 4.7.

Assembleias sociais

Convocatória enganosa: **520º**

Irregularidade na convocação: **515º**

Participação fraudulenta: **517º**

Perturbação: **516º**

Ata

Recusa ilícita de lavrar ata: **521º**

Capital social

Mínimo: **533º**

   Aplicação analógica do regime do artigo 533º: **533º**, 4.

   Regime transitório: **533º**, 1.

Perda de metade: **544º**

   Caducidade da norma: **544º**, 1.

   Regime transitório: **544º**, 1.

Conselho fiscal

Substituição por sociedade de revisores oficiais de contas: **536º**

Consolidação de contas

Anexo às contas consolidadas: **508º-F**, 1.

Assinatura dos documentos de prestação de contas consolidadas: **508º-B**, 2.

Certificação legal das contas consolidadas: **508º-D**, 1.

Disponibilização dos documentos de prestação de contas consolidadas: **508º-E**, 1.

Documentos de prestação de contas consolidadas: **508º-A**, 3.

Exame das contas consolidadas pelo ROC (revisão legal das contas): **508º-D**, 1.

Falta de apresentação das contas consolidadas: **508º-B**, 2.

Falta de aprovação das contas consolidadas: **508º-B**, 2.

Fiscalização das contas consolidadas: **508º-D**, 1.

Imperatividade: **508º-B**, 1.

Invalidade da deliberação de aprovação de contas consolidadas: **508º-B**, 2.

Métodos de consolidação: **Comentário Geral aos arts. 508º-A a 508º-F**, 5., 6.

Noção: **Comentário Geral aos arts. 508º-A a 508º-F**, 3.

Prazos: **508º-A**, 4.

Recusa de aprovação das contas consolidadas: **508º-B**, 2.

Registo comercial: **508º-E**, 1.

Relatório consolidado de gestão: **508º-C**, 1.

Sociedades obrigadas à consolidação de contas: **508º-A**, 1.

Crimes societários: **Comentário Geral sobre as disposições penais**

Princípios comuns: **527º**

    Circunstância (fator) agravante: **527º**, 4.

    Dolo: **527º**, 2.

    Reparação: **527º**, 5.

    Tentativa: **527º**, 3.

      De aquisição ilícita de quotas ou ações: **510º**, 4.1.

      De convocação de assembleia irregular: **515º**, 5.1.

      De convocatória enganosa: **520º**, 4.1.

      De distribuição ilícita de bens da sociedade: **514º**, 5.1.

      De emissão irregular de títulos: **526º**, 4.1.

      De falta de cobrança de entradas de capital: **509º**, 5.1.

      De impedimento de fiscalização: **522º**, 4.1.

      De participação fraudulenta em assembleia social: **517º**, 4.1.

      De perturbação de assembleia social: **516º**, 4.1.

      De prestação de informações falsas ou incompletas: **519º**, 6.1.

      De recusa ilícita de informação: **518º**, 5.1.

      De recusa ilícita de lavrar ata: **521º**, 4.1.

Legislação subsidiária em matéria sancionatória: **529º**

    Legislação penal: **529º**, 1.

    Legislação contra-ordenacional: **529º**, 2.

Dever de propor a dissolução da sociedade ou redução do capital: **523º**

Revogação implícita da incriminação: **523º**, 1.4.

Entidades equiparadas ao Estado: 545º

Entradas de capital
Depósito: **543º**, 1., 2.
Falta de cobrança: **509º**

Ilícito de mera ordenação social: 528º, 1.
Competência: **528º**, 5.
Contra-ordenações societárias: **528º**, 2.
   Omissão de menções em atos externos: **528º**, 2.3.
   Violação de deveres de comunicação: **528º**, 2.5.
   Violação do dever de apresentar documentos de prestação de contas: **528º**, 2.1.
   Violação do período de exercício: **528º**, 2.2.
   Violação dos deveres relacionados com o registo e depósito de ações: **528º**, 2.4.
Determinação da coima: **528º**, 4.
Produto das coimas: **528º**, 6.

Impedimento de fiscalização: 522º

Informação societária
Convocatória enganosa: **520º**
Informações completas: **519º**, 3.2.2., **520º**, 2.2., **522º**, 2.2.
Informações falsas: **519º**, 3.2.1, **520º**, 2.2.
Recusa ilícita de informações: **518º**
   Em "outras circunstâncias": **518º**, 2.2.3.
   Em reunião de assembleia social: **518º**, 2.2.2.
   Isenção de pena: **518º**, 6.
   Para preparação de assembleia social: **518º**, 2.2.1.

Lucros
Distribuição antecipada: **537º**, 1., 2.

Manipulação fraudulenta de cotações de títulos: 525º

Necessidade de pena: 512º,1., **515º**, 1., **521º**, 1.

Pessoas coletivas em órgãos de administração ou de fiscalização: 535º

CÓDIGO DAS SOCIEDADES COMERCIAIS EM COMENTÁRIO

Poder de direção de sociedade dominante de grupo

Instruções

Dever de dar instruções?: **503º**, 5.

E deveres da administração da sociedade dominada: **503º**, 6.1, **504º**, 4.

Limites: **503º**, 4.

Noção e objeto: **503º**, 3.

Quem dá e quem recebe: **503º**, 2.

Vigência: **503º**, 7.

"Interesse do grupo": **503º**, 4.4., 6.2., **504º**, 1.

Poder-dever de direção, direito de dar instruções: **488º**, 1.1., 1.4., **503º**, 1., 5., **504º**, 2.1.

Transmissões patrimoniais intragrupo: **503º**, 4.1.

E *cash-pooling*: **503º**, 4.5.2.

Princípio da legalidade criminal: Comentário Geral sobre as disposições penais, 2., **509º**, 2.2., **511º**, 1.3., **512º**, 2.2.1., **513º**, 1.2.1., **518º**, 2.2., 2.2.3., **523º**, 1.4.

Publicidade de participações: 539º

Relação de domínio

Âmbito espacial de aplicação: **481º**, 2., 3., 4.

Âmbito pessoal de aplicação: **481º**, 1.

Efeitos: **486º**, 3., **487º**

Influência dominante: **486º**, 2.

Qualificado: **482º**, 3., c)

Relação de grupo

Âmbito espacial de aplicação: **481º**, 2., 3., 4.

Âmbito pessoal de aplicação: **481º**, 1.

Relação de grupo paritário

Direção: **492º**, 4.

Regime do contrato: **492º**

Relação de grupo por contrato de subordinação

Contrato de subordinação

Âmbito: **493º**, 4.

Cessação: **506º**, 1.

Caducidade: **506º**, 1.2.

Denúncia (e sua eficácia diferida): **506º**, 1.4.

E aquisição do domínio total: **506º**, 2., **507º**

E dissolução: **506º**, 1., 2.

Eficácia *ex nunc*; proibição de eficácia retroativa: **506º**, 1., 1.1.

E fusão: **506º**, 2.

E manutenção da garantia de lucros após a: v. Sócios livres

E transformação: **506º**, 2.

Extinção por via judicial: **506º**, 1.3.

Registo e publicação: **506º**, 1.

Revogação: **506º**, 1.1.

Convenção de atribuição de lucros: **495º**, 1.2., 1.2.2., **500º**, 1., 1.1., 1.2., **508º**, 1., 2.

Direção: **493º**, 2.

Duração: **495º**, 1.2.1., **506º**, 1.2., 1.4.

Duração mínima em caso de revogação: **506º**, 1.1.

Por tempo determinado ou indefinido: **495º**, 1.2.1., **506º**, 1.2., 1.4.

E aquisição do domínio total: **495º**, 1.1.3., **506º**, 2.

E contrato a favor de terceiros: **495º**, 1.1.4.

E contrato de opção de venda ou de troca: **495º**, 1.1.4.

Forma: **498º**, 1.

Modificação

Forma, registo e publicação: **505º**, 2.

Procedimento deliberativo: **505º**, 1.

Nulidade: **498º**, 3.

Registo e publicação (e respetivos efeitos): **498º**, 2.

Formação da relação

Assembleia geral convocada: **496º**, 3.

Convocação das assembleias das sociedades contratantes: **496º**, 3.

Assembleia universal ou deliberação unânime por escrito: **496º**, 3.

Consulta do projeto contratual e documentação anexa: **496º**, 4.

E aquisição do domínio total: **495º**, 1.1.3., **499º**, 2.

E direito de informação dos sócios: **496º**, 4.

E direitos especiais: **496º**, 7.

Fiscalização do projeto: **496º**, 2.

Oposição judicial à celebração do contrato de subordinação: **497º**

Eficácia externa do caso julgado (ou do mais favorável) que fixe o valor das compensações: **497º**, 3.

Forma processual: **497º**, 1.4.

Fundamentos: **497º**, 1.2.

Legitimidade ativa: **497º**, 1.1.

Prazo (de caducidade): **497º**, 1.3.

Suspensão da celebração do contrato de subordinação: **497º**, 2.

Projeto comum de contrato de subordinação: **495º**

Conteúdo facultativo: **495º**, 1.2.

Conteúdo obrigatório: **495º**, 1.1.

E aplicação do art. 490º: **507º**, 7.

Publicidade das deliberações sociais: **496º**, 7.

Quórum constitutivo e maioria deliberativa: **496º**, 6.

Requisito deliberativo adicional (sociedades contratantes em relação de domínio): **496º**, 6.

Reunião das assembleias das sociedades contratantes: **496º**, 5.

Responsabilidade da sociedade diretora: **498º**, 2.; v. **Responsabilidade de sociedade dominante de grupo**

Sócios livres

Conceito: **494º**, 2.

Contrapartida (monetária e/ou mobiliária) da aquisição das quotas ou ações: **495º**, 1.1.4.

Direito de opção: **495º**, 1.1.4., **499º**, 2.

Direito de oposição judicial: v. Formação da relação

Direito potestativo de alineação das quotas ou ações: **495º**, 1.1.4., **499º**, 2.

E opção de venda ou de troca: **495º**, 1.1.4.

Garantia anual de lucros: **495º**, 1.1.5., **500º**, 1.

Fixa: **495º**, 1.1.5., **500º**, 1.1.

Manutenção após a cessação do contrato de subordinação: **500º**, 1., 2., **506º**, 1.

Variável: **495º**, 1.1.5., **500º**, 1.2.

Relação de grupo por domínio total inicial ou originário

E domínio total superveniente: **488º**, 1.3.

E regime da SQU: **488º**, 1.1., 1.2.

Pressupostos de constituição da relação: **488º**, 1.

Deliberação do(s) sócio(s) da sociedade dominante?: **488º**, 1.4.

Extensão à SQU como sociedade totalmente dominada?: **488º**, 1.2.

Participação totalitária direta: **488º**, 1.3.

Processo de constituição: **488º**, 1.5.

Regime da relação (por remissão): **488º**, 1.1., 1.2., **491º**, 1.1.
Termo da relação: **488º**, 2.

Relação de grupo por domínio total superveniente
Pressupostos de constituição da relação: **489º**, 1.
    Deliberação dos sócios da sociedade dominante: **489º**, 1.2.
    Participação totalitária: **489º**, 1.1.
Regime da relação (por remissão): **491º**, 1., 2.
Termo da relação: **489º**, 2.

Relação de simples participação
Referencial de contagem da participação: **483º**, 1.
Transparência social: **483º**, 2.

Relação de participações recíprocas
Concorrência de comunicações de participação: **484º**, 3.

Responsabilidade de sociedade dominante de grupo
Para com credores da dominada
    Caracterização da responsabilidade: **488º**, 1.1., **501º**, 3.
    Exigibilidade da responsabilidade: **501º**, 2.
    Obrigações por que responde: **501º**, 1.
Por perdas da dominada
    Exigibilidade da obrigação de compensar perdas: **502º**, 3.
    Quais perdas: **502º**, 2.

Sociedades coligadas
Âmbito espacial de aplicação: **481º**, 2., 3., 4.
Âmbito pessoal de aplicação: **481º**, 1.
Espécies de coligações societárias: **482º**, 3.

Sociedades de revisores oficiais de contas
Substituição do conselho fiscal: **536º**

Sociedades irregulares: 534º, 1.

Sucessão de leis no tempo: 532º

Títulos
Irregularidades na emissão: **526º**
Manipulação fraudulenta de cotações: **525º**

Voto plural: 531º, 1., 2.

ÍNDICE GERAL

Siglas e Abreviaturas. 7

Título VI – **Sociedades coligadas**
Capítulo I – **Disposições gerais** 15

Artigo 481º – Âmbito de aplicação deste título
Rui Pereira Dias. 15

Artigo 482º – Sociedades coligadas
Orlando Vogler Guiné 43

Capítulo II – **Sociedades em relação de simples participação, de participações
recíprocas e de domínio** 51

Artigo 483º – Sociedades em relação de simples participação
Orlando Vogler Guiné 51

Artigo 484º – Dever de comunicação
Orlando Vogler Guiné 59

Artigo 485º – Sociedades em relação de participações recíprocas
Orlando Vogler Guiné 67

Artigo 486º – Sociedades em relação de domínio
Rui Pereira Dias. 75

Artigo 487º – Proibição de aquisição de participações
Rui Pereira Dias. 105

Capítulo III – **Sociedades em relação de grupo** 108
Secção I – **Grupos constituídos por domínio total**. 108

Artigo 488º – Domínio total inicial
Ricardo Costa 108

Artigo 489º – Domínio total superveniente
J. M. Coutinho de Abreu 125

Artigo 490º – Aquisições tendentes ao domínio total
J. M. Coutinho de Abreu/Alexandre de Soveral Martins. 136

Artigo 491º – Remissão
J. M. Coutinho de Abreu 181

CÓDIGO DAS SOCIEDADES COMERCIAIS EM COMENTÁRIO

Secção II – **Contrato de grupo paritário**................................... 183

Artigo 492º – Regime do contrato
Orlando Vogler Guiné 183

Secção III – **Contrato de subordinação**................................... 191

Artigo 493º – Noção
Orlando Vogler Guiné 191

Artigo 494º – Obrigações essenciais da sociedade directora
Orlando Vogler Guiné 200

Artigo 495º – Projecto de contrato de subordinação
Elda Marques 204

Artigo 496º – Remissão
Elda Marques 220

Artigo 497º – Posição dos sócios livres
Elda Marques 231

Artigo 498º – Celebração e registo do contrato
Elda Marques 244

Artigo 499º – Direitos dos sócios livres
Elda Marques 249

Artigo 500º – Garantia de lucros
Elda Marques 255

Artigo 501º – Responsabilidade para com os credores da sociedade subordinada
J. M. Coutinho de Abreu 264

Artigo 502º – Responsabilidade por perdas da sociedade subordinada
J. M. Coutinho de Abreu 271

Artigo 503º – Direito de dar instruções
J. M. Coutinho de Abreu 279

Artigo 504º – Deveres e responsabilidades
J. M. Coutinho de Abreu 297

Artigo 505º – Modificação do contrato
Elda Marques 304

Artigo 506º – Termo do contrato
Elda Marques 309

Artigo 507º – Aquisição do domínio total
Alexandre de Soveral Martins 317

ARTIGO 508º – Convenção de atribuição de lucros
Paulo de Tarso Domingues... 325

CAPÍTULO IV – **Apreciação anual da situação de sociedades obrigadas à consolidação de contas** 329

COMENTÁRIO GERAL AOS ARTS. 508º-A A 508º-F
Ana Maria Rodrigues/Rui Pereira Dias....................................... 329

ARTIGO 508º-A – Obrigação de consolidação de contas
Ana Maria Rodrigues/Rui Pereira Dias....................................... 370

ARTIGO 508º-B – Princípios gerais sobre a elaboração das contas consolidadas
Ana Maria Rodrigues/Rui Pereira Dias....................................... 383

ARTIGO 508º-C – Relatório consolidado de gestão
Ana Maria Rodrigues/Rui Pereira Dias....................................... 386

ARTIGO 508º-D – Fiscalização das contas consolidadas
Ana Maria Rodrigues/Rui Pereira Dias....................................... 389

ARTIGO 508º-E – Prestação de contas consolidadas
Ana Maria Rodrigues/Rui Pereira Dias....................................... 392

ARTIGO 508º-F – Anexo às contas consolidadas
Ana Maria Rodrigues/Rui Pereira Dias....................................... 394

TÍTULO VII – **Disposições penais e de mera ordenação social**

COMENTÁRIO GERAL SOBRE AS DISPOSIÇÕES PENAIS
Susana Aires de Sousa 398

ARTIGO 509º – Falta de cobrança de entradas de capital
Susana Aires de Sousa 415

ARTIGO 510º – Aquisição ilícita de quotas ou acções
Susana Aires de Sousa 424

ARTIGO 511º – Amortização de quota não liberada
Susana Aires de Sousa 429

ARTIGO 512º – Amortização ilícita de quota dada em penhor ou que seja objecto de usufruto
Susana Aires de Sousa 434

ARTIGO 513º – Outras infracções às regras da amortização de quotas ou acções
Susana Aires de Sousa 440

ARTIGO 514º – Distribuição ilícita de bens da sociedade
Susana Aires de Sousa 446

624 CÓDIGO DAS SOCIEDADES COMERCIAIS EM COMENTÁRIO

ARTIGO 515º – Irregularidade na convocação de assembleias sociais
Susana Aires de Sousa 456

ARTIGO 516º – Perturbação de assembleia social
Susana Aires de Sousa 464

ARTIGO 517º – Participação fraudulenta em assembleia social
Susana Aires de Sousa 472

ARTIGO 518º – Recusa ilícita de informações
Susana Aires de Sousa 480

ARTIGO 519º – Informações falsas
Susana Aires de Sousa 491

ARTIGO 520º – Convocatória enganosa
Susana Aires de Sousa 503

ARTIGO 521º – Recusa ilícita de lavrar acta
Susana Aires de Sousa 511

ARTIGO 522º – Impedimento de fiscalização
Susana Aires de Sousa 517

ARTIGO 523º – Violação do dever de propor dissolução da sociedade ou redução
do capital
Susana Aires de Sousa 524

ARTIGO 524º – Abuso de informações – Revogado
Susana Aires de Sousa 532

ARTIGO 525º – Manipulação fraudulenta de cotações de títulos – Revogado
Susana Aires de Sousa 533

ARTIGO 526º – Irregularidades na emissão de títulos
Susana Aires de Sousa 534

ARTIGO 527º – Princípios comuns
Susana Aires de Sousa 540

ARTIGO 528º – Ilícitos de mera ordenação social
Susana Aires de Sousa 548

ARTIGO 529º – Legislação subsidiária
Susana Aires de Sousa 559

Título VIII – **Disposições finais e transitórias**

Artigo 530º – Cláusulas contratuais não permitidas
Alexandre de Soveral Martins 560

Artigo 531º – Voto plural
J. M. Coutinho de Abreu 566

Artigo 532º – Firmas e denominações
J. P. Remédio Marques 568

Artigo 533º – Capital mínimo
Paulo de Tarso Domingues 571

Artigo 534º – Irregularidade por falta de escritura ou de registo
Maria Elisabete Ramos 577

Artigo 535º – Pessoas colectivas em órgãos de administração ou fiscalização
Ricardo Costa 583

Artigo 536º – Sociedades de revisores oficiais de contas exercendo funções
de conselho fiscal
Gabriela Figueiredo Dias 587

Artigo 537º – Distribuição antecipada de lucros
Paulo de Tarso Domingues 595

Artigo 538º – Quotas amortizadas. Acções próprias
Margarida Costa Andrade 597

Artigo 539º – Publicidade de participações
Gabriela Figueiredo Dias 598

Artigo 540º – Participações recíprocas
Orlando Vogler Guiné 601

Artigo 541º – Aquisições tendentes ao domínio total
J. M. Coutinho de Abreu 603

Artigo 542º – Relatórios
Rui Pereira Dias 604

Artigo 543º – Depósitos de entradas
Paulo de Tarso Domingues 605

Artigo 544º – Perda de metade do capital
Paulo de Tarso Domingues 608

626 CÓDIGO DAS SOCIEDADES COMERCIAIS EM COMENTÁRIO

Artigo 545º – Equiparação ao Estado
J. M. Coutinho de Abreu 610

Índice Analítico... 611

Índice Geral 621